Helmut Drüke

Italien

Helmut Drüke

Italien

Wirtschaft – Gesellschaft – Politik

3. Auflage

VS VERLAG

Bibliografische Information der Deutschen Nationalbibliothek
Die Deutsche Nationalbibliothek verzeichnet diese Publikation in der
Deutschen Nationalbibliografie; detaillierte bibliografische Daten sind im Internet über
<http://dnb.d-nb.de> abrufbar.

3., erweiterte und aktualisierte Auflage 2012

Alle Rechte vorbehalten
© VS Verlag für Sozialwissenschaften | Springer Fachmedien Wiesbaden GmbH 2012

Lektorat: Frank Schindler | Verena Metzger

VS Verlag für Sozialwissenschaften ist eine Marke von Springer Fachmedien.
Springer Fachmedien ist Teil der Fachverlagsgruppe Springer Science+Business Media.
www.vs-verlag.de

Umschlaggestaltung: KünkelLopka Medienentwicklung, Heidelberg
Satz: text plus form, Dresden
Druck und buchbinderische Verarbeitung: AZ Druck und Datentechnik, Berlin
Gedruckt auf säurefreiem und chlorfrei gebleichtem Papier
Printed in Germany

ISBN 978-3-531-18460-9

Inhalt

Einleitung

1   Hintergrund und Zielsetzungen

Am 14. März 2011 feierte Italien den 150. Jahrestag der nationalen Einheit. Mit der Staatsgründung im Jahre 1861 löste sich Italien aus der Umklammerung durch Österreich und führte die Vielzahl von Kleinstaaten in einem einheitlichen Staatsgebiet und die Italiener als Staatsvolk zusammen.

Dieses Datum bietet den Anlass, sich erneut über das Selbstverständnis, den Entwicklungsstand und die Perspektiven des Landes unter den massiv veränderten Bedingungen der Globalisierung, des rasanten Fortschritts der Informations- und Kommunikationstechnologien sowie der neuen Erwartungen der Bürger[1] und Unternehmen an Effizienz von Staat und öffentlicher Verwaltung zu verständigen.

Drei Themen stehen hierbei im Vordergrund:

- die Frage der Bindekraft der nationalen Einheit und des „Italienisch-Seins",
- die zunehmende Tendenz des Individualismus sowie
- die Frage der Modernisierung von Gesellschaft und Politik.

Dies ist zuallererst eine „italienische Diskussion". Aus zwei Gründen ist diese Diskussion darüber hinaus für alle Europäer relevant. Erstens hat die Wirtschafts- und Finanzkrise von 2008 bis 2009 nachhaltig gezeigt, wie eng die Mitgliedsländer der Europäischen Gemeinschaft in ihrem wirtschaftlichen und gesellschaftlichen Leben miteinander verwoben sind. Staatsschulden, geringes wirtschaftliches Wachstum, eine zögerliche Umweltpolitik – Politik in einem Land wirkt sich massiv auf das Leben in den anderen EU-Staaten aus.

So verpflichten sich die EU-Mitgliedsländer, schwächelnde Länder mit dem Rettungsschirm in Form von Krediten zu unterstützen, was geeignet ist, die Kohärenz und Verbindlichkeit im Rahmen einer EU-Binnenwirtschaft und Haushaltspolitik tendenziell zu erhöhen.

Zweitens, und eng mit dem ersten Punkt verknüpft, stellt sich EU-weit die Frage nach der zukünftigen Rolle der Europäischen Gemeinschaft in der Neuordnung auf dem Weltmarkt und dem Einfluss der Länder in der Weltpolitik. In der neuen Weltwirtschaftsordnung mit den starken Wirtschaftsmächten China, den USA, Indien und den stärksten derzeitigen Schwellenländern (wie Brasilien, Argentinien, Mexiko) wird die Europäische Gemeinschaft ihren Platz zu finden haben. In der jetzigen Entwicklung werden die Weichen für diese Umverteilung der Marktstellungen und Einflusssphären gestellt. Mithin ist die Frage der Zukunftsfähigkeit jedes einzelnen Mitgliedslandes der EU von entscheidender Bedeutung für die Stellung Europas in der neuen geopolitischen Struktur der Welt.

---

1   Im Text wird die übliche Form verwandt. Sie ist selbstverständlich geschlechtsneutral gemeint.

Dieses Buch stellt sich bewusst in diesen größeren Zusammenhang und ist damit nicht nur ein Länderporträt für ein den Deutschen lieb gewordenes, aber irgendwie auch dubioses, Land. Es ist damit nicht nur eine Informationsquelle zum besseren Verständnis Italiens. Vielmehr hat es den Anspruch, zur Erforschung der Frage der Zukunftsfähigkeit Italiens unter den Bedingungen einer nachhaltig und tiefgreifend veränderten ökonomischen und geopolitischen Landschaft beizutragen.

Die vorrangigen Fragestellungen sind:

1. Was sind die aktuellen Charakteristika, Leistungen und Versäumnisse sowie Perspektiven des Landes auf den *Policy*-Gebieten Wirtschaft, Gesellschaft, Politik, Bildung und Kommunikation?
2. Wie ist die Zukunftsfähigkeit des Landes einzuschätzen? Wo liegen Potenziale und Restriktionen, Opportunitäten und Risiken Italiens vor dem Hintergrund der neuen nationalen und globalen Herausforderungen?

Eine weitere Zielsetzung ist eher forschungsorientiert. Dieses Buch will einen Beitrag leisten zur Klärung der Frage nach den Merkmalen, Strukturen und Perspektiven der Steuerung und Koordination von Wirtschaft, Gesellschaft und Staat. Diese Forschungsfragen sind eng an die zuerst genannten Fragestellungen geknüpft. In der akademischen Diskussion drehen sich hier die Einschätzungen um die Fragen der Konvergenz, also des Zusammenlaufens zu ähnlichen und prinzipiell gleich verlaufenden Steuerungssystemen und -aktionen bzw. Divergenz aufgrund von übermäßiger Disparität von Grundstrukturen und Orientierungen der verschiedenen Länder.

2   Gliederung des Buches

Das Buch ist insgesamt in drei große Abschnitte aufgeteilt. Im ersten Abschnitt wird der inhaltliche und theoretische Rahmen aufgebaut. Im ersten Kapitel dieses Abschnitts werden die drei Themen, also die Frage des Nationalbewusstseins, der Individualisierungstendenz und der zögerlichen Modernisierung, einzeln erörtert. Diese Themen bilden sozusagen die Leitlinie für die weitere Darstellung mit ausführlichem Datenmaterial und komplexen Analysen.

Der konzeptionelle oder analytische Rahmen wird im zweiten Kapitel vorgestellt. Ein solches Konzept ist erforderlich, um die weitere Gesamtdarstellung nicht bloß additiv oder zufällig erscheinen zu lassen. Es ist also zu begründen, wie das Land zu untersuchen ist und wie untersucht wird, wie sich die Strukturen von Wirtschaft, Gesellschaft und Politik als den Hauptfeldern der Darstellung wechselseitig beeinflussen. Nur auf diese Art lässt sich am Schluss die Frage der Zukunftsfähigkeit fundiert und nicht rein spekulativ erörtern.

Der zweite große Abschnitt umfasst die Darstellung der Forschungen zu den Themenbereichen Wirtschaft, Gesellschaft, Politik, Bildung und Massenmedien in Italien. Er bildet somit den empirischen Schwerpunkt des Buchs.

Der dritte Abschnitt greift in den Schlussfolgerungen die in der Einleitung gestellten Fragestellungen auf und versucht Antworten auf Basis der empirischen Befunde und theoretischen Überlegungen der Studie zu geben.

3   Methodik

Die im Buch angewandte Methodik ist im Wesentlichen die Sekundäranalyse, also die Analyse von Primärmaterial, das von verschiedenen Institutionen und Wissenschaftlern erhoben und aufbereitet worden ist. Leser, die das Material über die Zielsetzungen des Buches hinaus detaillierter analysieren wollen, werden auf die im Literaturverzeichnis belegten Originalquellen verwiesen.

Diese Analysen erfolgen in einer doppelten Perspektive: a) in der synchronalen Perspektive, also durch eine Längsschnittanalyse der Verhältnisse in Wirtschaft, Gesellschaft und Politik und b) in der diachronalen Perspektive, also der Analyse dieser Verhältnisse in einem Zeitraum. Neben diesen Perspektiven ist als weiteres methodisches Prinzip der Ländervergleich zu nennen.

Die Längsschnittanalyse umfasst, wo immer möglich und sinnvoll, den Zeitraum der Nachkriegszeit bis zum Redaktionsschluss im Sommer 2011. Dieser Band ist die dritte, völlig neu bearbeitete Auflage der Länderkunde Italien. Fast vierzig Jahre ununterbrochener intensiver Forschung zum Lande ermöglichen eine fundierte Längsschnittanalyse.

Der Ländervergleich ist möglich durch die mittlerweile weit gediehene Theorie- und Methodenentwicklung in einem transdisziplinären Ansatz, nämlich der Vergleichenden Politikwissenschaft, den Sozialwissenschaften und der Volkswissenschaft als Kerndisziplinen, aus denen Konzepte und Befunde gewonnen wurden. Er dient zur Einordnung Italiens unter den eingangs genannten Fragestellungen, nämlich der Wettbewerbsfähigkeit, dem Stand der sozialen Verhältnisse sowie des Charakters der Regierung im Vergleich zu anderen hochentwickelten Ländern. Indes wird der Ländervergleich nicht systematisch geführt, d.h. nicht mit dem gleichen Aufwand für eine beschränkte Anzahl ausgewählter Länder. Für die Zielsetzung und den Untersuchungsgegenstand dieses Buches ist indes eine methodisch strenge und gleich aufwändige Analyse verschiedener Länder nicht erforderlich. Für den Vergleich werden EU-Länder und/oder OECD-Länder ausgewählt. Besonderes Augenmerk wird darauf gelegt, Länder zu berücksichtigen, die für die drei Kapitalismus-Typen, nämlich der liberalen Marktwirtschaft *(LME)*, der koordinierten Marktwirtschaft *(CME)* und der gemischten Marktwirtschaft *(MME)* (siehe II 3.2) stehen.

4   Thematischer und konzeptioneller Rahmen der Studie

4.1   Überblick Italien 2011

Seit Jahrzehnten dreht sich die Debatte über Italien mit unterschiedlicher Priorität und Intensität um die zentralen Themen erstens des spezifischen Nationalstaates und des Nationalbewusstseins der Italiener, zweitens des zunehmenden Individualismus und des damit einhergehenden Verlustes an Gemeinsinn sowie drittens der unzulänglichen Modernisierung des Landes. Die Themen eins und drei begleiten das Land über die 150 Jahre der Existenz des italienischen Staates. Der Individualismus als signifikante Denk- und Handlungsweise relevanter Teile der Bevölkerung tritt erst seit den achtziger Jahren mit zunehmender Dynamik in das öffentliche Bewusstsein. In einer Art Bestandsaufnahme werden zu den drei Themen wesentliche Befunde und Einschätzungen zusammengetragen und ausgewertet, die für die weitere Darstellung als eine Art roter Faden dienen können. Diese Überblicksdarstellung ermöglicht eine Bestandsaufnahme Italiens im Jahre 2011.

4.1.1 Die Frage des Nationalstaats und des Nationalbewusstseins

4.1.1.1 Reduziertes Nationalbewusstsein

Bereits Mitte der neunziger Jahre, auf dem Höhepunkt der Krise der „Ersten Republik" von 1945 bis 1993, wurde eine ähnliche Diskussion über den Charakter, die historische Prägung und die Zukunft der italienischen Nation und des italienischen Nationalcharakters geführt, wie sie jetzt aus Anlass des 150. Jahrestags der nationalen Einigung des Landes in Gang gekommen ist.

In dieser Zeit nannte Segatti Italien eine „Nation aus Landsmannschaften" (Segatti 1995) mit je nach Landesteil unterschiedlich ausgeprägten Konturen. Fast zwanzig Jahre später hat sich offenkundig an der Priorität der subnationalen Einheiten des Landes im Bewusstsein der Italiener nicht viel geändert. Die Losung der Leghisten im Norden aus dem Jahre 1995, einen eigenen Staat Padanien in der Poebene aufzubauen und den „unproduktiven" Süden abzutrennen, war nur der vorläufige Kulminationspunkt dieser Identitätskrise. Seit dieser Propaganda und dem Wahlerfolg der *Lega Nord* in den Nationalwahlen von 1992 (mit 8,9 Prozent der Stimmen) ist dieses Thema von der Bühne der Wissenschaft und des Journalismus in das reale politische und soziale Leben Italiens getreten.

Der Schlüssel zum Verständnis des Problems liegt im Selbstverständnis der Italiener, wer und was sie sind. „Das wahre Problem liegt nicht bei der nationalen Identität, sondern bei dem *Bewusstsein* derselbigen. Dass man sich der eigenen italienischen Identität bewusst sein muss, ist nämlich nicht selbstverständlich. In der Tat kann man sich – statt über die nationale Angehörigkeit – über die Klassenidentität, die berufliche Identität, die Gemeinde- oder Ortsidentität definieren". (Galli della Loggia 2009)

Eine Untersuchung dieses Nationalbewusstseins der Italiener liegt aus dem Jahre 1998 vor.

Tabelle E-1   Zugehörigkeitsgefühle der Italiener (in Prozent)

	Wohnort			
	Nord	Mitte	Süden	Italien
Es fühlen sich als Bürger von:				
• Italien	65,0	70,4	82,9	72,3
• Gemeinde	59,9	57,0	63,7	61,6
• Region	57,8	41,8	48,8	54,2
• Nord-, Mittel- oder Süditalien	49,4	35,1	47,5	46,6
Anzahl der Befragten	2 784	664	955	4 403

Quelle: Abacus-Umfrage 1998 in Biorcio (1999), S. 67.

Tabelle E-2   Ausprägung der nationalen und subnationalen Identität (in Prozent)

Typ der Zugehörigkeit:	Nord	Mitte	Süden	Italien
			Wohnort	
• nur national	11,2	18,0	13,3	13,2
• national und lokal	53,8	52,4	69,4	59,1
• nur lokal	19,1	16,7	6,1	14,0
• weder national noch lokal	15,8	12,9	11,2	13,6
Anzahl der Befragten	2 784	664	955	4 403

Quelle: Biorcio (1999), S. 68.

Mehr als ein Viertel aller Italiener fühlt sich nicht als Italiener (Tabelle E-1). Diese eh schon geringe nationale Identität ist in Norditalien noch geringer ausgeprägt als in den übrigen Landesteilen. Hier herrschen das regionale Bewusstsein und das Zusammengehörigkeitsgefühl in Landesteilen vor. Die Antworten auf die Frage nach der Gleichzeitigkeit verschiedener Identitäten (Tabelle E-2) fördert im Norden ein weitaus deutlicheres lokales Bewusstsein zutage, das mit dem Nationalgefühl allerhöchstens verknüpft ist.

Ein Fünftel der Bewohner des Nordens versteht sich nur als Zugehörige der Region, der Provinz bzw. der Stadt. Ein solches Zugehörigkeitsgefühl zum engen Lebenskreis ist im Süden kaum anzutreffen. Die Bindung an die subnationalen Einheiten ist hier weit unter dem nationalen Durchschnitt ausgeprägt.

Fast genau zehn Jahre später scheint dieser Typ der Zugehörigkeit ungebrochen. Visetti (2009, S. 8) betont auf Basis einschlägiger Forschungen die „Tendenz der Italiener, sich als ... ‚und Italiener' zu bezeichnen. Italien ist wie ein Vaterland als Ergänzung und als eine Zugehörigkcit zweiter Ebene. Vor allem ist man Venetier, Sizilianer, Römer, Abruzzer. Und vorher noch Vicentiner, Turiner, Barier, Florentiner, Napolitaner, Catanier".

4.1.1.2 Überlegungen zur Revision der nationalen Autobiografie

Identität ist für Galli della Loggia (1998) durch zwei deutlich unterscheidbare Akzeptanzen geprägt. „Die erste ist diejenige, die man aus den gegebenen geografischen Rahmenbedingungen, von historischen Ereignissen (lateinisches Erbe, katholisches Vermächtnis, durch Krieg geprägte Teilung zwischen italienischen Staaten, verschiedene geschichtliche Umstände zwischen einem modernen Norden und einem feudalen Süden, ausländische Invasionen) und schließlich den anthropologischen Sedimentationen (Schläue, ausgeprägter Individualismus, fest verankerter Korporativismus, Familiensinn und amoralische Familienbindung, Transformismus[2]) erschließen kann". (1998, S. 171).

---

2   Transformismus meint das beständige Hin und Her in der Regierungsführung, begründet im Versuch der norditalienischen Industriellen, die Großgrundbesitzer des Südens, die ihre Verbündeten bei der Nationalstaatsgrün-

Die zweite Akzeptanz ergibt sich aus der Selbstdarstellung der Italiener, aus ihrer Fähigkeit, sich als eine Nation wahrzunehmen.

Über diese Motivation der Bürger, einer Gemeinschaft anzugehören, wird eine Nation aufrechterhalten. Sie ist geknüpft an „Loyalität und Solidarität" (Thode 2009). Diese für die nationale Identität essentielle Bindung besitzt keinen Vertragscharakter, impliziert aber gewisse Rechte und Pflichten der Bürger im Handeln für die Gemeinschaft und der Gemeinschaft gegenüber dem Bürger.

Das wesentliche Band dieses Selbstverständnisses ist „die Geschichte, also die Idee einer gemeinsamen Vergangenheit und eines Gedächtnisses, die unserer Gegenwart dennoch nicht ihre Werte und Ziele aufzwingt, sondern dazu beiträgt, das Wesen der kollektiven Seele wiederzuentdecken". (Galli della Loggia, 2009) Insofern die Geschichte die autobiografische Selbstdarstellung eines Volkes darstellt, haben die Diskussionen seit den neunziger Jahren auch die Funktion, in der Vergangenheit die „Wurzeln des aktuellen Italiens" (Crainz 2009) zu suchen.

Markant ist in diesen Diskussionen die Bereitschaft zu tiefgreifenden Revisionen bislang unverrückbarer Pfeiler des Nationalbewusstseins Italiens, sozusagen der nationalen Autobiografie (ebda.). Die eine Revision ist die „prinzipielle Infragestellung des *Risorgimento*-Konzepts als Ideologie des unitarischen italienischen Nationalstaats". (Galli della Loggia 2009, S. 1). Die zweite Revision betrifft das Selbstverständnis, dass die Italiener sich nach dem Kriege selbst vom Faschismus befreiten und, unabhängig von der ideologischen Selbstverortung, in der Widerstandsbewegung Seite an Seite standen, um dem Land eine neue Zukunft zu eröffnen. Die dritte Revision geht um die Tendenz einer Neudefinition der „süditalienischen Frage".

Die Einigungsbewegung mit dem Erfolg der vollzogenen nationalen Einheit *(Risorgimento)*[3] wird zunehmend von der Mythenbildung des Werks großer Männer befreit, die den Durchbruch Italiens in die Moderne bewirkten. Von einigen Autoren der aktuellen italienischen Geschichtsschreibung wird dagegen der hohe Preis der Konfrontation des „Italiens der weitgehend analphabetischen, Dialekt sprechenden, verarmten und ausgebeuteten Massen einerseits und des Italiens der Funktionäre in Justiz und in der Öffentlichkeit, der Offiziersklasse und dem Königshaus andererseits" betont. (Laven 2006) Über die Sprache und eine von Piemont definierte Hochkultur gelang die Überwindung des Gegensatzes zweier Italien eben nicht. (ebda, S. 262)

Auch war der von Piemont durchgesetzte unitarische und zentralistische Staat nicht zwingend die vor dem Hintergrund der tiefen subnationalen Identität und Realität Italiens angemessene Staatsform. Der unitarischen Optik wird heute zunehmend die Perspektive der zentrifugalen Kräfte entgegengesetzt. Scirocco kommt in seinen sozialgeschichtlichen Forschungen zum Ergebnis, dass „ein unabhängiger italienischer Nationalstaat um 1820 und auch darüber hinaus höchstens als föderativer Zusammenschluss mehr oder weniger autonomer Einzelstaaten erwogen" (Scirocco 1990 nach Daum 2006) worden ist.

---

dung waren, politisch einzubinden und faktisch zu neutralisieren. Der *trasformismo* beherrschte die politische Szene etwa zwischen 1861 und 1923. Auch deshalb konnten die herrschenden politischen Kräfte dem Siegeszug der Faschisten wenig entgegensetzen.

3   *Risorgimento* heißt wörtlich Wiederauferstehung und konnotiert mehr oder weniger bewusst das neue nationale Streben mit dem als glorreich apostrophierten Römischen Reich.

Die Stadt- und Regionalstaaten des voreinheitlichen Italiens stellten eine machtvolle wirtschaftliche, gesellschaftliche, politische und kulturelle Realität dar und zogen eine starke subnationale Identifikation der Elite wie der meisten Bürger auf sich. „Diese Regionen und Städte, die in Bereichen der frühmodernen Bildung von Sub-Staaten wie Italien, Deutschland und den Niederlanden am stärksten waren, stellten einen Ort für Patriotismus, politische Diskussion und Politik dar. Lang etablierte politische Praktiken, das Wirtschaftswachstum, oder die Verfassungsgarantien innerhalb föderaler Strukturen erlaubten es Städten wie Turin, Venedig, München, Hamburg und Barcelona, ihre Bürgerkulturen zu schützen, und, indem sie auf der Komplementarität von Regionalismus und Nationalismus bestanden, der Radikalisierung der Politik im Zentrum entgegen zu wirken. Selbstverständlich … ermutigten diese städtischen und regionalen Traditionen und Machtzentren das Aushandeln von Interessen innerhalb moderater und zusammengesetzter statt unitarischer und exklusiver politischer Systeme". (Baycroft/Hewitson 2006, S. 9) Auch die These des allseits empfundenen Drucks, angesichts des Hegemoniestrebens von Napoleon zu Beginn des 19. Jahrhunderts zur nationalen Einheit zu kommen, lässt sich nach den neusten Forschungen nicht umstandslos als Gen der nationalen Einheit reklamieren. Broers (2008) hält dagegen, dass „im Gegenteil der französische Imperialismus auch ohne die Mitwirkung der lokalen Eliten effektiv war. Im Resultat traten nach 1814 traditionelle Einheiten weitgehend unverändert wieder auf und dominierten das Leben in Norditalien nach 1859 weiter". (Broers 2008)

Im Zuge dieser verstärkten Betonung der Realitäten der subnationalen Einheiten Italiens sprechen sich einige Forscher auch für eine Neubewertung der süditalienischen Frage aus. Die Debatte um anthropologische und/oder kulturelle Wurzeln einer Inferiorität des Südens gegenüber dem modernen Norden erhält neue Einsichten. „Ist erstmal deutlich geworden, wie dort die Debatten über sexuelle Moral, eheliche Konventionen und politische Ordnung allesamt von derselben Sorge der wissenschaftlichen und politischen Eliten über den Wandel der Massengesellschaft in einem zwischen Norden und Süden zerrissenen Italien motiviert waren, so erweist sich die Inferioritätsthese als Instrument zur Errichtung bzw. Aufrechterhaltung regionaler und geschlechtsspezifischer Hegemonien". (Daum 2006)

Der nationale Einheitsstaat bewegte sich somit von Beginn an in einer reduzierten, durchlöcherten nationalen Identität. Gegenpunkt waren Partikularismen und Lokalismen, die das wesentliche Prinzip der „Zivilregion" (Rusconi 1999), nämlich das Bewusstsein der „gemeinsamen Geschichte und des Willens, eine Gemeinschaft zu bilden" (Thode 2009, S. 38), von Beginn an nur rudimentär entstehen ließen.

Die Zivilregion war, so die Analysen einiger Historiker, seit der nationalen Einigung brüchig, hatte eine eher geringe Kohäsionskraft und büßte durch die Geschehnisse vor und nach dem Zweiten Weltkrieg weiter an Bindekraft ein. Der nationale Einheitsstaat verlor dann weiter an Legitimation im Zuge des Versagens, akzeptable soziale Lebensverhältnisse zu schaffen.

Dann spitzte sich der Wahn des Nationalen im Faschismus zu: „Mussolini hatte besser als jeder andere italienische Politiker begriffen, wie das Auftreten der Massen in der Politik die Gesellschaft verändern musste. Auf den Spuren der Theoretiker Sorel und Le Bon nutzte er die politische Spreng- und Legitimationskraft vorgefundener Vergangenheits- und Zukunftsmythen. Sein Bekenntnis zu Italien sollte seine Landsleute wieder aufrichten, wenn er die

Italiener als ‚ein Volk von Helden, Dichtern, Künstlern, Heiligen, Entdeckern, Erfindern, See-fahrern, Auswanderern' pries. Das musste den meisten Italienern gefallen". (Petersen 1995)

Auch vor dem Mythos der *Resistenza* macht die Revision der Geschichtsschreibung nicht halt. Eine breite Strömung (siehe Daum 2006) sieht in der Gegenüberstellung der kommu-nistischen gegen die katholischen Blöcke in der Widerstandsbewegung eine Bestärkung der Zerrissenheit und des Mangels an nationaler Identität. Die Befreiung war danach weniger ein Ereignis nationalen Engagements als vielmehr das Werk der Alliierten. Diese Tatsache grub sich laut Galli della Loggia tief in das brüchige Nationalbewusstsein der Italiener ein: „Das Gefühl war bei sehr vielen Einwohnern der Halbinsel verbreitet, dass die Niederlage in Wirk-lichkeit einen anderen Grund hatte und Ausdruck wie Manifestation von etwas viel Gravie-renderem und Tiefgründigem war: der ethisch-politischen Schwäche ... der Italiener". (Galli della Loggia 2003, S. 5)

Die Idee der Nation, beschmutzt und karikiert im Faschismus Mussolinis, erlitt durch diese Schmach eine weitere Trübung. Die scharfe Gegenüberstellung von politischen und ideologischen Blöcken mit der kommunistischen Bewegung und dem Katholizismus und ihren parteipolitischen wie gewerkschaftlichen Bewegungsformen[4] prägte demgegenüber die italienische Realität spätestens mit dem Hinauswurf der beiden großen Linksparteien *KPI* und *PSI* aus der Nachkriegsregierung durch Ministerpräsident De Gasperi im Mai 1947 bis gegen Mitte der achtziger Jahre.

Ein Grund für die getrübte nationale Identität und demgegenüber die unverminderte Prä-gekraft der lokalen Identitäten ist die jahrzehntelang bewiesene Unfähigkeit des italienischen Staates, innerhalb des Landes für einen sozialen Ausgleich und damit für gleiche Lebens-und Entfaltungschancen zwischen den Italienern zu sorgen. Nach 150 Jahren Existenz als einheitliche Nation ist das Land tief gespalten zwischen Nord und Süd, zwischen aktiver Be-völkerung und Nicht-Erwerbspersonen, zwischen alt und jung oder zwischen modernen Un-ternehmen und ums Überleben ringenden (Schein-)Selbstständigkeiten. Zunehmend wird in Frage gestellt, für die allfälligen Aufgaben und Krisen im Leben die Unterstützung des Staa-tes zu suchen.

Galli della Loggia verweist, wenn auch mit aller Vorsicht, aber auch auf ermutigende Chancen für ein stärkeres Nationalgefühl unter den Italienern auf Basis des relativen Mo-dernisierungserfolges in den letzten zwanzig Jahren: „Heute scheint die Voraussetzung dafür, dass die Italiener sich untereinander verstehen, dieselben Erfahrungen teilen, sich also auf der Ebene des konkreten Lebens ähnlich fühlen, tatsächlich erfüllt. Diese langsamen Verän-derungen wurden dank des Engagements von mehr als einer Generation verwirklicht, dank Präfekten, die sich vom Norden in den Süden begaben, dank Lehrern, die beschlossen, die eigene Sprache und die eigenen Bräuche in anderen Regionen zu verbreiten, sowie dank der Wehrpflicht, die die Begegnung mit anderen Italienern aus fernerer Orten erzwang. Heute ist es möglich, dass man italienischer ist, nicht nur im Vergleich zu vor hundert Jahren, sondern auch im Vergleich zu vor fünfzig Jahren". (Galli della Loggia 2009)

---

4   Galli della Loggia (1996) spricht von der Aufteilung der italienischen Gesellschaft in Stammesideologien. (Galli della Loggia *et al.*, 1996)

4.1.2 Die Tendenz zum Individualismus

Das schwach ausgeprägte Nationalbewusstsein befördert die Herausbildung einer „Gesellschaft von Individuen". (Elias *et al.* 1988) Der „Protagonismus des Individuums" (Censis 2010, S. 9) hat sich seit den siebziger Jahren als eine der drei großen kulturellen Strömungen neben der Kultur des *Risorgimento* und den reformistischen Bestrebungen nach dem Kriege herausgebildet. Diese Strömung zentriert sich auf die individuelle Subjektivität, den Wettbewerbsgeist und das freie Spiel der Kräfte. Dies stellt einen in der westlichen Welt beobachteten säkulären Trend dar. (für Viele Putnam 1995, Beck 1986) Diese Tendenz ist ambivalent zu beurteilen.

Auf der einen Seite kann sie als Emanzipation von kollektiven Zwängen traditioneller Gemeinschaftsformen verstanden werden. Die Individuen entwickeln und prägen ihre Existenz mit gesellschaftlichen Bindungen in einer Spannung zwischen Individualität und Verbundenheit. Alle Länder Europas sind seit der Aufklärung diesen Weg gegangen. In anthropologischer wie soziologischer Sicht ist der Gegensatz von Individuum und Gemeinschaft ein scheinbarer Gegensatz, insofern sich Individuen nur in Gemeinschaften entfalten können und Gemeinschaften autonome Individuen brauchen.

Auf der anderen Seite hat der Individualismus in einer reduzierten Variante eine gemeinschaftsschädigende Seite. Was in der aktuellen Diskussion in Italien kritisch angemerkt wird, meint den Individualismus als Wertehaltung und als soziale Strategie der Interessenverfolgung und der Beharrung auf dem eigenen Weg entgegen gesellschaftlich akzeptierter Werte. Mit Blick auf die Folgen für die Zukunft wird angemerkt, dass die Integrationsmechanismen zwischen Individuen und Gemeinschaft im Individualismus zum Nachteil der Gemeinschaft gestaltet sind. Danach befindet sich Italien seit einigen Jahren auf dem Wege zur Erlebnis- und Sensationsgesellschaft.

Was viele Beobachter hieran beunruhigt, ist die zuweilen radikale Abkehr von dem bisher als unumstößlich geltenden Wert der kollektiven Verfolgung der Bedürfnisse der Individuen als gesellschaftliche Bedürfnisse, die ein Handeln der Politik begründen. Bei allen Unterschieden stellt diese Optik die große Klammer der drei großen kollektiven Kräfte der Nachkriegszeit Italiens, der sozialistischen, der kommunistischen und der katholischen Strömung, dar. Dieser Grundkonsens ist in gewissen sozialen Kreisen nachhaltig gefährdet.

„Wer Garantien für sein Leben im Alter benötigt, glaubt nicht mehr an die Lösung seines Problems durch die Rentenreform. Wer seinen Kindern eine erstklassige Ausbildung ermöglichen will, setzt nicht mehr auf die Reform der Schule oder der Universität. Wer die Dramatik seiner Beschäftigungssituation erkennt, glaubt nicht an die Lösung des Problems durch eine angemessene Arbeitsmarktreform. Wer die Schwerfälligkeit und Ineffizienz der Bürokratie erkennt, glaubt nicht daran, dass es eine Reform der öffentlichen Verwaltung geben wird". (Censis 2010a, S. 9)

Die Art Gesellschaft zu entwickeln und das Gemeinwesen zu koordinieren, steht auf dem Spiel, wenn sich die Tendenz, „es selber zu tun", weiter durchsetzt. Nach dem Fall der Berliner Mauer und dem Ende der großen Ideologien tritt an die Stelle geteilter Werte der ethische Subjektivismus.

Dieser Subjektivismus mit dem Opfer der kollektiven Reformbemühungen ist nach Ansicht vieler Beobachter mit dem Erfolg der *Lega Nord* und dem Regierungsstil der Mitte-rechts-Regierungen Berlusconis seit Mitte der neunziger Jahre zum dominanten Stil der Problemlösung geworden. Wenn der Staat als Unternehmen zu verstehen ist, wird Politik als Ausgleich von Interessen explizit negiert. Wenn die Lösung der wirtschaftlichen, sozialen und kulturellen Probleme zwischen Norden und Süden durch Separation der Erfolgreichen und Modernen von den ‚Parasiten' und Traditionalen angestrebt wird, gibt es keinen konsensualen Weg in Solidarität und Verbundenheit.

Die Umkehr in den Werten und im Modus von Politik im dominanten Subjektivismus ist umso gravierender, als kommunitäre Lösungswege auf der Basis enger familiärer Einbettungen immer zu den Markenzeichen der italienischen Gesellschaft gerechnet wurden.

Tabelle E-3 Durchschnittliche Standardwerte zur Beteiligung für 20 Länder

Rang	Land	Beteiligung (gesamt)	Freiwillige Vereinigungen	Sozial- und Hilfeverhalten	Konventionelle politische Aktivitäten	Protestaktivität
1	Norwegen	0,95	0,88	0,63	1,56	0,72
2	Österreich	0,90	1,09	0,98	1,07	0,45
	Schweden	0,90	0,86	0,62	0,27	1,83
4	Dänemark	0,70	0,67	0,94	0,38	0,86
5	Deutschland	0,56	0,14	0,92	0,27	0,93
6	Finnland	0,42	0,38	−0,15	0,61	0,83
7	Niederlande	0,39	0,75	0,98	0,01	−0,19
8	Belgien	0,35	0,60	0,53	0,02	0,26
9	Ver. Königreich	0,33	0,25	−0,00	0,02	1,04
10	Israel	0,23	0,14	0,48	0,64	−0,32
	Luxemburg	0,23	0,67	−0,10	0,28	0,05
	Irland	0,23	0,67	−0,10	0,28	0,05
13	Frankreich	0,08	−0,42	−0,08	−0,00	0,81
14	Slowenien	−0,50	−0,44	0,23	−0,72	−1,06
15	Spanien	−0,66	−0,62	−0,75	−0,70	−0,56
16	Portugal	−0,73	−1,14	0,18	−0,62	−1,32
17	ITALIEN	−0,91	−0,57	−1,15	−1,02	−0,89
18	Polen	−1,06	−1,39	−1,00	−0,61	−1,26
19	Ungarn	−1,18	−1,18	−1,61	0,64	−1,27
20	Griechenland	−1,23	−1,33	−1,36	−1,00	−1,21

Legende: Die Zahlen sind die Durchschnitte der standardisierten Indikatoren, wobei ein hoher Wert mehr Beteiligung anzeigt. Die Länder sind nach den allgemeinen Beteiligungswerten sortiert. Die beiden abweichenden Beteiligungstypen (Wahlen und rechtmäßige Demonstrationen) sind nicht in der Berechnung einbezogen.

Quelle: Newton/Giebler (2008), S. 18.

Dies wurde je nach Positionierung als Fundament für Demokratie und Lebensglück (Putnam 1995) oder als Zeichen der Rückständigkeit interpretiert.

Italien gehört nach einer europaweiten Umfrage[5] zu den Ländern mit der geringsten politischen und gesellschaftlichen Beteiligung. Die Bevölkerung zeigt hiernach nur ein geringes politisches Interesse (33 Prozent), das nur noch in Griechenland und Spanien niedriger ist. Politische Diskussionen gehören nicht selbstverständlich zum Alltag (52 Prozent in Italien), ganz im Gegensatz zu den Ländern Skandinaviens (zwischen 84 und 94 Prozent) oder zu Deutschland (82 Prozent).

Auch hinsichtlich formaler Mitgliedschaften sowie informeller Treffen mit Freunden, Verwandten und Arbeitskollegen hat Italien weit unter dem Durchschnitt liegende Beteiligungswerte. Selbst bei der Geselligkeit liegen die italienischen Werte ca. acht bis zehn Prozent hinter den Spitzenreitern.

Bei den verbindlicheren gesellschaftlichen Beteiligungen wie der formellen Mitgliedschaft in humanitären Vereinigungen liegt Italien deutlich zurück (15 Prozent gegenüber ca. 30 Prozent in Skandinavien bzw. 21 Prozent in Deutschland). Das Bild ändert sich nicht beim Aspekt informelle Hilfe, wo Italien ganz am Ende des Rankings steht.

In der weiteren Auswertung der Beteiligungswerte zeigen sich klare Unterscheidungslinien zwischen den Ländern Nordeuropas einerseits und den Ländern Süd- und Mitteleuropas andererseits: „Länderlevel von Beteiligung sind am besten durch drei Arten von Faktoren erklärbar. Der erste und stärkste ist der gesellschaftliche und politische Rahmen durch Rechtmäßigkeit, Recht und Ordnung und einem niedrigen Niveau von Korruption. Der zweite besteht in der politischen Gestaltung von Regierungseffektivität, Demokratie, Ausgaben für öffentliche persönliche Dienstleistungen und (in geringerem Masse) politische Stabilität. Der dritte Faktor bezieht die ökonomischen Variablen des Wohlstands und seines Korrelats, der Lebenserwartung, ein". (Newton/Giebler 2008, S. 29)

Besorgniserregend aber beim konstatierten geringen Nationalgefühl und stark ausgeprägtem Individualismus ist der Befund aus der Auswertung der *ESS*-Surveys hinsichtlich des „Vertrauens eines Volkes in seine Mitbürger". Italien hat hier den niedrigsten Wert (40 von 100 möglichen Punkten).

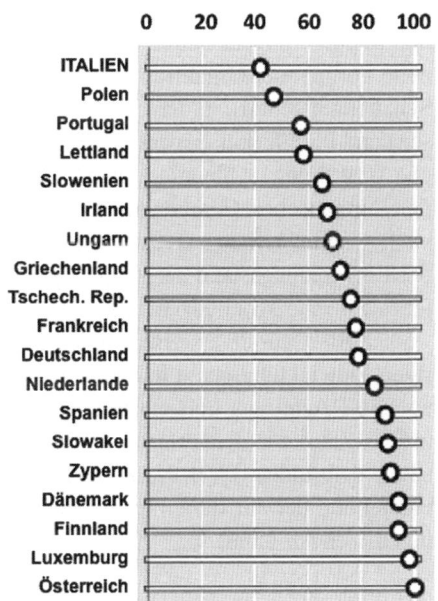

Abbildung E-1 Vertrauen in Mitbürger

Quelle: Immerfall *et al.* (2010), S. 34.

5   In einer Sekundärauswertung des *European Social Survey (ESS)* von 2002/2003 identifizieren Newton/Giebler (2008) „Muster der Beteiligung in Politik und Gesellschaft in 22 Nationen". (Newton/Giebler 2008) Herangezogen wurden Länder aus West- und Zentraleuropa. Die Autoren stellen zunächst eine hohe Konsistenz in den Ausprägungen der politischen und gesellschaftlichen Beteiligung der Bürger fest. Damit sind stabile Muster erkennbar.

Die Analytiker des *Censis* beobachten aber in der Krise eine Gegentendenz zum vorherrschenden Subjektivismus. Da die Kräfte des Einzelnen durch die Wucht der Krise überfordert wurden, gab es auch kommunitarische Bewältigungsstrategien mit der Unterstützung durch die Familie und, auf das Gemeinwesen bezogen, eine vorher so nicht bemerkbare Tendenz zur Kooperation.

Dies bezieht sich auch auf die verstärkten Initiativen von Kommunen, mit anderen Kommunen, mit Handelskammern, Provinzen und Regionen zur Bewältigung der großen Aufgaben zur Überwindung der Folgen der Finanzkrise zusammen zu arbeiten. Hier stieg diese Bereitschaft spürbar an. (Censis 2010b, S. 38)

Ermutigend ist auch der doppelte Wahlerfolg der Mitte-links-Konstellationen in den Kommunalwahlen und den vier Referenden vom Juni 2011. Sie gerieten, auch durch das Verhalten der Exponenten des Berlusconismus, zu einem Votum gegen die aktuelle Regierung und ihren Politikstil. Es bleibt zu beobachten, ob sich hierin das Bedürfnis nach einer anderen Politik und einem anderen Politikkonzept schrittweise und nachhaltig Bahn bricht.

4.1.3   Die zögerliche Modernisierung von Gesellschaft und Politik

Der rote Faden in den 60 Jahren der Analyse von Wirtschaft, Gesellschaft und Politik ist die unterentwickelte Modernisierung des Landes, dabei insbesondere des Südens. In allen Leistungsvergleichen der letzten Jahre zieht sich dieser Befund als Kernmerkmal durch die Schlussfolgerungen: Italien muss sich in allen Bereichen stärker modernisieren und traditionelle Formen der Organisation von Wirtschaft (Familienunternehmen, Kleinstunternehmen, Schattenwirtschaft), in der Gesellschaft (organisierte Kriminalität, ineffizientes Bildungswesen) und Politik (intransparentes Parteiensystem, verbreitete Korruption, ineffektive öffentliche Verwaltung) schleunigst abbauen. Nur so kann Italien versuchen, die (illusionären) Ziele der Europäischen Gemeinschaft, wie sie im Lissabonner Vertrag von 2003 festgelegt sind, auch nur annähernd zu erreichen. Die Wettbewerbsfähigkeit in der neuen Globalisierung und der Entwicklungsstand der zivilen Gesellschaft werden nur verteidigt werden können, wenn jedes einzelne Mitgliedsland erhebliche Anstrengungen in dieser Richtung unternimmt.

Ein Blick auf diverse Benchmarking-Reports aus der jüngeren Zeit verdeutlicht den niedrigen Entwicklungsstand Italiens im Jahre 2011.

Die Darstellung konzentriert sich auf die Reports, die mit sehr hoch aggregierten Indizes arbeiten[6] wie dem *Human Development Index*, dem *Sustainable Governance Indicator* sowie dem Index des *World Economic Forums* zur Messung der Wettbewerbsfähigkeit. Die Vorstellung der auf Italien bezogenen Ergebnisse des *Corruption Perceptions Index* schließen diesen Abschnitt ab.

---

6   Für die Zielsetzungen dieser Studie ist es nicht notwendig, auf methodische und statistische Fragen einzugehen. Der Leser wird auf die im Literaturverzeichnis aufgeführten Originalquellen verwiesen.

Der Entwicklungsstand Italiens (Human Development Index)

Mit dem *Human Development Report* berichtet die OECD jedes Jahr seit 1990 über die Ausprägungen des *Human Development Index (HDI)* in den OECD-Ländern[7]. Der *HDI* zielt auf eine Beurteilung der Entwicklung eines Landes auf breiterer Datenbasis. Wohlstand und Lebensqualität sind danach nicht angemessen mit den konventionellen Kriterien des Bruttoinlandsprodukts, der Einkommensentwicklung und der Wachstumsrate der Wirtschaft allein zu messen.

Er umfasst die Bereiche Gesundheit, Bildung und Einkommen, die wiederum in eine Anzahl von Indikatoren untergegliedert sind.

Abbildung E-2 Die Ergebnisse des Länderrankings nach dem SGI

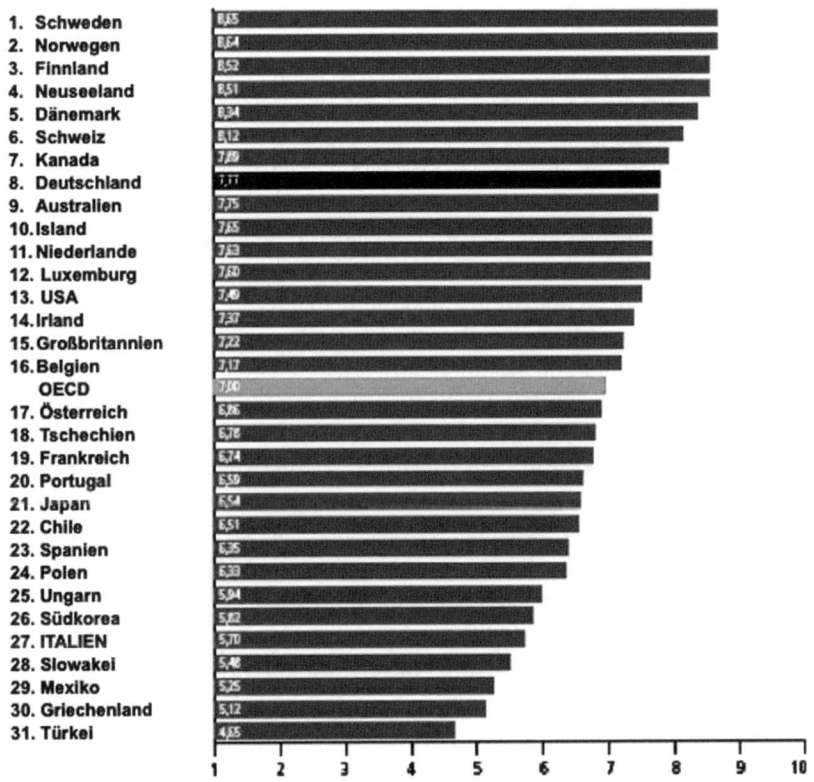

Legende: Der Status Index der SGI misst dabei den Reformbedarf eines Landes mit Blick auf folgende Aspekte. Erstens: Wie steht es um die Qualität des rechtsstaatlich-demokratischen Rahmens eines Landes ? Zweitens: Wie erfolgreich sind die OECD-Staaten bei der Realisierung nachhaltiger Politikergebnisse im Rahmen einer sozial verantwortlichen Marktwirtschaft?

Quelle: Bertelsmann Stiftung (2011), S. 3–4.

7   OECD HDR (2010)

Im Betrachtungszeitraum von 1980 bis 2010 stieg Italiens *HDI* nur bescheiden mit 0,7 Prozent jährlich von 0,703 auf heute 0,854. Damit steht das Land auf dem 23. Platz von insgesamt 169 Ländern.

In der Analyse der einzelnen Komponenten des *HDI* sind unter anderem die hohe Streuung der Einkommensverhältnisse zwischen den Wohlhabenden und den Ärmeren anzumerken. Die Diskriminierung der Frauen (u. a. durch den erzwungenen früheren Eintritt ins Rentenalter) ist ein weiterer negativer Aspekt hinsichtlich der *Human Development* in Italien. Bei einigen ökonomischen Fundamentalindikatoren wie dem Bruttoinlandsprodukt pro Kopf fällt Italien deutlich hinter die führenden Nationen aus Skandinavien oder Japan zurück. Die Spitzenposition hat Italien zusammen mit Ländern wie Japan, der Schweiz oder Island nur bezüglich der durchschnittlichen Lebenserwartung (über 82 Jahre).

Die Qualität des Regierungshandelns (Sustainable Governance Indicators)
Der SGI misst die Qualität des Regierungshandelns zur Sicherstellung der Zukunftsfähigkeit in 30 entwickelten Industrienationen der Organisation für wirtschaftliche Zusammenarbeit (OECD). Gemessen wird die Regierungsfähigkeit der einbezogenen Länder anhand der Kriterien: „politisches und ökonomisches Leistungsniveau", „Qualität der Demokratie", „Exekutivfähigkeit" und „Beteiligungskapazität". Aus den Werten zu den ersten beiden Aspekten wird der Status-Index erstellt, aus den beiden letzteren der Management-Index.[8]

In der Ergebniszusammenfassung werden die beiden Extremländergruppen hervorgehoben: „In der Spitzengruppe dominieren mit Schweden, Norwegen, Finnland und Dänemark die nordeuropäischen Länder. Gleichzeitig sind mit dem angelsächsisch geprägten Neuseeland und der kontinentaleuropäischen Schweiz aber auch zwei Länder vertreten, die eine deutlich andere politisch-kulturelle Tradition aufweisen … Die niedrigsten Werte verzeichnen schließlich Ungarn, Südkorea, Italien, die Slowakei, Mexiko, Griechenland und die Türkei". (Bertelsmann Stiftung 2011, S. 22)

Italiens Leistung wird als sehr niedrig eingestuft. Besonders nachteilig sind die kraftlose Arbeitspolitik, die hohen Steuern und die Regulierungshürden. Hinzu kommen eine enorme Steuerhinterziehung und eine ausgeprägte Korruption. Die Schattenwirtschaft ist intakt.

Im Regierungshandeln fehlen alle Voraussetzungen, um eine nachhaltige Entwicklung des Landes zu unterstützen. Die demokratischen Institutionen werden als „durch ständige Ausfälle beschädigt" bewertet. Die Medien sind gezwungen, sich an der rechten Mehrheitspartei auszurichten. Eine ineffiziente Justiz, Polizeigewalt und Diskriminierung von Immigranten, Minderheiten und Frauen unterminieren die Bürgerrechte. Sozialmaßnahmen sind „großzügig, aber schwach gezielt ausgerichtet". Da Familienpolitik gleichsam nicht existiert, verzichten viele Familien darauf, Kinder zu haben. Umweltprobleme sind besonders im Süden gravierend. Forschung und Entwicklung sind unter dem OECD-Durchschnitt und das Erziehungs- und Bildungswesen insgesamt ist ineffizient. Folglich liegt Italien unter 30 Ländern auf dem fünftletzten Platz.

Wegen der immer wieder schwierigen Regierungskonstellationen ist Regierungshandeln oft reaktiv, kaum langfristig angelegt und wenig auf Kooperation auch mit den anderen Re-

---

8 Zum Untersuchungskonzept und insbesondere zur Operationalisierung der Kriterien siehe die Darstellung in (Bertelsmann Stiftung (2011), S. 14 f.

gierungsebenen ausgerichtet. Viele Italiener haben sich von der Regierung abgewandt und sind mehrheitlich politikverdrossen. Die Verbände sind zu stark an ihren Eigeninteressen orientiert.

Die Wettbewerbsfähigkeit der Wirtschaft (World Economic Forum)
Untersuchungsgegenstand des *Competitiveness-Index* des *World Economic Forums* ist das Umfeld, das in einem Land herrscht, um eine möglichst hohe Wettbewerbsfähigkeit zu erreichen. Zwölf Bereiche werden in die Analyse einbezogen (siehe Abbildung E-2), für deren Messung wiederum Daten zu 111 Indikatoren ausgewertet werden. (Schwab *et al.* 2010)

Auch in diesem Ranking belegt Italien fast durchweg hintere Ränge. Das Land liegt auf Platz 48 hinter der Spitzengruppe der ersten zehn Länder: die Schweiz, Schweden, Singapur, die USA, Deutschland, Japan, Finnland, die Niederlande, Dänemark und Kanada. Italien fällt hinter Länder aus Osteuropa wie Litauen und Estland zurück und hat auch das Nachsehen gegenüber Portugal, Belgien und Luxemburg, denen sie in der Wirtschaftsleistung, gemessen am Bruttoinlandsprodukt, überlegen ist.

Besondere Schwächen Italiens sind, wie Abbildung E-3 überaus deutlich zeigt, die Qualität der Institutionen sowie der Entwicklungsstand der verschiedenen Märkte. Der Arbeitsmarkt ist rigide strukturiert, was Beschäftigungsmöglichkeiten verbaut. Der Finanzmarkt

Abbildung E-3 Komparative Einschätzung Italiens

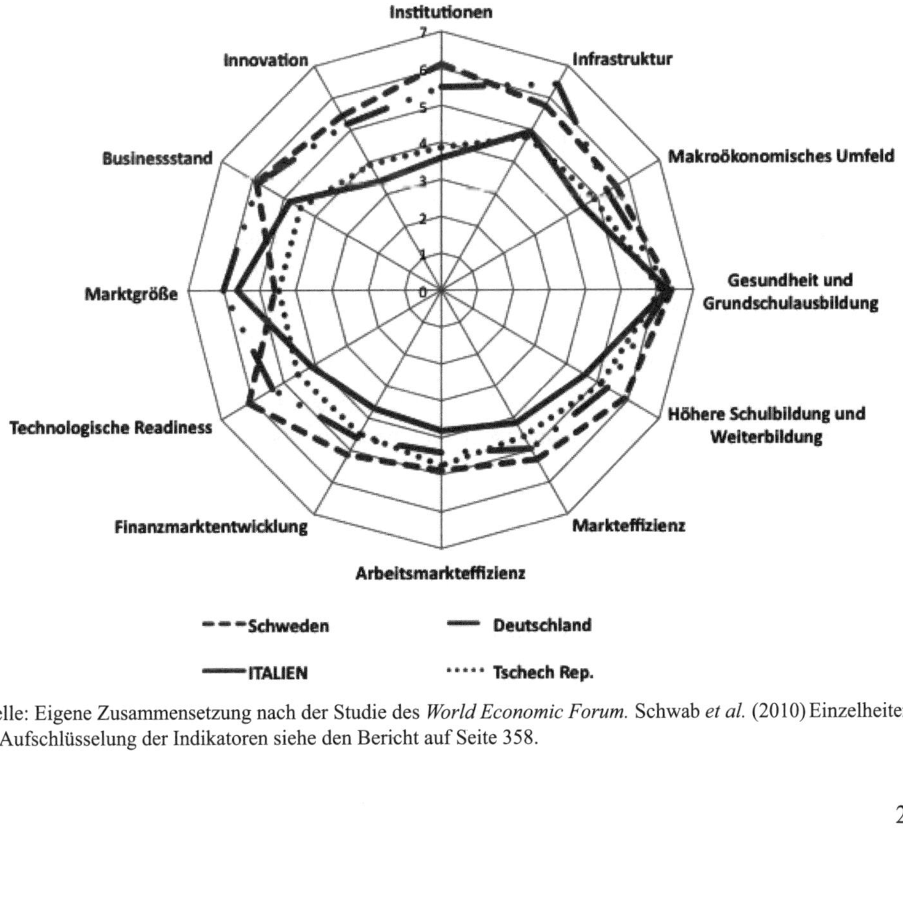

Quelle: Eigene Zusammensetzung nach der Studie des *World Economic Forum*. Schwab *et al.* (2010) Einzelheiten zur Aufschlüsselung der Indikatoren siehe den Bericht auf Seite 358.

stellt nicht in ausreichendem Maße Finanzmittel zur Verfügung. Gravierend auch der Rückstand des Bildungssystems. Der Justiz wird keine ausreichende Unabhängigkeit von der Regierung bescheinigt. Korruption und das Ausmaß der organisierten Kriminalität tragen dazu bei, ausländische Investoren abzuschrecken. Allein im Gesundheitssystem verzeichnet das Land kompetitive Verhältnisse.

Stärken hat Italien in der Zuliefererstruktur mit der Besonderheit der Cluster, also lokalen und regionalen Konglomerationen von kooperierenden Unternehmen und Forschungsinstitutionen. Bei diesem Indikator steht das Land auf dem ersten Platz. (Schwab *et al.* 2010, S. 480) In der Rangliste schlägt sich auch das Image Italiens als Produzent hochwertiger Waren nieder. Günstig ist die Marktstruktur Italiens: das Land hat weltweit den neuntgrößten Binnenmarkt, was bedeutende Skalenerträge ermöglicht.

Ausmaß der Korruption (Corruption Perceptions Index)
Der *Corruption Perceptions Index* von *Transparency International* wird aus 13 Quellen von zehn unabhängigen Institutionen im Lande ermittelt. Gemessen wird die Wahrnehmung von Korruption im öffentlichen Sektor.[9] Die Länder mit wenig wahrgenommener Korruption sind Dänemark, Neuseeland, Singapur, Finnland, Schweden, Kanada, die Niederlande, Australien, die Schweiz und Norwegen.

Italien steht hier auf dem 67. Rang und damit auf einer Stufe mit Problemländern mit scheiternden oder schwachen Staaten wie Ruanda und knapp vor Georgien oder Kuba. Innerhalb Europas liegt Italien auf dem 27. Rang von 30 Ländern.

4.2 Konzeptioneller Rahmen

4.2.1 Der Ansatz des Produktions- und Politikregimes

Als tragendes theoretisches Fundament der Studie wird das Konzept des „Produktions- und Politikregimes" eingeführt. Es ermöglicht die Steuerung der „Analysen der Wechselwirkung von ökonomischer Performanz – beschrieben in Kennziffern der Produktivität und Innovation –, Beschäftigung und Wohlfahrt mit den innovativen wie retardierenden Entwicklungen des gesellschaftspolitischen Institutionengefüges auf der Mikro- und Makroebene von Politik und Ökonomie". (Naschold 1997, S. 22)

Mit diesem Konzept werden die Verhältnisse in Wirtschaft, Gesellschaft und Politik über die Analyse von Einzelfaktoren hinaus als „Komplementaritätsverhältnis politischer, sozialer und ökonomischer Merkmale" (ebda.) erkennbar und als „Ensemble von Institutionen, Praktiken und Normen ... – vor allem auch und immer noch auf der Ebene des Nationalstaates" verstanden. (ebda., S. 28)

Um die Komplementarität verschiedener Strukturen rekonstruieren zu können, geht die Studie transdisziplinär vor. Ansätze und Analysen der vergleichenden Politikwissenschaft, der Volkswirtschaft, der Geschichtswissenschaften und der Soziologie werden in die eigene

---

9 Für detaillierte Ergebnisse und die Darstellung der Methodologie siehe http://www.transparency.org/policy_research/surveys_indices/cpi/2010/in_detail#2 (04.03.2011).

Darstellung einbezogen. Wesentliche Erklärungsansätze zum Verständnis der Spezifik des politischen Systems Italiens werden aus den Konzepten der Regierungslehre gewonnen. Mit Lijpharts (Lijphart 1999) Differenzierung zwischen Konsens-/Konkordanztheorie und der Mehrheitsdemokratie kann das Regierungssystem Italiens komparativ eingeordnet werden. Tranfaglia (Tranfaglia 2010) stößt als Vertreter der Auffassung, Italiens politisches System habe sich unter den Mitte-rechts-Regierungen Berlusconis zu einem autoritären Staat mit starken populistischen Zügen entwickelt, eine Auseinandersetzung zum Charakter des italienischen politischen Systems an. Die Arbeiten von Czada (Czada 2003) und Tsebelis (Tsebelis 2002) zu Vetospielern tragen dazu bei, jenseits der formellen Politikstrukturen Kräfteverhältnisse zwischen den Akteuren in Politik und Gesellschaft besser zu verstehen.

4.2.2   Italien als „gemischte Marktwirtschaft"

Der Ansatz der *Varieties of Capitalism* (etwa: Vielfalt der Kapitalismus-Typen) *(VoC)* liefert ein Rahmenwerk zum Verständnis der Unterschiede und Ähnlichkeiten zwischen entwickelten Gesellschafts- und Wirtschaftssystemen hinsichtlich ihrer institutionellen Arrangements. Je nach den Ausprägungen der Institutionen zur Steuerung der Wirtschaftsaktivitäten und ihrer sozialen, rechtlichen und politischen Rahmenbedingungen entwickeln sich Gesellschaften und gestaltet sich Politik. Aus langjährigen Analysen (Soskice 1994; Vitols *et al.* 1997)) hat sich die Auffassung herauskristallisiert, dass sich Gesellschaften gemäß Entwicklungspfaden zweier Grundtypen bewegen: den liberalen Marktökonomien *(liberal market economies, LME)* und den koordinierten Marktökonomien *(coordinated market economies, CME)*.

Hauptvertreter der *LME* sind die USA, Großbritannien, Kanada, Australien und Neuseeland. Wichtige Länder der *CME* sind Deutschland, Schweden, die Schweiz, die Niederlande, Norwegen, Österreich, Dänemark und Japan.

Diese beiden Typen unterscheiden sich im Wesentlichen darin, wie die Unternehmen als die zentralen Akteure in kapitalistischen Ökonomien die Koordinierungsprobleme mit Blick auf andere Akteure auf fünf Gebieten lösen: 1. Die industriellen Beziehungen, 2. Berufsausbildung und Weiterbildung. 3. Finanzen und Investitionen, 4. Die Beziehungen mit anderen Unternehmen, etwa in der Wertschöpfungskette oder als Kunden und 5. Die Beziehungen mit den Beschäftigten. (siehe dazu Hall/Soskice 2001)

Die Koordinierung im liberalen Marktmodell *(LME)* verläuft eher nach den Regeln des Wettbewerbs und Transaktionen erfolgen eher in einer Kurzfristperspektive. Dagegen ist die Koordination in koordinierten Marktwirtschaften *(CME)* signifikant über das Aushandeln von Positionen zwischen den sozialen Akteuren, vor allem den Vertretern von Gewerkschaften und Arbeitgebern, gekennzeichnet. Der manifeste Ausdruck dieser Typik ist das deutsche Mitbestimmungssystem. Die Ausbildungsinstitutionen bewegen sich in *LME* mehr nach den Marktgesetzen, während sie in den *CME* ebenfalls Gegenstand der Verhandlungen im Spannungsfeld von Politik und Gesellschaften sowie von Regierungsverantwortlichen und Verbändevertretern sind.

Mittlerweile wurde ein weiterer Kapitalismus-Typ in den Ansatz der *Varieties of Capitalism* eingeführt, die „gemischte Marktwirtschaft *(MME)*" (Molina und Rhodes 2007) bzw. „staats-zentrierte Marktwirtschaft". (Schmidt 2002) Italien und Spanien bilden die vorrangigen Realfälle dieses Typs. Charakteristikum dieser *MME* ist vor allem die herausragende Rolle des Staates bei den genannten Koordinationsaufgaben. Er erhält diese Rolle, weil die sozialen Akteure eine nur eingeschränkte Fähigkeit habe, diese Koordination funktional zu gestalten. Im Resultat gewinnt der Staat dann eine Eigendynamik, die die sozialen Kräfte blockiert. Die Mittel des Staates sind Finanzmittel, Regulation, Eigenengagement in der Wirtschaft und auch die Bildung von Institutionen.

Länder wie Italien sind nach Molina und Rhodes durch die Spezifik einer hohen institutionellen Inkohärenz und dem augenscheinlichen Fehlen von Komplementaritäten gekennzeichnet. „Sozialsysteme in Südeuropa haben typischerweise einen geringen sozialen Schutz und schützen eher die Beschäftigten. Geringe Niveaus von sozialem Schutz halten von Investitionen in spezifischen Skills ab. Das heißt aber auch, dass ein niedriges Qualifikationsniveau ein Engagement der Unternehmen in Hochtechnologieaktivitäten behindert. Im Produktionsregime helfen ein geringerer Wettbewerbsdruck in Folge eines hohen Niveaus von Produkt- und Marktregulation und Staatseingriff dabei, stabile Beziehungen zwischen Banken und Industrie aufrecht zu erhalten und das Wachstum der Finanzmärkte zu begrenzen". (Molina/Rhodes 2007, S. 227)

In solchen inkohärenten Systemen lohnt es sich nicht, spezifische Fertigkeiten und Aktivitäten zu entwickeln und für ihre Entwicklung Ressourcen aufzuwenden. Stattdessen bestehen „starke Anreize, in ein Asset zu investieren, nämlich politische Macht. Dadurch entstehen starke klientelistische Verbindungen oder wechselseitig nützliche Beziehungen zwischen politischen Parteien und ihrer flankierenden Organisationen einschließlich der Gewerkschaften". (Molina/Rhodes 2007, S. 228)

Erweiterung des Ansatzes der Varieties of Capitalism
In den hier herangezogenen Konzepten wird eine enge Kopplung von sozialem System der Produktion oder Produktionsregime einerseits und bestimmten Sphären von Politik, zumeist Sozialpolitik, Arbeitsmarktpolitik, Finanzmarktregulation oder Regionalpolitik andererseits untersucht. Im Ansatz der integrierten Sicht auf das Produktions- und Politikregime wird ein Schritt weitergegangen, indem die Funktionsweisen des politischen Systems, der Demokratie und der öffentlichen Verwaltung selbst thematisiert und als Bestimmungsfaktoren für die Qualität des Gemeinwesens und seiner Zukunftsfähigkeit untersucht werden.

4.2.3 Grundmuster des italienischen Produktions- und Politikregimes

Die Literatur zum Vergleich von Kapitalismen entwickelter Länder bietet eine ganze Reihe von Charakterisierungen des italienischen Kapitalismus, der für die Bestimmung des Produktions- und Politikregimes umgedeutet werden kann. Die betrachteten Kriterien sind für das Produktionsregime die Sektorstruktur, die Unternehmensstruktur, die Struktur der verschiedenen Märkte sowie Institutionen zur Versorgung der Unternehmen mit Produktionsfaktoren und die Kooperationsstrukturen in der Wirtschaft.

Das Politikregime wird anhand der Kriterien Machtstrukturen, Parteien- und Verbändesystem, Koordinationsstrukturen, Wohlfahrtssystem und Qualität der öffentlichen Verwaltung beschrieben.

Als wichtigste Merkmale des italienischen Regimes lassen sich unter knappem Hinweis auf die herangezogene international vergleichende Literatur die folgenden Punkte bestimmen:

- Die italienische Wirtschaft hat eine Spezialisierung auf hochwertige Haushalts- und Konsumgüter (Modeartikel, Armaturen, Möbel etc.). Im Hochtechnologiesektor ist das Land kaum präsent. Die Automobilindustrie bleibt weiterhin eher auf dem heimischen Markt stark.
- Die Faktormärkte entsprechen nicht den Anforderungen einer wettbewerbsorientierten Wirtschaft. Unternehmenswachstum lässt sich nur in geringem Maße mit der vorhandenen unterentwickelten Struktur der Finanzmärkte finanzieren, und der Arbeitsmarkt ist rigide strukturiert. Frauen sind auf dem Arbeitsmarkt benachteiligt und nicht entsprechend ihren Kompetenzen eingesetzt.
- Die Unternehmensstruktur ist nicht ausbalanciert. Einer immensen Anzahl Kleinst- und Kleinunternehmen mit ganz unterschiedlicher Leistungskraft steht eine Gruppe weniger Großunternehmen gegenüber, von denen einige überdies bis Ende der neunziger Jahre noch im Staatsbesitz waren. Mittelunternehmen gewinnen zunehmend an Bedeutung.
- Forschung und Entwicklung sind schwach gekoppelt. Kooperationen zwischen Forschungsstätten und Unternehmen sind die Ausnahmen. Das schulische Bildungsniveau ist vergleichsweise schwach. Unter den Jugendlichen gibt es eine relevante Strömung der Verweigerung und Mutlosigkeit: im Europavergleich gibt es eine erschreckend hohe Anzahl von *NEET (not in education, employment or training)*, also der Jugendlichen zwischen 15 und 34 Jahren, die keine Schule oder Hochschule besuchen, keiner Beschäftigung nachgehen und keine Weiterbildung betreiben.
- Mit Blick auf die Unternehmensstrukturen sind immer noch die Pyramidalstrukturen unter der Hegemonie von Großunternehmen einerseits sowie die enge Verflechtung zwi-

Tabelle E-4   Grundmerkmale des italienischen Produktions- und Politikregimes

Produktionsregime	Politikregime
I. Sektorstruktur und Makrostrategien: Spezialisierung in hochwertigen Konsum- und Haushaltswaren sowie im Werkzeugmaschinenbau; geringe Exportorientierung, unterentwickelte Dienstleistungen; unterentwickelte Finanzmärkte; rigider Arbeitsmarkt; geschützte binnenwirtschaftliche Sektoren	I. Politik- und Machtstrukturen: Dezentral und hochfragmentiert, Klientelismus und Ineffizienz der Regierungs- und Verwaltungsapparate; starke Struktur von Vetospielern; massive Steuerhinterziehung
II. Unternehmensstruktur: Dualismus von wenigen Großunternehmen und Myriade von Kleinst- und Kleinunternehmen; wenige nationale Champions; geringe Qualifikationsstruktur; unterentwickelter Technologietransfer; unterentwickeltes nationales Innovationssystem; Schattenwirtschaft	II. Verbände, Korporationen: soziale Akteursstruktur mit geringer Kooperationspraxis; ausdifferenzierte Gewerkschaften, Arbeitgeberverbände, Kammern und Berufsvereinigungen
III. Interorganisatorische Kooperationsstruktur: definierte Kooperationsverflechtungen in Wertschöpfungskette (‚Pyramidalstruktur'); leistungsfähige, breit vertretene industrielle Distrikte.	III. Staatlichkeit: Ausgedehnter Bereich informeller Institutionen: organisiertes Verbrechen, ausgedehnte Korruption

Quelle: Eigene Zusammenstellung.

schen Unternehmen (und lokalen Regierungsstellen) in industriellen Distrikten andererseits charakteristisch.

Bezogen auf das Politikregime stechen folgende Merkmale hervor:

- Eine hohe Fragmentation zwischen den Bereichen und innerhalb der Strukturen des politischen Systems. Die Folge sind starke Abhängigkeiten der Regierungen von instabilen und z. T. wechselnden Akteurskonstellationen.
- Die Einnahmen- und Ausgabenseite des Staatshaushalts wird durch diese fragile Akteursstruktur unbalanciert. Hohen Kosten für klientelistische Politik stehen wegen massiver Steuerhinterziehung vergleichsweise geringe Steuereinnahmen gegenüber.
- Eine auf die Gesamtgesellschaft bezogene Koordination zwischen den vielfältigen und zersplitterten sozialen Vereinigungen ist nicht gegeben. Partikularinteressen stehen im Vordergrund.
- Ein ausgedehnter Bereich informeller Institutionen, vor allem mit dem organisierten Verbrechen und vergleichsweise ausgedehnter Korruption, hintertreibt die zivile und transparente Steuerung in wesentlichen Politikfeldern.

I Wirtschaft

Italien reiht sich an der achten Stelle nach dem Bruttoinlandsprodukt (BIP) in die Gruppe der Industrieländer ein und hat sich einen Ruf als Wirtschaftsmacht vor allem in den Bereichen des Modesystems, d. h. des Designs und der Herstellung qualitativ hochwertiger Modeartikel wie Kleidung, Möbel, Einrichtungsgegenstände oder Schmuck, erworben. In ähnlicher Weise verknüpft man beim Stichwort Wirtschaft mit Italien die schnellen und eleganten Automobile aus dem Hause *Fiat*, zu dem mittlerweile Marken wie Maserati, Ferrari und Alfa Romeo gehören.

Das Bild der italienischen Wirtschaft ist genauso durch Qualitätsprodukte im Keramikbereich, im Werkzeugmaschinenbau oder beim Spezialstahl geprägt. Außerdem steht Italiens Wirtschaft im Ausland für Delikatessen bei Speisen und Getränken.

Die andere Seite der Medaille sind indes die Ausdehnung der Schattenwirtschaft und der starke Unterschied zwischen wettbewerbsfähigen und wettbewerbsschwachen Branchen sowie die Unterentwicklung des Dienstleistungssektors.

Massive Probleme existieren im Verhältnis von Ausgaben und Einnahmen im Staatshaushalt. Italien hat nach Griechenland die höchste Staatsverschuldung aller EU-Länder, was Resultat vor allem einer jahrzehntelangen Klientelpolitik ist.

1 Überblick

Italien hat einen weiten Weg hinter sich gebracht, bis es das heutige Niveau der wirtschaftlichen Betätigung erreicht hat. Aus der Abbildung I 1 ergibt sich das Bild eines enormen wirtschaftlichen Wachstums über die Jahre und Jahrzehnte, das aber nicht in einer stetigen Kurve verläuft, sondern in einem Wechsel von Perioden mittlerer Lebendigkeit, erhitzter Produktion, Krise und Stagnation. Die Wirtschaft bewegt sich in einem charakteristischen Lebenslauf von mehrjährigen Zyklen, deren Rhythmus vom Gang des Weltmarktes bestimmt wird. Die Wachstumsraten sind insgesamt, da folgt Italien dem globalen Trend, geringer geworden und die Zyklen sind damit weniger ausgeprägt als noch in den fünfziger und sechziger Jahren. Hierin reflektiert sich vor allem das Ende des enormen Wiederaufschwungs nach dem Zweiten Weltkrieg, der ökonomisch in einer Vernichtung gigantischer Ressourcen endete und damit den Boden für eine weltweit außergewöhnliche Aufwärtsentwicklung bereitete.

Das Wirtschaftswachstum flachte nach der Jahrhundertwende deutlich ab, und die Wirtschaft geriet 2008 in eine Rezession (−1,3 Prozent). Seitdem gibt es Anzeichen für eine moderate Aufwärtsentwicklung, die aber immer wieder abgebrochen wird.

Während das Bruttoinlandsprodukt (BIP) die Entwicklung des wirtschaftlichen Reichtums über den Betrachtungszeitraum zulässt, ermöglicht die Analyse des Bruttoinlandsprodukts pro Kopf einen Ländervergleich im Hinblick auf die Wirtschaftskraft eines Landes.

Abbildung I-1   Das Bruttoinlandsprodukt in jeweiligen Marktpreisen 1959 bis 1999 und seiner jährlichen Veränderung

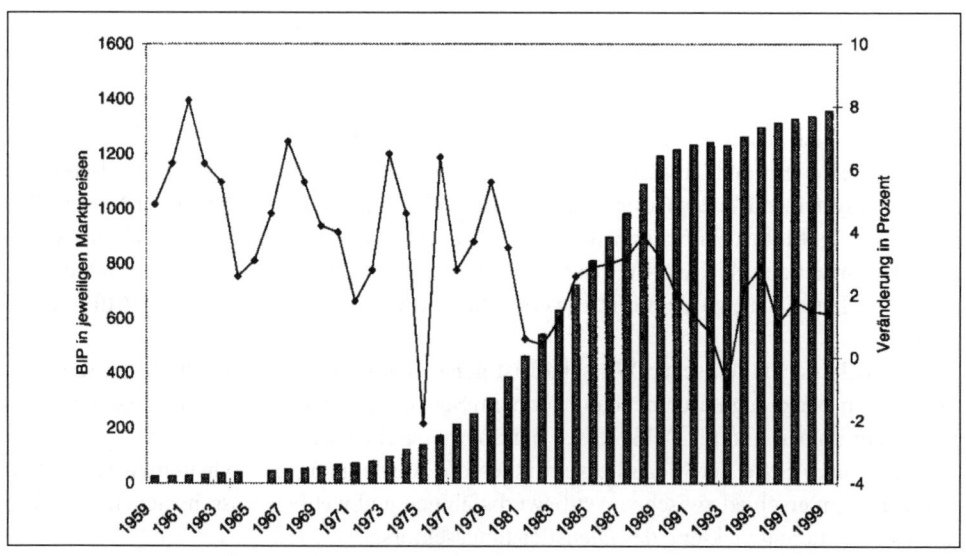

Quelle: Istat: Annuario Statistico, verschiedene Jahrgänge.

Italien liegt danach am Ende der entwickelten Länder Europas, sowohl nach dem absoluten Betrag des Pro-Kopf-Bruttoinlandsprodukt wie auch nach der Veränderungsrate. Auch ist der Zuwachs am Pro-Kopf-Reichtum zwischen 2000 und 2008 eher bescheiden, wenn man die anderen Länder heranzieht.

Die Arbeitsproduktivität ist der zentrale Indikator, um die Fähigkeit einer Nation, Reichtum und Einkommen zu erzeugen.

Abbildung I-2   Bruttoinlandsprodukt zu jeweiligen Marktpreisen (in 100 Mio. Euro) und Veränderungsraten (in Prozent)

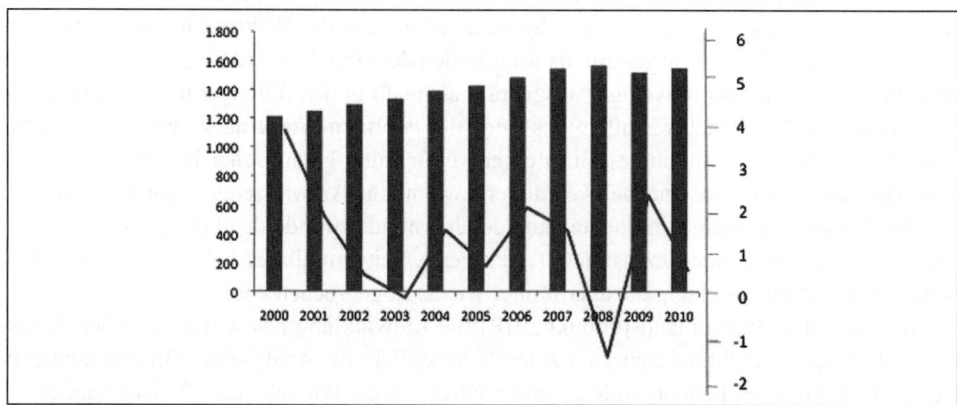

Quelle: ISTAT, http://www.istat.it, volkswirtschaftliche Gesamtrechnungen verschiedener Jahrgänge.

Abbildung I-3   Bruttoinlandsprodukt pro Kopf im internationalen Vergleich

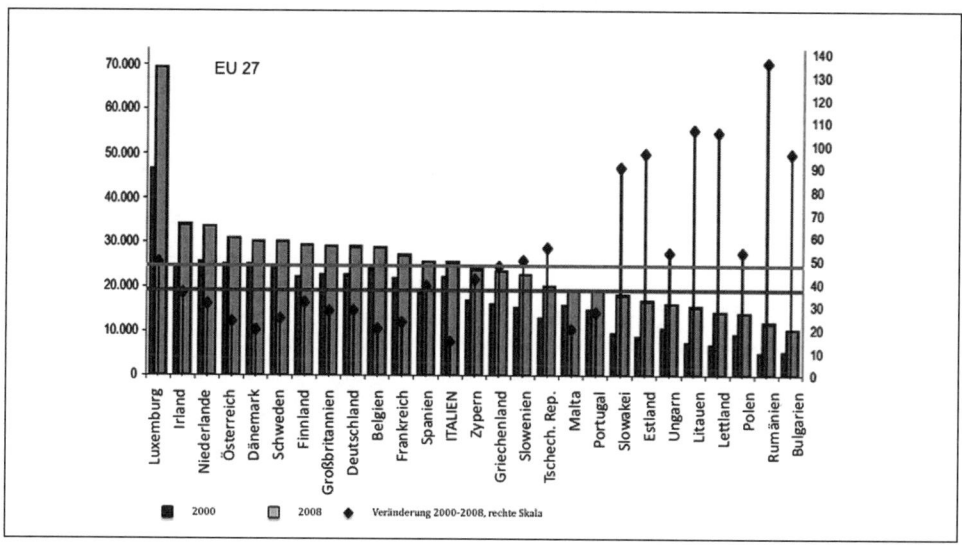

Quelle: Istat (2010d), S. 13.

Tabelle I-1   Wichtige Wirtschaftsindikatoren

Wirtschaft und Finanzen	Einheit	1995	2000	2005	2008
Bruttoinlandsprodukt (BIP), jew. Preise	Mrd. US-$	1126,6	1100,6	1780,8	2313,9
BIP pro Kopf, jew. Preise	US-$	19819	19293	30663	38996
Staatlicher Haushaltssaldo	% des BIP	−7,4	−0,9	−4,4	−2,7
Staatsschulden	% des BIP	121,6	109,2	105,8	105,7
Inflationsrate	% zum Vorjahr	5,4	2,6	2,2	3,5
Preisindex für Lebensmittel	2000 = 100	103,0	100,0	113,7	125,4
Steuer- und Abgabenquote	% des BIP	40,1	42,3	40,8	43,2
Wechselkurs, Jahresdurchschnitt	EUR je US-$	1,08	1,09	0,80	0,68
Bestand an Direktinvestitionen des Auslands	Mrd. US	65,3	121,2	224,1	343,1
Bestand an Direktinvestitionen im Ausland	Mrd. US	106,3	180,3	293,5	517,1
Nettoabfluss: Direktinvestitionen des Auslands	Mrd. US	4,8	13,4	20,0	17,0
Nettoabfluss: Direktinvestitionen ins Ausland	Mrd. US	5,7	12,3	41,8	43,8
Bruttowertschöpfung: Landwirtschaft	% des BIP	3,3	2,8	2,2	2,0
Bruttowertschöpfung: Produzierendes Gewerbe	% des BIP	30,3	28,4	26,9	27,0
Bruttowertschöpfung: Dienstleistungen	% des BIP	66,4	68,8	70,9	71,0

Quelle: Statistisches Bundesamt (2010).

33

Abbildung I-4 Wertschöpfung zu konstanten Preisen und Produktivität in Italien

Abbildung I-5 BIP pro Arbeitsstunde im internationalen Vergleich

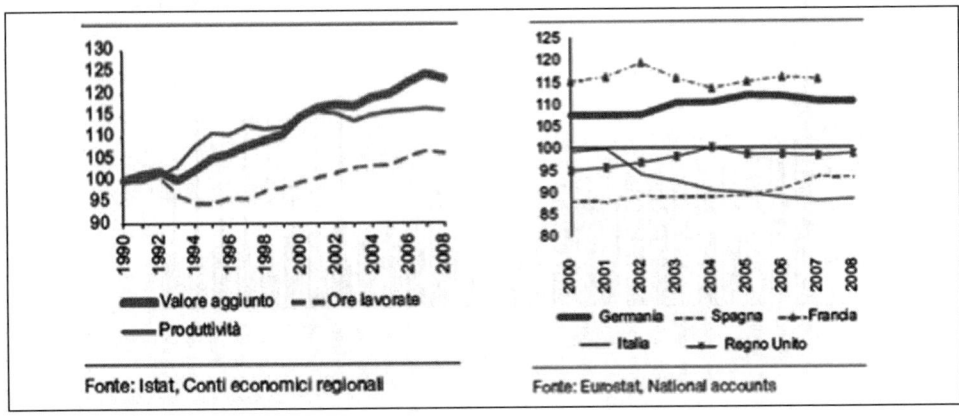

Quelle: Istat (2010d), S. 16.

Sie wird als die Anzahl der Produkte, die von einer Arbeitseinheit geschaffen wird, gemessen. In diesen Leistungsindikatoren zeigt Italien fundamentale Probleme, bezogen auf die bescheidende Entwicklung über die Jahre ab 1990 sowie im Vergleich zu ähnlich entwickelten Ländern.

2 Die großen Etappen der Wirtschaftsentwicklung

2.1 Der Wiederaufbau nach dem Zweiten Weltkrieg (1945–48)

Die Schäden, die Italiens Wirtschaft im Zweiten Weltkrieg davontrug, waren nur gering – nach Angaben der *Banca d'Italia* betrugen sie 8 Prozent des industriellen Anlagekapitals und verteilten sich überdies unterschiedlich auf die Landesteile. Insbesondere der Süden, Kampfgebiet der von Sizilien gegen die deutsche Besatzung vorrückenden alliierten Streitkräfte, trug schwere Schäden (vor allem an den Elektrizitätswerken) davon. Zudem war das Transportsystem in Mitleidenschaft gezogen: das Eisenbahnnetz zu 40 Prozent und Brücken zu 60 Prozent. Die politisch-militärische Trennung des Landes in den von der alliierten Besatzungsregierung verwalteten Süden und den von den italienischen Faschisten bzw. den deutschen Besatzern kontrollierten Norden und die vollständige Abhängigkeit von Importen für die unmittelbare Versorgung wie für das Ingangsetzen der Wirtschaft verschärften die Ausgangsprobleme in Italien.

Die nach dem Bruch der Regierung der nationalen Einheit bestimmende Linie der Wiederherstellung des freien Spiels der freien Marktkräfte des liberalen Politikers Einaudi, des „italienischen Erhard", in der Regierung De Gasperi erforderte in einem Übergangsstadium Eingriffe von innen und von außen in die Wirtschaft. Der Staat übernahm Bürgschaften für Kredite der 1947 neugeschaffenen öffentlichen Kreditinstitute, des italienischen Immobilieninstituts *(IMI)* und des Fonds für die mechanische Industrie *(FIM),* reaktivierte den von den Faschisten geschaffenen Industriegiganten *IRI* mit Staatsbeteiligung und verhalf der stark rückständigen und von sozialen Unruhen geschüttelten Landwirtschaft mit einer zaghaften Landreform und der Einrichtung der *Mezzogiorno*kasse oder Südkasse *(Cassa per il Mezzogiorno)* zumindest halbwegs auf die Beine.

Schon in den fünfziger Jahren zeichnete sich ab, auf welche Sektoren sich die wirtschaftliche Entwicklung stützen sollte und welche Bereiche demnach besondere staatliche Förderung genießen sollten. Zu den Trägern der wirtschaftlichen Entwicklung wurden vor allem die Produktion von Automobilen und anderen langlebigen Konsumgütern, die Schwerindustrie, die mit dem Beitritt zur Montan-Union Anfang der fünfziger Jahre in den Genuss der Handelserleichterungen, aber gleichzeitig der Befreiung vom Verbot von protektionistischen Maßnahmen für Italien für fünf Jahre kam, und der Tourismus sowie die Devisen der Auslandsemigranten, während traditionelle Bereiche wie die Landwirtschaft, die Textilindustrie und die verarbeitende Kleinindustrie vernachlässigt wurden.

Besondere Förderung erfuhr auch der Energiesektor, der mit der Gründung des Konzerns mit staatlicher Beteiligung *ENI* völlig neugeordnet wurde. Die Gewinnung von Methangas aus eigenen Vorräten, die Beschaffung von Rohöl und die nationale Verbreitung in einer eigens aufgebauten Petrochemie ab 1953 stellen einen wesentlichen Aktivposten in der wirtschaftlichen Bilanz Italiens in den fünfziger Jahren dar.

2.2   Die Blüteperiode

Auch die italienische Wirtschaft hatte – gleichsam im *Fiat*-500-Format – ihr Wirtschaftswunder, ohne dass Grundprobleme nachhaltig gelöst werden konnten. Den Höhepunkt der Phase der beschleunigten Industrialisierung nach dem Zweiten Weltkrieg bildet der dritte Zyklus in den Jahren 1959 bis 1964. In diesem Zeitraum erreichte die Industrie die höchsten Zuwachsraten in der Produktion (9,3 Prozent) und stieg der Anteil der Bruttoanlageinvestitionen am BIP auf durchschnittlich 22 Prozent. War bereits die Zeit von 1953 bis 1957 durch einen ähnlichen Wachstumsschub gekennzeichnet, so markiert die erste Hälfte der sechziger Jahre wegen der erfolgten sozialen Umschichtungen eine deutliche Wende. Die Arbeitslosigkeit sank von ca. 1,7 Millionen in den fünfziger Jahren auf nur noch ca. 600 000 Personen: Die Arbeitslosenquote reduzierte sich damit von durchschnittlich 7,7 auf 3,5 Prozent im Mittel der Jahre des „Wirtschaftwunders", eine Quote, die gemeinhin als Vollbeschäftigung gilt.

Diese Entwicklung hatte jedoch eine Kehrseite. Der durch die Lohnerhöhung gestiegene Bedarf an Lebensmitteln musste wegen unzureichender Eigenproduktion durch Importe gedeckt werden. Und der Süden hatte bei der allgemeinen Verbesserung der sozialen Situation wieder einmal das Nachsehen. Auf Grund der Vernachlässigung der Landwirtschaft und der verarbeitenden Industrie der südlichen Regionen setzte eine Massenabwanderung in Richtung Norden – in den hoch industrialisierten Teil des Landes – und weiter in die Bundesrepublik und die Schweiz ein, Länder, die bei der internationalen Konkurrenz um billige Arbeitskräfte ganze Heere von Arbeitsemigranten ins Land zogen. Die in Italien vorhandenen Arbeitskräfteressourcen wurden nicht in der eigenen Wirtschaft genutzt, ein Verlust, der durch Rücküberweisungen der Auslandsitaliener nur zeitweilig kompensiert wurde.

Zu einschneidenden Rückgängen der Industrieproduktion kam es nach dem Sinken des Exportwachstums 1970 und der Erhöhung des Erdölpreises 1973 – Ereignisse, die ein Land mit derart ungünstiger Auslandsabhängigkeit wie Italien besonders hart treffen mussten. Das Handelsbilanzdefizit stieg schlagartig auf 2 Mrd. Lira, 1974 sogar auf 5,5 Mrd. Das Zusammentreffen von weltweitem Konjunkturabschwung und Abhängigkeit von Lebensmittel- und Rohölimporten bei gleichzeitiger Schwäche der traditionellen Exportsektoren der italienischen Wirtschaft (Automobil-, Chemie-, Textilindustrie) beendete nachhaltig die Periode hoher Zuwachsraten der gesellschaftlichen Produktion. Es förderte die Grundprobleme zutage, die bis heute im Zentrum der Debatten um die Richtung und Instrumente der staatlichen Wirtschaftspolitik stehen: Arbeitslosigkeit, niedrige Erwerbsquoten, Staatsdefizit und die prekäre wirtschaftliche Situation Süditaliens.

In den achtziger Jahren stand die Eindämmung der Inflation im Mittelpunkt der Anstrengungen – u. a. durch eine Politik der geringen Zuwächse der Nominallöhne –, ohne dass jedoch auf Seiten der öffentlichen Haushalte entscheidende Maßnahmen einer Ausgabenkontrolle und Einnahmenpolitik unternommen wurden. Die auf die Beiträge der abhängig Beschäftigten ausgerichtete Politik hatte soziale Auseinandersetzungen zur Folge, die anlässlich der Versuche von 1983, die automatische Lohngleitklausel mit dem jeweiligen Inflationsausgleich außer Kraft zu setzen, die Interessenvertretung der Arbeiterschaft letztlich spalteten.

2.4   Die Umstrukturierung

Nach einer langen Phase der Stagnation in den achtziger Jahren, in der wirtschaftspolitisch wenig passierte, spitzten sich Anfang der neunziger Jahre die wirtschaftlichen Probleme zu. Seit 1989 befand sich die Wirtschaft im freien Fall, und 1993 verzeichnete das Bruttoinlandsprodukt (BIP) zum ersten Mal seit 18 Jahren einen Rückgang um 0,7 Prozent. Die anschließende Erholung brachte keine nachhaltige Besserung in den wesentlichen Problembereichen der Wirtschaft. Zur gleichen Zeit verstärkte sich der Druck der nationalen und europäischen Öffentlichkeit, den Zug der forcierten europäischen Integration nicht dadurch zu verpassen, dass Italien mit hoher Verschuldung, hoher Inflationsrate und einer geringen Änderungsperspektive den Anschluss an die neue Entwicklung innerhalb der Währungsunion verliert. Die Mitwirkung an der ersten Runde der Währungsunion wurde zu einer Frage des nationalen Prestiges. Die Unfähigkeit der alten politischen Klasse in den wechselnden Regierungskonstellationen der Christdemokraten und der Sozialisten führte schließlich zu einer tief greifenden Umstrukturierung der Parteienlandschaft.

Um dieses immense Werk der Umstrukturierung der Wirtschaft und des Staates in Angriff nehmen zu können, brauchte das Land neue Konzepte und Persönlichkeiten. Die rigide Politik der Ausgabenbeschneidung und Einnahmensteigerung seit 1992 bescherte Italien den Eintritt in die Währungsunion und internationalen Respekt angesichts der mehr als ungünstigen Ausgangslage und der gravierenden Grundprobleme, die allerdings auch zu Beginn des neuen Jahrhunderts einer grundsätzlichen Lösung harren.

Italien wurde nicht so massiv von der Finanz- und Wirtschaftskrise getroffen, weil es, so paradox es für das Land mit dem achtgrößten Bruttoinlandsprodukt weltweit klingt, „ausreichend unmodern" ist. Eine andere Ausdrucksweise für diesen Tatbestand ist, dass das Land mit einigen Elementen seiner Lebensweise für die Wirkungsweise der Krise nicht angreifbar war. Die Krise war zunächst und wesentlich eine Finanzkrise mit Auswüchsen der Spekulation mit Immobilien und nachher Derivaten. Für diese Manöver bestanden in Italien keine geeigneten Voraussetzungen. Der Finanzsektor war nie in dem Maße von der Produktivwirtschaft entfernt, die Banken waren immer eng an das Territorium und angestammte produktive Tätigkeiten geknüpft, die Eigentumshäuser und -wohnungen waren zum großen Teil abbezahlt.

Die italienische Regierung musste kein einziges Bankhaus retten. Es platzte auch keine Immobilienblase. Kreditprüfungen sind hier strenger. Die Häuser und Wohnungen im Besitz sind zum großen Teil abgezahlt. Die Zahl der nicht bedienbaren Häuserkredite blieb 2008 niedrig. Überdies ist das Land besonders flexibel, insofern sich in der Schatten- oder Untergrundwirtschaft (siehe Kapitel 2.6) immer Überlebensmöglichkeiten bieten und da sowohl Unternehmen wie auch Arbeit durch Familienvermögen in Form von Ersparnissen und Hausbesitz geschützt sind. Insofern sich folglich eine vergleichsweise spezifische Form des Kapitalismus gegen die Überdrehungen des Turbokapitalismus erhalten hat, konnte Italien die Wirtschafts- und Finanzkrise vergleichsweise weniger beschadet überstehen als manche anderen Länder Europas. Aber die strenge Sparpolitik der Regierung, die auch wegen der hohen Staatsverschuldung gefahren wurde, verstärkte die schwache Wirtschaftsentwicklung seit den neunziger Jahre. Die Rezession des Jahres 2008 war mit 1,3 Prozent tiefer als jemals zuvor.

Italien leidet über Jahrzehnte an einer anhaltenden Investitionsschwäche (siehe Abbildung I-6), die auch nicht durch Sondermaßnahmen nach dem Gesetz *Tremonti II* beseitigt werden konnte, das unter anderem eine Steuerermäßigung auf Investitionen vorsah, wenn diese 50 Prozent über dem Durchschnitt der Jahre 1996 bis 2000 lagen. Zudem konnten Ausgaben für die Aus- und Weiterbildung der Beschäftigten eines Betriebes von der Steuer abgezogen werden. Aufgrund der Engpässe im Haushalt fehlen der öffentlichen Hand Mittel für öffentliche Investitionen.

Italien hat angesichts seiner hohen Altschulden in dieser Zeit die Kreditaufnahme nicht beschleunigt und konnte deshalb vom billigen Kreditfluss nicht profitieren.

Auf der Nachfrageseite war in den letzten Jahren nur wenig Bewegung zu beobachten. Obwohl die Anschaffung von Automobilen kräftig gefördert wurde – befristet bis 2003 war die Zulassungssteuer für Neuwagen von 350 auf 50 Euro gesenkt und bis Ende 2002 der Kauf umweltfreundlicher Automobile steuerlich begünstigt worden –, stagnierte der private Konsum aufgrund der Verringerung der Kaufkraft angesichts der im Euroraum vergleichsweise hohen Inflationsrate von 3,3 Prozent (2008), und der Export trat auf der Stelle. Der Anteil des Landes am weltweiten Export sank von 4,5 Prozent im Jahre 2000 auf 3,4 bis 4 Prozent in 2008/09.

Unter diesen Umständen verwundert die hohe Verschuldung des Staatshaushalts nicht. Trotz einiger Erfolge beim Rückgang der akkumulierten Verschuldung von 121,5 Prozent des Bruttoinlandsprodukts 1994 auf 119 Prozent 2010 steht Italien in diesem Punkt in Euro-

Abbildung I-6   Nettoinvestitionen im internationalen Vergleich 2010
(in Prozent des Nettoinlandsprodukts)

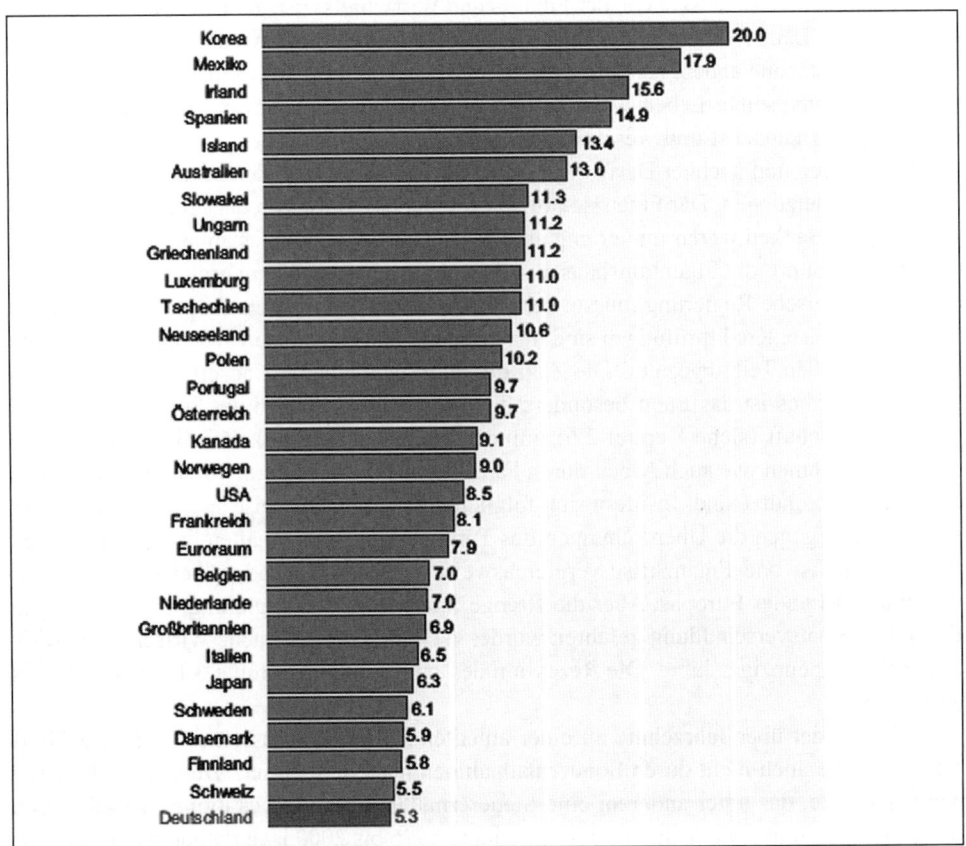

Quelle: OECD, National Accounts of OECD Countries, Band I „Main aggregates" und Band II „Detailed Tables"; Ifo Schnelldienst 20/2010, S. 7.

pa hinter Griechenland an der Spitze und ist beständiger „Kandidat" von Defizitverfahren der EU-Kommission.

Die bescheidenen Beschäftigungsgewinne seit 2002 konnten nur durch eine vorsichtige Deregulierung der Teilzeitbeschäftigung sowie der befristeten Anstellungsverhältnisse und durch nachhaltige Veränderungen in der Rentengesetzgebung erzielt werden. Der Anteil der Beschäftigten im Alter von über 50 Jahren stieg 2003 auf 16,2 Prozent (zum Vergleich: 14,6 Prozent 1997), da die Anwartschaft zum Bezug von Altersrente mit dem Gesetz von Lamberto Dini von 1995 zunehmend angehoben und – mit dem Finanzierungsgesetz von 2002 – der gleichzeitige Bezug von Rente und sonstigen Einkommensarten eingeschränkt worden ist.

Die Arbeitslosenquote liegt nach wie vor auf einem hohen Niveau, nach den letzten Berechnungen in 2009 bei 7,8 Prozent (im April 2011 bei 8,1 Prozent). Die regionalen Schwankungen sind enorm: Während der Nordwesten mit 5,8 Prozent und der Nordosten mit

4,7 Prozent fast Vollbeschäftigung verzeichnen und Mittelitalien vergleichsweise erträgliche 7,2 Prozent Arbeitslose aufweist, beläuft sich die Arbeitslosenquote im Süden des Landes – im *Mezzogiorno* – auf dramatische 12,5 Prozent. (Istat 2011c, S. 247)

Die amtierende Regierung Berlusconi vermochte es nicht, den Elan der Modernisierung, der durch die Erfordernisse der Anpassung Italiens an die Europäische Union, insbesondere zur Erfüllung der Anforderungen zur Teilnahme an der Europäischen Währungsunion im Jahre 1997, gegeben war, in schlüssige Konzepte umzusetzen. Dies betraf insbesondere die Neuordnung der Steuergesetzgebung und die Reduzierung der Inflation, die zu beachtlichen Erfolgen geführt hatte. Zug um Zug zog sich der Staat aus den Unternehmen mit Staatsbeteiligungen zurück – er hatte hier zuvor eine starke Rolle gespielt – und stieß eine nachhaltige Welle der Deregulierung und Liberalisierung an. Diese Anfangserfolge gegen Ende der neunziger Jahren haben jedoch keine anhaltende Steigerung der Leistungskraft der italienischen Wirtschaft bewirkt, zumal sich die neue Regierung nicht konsequent um eine Fortführung der Maßnahmen auf diesen und anderen Problemfeldern bemühte.

2.6   Die Schattenwirtschaft

Die Berechnungen des Bruttoinlandsprodukts sind in Ländern wie Italien immer lückenhaft, da von einem beträchtlichen Anteil nicht deklarierter Wirtschaftstätigkeit und an nicht versteuertem Einkommen auszugehen ist. Naturgemäß sind Zahlen über das Ausmaß der Schattenwirtschaft[1] nicht zu erhalten. Schätzungen gehen aber sämtlich in die Richtung, dass die

Tabelle I-2   Ausmaß der Schattenwirtschaft in Europa (in Prozent des BIP)

OECD Länder	Durchschnitt 1989/90	Durchschnitt 1999/00	2008	2009	2010
Dänemark	10,8	18,0	16,6	16,9	17,2
Deutschland	11,8	16,0	14,2	14,6	14,7
Finnland	13,4	18,1	13,8	14,2	14,3
Frankreich	9,0	15,2	11,1	11,6	11,7
Griechenland	22,6	28,7	24,3	25,0	25,2
Irland	11,0	15,9	12,2	13,1	13,2
ITALIEN	22,8	27,1	21,4	22,0	22,2
Niederlande	11,9	13,1	9,6	10,2	10,3
Österreich	6,9	9,8	8,1	8,5	8,7
Portugal	15,9	22,7	18,7	19,5	19,7
Schweden	15,8	19,2	14,9	15,4	15,6
Spanien	16,1	22,7	18,7	19,5	19,8

Quelle: Schneider (2010a), S. 453; für 2008 f Schneider (2010b).

---

1   Eine taugliche Definition stammt von Dell'Anno (2003). Danach gehören zur Schattenwirtschaft „solche Aktivitäten, die die Regulierung, Besteuerung oder Beobachtung durch die Regierung umgehen oder sonst wie vermeiden". (Dell'Anno 2003).

„untergetauchte Wirtschaft" oder „Untergrundwirtschaft" in Italien eine beträchtliche Größe erreicht hat. Nach Berechnungen des *CENSIS* umfasst der Schwarzmarkt ungefähr 19 Prozent von Italiens Bruttoinlandsprodukt mit einem Gesamtwert von ungefähr 275 Md. Euro. (Censis 2010b, S. 41) Andere Schätzungen sehen den Anteil bei 22 Prozent des BIP.

Laut Schätzungen des *CENSIS* „stellt die Schwarzarbeit in Kampanien 92 Prozent der Landwirtschaft, 30 Prozent in der Industrie, 67 Prozent in der Landwirtschaft, 67 Prozent im Bauwesen, 40 Prozent im Handel also insgesamt 49 Prozent des Arbeitskörpers". (zitiert in Stella/Rizzo 2008, S. 150)

2.7 Weiterbestehen von Strukturproblemen trotz Teilerfolgen bei der Modernisierung

Im Verlauf der wirtschaftlichen Entwicklung sind wesentliche Erfolge erreicht worden. Zweifellos wurde in den letzten beiden Jahrzehnten unter dem Druck nationaler und internationaler Triebkräfte (siehe Kapitel III 3.2) eine Modernisierung von Wirtschaft und Staat angestoßen. Der immense Sektor der Unternehmen mit staatlicher Beteiligung (siehe Kapitel 5.3) ist mittlerweile fast komplett abgebaut, die verknöcherte Unternehmensgesetzgebung zugunsten eines modernen Gesellschaftsrechts aufgeweicht, der Arbeitsmarkt von manchen Beschränkungen befreit worden. Traditionell geschützte Wirtschaftszweige wie die Telekommunikation, die Chemie- und Stahlindustrie sind dem Wettbewerb geöffnet bzw. in staatlicher Regie umstrukturiert worden, der Finanzmarkt hat teilweise moderne Strukturen erhalten. Wichtige Industriebereiche wie der Schiffbau oder die Nahrungsmittelindustrie konnten sich erfolgreich an neue Anforderungen anpassen.

Abbildung I-7   Wertschöpfung pro Beschäftigtem für je 100 Euro Arbeitskosten im internationalen Vergleich (a) (2001 und 2007)

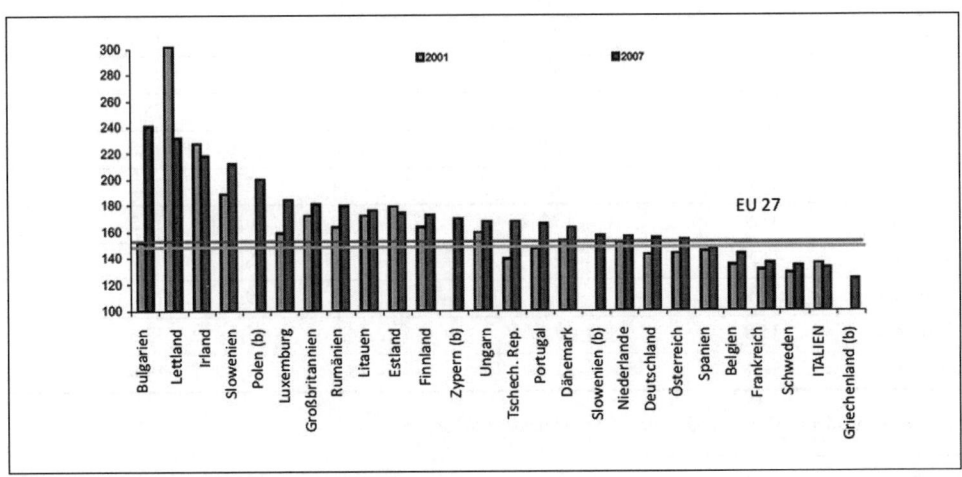

Legende: (a) Daten für Malta nicht verfügbar, (b) Daten für 2001 nicht verfügbar.

Quelle: Istat (2010c), S. 161.

Das Land hat sich seinen Ruf als relevantes Wirtschaftsland vor allem in den Bereichen des Modesystems – d. h. des Design und der Herstellung qualitativ hochwertiger Modeartikel wie Kleidung, Möbel, Einrichtungsgegenstände oder Schmuck – erworben. Zudem hat es sich einen Namen in der Produktion eleganter Automobile gemacht.

Die italienische Wirtschaft ist außerdem stark im Keramikbereich, im Werkzeugmaschinenbau, beim Spezialstahl oder im Schiffbau. Außerdem steht Italiens Wirtschaft im Ausland für Delikatessen bei Speisen und Getränken. Die andere Seite der Medaille sind die Ausdehnung der Schattenwirtschaft und der starke Unterschied zwischen wettbewerbsfähigen und wettbewerbsschwachen Branchen, ein geringes Engagement in Forschung und Entwicklung sowie die Unterentwicklung des Dienstleistungssektors.

Italien gehört zu den Ländern, die wegen der niedrigen Produktivität und der verhältnismäßig hohen Arbeitskosten die Konkurrenz der Billiglohnländer nachhaltig zu spüren bekommen. Die Länder Osteuropas sowie Fernostasiens produzieren in arbeitsintensiven Segmenten zu weit niedrigeren Arbeitskosten als die entwickelten Länder.

Unter den Bedingungen der verschärften Konkurrenz im Zeitalter der Globalisierung gerät Italien in eine bedrohliche Lage. Seit 1995 hat die Wirtschaft des Landes eine geringere Entwicklungsgeschwindigkeit im Vergleich zu anderen führenden Ländern Europas und den OECD-Ländern. Die externe Wettbewerbsfähigkeit geht zurück. Im Ranking verschiedener Quellen liegt Italien in Frage der Eignung des Landes für Unternehmenstätigkeit deutlich zurück.

Ursache und Wirkung bewegen sich in einem Teufelskreis: Da eine nachhaltige Modernisierung ausbleibt, fällt das Land international zurück, und weil dadurch die Wettbewerbsfähigkeit weiter sinkt, bleiben Direktinvestitionen aus, es fehlt an Kapital und Impulsen.

Im Sommer 2011 verschärften sich die Probleme angesichts des Wertverlusts von Aktien an den italienischen Börsen und wegen der Herabstufung der Kreditwürdigkeit Italiens durch Ratingagenturen. Der Nobelpreisträger Engle kommentiert die Lage wie folgt: „Die Spekulation verschärft sich gegen Italien, weil das Land sich in einer gefährlichen Situation befindet. Die Staatsschuld ist unverhältnismäßig hoch im Verhältnis zur Fähigkeit der Regierung, sie zu steuern und zu reduzieren". (Robert Engle in La Republica vom 19.07.2011, S. 3)

3   Wirtschaftsbereiche

Die Bedeutung der jeweiligen Wirtschaftsbereiche, die hier in der klassischen Unterteilung in der Landwirtschaft als Primärsektor, der Industrie als Sekundärsektor und den Dienstleistungen als Tertiärsektor gefasst werden, wird gemeinhin an zwei Indikatoren gemessen: dem Anteil der Bereiche an der Entstehung des Bruttoinlandsprodukts und dem Anteil der Beschäftigten pro Bereich an der Gesamtbeschäftigung. Eine Gesellschaft gilt dann als fortgeschritten, wenn sie sich von der Landwirtschaft als wirtschaftlicher Grundlage zu einer Industriegesellschaft weiterentwickelt hat. In einer verkürzten Betrachtungsweise werden weitere Entwicklungsstufen ,Dienstleistungsgesellschaft' und ,Informationsgesellschaft' apostrophiert, so als könne eine Gesellschaft auf die Industrie als ihrer materiellen Basis verzichten.

Diese massive Verschiebung der Wertschöpfung von der Landwirtschaft und der Industrie hin zum Dienstleistungssektor wird durch die Veränderung der Zusammensetzung der Beschäftigten je nach Wirtschaftsbereich eindrucksvoll bestätigt.

Abbildung I-8   Anteil der Wirtschaftsbereiche an der Wertschöpfung (in Prozent 2009)

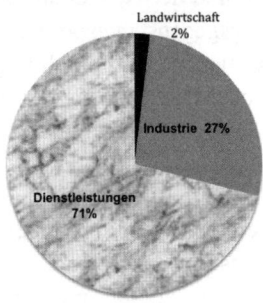

Quelle: Statistisches Bundesamt (2010).

Abbildung I-9   Anteil der Wirtschaftsbereiche an der Beschäftigung
(in Prozent, 1970 und 2009)

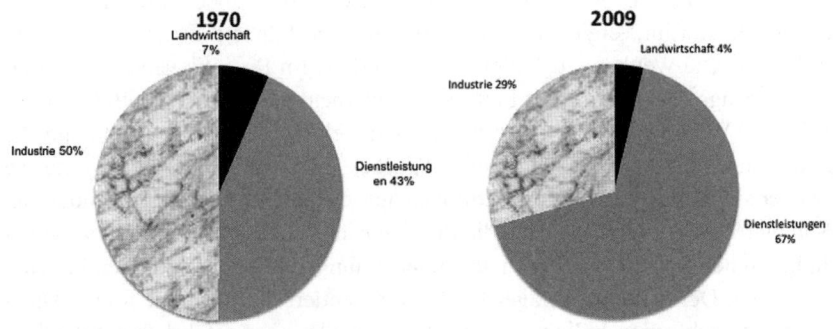

Quelle: Drüke (2000), S. 33 und Istat (2010c), S. 21.

Italien hat im Vergleich zu den sonstigen EU-Ländern eine spezifische Zusammensetzung der Unternehmen in der Industrie und im Dienstleistungssektor:

- Die Großindustrie ist nur wenig vertreten; es dominieren Kleinst- und Kleinbetriebe.
- Auch im Dienstleistungssektor bestimmen Kleinstbetriebe das Bild; Großhandelsunternehmen bilden eine nur kleine Gruppe.

3.1 Landwirtschaft

Italien hat wie jedes entwickelte Land den Umbruch von einer vornehmend agrarisch strukturierten Wirtschaft mit 11 Mio. Beschäftigten in 1860 (entsprechend 58 Prozent der Erwerbsbevölkerung) in der Landwirtschaft, über noch 8,6 Mio. in 1950 und 3,5 Mio. in 1970 bis zu der heutigen Zahl von 1,5 Mio. Beschäftigten zu einer industriellen und post-industriellen Wirtschaft nachvollzogen, dies jedoch mit einigen Besonderheiten und in unterschiedlichem Entwicklungstempo.

Abbildung I-10 Beschäftigte je nach Wirtschaftssektor und Unternehmensgröße
in den EU-Ländern

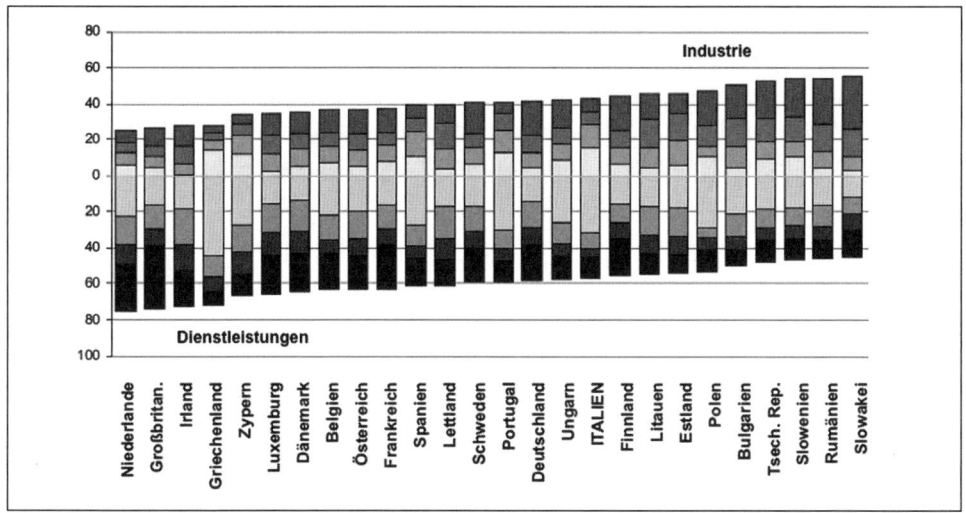

Legende: untere Hälfte im Dienstleistungssektor von unten nach oben: Großunternehmen (mehr als 250 Beschäftigte), Mittelunternehmen (50–249), Kleinunternehmen (10–49), Kleinstunternehmen (1–9 Beschäftigten); obere Hälfte Industrie: Kleinstbetriebe, Kleinbetriebe, Mittelunternehmen, Großunternehmen.

Quelle: Istat (2010c), S. 135.

Die Verringerung der Beschäftigtenzahlen geht einher mit einer Verdoppelung der Agrarproduktion nach dem Kriege, die vor allem der verbreiteten Mechanisierung der landwirtschaftlichen Aktivitäten zu verdanken ist. Den größten Entwicklungsschub erlebt Italien in den fünfziger und sechziger Jahren. Während die landwirtschaftliche Produktion noch in den Jahren 1950 bis 1970 ansteigt, wächst sie im folgenden Jahrzehnt jährlich nur noch um 1,73 Prozent. Die Investitionen nehmen nur noch um 1,55 Prozent gegenüber 4,21 Prozent in der Blütephase zu. (Drüke 2000, S. 34)

Nach 1970 ist ein massiver Umstrukturierungsprozess vorerst zum Stillstand gekommen, der nicht nur den Agrarsektor sondern die gesamte italienische Gesellschaft „umpflügte". Breite Schichten von armen und landlosen Bauern strömen in die Städte, um in der rasch wachsenden Industrie bessere materielle Bedingungen zu finden. Damit wird ein Exodus biblischen Ausmaßes in Gang gesetzt, der die ländlichen Gebiete entvölkerte und die Gehöfte häufig genug brachliegen ließ. Die Struktur der Landwirtschaft ändert sich gleichzeitig: kleinbäuerliche und kapitalistische Betriebe treten an die Stelle der großen Latifundien.

Die rasche Entwicklung der verfügbaren Einkommen und die geringere Selbstversorgung der Familien mit Lebensmitteln im Zuge der verstärkten Urbanisierung hat in den sechziger Jahren zu einer Unterversorgung mit Lebensmitteln aus der italienischen Produktion und damit zu einem enormen Import von Nahrungsmitteln geführt, der zu einer großen Belastung der Zahlungsbilanz wurde. Mit Beginn der achtziger Jahre hat jedoch ein kultureller Wandel eingesetzt, der in der Imitierung und Europäisierung der Lebensführung bestand und eine Hinwendung zu der „mediterranen Diät" (Fanfani 1998, S. 8) bewirkte, womit das verstärkte

Interesse an typischen und qualitativ hochwertigen Produkten der Nahrungsmittelproduktion aus den verschiedenen Regionen Italiens gemeint ist.

Nicht nur auf der Nachfrageseite sind größere Veränderungen eingetreten. Die Gesamtstruktur des Agrarsektors weist ein neues Profil auf: so sind landwirtschaftliche Betriebe, Landwirtschaft, Nahrungsmittelindustrie und Handel enger integriert. Große Industriekonzerne haben mehr und mehr Bereiche des Gesamtsystems übernommen und die Entwicklung von Distrikten mit hoher Konzentration an Nahrungsmittelkonzernen und/oder landwirtschaftlichen Betrieben, weitgehend in spezialisierter Aktivität, vorangetrieben.

3.1.1 Grundmerkmale der landwirtschaftlichen Betriebe

Von den 7,3 Millionen landwirtschaftlichen Betrieben in der Europäischen Gemeinschaft kommen 76 Prozent mit mehr als einer Arbeitseinheit[2] aus sechs Mitgliedsländern: Italien (19 Prozent), Polen (15 Prozent), Spanien (13 Prozent), Rumänien (12 Prozent), Griechenland (10 Prozent) und Frankreich (7 Prozent). Italien gehört zu den Ländern mit den meisten landwirtschaftlichen Betrieben, die aber zumeist sehr klein sind und einen nur geringen Mechanisierungsgrad haben.

Unter den entwickelten Ländern ist Italien das Land mit der geringsten landwirtschaftlichen Nutzungsfläche pro Betrieb: 9 ha gegenüber Deutschland 48,4 ha, Frankreich 55,7 ha und Polen 12,3 ha. (Eurostat 2010, S. 21)

Italien ist auf den Anbau landwirtschaftlicher Produkte spezialisiert: 74 Prozent der landwirtschaftlichen Fläche wird hierfür verwandt. Deutschland ist im Vergleich dazu eher auf Viehzucht spezialisiert. Das Land produziert die Hälfte des Reises in der Europäischen Gemeinschaft. Zusammen mit Griechenland ist Italien Hauptproduzent von Weintrauben zur Verwendung als Frucht und im Nachtisch. Das Land ist gemeinsam mit Frankreich der Hauptproduzent von Wein. Ein weiteres wesentliches Produkt sind Oliven, wo Italien einen Anteil von 24 Prozent der EU-Produktion hat.

Die landwirtschaftlichen Betriebe in Italien arbeiten mehrheitlich mit einer eher überkommenen Arbeitsweise anstatt mit hoher Mechanisierung. Der Anteil der hochintensiven Betriebe[3] beträgt 23 Prozent und liegt damit weit hinter den Niederlanden mit fast 80 Prozent oder Deutschland mit 70 Prozent der Betriebe. (ebda., S. 134)

Umsatz der landwirtschaftlichen Produkte
Den Hauptanteil am Umsatz hat der Verkauf von Gemüse mit über zwei Dritteln, gefolgt von Tierprodukten (18,3 Prozent) und Schlachttieren (13,2 Prozent). Der Blick auf die Arbeitsbeziehungen in der Landwirtschaft verdeutlicht die Besonderheiten Italiens in diesem Sektor. Die Arbeit wird vornehmlich vom Bauern und seiner Familie getragen (88 Prozent des täglichen Arbeitsaufwandes). (Istat 2011a, S. 4) Die hohe Flexibilität der Arbeit im Agrarsektor

---

2 Arbeitseinheiten werden durch die Umwandlung der Arbeitspositionen, die jede im Betrachtungszeitraum beschäftigte Person abdeckt, in Einheiten von Vollzeitarbeit gebildet. In der Landwirtschaft entspricht eine Arbeitseinheit (AE) 280 tatsächlich im Betrieb gearbeitete Tagen.
3 Definiert über die Input-Ausgaben pro ha landwirtschaftlicher Nutzfläche.

wird durch den relevanten Anteil der befristeten Arbeit ausgedrückt, die im Wesentlichen aus Saisonarbeit besteht.

Regionale Spezialisierung
Hinsichtlich der geografischen Verteilung der landwirtschaftlichen Produktion reicht das früher gültige Schema einer jeweils je nach Norden und Süden spezifischen Landwirtschaft lange nicht hin. Struktur gebend ist die Konzentration bestimmter landwirtschaftlicher Erzeugung und Verarbeitung in wenigen Gebieten, während vor allem Berggegenden verlassen werden mit allen wirtschaftlichen und sozialen Folgen. So ist die Milcherzeugung auf die Provinzen Lodi, Cremona, Mantua, Parma, Reggio und Modena konzentriert. Hier findet sich auch der Großteil der Schweinezucht. Die Schafzucht verdichtet sich in Sardinien. Obst wird vor allem im Norden angebaut und verarbeitet, wobei aber nach wie vor die Plantagen um Neapel von Bedeutung sind. „Auf Grundlage der europäischen Klassifikationen wird geschätzt, dass mehr als Dreiviertel der italienischen Landwirtschaftsbetriebe heute spezialisiert sind, insofern ihr Einkommen durch nur eine Hauptproduktion bestimmt ist". (Fanfani 1998, S. 18)

Zuschüsse von der EU und vom italienischen Staat
Die landwirtschaftlichen Betriebe erhalten im Rahmen der Gemeinsamen Agrarpolitik vom italienischen Staat, also Regionen, Provinzen und Kommunen, sowie von der Europäischen Gemeinschaft zahlreiche Zuschüsse. Die Gesamtsumme beläuft sich 2008 auf fast vier Mrd. Euro. (Istat 2011a, S. 5) Den größten Anteil, nämlich 76,6 Prozent, machen die Beihilfen der einheitlichen Zahlung, die sogenannten produktionsunabhängigen einheitlichen Betriebsprämien für Landwirte in der Europäischen Union, aus.[4]

Ergebnis je nach Größenklasse
Die Kleinbetriebe in der Landwirtschaft mit weniger als einer Arbeitseinheit umfassen 72,9 aller Betriebe. Sie haben mit 20,1 Prozent einen geringen Anteil an der landwirtschaftlichen Produktion, am Umsatz (19,7 Prozent) und der Wertschöpfung (20,7 Prozent). Unter dem Aspekt der Beschäftigung spielen sie eine untergeordnete Rolle: die dort abhängig Beschäftigten machen 12,8 Prozent der Gesamtbeschäftigung und 10,6 Prozent der Arbeitskosten aus.

Veränderungen in der Landwirtschaft
Der Blick auf die Situation der Landwirtschaftsbetriebe (Tabellen I-3 und I-6, Abbildung I-11) verdeutlicht zum einen die tiefgreifende Veränderung des Sektors mit der Tendenz zum größeren Betrieb mit höherer Produktivität und zum andern die angespannte wirtschaftliche Situation der Bauern. Die Gründe liegen in dem Druck zur erhöhten Produktion auf kleiner werdender Nutzfläche, in der dominanten Rolle der Nahrungsmittelindustrie und in der Globalisierung der landwirtschaftlichen Produktion.

---

4   Produktionsunabhängige einheitliche Betriebsprämien für Landwirte in der Europäischen Union sind eine direkte Unterstützung des Einkommens des Bauern in den Bereichen: Saat, Hülsenfrüchte, Schafzucht, Rinderzucht, Olivenöl, Tabak, Milch, Zucker, Industrietomaten und Zitrusfrüchte. Der Zuschuss wird unabhängig von der Produktion gewährt und hängt damit nicht von der Quantität oder der Kultur oder Zucht, sondern von den Zahlungsansprüchen und der Betriebsfläche des Bauern ab.

Tabelle I-3   Ergebnis nach Größenklassen und Arbeitseinheiten, 2008

	Arbeitseinheiten (AE)			
	Unter 1	1 bis 10	Mehr als 10	Gesamt
	Prozentuale Zusammensetzung			
Landwirtschaftliche Betriebe	72,9	27,0	0,1	100
– davon mit Umsatz über 10 000 Euro	35,8	63,8	0,4	100
Arbeitseinheiten	35,7	61,2	3,1	100
≈ davon abhängige AE	12,8	67,5	19,7	100
Produktion*	20,1	72,7	7,2	100
≈ davon Umsatz	19,7	72,6	7,7	100
Zwischenkosten	19,1	67,8	13,1	100
Wertschöpfung	20,7	76,2	3,1	100
Arbeitskosten	10,6	68,9	20,5	100
Bruttogewinn	22,4	77,3	0,3	100
Sonstige Nettoertragskosten	29,0	67,8	3,2	100
Sozialabgaben zu Lasten des Betreibers und der Familienangehörigen	29,3	70,0	0,7	100
Bruttobetriebsergebnis	22,8	76,6	0,6	100
	Durchschnittswerte pro Betrieb (Euro)			
Produktion*	6 904	67 636	1 334 522	25 077
– davon Umsatz	6 217	62 034	1 303 398	23 025
Zwischenkosten	2 730	26 239	1 004 292	10 429
Wertschöpfung	4 174	41 396	330 231	14 648
Arbeitskosten	297	5 192	304 933	2 031
Bruttogewinn	3 877	36 204	25 297	12 617
Sonstige Nettoertragskosten	669	4 235	39 611	1 693
Sozialabgaben zu Lasten des Betreibers und der Familienangehörigen	341	2 206	4 180	849
Bruttobetriebsergebnis	4 205	38 237	60 726	13 452
	Charakteristische Beziehungen (Euro)			
Produktion pro AE	18 065	38 168	74 936	32 132
Bruttobetriebsergebnis pro AE	10 145	20 431	1 420	16 167

* Werte zu Basispreisen

Quelle: Istat (2011a), S. 7.

Der Weltmarkt verlangt Quantität, was zu immer höherem Output auf den reduzierten Nutzflächen führt. Der Takt und sogar die Art der Produkte werden von den Bedürfnissen einer weltweit agierenden Nahrungsmittelindustrie diktiert. „Die 200 holländischen Kühe kommen von dem multinationalen Unternehmen, das ihm das Futter verkauft. Der Broker

Abbildung I-11   Veränderungsindikatoren der Landwirtschaft

• 20 Mio. ha: landwirtschaftliche Nutzfläche in Italien in 1950 • 12 Mio. ha: landwirtschaftliche Nutzfläche in Italien in 2008
• 8,6 Mio. Bauern in Italien in 1950 • 1,3 Mio. Bauern in Italien in 2008
• 46%: Anteil der Landbevölkerung in Italien in 1950 • 5,3%: Anteil der Landbevölkerung in Italien in 2008
• 28%: Wertschöpfungsanteil der Landwirtschaft in 1950 • 2,1%: Wertschöpfungsanteil der Landwirtschaft in 2008
• 44%: Bauer, älter 55 Jahre in Italien • 6,1%: Bauer, jünger als 30 Jahre in Italien
• 8 ha: Durchschnittsgröße eines landwirtschaftlichen Betriebs 1978 • 23 ha: Durchschnittsgröße eines landwirtschaftlichen Betriebs 2008 • 53%: Betriebe unter 7 ha, die in den letzten fünf Jahren geschlossen wurden
• 17 Liter Milch pro Kuh pro Tag in 1977 • 35 Liter Milch pro Kuh pro Tag in 2008
• 1 300 Euro: monatlicher Nettogewinn eines durchschnittlichen Bauern • 637 Euro: monatliche Rente eines durchschnittlichen Bauern

Quelle: Visetti (2009), S. 58 f.

teilt ihm das Kürzel des Großhändlers mit, der Vertriebsleiter der großen Handelskette legt den Milchpreis fest. Dem Viehzüchter aus Mantua, erschöpft von dem immer selben Kostenanstieg, bleiben die Hypothek auf den Grund und Boden sowie die Versorgung der Tiere: das Melken um 4 Uhr, die Entsorgung der Jauche um 22 Uhr". (Visetti 2009, S. 53)

Nicht alle können in diesem erbitterten Kampf mithalten: „Im Norden haben in den letzten zehn Jahren 56 Prozent der Beschäftigten in der Landwirtschaft den Sektor verlassen". (ebda.) In zwei Jahren ist in der Poebene die Anzahl der Selbstmorde unter der bäuerlichen Bevölkerung um 32 Prozent gestiegen. (ebda., S. 51)

Für einige landwirtschaftliche Bauern und Unternehmer[5] hat sich in den letzten zehn Jahren mit dem sogenannten Agritourismus eine Alternative bzw. Diversifizierung des landwirtschaftlichen Angebots entwickelt. Unter Agritourismus werden nach dem Gesetz 96 vom 20. Februar 2000 „alle Aktivitäten des Empfangs, der Beherbung durch den landwirtschaftlichen Unternehmer verstanden. Der landwirtschaftliche Betrieb wird dafür neben der Bewirtschaftung des Bodens, der Forstwirtschaft und der Viehzucht genutzt. Zu den agritouristischen Aktivitäten werden die Beherbung, das Angebot von Speisen vornehmlich aus eigenen Produkten, die Organisation von Aktivitäten zur Erholung, zur Kultur und zum Lernen, mit denen das Territorium und das bäuerliche Erbe aufgewertet werden, gezählt". (Istat 2010d, S. 180)

---

5   Das *Istat* nennt die Zahl von 18 480 zertifizierten Betrieben des Agritourismus (Istat 2010b, S. 26).

3.2   Industrie

3.2.1   Die allgemeine Entwicklung

Italien ist nach wie vor die fünftgrößte Industrienation mit einem Anteil von 3,9 Prozent an der Weltproduktion hinter China (21,5 Prozent), den USA (15,1 Prozent), Japan (8,5 Prozent) und Deutschland (6,5 Prozent), aber noch vor Frankreich (3,6 Prozent) und Großbritannien 2,3 Prozent). (Centro Studi Confindustria 2010b), S. 13) Im Verarbeitenden Gewerbe pro Kopf liegt Italien hinter Deutschland auf dem zweiten Platz weltweit. (Censis 2011, S. 5)

Die Entwicklungsdynamik hat sich in den vierzig Jahren des Betrachtungsraums verändert. Während in den achtziger Jahren die Industrieproduktion erst wieder 1986 das Niveau von 1980 erreicht hat (Abbildung I-12), gelang die Erholung in den neunziger Jahren und zu Beginn des neuen Jahrhunderts in einem Jahr oder zwei Jahren.

Eine wesentliche Rolle für die Dynamik der Industrieproduktion spielte der externe Druck durch die Bildung der Währungsunion (EWU) im Maastrichter Vertrag, der eine strikte Haushaltspolitik der neuen Euroländer vorsah, um die neue Währung von Beginn an auf sichere Füße zu stellen. Vor diesem Hintergrund mobilisierte die italienische Industrie ihre Kräfte zu einer Modernisierung des Kapitalstocks mit einem außergewöhnlich langen Investitionszeitraum – zwischen 1984 und 1991 stiegen die Bruttoanlageinvestitionen um jährlich 4,3 Prozent. Im Unterschied zum Zeitraum von 1990 bis 1993, als die Industrie mit der Abwertung der Lira und strengen Ausgabeeinschränkungen aus dem Tief kam, erfolgte der Aufschwung nach 2004 vor allem mit Hilfe des Exports.

In den Jahren 2000 bis 2009 verzeichnet das Land mit 1,4 Prozent geringere Zuwächse der Industrieproduktion als vergleichbare Industrienationen. Diese Zeit umfasst eine verlängerte rezessive Entwicklung der Industrieproduktion mit dem tiefen Einschnitt von 2009. Die Krise im Jahre 2009 traf die Industrie sehr hart. Die Produktion ging im Verarbeitenden Gewerbe um 10 Prozent und der Export um 24 Prozent zurück.

Abbildung I-12   Entwicklung der Industrieproduktion 1970 bis 2010 (2000 = 100)

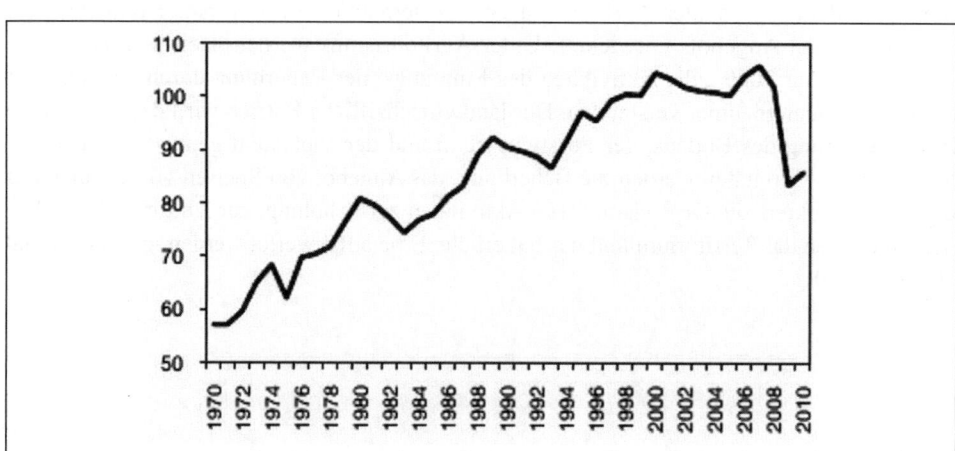

Quelle: Centro Studi Confindustria (2010b), S. 49.

Die Industriebeschäftigung zeigt einen für vergleichbare Länder ungewöhnlichen Verlauf. Nach dem Einbruch 1980 und einer weiteren Schwächung zu Beginn der neunziger Jahre bleibt sie einigermaßen stabil auf dem Niveau von fünf Millionen Personen. Die normale Entwicklung wäre ein Rückgang der Industriebeschäftigten zugunsten vor allem des Dienstleistungssektors. Im Zeitraum 1995 bis 2007 reduziert sich die Zahl der Selbstständigen in der Industrie beträchtlich (um 12,8 Prozent). (Centro Studi Confindustria 2010b, S. 72) „Obwohl ihr Anteil immer noch höher als in anderen Ländern ist (Deutschland 4,7 Prozent in 2007, Frankreich 5,5 Prozent), verringert sich der Anteil der Selbstständigen an allen Beschäftigten in der Industrie entsprechend der Entwicklung der Industriestruktur". (ebda.) In dieser Zeit hat sich der Anteil der Zeitkräfte und der Kräfte mit befristetem Vertrag spürbar erhöht, zum ersten Mal in Italien (siehe Einzelheiten im Kapitel 3.1).

Am härtesten traf die Krise die Textilindustrie mit einem Produktionsrückgang von 3,9 Prozent) und die mechanische Industrie (−2 Prozent). (Censis 2010b, S. 103) Am besten hielten sich in der Krise die Fahrzeugindustrie, die Recycling-Industrie, die Druckindustrie sowie die Nahrungsmittelindustrie.

Die Entwicklung des Exports reflektiert die ungünstige Situation der Industrie zwischen 1994 und 2009. Italien musste leichte Einbußen in einigen der Branchen seiner Spezialisierung (Haushaltswaren, Möbeleinrichtung und Schmuck) hinnehmen. Indes konnte das Land seine Stellung in den Branchen Bekleidung, Werkzeugmaschinenbau, Holzverarbeitung, Papierindustrie und letztlich auch in der Nahrungsmittelindustrie verbessern.

In diesen Jahren vollzog sich in einem Teil der Industrieunternehmen im Lande ein beträchtlicher Strategiewechsel. Ihnen ist vor allem mit China ein ernstzunehmender Konkurrent in den Branchen ihrer Spezialisierung entgegen getreten. Dies erzwang eine Neuorientierung in verschiedenen Aspekten: „In den letzten Jahren haben die dynamischsten italienischen Unternehmer in ihrem Auftreten auf dem Weltmarkt eine Kombination verschiedener Strategien angenommen (Standortverlagerung, Konzentration auf den Vertriebs-

Abbildung I-13   Entwicklung der Industriebeschäftigung 1970 bis 2008

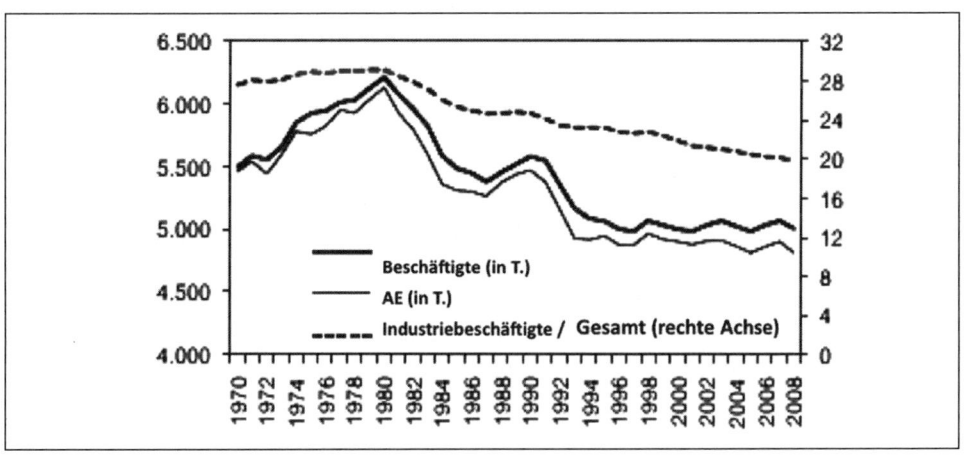

Quelle: Centro Studi Confindustria (2010b), S. 72.

Tabelle I-4   Entwicklung der Bruttoanlageinvestitionen zu konstanten Preisen

Land	70er Jahre		80er Jahre		90er Jahre		2000–2006		2005	2006	2007
	DdJ	kumu-liert*	DdJ	kumu-liert	DdJ	kumu-liert	DdJ	kumu-liert			
Spanien	–	–	5,6	72,8	4,3	51,9	4,6	31,1	8,1	8,2	8,9
Dänemark	2,7	31,1	8,4	124,0	6,7	90,7	5,1	34,7	11,6	13,1	–
Schweden	–	–	6,7	90,4	18,4	440,1	3,0	19,2	12,0	6,0	9,4
Großbritannien	0,6	6,6	4,4	54,3	4,4	53,3	2,3	14,8	0,5	3,4	–
EU-25			7,9	46,4	2,4	15,2	4,5	48,9	4,0	6,6	–
Deutschland	2,5	28,4	3,4	40,3	3,3	38,4	1,6	10,0	5,9	8,1	7,3
USA	–	–	–	–	7,5	107,0	1,0	6,1	7,1	6,6	4,8
Frankreich	8,2	17,0	4,1	49,0	3,5	43,5	0,3	2,0	0,7	2,1	6,3
Italien	5,1	65,0	3,2	37,0	2,5	27,4	0,8	5,1	0,9	3,5	0,1
Portugal	–	–	–	–	9,8	59,9	–1,2	–6,9	–1,9	2,8	–
Japan	–	–	7,8	112,0	1,4	14,5	2,5	13,4	9,6	–	–

Legende: Veränderung in Prozent. DdJ = Durchschnitt der Jahre

Quelle: Centro Studi Confindustria (2008), S. 22.

zyklus, Monobrand-Handelsketten, Logistik, Auslandsinvestitionen, Prioritätensetzung auf Märkte für Luxuswaren und qualitativ hochwertige Güter, etc.)". (Censis 2010b, S. 16)

Mit einem weiteren Strategiewechsel gleicht sich die italienische Industrie den weltweiten Best-Practice-Grundstrukturen der Industrie[6] an, nämlich mit der Reduzierung der Fertigungstiefe zugunsten eines komplexen Systems von Systemzulieferern mit höherem Anteil an der Wertschöpfung sowie einer Reihe von Komponentenzulieferern (siehe Abbildung I-14). *Olivetti* und *Fiat* hatten diese Strukturen in Italien aufgrund des in der Automobilindustrie und der Computerindustrie massiven globalen Wettbewerbs eingeführt. Diese Strukturen haben sich in den Großunternehmen der italienischen Industrie verbreitet.

3.2.2   Die Branchenstruktur

Italiens Industrie ist, wie die Tabelle I-5 zum Ausdruck bringt, ohne Zweifel in zwei Bereichen am stärksten profiliert: der erste Bereich umfasst die Metallverarbeitung, das Fahrzeugwesen und den Werkzeugmaschinenbau. Zum zweiten Bereich gehören die Kleidungsindustrie, die Nahrungsmittelindustrie.

Im Betrachtungszeitraum zwischen 1970 und 2007 haben sich gravierende Verschiebungen in den Anteil der einzelnen Branchen am Gesamtprodukt der Industrie ergeben. So hat sich der Anteil der Modeindustrie (Kleidungs- und Schuhindustrien) von 14,0 auf 10,2 Pro-

---

6   Drüke (1997) und Jürgens (2000).

Abbildung I-14   Fertigungstiefe der italienischen Industrie

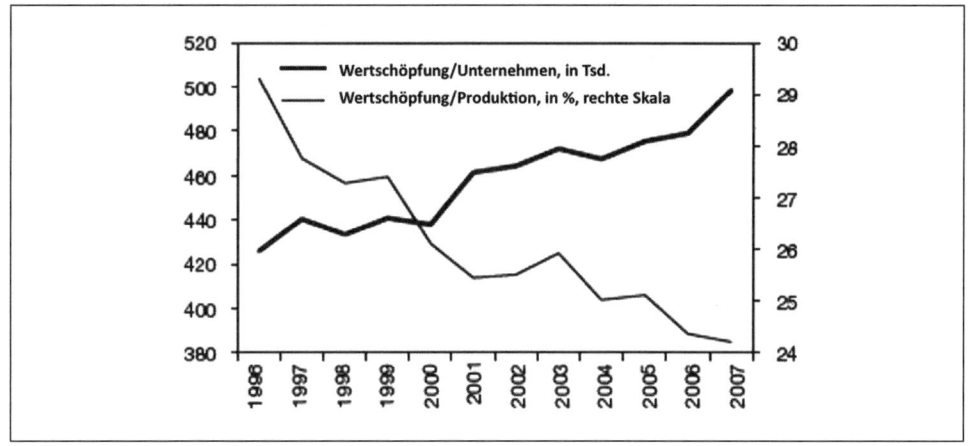

Quelle: Centro Studi Confindustria (2010c), S. 35.

Tabelle I-5   Anteil der Branchen an der Gesamtindustrie (in Prozent)

Branche	1970	1980	1990	2000	2007
Metallherstellung und Metallverarbeitung	12,8	14,1	12,8	13,6	15,5
Herstellung von Maschinen und mechanischen Geräten	9,2	11,5	11,2	12,0	13,3
Getränke- und Tabakindustrie	13,8	12,0	11,7	12,0	11,9
Elektro- und Elektronikindustrie	4,6	6,2	7,8	8,3	8,8
Chemieindustrie	6,2	6,6	8,5	8,3	8,1
Fahrzeugindustrie	8,2	7,1	7,8	7,5	7,6
Textil- und Bekleidungsindustrie	10,8	10,9	10,0	9,1	7,3
Papier- und Druckindustrie	6,3	5,3	5,8	5,5	5,4
Herstellung und Verarbeitung von NE-Metallen	6,4	5,3	5,3	4,5	4,6
Sonstige Industriesektoren	4,7	5,6	5,0	5,2	4,6
Herstellung von Gummi- und Plastikartikel	3,0	3,2	3,7	4,3	4,3
Herstellung von Koks, Ölraffinerien	13,3	7,5	5,1	4,1	3,7
Lederverarbeitung, Schuhindustrie	3,2	3,3	3,6	3,5	2,9
Holzindustrie	1,9	2,3	2,1	2,2	2,0

Quelle: Centro Studi Confindustria (2010b) S. 42.

zent verringert. Im gleichen Zeitraum stieg der Anteil des Gerätebaus (Maschinenbau und Elektro- und Elektronikindustrie) auf 22,1 Prozent.

Auch die Chemische Industrie verzeichnet Zuwächse im Anteil am industriellen Gesamtprodukt. Hingegen bleiben die Anteile der Nahrungsmittel- und Fahrzeugindustrie gleich.

Industrien im „Modesystem"

Die Bekleidungs- und Schuhindustrie ist gewiss neben der Automobilindustrie die bekannteste Branche Italiens. Man verbindet gemeinhin Design und Produktion hochwertiger Waren dieser Branche mit dem Label *made in Italy*.

Doch die Krise der Industrie mit dem Rückgang der Produktion und Beschäftigung hat besonders Teile des Modesystems getroffen, vor allem die Textil- und Schuhindustrien. Diese Industrien durchliefen einen einschneidenden Restrukturierungsprozess mit der Verlagerung von arbeitsintensiven Prozessen in Billiglohnländer und der Konzentration auf Konzeption der hochwertigen Waren. In 2007 war Italien Exportführer in den Branchen Textilien, Bekleidung und Schuhe. Zwischen 2000 und 2007 betrug der Anteil der ausgeführten Waren am Umsatz in der Bekleidungsindustrie 45,5 Prozent gegenüber 39,8 Prozent, was einen Anstieg von immerhin 6,3 Prozent ausmacht. (Centro Studi Confindustria 2010b, S. 47)

In 2010 hat sich die Branche spürbar erholt. Der Umsatz stieg um 7,1 Prozent, die Exporte nahmen um 14,5 Prozent zu. (Beilage *Affari & Finanza* zu La Repubblica vom 25.07.2011, S. 6) Die Industrien des „Modesystems" sind früher wie heute eine Domäne der Kleinst- und Kleinbetriebe, die häufig in Produktionsketten untereinander und mit den Endherstellern verbunden sind. „Dynamische Branchen wie die Textil- und Bekleidungsindustrie, die Schuhindustrie oder der Herstellung von Haushaltswaren sind auch heute noch bevölkert von Unternehmen ohne Fabriken ... Industriegruppen von nicht zu vernachlässigender Größe profitieren von den Möglichkeiten in einem System der Dezentralisierung und des Einsatzes von Netzen von Partnern, die nur einige wichtige Funktionen aufrechterhalten wie die Verkaufsstrategie, den Entwurf und die Entwicklung der Produkte". (Centro Studi Confindustria 2010a, S. 211)

Automobilindustrie

Die Automobilindustrie Italiens ist gleichsam mit der *Fiat Auto* identisch. Die Marken *Fiat*, *Lancia*, *Alfa Romeo* und *Fiat Professional* bilden das Angebot für den Massenmarkt, während die Marken *Ferrari* und *Maserati* den Luxus- und Sportwagenbereich repräsentieren. Die *Iveco*-Gruppe stellt Lastkraftfahrzeuge her. Im Jahre 2010 hat *Fiat Auto* 2,1 Mio. Fahrzeuge verkauft und einen Betriebsgewinn von 1,1 Mrd. Euro erzielt. (Beilage *Affari & Finanza* zu La Repubblica vom 25.07.2011, S. 4)

Abbildung I-15   Marktanteile von PKW-Herstellern (2010)

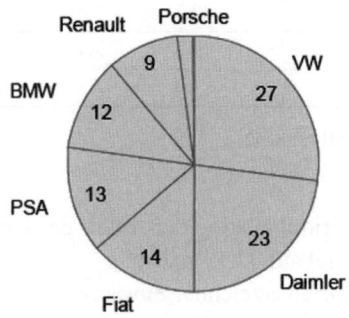

Quelle: Proff (2010), S. 15

Die *Fiat*-Gruppe ist auch im Zuliefer- und Teilemarkt tätig, *Magneti Marelli* baut Teile und System wie Beleuchtung, Motorsteuerung, Elektronik, Antriebssysteme bis zu Abgasanlagen. *Teksid* ist der größte Hersteller von Grauguss und Kugelgrafitguss weltweit. Das Unternehmen produziert Motorblöcke, Zylinderköpfe und Antriebssysteme. Italiens Marktvolumen wird auf ca. 2,5 Mio. Fahrzeuge geschätzt.

Nahrungsmittelindustrie

Die Nahrungsmittelindustrie stellt traditionell gemessen an der Beschäftigtenzahl (482 000 in 2002), am Anteil am industriellen Gesamtprodukt und am Image einen zentralen Sektor der italienischen Industrie dar. 65 Prozent des gesamten Umsatzes werden in Betrieben des Nordens, vor allem in der Lombardei und mit Rückstand Emilia Romagna. (Brasili/Fanfani 2008, S. 182) Hier sitzen auch die in den siebziger Jahren aufgestiegenen Großunternehmen in Produktion und Vertrieb der Branche. Die Branche produziert immerhin 15 Prozent von Europas Nahrungsmittelproduktion hinter Deutschland mit 17,6 Prozent, Frankreich mit 18,4 Prozent und Großbritannien mit 15,6 Prozent. (ebda., S. 119)

Die Durchschnittsbetriebsgröße umfasst sechs Beschäftigte. Seit den siebziger Jahren des letzten Jahrhunderts allerdings haben sich immer mehr Mittel- und Großunternehmen (mit mehr als 100 Beschäftigten) durchgesetzt. „Obwohl es nur 480 Unternehmen sind, beschäftigen sie über 117 000 Beschäftigte. Das sind mehr als ein Viertel aller in der Nahrungsmittelindustrie arbeitenden Personen. Diese Unternehmen konzentrieren sich vor allem im Nordwesten und Nordosten Italiens". (ebda. S. 186)

Diese Unternehmen umfassten zumeist die gesamte Wertschöpfungskette vom Rohprodukt bis zum Vertrieb. Sie bilden für die Landwirtschaft eine neue komplexe Realität (siehe Kapitel 3.1). Häufig gehören diese Großunternehmen zu multinationalen Unternehmen mit ausländischer Präsenz.

Die Hauptprodukte sind Milch und Käse mit 13,5 Prozent, Süßwaren (9 Prozent), Rind- und Schweinefleischverarbeitung (12,7 Prozent) sowie Nudelherstellung, Geflügelfleisch und Gemüse.

Gerätebau (Maschinenbau, Elektro- und Elektronikindustrien)

Italien ist viertgrößter Hersteller von Werkzeugmaschinen hinter u. a. Deutschland. Der Aufstieg der italienischen Werkzeugmaschinenindustrie war das Ergebnis der Umstrukturierung der italienischen Hersteller von Standard- auf Spezialmaschinen, während sie im Standardgeschäft nicht wettbewerbsfähig waren.

Das Hauptkennzeichen des italienischen Werkzeugmaschinenbaus und seine Stärke auch in Zeiten der Krise wie in den achtziger Jahren sind die hohe Spezialisierung auf qualitativ hochwertige Produkte und die starke Ausrichtung auf den jeweiligen Kunden, dem eine komplette Problemlösung von der Entwicklung der auf seine Bedürfnisse zugeschnittenen Maschine bis zur Implementation und Schulung vor Ort bereitgestellt wird. Die Unternehmensstruktur ist dieser hohen Kundenorientierung angepasst. Die italienischen Hersteller konzentrieren sich auf die zentralen Phasen des Gesamtprozesses wie die Produktentwicklung, die Herstellung grundlegender Komponenten, die Montage, das Marketing und die Beratung des Kunden. Es finden sich allerdings auch Unternehmen, die sogar die Entwicklung und Montage der Maschinen an Spezialunternehmen auslagern. Der Grund liegt in dem

Abbildung I-16   Größte Herstellerländer von Werkzeugmaschinen (2008 und 2009)

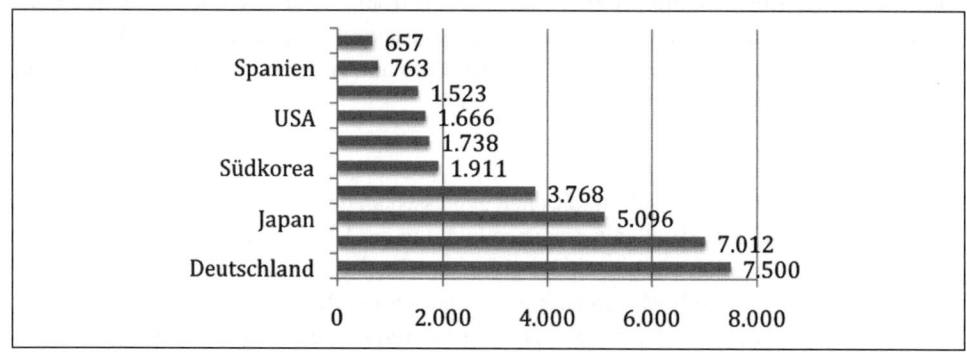

Quelle: VDW (2010), S. 43.

Mangel an Elektronik- und Computerspezialisten im Unternehmen. So war denn Italien Weltmarktführer in der Umformtechnik, bevor das Land diese Position an Deutschland verlor.

Die zweite Determinante der Konkurrenzfähigkeit im Werkzeugmaschinenbau neben der Kostensituation ist der Gang der Industrieproduktion. Der Werkzeugmaschinenbau vollzieht die Schwankungen seit den neunziger Jahren deutlich mit. Die Abwanderung von Herstellern der Textil- und Bekleidungsbranche in Billiglohnländer kostete den Werkzeugmaschinenbau einigen Absatz. Der Rückgang der Automobilfertigung reduzierte den Bedarf spürbar.

Stahlindustrie

Die Stahlindustrie verzeichnete zwischen 1998 und 2007 nur ein marginales Wachstum, gefolgt von einem starken Produktionseinbruch aufgrund des massiven Nachfragerückgangs in Folge der Finanz- und Wirtschaftskrise. Die Hauptabnehmer aus der Bauindustrie, Auto-

Tabelle I-6   Größte Rohstahlerzeuger (Ausstoß in 1 000 t)

	1998	2008
China	114 588	500 488
USA	98 658	91 490
Japan	93 548	118 738
Deutschland	44 046	45 833
Russland	43 822	68 500
Südkorea	39 896	53 488
Brasilien	25 760	33 713
ITALIEN	25 714	30 477
Ukraine	24 445	37 100
Indien	23 480	55 050

Quelle: DB-Research (2009), S. 11.

mobilindustrie und aus dem Maschinenbau hatten allesamt gravierende Absatzprobleme, die sich unmittelbar auf den Bedarf an Stahlprodukten auswirkten.

Ein zweiter Trend war die Abwanderung der Produktion von einfachen Erzeugnissen in Niedriglohnländer. Stattdessen liegt die Chance in der Herstellung hochwertiger Produkte u. a. auch für Windenergieanlagen. Italien ist Europas zweitgrößter Stahlhersteller hinter Deutschland (siehe Tabelle I-6). Der regionale Schwerpunkt ist die Lombardei mit dem Raum Brescia.

Italien ist im Massengeschäft aufgrund höherer Lohnstückkosten nicht wettbewerbsfähig und hat sich auf Spezialstahl, Speziallegierungen und nahtlose Stahlrohre konzentriert. Wegen der Bedeutung von Skalenerträgen und von Forschung und Entwicklung sind Großunternehmen vorherrschend.

3.2.3   Unternehmensstruktur

Die Struktur der Unternehmen in der Industrie ist durch drei Dualismen gekennzeichnet. Erstens steht einer kleinen Gruppe von Großunternehmen eine Myriade extrem kleiner Firmen gegenüber, während es deutlich weniger Mittelunternehmen gibt (siehe Abbildung I-10). Zweitens existiert auch nach der breiten Privatisierungswelle der neunziger Jahre immer noch ein relevanter Anteil von Unternehmen mit staatlicher Beteiligung neben den Privatunternehmen. Drittens ist die Verknüpfung von Kleinst- und Kleinbetrieben in lokalen Produktionsketten, den sogenannten ‚Industriellen Distrikten‘ *(distretti industriali)* für den Nordwesten und Nordosten Italiens charakteristisch.

Abbildung I-17   Durchschnittsbeschäftigte in den Unternehmen im Vergleich (a) (2001 und 2007)

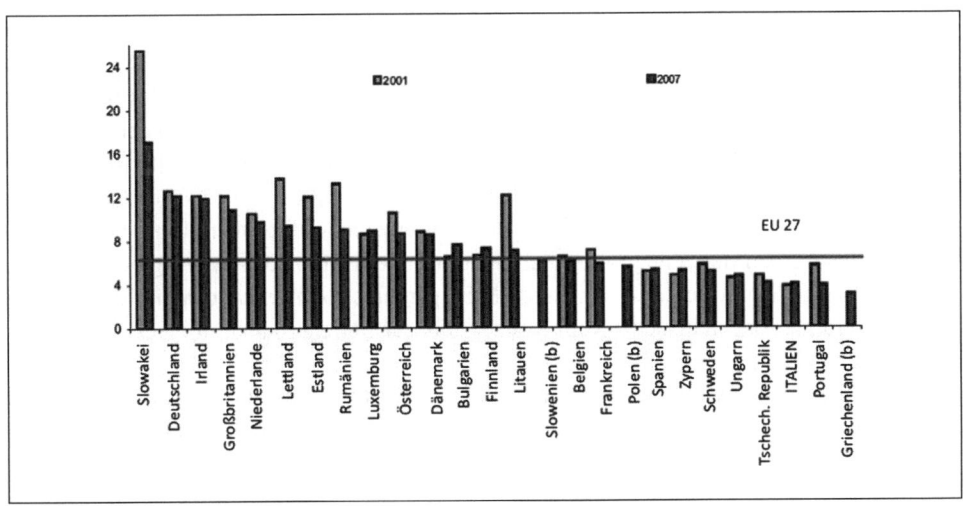

Legende: (a) für Malta sind Daten nicht verfügbar, (b) Daten für 2001 nicht verfügbar.

Quelle: Istat (2011b), S. 157.

Die Slowakei mit ihren großen Kombinaten aus der Zeit des Sozialismus bleibt hier außer Betracht. Deutschland, Irland und Großbritannien haben den höchsten Durchschnitt der Beschäftigten pro Unternehmen (zwischen 10,9 und 12,2 Personen) (Abbildung I-17). Dies sind die Länder mit einer ausgeprägt balancierten Verteilung zwischen Klein-, Mittel- und Großunternehmen.

„Viele Länder verzeichnen stark fallende Durchschnittswerte auf sechs, fünf und vier Beschäftigte wie Frankreich, Schweden und Portugal. Der Durchschnitt der EU-Länder stabilisiert sich auf 6,4 Beschäftigte. In Italien wie in Spanien verzeichnet man einen bescheidenen Anstieg des Durchschnitts auf vier bzw. fünf Beschäftigte". (Istat 2011b, S. 128)

3.2.3.1 Großunternehmen

Nur in Italien gibt es unter den europäischen Ländern so wenig Großunternehmen. Bis in die jüngere Vergangenheit herrschten Familienunternehmen vor, die über die Konstruktion von Pyramiden und Bündnissen den Rest der Industrie steuerten und kontrollierten. Diese Struktur kennzeichnet die italienische Unternehmens-*Governance* als Familienkapitalismus (siehe die Diskussion in der Einleitung).

„Die für den italienischen Kapitalismus typische Regulierung und die Unternehmenskultur haben nicht die Entwicklung der Mechanismen und der Kultur begünstigt, die entweder das atlantische Modell oder die engen Beziehungen zwischen Banken und Unternehmen wie im deutschen Modell prägen. Der italienische Sektor der Großunternehmen wurde beherrscht von einer Kombination aus Familien, Pyramidalkoalitionen, *Mediabanca* und allgemeiner dem Staat, die untereinander Anteilsbesitz konzentriert und für das Wachstum Finanzen sichergestellt. Mit der Abwesenheit von ‚anonymem' Kapital und von *Monitoring* durch Banken oder von Übernahmen gab es eine Abhängigkeit von informellen und impliziten Praktiken, die sich aus den gemeinsamen Interessen und Werten der Familien, Koalition und Besitzern ergab. Dies war ein robustes, ‚clanhaftes', familienbasiertes Modell, in dem die Trennung zwischen Besitz und Kontrolle beschränkt war". (Bull/Newell 2005, S. 180)

In diesen Zahlen spiegeln sich tiefgreifende Umstrukturierungen sowohl des Sektors der Staatsbeteiligungen (siehe Kapitel 5.3) unter den Großunternehmen wie auch der (wenigen) privaten Großunternehmen seit der Konjunkturkrise Anfang der neunziger Jahre wider.

Fiat als größtes Privatunternehmen Italiens griff zu massiven strategischen Umorientierungen, um den deutlichen Absatzrückgang seiner Fahrzeuge aufzuhalten. Der eine Lösungsweg war der Aufbau der ‚integrierten Fabrik' mit hohem Automatisierungsgrad (Camuffo *et al.* 1999) und Strukturen des ‚schlanken Managements' *(lean management)* à la Toyota über die gesamte Aktivitätenkette vom Konzept bis zur Serienproduktion eines Fahrzeuges. (Calabrese 1997)

Der zweite Lösungsweg war eine weitreichende Verlagerung von Produktionsphasen in Billiglohnländer. „Zwischen 1991 und 2001 verringerte sich die Zahl der abhängig Beschäftigten bei *Fiat* um 29 Prozent, während der Anteil der ausländischen Standorte von 24 auf 52 Prozent der gesamten Arbeitskräfte anstieg". (Centro Studi Confindustria 2010a, S. 181)

Die *Pirelli* reduzierte die Anzahl der Beschäftigten um 39 Prozent (ebda.) vor allem aufgrund der Aufgabe des Bereiches „diversifizierte Produkte". (ebda.) *Olivetti* ist komplett aus

Tabelle I-7 Größte Herstellergruppen in Italien: Wertschöpfung und Beschäftigte (Wertschöpfung in Mio. Euro)

	1981			1991			2001			2008		
		Beschäftigte	Wertschöpfung		Beschäftigte	Wertschöpfung		Beschäftigte	Wertschöpfung		Beschäftigte	Wertschöpfung
Öffentliche Gruppen												
	IRI	461 000	7 015	IRI[1]	368 267	20 302	ENI	70 948	15 683	ENI[2]	78 880	32 758
	ENI	122 796	4 370	ENI	131 248	9 458	Finmeccanica[3]	41 093	2 305	Finmeccanica	73 398	5 619
Die ersten fünf privaten Gruppen												
	FIAT	301 658	3 952	FIAT	287 957	9 662	FIAT	198 764	11 714	FIAT	198 348	13 524
	Montedison	94 203	1 215	Pirelli	64 854	1,769	Pirelli	39 771	2 230	Luxottica	60 975	–
	Pirelli	72 674	1 103*	Olivetti	46 484	1 607	Parmalat	36 209	1 849	Pirelli	31 056	1 424
	Olivetti	53 471	–	Montedison	38 254	2 199	Luxottica	35 450	1 582	Riva Fire	24 372	2 156
	SNIA BPD	25 333	290**	Italcementi	6 449	390	Montedison	29 856	3 188	Italmobiliare	23 864	2 117

Legende: * = 1983, ** = 1982, 1 = Nur Industriebereich, 2 = 2008 hat das Verarbeitende Gewerbe 46 Prozent des Umsatzes ausgemacht. 3 = bereits von der Gruppe *IRI* abhängig. WS = Wertschöpfung

Quelle: Centro Studi Confindustria (2010a), S. 182.

der Unternehmenslandschaft verschwunden, nachdem das Unternehmen in der Umstrukturierung der PC-Industrie völlig an Boden verloren (Drüke, 1997) und 1997 die Produktion von Büromaschinen und Computern aufgegeben hat. 1999 hat *Olivetti* die Mehrheit der Telecom Italia durch eine feindliche Übernahme erworben. Seit 2003 existiert *Olivetti* nicht mehr unter eigenem Namen. *Montedison* hat sich vom Niedergang seiner Stellung in der Chemieindustrie nie mehr erholt, daraufhin seine Geschäftsfelder Schritt für Schritt vor allem andere Unternehmen abgetreten und 1997 seine Geschäftstätigkeit eingestellt. Gleichzeitig ist ein neues Großunternehmen *Parmalat* entstanden, das aber 2002 durch fehlerhafte Rechnungsführung in einen gravierenden Skandal geriet.

Andere Großunternehmen haben sich erfolgreich diversifiziert. Dies gilt besonders für die drei großen Stahlkomplexe *Riva*, *Lucchini* und *Rocca*, die das Geschäft der ehemaligen Gruppe *IRI-Finsider*, der Speerspitze des Systems der Staatsbeteiligungen, übernommen haben.

Neu im Feld der Großunternehmen ist *Luxottica*, das vor allem durch ausländische Akquisitionen seine Beschäftigtenzahl von 419 Personen in 1981 auf 61 000 in 2008 steigern konnte. (Centro Studi Confindustria 2010a, S. 184)

Fiat hat seine Aktivitäten außerhalb des Kerngeschäfts Personenkraftwagen (nur noch 43 Prozent des Gesamtumsatzes der Gruppe gegenüber 70 Prozent in den neunziger Jahren, (Fiat Group 2010, S. 13) neu organisiert und ist in mittlerweile 45 Ländern vertreten. Sein Engagement in der Raumfahrt, in der Eisenbahntechnik und im Versicherungswesen hat die Gruppe gänzlich eingestellt. 15 Prozent des Umsatzes der Gruppe kommt vom Nutzfahrzeughersteller *Iveco*, 18 Prozent steuert der Traktoren- und Baumaschinenhersteller *CNH-Case New Holland* bei, 21 Prozent bringt der Bereich der Zulieferer mit *FPT Industrial*, Hersteller von Maschinen und Getriebe für Fahrzeuge sowie Motoren für Boote, *Teksid*, Hersteller von Spezialgussteilen, und mit dem Roboter- und Anlagenhersteller *Comau*.

Italiens Kapitalismus hat eine ganz spezifische Art von Großunternehmen gegenüber sonstigen entwickelten Ländern. Die eine Besonderheit ist die Vorherrschaft der Familien als Mehrheits- bzw. Hauptaktionäre: die *Exor AG*, also die *Agnelli*-Familie, hält in 2010 immer noch 30,5 Prozent des Stammkapitals der *Fiat*-Gruppe (Fiat Group 2010, S. 15). Die zweite Besonderheit ist der geringe Anteil von Hochtechnologie-Produkten am Produktportfolio: „Die Abteilung High-Tech umfasste in 2007 24 Prozent des Umsatzes der multinationalen Unternehmen in Europa, aber nur 8 Prozent der italienischen Multis, bei denen die Produkte mit mittlerem oder niedrigen Technologiegehalt dominieren (50,8 Prozent gegenüber dem europäischen Durchschnitt von 38,1 Prozent)". (Centro Studi Confindustria 2010a, S. 185) Die italienischen Großunternehmen verzeichnen damit gravierende Produktivitätsrückstände (17 Prozent gegenüber dem europäischen Durchschnitt [ebda.]). Italiens Großunternehmen verkörpern folglich eher den Typ des Unternehmens, das seine Wettbewerbsstrategie vornehmlich auf niedrige Kosten als auf kontinuierliche Innovation begründet.

3.2.3.2 Die besondere Bedeutung der Kleinunternehmen

Überblick

Wie keine andere Wirtschaft in den größeren europäischen Ländern ist Italiens Industriestruktur durch Kleinst- und Kleinunternehmen (Abbildung I-10) dominiert. Nach Zahlen der

Confindustria von 2005 fallen 83 Prozent der italienischen Unternehmen in die Kategorie der Unternehmen mit 1 bis 9 Beschäftigten (zum Vergleich Deutschland 60 Prozent) (Centro Studi Confindustria 2010a, S. 57). Dabei haben diese hinsichtlich der Beschäftigung ein großes Gewicht, sind doch 25,7 Prozent aller Beschäftigten in diesen Kleinstunternehmen angestellt. (ebda., S. 59) Das entspricht mehr als dem Doppelten des Durchschnitts in Europa.

Großunternehmen prägen die Industrielandschaft nach wie vor nur im Nordwesten des Landes. Durch eine starke Präsenz zeichnen sich hier aber auch die Klein- und Mittelunternehmen mit 10 bis 49 Beschäftigten aus – vor allem in den Industriellen Distrikten. Das andere Extrem stellen Sizilien und Sardinien dar, wo ca. 35 Prozent der Unternehmen nur ein bis fünf Beschäftigte haben. Die Zahl der Ein-Personen-Unternehmen hatte zwischen 1992 und 1999 ein starkes Wachstum. In diesem Zeitraum ist ihre Zahl um 60 Prozent von 1 508 000 auf 2,4 Millionen Einheiten gestiegen.

Für die italienische Wirtschaft stellt diese Dominanz von Kleinunternehmen eine ambivalente Situation dar. Zum einen sind diese – häufig in den Industriellen Distrikten im Norden und im Zentrum des Landes agglomeriert – das Unterpfand der Wettbewerbsfähigkeit der italienischen Wirtschaft in einigen Branchen wie der Textil- und Bekleidungsindustrie, der Feinmechanik sowie im Bau von kundenspezifischen Werkzeugmaschinen. Zum andern weisen sie gravierende Probleme auf. Diese Kleinunternehmen verfügen nicht über die für Investitionen und den Export erforderliche Größe, dies bedingt wiederum ungünstige Voraussetzungen für die Kreditnahme; sie sind der Kern der Schattenwirtschaft, in dieser Unternehmenskategorie konzentrieren sich Steuerhinterziehung sowie geringe Umsatz- und Gewinntransparenz.

Besonders problematisch ist der mit der Dominanz der Kleinunternehmen in traditionellen Branchen verknüpfte Rückstand in Forschung und Entwicklung sowie damit in Innovationen. Letztlich fehlen Kleinunternehmen die für Forschung und Entwicklung notwendige Dimension, damit Märkte, Fachkräfte und Kapital.

Klein- und Kleinstunternehmen sind oft auch ein Weg aus der Arbeitslosigkeit und der Krise. Häufig geben sie Familienangehörigen eine wenn auch noch so prekäre Beschäftigung. Solche Unternehmen haben eine geringe Leistungsfähigkeit, verdecken Armut und bilden den Kern der Schattenwirtschaft (siehe Kapitel I 2.6).

Die Industriellen Distrikte

In den achtziger und neunziger Jahren elektrisierte ein neues Modell der Unternehmen die Fachwelt: die Verknüpfung von Kleinst- und Kleinunternehmen untereinander in einer Aktivitätenkette innerhalb einer Branche in der engeren lokalen Umgebung. Für eine gewisse Zeit galten die industriellen Distrikte sogar als Alternative zum krisengeschüttelten Großunternehmen (Piore/Sabel 1984). Im internationalen Ranking der Bedingungen für Unternehmenstätigkeit gilt Italien als das Land mit dem „weltbesten Business Cluster" (Schwab *et al.* 2010, S. 27) Als Industrieller Distrikt gilt „die lokale Gemeinschaft, die eine industrielle Spezialisierung und die Art und Weise der Organisation der Produktion widerspiegelt. Wenn die Produktion durch Kleinbetriebe organisiert ist, die sich in einer oder mehreren Stadien desselben Produktionsprozesses spezialisieren, handelt es sich um eine Distriktgemeinschaft". (Becattini *et al.* 2009, S. 333)

Industrielle Distrikte finden sich vor allem im dritten Italien, also dem Zentrum, sowie im Nordwesten und Nordosten. Als Vorteile der Verankerung sehen die Unternehmen selbst

Abbildung I-18 Die Industriellen Distrikte

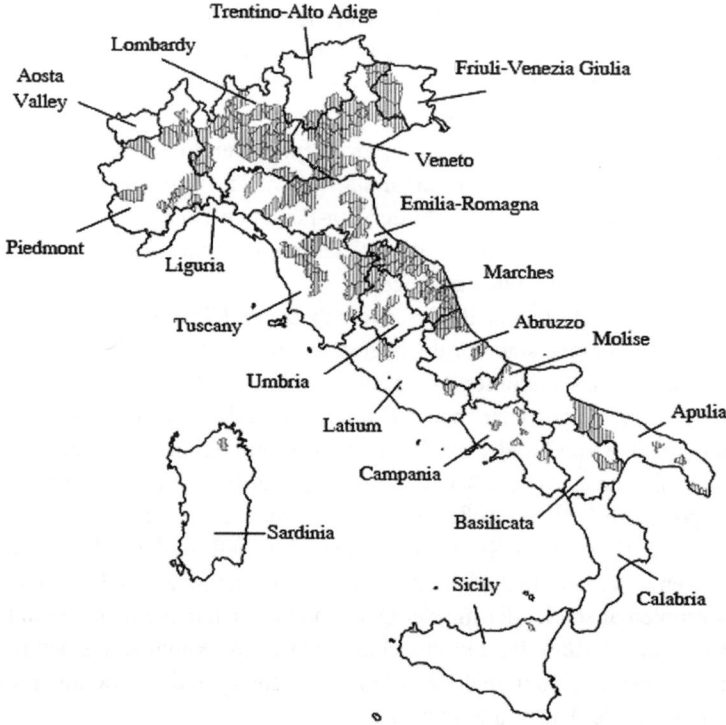

Quelle: Becattini *et al.* (2009), S. 339.

a) die Qualität der Produkte, das Design und die technische Verlässlichkeit der Produkte, das Image und die Marke des Unternehmens, c) die Personalisierung der Produkte und Dienstleistungen sowie d) die Innovationsfähigkeit und Projektfähigkeit des Unternehmens. (Distretti Industriali 2011, S. 61)

> Der Distrikt *Riviera del Brenta* präsentiert einzigartige Merkmale in der nationalen und internationalen Schuhindustrie. Er liegt entlang des Brenta zwischen den Provinzen Venedig und Padua und ist in den Kommunen Stra, Fiesso d'Artico, Fossò und Vigonovo konzentriert. Er ist das Weltzentrum der Herstellung von hochwertigen Damenschuhen (Schuhe, Sandalen, Stiefel, Stiefeletten, etc.). Die bedeutendsten internationalen Modemarken kommen hierher, um sich ihre Lederaccessoires herstellen und manchmal entwerfen zu lassen. Nur ein kleiner Teil der Distriktproduktion gilt den Artikeln für Kinder und Männer. Was dem Distrikt über die Jahre zur Expansion und den Wettbewerbsvorteilen verholfen hat, sind die Qualität der Materialien und der Verarbeitung, die über die Zeit gestiegen sind. Hinzu kommen der ästhetische Geschmack und die Achtung auf das Design.

Dafür hat im Distrikt das *Politecnico* eine wichtige Rolle. Es bildet qualifiziertes Humanka-pital aus und gewährleistet einen fortwährenden Zufluss an Innovation. Hierher kommen Mo-dellierer, die die Kenntnis der Materialien und der Verarbeitung mit der Kreativität und der Phantasie verbinden und aus dem Entwurf eines Schuhs Modelle für verschiedene Größen ma-chen, wobei sie einen Spürsinn für die Markttendenzen beweisen.

Im Laufe der Zeit sind die großen Luxusmarken in den Distrikt gekommen, um spezialisier-te Hersteller zu suchen, denen sie die Herstellung der Schuhe anvertrauen können, die später unter dem eigenen Namen verkauft werden. Seit Beginn der neunziger Jahre haben jedoch eini-ge Unternehmen des Distrikts begonnen, als Vertreter der großen Marken des Modesystems zu arbeiten.
Quelle: Intesa San Paolo (2010a), S. 10.

Weitere Vorteile der Verankerung in Distrikten stellen für die Unternehmen die Nähe von Testlabors, die Nutzung gemeinsamer Weiterbildungszentren, Dienstleistungszentren mit u. a. Exportberatung dar.

„Ventil-Milch"
In Valduggia, einem geschäftigen Dorf im Herzen eines von zwei italienischen Distrikten, spe-zialisiert in der Herstellung von Ventilen, in der Nähe des Ortasees zeigt Savino Rizzio stolz seine Fabrik. Sein Vater und seine Onkel waren im selben Geschäft tätig. Er gründete sein eigenes Unternehmen, die *Valvoindustria Ing. Rizzio AG*, im Jahre 1971 und fand seine ers-ten Kunden während eines zweimonatigen Ferienaufenthalts in den USA. Heute beschäftigt er 120 Leute, hat einen Jahresumsatz von 45 Mio. DM und exportiert in 54 Länder.

Für jeden mit Interesse an Ventilen ist ein Spaziergang durch Valduggia wie ein Besuch im Paradies. In den Straßen des Ortes reiht sich Ventilfabrik an Ventilfabrik und Messingfabrik an Messingfabrik. Plakate werben für „kunstvolle Hähne" und „Zubehör für Ventile". „In dieser Region", sagt Ing. Rizzio, „hat wahrscheinlich jede Familie mindestens eine Person, die mit Ventilen zu tun hat. Es ist, als würden Säuglinge mit Ventilmilch aufgezogen".
Quelle: The Wall Street Journal, 20.10.1997.

Die durchschnittliche Beschäftigtengröße der Unternehmen in den Distrikten liegt unter neun Personen. Insgesamt beschäftigen die Unternehmen in den Distrikten zusammen genommen ungefähr 1,5 Mio. Personen, was 30 Prozent der Gesamtbeschäftigung im Verarbeitenden Gewerbe entspricht. Die Unternehmen der industriellen Distrikte gehören eher zur Klas-se der Kleinunternehmen (10–49 Beschäftigte), während in Italien insgesamt die Kleinst-unternehmen vorherrschend sind. Die Distriktunternehmen sorgen für 27,5 Prozent des Gesamtexports Italiens.

Die Unternehmen in den Distrikten haben die Auswirkungen der Wirtschaftskrise 2008/09 massiv zu spüren bekommen. Gerade die Sektoren wie der Metallverarbeitung und den Haushaltsartikel erlitten stärkere Einbußen.

Auf diese Entwicklungen reagierten die dynamischsten der Distriktunternehmen mit einer stärkeren Kontrolle der Vertriebskanäle auch im Ausland (Distretti Industriali 2011, S. 46) sowie einer noch engeren Kooperation in der lokalen Gemeinschaft.

Probleme sehen die Unternehmen in den Distrikten vornehmlich in der Kreditgewährung, so dass Investitionen nicht rechtzeitig und im gewünschten Umfang in Angriff genommen werden können, sodann im Mangel an qualifiziertem Personal und in Unzulänglichkeiten in der Wertschöpfungskette, insbesondere beim Fluss der Zulieferteile und bei der Lieferung der Fertigwaren an den Endkunden.

Viele Unternehmen in den industriellen Distrikten haben ihre Exportstrategien umgestellt, nachdem ihnen angestammte Märkte durch chinesische Importe geschmälert worden sind. Dies sind insbesondere Länder in Osteuropa, allen voran Russland und Polen, sowie arabische Länder und Hongkong. (Intesa San Paolo 2010b, S. 105)

3.3 Dienstleistungen

Italien macht keine Ausnahme im allgemeinen Trend entwickelter Gesellschaften, dass die Dienstleistungen, gemessen am Anteil an der Wertschöpfung sowie an der Beschäftigtenzahl eines Landes, die Landwirtschaft und die Industrie deutlich hinter sich lassen (siehe Abbildungen I-8 und I-9).

Indes sind mit der Wirtschafts- und Finanzkrise bislang ungewohnte Umschichtungen im Dienstleistungsbereich eingetreten. „2009 wird als das Jahr in Erinnerung bleiben, in dem der Dienstleistungsbereich seine übergreifende Umorganisation begann". (Censis 2010b, S. 14)

Die zentralen Aspekte dieser Umorganisation sind:

- der Niedergang vieler oft kleiner Unternehmen in allen Bereichen des Dienstleistungssektors (siehe Tabelle I-8),

Tabelle I-8   Unternehmen im Dienstleistungssektor nach Beschäftigtenklassen und Geschäftsbereich (in Tsd., 2007)

	1–19 Beschäftigte	Mehr als 20 Beschäftigte	Gesamt
Groß- und Einzelhandel	1 230	12,0	1 242
Gasthäuser und Restaurants	270	4,0	273
Transport, Lagerung und Kommunikationen	147	6,0	153
Immobilien, Verleih, Informatik, sonstige freiberufliche Tätigkeiten	1 093	9,0	1 103
Ausbildung	18	0,5	18
Gesundheit und sonstige Sozialdienste	231	3,0	234
Weitere soziale und persönliche Dienstleistungen	241	3,0	243
Gesamt	3 232	36,8	3 269

Quelle: Istat (2011c), S. 28.

Tabelle I-9   Beschäftigte im Dienstleistungssektor nach Beschäftigtenklasse und Geschäftsbereich (in Tsd.) (2007)

	1–19 Beschäftigte	Mehr als 20 Beschäftigte	Gesamt
Groß- und Einzelhandel	2 576	946	3 523
Gasthäuser und Restaurants	893	281	1 174
Transport, Lagerung und Kommunikationen	385	868	1 254
Immobilien, Verleih, Informatik, sonstige freiberufliche Tätigkeiten	1 801	1 112	2 913
Ausbildung	48	23	72
Gesundheit und sonstige Sozialdienste	367	297	64
Weitere soziale und persönliche Dienstleistungen	480	228	708
Gesamt	6 552	3 757	10 309

Quelle: Istat (2011c), S. 29.

- die Ausdifferenzierung der Vertriebskanäle des Groß- und Einzelhandels (siehe Tabelle I-11),
- die Modernisierung des Bankensystems,
- die Herausbildung eines Zweiges der wissensbasierten Geschäftsaktivitäten.

Unter der Wirtschaftskrise 2008/2009 haben Unternehmen im Dienstleistungsbereich in zweierlei Hinsicht gelitten. Zum einen reduzierten sich die Aufträge an Dienstleister, die mit der Wertschöpfung und Distribution der industriellen Erzeugnisse beschäftigt sind, und zum andern verringerten sich Einkäufe und Bestellungen im Groß- und Einzelhandel wegen des reduzierten privaten Konsums der Familien.

Trotz dieser massiven Umstrukturierungen bleibt der Dienstleistungssektor im Vergleich zu den entwickelten EU-Ländern weiterhin eine Domäne der Kleinst- und Kleinunternehmen, ein Zufluchtsort zur Vermeidung von Arbeitslosigkeit, ein weites Feld für die Schattenwirtschaft und überdies im Bereich der modernen Dienstleistungen unterentwickelt.

3.4   Einzelne Sparten des Dienstleistungssektors

3.4.1   Der Handel

Groß- und Einzelhandel wurden von der Umstrukturierung des Dienstleistungssektors im Krisenjahr 2009 besonders getroffen. Aber Merkmale dieser Zeit waren nicht nur die Geschäftsaufgaben von „mehr als 50 000 Unternehmen zwischen Januar und September 2009". (Censis 2010b, S. 36) Vielmehr zeigte sich die Expansion innovativer Formen und Kanäle des Groß- und Einzelhandels, die durch die Wirtschaftskrise forciert worden ist.

Tabelle I-10   Konzentration im Lebensmitteleinzelhandel im Vergleich (2007)

Land	Konzentrationsgrad (Markt-anteil der fünf größten Unter-nehmen, in Prozent)	Größtes Unternehmen	Marktanteil (in Prozent)
Deutschland	82,7	Edeka	25,6
Frankreich	80,6	Carrefour	26,1
Großbritannien	76,3	Tesco	29,2
Spanien	62,6	Carrefour	22.5
ITALIEN	48,3	Coop	14,6

Quelle: OECD (2009a), S. 263.

Ein Merkmal ist die Weiterentwicklung der Supermärkte zu immer größeren Einheiten: „zwischen 2005 und 2009 ist die Verkaufsfläche der Supermärkte um 28 Prozent angewachsen, die der großen Fachmärkte (Elektronik, Einrichtung, Sport, Heimwerken) um 34,5 Prozent)". (Censis 2010b, S. 110)

Im Unterschied zu etwa Deutschland oder Frankreich hat noch keine größere Übernahmewelle im Handel stattgefunden. Der Konzentrationsgrad beim Lebensmitteleinzelhandel war 2007 deutlich niedriger als in sonstigen entwickelten Ländern.

Tabelle I-11   Handelsnetzwerke in Italien

Ladenpassagen	Momentan gibt es 659 Ladenpassagen in Italien und 232 weitere werden zwischen 2009 und 2011 eröffnet werden.
Natürliche Einkaufs-zentren	In Italien gibt es im Moment 250 natürliche Einkaufszentren, davon allein 64 in der Toskana.*
Factory outlets	Das erste Factory Outlet öffnete in Italien in 2000. Es gibt nun 21 von ihnen, alle in Mitte und im Norden mit zwei Ausnahmen: eines befindet sich in der Provinz Bari und ein anderes in der Provinz Cagliari.
Spezialisierte große Fachmärkte	Diese Märkte stellen den Vertriebskanal mit dem größten Zuwachs in den letzten Jahren. Ihre Anzahl beträgt 1 465, was eine Steigerung von 61 Prozent gegenüber 2002 bedeutet.
Supermärkte und kleine Handelsge-schäfte	Supermärkte und kleine Nachbargeschäfte machen den Löwenanteil der Einzelhandels-formen in Italien aus. Es gibt 9 100 Supermärkte und 5 300 Minimärkte, die 165 000 bzw. 32 000 Personen beschäftigen. Obwohl die größeren Geschäfte und Märkte immer zahl-reicher werden, wächst das Format der kleineren Märkte und Geschäfte, vor allem in Süditalien.
Wanderunternehmer	Momentan gibt es 64 000 Ausländer, die ein Geschäft besitzen und in diesem Sektor wir-ken, mit einem Zuwachs von 10,9 Prozent zwischen Mai 2008 und Mai 2009. Mehr als ein Drittel der von Ausländern geführten Unternehmen arbeiten in diesem Sektor … Im Vergleich zur Vergangenheit sind sie jedoch strukturierter. Die Handelsgeschäfte sind zu-meist feste Einzel- oder Großhandelsgeschäfte in Bereichen vom Verkauf von Textilien und Kleidung, über Call Centers, Geldüberweisungszentren bis zu persönlichen Dienst-leistungen (Kosmetiksalons, Reisebüros, Zentren für kulturelle Meditation).

* Damit ist die Integration von Einkaufsläden in kleinen Dörfern, Altstadtzentren, Bezirken und Städten gemeint.

Quelle: Censis (2010b), S. 111.

Im Laufe der Zeit hat sich eine Vielfalt von Vertriebsformen herausgebildet, die durch die Unzufriedenheit der Kunden mit den großen Verkaufszentren, das Streben der Anbieter nach spezialisierten Verkaufsläden und das Bedürfnis nach Revitalisierung der Altstädte angetrieben wurde. Tabelle I-11 gibt einen Überblick über die Bedeutung der Vertriebsformen.

Von einer weiteren prekären Vertriebsform ist zu reden: den Straßenhändlern, zumeist Immigranten. „In Piemont haben sie die Quote von 14 000 durchbrochen. Auf Parkbänken werden 75 Prozent der insgesamt auf dem Markt angebotenen Früchte und des Gemüses, 34 Prozent der Kleidung und 37 Prozent der Schuhe verkauft. In zwei Jahren ist ihre Anzahl um 26 Prozent gewachsen. Im Laufe des Tages fallen die Preise viermal. Bei Geschäftsschluss werden die nicht verkauften Nahrungsmittel häufig verschenkt … Ein gigantischer Supermarkt von mobilen Händlern und Heimhändlern, fest in der Hand von Chinesen und Afrikanern". (Visetti 2009, S. 35)

Im Boom dieser neuen Verkaufsform drücken sich, gerade in Piemont, verschiedene soziale Probleme mit Auswirkungen auf das Angebot und die Nachfrage nach Handelswaren aus. Auf der einen Seite geht die Nachfrage nach Lebensmittel, Kleidung etc. zurück, wenn viele Familien infolge des Rückgangs der sicheren Beschäftigung in der Metallverarbeitung, u. a. wegen der Rationalisierung im Zuliefersystem von *Fiat*, eine sichere Arbeitsstelle verloren haben und andere Sparten keine ausreichenden Beschäftigungsmöglichkeiten bieten können. Folglich wird am Essen, an Besuchen in der Bar und am Essen in den Pizzerien gespart. Auf der anderen Seite finden Immigranten mit ihrem fliegenden Handel eine, wenn auch prekäre, Einnahmequelle. Da die Waren deutlich billiger angeboten werden als in den Klein- und Supermärkten, kommen beim Straßenhandel Angebot und Nachfrage zusammen.

3.4.2   Die modernen Dienstleistungen

Seit Mitte der achtziger Jahre ist ein Trend zur Auslagerung immer größerer Teile der Wertschöpfungskette zu beobachten. Beim Unternehmen verbleiben, in Variation der Branchen (siehe Drüke 1997; Jürgens 2000), zumeist die strategischen Tätigkeiten wie die Konzeptfindung, die Marktdefinition und die Steuerung der Gesamtaktivitäten. Im Zuge dieser Ausla-

Tabelle I-12   Indikatoren der Entwicklung der wissensbasierten Businessdienstleistungen (KIBS)

Land	Kategorie	Beschäftigung in KIBS (EU = 100)	Durchschnittliche Veränderung pro Jahr (in Prozent)	Exporte von KIBS (EU = 100)	Durchschnittliche Veränderung pro Jahr (in Prozent)
ITALIEN		102	0,0	72	3,0
Spanien	„Mäßiger Innovator"	87	0,5	k.A.	k.A.
Frankreich		103	0,7	69	0,2
Deutschland	„Innovationsführer"	111	0,6	118	3,1

Quelle: Eigene Zusammenstellung nach Europe (2011).

gerungen haben sich neue Geschäftsfelder und Unternehmen etabliert. Darunter ist im Zuge der industriellen Modernisierung der Sektor der wissensintensiven Businessdienstleistungen *(Knowledge Intensive Business Services [KIBS])* gewachsen.

Nach der Literatur lassen sich zwei Typen von *KIBS* unterscheiden:

1. Beratungsleistungen, vor allem Rechtsberatung, Buchhaltung, Auditing, Business und Managementberatung, Werbung
2. Technische Dienstleistungen wie Computerservices, Engineering und Produktentwicklung, technische Tests und Analyse. (Koschatzky/Zenker 1999)

Auf diesem Feld gehört aber Italien gehört nach den Ergebnissen des *Innovation Scoreboards 2010* zu den „mäßigen Innovatoren" mit deutlichem Abstand zu den „Innovationsführern" wie Deutschland und Finnland. Italien verzeichnet keine Aufholstrategie, um den Abstand in absehbarer Zeit wettzumachen.

3.4.3 Das Banken- und Finanzsystem

Das Banken- und Finanzsystem in Italien hat zwar in Bezug auf die Anzahl und *Governance* der Institute, die Regularien und die Breite ihrer Aktivitäten bedeutende Schritte einer nachgeholten Modernisierung vollzogen. Jedoch bestehen Akteursstrukturen und überkommenes Geschäftsverhalten weiterhin.

Diese stehen gebliebene Modernisierung der Banken und Finanzinstitutionen ist der wesentliche Grund dafür, dass Italien besser als erwartet und besser als andere EU-Länder aus der Wirtschafts- und Finanzkrise von 2008–09 herausgekommen ist. Keine Bank musste mit öffentlichen Mitteln gestützt werden, keine Immobilienblase zerplatzte.

Die nachgeholte Modernisierung wurde in den neunziger Jahren unter dem Druck der Globalisierung auf den Kapitalmärkten sowie dem Beitritt Italiens zur Europäischen Währungsunion 1998 forciert. Das Bestreben, Inflation und Staatsverschuldung im Europa einer einheitlichen Währung einzudämmen, tat ein Übriges. Beobachter sprechen vom „Zusammenbruch des alten Kräftesystems", das durch eine unheilige Allianz zwischen Politikern, Staatsbankern und einigen mächtigen Privatbanken bzw. Kreditinstituten gekennzeichnet gewesen sei, die aufgrund ihrer Interessenlagen die Herausbildung eines modernen Bankenund Finanzsystems verhinderten.

Bis dahin wurde der Sektor von der Politik als Pfründe für die Versorgung von Gefolgsleuten oder für die Vergabe von Krediten an Personen, die zur Aufrechterhaltung des Gesamtsystems von Bedeutung waren, missbraucht. „Weil darüber hinaus politisch beeinflusste Staatsbanker bei den hohen Zinsen für die Schuldtitel des italienischen Staates bequeme Anlagemöglichkeiten zur Verfügung hatten, blieb das gewöhnliche Kreditgeschäft mit Unternehmen im Vergleich zu anderen Ländern weniger bedeutend". (Piller 1999) Die Börse hatte nur Zwergenformat, da der Staat freie Hand im Zugang zu den Krediten haben musste, um seine gigantische Verschuldung zu finanzieren. Vor dem Einschnitt der neunziger Jahre des letzten Jahrhunderts wurden gerade einmal von 200 der 2000 an der Börse eingeschriebenen Unternehmen Aktien gehandelt. (OECD 1999)

Tabelle I-13   Anzahl der Banken 1999–2007 (pro Mio. Einwohner)

Land	1999	2003	2007
Luxemburg	493,7	383,7	325,5
Österreich	109,6	100,5	96,8
Finnland	67,1	70,3	68,2
Dänemark	39,5	37,7	34,7
Deutschland	36,5	27,0	24,6
Schweden	16,7	24,8	22,1
Niederlande	39,1	29,7	20,8
Eurogebiet 12	26,4	21,5	19,4
EU-15	23,5	19,5	17,6
Portugal	22,1	19,2	16,5
ITALIEN	15,6	14,0	13,9
Frankreich	19,8	15,6	13,1
Spanien	9,7	8,4	8,0
Großbritannien	8,5	7,2	6,4
Griechenland	5,2	5,4	5,6

Quelle: Centro Studi Confindustria (2008), S. 85.

Institutionelle Schranken wie das Verbot aus Mussolinis Bankengesetz für Banken, langfristige Unternehmensfinanzierungen und Beteiligungen einzugehen, verbanden sich mit einer gering entwickelten Kultur, sich auf anonymen und riskanten Finanzmärkten zu bewegen. Dies galt und gilt vor allem für die Klein- und Mittelunternehmen, dem Rückgrat der italienischen Wirtschaft, deren Besitzer, zumeist traditionell mit dem Unternehmen verknüpfte Familien, kaum an Finanzgeschäften und Aktienhandel interessiert waren. Unangemessene Anforderungen nach Offenlegung von Unternehmensdaten, verbreiteter Insiderhandel und ein geringer Schutz für Kleinanleger tragen das Ihre zum schlechten Image der Börse bei.

„Als Eigentümer der entscheidenden Industrieunternehmen dominierten ein knappes Dutzend Familienclans wie die *Agnelli*-Familie, die untereinander enge Beziehungen unterhielten (der so genannte *salotto buono*) und in ebenso enger Verbindung zu politischen Persönlichkeiten standen". (Cioffi/Höpner 2006, S. 428) Die Privatisierungen im Banken- und Finanzsystem mit den Höhepunkten *Credito Italiano, Banca Commerciale Italiana* (1993–94), *Istituto Mobiliare Italiano (IMI)* (1995–96), *Banco di Napoli* (1996), *Banca di Roma, Istituto Bancario San Paolo di Torino* (1997) führten zu einer drastischen Verringerung des Anteils der Institute im Staatsbesitz von 68 Prozent Ende 1992 auf 25 Prozent Ende 1998. (Gros-Pietro/Torrisi 1998, S. 696)

Dieser tiefgreifende Wandel wurde durch eine ganze Reihe struktureller Reformen der beiden Regierungen des Mitte-links-Bündnisses Prodi und D'Alema zum Teil bewirkt und zumindest gefördert. Wichtig war die Privatisierung der *Borsa Italiana SpA*, d. h. der bislang im Staatsbesitz befindlichen Börsenorganisation, im September 1997. Denn damit wurden

Anreize für Unternehmen geschaffen, sich hier zu listen und an Finanzaktivitäten zu beteiligen, was den Finanzmarkt stärken würde. Zudem wurde ein Minderheitenschutz bei Übernahmen eingezogen.

Hinzu kam die Gewährung von Anreizen zur Etablierung privater Rentenfonds, die bislang fast völlig fehlten. „Wichtige Banken sind nun privatisiert. Die Sparkassen wurden aufgeteilt in Aktien besitzende, öffentlich-rechtliche Stiftungen einerseits und andererseits Unternehmen für das operative Geschäft, die nun fleißig fusionieren". (Piller 1999)

Schließlich hat die Steuerreform 1997/98 mit der Verringerung der Unternehmenssteuer auf die Neuausgabe von Aktienkapital und der Reduzierung der Unternehmenssteuer dem Kapitalmarkt weitere Antriebe gegeben.

Die Auswirkungen dieser Maßnahmen sind gravierend:

- Die Kapitalisierung auf den Finanzmärkten stieg zwischen Januar 1993 und August 1998 von 170 000 Mrd. L. auf 783 000 Mrd. L., damit auf das 4,6-fache des Ausgangswerts.
- Nach 2000 gab es eine Reihe von bislang unbekannten auch feindlichen Übernahmen, die auch vor der bis dahin allmächtigen Staatsholding *Mediobanca*[7] nicht Halt machten.
- Die Öffnung nach außen: „Trotz einiger historischer Widerstände gegen ausländische Beteiligung im Bankensektor und dem Fehlen einer ausländischen Bank liegt der Anteil des Kapitals im Besitz von Ausländern nun leicht über dem Durchschnitt der großen Euroländer". (OECD 2009b, S. 24)

Aber die Reform der Banken überwand nicht völlig die Fesseln der alten Strukturen der gemischten Marktwirtschaft, um weiter in Richtung des angelsächsischen oder deutschen Modells zu gehen, die bei den Reformen Pate standen. Zu verlockend war es vor allem für die Mitte-rechts-Regierungen nach dem Fall der Reformregierung Prodi, sich in die Umstrukturierung regulierend einzubringen. „Die neue Berlusconi-Regierung verstärkte durch das *Frattini*-Gesetz (im August 2002 verabschiedet) rasch das Potenzial, um politische Absprachen zu treffen. Dieses Gesetz stärkte gewisse Aspekte eines von der Olivenbaum-Regierung verabschiedeten Gesetzes, das das sogenannte *Spoils-System*[8] formalisierte und regulierte". (Bull/Newell 2005, S. 189)

Die Wettbewerbsfähigkeit einer Reihe von Unternehmen, insbesondere der Klein- und Mittelunternehmen, hängt von der Risikobereitschaft und dem verfügbaren Kapital der Banken ab. Und dies stärker als in anderen europäischen Ländern.[9]

In der ersten Jahreshälfte von 2009 griffen mehr als ein Drittel der Unternehmen auf Überziehungskredite oder Bankkredite zurück (siehe Abbildung I-19). Nur 40,5 Prozent der Unternehmen gegenüber 51,5 Prozent im europäischen Durchschnitt finanzierten ihre Geschäfte aus eigenen Mitteln.

Italiens Unternehmen stehen zu den Banken weiterhin in einem für ihre Wettbewerbsfähigkeit prekärem Spannungsverhältnis. Denn während in der Europäischen Gemeinschaft

---

7   Siehe Kapitel 5.3.
8   Damit ist die Besetzung wichtiger hoher öffentlicher Ämter mit den Gefolgsleuten der siegreichen Partei oder Koalition gemeint.
9   Die Studie, die gemeinsam von der Europäischen Kommission und der Europäischen Zentralbank erstellt worden ist, wird in Censis (2010b) zitiert.

Abbildung I-19   Hauptinstrumente zur Finanzierung der Unternehmensaktivitäten
(1. Hj. 2009, in Prozent)

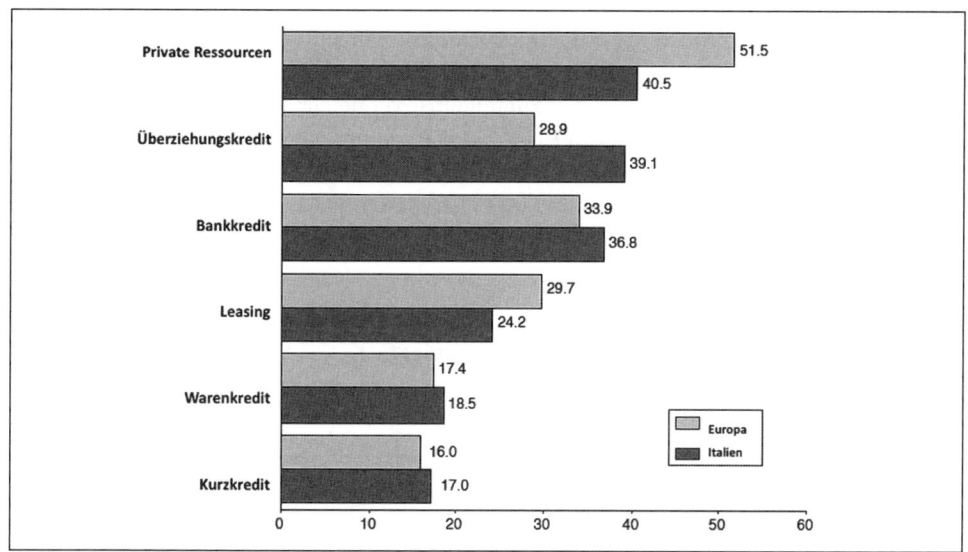

Quelle: Censis (2010b), S. 107.

39,2 Prozent der Unternehmen angeben, dass sie keine Schwierigkeiten erwarten, wenn sie Kredite bei den Banken beantragen, glauben dies nur 16,1 Prozent der italienischen Unternehmen. 37 Prozent von ihnen (gegenüber 26,1 Prozent in der EU) befürchten, dass sie nicht ausreichende Sicherheiten bieten können. Und 36,9 Prozent der Unternehmen (gegenüber 20,2 Prozent in der EU) befürchten, die Kosten oder Zinsen könnten zu hoch sein. (Censis 2010b, S. 107)

3.4.4   Die Verkehrsinfrastruktur

3.4.4.1 Überblick

Die Bedeutung des Verkehrswesens wird mit den klassischen volkswirtschaftlichen Indikatoren wie Anteile der Unternehmen, Beitrag zum Bruttoinlandsprodukt und Anteil an der Gesamtbeschäftigung nur unzulänglich ausgedrückt. Hiernach ist der Verkehrs- und Transportbereich eher unbedeutend, denn der Bereich gibt nur 1,2 Mio. Italienern Arbeit.

Das Verkehrswesen erhält eine besondere Bedeutung als Infrastruktur aus zwei anderen Gründen. Erstens sind Vorteile in der Logistik über die gesamte Wertschöpfungskette in Form enger verknüpfter Lieferketten vom Zulieferer über den Endhersteller ein Faktor, um die Kostennachteile entwickelter Industrienationen gegenüber Billiglohnländern wett zu machen.

Zweitens hat der Verkehrs- und Transportsektor eine wichtige Bedeutung für die Bewältigung der Umweltprobleme, da es entscheidend ist, in welchem Maße es gelingt, die lange unveränderte Präferenz für den Verbrennungsmotor bei beständig ansteigendem Verkehrsvolumen umzukehren. Insofern erhält der technologische Wettbewerb um kostengünstige und verlässliche Alternativantriebstechnologien eine große Rolle bei der Frage der Zukunft der Volkswirtschaften bzw. geopolitischen Räume (EU, USA, Asien).

Italien hat einen in Europa mit 603 Personenkraftwagen auf 1 000 Einwohner sehr hohen Motorisierungsgrad. Weiter vorne liegen nur noch Liechtenstein und Luxemburg, die aber als Staaten mit sehr geringer Fläche nicht unmittelbar vergleichbar sind.

Italien präsentiert, wie die meisten EU-Länder, einen unter den Aspekten der Stadt- und Umweltbelastung ungünstigen *Modal-Split*. Die Straße ist der vorherrschende Verkehrsträger für den Güter- wie Personenverkehr. Im Güterverkehr hat Italien einen höheren Anteil an der Straßennutzung (88 Prozent) als Deutschland (66 Prozent). Noch unausgewogener ist

Abbildung I-20 Aufteilung des Personen- und Güterverkehrs
auf die verschiedenen Verkehrsträger

	(in % der gesamten pkm im Binnenverkehr) (1)			(in % der gesamten tkm im Binnenverkehr) (2)		
	Pkw	Bus	Eisen , Straßen und U Bahn	Eisenbahn	Straße	Binnen- schifffahrt
EU-27	83,4	9,5	7,1	17,7	76,7	5,6
Belgien	79,9	13,1	7,0	14,0	71,2	14,7
Bulgarien	64,3	30,4	5,3	27,1	69,0	3,9
Tsch. Republik	75,6	16,9	7,5	23,8	76,1	0,1
Dänemark	79,8	11,2	9,1	8,2	91,8	-
Deutschland	85,7	6,5	7,8	21,4	65,9	12,8
Estland	76,0	22,0	2,0	65,3	34,7	0,0
Irland	76,1	18,8	5,1	1,2	98,8	-
Griechenland	76,3	21,9	1,8	1,9	98,1	-
Spanien	82,6	12,0	5,4	4,6	95,4	-
Frankreich	85,3	5,3	9,4	15,7	80,9	3,4
Italien	81,9	12,1	5,9	9,9	90,1	0,0
Zypern	:	:	0,0	-	100,0	-
Lettland	76,2	18,2	5,6	61,0	39,0	0,0
Litauen	90,5	8,5	1,0	41,6	58,4	0,0
Luxemburg	85,3	10,8	3,9	4,6	91,5	4,0
Ungarn	63,2	23,8	13,0	23,9	71,6	4,5
Malta	:	:	0,0	-	100,0	-
Niederlande	87,5	3,8	8,7	4,1	63,6	32,3
Österreich	79,4	10,3	10,3	33,8	63,2	3,0
Polen	82,5	10,6	6,9	29,4	70,4	0,2
Portugal	82,8	12,8	4,5	5,1	94,9	-
Rumänien	74,0	15,6	10,5	19,4	70,5	10,0
Slowenien	85,6	11,4	3,0	21,8	78,2	-
Slowakei	72,7	21,2	6,1	30,9	68,8	0,3
Finnland	84,9	10,3	4,8	27,1	72,7	0,2
Schweden	84,1	7,5	8,4	35,5	64,5	-
Ver. Königreich	87,4	6,5	6,1	11,8	88,1	0,1
Kroatien	83,7	11,8	4,5	24,3	74,8	0,9
EJR Mazedonien	:	:	:	8,4	91,6	-
Türkei	53,2	43,9	2,9	5,1	94,9	-
Island	87,2	12,8	0,0	-	100,0	-
Norwegen	88,0	7,3	4,8	14,7	85,3	-

(1) Ohne motorisierte Zweiräder; Bulgarien, Lettland und Rumänien: 2005; Türkei: 2004.
(2) Ohne Rohrfernleitungen; Island: 2005.

Quelle: Eurostat (2009), S. 399.

das Verhältnis zwischen den Verkehrsträgern in Spanien (96 Prozent Straße und 4 Prozent Eisenbahn).

3.4.4.2 Einzelne Verkehrsträger

Straßenverkehr
Italien verfügt mit 21,9 km pro 1 000 km² über ein im europäischen Vergleich dichtes Autobahnnetz (8,6 km pro 1 000 km²).

Der Norden des Landes hat eine klar höhere Dichte und eine bessere Qualität der Autobahnen als der Süden. Sardinien verfügt über keine Autobahn. Nur Abruzzen (32,7 km pro 1 000 km²), Kampanien (19,6 pro 1 000 km²). und Sizilien (25 km pro 1 000 km²) liegen von den meridionalen Regionen über dem nationalen Durchschnitt.

Aber hinsichtlich der Qualität liegen zwischen den südlichen und nördlichen Netzteilen Welten. Jeder, der im Auto von Süden nach Norden gefahren ist, erkennt am Zustand der Autobahnen den Reichtum der Regionen. Die Autobahnen im Süden sind in schlechtem Zustand, häufig zweispurig, und die Tunnel sind schwächer beleuchtet.

Überdies fehlen den südlichen Verwaltungsstellen die Mittel, um hier Verbesserungen zu erreichen. Denn ein Großteil der Autobahnen im Süden ist, im Unterschied zum Norden, kostenlos zu benutzen, wodurch der Verwaltung Maut-Einnahmen entgehen.

Tabelle I-14   Ausstattung mit Autobahnen pro Einwohner

Land	1970	1980	1990	2000	2004
Spanien	24,4	62,8	117,7	164,6	174,4
Österreich	135,8	144,7	173,5	148,6	141,6
Portugal	16,1	15,8	29,2	105,9	137,8
Dänemark	79,4	117,3	109,2	126,1	130,8
Schweden	106,6	119,2	101,1	123,2	126,4
Frankreich	65,1	105,4	110,7	120,9	118,3
Deutschland	164,0	137,4	126,0	103,8	101,4
EU-15	100,0	100,0	100,0	100,0	100,0
Niederlande	197,6	148,6	129,0	104,0	99,0
Finnland	49,6	49,8	41,5	77,3	86,0
ITALIEN	154,4	121,8	100,3	82,5	77,6
Griechenland	2,7	11,1	17,2	47,2	46,2
Großbritannien	45,1	55,5	50,8	44,4	41,9

Quelle: Centro Studi Confindustria (2008), S. 110. (EU-15 = 100)

Schienenverkehr

Hinsichtlich des Schienenverkehrs bietet Italien das Bild eines Landes, das im Vergleich zu seiner Wirtschaftsleistung eine rückständige Infrastruktur bei einem wesentlichen Verkehrsträger hat. Die Fakten sprechen eine deutliche Sprache.

Nach einem Bericht des *Isnart (Istituto Nazionale Richerche Touristiche)* hat sich „seit den sechziger Jahren bis heute das Schienennetz in Italien um 23 Prozent verringert, während die Anzahl der Passagiere sich mehr als verdoppelt hat". (zitiert in Stella/Rizzo 2008, S. 79)

Auch wenn sich die Kilometer mit Doppelgleis verdoppelt haben (von 3 443 auf 6 947), ist der größte Teil des Schienennetzes, darunter so zentrale Strecken wie Genua-Ventimiglia, eingleisig.

Überdies besteht eine große Lücke im Bestand von Hochgeschwindigkeitszügen. „Wir haben heute 562 km, Frankreich 1 893 und Spanien … wird in 2010 den Wert von 2 230 km erreichen". (ebda.)

Der Güterverkehr ist rückläufig: zwischen 1997 und 2007, also dem Jahr vor der Wirtschaftskrise, die zu einem Rückgang der Transporte insgesamt führte, wurden 2 437 Tonnen/km weniger über die Schiene transportiert. (Census 2010b, S. 78) Im gleichen Zeitraum stieg die Anzahl der Lastkraftwagen pro Kilometer um 5,1 Mio. (ebda., S. 79)

Der Süden ist in mehrfacher Hinsicht gegenüber der Mitte und dem Norden benachteiligt. Während in diesen Landesteilen mehr als 60 Prozent der Schienenwege zweigleisig und elektrifiziert sind, sinkt dieser Wert im Mezzogiorno auf 26,8 Prozent. (Istat 2010c, S. 168)

Tabelle I-15   Ausstattung mit Eisenbahn pro Einwohner

Land	1970	1980	1990	2000	2004
Schweden	295,7	304,9	295,4	309,3	314,1
Finnland	244,0	268,5	265,4	281,1	280,6
Österreich	153,5	163,7	165,5	175,8	177,8
Luxemburg	155,3	156,6	160,8	156,9	155,3
Dänemark	93,0	83,0	102,7	95,4	131,6
Frankreich	144,3	134,9	135,5	123,6	123,6
Irland	144,3	123,5	124,7	126,1	121,5
Deutschland	108,5	115,3	116,6	110,6	107,4
EU-15	100,0	100,0	100,0	100,0	100,0
Belgien	92,5	85,0	78,7	84,2	86,8
Spanien	91,5	89,0	84,3	86,0	86,7
ITALIEN	58,1	60,3	63,8	70,6	71,5
Großbritannien	67,5	67,5	66,2	72,0	70,6
Portugal	80,0	78,3	69,5	68,5	69,4
Griechenland	57,5	54,1	55,2	54,3	56,6
Niederlande	47,1	43,1	42,3	43,9	44,1

Quelle: Centro Studi Confindustria (2008), S. 109 (EU-15 = 100).

Abbildung I-21   Schienennetz pro Region (km pro 100 km² Fläche)

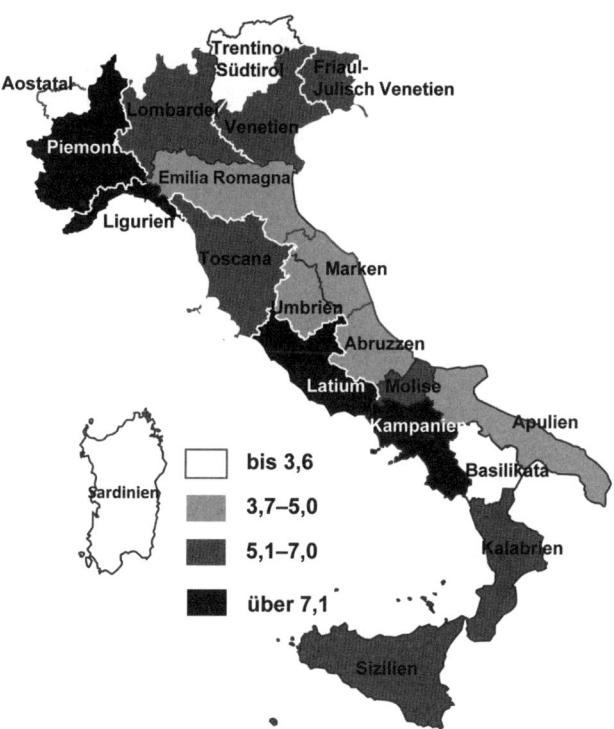

Quelle: Istat (2010c), S. 168.

Schnellzüge fahren vornehmlich im Zentrum bzw. im Norden. Die Dichte der Züge im Süden hat große Lücken. Zwischen Neapel und Rom fahren 35 Zuge pro Tag, aber von dort nach Reggio Calabria nur noch zehn bis zwölf und von Neapel nach Sizilien nur noch fünf.

Dies stellt sowohl für den Berufsverkehr wie auch für Privatreisen eine massive Benachteiligung des Südens dar. Für die einkommensschwächere Bevölkerung des Südens wird die Nutzung eines erschwinglichen Verkehrssystems erschwert.

Luftverkehr

Italien hat eine gute Ausstattung mit insgesamt 76 Flughäfen, wovon 17 im Süden des Landes liegen. Unzulänglich ist zumeist die Bahnanbindung. Das noch größere Problem liegt im Rückstand der größten Fluglinie *Alitalia* im seit Jahren laufenden Konzentrationsprozess im Luftverkehr. Die staatseigene *Alitalia* war für viele Bewerber keine attraktive Braut. Denn sie wies eine schwache Leistung im Langstreckenverkehr auf, hatte ein lückenhaftes Zielnetz (*Alitalia* 83 Ziele, *Air France* 187, *Lufthansa* 188) (Zahlen von 2008 in Stella/Rizzo 2008, S. 72) und eine horrende Kostensituation, vor allem im Personalbereich. Bei der *Alitalia* unterblieben nach dem Nachfrageeinbruch in Folge des Attentats vom 11. September 2001 und der Wirtschaftskrise 2008/09 unerlässliche Einsparungsmaßnahmen; sie scheiterten vor allem am intransigenten Verhalten der Gewerkschaften im Unternehmen. Im Ergebnis verliefen schon weit fortgeschrittene Übernahmeverhandlungen mit der *KLM* in 2007 im Sande.

Im Jahre 2008 ging die im Staatsbesitz befindliche *Alitalia* bankrott. Eine Investorengruppe um Colannino, dem jetzigen Vorstandsvorsitzenden, kaufte das Unternehmen und seine Flugrechte auf. Im Januar 2009 ging die neue Gesellschaft in Betrieb. Mittlerweile befinden sich 25 Prozent der Aktien des Unternehmens in den Händen der *Air France-KLM*.

Seeverkehr

Das rein quantitative Angebot an italienischen Häfen ist mit 263 Einheiten zunächst ausreichend, um im internationalen Logistikwettbewerb prinzipiell mitzuhalten. Im Personenverkehr war Italien 2007 im Personenverkehr übers Meer mit 87 Mio. Passagieren Zweiter in Europa hinter Griechenland.

Problematisch ist die Situation für den Güterverkehr. Die Infrastruktur und der Service sind für einen Umschlag nach dem globalen Standard unzureichend. Große Containerschiffe können außer in Triest nicht in italienische Häfen einfahren (Stella/Rizzo 2008, S. 63), die Manövrierbarkeit der Geräte und Maschinen im Umschlagbereich ist suboptimal. (Stella/Rizzo 2008, S. 65 f) Der größte Hafen *Gioia Tauro* in Sizilien hat eine mangelhafte Straßenanbindung.

Italien hat im Güterverkehr europaweit nur noch den 6. Platz (mit 9,1 Prozent Anteil) hinter Deutschland (19,4 Prozent), Spanien (15,7 Prozent), den Niederlanden (14,4 Prozent) und Belgien (11,6 Prozent) sowie Großbritannien (11,2 Prozent). Dies ist angesichts einer enorm langen Küste von 7 600 km, der zweitlängsten in Europa[10], eine ernüchternde Bilanz.

Der Grund für diese gravierenden Rückstände gegenüber der Konkurrenz sind ausgebliebene Investitionen für den Ausbau großer Containerschiffe und der Infrastruktur, um große Container zu manövrieren.

3.4.4.3 Ineffizienz beim Ausbau der Infrastruktur

Italien wurde in der Autobahndichte von einem in Europa führenden Land zu einem Nachzügler. Eine hohe Autobahndichte ist für sich genommen kein erstrebenswertes Ziel, aber unter dem Gebot gleicher Entwicklungschancen für die südlichen Regionen ist der quantitative und qualitative Rückstand ein Problem.

Unbestritten war und ist die Notwendigkeit eines Weiterbaus der Autobahn von Mailand bis Neapel bis in die Stiefelspitze (Kalabrien). Zwischen 1963 und 1974 wurden zwischen Salerno und Reggio Calabria 443 km Autobahn gebaut: im Durchschnitt 40 km in jedem Jahr. „Für die *Autosole* genügten 4 Mio. Euro von heute pro Kilometer. Für die Autobahn Salerno-Reggio waren es 5,6 Mio. Euro. Das macht ein Drittel mehr, auch wegen der Entscheidung, alle neun Kilometer eine Ausfahrt einzurichten. Dies soll eine ‚kompensatorische' Entscheidung dafür sein, dass man sparen und auf Mautstellen verzichten wollte. Dies wird gewiss von den Autofahrern begrüßt, aber auch von den Verbrechern: keine Mautstellen, keine Kontrollen". (Stella/Rizzo 2008, S. 57)

---

10   Siehe unter https://www.cia.gov/library/publications/the-world-factbook/fields/2060.html.

Wer durch Kalabrien gefahren ist, kann bestätigen: überall Baustellen, weil die Unternehmen in Konkurs gegangen sind oder die *'ndrangheta* nur das Geld kassiert hat und ihre Subunternehmer nicht arbeiten. Stattdessen sind Überfälle und Autodiebstähle an den Servicestationen an der Tagesordnung.

Die Kosten steigen ins Unermessliche: von den im Jahre 1984 anvisierten 983 Mio. Euro über 4 Mrd. Euro zehn Jahre später bis auf heute geschätzte 9 Mrd. Euro. (ebda.)

Die Verzögerungen sind, wie so üblich in Italien, auf eine Mischung von Inkompetenz der lokalen und regionalen Behörden sowie der Privatunternehmen, auf die „Gefräßigkeit der Politik" (Stella/Rizzo 2008, S. 59) und nicht zuletzt auf die Intervention der Mafia zurückzuführen.

Nicht besser war die Leistung der öffentlichen Verwaltung beim Ausbau des Netzes für Hochgeschwindigkeitszüge. Die schnellen Züge wurden 2006 für Kampanien vorgesehen, womit Lücken in der gesamten Verkehrsinfrastruktur korrigiert werden sollten. „Voraussichtliche Kosten: 5,297 Mrd. Euro. Länge: 146,6 Kilometer. Bahnhöfe: 15. Also 15 Bahnhöfe auf 146 Kilometer! Einen alle 10 km. Was soll das wohl für ein ‚Hochgeschwindigkeits-

Abbildung I-22   Regionale Unterschiede in der Ausstattung mit Autobahnen
(km pro 1 000 km² Fläche)

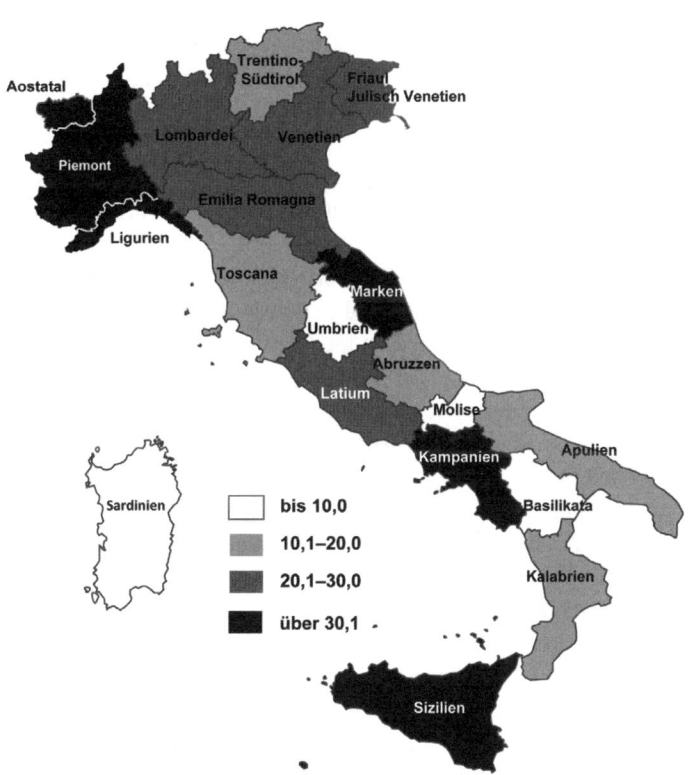

Legende: (a) Sardinien verfügt über kein Autobahnnetz.

Quelle: Istat (2010c), S. 188.

zug' sein? Aber: Roccacannucia kann man nicht auslassen, weil es dort den Abgeordneten Trombone gibt, Roccamannella darf nicht fehlen, weil dort Senator Controfagotto sitzt, Roccapiccina auch wenn, denn da ist Senator Bassotuba ... Sollen wir wetten? Das wird nie geschehen. Umso mehr, als die voraussichtlichen Kosten tödlich sein werden: 36 Mio. Euro pro Kilometer. Zwanzig mal höher als die Kosten für die Hochgeschwindigkeitsstrecke in Frankreich und Spanien, zwischen 15 und 16 Mio. Und das sind nur die Anfangskosten. Sie werden, wie in Italien üblich, steigen und steigen und steigen". (ebda., S. 78)

3.4.5 Tourismus

Unter den Sparten des Dienstleistungssektors kommt dem Tourismus für Italien eine besondere Bedeutung zu. Denn mit den langen Küsten, dem sonnenreichen Klima, der hervorragenden Gastronomie, den eindrucksvollen Städten und den unvergleichlichen Kulturgütern ist Italien als Gastgeberland prädestiniert. Die Zahlen geben aber ein anderes Bild.

Der Sektor beschäftigt 1,2 Mio. Personen, d.h. 5 Prozent aller Beschäftigten in Italien. Italien verfügt im Durchschnitt über 75,2 Betten je 100 Einwohner. Damit liegt das Land nur an siebter Stelle der 27 EU-Länder. Deutschland und Großbritannien befinden sich unterhalb des europäischen Durchschnitts.

An den Verweilzeiten der Touristen je nach Region spiegeln sich die Besonderheiten ihrer Ziele wieder. An der Spitze stehen die Marken mit 6,3 Nächten, gewiss für den längeren Badeurlaub. Am Ende steht die Lombardei mit 2,7 Nächten, da die Region zuallererst Ziel von Dienstreisen ist.

Andere Badegegenden wie Kalabrien, Sardinien und Sizilien stehen weit oben mit ca. fünf Nächten im Durchschnitt. Die Kulturzentren Toskana, Umbrien, Sizilien und Latium haben Verweildauern unter dem nationalen Durchschnitt.

Die Wartung dieser Kulturgüter ist nicht im erforderlichen Masse sichergestellt. „Museen, Theater, Bibliotheken, Forschungszentren und Schulen sind nicht in der Lage, die Rechnungen oder das Personal zu bezahlen. Das Land, das 60 Prozent der westlichen antiken Kunst beherbergt, kann sie nicht einmal warten ... Italien, das unter den G8-Ländern das reichste an Kultur ist, liegt bei den Investitionen auf dem letzten Platz". (Gian Bruno Ravenni, Leiter des Kulturamts der Region Toskana, in Visetti 2009, S. 116)

Zwischen 1994 und 2004 hat Italien als einziges Land der OECD Einbußen am Anteil des Tourismus am Bruttoinlandsprodukt hinnehmen müssen, nämlich von 6,13 auf 5,68 Prozent. (Stella/Rizzo 2008, S. IX) Die OECD schätzt in ihrer länderübergreifenden Analyse des Tourismussektors den Anteil am Bruttoinlandsprodukt in Italien auf knapp 5 Prozent.

Ursache für den Rückgang des Tourismus waren hohe Preise, nachlassender Service und die Konkurrenz aus Frankreich, Spanien, den USA und dem aufkommenden China. Als Reaktion senkten die Hoteliers in einigen Städten die Hotelpreise: in Florenz zwischen 2000 und 2006 von 138 auf 121 Euro, in Venedig von 193 auf 171 Euro. Im Folgejahr zogen die Preise dann wieder an. (Centro Studi Confindustria 2008, S. 29)

Vom Tourismus-Umsatz in Höhe von insgesamt 87 Mrd. Euro entfallen nach der Analyse von *Trademark Italia* 68 Prozent auf Inländer, 32 Prozent auf Ausländer. Die Deutschen sind mit einem Anteil an allen Besuchern von 20,7 Prozent der Einreisen die wichtigste Be-

Abbildung I-23   Verweildauer von Touristen je nach Region (2007, in Tagen)

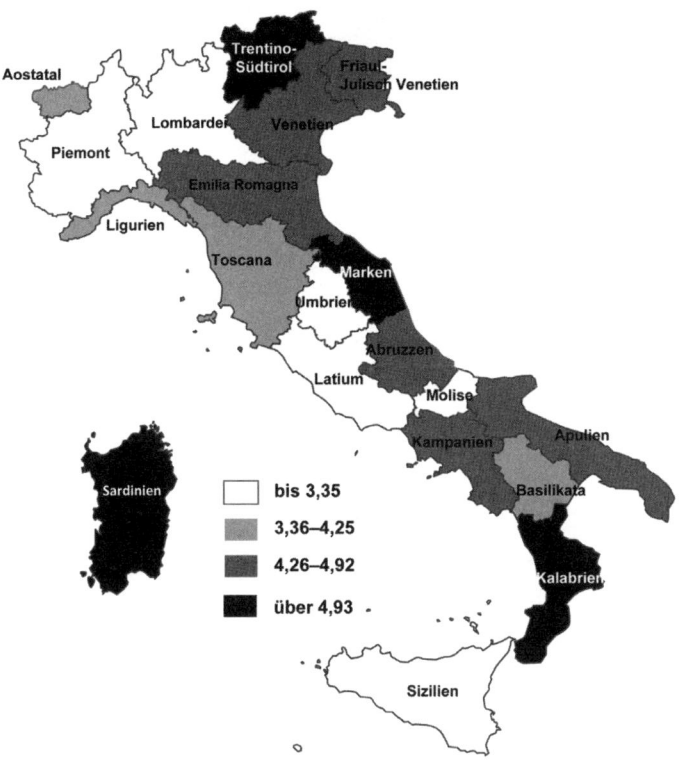

Quelle: Istat (2010c), S. 176.

suchernation für Italien. Bereits an zweiter Stelle folgt nach den Zahlen von *Trademark* die USA (10,1 Prozent), dann erst Frankreich (7,7 Prozent), Spanien (4,4 Prozent), Niederlande (4,3 Prozent) Österreich (4,2 Prozent) und die Schweiz (3,8 Prozent). Diese Angaben beruhen auf Schätzungen, die auch von Ausländern genutzte Zweitwohnungen in Italien berücksichtigen – sie müssen mit Vorsicht gelesen werden, weil die Grauzone der nicht erfassbaren Reisen groß ist". (German Trade and Invest 2010)

4   Die regionale Wirtschaftsstruktur

4.1   Das Bruttoinlandsprodukt (BIP) nach Landesteilen

Die großen Unterschiede in der Leistungsfähigkeit der Regionen werden in der Abbildung I-24 überaus deutlich. Bezogen auf das Bruttoinlandsprodukt (BIP) pro Kopf der Bevölkerung geht eine deutliche Trennlinie durch das Land, das den *Mezzogiorno* vom Zentrum und dem Norden des Landes trennt. Während die Regionen Süditaliens bei einem Index von 100 für Gesamtitalien nur einen Wert von 75 erreichen, liegen die Spitzenreiter Lombardei, Aostatal und Trentino-Südtirol auf dem Niveau europäischer Spitzenregionen. Auch

Abbildung I-24   Bruttoinlandsprodukt pro Kopf in den Regionen (Norden gleich 100)

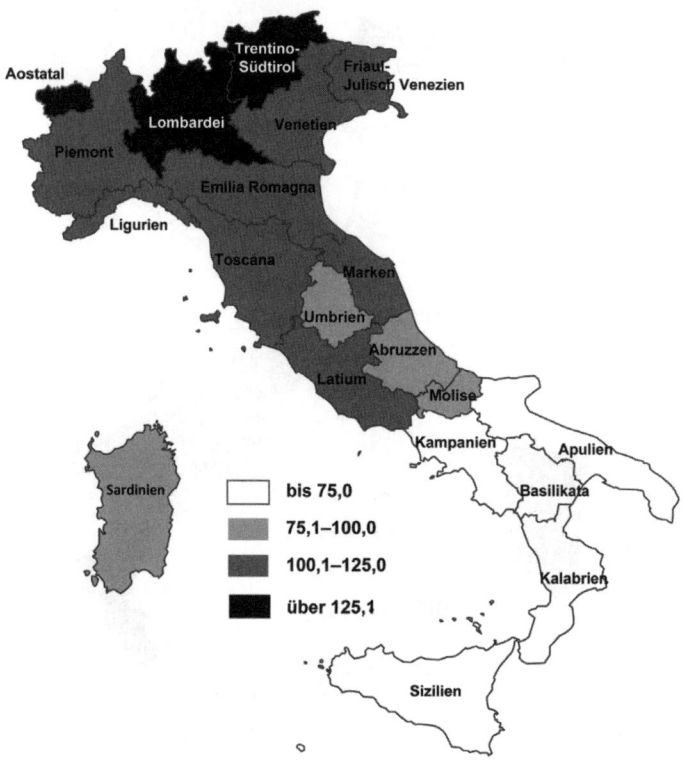

Quelle: Istat (2010c), S. 128.

wenn generell der Nord-Süd-Gegensatz hier dominant ist, sind die Unterschiede innerhalb der stärksten Landesteile nicht zu vernachlässigen. Einige Regionen des Zentrums weisen nur ein geringfügig höheres BIP pro Kopf als die südlichen Regionen auf und im Norden liegen einige Regionen ein Stück hinter den genannten wirtschaftsstärksten Regionen.

In den Veränderungen des Bruttoinlandsprodukts liegen die Landesteile Zentrum und Norden, über dem *Mezzogiorno*, was über die Jahre betrachtet, ein weiteres Auseinanderklaffen auf Basis der gravierenden Entwicklungsunterschiede der vorhergehenden Jahrzehnte zur Folge hat. Erst in den Krisenjahren 2008 und 2009 gleichen sich die Raten etwas an.

4.2   Wirtschaftsbereiche

Die Wirtschaft des Südens ist durch das vergleichsweise größere Gewicht der Landwirtschaft und der Dienstleistungen sowohl hinsichtlich der Wertschöpfung wie auch der Beschäftigung gekennzeichnet (Abbildung I-31). Dies gilt ebenso für den Bereich der Bauwirtschaft. Unter den Dienstleistungen dominieren die öffentlichen Dienstleistungen, während die modernen Dienstleistungen, vor allem die für Unternehmen, im Süden kaum repräsentiert sind.

Allerdings sind seit Mitte der neunziger Jahre Anzeichen einer neuen Dynamik der wirtschaftlichen Entwicklung der Regionen des Südens zu beobachten, die Anlass zu einer differenzierteren Analyse der regionalen Wirtschaftsentwicklung geben.

Das Ende der staatlichen Wirtschaftssteuerung mit dem System der Unternehmen mit staatlicher Beteiligung (siehe Kapitel 5.3) und die Auflösung der Südkasse sowie die verschärfte Internationalisierung scheinen in einigen Gegenden Ressourcen für eine günstige Entwicklung mobilisiert zu haben.

Industrielle Initiativen verschiedener Art haben sich vor allem in der Basilikata, in Apulien und in Sizilien entwickelt. So wurde Melfi in der Basilikata zum Standort von *Fiats* bis dahin modernstem Fertigungswerk für Automobile.

Daneben haben sich Industrielle Distrikte an der Grenze zwischen der Basilikata und Apulien als „Pol von Salotto", ausgehend von traditionellen Handwerksbetrieben und forciert durch technologische und organisatorische Innovation, gebildet.

Mittlerweile hat sich ein System von Sublieferanten etabliert, wodurch sich im Raum eine Produktionskette aufgebaut hat. Die Stärke der Region sind die niedrigen Arbeitskosten bei hoher Qualität der Produkte. Das wesentliche Problem liegt aber darin, dass die Betriebe im Süden vornehmlich als verlängerte Werkbank von Unternehmen dienen, die ihr Haupt-

Abbildung I-25   Anteil der Landwirtschaft am Bruttoinlandsprodukt nach Regionen 2008

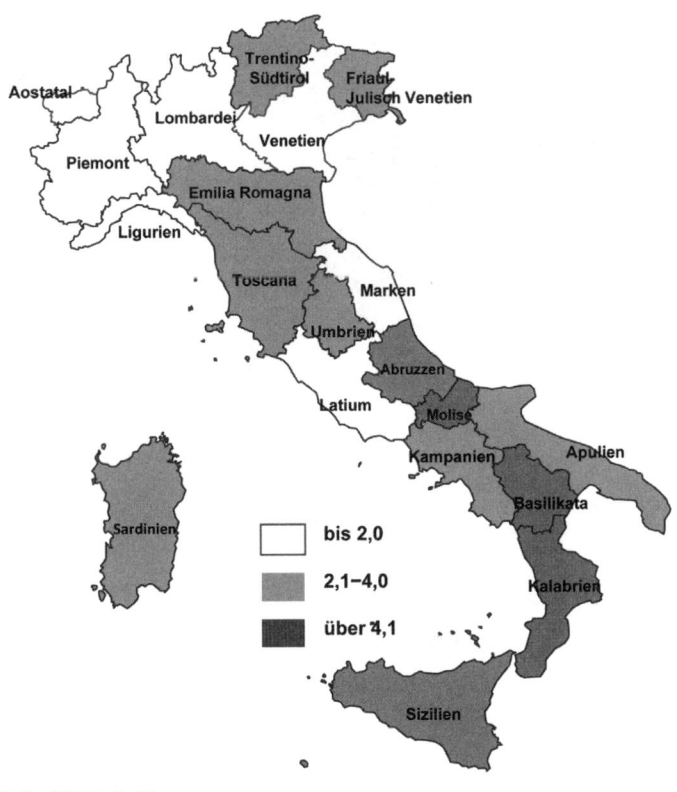

Quelle: Banca d'Italia (2010), S. 67.

quartier und zumeist ihre Entwicklungslabors im Norden haben. Dies wird insbesondere an der Basilikata ersichtlich, Sie ist die am stärksten industrialisierte Region im *Mezzogiorno,* und der Staat hat dort mit der Unterstützung des *Fiat*-Werks in Melfi die größte Investition der letzten dreißig Jahre getätigt. „Ein Schatz voller Kohle, Erdgas, Wasser und Motoren, der in den Händen von 600 000 arm gebliebenen Einwohnern zerbröselt". (Visetti 2009, S. 175)

Visetti zitiert den Soziologen D. Bubbico: „Die Basilikata beherbergt nur Filialen, Endstationen der Produktion und Fließbänder. Wie der übrige Süden hat die Region keine Unternehmerschaft und kein internes ökonomisches Projekt begründet. Man produziert Wählerstimmen für die Politik, aber keine Waren für den Markt". (zitiert ebda.)

Die Standortvorteile wurden auch vom Halbleiterhersteller *St. Microelectronics* als wesentliche Gründe für die Ansiedlung eines neuen Werks in der Nähe von Catania in Sizilien genannt: „Hier gibt es jede Menge Universitätsabsolventen im Wartestand. Hier gibt es Universitäten und Hirn zu niedrigen Kosten. Ein Ingenieur in Amerika kostet ungefähr 80 000 Dollar im Jahr, ein Ingenieur in Catania hingegen 28 000 Dollar". (Sette 10.06.1999, S. 93)

Mittlerweile hat sich dieses Werk für den Halbleiterhersteller bewährt. „Der *STM*-Standort in Catania, an dem über 1 200 wissenschaftliche und technische Mitarbeiter/innen tätig sind,

Abbildung I-26   Anteil der Industrie am Bruttoinlandsprodukt nach Regionen 2008 (in Prozent)

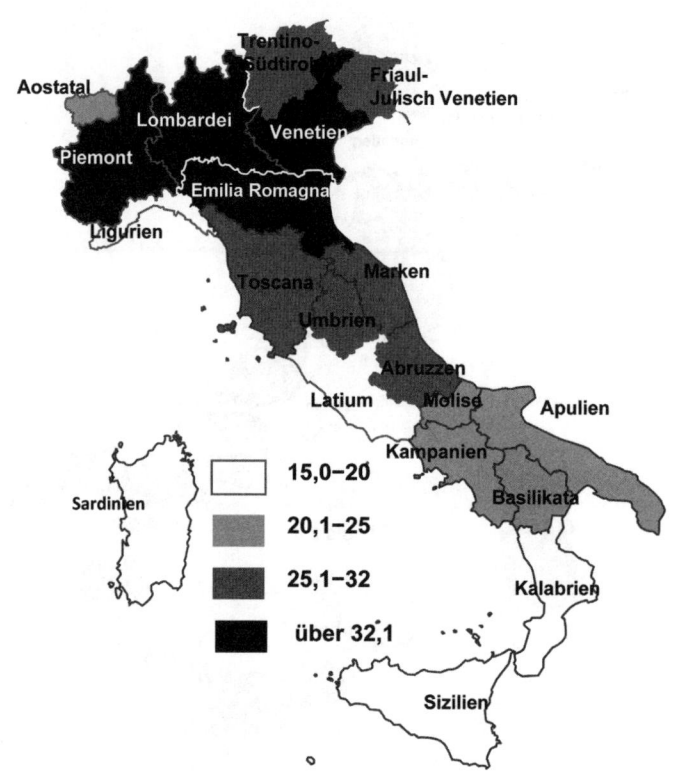

Quelle: Banca d'Italia (2010), S. 67.

Abbildung I-27 Anteil der Dienstleistungen am Bruttoinlandsprodukt
nach Regionen 2008

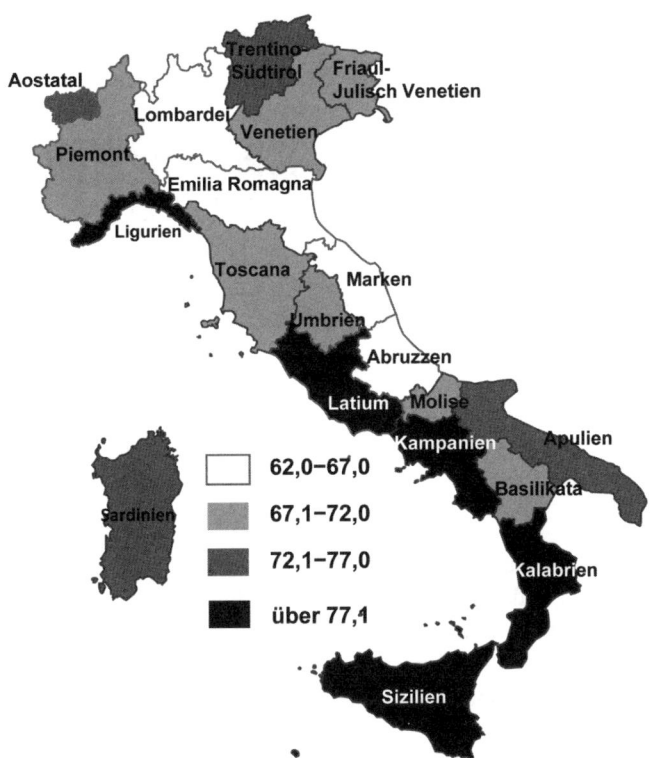

Quelle: Banca d'Italia (2010), S. 67.

hat einen im internationalen Vergleich hervorragenden Bestand an Fachwissen für die Herstellung der Mikrochips, die für moderne Elektroniksysteme und zur Entwicklung von Verfahren und Produkten von Weltstandard entscheidend sind". (Europäische Kommission 2006, S. 23)

Ähnlich argumentierten die Verantwortlichen von *Omnitel*, dem größten Mobilfunkanbieter in Italien, die in Catania ein großes *Call Center* eingerichtet haben, oder von *Nokia*, dem Weltmarktführer bei Mobilfunkgeräten, der im Juni 1999 den Bau eines Forschungszentrums mit 40 Beschäftigten und 18. Mio. DM Sachmitteln begonnen hat.

Nachdem sich zwischen 2004 und 2008 schon ein beträchtlicher Rückstand des Landes und vor allem des Südens gegenüber den europäischen Ländern aufgebaut hatte, verschärfte die Krise 2009 die Produktivitäts- und Absatzprobleme dieser Regionen noch zusätzlich. Die betroffenen Regionen verlieren noch mehr an Boden, was die Bilanz für Italien insgesamt verschlechtert.

Der Indikator der Wertschöpfung pro Beschäftigtem bei 100 Euro Arbeitskosten misst die Wettbewerbsfähigkeit der Unternehmen unter dem Aspekt der Arbeitskosten.

Bezogen auf die regionale Situation und ihre Entwicklung in den sechs Jahren des Betrachtungszeitraums sind zwei Aspekte bemerkenswert. Die Wettbewerbsfähigkeit der Unternehmen im Nordwesten und Nordosten stagniert mehr oder weniger, während sie im

Abbildung I-28   Wertschöpfung zu Grundpreisen pro Arbeitseinheit für jede Region

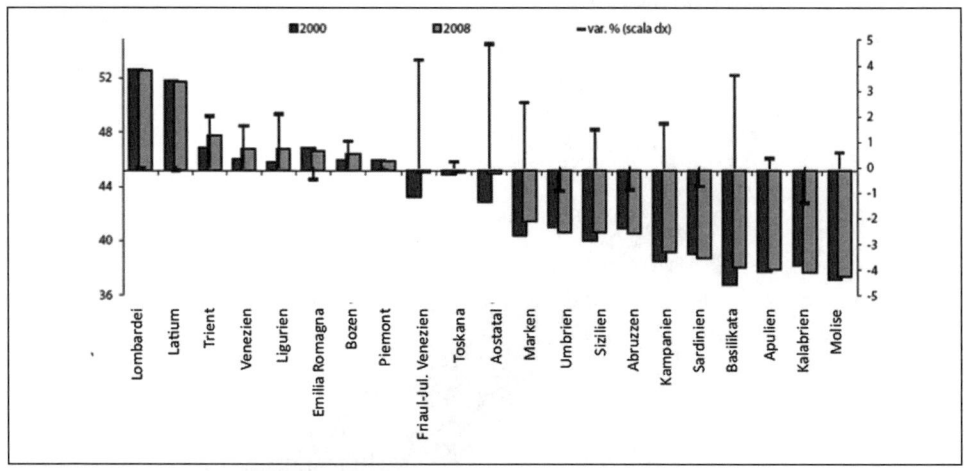

Quelle: Istat (2010c), S. 17; 2000 (links) und 2008 (in 1 000 Euro, Werte mit dem Jahr 2000 als Index, prozentuale Veränderungen rechte Y-Achse)

Mezzogiorno, wo sie sowieso schon schwächer ausgeprägt ist, über die Jahre deutlich zurückgeht. Die Regionen in der Mitte des Landes sind die einzigen, die eine Erholung zeigen.

Die Dynamik der Unternehmen im Nordosten „ist hier in allen Segmenten zurückgegangen und am stärksten bei den Großunternehmen im Dienstleistungsbereich, des Bauwesens und bei den kleinen Industrieunternehmen". (Istat 2010c, S. 132)

4.3   Export pro Region

Die Exportdaten bekräftigen den Befund einer starken Abweichung zwischen Nord und Süd, aber auch der Binnendifferenzierung zwischen den Regionen des Nordens.

Im Jahre 2008 bestreitet die Lombardei allein ungefähr 30 Prozent des italienischen Exports. Der Norden deckt Dreiviertel der Ausfuhren von ganz Italien ab. Das andere Extrem bilden die südlichen Regionen mit gerade einmal 10 Prozent Exportanteil. Für ein präziseres Bild muss jedoch der Öffnungsgrad der Regionen berücksichtigt werden. „Dieser variiert beträchtlich zwischen der Lombardei und den wichtigsten Regionen des Nordostens ..., wo der Exportanteil um 40 Prozent größer ist als der Anteil dieser Regionen am Bruttoinlandsprodukt und Kalabrien mit einem Wert von nahezu null". (Istat 2010c, S. 22)

Zwischen 2000 und 2009 stiegen Italiens Exporte nominell um 12,0 Prozent. Die Exporte in Länder innerhalb der EU waren um 14,8 Prozent höher als in andere Gegenden. Emilia Romagna ist der Spitzenreiter hinsichtlich des Exports und liegt deutlich über dem nationalen Durchschnitt hauptsächlich wegen der Exporte außerhalb des EU-Raums.

Tabelle I-16   Exportanteil der Regionen am Gesamtexport 2009

Regionen Landesteil	Anteil in % am Landes-export	Öffnungs-grad*	Anteil in % am Export der Region		Veränderungen 2000–2009		
			Intra-EU	Extra-EU	Intra-EU	Extra-EU	Total
Piemont	10,2	1,3	65,0	35,0	−7,3	16,1	−0,3
Aostatal	0,2	0,6	57,1	42,9	1,9	39,3	15,2
Lombardei	28,2	1,4	55,2	44,8	1,9	27,4	12,0
Ligurien	2,0	0,7	51,0	49,0	56,6	74,8	65,0
Trient-Südtirol	1,8	0,8	71,7	28,3	8,6	57,2	19,0
Bozen	0,9	0,8	76,1	23,9	11,8	90,4	24,0
Trient	0,8	0,8	66,7	33,3	4,7	37,3	13,7
Venetien	13,5	1,4	61,2	38,8	4,0	7,1	5,2
Friaul-Jul. Venetien	3,7	1,6	53,2	46,8	−0,4	56,8	20,2
Emilia Romagna	12,5	1,4	56,4	43,6	12,1	37,3	21,8
Toskana	7,9	1,2	47,9	52,1	−2,4	16,4	6,6
Umbrien	0,9	0,7	57,3	42,7	1,3	37,1	14,0
Marken	2,7	1,0	62,5	37,5	2,7	13,1	6,3
Latium	4,1	0,4	58,9	41,1	0,8	−0,7	0,2
Abruzzen	1,8	1,0	71,7	28,3	4,6	−3,6	2,2
Molise	0,1	0,3	62,6	37,4	−13,3	−19,1	−15,6
Kampanien	2,7	0,4	52,5	47,5	−5,3	10,6	1,7
Apulien	2,0	0,4	57,3	42,7	−15,0	17,9	−3,5
Basilikata	0,5	0,7	82,6	17,4	42,1	26,9	39,2
Kalabrien	0,1	0,1	53,3	46,7	1,0	10,8	5,3
Sizilien	2,1	0,4	46,0	54,0	−0,5	29,7	13,8
Sardinien	1,1	0,5	53,1	46,9	27,5	42,5	34,1
Nordwest	40,5	1,3	57,4	42,6	0,6	26,8	10,3
Nordost	31,4	1,4	59,0	41,0	6,7	25,6	13,8
Mitte	15,6	0,7	53,9	46,1	−0,2	12,3	5,2
Mitte-Nord	87,5	1,2	57,4	42,6	2,6	23,3	10,5
Mezzogiorno	10,5	0,4	57,0	43,0	0,3	17,3	6,9
Italien	100,0	1,0	57,6	42,4	4,9	23,4	12,0

Legende: * Verhältnis von Exportquote und Quote des BIP.

Quelle: Istat (2010d), S. 233.

Abbildung I-29   Unternehmen nach Durchschnitt der Beschäftigten in den Regionen

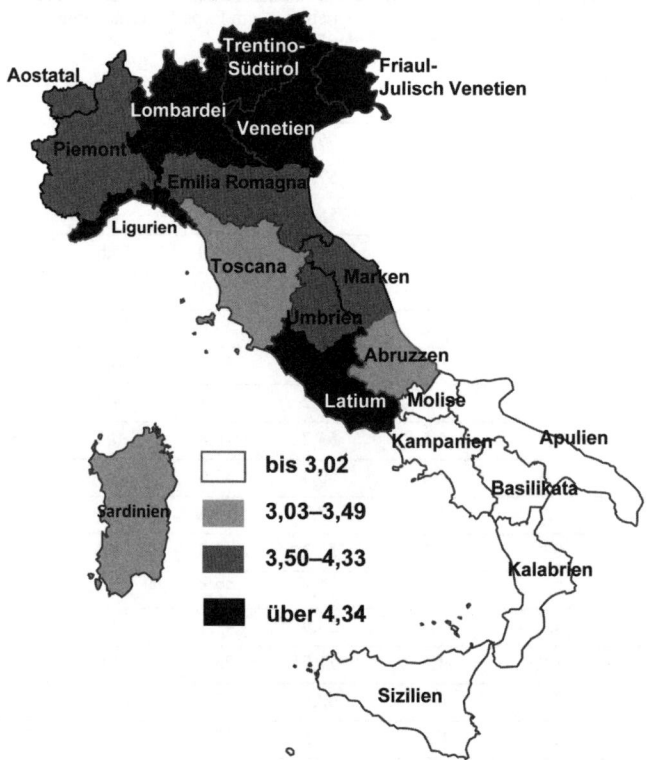

Quelle: Istat (2010d), S. 128.

4.4   Regionale Unternehmensstruktur

Italien ist das Land der Kleinst- und Kleinbetriebe, die landesintern wiederum im *Mezzo-giorno* konzentriert sind. Mittel- und Großunternehmen sind eher im Norden angesiedelt. Im *Mezzogiorno* liegen die Beschäftigtengrößen unter dem nationalen Durchschnitt. Nur Abruzzen und Sardinien liegen über dem Durchschnitt des *Mezzogiorno* von drei Beschäftigten pro Unternehmen. Die Werte für die Lombardei (fünf Beschäftigte im Durchschnitt) und Ligurien (4,6) sind die höchsten in Italien und erreichen den Durchschnitt der EU-27-Länder, von dem Italien insgesamt ca. zwei Prozentpunkte entfernt liegt.

Der Dienstleistungsbereich hat eine im regionalen Vergleich äußerst starke Präsenz im *Mezzogiorno*. Hier ist dieser Sektor seit Jahrzehnten konzentriert auf den Einzel- und Groß-handel zumeist von Lebensmitteln mit einer hohen Anzahl von Kleinstunternehmen, darunter viele Ein-Personen-Unternehmen.

Im Dienstleistungsbereich dominieren im Süden die traditionellen Segmente, was den Rückstand bei der industriellen Entwicklung reflektiert. Der Einzelhandel ist noch stark von kleinen Verkaufseinheiten geprägt.

Abbildung I-30   Unternehmensgrößen in den Regionen je nach Wirtschaftsbereich

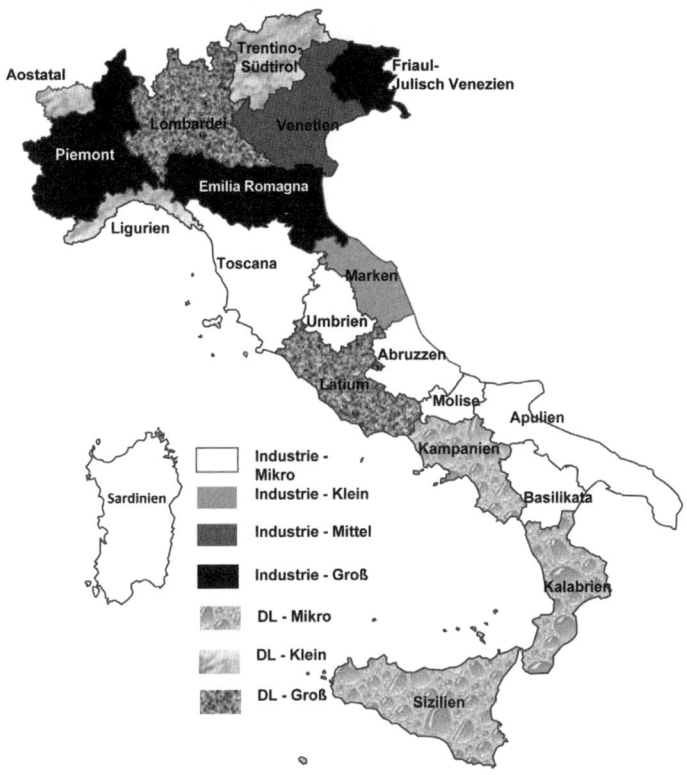

Quelle: Istat (2010d), S. 134.

Abbildung I-31   Wirtschaftsbereich nach Beschäftigtenklassen und Regionen (2007)

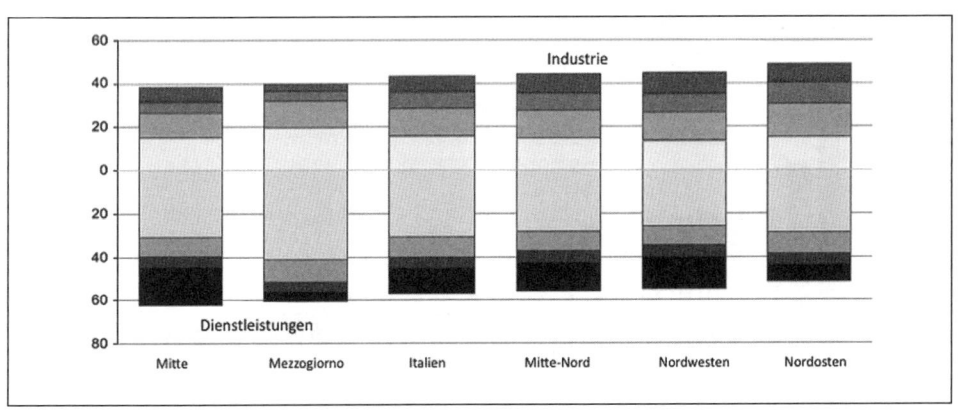

Legende: untere Hälfte im Dienstleistungssektor von unten nach oben: Großunternehmen (mehr als 250 Beschäftigte), Mittelunternehmen (50–249), Kleinunternehmen (10–49), Kleinstunternehmen (1–9 Beschäftigten); obere Hälfte Industrie: Kleinstbetriebe, Kleinbetriebe, Mittelunternehmen, Großunternehmen.

Quelle: Istat (2010d), S. 135.

Problematisch ist das Verhältnis zwischen Unternehmen und Banken im Süden. Da die Insolvenz bei Unternehmen im Süden häufiger ist, erheben die Banken für Kredite im *Mezzogiorno* aufgrund des größeren Risikos der ausbleibenden Rückzahlung höhere Zinsen. Der Unterschied beträgt durchschnittlich ein Prozent. Damit entsteht ein fataler Zirkel: da die südlichen Unternehmen weniger wettbewerbsfähig sind, zahlen sie höhere Zinsen. Damit reduziert sich wiederum ihre Wettbewerbsfähigkeit.

5 Staat und Wirtschaft

Bezüglich des Gewichts der öffentlichen Verwaltung an der Gesamtwirtschaft steht Italien hinter den meisten entwickelten EU-Ländern. Die Ausgaben der öffentlichen Verwaltung liegen 2009 bei ungefähr 13 000 Euro pro Einwohner, was Italien auf den elften Platz hinter Deutschland bringt.

Angeführt wird das Feld von Luxemburg, einigen skandinavischen Ländern, den Niederlanden und Frankreich. Hinter Italien platzieren sich Großbritannien, Griechenland und Spanien.

5.1 Staat und Haushalt

Italien zahlt gegenwärtig für die Versäumnisse der Vergangenheit, nämlich mehr auszugeben als das Land einnimmt. Italien ist in einer immensen Verschuldung gefangen, die die jetzige Generation und mehr noch die zukünftige Bevölkerung nachhaltig belasten wird und den Spielraum für eine auf Wachstum basierte Wirtschaftspolitik auf lange Sicht deutlich einengt.

Nach einigen Erfolgen in den neunziger Jahren ist die Sanierung der öffentlichen Haushalte ins Stocken geraten. Grund dafür ist eine Gemengelage von Klientelismus und Unfä-

Abbildung 1-32 Staatsausgaben im Ländervergleich

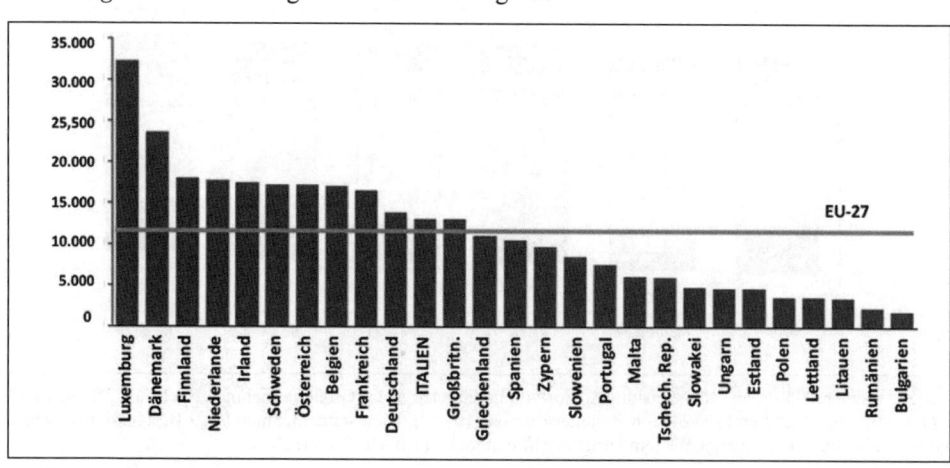

Quelle: Istat (2011b), S. 287.

Abbildung I-33   Haushaltsdefizit der Euro-Länder 2010. Angaben in Prozent
des Bruttoinlandsprodukts (Prognose)

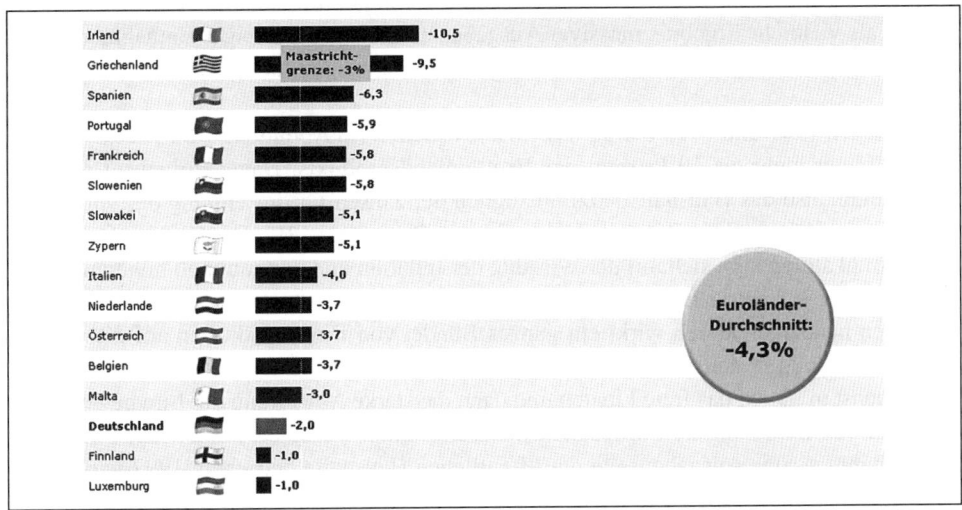

Quelle: Spiegel-Online vom 03.08.2011 (nach Eurostat, Mai 2011).

higkeit der politischen und sozialen Akteure, Ansprüche der verschiedenen sozialen Gruppen abzuwehren und notwendige Reformen voranzutreiben.

Die OECD markierte bereits 2003 die spezifische Schieflage auf der Ausgabenseite. Hier schlägt das teure und ineffektive System der sozialen Sicherung schwer zu Buche. „Der Anteil der öffentlichen Ausgaben am Bruttoinlandsprodukt bleibt hoch, zum großen Teil wegen der Notwendigkeit, die hohe Schuldenlast zu bedienen. Die Sozialausgaben werden von Renten dominiert, deren Finanzierung andere Anforderungen wie eine effektives Arbeitslosenversicherung oder ein funktionierendes Erziehungssystem übersteigt. Zusammen mit sonstigen Ineffizienzen bei anderen Ausgabenposten verhindert dies eine entschlossenere Verringerung der Schulden- und Steuerlasten". (OECD 2003)

Die Unfähigkeit der öffentlichen Verwaltung, gemäß den neuen Steuergesetzen von 1997 die Steuern einzutreiben und insbesondere die Schattenwirtschaft zu relativieren, verhindert eine signifikante Erhöhung der Einnahmen.

5.1.1   Staatsverschuldung

Die Wirtschafts- und Finanzkrise hat die meisten Länder Europas in mehr oder weniger harte Turbulenzen gestürzt. Die Regierungen übernahmen national wie innerhalb der Europäischen Gemeinschaften Bürgschaften für wankende Banken und stießen kostspielige Konjunkturprogramme an. Aufgrund der Krisensituation mussten sie erhebliche Einnahmeneinbußen hinnehmen. Im Endeffekt verzeichnen alle EU-Länder ein mehr oder weniger kräftiges Haushaltsdefizit, das nach der Prognose vom April 2010 im Durchschnitt 6,9 Prozent des Bruttoinlandsprodukts beträgt.

Für Italien stellt sich der Zusammenhang völlig anders dar. Die italienische Regierung musste kaum mit Sofortmassnahmen einspringen, um Akutproblemen bei den Banken entgegenzuwirken. Die Staatsverschuldung ist somit weniger ein Phänomen der Krisenfolgenabwehr als vielmehr Ergebnis massiver Ausgabensteigerung bei lässiger Einnahmenpolitik. Dieses Thema beherrscht vielmehr seit Beginn der siebziger Jahre die Haushaltslage in Italien.

Zwischen 1981 und 1993 betrug das Haushaltsdefizit (in Abbildung I-34 ‚Nettoverschuldung') immer mehr als 10 Prozent des Bruttoinlandsprodukts. Dagegen bewegt sich das Primärsaldo, also das Haushaltsdefizit abzüglich der Zinsen für die Tilgung der vorherigen Schulden, in den achtziger Jahren zwischen 2 und 6 Prozent des BIP. Die Differenz zwischen beiden Indikatoren lässt sich mit der Wirkung der Inflation und der nominell höheren Zinsen erklären, die die Staatsschuld in die Höhe trieben.

In den neunziger Jahren wirkt ein ganzes Bündel von Einflussfaktoren auf die öffentliche Verschuldung in den verschiedenen Indikatoren. Die Finanzmarktkrise des Jahres 1992 hat zunächst in Italien das freie Floaten und dann die starke Abwertung der Lira bewirkt. Mit Blick auf den Beitritt in die Europäische Währungsunion wurde eine drastische Politik auf der Einnahmen- wie Ausgabenseite der öffentlichen Haushalte betrieben. 1997 wurde eine (später zurückzahlbare) Euro-Sondersteuer erhoben, die 1,1 Prozent des BIP ausmachte. Die Einnahmen verbesserten sich 1996 zudem durch Zuwächse bei den direkten Steuern infolge des raschen Wachstums der Löhne in der Automobilindustrie.

Auf der Ausgabenseite machte sich der Rückgang der staatlichen Bruttoanlageinvestitionen bemerkbar.

Sowohl auf der Einnahme- wie der Ausgabenseite zeigte die Privatisierungspolitik der neunziger Jahre deutliche Auswirkungen. Erlöse und reduzierte Zinsbelastung aus den Privatisierungsmaßnahmen wurden von der Europäischen Kommission für 1994 auf 0,4 Prozent des BIP, 1995 und 1996 auf je 0,5 Prozent, 1997 auf 0,7 Prozent und – nach Schätzungen – 1999–2001 auch auf jährlich 0,5–0,7 Prozent angesetzt. (Kommission 1998, S. 115)

Abbildung I-34   Nettoverschuldung und
Primärsaldo (in Prozent
des BIP)

Abbildung I-35   Staatsschuld und BIP

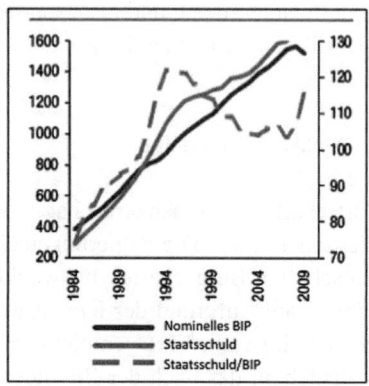

Quelle: Istat (2011b), S. 280 (in Prozent),

Ebda., S. 282 (in Mrd. Euro und in Prozent)

Diese Anpassung der öffentlichen Haushalte bewirkte eine Verringerung des Primärsaldos um 6,6 Prozent und der Staatsschuld von 8,7 Prozent. Die Verschuldung unterschritt damit die Grenze von 3 Prozent, die für den Beitritt zur EWU einzuhalten war.

Im Laufe der dann folgenden Jahre konnte die leicht positive Bilanz nicht gehalten werden. Aufgrund der vergleichsweise bescheidenen Interventionen zur Begrenzung der Wirtschaftskrise stiegen die Ausgaben und bei rückläufiger Wirtschaftstätigkeit sanken die Einnahmen.

Die öffentlichen Haushalte stehen im Jahr 2010 besser da als erwartet. Die Nettoverschuldung fiel auf 71,2 Mrd. Euro, was eine Verringerung um 10 Mrd. Euro gegenüber dem Vorjahr darstellt. Bezogen auf das Bruttoinlandsprodukt macht das einen Anteil von 4,6 gegenüber 5,4 Prozent in 2009 aus.

Beobachter sehen die Gründe dafür in dem geringeren Ausgabenpaket für die öffentlich Bediensteten, deren Gehalt zwar angestiegen sei, dies aber bei einer Verringerung der Beschäftigtenzahl um 1 Prozent.

Zudem wirkt sich die Kürzung der öffentlichen Investitionen um 6 Mrd. Euro kurzfristig entspannend auf die Haushaltslage aus, aber mittelfristig sinken dadurch die Produktivität des Systems und die Qualität der öffentlichen Dienstleistungen.

Diese Schwankungen stellen keine wirkliche Entspannung der Verschuldung Italiens dar (siehe Abbildung I-36). Mit 120,3 Prozent des BIP steht Italien hinter Griechenland mit der höchsten Staatsverschuldung an zweiter Stelle.

Abbildung I-36   Haushaltsdefizit und Staatsverschuldung (2010)

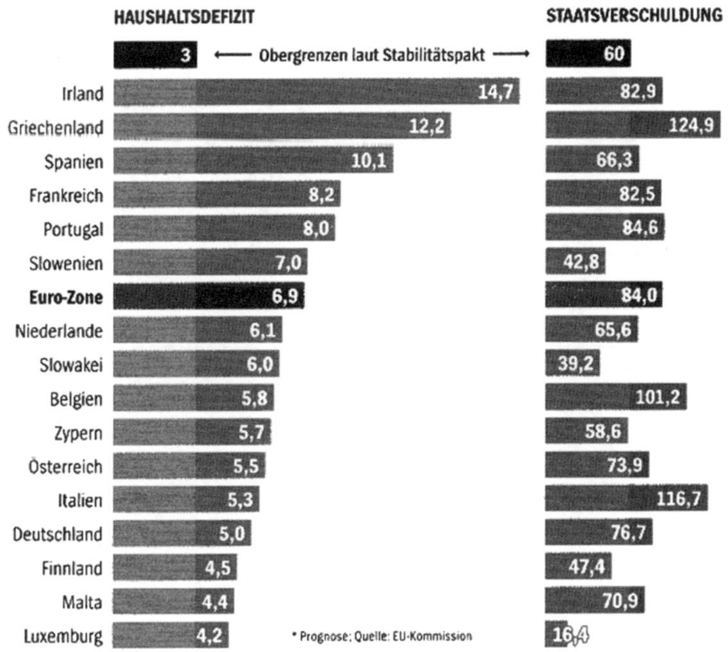

	HAUSHALTSDEFIZIT	STAATSVERSCHULDUNG
← Obergrenzen laut Stabilitätspakt →	3	60
Irland	14,7	82,9
Griechenland	12,2	124,9
Spanien	10,1	66,3
Frankreich	8,2	82,5
Portugal	8,0	84,6
Slowenien	7,0	42,8
Euro-Zone	6,9	84,0
Niederlande	6,1	65,6
Slowakei	6,0	39,2
Belgien	5,8	101,2
Zypern	5,7	58,6
Österreich	5,5	73,9
Italien	5,3	116,7
Deutschland	5,0	76,7
Finnland	4,5	47,4
Malta	4,4	70,9
Luxemburg	4,2	16,4

* Prognose; Quelle: EU-Kommission

Quelle: Der Spiegel 9/2010, S. 85

Eine Besserung ist auf absehbare Zeit bei der Fortsetzung der jetzigen Haushaltspolitik nicht zu erwarten. Am 30.06.2011 beschloss die Regierung Berlusconi eine Ausgabenkürzung um 47 Mrd. Euro durch Reduzierung einiger öffentlicher Dienstleistungen und der Gehälter von Regierungsbeamten. Nur 7 Mrd. Euro davon sollen im Haushaltsjahr 2011/12, der Rest aber ab 2013/14 wirksam werden. In diesem Plan ist auch eine Steuervereinfachung vorgesehen. Nach dem Wertverfall italienischer Aktien wurde im Juli 2011 ein Sparpaket von 79 Mio. Euro auf den Weg gebracht, das aber nicht auf die zentralen Schwächen von Wirtschaft und Staat abzielt.

Unter dem Druck der Europäischen Zentralbank hat die Regierung Berlusconi am 12.08.2011, am 30.08. modifiziert, Einsparmaßnahmen in Höhe von 45 Mrd. Euro beschlossen. Finanzrendite sollen mit einem Satz von 20 Prozent besteuert werden, aber die Versteuerung des Kaufs von Staatsanleihen bleibt bei 12,5 Prozent. Die Absetzfähigkeit von

Tabelle I-17   Der Haushalt der öffentlichen Verwaltung 2010 (Mio. Euro, in Prozent)

Position	2010		
	absolut	Veränderung gegenüber 2009	% v.BIP
Direkte Steuern	225 494	1,2	14,6
Indirekte Steuern	216 530	5,1	–
Sozialabgaben	214 508	0,5	–
Sonstige Einnahmen	58 583	1,5	–
Gesamt laufende Einnahmen	715 115	2,1	–
Gesamt Kapitaleinnahmen	7 187	−54,1	–
GESAMTEINNAHMEN	722 302	0,9	46,6
Kollektiver Verbrauch	328 607	0,7	21,2
Nettogehälter	156 702	–	–
Zinsen	70 152	−0,4	4,5
Sozialleistungen	298 199	2,3	19,3
Sonstige laufende Ausgaben	42 656	−1,3	2,8
Gesamt laufende Ausgaben	739 614	1,1	47,8
Gesamt laufende Ausgaben ohne Zinsen	669 462	1,3	43,2
Gesamte Kapitalausgaben	53 899	−18,5	3,5
Bruttoanlageinvestitionen	31 879	−16,2	2,1
GESAMTAUSGABEN	793 513	−0,5	51,2
Nettoverschuldung	71 211	–	4,6
Primärsaldo	1 059	–	0,1
Laufendes Saldo	24 499	–	1,6
Saldo Kapitalkonto	46 712	–	3,0
Verhältnis Schuld/BIP	119,0	–	–

Quelle: CER *et al.* (2011), S. 17

Verlusten für Gesellschaften bleibt auf 62,5 Prozent begrenzt. Der ursprünglich vorgesehene Solidaritätsbeitrag für Bezieher mit einem Einkommen von über 90 000 Euro bzw. 150 000 Euro wurde am 30.08. wegen heftiger Proteste zurückgenommen. Stattdessen sollen die Ausbildungsjahre an der Universität und des Wehrdienstes nicht für die Berechnung des Renteneintrittsalters herangezogen werden können.

Auf der Ausgabenseite zielen die Maßnahmen auf die Rentenbezieher, auf die Kosten der Politik sowie die Einschränkungen beim Transfer auf dezentrale Verwaltungseinheiten. Frauen sollen bereits 2015 erst mit 65 Jahren die Altersrente erhalten können. Die Verwaltung soll Ausgaben einsparen, indem die kleinsten Provinzen unter 300 000 Einwohner (38) abgeschafft werden. Die Abschaffung einer Reihe von Privilegien für Parlamentarier und Ministerialbeamten soll die Kosten der Politik senken. Die Anzahl der Abgeordneten soll um die Hälfte reduziert werden. In 2012 und 2013 sollen die Kommunen insgesamt 7,5 Mrd. Euro weniger von der Nationalregierung transferiert bekommen. Die Regionen erhalten 1 Mrd. Euro weniger. Die Ministerien müssen insgesamt Einsparungen von 8,5 Mrd. Euro in 2012 und 2013 erreichen.

Gegen die Steuerflucht soll die Nachvollziehbarkeit von Transaktionen über 2 500 Euro wirken. Bei Nichtausgabe von Rechnungen und Quittungen droht den Geschäften die Zwangsschließung. Ausgabenwirksam wird auch die verspätete Zahlung des *TFR*, einer Art Entschädigung bei Arbeitsaufgabe, sein. Öffentlich Bedienstete sollen diese Entschädigung zwei Jahre nach ihrem Ausscheiden aus dem öffentlichen Dienst erhalten.
Privatisierungen von kommunalen Betrieben werden erwogen.

Diese Maßnahmen konzentrieren sich auf weitere Steuern und Abgaben für den Mittelstand, gefährden die Leistungskraft der Regionen und Kommunen und bleiben auf halbem Wege stehen. Da jahrelang gründlichere Konzepte der Reform der öffentlichen Verwaltung und des politischen Systems vermieden sowie Initiativen gegen die Steuerflucht nicht angerührt wurden, wirken die jetzigen Maßnahmen gehetzt und nacheilend, da der Druck der Europäischen Zentralbank massiv wurde.

5.1.2 Der Haushalt im Überblick

In der Übersicht über die Positionen des Staatshaushalts (Tabelle I-17) werden die Einschnitte bei den Einnahmen sowie der Druck durch die Ausgaben überaus deutlich. Vor allem die Rückgänge bei den direkten Steuereinnahmen in den drei Betrachtungsjahren engen den Spielraum der Regierung ein.

Im Betrachtungszeitraum steigen bei sinkenden Einnahmen die Ausgaben um 12,4 Prozent. Keine Position der laufenden Ausgaben wird gekürzt, zum Teil wegen gesetzlicher Verpflichtungen, zum andern Teil aus Rücksicht auf das Klientel und damit die Wählerschaft der Mitte-rechts-Koalition.

5.1.3 Die Steuerproblematik

Die Steuerproblematik umfasst die Steuerflucht und ihre halbherzige und ineffiziente Bekämpfung durch die Behörden sowie die ungeklärte Frage der Steuereinnahmen für die mit größeren Kompetenzen ausgestatteten dezentralen staatlichen Gliederungen, also Regionen und Kommunen.

Die Steuerreform der Jahre 1997/98 kann als die eingreifendste Reform seit den siebziger Jahren gewertet werden. Dass es so lange gedauert hat, bis gravierende Schwächen des Steuersystems beseitigt wurden, liegt nicht zuletzt an der Rolle, die das Steuersystem bei der Aufrechterhaltung des Klientelsystems gespielt hat. Die fast komplette Steuerfreiheit für Selbstständige und die geringe Steuerbelastung für Unternehmen sicherten den Rückhalt des „sozialen Blocks" für die Herrschaft der *DC* und später des *PSI*. Zudem war mit der Verwaltungsreform des gleichen Jahres erst die Voraussetzung gegeben, um die Steuereintreibung selbst zu rationalisieren, die der zweite Krisenfaktor war.

Die wesentlichen Kernpunkte der Steuerreform 1997 sind: a) die Einführung einer neuen Regionalsteuer auf Produktionsaktivitäten *(imposta regionale sulle attività produttive, IRAP)* mit der Abschaffung sonstiger Steuern, Abgaben und Beiträgen zum Gesundheitswesen, b) die Neuordnung der Einkommenssteuer *(imposta sui redditi delle persone fisiche, IRPEG)*, c) die Reorganisierung der Regeln zur Besteuerung von Kapitaleinkünften, d) die Einführung eines zweistufigen Systems für die Unternehmenssteuer *(Dual income tax, DTI)* und e) die Veränderung bei der Mehrwertsteuer. Die Regelungen sind im Einzelnen:

- Bei der Einkommenssteuer ist die Anzahl der Steuergruppen von sieben auf fünf verringert worden. Der Eingangssteuersatz wurde von 10 auf 19 Prozent angehoben, während der Spitzensteuersatz von 51 auf 46 Prozent gesenkt worden ist.
- In der Besteuerung von Kapitaleinkünften wurden die bestehenden Steuersätze auf zwei, nämlich 12,5 und 27 Prozent, verringert. Die Bemessungsgrenze wurde verbreitert, indem Kapitaleinkünfte und Einkommen aus dem Derivathandel besteuert werden.
- Die *Dual income tax* unterscheidet in der Besteuerung den Fall, bei dem Zuwächse aus dem eigenen eingesetzten Kapital nur mit 19 Prozent besteuert werden, während der normale Satz von 37 Prozent Unternehmenssteuer *(IRPEG)* weiterhin im Falle von restlichen Gewinnen angewandt wird.
- Die Mehrwertsteuer war bereits im Oktober 1997 von 19 auf 20 Prozent angehoben und die Anzahl von Mehrwertsteuersätzen von vier auf drei reduziert worden.

Eine der wichtigsten Initiativen, die dem Gesamtprojekt eine gewisse Kohärenz und politische Linie verlieh, ist die Erweiterung der fiskalischen Autonomie für Regionen und die lokale Ebene durch die Einführung der *IRAP*. Die Verwendung der *IRAP* ist weitgehend festgelegt: sie soll die Finanzierung des Nationalen Gesundheitsdienstes, der einen Großteil der regionalen Ausgaben darstellt, sicherstellen werden. Auch mit der Umorganisierung der Einkommenssteuer wird die regionale Steuerautonomie erhöht, haben doch die Regionen die Möglichkeit, einen Zuschlag zu erheben. An der Steuermoral konnte diese Maßnahmen nichts ändern. Im Gegenteil hat die höhere Steuerlast, so wird vermutet, kleinere Unternehmen noch weiter in die Schattenwirtschaft und die Steuerflucht getrieben.

Die Steuerflucht der Italiener ist legendär. Durch die auch nach der Steuerreform immer noch hohe Steuervermeidungshaltung vieler Selbstständiger werden dem Staat viele Mittel vorenthalten, die auf Kosten der nächsten Generation nunmehr aus Krediten gewonnen wer-

Abbildung I-37   Steuerlast (in Prozent des BIP)

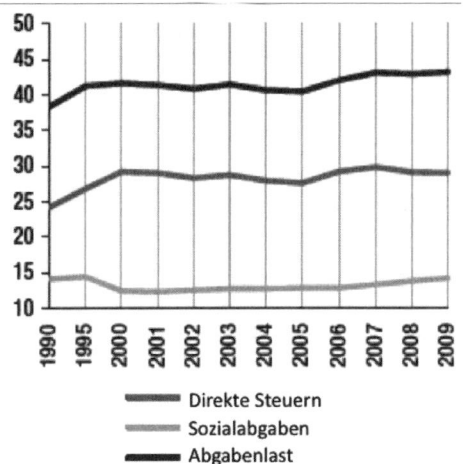

den müssen. Nach Schätzungen werden dem Staat bis zu 100 Mrd. Euro vorenthalten, was 18 Prozent des Bruttoinlandsprodukts ausmacht. (Censis 2011, S. 22)

Das Bewusstsein der Problematik dieser Praxis greift möglicherweise stärker um sich, als dies in der Vergangenheit noch der Fall war. Steuerflucht wird von 21 Prozent der Italiener als sechsgrößtes Problem nach der Arbeitslosigkeit, Kriminalität, Armut, Immigration und der Ineffizienz des Gesundheitswesens angesehen. (Censis 2010b, S. 39)

Abbildung I-38   Abgabenlast im Vergleich (in Prozent des BIP)

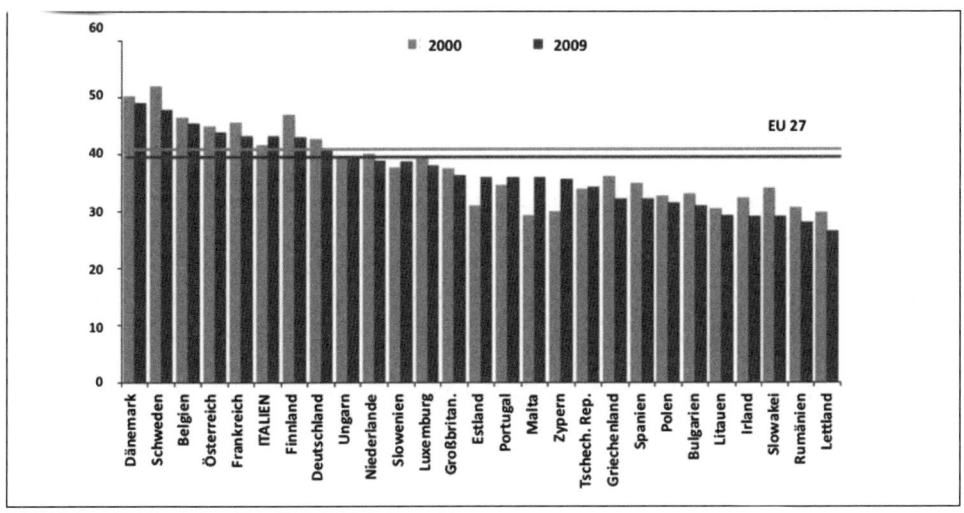

Abbildung I-39 Die Zusammensetzung des Bruttolohns im Ländervergleich (2008)

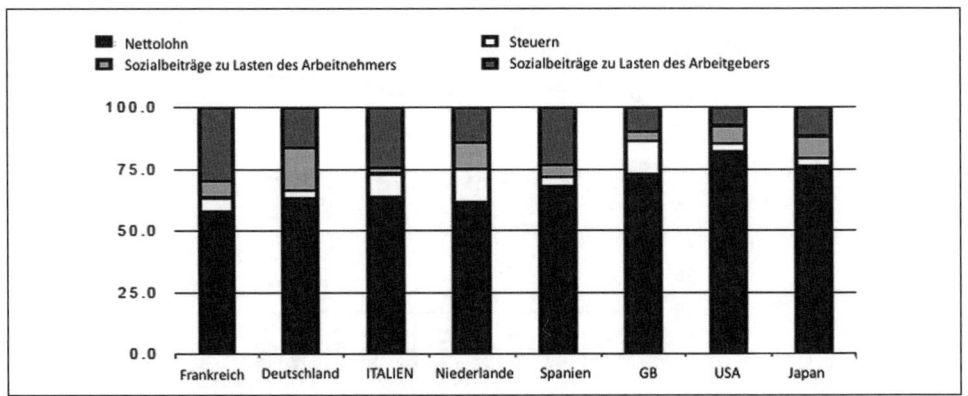

Legende: Paar mit zwei Kindern und mit einem Einkommen.

Quelle: CNEL (2010a), S. 198.

Nach einer weiteren Studie des *Census* sehen „44,4 Prozent der Italiener in der Steuerflucht das größte Übel unseres Steuersystems. An zweiter Stelle steht das übergroße Niveau
der Besteuerung (22 Prozent). Mehr als die Hälfte der Befragten (51,7 Prozent) hält die Erhöhung der Anzahl und der Effizienz der Kontrollen für das geeignete Mittel, die Steuerflucht einzudämmen". (Census 2011, S. 22)

> Ein Dossier der Richter am Rechnungshof erklärt, dass die übergroße Mehrheit der Bewoh-
> ner von Wohnraum in Kampanien erklärt, kein Einkommen zu haben. Noch nicht einmal ei-
> nen Euro im Jahr: null. 59,91 Prozent der Bewohner der Häuser, die bei des *Icap*[11] registriert
> sind, und sogar 78,01 Prozent der Bewohner der Gemeinde erklären, von der Luft zu leben.
> Aber die anderen, die Regulären? Diese bezahlen dann und wann. Wann es ihnen gefällt: auf 42
> Euro durchschnittlicher Monatsmiete gibt es eine Säumnis von 28 Euro und 50 Cent. Ergebnis:
> der *Icap* kassiert in Neapel durchschnittlich von jedem Haus 13 Euro und 58 Cent im Monat".
> (Stella/Rizzo 2008, S. XI)

Einen weiteren Beleg für die mangelnde Steuerehrlichkeit der Italiener liefert folgende Übersicht. „Italiener erklären ein Durchschnittseinkommen pro Kopf von 18 373 Euro mit einer
Spanne von 20 851 Euro im Nordwesten bis zu einem Minimum von 14 440 Euro im Süden …
Die letzten zehn Plätze der Provinzen nach dem Steueraufkommen nehmen Provinzen aus
dem Süden ein … Nur 2,2 Prozent der Steuerzahler (893 706 in absoluten Zahlen) erklärt ein
Einkommen über 70 000 Euro im Jahr, während 50 Prozent der Italiener Steuererklärungen
präsentieren, wonach ihr Jahreseinkommen 15 000 Euro nicht übersteigt und 31 Prozent erklären zwischen 15 000 und 26 000 Euro". (Census 2010b, S. 41) Die erhöhte Nachvollziehbarkeit von Transaktionen über 2 500 Euro, die im Sparpaket der Regierung vom 12.8.2011
beschlossen wurde, ist kaum mehr als ein Tropfen auf den heißen Stein. Wegen der noto-

---

11 *Istituto Autonomo Case Popolari.*

rischen Unterausstattung und Ineffizienz der Steuerbehörden wird der Effekt beschränkt bleiben.

Eine Facette der Steuerproblematik ist das Ausmaß der Schattenwirtschaft, deren Anteil am Bruttoinlandsprodukt auf 19 bis 22 Prozent geschätzt wird (siehe Kapitel 2.6).

Die Steuerflucht wird gemeinhin mit der hohen Steuer- und Abgabenbelastung begründet. Bis 2005 lag Italien durchaus im Mittelfeld der EU-Mitgliedsländer. Danach wirkten zwei Faktoren: zum einen die negative Entwicklung von Seiten des Bruttoinlandsprodukts und zum andern einige Maßnahmen „im Wesentlichen hinsichtlich der Steuern auf Kapital wie die Abgaben auf Basis des sogenannten ‚Steuerschildes für illegal ins Ausland transferierte Vermögen' *(scudo fiscale)* und die einmalige Zahlung der Steuer, die die Abgaben im Bankenbereich ersetzt hat". (Istat 2011b, S. 284)

Im Feld der EU-Länder rangiert Italien 2009 auf dem sechsten Platz. Das Land ist überdies eines der wenigen, das die Steuerlast gegenüber 2000 erhöht hat. Trotz der negativen Entwicklung des Bruttoinlandsprodukts in den Ländern haben Frankreich, Spanien und Großbritannien eine Verringerung der Steuerbelastung vorgenommen.

Der Vergleich der Zusammensetzung des Bruttolohns nach den einzelnen Komponenten zwischen den Ländern verdeutlicht die Systemunterschiede zwischen den liberalen Marktwirtschaften[12] (USA, Großbritannien) mit geringeren öffentlichen Sozialausgaben und dadurch höheren Nettolöhnen, den koordinierten Marktwirtschaften (Deutschland, Niederlande, Japan) mit einem entfalteten Sozialstaat und den gemischten Marktwirtschaften Italien, Spanien und Frankreich, die einen höheren Anteil, den die Arbeitgeber zu tragen haben, kennen.

Steuerarten

Die Einkommenssteuer in Italien (Imposta sul reddito delle persone fisiche, IRPEF)
Alle in Italien ansässigen und nicht ansässigen (ausländischen) natürlichen Personen sowie die in Italien ansässigen Personengesellschaften sind steuerpflichtig. Darunter sind alle Personen zu verstehen, die im Jahr mindestens 183 Tage im Einwohnermelderegister eingetragen sind oder im Staatsgebiet ihren Geschäftsmittelpunkt unterhalten oder ihren Wohnsitz haben.

Im Falle von Personengesellschaften mit Sitz in Italien werden die Unternehmenseinkünfte dem Einkommen der Gesellschafter zugerechnet. Arbeitnehmer, deren Einkünfte aus einer einzigen abhängigen Arbeit bestehen oder diese 8 000 Euro nicht übersteigen, brauchen keine jährliche Steuererklärung abgeben. Der Arbeitgeber behält die Einkommensteuer auf Grundlage des voraussichtlichen Jahreseinkommens ein. Am Jahresende wird der Saldo errechnet.

Selbstständige müssen die Einkommenssteuer selbst berechnen und die Steuererklärung bei der örtlichen Steuerbehörde *(Agenzia delle Entrate)* einreichen. Die Bemessungsgrundlage ist hier das Gesamteinkommen aus inländischen und ausländischen Einkünften nach Abzug der gesetzlich festgelegten persönlichen Aufwendungen und Lasten.

Italien hat einen progressiven Steuersatz, der sich an der Höhe des im Laufe eines Jahres erzielten Einkommens bemisst. Die Tarife (Stand 2010) werden in fünf Klassen eingeteilt mit folgenden Steuersätzen:

---

12   Zu den Begriffen siehe die Einleitung, S. 28 ff.

- 0 bis 15 000 Euro: 23 Prozent,
- 15 001 bis 28 000 Euro: 27 Prozent,
- 28 001 bis 55 000 Euro: 38 Prozent,
- 55 001 bis 75 000 Euro: 41 Prozent,
- über 75 000 Euro: 43 Prozent.

Die Körperschaftsteuer in Italien (Imposta sul reddito delle società – IRES)
Die folgenden Körperschaften müssen die Körperschaftssteuer entrichten:

- alle in Italien ansässigen Kapitalgesellschaften (AG, KGaA, GmbH),
- Genossenschaften,
- öffentliche und private Körperschaften mit oder ohne gewerbliche Tätigkeit und
- ausländische Gesellschaften (insbesondere auch nichtansässige Personengesellschaften).

Bemessungszeitraum für die Körperschaftsteuer sind entweder das Wirtschaftsjahr, wenn dies aus gesetzlichen Vorschriften oder aus der Satzung hervorgeht, oder das Kalenderjahr. Basis für die Besteuerung ist das Netto-Gesamteinkommen, das als Gewinn ermittelt wird. Der Körperschaftssteuersatz beträgt – sowohl bei der Thesaurierung als auch bei der Ausschüttung der Gewinne – für das Steuerjahr 2010 einheitlich 27,5 Prozent.

Daneben muss die italienische Gewerbesteuer *(Imposta regionale sulle attività produttive – IRAP)* abgeführt werden. Dies ist eine regionale Steuer für die erzielte Wertschöpfung. Sie beträgt 3,9 Prozent, kann jedoch – je nach Region – um einen Prozentpunkt nach oben oder unten abweichen.

Die Umsatzsteuer in Italien (Imposta sul valore aggiunto – IVA)
Die Umsatzsteuer ist von Gewerbetreibenden in Italien zu zahlen. Die Umsatzsteuernummer ist innerhalb von 30 Tagen nach Aufnahme der Betätigung bei der *Agenzia delle Entrate* zu beantragen.

5.1.4   Ausgaben

Die Staatsverschuldung hat nicht ihre immensen Ausmaße angenommen, weil der Staat investiert hat, „um Infrastruktur aufzubauen, die Qualität des Erziehungswesens oder des Lebens in den Großstädten zu verbessern, sondern um manchmal doppelt bezogene Invalidenrenten zu bezahlen, häufig ineffiziente öffentliche Stellen zu schaffen, Babyrenten und großzügige Altersrenten zu gewähren und Druck von Repräsentanten sehr spezifischer und kurzfristiger Interessen nachzugeben". (Stella/Rizzo 2008, S. 25)

Nach Schätzungen werden die Ausgaben bis 2013 um ca. 5–6 Prozent ansteigen, was die Verschuldung auf dem jetzigen Niveau belassen wird. Die größten Ausgabenposten sind die Finanzierung des Sozialstaats, darunter vor allem des Rentensystems, die Bedienung der Schulden und die Aufwendungen für die öffentlichen Bediensteten. Ein Wirtschaftswachstum wird die Probleme des Staatshaushalts nicht beheben. Für dieses Jahr rechnet der Internationale Währungsfonds (IWF) mit einem Wachstum von 0,8 Prozent, im nächsten mit 1,2 Prozent.

Kein anderes OECD-Land muss so hohe Beträge zur Finanzierung seines Rentensystems aufbringen. In keinem anderen Land können Arbeitnehmerinnen und Arbeitnehmer so früh in Rente gehen: im Durchschnitt mit 61 Jahren (2010). Ziel wird es sein, die Anreize zum frühen Eintritt ins Rentenalter zu verringern.

Um die öffentlichen Ausgaben zu begrenzen, hat die Regierung unter anderem eine Rentenreform beschlossen. Ab 2010 müssen die Italiener mindestens bis zum 61. Lebensjahr arbeiten oder aber 40 Jahre lang Beiträge geleistet haben, um die volle Rente zu erhalten. Die Unzulänglichkeiten z. B. der Eisenbahn sind oben beschrieben worden. Sie sind zudem eine schwere Belastung für den Staatshaushalt: „Die operativen Verluste und die Finanzierungsbeiträge des Staates zur Schließung der Lücken führen zu einem Gewicht der Eisenbahn an der erheblichen öffentlichen Verschuldung Italiens von 150 Mrd. Euro: ein Zehntel des Gesamten. Darin ist noch gar nicht die Last für das Rentensystem berücksichtigt: die 163 355 italienischen Männer, die seit vierzig Jahren eine Pension beziehen, sind fast alle Ex-Eisenbahner". (Stella/Rizzo 2008, S. 81)

Der zweite große Posten in den Kosten des Sozialstaats sind die Gesundheitsausgaben, von denen der Staat im Jahre 2009 77,3 Prozent getragen hat. (Census 2011, S. 18)

Der Schuldendienst wird mehrere Generationen von Italienern beschäftigen und auf lange Sicht die Ausgabenseite des Haushalts prägen. Bislang aber hat Italien seine Schulden pünktlich und in voller Höhe bezahlt.

Der italienische Staat setzt bei der Schuldenreduzierung bei den Ausgaben für sein Personal an. Bis 2013 will die Regierung mehr als 300 000 Stellen abbauen. Seit 2008 sind bereits 72 000 der einzusparenden Stellen weggefallen.

Abbildung I-40 Fälligkeit der italienischen Staatsschulden

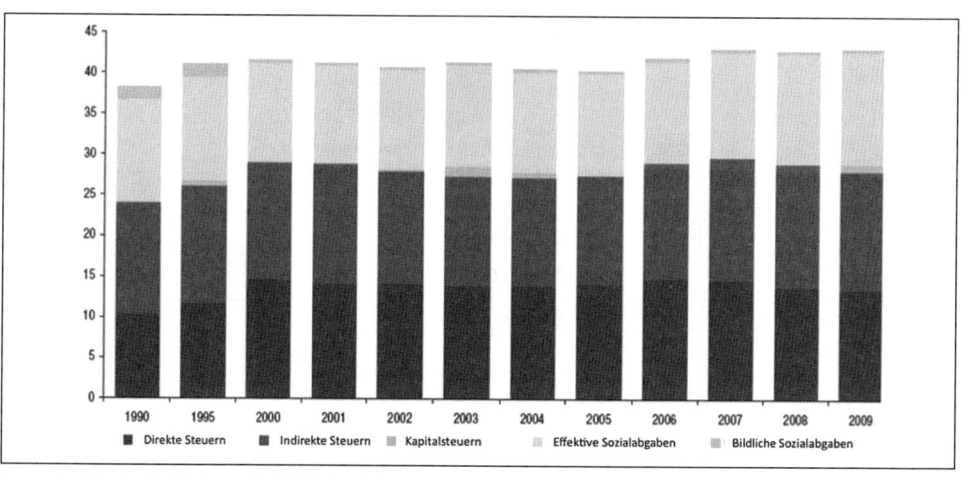

Legende: Staatsschulden zum 5. Mai jeden Jahres

Quelle: Bloomberg. Italien. 2011 in: www.spiegel-online.de. Abruf am 18.06.2011.

In der öffentlichen Verwaltung des Landes gibt es damit jetzt noch dreieinhalb Millionen Beschäftigte. Über den Zeitraum von fünf Jahren sollen nach Angaben des Ministers vom April 2011 8,4 Prozent der Verwaltungsstellen abgebaut werden. Frei werdende Stellen und Zeitverträge würden nicht neu vergeben. Das würde für das hoch verschuldete Land Milliarden weniger Ausgaben bedeuten.

Die öffentliche Verwaltung verschlingt mit ihrer Ineffektivität und Ineffizienz Unsummen, die der Weiterentwicklung des Landes abhanden kommen. In den neunziger Jahren versuchte die Mitte-links-Regierung unter D'Alema, Kriterien der Leistungsbewertung, des Kontraktmangement, der Personalentwicklung und der dezentralen Ressourcenverantwortung auf alle Ebenen der öffentlichen Verwaltung einzuführen. Lange war das vergeblich. Mit dem Gesetz *Bassanini* wurde 1997 ein größerer Schritt in die Richtung eines modernen Managements der öffentlichen Verwaltung getan.[13]

Beispiele für Verschwendung gibt es reichlich. Das unterscheidet Italien nicht von anderen entwickelten Ländern. Das Kennzeichnende für Italien sind die strukturell geringe

Abbildung I-41   Ausgaben der öffentlichen Verwaltung pro Einwohner
in den Regionen (Euro pro Einwohner)

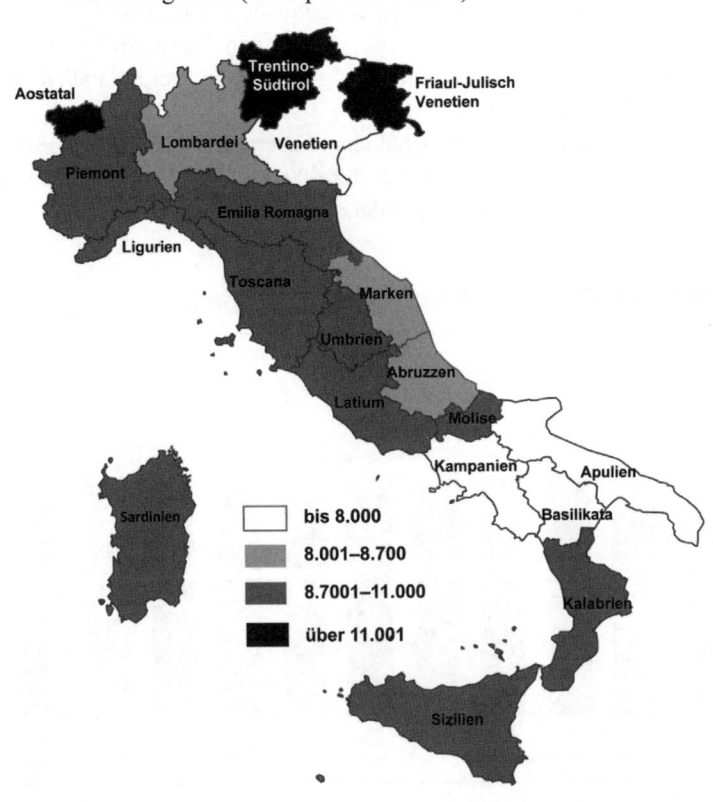

Quelle: Istat (2011b), S. 286.

---

13 Zu Einzelheiten siehe das Kapitel III 6.

Funktionsfähigkeit der öffentlichen Verwaltung, der Widerstand vieler Bediensteter gegen Leistungsbewertung, die systematische Selbstbedienung vieler Bediensteter und Funktionäre. Ein Beispiel der strukturellen Ausplünderung öffentlicher Gelder soll dies illustrieren:

Die Region Sizilien vertraut ihren Rettungsdienst einer dafür gegründeten Gesellschaft des Roten Kreuzes, der *Sise,* an. Diese beschließt, sich 160 Rettungswagen anzuschaffen und die Zahl bis auf 280 Wagen ansteigen zu lassen, also 31 für jede Provinz. Dies, obwohl der Rechnungshof darin keine Notwendigkeit sieht. Die *Sise* mietet die Wagen für fünf Jahre einschließlich 100 000 Euro Wartung für jeden, statt sie für 50 000 Euro zu kaufen. Dann stellt sie das Personal ein und nimmt, so der Rechnungshof, „Freiwillige, Leute in sozial nützlichen Tätigkeiten, Menschen in prekären Arbeitsverhältnissen, ohne Erfahrung". Wie viele Fahrer und Träger? Gut 3 009: elf für jede Trage. Dazu kommen noch 301 Verwaltungsangestellte. Auch diese wurden „per Zuruf" eingestellt. Mit den 3 310, so der Rechnungshof, hat die *Sise* doppelt so viele Beschäftigte wie das gesamte Personal des Roten Kreuzes aller anderen Regionen Italiens zusammengenommen. Dieses Personal „für einen Krankentransport nimmt durchschnittlich auf ungefähr 1 650 Personen zu". (Stella/Rizzo 2008, S. 176)

Kein Einzelfall, denn Italiens Bevölkerung beklagt sich in einem in Europa ungewöhnlichen Ausmaß über die Mängel der öffentlichen Verwaltung.[14]

Zu Recht, wie der folgende Zeitungsbericht verdeutlicht.

„Geschlossen wegen Personalmangel"
Diese Nachricht fanden Antragsteller letzten Freitag im Meldeamt eines Bezirks in Rom. Von sechs Beschäftigten fehlten fünf: wegen Krankheit von ihnen selbst oder einem Angehörigen, vier von ihnen ohne Vorankündigung; es gab nur einen Anruf am selben Morgen, das ärztliche Attest würde nachgereicht. Das ist der Krebs der Beschäftigung im öffentlichen Dienst, nachgewiesen durch den Vergleich mit dem Privatsektor. Nach den letzten, nur aus 2005 vorliegenden, Daten des *Istat* liegt die Abwesenheitsrate im öffentlichen Sektor bei 20,1 Prozent, das sind 54,1 Prozent mehr als in den Großunternehmen (13,1 Prozent). Die rote Laterne bekommen die Kommunen … Die Zahlen für Rom sprechen eine klare Sprache: jeder Angestellte der Hauptstadt ist gemäß dem nationalen Arbeitsvertrag verpflichtet, abzüglich des Urlaubs 1 644 Stunden im Jahr zu arbeiten. Wirklich wurden 1 212 geleistet. Es fehlen also 432 Stunden. Das entspricht durchschnittlich 60 Arbeitstagen (von 7 Std. 12 Min.), von denen 50 abgezogen werden, um die Beschäftigten im Außendienst einzurechnen. (La Repubblica Nr. 07.11. 2007, S. 29)[15]

Der Anteil der Staatsausgaben pro Einwohner ist in der Mitte und im Norden Italiens größer als im Süden. Nachdem der Anteil in 2002 bei 23 Prozent lag, ist er in den letzten Jahren kleiner geworden. Unter den Regionen liegen das Aostatal, Trentino-Südtirol, Latium und Friaul-Julisch Venetien in diesem Indikator vorne. Vor allem die wirtschaftlich schwächeren

---

14 Siehe Kapitel III 6.
15 In den zitierten Fällen hat die Verwaltungsspitze mit Entlassungen und Abmahnungen reagiert.

südlichen Regionen geben auch weniger Staatsmittel aus: Ganz hinten liegen Apulien und Kampanien. Eine Region mit einem niedrigen Anteil kommt aus dem Nordosten: Venetien.

5.2   Die Mezzogiorno-Politik

In der *Mezzogiorno*-Politik sind im Wesentlichen drei Stadien zu unterscheiden: die Phase des gezielten Transfers von Mitteln zur Industrieansiedlung, zumeist mit dem Instrument der Unternehmen mit staatlicher Beteiligung (siehe Kapitel 5.3) und der *Mezzogiorno*-Kasse *(Cassa per il Mezzogiorno)* (1950 bis 1993), sodann die Phase der dezentralen Konzeption und Durchführung von Projekten in Verknüpfung von nationalem und EU-Fördergeld (1993 bis 2007) und aktuell die Phase der Prioritätenverlagerung von der Kohäsion zum nationalen Wachstum.

Die Phase von 1950 bis 1993
Die Südkasse wurde im August 1950 als selbstständige Körperschaft öffentlichen Rechts mit dem ausdrücklichen Ziel der Förderung der Landwirtschaft und der Herstellung allgemeiner Produktionsbedingungen im unterentwickelten Süden geschaffen. Dazu sollte die Südkasse Investitionszuschüsse und zinsverbilligte Kredite aus öffentlichen Mitteln verteilen. Die wechselnden Schwerpunkte der Investitionsförderung der Südkasse spiegeln die Unschlüssigkeit und mangelnde Kontinuität der *Mezzogiorno*-Politik der Regierungen wider. Zwischen 1950 und 1964 lag der Förderschwerpunkt auf der Landwirtschaft mit begleitenden Projekten der Infrastrukturverbesserung, sodann von 1965 bis 1970 in der Errichtung industrieller Entwicklungszentren, den berühmt-berüchtigten „Kathedralen in der Wüste", worin die Hälfte der Mittel ging. In diesem Zeitraum fällt die Auflage des Staates an die Unternehmen mit Staatsbeteiligung, 40 Prozent, später 60 Prozent und schließlich 80 Prozent ihrer Investitionen im Süden des Landes zu tätigen.

In den siebziger Jahren erhielten intersektorale und interregionale Vorhaben im Sinne der breiteren Unterstützung im *Mezzogiorno* den Vorzug in der Investitionsförderung, nachdem Vereinseitigungen vieles eher verschlechtert hatten.

Aus Einsicht in die Notwendigkeit einer endogenen, d. h. von den Marktkräften im Süden selbst initiierten und getragenen, wirtschaftlichen Entwicklung nahm der italienische Staat Anfang der neunziger Jahre seine Ausgabenpolitik zurück. Die öffentlichen Ausgaben pro Einwohner, die im *Mezzogiorno* seit langem über dem Landesdurchschnitt lagen, sind 1995 unter das Niveau von Nord- und Mittelitalien zurückgegangen. Insbesondere auf dem Gebiet der Bautätigkeiten machte sich der Rückgang der öffentlichen Investitionen bemerkbar. Zudem wirkte sich das Ende der Unternehmen mit Staatsbeteiligung, die immerhin einen beträchtlichen Teil der Investitionen des Südens ausmachten, restriktiv auf die Ausgaben der öffentlichen Hand aus.

Der tatsächliche Effekt der Investitionsförderung lässt sich schwer abschätzen. Allein die Tatsache, dass vierzig Jahre der Mittelvergabe in den Süden kaum etwas am Entwicklungsrückstand der südlichen Regionen geändert haben, belegt, dass, faktisch oder bewusst, mit den Geldern andere Interessen gefördert wurden. Die wahren Nutznießer der Südkasse waren

Tabelle I-18   Grunddaten der Territorialpakte (TP)

		Anzahl der TP	Anzahl der Gemeinden	Durchschnittl. Bevölkerung	Durchschnittl. TP-Gebiet (km²)	Arbeitslosen- quote in TP
Erste Welle	Zentrum und Nord	–	–	–	–	–
	Süden	12	336	350 077	1 430	23,6
	Gesamt	12	336	350 077	1 430	23,6
Zweite Welle	Zentrum und Nord	19	613	171 029	1 389	10,4
	Süden	20	414	226 016	1 260	21,3
	Gesamt	39	1 027	199 228	1 323	16,0
Dritte Welle	Zentrum und Nord	19	613	171 029	1 389	10,4
	Süden	32	750	272 539	1 324	22,2
	Gesamt	51	1 363	234 721	1348	17,8

Quelle: Accetturo/de Blasio (2011), S. 37.

lokale Spekulanten, die ihrerseits mit dem organisierten Verbrechen der *Mafia*, *Camorra* und *'ndrangheta* verbunden sind, sowie die Günstlinge der lokalen herrschenden Kräfte in Wirtschaft und Politik. Schließlich wurde die Kasse zum Juli 1985 aufgelöst.

Wenn im Süden Infrastruktur gebaut wurde, dann häufig in schiefer Weise: „Die Mängel der Infrastruktur sind nicht einfach quantitativer Natur: Infrastrukturen gibt es häufig, manchmal auch zuviel davon, aber sie sind schlecht in die Welt gebracht worden, schlecht durchdacht, schlecht konzipiert und schlecht gewartet". (Donolo 2002, zit. in Gelli/Grasse 2010, S. 9)

Mithin war das Kardinalproblem der *Mezzogiorno*-Politik bis in die neunziger Jahre die verschte Verwendung von Finanzmitteln und die Ausrichtung von Initiativen nach der Logik des Nordens. Dies gilt sowohl für die investiven wie die konsumtiven Ausgaben. Investitionen in Anlagen sollen Wachstum und Beschäftigung erzeugen, Sozialtransfers sollen Humanressourcen erhalten und für eine Beschäftigungsperspektive mobilisieren.

Die Jahre von 1993 bis 2007

Seit 1996 läuft unter dem Namen *Patti Territoriali* (Territorialpakte) ein Programm für lokale Entwicklung mit einem neuen Konzept. Es verfolgt einen Ansatz von unten. Ein Territorialpakt ist ein Abkommen, das die lokale Regierung und Vertreter der Zivilgesellschaft, vornehmlich Unternehmer und Gewerkschafter, von benachbarten Gemeinden unterzeichnen und das anschließend von der Nationalregierung unterstützt wird.

In dem Abkommen werden private und öffentliche Investitionen verabredet, für die öffentliche Förderung zur Verfügung gestellt wird. Antragsteller sind alle Gebiete, die öffentliche Finanzmittel durch die Europäische Union erhalten. Somit sind alle Gemeinden des Südens förderfähig, denn sie sind bis auf Abruzzen Ziel-1-Gebiete, während von den Ge-

Tabelle I-19   Staatshilfen in der Europäischen Union im Jahre 2008(a)
(in Prozent des BIP)

Mitgliedsstaaten	Gesamte Staatshilfen	Gesamthilfen für Industrie und Dienstleistungen
Italien	0,35	0,29
EU-27	0,54	0,42
EU-15	0,50	0,40
Deutschland	0,63	0,57
Spanien	0,48	0,40
Frankreich	0,53	0,39

Quelle: Svimez (2011a), S. 17. (a) Ohne die Hilfen für die Eisenbahnen und die Interventionen für den Finanzsektor.

meinden in den anderen Landesteilen nur die Ziel-2 und 5b-Gebiete[16] gefördert werden können. Öffentliche Mittel sind auf 50 Mio. Euro pro Projekt beschränkt.

Seit 1999 hat das Ministerium für wirtschaftliche Entwicklung 220 Territorialpakte genehmigt: fast die Hälfte der italienischen Bevölkerung lebt in einer Gemeinde, die zu einem Territorialpakt gehören. Insgesamt sind Mittel in Höhe von 5,5 Mrd. Euro gegangen.

Bezogen auf die Bewertung des Programms wird in einer Evaluation von Magnatti *et al.* (Magnatti *et al.* 2005) zunächst der nur zögerliche Mittelabfluss wegen der Ineffizienz des Ausgabeprozesses öffentlicher Mittel herausgestellt. Hinsichtlich der Ziele kommt eine zweite Evaluation, diesmal von der *Banca d'Italia* (Accetturo/de Blasio 2011, S. 26), zum Ergebnis, dass „die Politik die Dynamik der Beschäftigung und der Anzahl der Fabriken nicht änderte". (ebda., S. 26)

Die Gründe werfen ein Licht auf Grunddefizite der Förderpolitik Italiens und insbesondere der Maßnahmen für den Süden. Die Autoren führen den unzureichenden Beitrag von 50 Mio. Euros sowie eine Orientierung vieler Entscheidungsträger im Süden vor allem auf das Interesse am *rent-seeking* zurück. Damit ist die Haltung gemeint, dass Akteure staatliche Intervention, vor allem in Form auf Transferzahlungen, anstreben, um darüber künstliche Renteneinkommen erzielen zu können.

Ähnlich identifiziert die OECD eine aus den Praktiken der Vergangenheit genährte Mentalität der *contributi a pioggia*, also der Erwartung eines unbegrenzten Transfers mit den Begleiterscheinungen von Verschwendung und Korruption. „Am Ende der achtziger Jahre erzeugte die Regierung durch Lohn- und Transferzahlungen ca. 50 Prozent des verfügbaren Einkommens der südlichen Haushalte gegenüber 36 Prozent in 1970 (im Norden und Zentrum stieg dieser Anteil nur von 31 auf 39 Prozent) und war wahrscheinlich verantwortlich für immerhin 60 Prozent der Ressourcenallokation". (OECD 1999, S. 73)

---

16   Für die Kandidatur als ein 5b-Gebiet werden drei Wirtschaftsparameter auf Provinzniveau *(NUTS3)* herangezogen. Gebiete sollen eine Arbeitslosenquote und einen Anteil an der Industriebeschäftigung aufweisen, die höher als der europäische Durchschnitt sind. Überdies entscheidet die Europäische Kommission angesichts der Haushaltsbeschränkungen im Programm über die tatsächlich zu fördernden Kommunen.

Maßnahmen im Rahmen des Nationalen Strategierahmenwerks

Das Nationale Strategierahmenwerk *(Quadro Strategico Nazionale, QSN)* von 2007–2013 hat das Ziel der Integration der verschiedenen, bislang parallel laufenden, Unterstützungsinitiativen in der Regionalpolitik. Drei Programmteile sind besonders relevant: das Programm „Servicequalität" *(qualità di servizio)*, der Fonds für unterausgenutzte Gebiete *(fondo per le aree sottoutilizzate, FAS)* und die fiskalischen Maßnahmen mit dem Gesetzesdekret 78/2010.

Die allgemein vorgenommene Verkürzung der Staatshilfen fällt in Italien besonders deutlich aus. Sie belaufen sich im Krisenjahr auf nur noch 0,35 Prozent des Bruttoinlandsprodukts.

Eine Zwischenanalyse des Erfolges des auf den *Mezzogiorno* bezogenen Teils der Initiativen im Rahmen des Nationalen Strategierahmenwerks verdeutlicht einen gravierenden Rückstand gegenüber den gesetzten Zielen.

Der Umsetzungsstand der Maßnahmen im Rahmen des *QSN* für die Regionen Ziel-1 ist insgesamt unbefriedigend. Nach 3,5 Jahren sind erst 14,6 Prozent der Mittel pro Projekt bewilligt und 6,2 Prozent abgeflossen. (ebda.)

Der Fonds für unterausgenutzte Gebiete *(fodo per le aree sottouitilizzate, FAS)* ist nach der Einbettung in das Nationale Strategierahmenwerk in den Jahren 2008 bis 2010 tendenziell abweichend von den ursprünglichen Zielen der Kohäsion genutzt worden (ebda., S. 25). Diese Umwidmung der *FAS*-Mittel für andere Zwecke zog nach Angaben des *CNEL* ca. 26 Mrd. Euro ab. Vor dem Hintergrund dieser Fakten äußert die *Svimez* die Vermutung, dass die Regierung einen Kurswechsel vorgenommen hat: von der Kohäsion des Landes, die eine gezielte Förderung vor allem des *Mezzogiorno* erforderte, zu einer allgemeinen Förderung des nationalen Wachstums zur Reduzierung des Schuldenstandes. In der Folge relativiert

Abbildung I-42   „Qualitätsziele": Zwischenevaluation und Ausgangsbedingungen (1) (in Prozent)

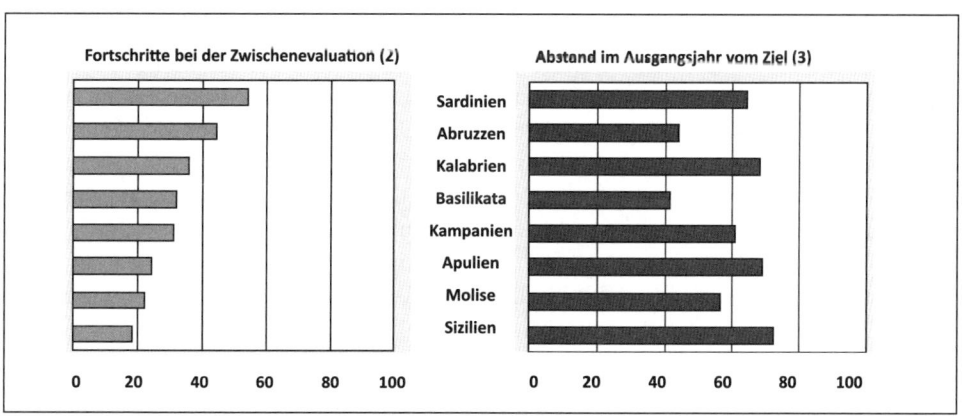

Legende: (1) Für alle Regionen wurden für die meisten Indikatoren ein Ausgangs- und ein Fortschrittswert ermittelt. (2) Für jeden Indikator wurde ein Fortschrittsindex als Differenz zwischen dem Ausgangswert und dem Wert der Zwischenevaluation in Bezug auf die Differenz zwischen Ausgangs- und Zielwert gemessen. Den Indikatoren, die eine Fortbewegung vom Ziel verzeichnen, wurde der Wert 0 gegeben; jenen, die das Ziel erreicht oder übertroffen haben, wurde der Wert 100 zugeordnet. (3) Für jeden Indikator wurde der Abstandsindex als Differenz zwischen dem Wert des Indikators im Ausgangsjahr und dem Zielwert (in absoluten Werten) ermittelt.

Quelle: Banca d'Italia (2010), S. 61, nach Angaben des Ministers für Wirtschaftsentwicklung.

sich das Bemühen, den Süden wirtschaftlich, sozial und kulturell näher an die entwickelten Landesteile Italiens heranzuführen.

Das Programm „Serviceziele"

Unter den Aktionen, um den Effizienzmängeln der öffentlichen Verwaltung Herr zu werden, sticht die Neuorientierung der Förderung privater und öffentlicher Institutionen zur Verbesserung der öffentlichen Dienstleistungen im Programm „Serviceziele" im Rahmen des „Nationalen Strategierahmenwerks 2007–2013" der italienischen Regierung heraus.

Fördergelder werden nur ausgegeben, wenn bis 2013 gesetzte Ziele, definiert mit Kriterien und Indikatoren, erreicht worden sind *(premialità)*. Die Felder der Förderung sind das Erziehungswesen, die öffentlichen Dienstleistungen, die Abfallbeseitigung und das Wassersystem. Die Mittel von 3 Mrd. Euro werden zwischen den Regionen Süditaliens nach den Kriterien ‚Bevölkerungszahl' und ‚Entwicklungsgrad der Wirtschaft' ausgeschüttet. Empfänger sind die Regionen und, bezogen auf das Erziehungswesen, das zuständige Erziehungsministerium.

Der Mechanismus basiert folglich auf einem Zielerreichungsgrad und dreht die Abfolge des Mittelflusses um: erst die Zielerreichung, dann die Gewährung der Fördergelder. Vorteil der Umkehr ist die weitgehende Verhinderung von Verschwendung. Der Nachteil ist das Risiko auf Seiten der Antragsteller, bei Verfehlen des Ziels auf den Eigenmitteln der Initiative sitzen zu bleiben. Somit werden marktwirtschaftliche Elemente in das Fördersystem eingezogen.

Nach einer Zwischenevaluation Ende 2009, die die Rechtfertigung für die Mittelgewährung von nicht mehr als 50 Prozent der anvisierten Gelder prüfen sollte, haben Sardinien, Abruzzen, Kalabrien und die Basilikata bedeutende Fortschritte in der Zielerreichung verzeichnet. Die Regionen Sizilien und Molise hingegen weisen bescheidene Erfolge auf. Sizilien war auch die Region mit dem größten Abstand zwischen Ziel und Ausgangssituation (Abbildung I-42).

Zudem mag die starke Fördervergangenheit des Südens die autonome Marktentwicklung erschwert haben, und der häufige Missbrauch öffentlicher Mittel könnte die Perspektive auf die Entwicklungsmuster verengen. Beobachter kommen angesichts dieser Zahlen zu dem Schluss, dass öffentliche Defizite unbestreitbar zur Unterentwicklung des *Mezzogiorno* beigetragen hätten, da Transfers die Struktur der Wirtschaft von einem marktorientierten Entwicklungspfad weg geführt hätten. Die Mobilisierung endogener Entwicklungspotenziale bleibt nach wie vor eine zentrale wirtschafts- und strukturpolitische Aufgabe.

Ein dritter Grund ist die mangelhafte Projektfähigkeit auf der lokalen Eben vor allem, aber nicht nur im Süden. „Was fehlt ist eine Dialogkultur, d.h. die Fähigkeit zusammen zu arbeiten und zusammen Politik zu machen".[17]

Der Spielraum mit der neuen Regionalsteuer (Irag)

Laut dem Gesetzesdekret 78/2010 bekommen die südlichen Regionen die Ermächtigung, mit eigenem Gesetz Anteile, Ausnahmen, Befreiungen von der Regionalsteuer auf produktive Aktivitäten vorzunehmen. Aber nach den Beschneidungen der Ressourcen durch die Regie-

---

17 Wie es ein Unternehmer im Industriellen Distrikt von Biella in einem Interview gegenüber dem Autor äußerte.

rung in den letzten Jahren dürften die südlichen Regionen kaum in der Lage sein, einen Wettbewerb zwischen den Unternehmen auszulösen und finanziell zu steuern.

Der Garantiefonds für Klein- und Mittelunternehmen
Die italienische Regierung hat in Einsicht der spezifischen Finanzierungsprobleme von Klein- und Mittelunternehmen einen Garantiefonds für KMU aufgelegt, der ab 2008 in die zweite Runde geht. Diesmal sind auch Unternehmen aus dem Dienstleistungssektor und dem Handwerk einbezogen.

In der Vorstellung der Initiative führt das Ministerium für wirtschaftliche Entwicklung aus: „Mit dem Fonds soll Klein- und Mittelunternehmen der Zugang zu den Finanzierungsquellen für diese Unternehmenskategorien durch die Gewährung einer öffentlichen Garantie erleichtert werden. Diese öffentliche Garantie ergänzt und ersetzt häufig die von den Unternehmen erbrachten Garantien. Wenn sich das Unternehmen an den zentralen Garantiefonds wendet, hat es keinen Beitrag in Geld sondern eine konkrete Möglichkeit, Finanzmittel ohne weitere Garantien (und damit ohne Bürgschaftskosten oder Versicherungspolicen) auf die vom Fonds garantierten Beträge zu erhalten.

Dieser Fonds interveniert bis zu 60 Prozent (oder bis zu 80 Prozent in einigen Fällen) der erwünschten Finanzierung bis zu einem Maximum von 1,5 Mio. Euro. Nach den letzten Berichten hatten 99 Prozent der Unternehmen Zugang zur Finanzierung mit der Deckung durch den Zentralfonds in Abwesenheit der Vorlage realer Garantien".[18]

Im Jahre 2009 sind 23 813 Anträge eingegangen und Mittel in Höhe von 4,5 Mrd. Euro abgeflossen.

Das Anti-Krisen-Programm von Regierung und Regionen
Das Jahr 2009 erlebte eine „substanzielle Innovation im Wohlfahrtssystem Italiens" (CNEL 2010a, S. 73). Im Rahmen des Anti-Krisen-Programms zwischen der Regierung und den Regionen sind „Instrumente einzusetzen, die das Verhältnis zwischen dem in Schwierigkeiten steckenden Unternehmen und dem Arbeitnehmer erhalten, um damit Entlassungen zu verhindern". (ebda., S. 70)

Der Ansatzpunkt sind die Schwächen der normalen sozialen Sicherung für Arbeitnehmer und der dadurch ausgelöste Zugriff auf die abweichenden sozialen Hilfsmaßnahmen *(Ammortizzatori sociali in deroga)*. Falls ein von Arbeitslosigkeit Betroffener weder auf die Lohnausgleichskasse noch die Mobilitätsentschädigung zurückgreifen kann, weil die Bezugsrechte nicht gegeben sind, kann er ausnahmsweise und abweichend beim Nachweis von Beschäftigungsproblemen Leistungen beider Kassen nutzen. In welchem Ausmaß und in welcher Höhe dies geschehen kann, hängt von den jährlich vom Haushaltsgesetz der Regierung zur Verfügung gestellten Mitteln ab (siehe Kapitel III 3.2.2).

Das Ziel ist es, diese Sozialbeiträge aufzustocken und die Zahlung abzusichern sowie auch Beschäftigte in atypischer Beschäftigung, vor allem Zeitarbeiter, einzubeziehen. Mit den Regionen und der Europäischen Kommission wurden die finanzielle Verteilung und die Bezugsberechtigung für die Jahre 2009 und 2010 vereinbart: die Regierung in Rom zahlt

---

18 http://www.sviluppoeconomico.gov.it/index.php?option=com_content&view=article&viewType=1& id=2016429.

5,353 Mrd. Euro, die Regionen steuert 2,65 Mrd. Euro bei unter Verwendung von Mitteln auch des Europäischen Sozialfonds. (CNEL 2010, S. 70)

Ein zweites Aktionsfeld sind die Lohnnebenkosten. Bereits im Juli 2007 wurde eine geringere Besteuerung der Sozialbeiträge vereinbart, doch damals nur in einem geringen Masse und mit geringen Auswirkungen. Im Mai 2008 wurde anstelle einer weiteren Maßnahme des Erlasses bestehender Steuern eine substituierende Steuer von 10 Prozent auf Summen unter 3 000 Euro für Arbeitnehmer mit einem Jahreseinkommen nicht über 30 000 Euro etabliert. Im darauf folgenden Jahr 2009 wurde der Betrag auf 6 000 Euro angehoben und das Jahreseinkommen für Bezugsberechtigte auf 35 000 Euro hochgesetzt.

5.3   Die Unternehmen mit staatlicher Beteiligung

Das nach langen Auseinandersetzungen über die Art und den Umfang des staatlichen Eingriffs in der Wirtschaft konstituierte System der staatlichen Beteiligungen an privatrechtlich konstituierten Unternehmen stellt einen Kompromiss zwischen den Befürwortern des zentral gesteuerten Eingriffs mit verstaatlichten Unternehmen einerseits und den Verfechtern des staatlichen Eingriffs allenfalls zur Korrektur von Staatsversagen andererseits dar. Die Unternehmen mit staatlicher Beteiligung sollten in unternehmerischer Autonomie und unter Achtung der Regeln des Marktes politisch definierte Zielsetzungen der wirtschaftlichen Entwicklung verfolgen: Entwicklung des Südens, Lösung des Rohstoffproblems, Förderung der Eisen- und Stahlindustrie, Gewährleistung der Infrastruktur etc.

Das Urelement und den Kern des ursprünglichen Systems der Staatsbeteiligungen stellt das „Institut zum Wiederaufbau der Industrie" *(Istituto per la ristrutturazione dell'industria, IRI)* dar. Es wurde 1933 von den Faschisten gegründet mit der klaren Absicht, marode Betriebe in der Eisen- und Stahlindustrie wie auch im Maschinenbau in staatliche Regie zu übernehmen, zum einen um das Beschäftigungsniveau und damit den relativen sozialen Konsens zum faschistischen Regime nicht zu gefährden und zum andern die ökonomische Basis für die faschistische Autarkiepolitik in Schlüsselbereichen zu schaffen.

Die nach dem Zweiten Weltkrieg geschaffenen Unternehmen orientierten sich an den Entwicklungsproblemen Italiens und versuchten, Entwicklungen voranzutreiben sowie Fehlentwicklungen auszubügeln. Neben das *IRI* trat das *ENI (Ente nazionale idrocarburi)* mit dem Auftrag der Ausbeutung der nationalen Erdgasvorkommen. In den siebziger Jahren, der Hochzeit staatlicher Wirtschaftsplanung in Italien, hatte der Gesamtkomplex innerhalb der italienischen Wirtschaft ein enormes Gewicht. Ungefähr 350 Gesellschaften mit etwa 600 000 Beschäftigten wurden durch staatliche Aktienbeteiligungen in Form von Holdings kontrolliert, ihre Investitionen betrugen zusammen mehr als 3 000 Mrd. L. (was fast 40 Prozent der Gesamtinvestitionen des Landes ausmachte). Im Dienstleistungssektor hatten die Staatsbeteiligungen einen Anteil von 99,3 Prozent am Gesamtumsatz, in der Metallverarbeitung 44 Prozent, in der Elektronik 30 Prozent, im Nahrungsmittelsektor 24 Prozent und im Maschinenbau 21 Prozent. Schließlich wurden 45 Prozent des Autobahnnetzes von Staatsbeteiligungen gebaut und gehörten 20 Prozent der Depositenbanken zum System.

Lange Zeit galt das System der staatlichen Beteiligungen als eine der gelungensten Einrichtungen der italienischen Gesellschaft und noch in den achtziger Jahren als ein Vorbild für

Tabelle I-20   Größere Privatisierungen seit 1992

Unternehmen	Jahr	Gesamteinnahmen (Mrd. L.)
Italgel	1993	431
Cirio-Bertolli-De Rica		311
Credito Italiano		1 801
IMI 1	1994	1 794
Nuovo Pignone		699
Banca Commerciale Italiana		2 891
INA 1		4 530
Ilva Acciai Speciali Terni		600
SME		723
Italtel	1995	1 000
Ilva Laminati Piani		2 513
IMI 2		913
INA 2		1 687
ENI 1		6 299
IMI 3	1996	501
ENI 2		8 872
INA 3		3 200
ENI 3	1997	13 230
Telecom Italia		22 883
SEAT		1 643
ENI 4	1998	12 000
BNL		6 707
ENEL	1999	32 045
IRI (Autobahnen)		13 016
Aeroporti di Rom (Flughafen Rom)		100
Aeroporti di Roma II	2000	2 569
Finmeccanica		10 660
Mediobanca		82
Mediolombardo		79
COFIRI		975
Banco di Napoli		955

Quelle: Schatzministerium (1998); D'Alema (1999), S. 74.

vergleichbare Länder. Im Lichte der heutigen Erkenntnisse und wirtschaftspolitischen Konzepte gilt das System neben allen Erfolgen bei der Beschäftigungssicherung als Hemmschuh der wirtschaftlichen Entwicklung und als Tummelplatz von Klientelismus, Vetternwirtschaft und Korruption. Das System der Staatsbeteiligungen war einer der manifesten Charakteristika der gemischten Marktwirtschaft Italiens (siehe Einleitung, S. 29 ff.).

Der Druck der Argumente für eine Auflösung des Systems und für die Privatisierung des größten Teils der staatlich kontrollierten Unternehmen und die Aussicht, mit den Erlösen des Aktienverkaufs Haushaltslöcher stopfen zu können, war so groß, dass die Privatisierungen von keiner Seite ernsthaft aufgehalten wurden. Der Privatisierungsprozess im eigentlichen Sinne, der nach dem Urteil einer Untersuchungsgruppe des Internationalen Währungsfonds vom März 2000 „eines der ambitioniertesten Privatisierungsprogramme unter Industrieländern" (IMF 2000, S. 8) war, begann erst im Jahre 1992, als das Schatzministerium den „Reorganisationsplan für *IRI*, *ENI*, *IMI*, *BNL*, *INA* und *ENEL*" präsentierte.

Zwischen 1992 und 2000 führte das italienische Privatisierungsprogramm zu Einnahmen von insgesamt 198 400 Mrd. Lire (ca. 102 Mio. Euro). „Zwischen 1991 und 1999 verringerte sich der Anteil der öffentlichen Unternehmen unter den größeren Unternehmen Italiens von 49 auf 25 Prozent am Gesamtaktivum und von 40 auf 19 Prozent der Beschäftigung". (Centro Studi Confindustria 2010a, S. 181)

Die Koloss *IRI*, der ganze Branchen kontrollierte, wurde am 01. Juli 2000 liquidiert. *ENI* und *EFIM* bleiben unter staatliche Kontrolle, aber Teile des Kapitals wurden öffentlich handelbar. Zwei der Gruppen, die im Modesystems Italiens entstanden sind, nämlich *Benetton* und *Del Vecchio-Luxottica* (siehe Tabelle I-7), diversifizierten sich in den Dienstleistungsbereich.

Als Kandidaten weiterer Privatisierungen gelten die kommunalen Betriebe, die insgesamt einen Wert von ca. 30 Mrd. Euro haben. 70 Prozent von diesen in Kommunen des Südens machen Verluste, während dieser Anteil in Mittelitalien 35 Prozent und im Norden 30 Prozent beträgt. (La Repubblica vom 14.07.2011, S. 9) Eine Privatisierung würde die öffentlichen Haushalte auf der Ausgabenseite entlasten und auf der Einnahmeseite stärken, ohne dass strategische Positionen aufgegeben würden.

6   Die Außenverflechtung der italienischen Wirtschaft

Italien ist als achtgrößte Industrienation und Mitglied der Europäischen Währungsunion in äußerst starkem Maße mit dem europäischen und internationalen Ausland verflochten. Eine besondere Stellung hat die italienische Wirtschaft aufgrund sowohl der geographischen Lage wie auch der historisch gewachsenen wirtschaftlichen, politischen und kulturellen Verbindungen zu den Ländern des Balkans wie des Nahen Ostens.

Die Grundlagen für eine Beteiligung Italiens am Weltmarkt nach den Autarkiebestrebungen der Faschisten wurden bis Anfang der fünfziger Jahre geschaffen: Konvertierbarkeit der Lira, Erhöhung der Währungsreserven, Beitritt zur Montanunion der späteren EWG-Staaten. Die Aufhebung der Zollschranken zog sich etwas länger hin, was der Stellung der verarbeitenden Industrie bis in die fünfziger Jahre zugute kam. Die damit eingeleitete Außenorientierung der italienischen Wirtschaft ist abzulesen an der Entwicklung des Außenhandels und der Außenbilanzen sowie der Stellung Italiens innerhalb der Europäischen Union.

6.1   Der Außenhandel

Italien ist keine überaus starke Handelsmacht. Das Land hat einen Anteil von 7,9 Prozent an den Exporten innerhalb der EU und 11,6 Prozent der EU-Länder außerhalb der EU, was ca. ein Drittel der Anteile Deutschlands ausmacht.

Italiens Standbeine des Exports sind ihre Maschinen, darunter vor allem Werkzeugmaschinen als Spezialprodukte gegenüber den Standardmaschinen, die etwa Japan anbietet, sowie ihre Mechanikprodukte für den allgemeinen Gebrauch in verschiedenen Industriezweigen (Pumpen, Ventile, Hähne und Zahnräder). In diesen Sektoren besitzt Italien eine führende Rolle auf dem Weltmarkt.

Den Hauptposten des Imports machen Rohstoffe für die Energieproduktion aus. Italien ist Nettoimporteur von Erdöl und Strom. Wichtiger Importposten sind zudem Elektronikprodukte, vor allem im Telekommunikationsbereich.

Abbildung I-43   Export nach Branchen 2009 (Anteile in Prozent)

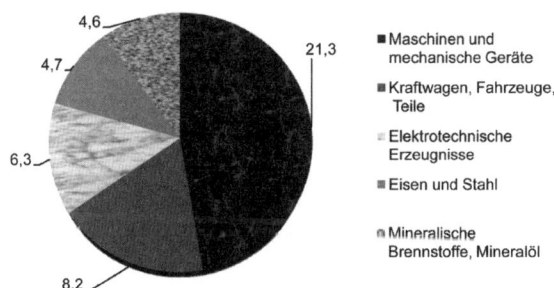

Quelle: Statistisches Bundesamt (2010), S. 5.

Abbildung I-44   Import nach Branchen 2009 (Anteile in Prozent)

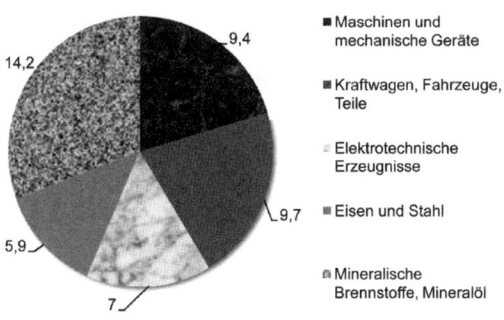

Quelle: Statistisches Bundesamt (2010), S. 5.

Abbildung I-45   Bestimmungsländer 2009 (Anteile in Prozent)

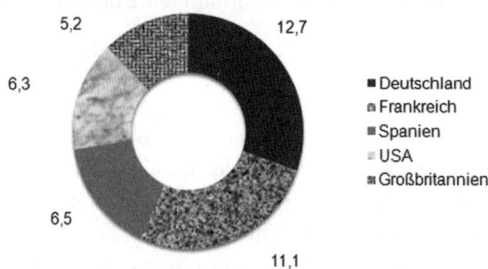

Abbildung I-46   Herkunftsländer 2009

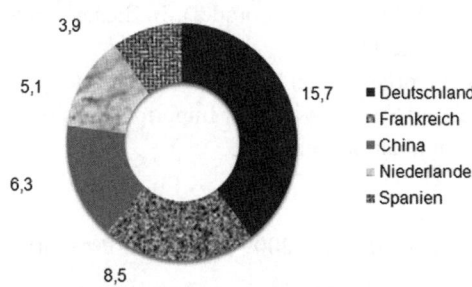

Quelle: Statistisches Bundesamt (2010), S. 5.

Deutschland ist mit großem Abstand Handelspartner Nummer eines für Italien. In der Reihe der Importländer ist Anfang des neuen Jahrhunderts auch China aufgetaucht. Die Importe aus China sind allerdings doppelt so hoch wie die Exporte dorthin. (Bull/Newell 2005, S. 107)

Deutschland ist mit 12,7 Prozent der größte Abnehmer italienischer Waren. Dicht dahinter folgt mit 11,1 Prozent Frankreich. Mit größerem Abstand liegen Spanien (6,5 Prozent) und die USA (6,3 Prozent) dahinter.

Abbildung I-47   Abbildung I 0.61: Leistungsbilanz 1981 bis 2016 (in Mrd. Dollar) (ab 2011 geschätzt)

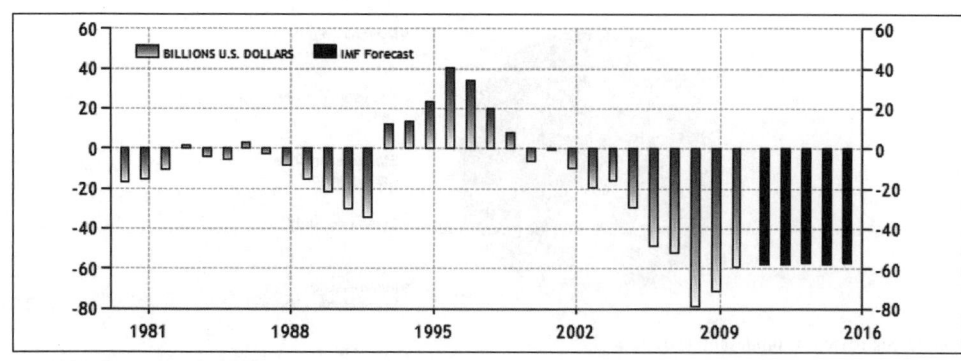

Quelle: Trade Economics (2011).

110

Abbildung I-48   Die ersten sechs Branchen mit wachsendem
                    und sinkenden Weltmarktanteil

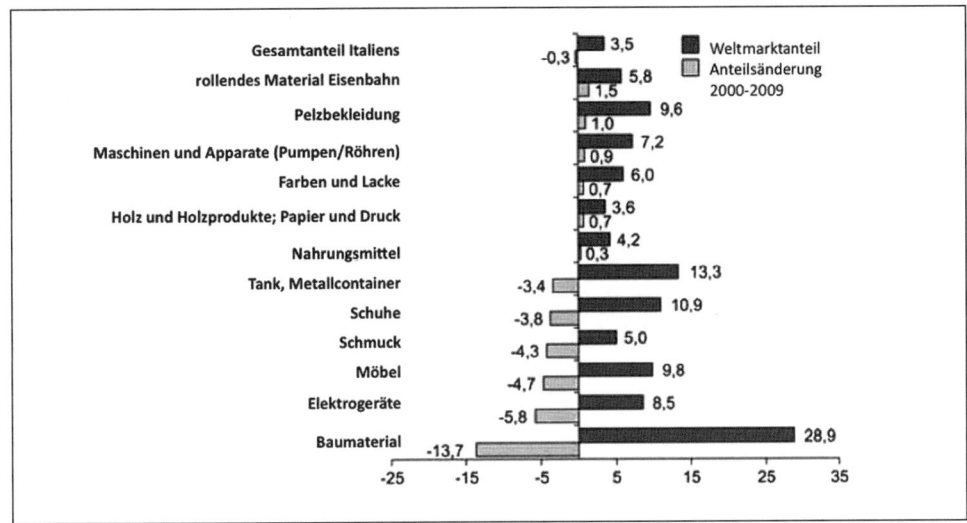

Quelle: Censis (2011), S. 6.

Auch im Import ist Deutschland der wichtigste Partner (15,7 Prozent) vor Frankreich (8,5 Prozent), der neuen Handelsgroßmacht China (6,3 Prozent), den Niederlanden (5,1 Prozent) und Spanien (3,9 Prozent).

Abbildung I-49   Handelsbilanz in Technologiesegmenten

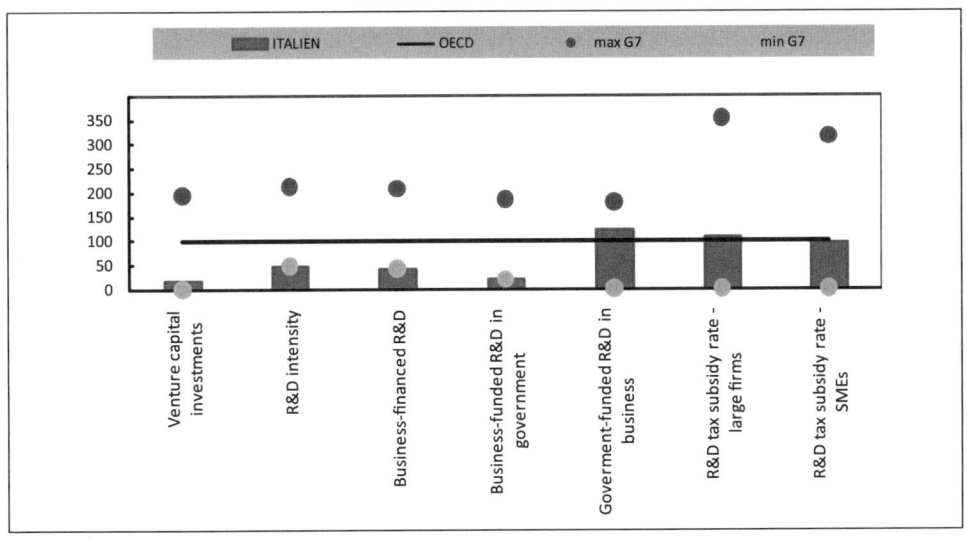

Quelle: OECD (2010b) (Basis: OECD-Durchschnitt = 100).

Abbildung I-50   Wertschöpfungsanteil der Informations- und Kommunikationstechniken

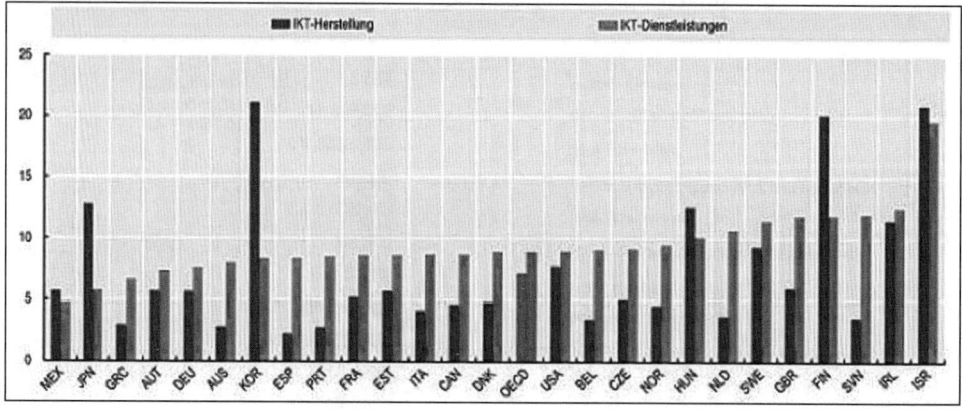

Quelle: OECD (2010a), S. 157.

6.2   Zahlungs- und Leistungsbilanz

Bis auf die Zeit des Wirtschaftsaufschwungs in den neunziger Jahren verzeichnet die italienische Wirtschaft eine negative Zahlungsbilanz. Die Hauptgründe dafür sind:

- Das Missverhältnis zwischen Export und Import. Italien kauft mehr Waren und Dienstleistungen ein, als das Land ausführt.
- Insbesondere ist Italien Käufer von Energie.
- Der Zukauf von Patenten, Lizenzen und FuE-Leistungen.
- Der Überhang von Direktinvestitionen italienischer Firmen im Ausland gegenüber ausländischen Unternehmen in Italien.

6.3   Stärken und Schwächen der italienischen Wirtschaft auf dem Weltmarkt

Italiens Stärke liegt eindeutig in den hochwertigen Konsumgütern wie Kleidung, Schuhe, Schmuck und Haushaltswaren. Hier wirken indes zwei negative Tendenzen. Zum einen sind die italienischen Unternehmen mit ihren vergleichsweise hohen Arbeitskosten (siehe Abbildung I-7) nicht ausreichend konkurrenzfähig. Zum andern gab es in diesen Segmenten 2008/09 einen weltweiten Nachfragerückgang, der den Export Italiens deutlich zurückwarf.

Italien steht mit ungünstigen Bedingungen im Wettbewerb um die Köpfe. 81 Prozent der Absolventen von Schulen und Hochschulen sind der Auffassung, Italien biete ihnen nur wenige Möglichkeiten, innovativ am Arbeitsplatz und/oder Studien sowie im alltäglichen Leben zu sein. „Zudem empfing ein Absolvent in Betriebswirtschaft oder Ingenieurwissenschaften zur Zeit der Krise 2009 im ersten Jahr ein um mehr als 20 Prozent niedrigeres Einkommen als der europäische Durchschnitt". (Census 2010a, S. 43)

Ungünstig sind auch die Bedingungen, Kredite von den Banken zu erhalten. In Europa „sehen 39,2 Prozent der Unternehmen, die einen Kredit von der Bank bekommen wollen, kein Problem, ihn zu bekommen, während in Italien die Anzahl auf 16,1 Prozent fällt. 37 Prozent der italienischen Unternehmen (gegenüber 26,1 Prozent der europäischen Unternehmen) befürchten, dass die Kosten oder die Zinsen zu hoch sind". (Censis 2010b, S. 107)

Zwischen 1998 und 2008 stieg die Arbeitsproduktivität mit 0,4 Prozent geringer als in den OECD-Ländern. Italiens Industrie unterscheidet sich hinsichtlich der Zusammensetzung der Industriezweige deutlich von anderen OECD-Ländern. Unbedeutend gegenüber den Produkten im Modesystem und hochwertigen Haushaltswaren sind Produkte mit hohem Technologiegehalt. Folglich hat Italien hier ein deutliches Handelsbilanzdefizit (3,2 Prozent im Handel mit Gütern des Verarbeitenden Gewerbes).

Sowohl die ausländischen Direktinvestitionen italienischer Unternehmen im Ausland wie von ausländischen Unternehmen in Italien blieben im Jahre 2008 gering. In verschiedenen Rankings wurden die Ineffizienz der italienischen Verwaltung sowie das Ausmaß an Korruption als wesentliche Gründe für die Zurückhaltung mit Investitionen in Italien angegeben.

Auch die Präsenz in einer weiteren Schlüsselbranche, den Informations- und Kommunikationstechnologien, ist vergleichsweise unbedeutend. Wenn man bedenkt, dass *Olivetti* bis in die neunziger Jahre wesentlicher Bestandteil des italienischen Familienkapitalismus war und dann infolge einer schwachen Leistungsfähigkeit dem Druck der ausländischen Konkurrenz nicht standhalten konnte, werden die weltwirtschaftlichen Verschiebungen auf diesem Feld deutlich.

6.4   Italien in der Europäischen Gemeinschaft

Innerhalb weniger Jahre streifte Italien das Attribut des „Sorgenkindes" innerhalb der Europäischen Union ab. Unter den Gründerländern der Europäischen Gemeinschaft war Italien mit seinem rückständigen Süden, neben Irland, so etwas wie der Fußkranke. Aber mit der deutlichen Reduzierung der Inflationsrate und der Geschwindigkeit, mit der die jährliche Staatsverschuldung abgebaut worden ist, avancierte das Land zu einem etablierten Mitglied der EU. Aber Skepsis bleibt angesichts der enorm hohen kumulierten Staatsverschuldung und dem Mangel an einer kohärenten Haushaltspolitik.

Italien ist mit 4,8 Mrd. Euro hinter Deutschland zweitgrößter Nettozahler in der EU, was seine Wirtschaftskraft widerspiegelt. Gemessen an der Einwohnerzahl sieht das Bild etwas anders aus: nach diesem Indikator ist Italien mit 81 Euro pro Bürger siebtgrößter Nettozahler. Folglich trägt das Land auch einen relevanten Teil des EU-Rettungsfonds für schwächelnde Staaten, der ab 2013 wirksam werden soll.

Aber ein differenzierter Blick ist notwendig. Italiens Süden ist bevorzugtes Fördergebiet des Strukturfonds, wie aus den Zahlen deutlich hervorgeht. Der für Italien im Rahmen der Strukturfonds bereitgestellte Finanzrahmen beläuft sich insgesamt auf 29,656 Milliarden Euro für den Zeitraum 2000–2006 gegenüber 22,475 Milliarden Euro für den Zeitraum 1994–1999, das entspricht einer Zunahme um 32 Prozent. Das neue Programm des Strukturfonds 2007–2013 sieht eine Neuerung der Förderthemen vor. Es sollen kollektive territoriale Dienstleistungen gefördert werden: Sicherheit, Rechtmäßigkeit, Umwelt, Produktion

Abbildung I-51   Netto-Zahler und -Empfänger in der EU (2008) (in Mio. Euro)

Land	1 Zahlungen an die EU	2 Zahlungen ohne Zölle etc.	3 Zahlungen der EU	Saldo 1 3 minus 1	Saldo 2 3 minus 2
Belgien	4 631,0	2 810,8	6 107,6	+ 1 476,6	+ 3 296,8
Bulgarien	363,7	277,4	971,6	+ 607,9	+ 694,2
Dänemark	2 301,2	1 957,6	1 557,2	- 744,0	- 400,4
Deutschland	22 215,3	18 878,3	11 193,8	- 11 021,5	- 7 684,5
Estland	161,2	127,3	368,3	+ 207,1	+ 241,0
Finnland	1 710,0	1 543,3	1 321,3	- 388,7	- 222,0
Frankreich	18 025,1	16 456,5	13 721,8	- 4 303,7	- 2 734,7
Griechenland	2 327,9	2 097,3	8 514,0	+ 6186,1	+ 6 416,7
Großbritannien	10 113,9	7 613,8	7 309,9	- 2 804,0	- 303,9
Irland	1 576,6	1 375,5	2 051,6	+ 475,0	+ 676,1
Italien	15 144,5	13 495,9	10 306,4	- 4 838,1	- 3 189,5
Lettland	215,6	186,5	610,4	+ 394,8	+ 423,9

Quelle: Europäische Kommission, GD Haushalt, EU-Haushalt 2008, Finanzbericht.

Erneuerbarer Energien, Verbesserung des Zugangs zu Dienstleistungen, Ausbildung, Innovation und Forschung.

Ziel ist neben der Entwicklung der Dienste und Technologien die Verbesserung der Fähigkeit, selbstständig diese Politikfelder besser in Angriff nehmen zu können. Dazu dient auch die Verknüpfung der Mittelgewährung an die dialogische und partizipative Form der Projektplanung und -durchführung. Dies soll die Politik- und Initiativekompetenz der lokalen Akteure stärken. Die Regionen arbeiten die Regionalen Strategischen Pläne im Rahmen des Nationalen Strategierahmens 2007–2013 aus. Auch eine gravierende Neuheit ist der Zwang, qualitative und quantitative Standards in strategischen Bereichen der Entwicklung und des *Welfare* zu vereinbaren. (siehe Gelli/Grasse 2010, S. 21) Für die Einhaltung dieser Standards sind die Regionen verantwortlich.

Die Ziel-1-Gebiete in Italien[19] sind alle südlichen Regionen außer Abruzzen, also Basilikata, Kalabrien, Kampanien, Apulien, Sardinien und Sizilien. Die Region Molise tritt als Region in einer Übergangsphase dazu. Mit beiden Stoßrichtungen, also dem dialogischen Ansatz und der Implementierung von objektiven Standards mit klar definierten Zuständigkeiten für ihre Kontrolle, wird in der Förderpolitik für den Süden eine deutliche Schwerpunktverschiebung von der paternalistischen Mittelgewährung zur kompetenzorientierten Befähigung

---

19 „Die Unterstützung der Europäischen Union im Rahmen der Regionalpolitik hängt ab vom Entwicklungsstand der Regionen sowie von der Art der Probleme, mit denen diese konfrontiert sind. Die Strukturfondsverordnungen für den Zeitraum 2000–2006 sehen insbesondere die Aufstellung von drei vorrangigen Zielen vor:
Ziel 1: Förderung der Entwicklung und der strukturellen Anpassung der Regionen mit Entwicklungsrückstand;
Ziel 2: Unterstützung der wirtschaftlichen und sozialen Umstellung der Gebiete mit Strukturproblemen;
Ziel 3: Unterstützung der Anpassung und Modernisierung der Bildungs-, Ausbildungs- und Beschäftigungspolitiken und -systeme in den nicht unter Ziel 1 fallenden Regionen". (http://europa.eu/legislation_summaries/regional_policy/provisions_and_instruments/g24207_de.htm).

lokaler und regionaler Akteure vollzogen. Dies
ist auch der Ansatz in der Umsetzung des Fiskalföderalismus mit den Verfassungsreformen nach
2001 (siehe Kapitel III 6).

Allerdings bleibt festzuhalten, dass der Erfolg
von EU-Strukturmaßnahmen von der Qualität
der nationalen Unterstützung abhängig ist. Mittel
aus dem Strukturfonds werden nur gezahlt, wenn
vom Empfängerland Primärmittel der Struktur-
förderung in der vorgesehenen Höhe gewährt
werden. „Das Ergebnis der Zwischenüberprü-
fung ergab jedoch deutlich eine mangelnde Be-
folgung des Zusätzlichkeitsprinzips. Während
der betreffenden drei Jahre gab Italien im Durchschnitt 5,6 % weniger aus, als im *ex-ante* Stadi-
um der Überprüfung vorgesehen. Folglich wäre
die Zusätzlichkeit für die gesamte Programmpe-
riode nur einzuhalten, wenn in den verbleibenden
Jahren der Periode die nationalen strukturellen
öffentlichen Ausgaben deutlich steigen würden".
(Europäische Kommission 2005) Durch ausbleibende nationale Zahlungen gefährden die italienischen Behörden den Mittelabfluss aus dem
Strukturfonds für den *Mezzogiorno*.

Abbildung I-52 Italiens Beteiligung
am EU-Rettungs-
fonds für prekäre
Staaten

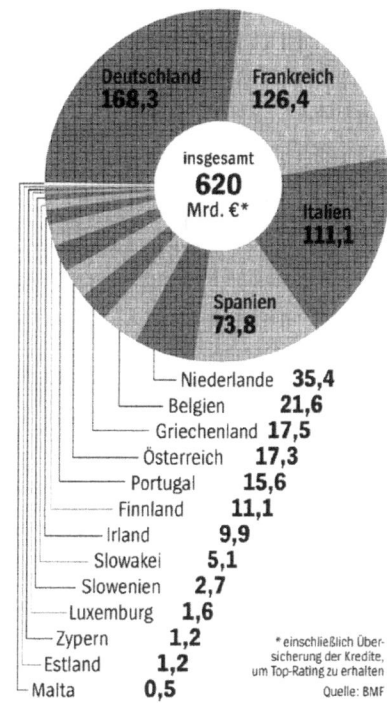

Quelle: Der Spiegel, Nr. 17, 23.04.2011, S. 22.

7 Innovation

7.1 Überblick

Italien gehört nach der Erhebung zur Innovationstätigkeit[20] zu den „mäßigen Innovatoren",
also der dritten Kategorie der Länder, die unter dem EU-27-Durchschnitt liegen.

Ausschlaggebend für die niedrige Bewertung der Innovationsfähigkeit sind die niedrigen
Ausgaben von Unternehmen in Innovation, die schwache Ausprägung der Kooperationen
untereinander sowie mit FuE-Institutionen.[21] Die Unternehmen haben eine klare Haltung zu
dem Nutzen einer Kooperation mit den Universitäten im Lande: „Die Fähigkeit der Universitäten und wissenschaftlichen Forschung, Entwicklung zu unterstützen, erscheint eher als Slo-
gan denn als eine von den Bürgern und Unternehmen geteilte Überzeugung. Nur 3 Prozent
der Unternehmen glauben, dass eine Zusammenarbeit mit Universitäten und Forschungszen-

---

20 Die Studie „Innovation Union Scoreboard 2010" wurde vom Maastrichter *Economic and Social Research Institute on Innovation and Technology (UNU-MERIT)* unter Beteiligung der Generaldirektion JRC G3 der Europäischen Kommission durchgeführt.
21 Zu den Aktivitäten der italienischen Unternehmen in den „wissensintensiven Businessdienstleistungen" (KIBS)
siehe das Kapitel 3.2.2.

Abbildung I-53   Innovationsleistungsfähigkeit der EU-Länder (2010)

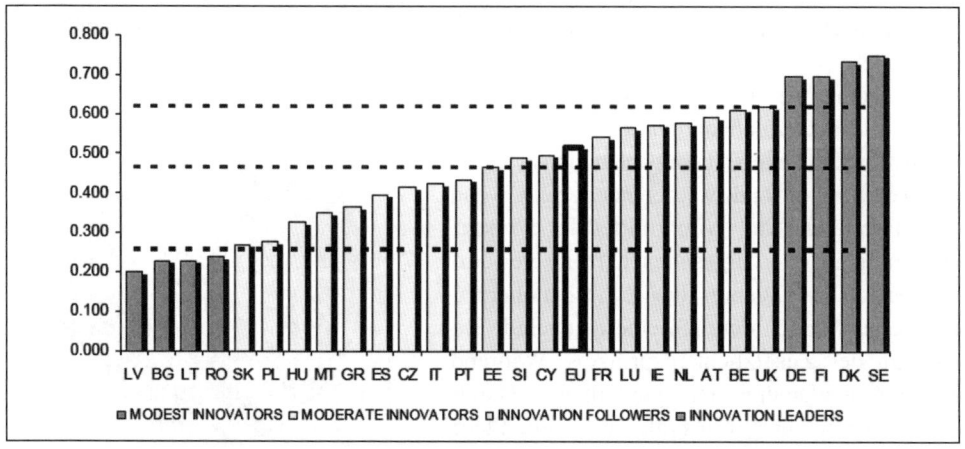

Legende: Zur Aufschlüsselung der englischsprachigen Länderbezeichnungen siehe das Abkürzungsverzeichnis.

Quelle: Europe (2011), S. 4; aggregierter Wert aus 24 Indikatoren zur Messung von Innovation.

tren ein bestimmender Faktor in der Innovation ist, während gerade einmal 10,8 Prozent der Italiener glauben, mehr Ressourcen sollten an die Forschung und Schulungszentren gegeben werden. Nur 7,4 Prozent glauben an die Fähigkeit von Universitäten und Schulen, das Leben auf der kommunalen Ebene zu verbessern". (Censis 2010b, S. 43)

Abbildung I-54   Innovative Unternehmen in den EU-Ländern
(in Prozent für 2004–2006)

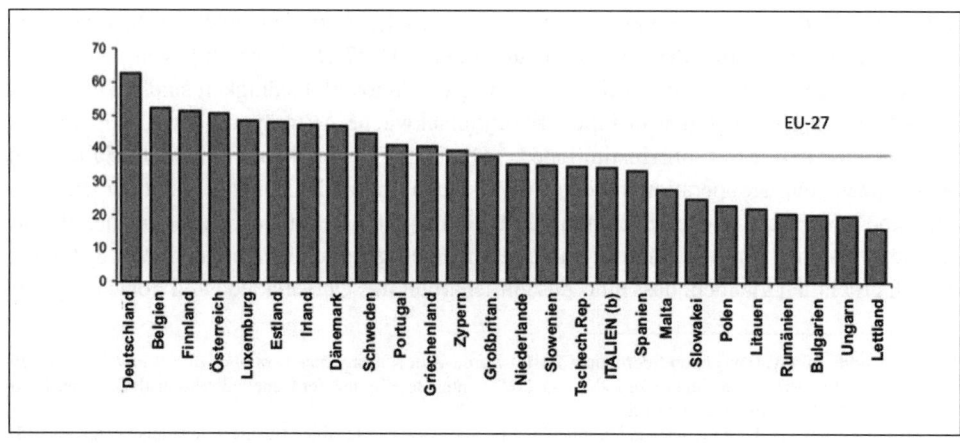

Quelle: Istat (2010d), S. 155.

Anhand der üblicherweise in der internationalen Analyse verwandten Einzelindikatoren wird die Leistungsfähigkeit des nationalen Innovationssystems detaillierter geschildert.

Innovationstätigkeit der Unternehmen
Im Ranking der EU-Länder nach dem Anteil der Innovation betreibenden Unternehmen nimmt Italien mit 34,6 Prozent einen hinteren Platz ein und liegt noch unter dem EU-Durchschnitt von 38,9 Prozent. Die Abstände zwischen den Innovationsführern und den Nachzüglern sind sehr groß. Italien bildet sozusagen mit Spanien das hintere Ende der „alten" Europäer, während die neuen Mitgliedsländer allerdings noch weiter zurückliegen.

Italien weist auf allen zentralen Feldern des Innovationssystems, also Humankapital, Forschung und Informations- und Kommunikationstechnologien (IKT) zum Teil erhebliche Rückstände auf, die für ein Land auf diesem Entwicklungsstand tendenziell eine massive Gefährdung der Wettbewerbsfähigkeit auf sich verändernden globalen Märkte nach sich ziehen.

Forschung und Entwicklung
Im Vergleich zu anderen Ländern hängt Italien im Niveau von Forschung und Entwicklung (FuE) weit zurück. Hinsichtlich des Anteils der Investitionen in Forschung und Entwicklung am Bruttoinlandsprodukt von 2007 liegt Italien mit 1,2 Prozent unter dem EU-Durchschnitt.[22]

Italien ist weit von den Ländern wie Dänemark entfernt, Schweden, Finnland und Deutschland mit starken Positionen in Hochtechnologie-Sektoren. Und auch nur diese Länder sowie Österreich, Belgien, Irland und Malta haben auch das EU-Ziel erreicht, dass die Privatunternehmen zwei Drittel der FuE-Ausgaben tragen. In Italien beträgt dieser Anteil 40 Prozent.

Nach den Ausgaben für Innovation liegt Italien deutlich unter dem OECD-Durchschnitt. Kooperationen zwischen Unternehmen und Forschungsinstituten sind weitaus seltener als in anderen OECD-Ländern. Hier liegt Italien auf dem zweitletzten Platz. In Ermangelung einer breiten privaten Initiative in Forschung und Entwicklung investiert die Regierung in FuE von Privatunternehmen. Bei der Gewährung von Risikokapital befindet sich Italien unter den zurückhaltendsten Ländern. Ein Grund liegt in dem hohen Sicherheitsdenken sowohl von Unternehmen und Banken sowie in der Orientierung der Banken auf klassische und weniger auf innovative Unternehmensaktivitäten.

Patente
Patente sind die neuen Produkte und Umsatzträger von morgen. Überdies binden sie kreative Köpfe an Unternehmen und Forschungsinstitute.

Sehr bedenklich mit Blick auf die Zukunftsfähigkeit Italiens ist deshalb die geringe Anzahl der Patente in Zukunftsbranchen und Zukunftstechnologien (13 pro 1 Million Einwohner). Damit liegt Italien unter den G7-Ländern am Schluss und auch im OECD-Feld weit hinten. Eine gewisse Spezialisierung ist im Bereich Gesundheit festzustellen, während Italien im Bereich der Nanotechnologien besonders schwach ist.

---

22 Ein wichtiger Indikator für die Leistungsfähigkeit eines Landes in Innovation, nämlich die Fähigkeiten der Menschen (Schulabschluss, Hochschulabschluss, etc.) wird im Kapitel IV Bildungswesen erörtert.

Abbildung I-55   Rückstand Italiens auf zentralen Innovationsfeldern
(2008, 2009)

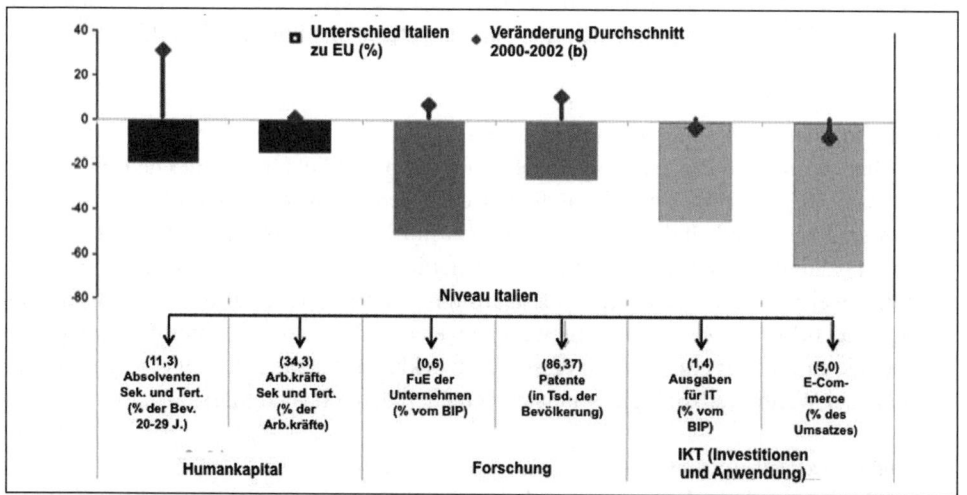

Legende: Prozentuale Abweichung gegenüber dem Durchschnitt der EU-27-Länder und prozentuale Veränderungen gegenüber 2000–2002. (a) Daten zu den EPO-Patenten 2006; zu den IT-Ausgaben 2009, zum E-Commerce 2010. (b) Die prozentuale Abweichung zwischen Italien und der EU ist, wenn möglich, mit der durchschnittlichen Veränderung zwischen 2000–2002, ansonsten der verfügbaren nachfolgenden Periode zusammengestellt worden.

Quelle: Istat (2011c), S. 215.

Die Patententwicklung konzentriert sich auf den Norden des Landes, während die Mitte und der Süden Italiens weit zurückhängen.

Die Anbindung Italiens an internationale Forschungsaktivitäten ist sehr gering. Beim *Co-Patenting* und bei den grenzüberschreitenden Patenten liegt Italien weit hinter dem OECD-Durchschnitt von über 20 Prozent. Technologische Investitionen nach außen und von außerhalb sind wenig relevant. Die italienischen Universitäten haben im Vergleich zum G7-Standard eine für ausländische Doktoranden weit geringere Attraktivität (siehe Kapitel IV).

7.3   Angebot und Anwendung neuer Informations- und Kommunikationstechniken

Die Anwendung der Breitband-Technologie hat in Europa ein hohes Niveau erreicht. Nimmt man das Kerneuropa der EU-15, ist fast eine Vollausstattung erzielt. Im Europa der 27 Länder drücken die niedrigen Werte der neuen Mitgliedsländer den Durchschnitt auf 83 Prozent. Italien hat genau diesen Wert und befindet sich damit deutlich hinter Frankreich, Spanien, Deutschland und Großbritannien. Allerdings „weitet sich die Nutzung des Breitbandes in unserem Land sehr schnell aus. Im Jahre 2001 nutzten es nur wenig mehr als 10 Prozent, während es 2003 30 Prozent und 50 Prozent in 2004 waren". (Istat 2010c, S. 150)

Abbildung I-56 Ausgaben für Forschung und Entwicklung
(2007, in Prozent des regionalen BIP)

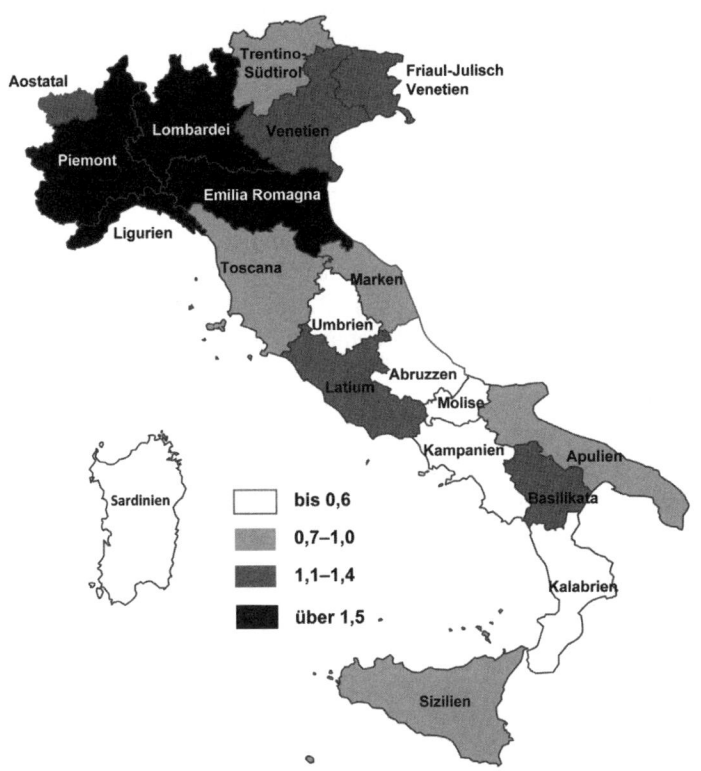

Quelle: Istat (2010c), S. 146.

Internet-Nutzung durch Unternehmen
Fast alle italienischen Unternehmen mit mehr als zehn Beschäftigten haben Internet-Zugang. Im Allgemeinen nutzen die Unternehmen das Internet zur Informationsbeschaffung (75,6 Prozent) ((Istat 2010d), S. 4) oder zum Herunterladen von Formularen im Verkehr mit der öffentlichen Verwaltung (72,5 Prozent).[23] Verglichen mit anderen OECD-Ländern nutzen italienische Unternehmen das Internet weit geringer insbesondere für den Verkauf und den Einkauf. „Die Anzahl neuer Handelsmarken pro Kopf – ein Indikator für neue Produkte und neue Marketingmethoden – war ebenso niedriger (37 Mio. Einwohner) als der OECD-Durchschnitt (62)". (OECD 2010b)

Komplexere Interaktionen wie das Ausfüllen und Zurücksenden von Formularen sowie die vollständige Erledigung von Vorgängen online werden vor allem im Energiesektor und im Wasserbereich (68,6 und 66,1 Prozent) (ebda.) und im IKT-Sektor (72,7 und 66,4 Prozent) angewandt. Nur 10 Prozent der Unternehmen setzen Ausschreibungen ins Netz. Die

---

23 Zum Einsatz und zur Nutzung von Informations- und Kommunikationstechniken in der öffentlichen Verwaltung siehe im Kapitel III. 6.4.

Werte liegen hier für die Post, Telekommunikationsunternehmen, Computerreparaturdienste, Softwareproduktion und Informationsdienste sowie für Unternehmen mit mehr als 249 Beschäftigten über 20 Prozent. (ebda.)

7.4 Regionale und lokale Innovationsaktivität

7.4.1 Ausgaben für Forschung und Entwicklung

Forschung und Entwicklung findet in Italien vornehmlich im Norden des Landes statt. Die führenden Regionen sind Piemont, die Lombardei, Friaul-Julisch Venetien und die Toskana. Eine Sonderstellung nimmt Latium ein, wo 15,2 Prozent der Gesamtausgaben für FuE und damit 1,7 Prozent des regionalen BIP konzentriert sind. Dies liegt natürlich an der Bündelung von Forschungsstätten in Rom.

Der *Mezzogiorno* weist mit Ausnahme von Kampanien FuE-Ausgaben unter dem nationalen Durchschnitt auf. Ein ähnliches Bild gilt für die Ausgaben der Unternehmen für Forschung und Entwicklung: der Norden liegt hier weit vorne (1,0 Prozent des BIP), während Unternehmen aus dem Süden nur 10 Prozent der Ausgaben von in FuE beisteuern. (Istat 2010c, S. 147)

7.4.2 Breitbandnutzung

Insgesamt ist die Breitbandnutzung durch Unternehmen im Norden verbreiteter. Ligurien liegt mit 86,3 Prozent an der Spitze. Die autonome Region Bozen ist das einzige Gebiet des Nordens mit einer Breitbandnutzung unterhalb des Landesdurchschnitts von 79,8 Prozent. Ganz anders ist die Situation im Süden. Molise ist die einzige Region unterhalb der 60-Prozent-Grenze. Die relevante Ausnahme ist die Basilikata, die hier immerhin einen Vorsprung vor Venetien hat.

Für den *Mezzogiorno* ist eine stärkere Entwicklungsdynamik als für den Norden zu beobachten. Sein Rückstand beträgt nach noch 29 Prozent im Jahre 2003 nur noch 8 Prozent in 2008. (ebda.)

7.4.3 Die Technologiepole

Die Technologiedistrikte (*Distretti tecnologici* [DT]) sind per definitionem FuE-getrieben. Privatunternehmen und/oder die öffentliche Hand investieren relevante Summen in marktnahe Forschungsaktivitäten. In diesen DT konzentrieren sich Unternehmen des High-Tech-Sektors, die mit Universitätsinstituten und Forschungseinrichtungen kooperieren. Konstitutiver Partner sind öffentliche Institutionen: „Die Relevanz von Forschung und Innovation und die bedeutsamen Auswirkungen auf die Wirtschaft dieser Aktivitäten machen, um als DT anerkannt zu werden, den Eingriff öffentlicher Institutionen erforderlich. Sie wirken als Financiers, als Koordinatoren der einbezogenen Akteure, um Projekte mit hohem Techno-

Abbildung I-57 Breitbandnutzung durch Unternehmen (in Prozent)

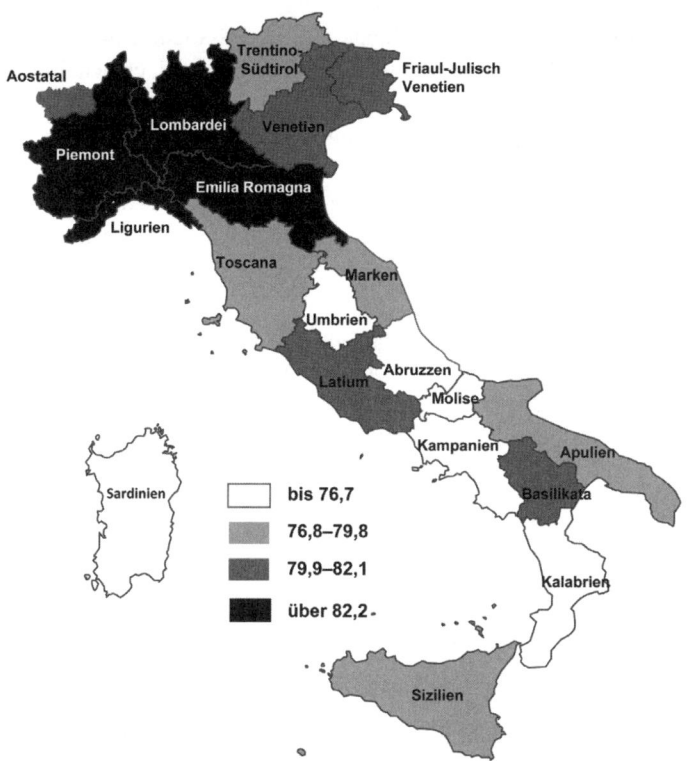

Quelle: Istat (2010c), S. 150.

logiegehalt von nationalem Interesse zu fördern". (Intesa San Paolo 2010b, S. 47) Das Ministerium für Universitäten und Forschung *(MIUR)* entscheidet über die Anerkennung und Finanzierung der Technologiedistrikte.

Mit Blick auf die Zahlen zeigt sich die Bedeutung dieser speziellen Distrikte für die jeweiligen Branchen. Die 18 DT des Jahres 2010 teilen sich auf in acht Distrikte im Sektor Informations- und Kommunikationstechnologien (IKT), vier in der Pharmaindustrie, fünf in der Luft- und Raumfahrt und eines in der Biomedizin (ebda.). Bei den IKT umfassen die DT immerhin 195 000 von ca. 330 000 Beschäftigten und 28 000 von ca. 58 000 Betrieben. In der Pharmaindustrie sind in DT 46 T. von 68 T. Beschäftigten vertreten. Hier sind entsprechend der Branchenstruktur eher mittlere und große Unternehmen präsent. In der Luft- und Raumfahrt sind in den DT 24 465 der ca. 31 000 Beschäftigte versammelt.

Das Benchmarking (ebda.) verdeutlicht eine kritische Entwicklung von Umsatz und Gewinn. Nur vier der 18 Distrikte haben in beiden Indikatoren eine positive Bilanz aufzuweisen. Sechs Distrikte melden hingegen weder beim Umsatz noch beim Gewinn positive Resultate. Acht Distrikte erreichen bei einem von beiden Indikatoren ein Plus. Insbesondere der IKT-Sektor litt empfindlich unter den Nachfrageeinbrüchen des Krisenjahres 2009, als nur wenige Unternehmen und Privatleute IKT kauften.

8   Energie

Die Verfügbarkeit von ausreichender Menge, eine verlässliche Zulieferung, ein hoher Sicherheitsstandard und akzeptable Kosten von Energie sind entscheidende Fragen der Wettbewerbsfähigkeit und der Lebensqualität von Staaten. Angesichts der gravierenden geopolitischen und wirtschaftlichen Verschiebungen in der Welt ist eine Fortsetzung des jahrzehntelang gewohnten Umgangs mit Energie in der Produktion bzw. dem Erwerb wie dem Verbrauch nicht möglich und nicht wünschenswert. Allein die erwarteten Steigerungsraten der neuen Weltwirtschaftsmächte China und Indien und dann eine rasche *Catch-up*-Strategie der großen Schwellenländer wie Brasilien, Mexiko oder Argentinien werden den Kampf um Energie ganz neu aussehen lassen.

Die internationale Regelung des Zugangs und der Verwendung von Energie sind das eine Feld. Neue Technologien und neue Gewohnheiten sind erforderlich. Die vorherrschenden Fragen sind folglich die nach der Nachhaltigkeit des Umgangs mit Energie, der Verringerung des Verbrauchs und des neuen Energiemixes zwischen dem Verhältnis zwischen konventionellen brennbaren und modernen Erneuerbaren Energiequellen.

8.1   Überblick

Vor dem Hintergrund dieser Fakten befindet sich Italien in einer prekären Lage (Zahlen aus Stella/Rizzo 2008, S. 84):

- Italien verbraucht Jahr für Jahr 338 Mrd. kWh, so viel wie die Türkei, Polen, Rumänien und Österreich zusammen. Aber diese Länder haben 136 Mio. Einwohner gegenüber 60 Mio. in Italien.
- Angesichts des Mangels an eigenen Primärenergiequellen beträgt die Autonomie Italiens nur 12 Prozent des Verbrauchs.
- Italien muss folglich 88 Prozent der Energie importieren: 12 Prozent kommen von unmittelbaren Nachbarn.
- Aus den angelieferten Rohstoffen produziert Italien 75 Prozent der benötigten Energie selbst.

Tabelle I-21   Energiebilanz im Vergleich (in Mio. Tonnen Rohöleinheiten)

Position	ITALIEN		Deutschland		Frankreich		Spanien	
	1996	2006	1996	2006	1996	2006	1996	2006
Bruttoinlandsverbrauch	162,0	186,0	350,0	349,0	255,0	273,0	101,0	144,0
Gesamte Primärenergieproduktion	30,1	27,1	138,8	136,9	131,0	135,6	32,0	31,2
Nettoeinfuhren	134,8	164,6	208,8	215,5	125,0	141,7	74,3	123,8

Quelle: Eurostat (2009), S. 453 ff.

- Im Resultat kostet die in Italien produzierte Energie 60 Prozent mehr als im europäischen Durchschnitt, zweimal mehr als in Frankreich und dreimal mehr als in Schweden.
- Zur Produktion von Strom verbraucht Italien in seinen Kraftwerken in einem Jahr soviel Erdöl wie Indien in 1,5 Jahren und so viel Erdgas wie Lateinamerika in 439 Tagen.
- Die Energiekosten sind folglich explodiert und standen 2005 bei 30 Mrd. Euro im Jahr.

Auch noch im Jahre 2009 herrscht unter den verfügbaren Energieträgern das Rohöl mit einem Anteil von 41 Prozent deutlich vor. Die Verfügbarkeit von Energie aus Erneuerbaren Quellen stieg gegenüber 2008 um 0,8 Prozent, während der Anteil der Energie aus Gas und festen Brennstoffen in den letzten beiden Jahren mit verfügbaren Daten um 0,9 bzw. 1,3 Prozent gesunken ist. Aber der Anteil von Erdgas liegt mit 35,5 Prozent immer noch sehr hoch.

Heftige Widerstände gegen den Ausbau Erneuerbarer Energien führten zu mageren Ergebnissen Italiens in Bezug auf den Ersatz fossiler Energiequellen. „Rigide Haltungen der Umweltschützer, bürokratische Verschleppungen, ökologische Heucheleien, Veto und Gegenveto der lokalen Verwaltungen haben entmutigende Ergebnisse hervorgebracht. Zwischen 1990 und 2005 hat die Europäische Union laut dem Bericht von *Legambiente* den Ausstoß von Treibhausgas um 7,2 Prozent reduziert. Italien hingegen hat ihn um 12,1 Prozent erhöht … Und die Erneuerbaren Energiequellen decken nur 8,3 Prozent des Energieverbrauchs ab". (Stella/Rizzo 2008, S. 92)

Die Nachfrage nach elektrischer Energie ist 2009 als Folge des Produktions- und Konsumrückgangs in der Wirtschaftskrise um 6,4 Prozent gesunken. Die Menge von 317,6 Mrd. kWh liegt dabei unter dem Niveau von 2004. In 2009 verbrauchte jeder Einwohner statis-

Abbildung I-58 Italiens Energiemix 2000–2009* (in Prozent)

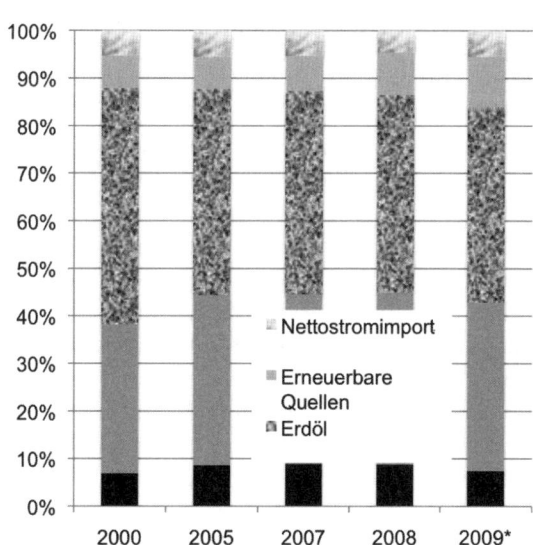

* Die Bruttoverfügbarkeit von Energie wird definiert als die Energiemenge, die intern produziert wird zuzüglich der Nettoimporte und der Variationen der Vorräte.

Quelle: Istat (2010a), S. 3. (* Daten für 2009 sind vorläufig.)

tisch 4 908,5 kWh. (Istat 2011b) Gegenüber 2008 wird ein geringerer Verbrauch durch die Industrie und ein Anstieg der Haushalte und des Dienstleistungssektors verzeichnet.

Die Stromversorgung wird zu 90 Prozent aus der eigenen Produktion, allerdings unter massiver Verwendung importierter Rohstoffe, gewährleistet.

Konventionelle Energieträger liefern 76,4 Prozent des Stroms, der Anteil der Erneuerbaren Energiequellen kommt somit noch nicht einmal auf ein Viertel (23 Prozent). Allerdings ist hier ein Zuwachs von den 18,8 Prozent des Jahres 2004 zu verzeichnen. Wichtigster Lieferant von elektrischer Energie unter den Erneuerbaren Energieträgern ist die Wasserkraft (70 Prozent), die Biomasse trägt 11,5 Prozent zum Energiemix bei und der Anteil der Stromproduktion aus geothermischen Kraftwerken liegt bei 5,4 Prozent. Wind und Solarenergie decken zusammen 10,1 Prozent der Stromerzeugung des Jahres 2009 ab. Das Potenzial der Wasserkraft gilt als erschöpft, der Ausbau der Stromerzeugung auf Basis Erneuerbarer Energieträger muss sich künftig auf Sonne, Wind und Biomasse konzentrieren.

8.2   Optionen der Politik

Während der letzten zehn Jahre, vor allem aber zum Ende der Dekade bis 2009, hat die italienische Energiepolitik im Einklang mit den Regeln der EU-Kommission programmatisch eine Wende vollzogen, deren Auswirkungen erst in den kommenden Jahren voll auf Produktion und Verbrauch durchschlagen werden. Zunächst sollen die Treibhausgasemissionen, gemessen am Niveau von 1990, um 20 Prozent gesenkt werden. Sodann soll der Anteil der Erneuerbaren Energien am Endverbrauch um 20 Prozent erhöht werden. Schließlich wird die Verbesserung der Effizienz der Endverbrauche von Energie um 20 Prozent angestrebt.

„Für Italien setzt sich diese Strategie in ein doppeltes bindendes Ziel bis 2020 um: die Reduktion der Treibhausgase um 14 Prozent gegenüber 2005 und die Steigerung des Anteils an Erneuerbaren Energien um 17 Prozent des Bruttoendverbrauchs (in 2005 betrug dieser Anteil 5,2 Prozent)". (Istat 2010a, S. 1)

Die Berlusconi-Regierung vollzog im Februar 2009 per Gesetz und mit einem Abkommen mit Frankreich die Kehrtwende in der Atompolitik des Landes. Nach dem Desaster von Tschernobyl 1986 war Italien eines der ersten Länder, die den Ausstieg aus der Kernenergie beschlossen. Per Referendum wurden die drei bestehenden Kernkraftwerke stillgelegt.

Die Kosten des Ausstieges aus dem Umbau einiger Kernkraftwerke, aus den Entschädigungen an den Betreiber *ENEL* und an Zulieferer wie die *Fiat*, in Höhe von 8 Mrd. Euro, sowie aus den Schließungskosten (Entsorgung der Abfälle und Außerbetriebnahme) betrugen insgesamt 20 Mrd. Euro.

Der vorübergehende und durch die Ergebnisse des Referendums vom 12.06.2011 zurückgewiesene Schwenk zur Kernenergie begründete sich mit der enormen Belastung des Staatshaushalts durch die Energieimporte in Höhe von 60 Mrd. Euro pro Jahr, der Nähe der Regierung zu den Atomlobbyisten[24] und den Schwierigkeiten bei der Durchsetzung Erneuerbarer Energieproduktion.

---

24 *L'Espresso* berichtet in einem Dossier vom 24.03.2011 (S. 59) von den diplomatischen Verwicklungen zwischen der US-Botschaft in Rom, die sich für die amerikanischen Reaktorproduzenten stark macht, den italieni-

8.3.1   Konventionelle Energiequellen

Erdgas
Die Verfügbarkeit von Erdgas ist nach dem kontinuierlichen Anstieg bis 2005 vor allem in 2009 gesunken; dies naturgemäß in Folge des Nachfragerückgangs in der Krise. Erdgas wird fast vollständig durch Importe, vor allem aus Russland (33 Prozent) und Algerien (31 Prozent) (Istat 2010a, S. 7), zur Verfügung gestellt.

Der Umbau des früheren Kernkraftwerks in Montalto di Castro kostete nach heutigen 8 Mrd. Euro. (Stella/Rizzo 2008, S. 87) Nach einigen Schätzungen kommt eine Bewertung nach zwanzig Jahren Betrieb als Kraftwerk, das aus Erdgas und Erdöl Strom produziert, zu folgendem Urteil: „Das Kraftwerk ist nicht nur das größte Europas sondern auch eines der unwirtschaftlichsten: es verbraucht mindestens 15 Prozent mehr als die anderen Anlagen. Und wenn es auf dem Papier 20 Mrd. kWh im Jahr produzieren kann, hat es in 2007 in Wirklichkeit nur 7 Mrd. kWh produziert, also ein Drittel". (ebda.) Die einheimische Produktion von Erdgas macht nur 10,3 Prozent des gesamten verfügbaren Erdgases aus.

8.3.2   Erneuerbare Energiequellen

Der Anteil Erneuerbarer Energiequellen an der gesamten verfügbaren Energie in Italien ist im Zeitraum von 2000 bis 2009 nur um 3,8 Prozent (siehe Abbildung I-58) gestiegen. Damit liegt Italien weit unter den meisten Vergleichsländern in der Europäischen Union (siehe Abbildung I-59). Im Vergleichsjahr 2006 lag der Anteil bei 14,2 Prozent.

Windenergie
Italien hat für die Stromproduktion aus Wind hervorragende natürliche Bedingungen. Aber einer raschen Nutzung stehen, wie üblich, bürokratische und lokalpolitische Interessen entgegen. „Um ein Windfeld in der Cozzo del Lupo in Cosenza zu bauen mit der Übereinkunft mit der Kommune in der Tasche, bedurfte es sechs Jahre, für das in Macchiagodena in Molise sieben. Und der Ersatz von acht Türmen einer Windanlage erforderte elf bürokratische Gänge, elf Unterschriften und 18 Monate Zeit. Für acht Türme". (Stella/Rizzo 2008, S. 91)

Sonnenenergie
Unter den Nutzungsmöglichkeiten der Sonne zur Energieerzeugung steht die Photovoltaik, also die Umwandlung der Sonnenenergie in elektrische Energie mit Hilfe von Solarzellen, an erster Stelle. In Italien hat diese Verwendung als Geschäftsfeld das Volumen von ungefähr 1,1 Mrd. Euro erreicht, was gegenüber dem Vorjahr einen Zuwachs um 150 Prozent darstellt

---

schen Verhandlungsführern und den Kontakten zwischen den „Männerfreunden" Berlusconi und Putin – alles aus den von *Wikileaks* veröffentlichten Botschaftspapieren. Hier ist sogar von Korruption italienischer Ministerialer die Rede.

Abbildung I-59   Anteil des Stroms aus Erneuerbaren Energiequellen
am gesamten Stromverbrauch 2008 (in Prozent)

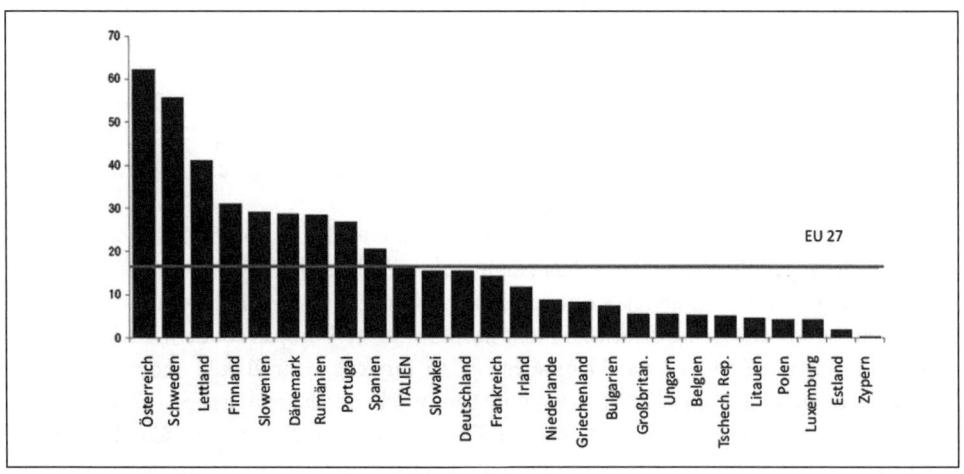

Quelle: Istat (2011b), S. 185.

(Insintesi 2009, S. 10). Nach Berechnungen des *GSE*[25] wird das in Italien installierte Potenzial auf „1 500 MW in 2010 und 3 000 MW in 2016" (ebda.) geschätzt.

Die Lombardei führt in Bezug auf die installierten Anlagen und die mit ihnen erzeugte Energie: bis zum Juni 2010 waren 6 024 Anlagen mit einer Gesamtleistung von 57 Tsd. kW, die in 2011 ums Vierfache steigen kann, installiert. „Damit hat die Lombardei 15,6 Prozent aller italienischen Anlagen vor Emilia Romagna (10,1 Prozent) und Venetien (9,3 Prozent)". (ebda.) Bezüglich der Leistung liegt Apulien mit 12,5 Prozent des italienischen Potenzials vor der Lombardei mit 11,6 Prozent. Bezogen auf die Leistung aus Photovoltaik-Anlagen pro Kopf liegen die Regionen Trient-Südtirol (33,2 Prozent), Umbrien (22,3 Prozent) und Marken (16,2 Prozent) vorne.[26]

Biomasse und Abfälle

Die Energiegewinnung aus Biomasse und Abfällen hat große Zukunftspotenziale. Nach Studien der *Ispra*[27] wurden in Italien in 2008 32 Mio. Tonnen Abfälle produziert, wovon 16 Mio. auf den Müllhalden gelandet sind. Abgesehen davon, dass sie eine enorme Emission von Methangas generieren, bilden sie bezüglich der Energieerzeugung eine untergenutzte Quelle.

Einige Zentralen produzieren erfolgreich Energie aus Abfällen. „Heute existieren in Italien 28 Anlagen mit anaerober Verarbeitung zur Produktion von Biogas. Sie sind hauptsächlich zwischen Trient, Piemont, Venetien und der Lombardei konzentriert ... Sie sind autorisiert ..., ungefähr 700 Tsd. Tonnen organischen Abfall im Jahr zu verarbeiten". (*L'Espresso* vom 17.03.2011, S. 147) Das Potenzial wird an einer Rechnung für Großbritannien deutlich:

---

25 *Gestore dei Servizi Energetici.*

26 Zahlen aus: http://www.adnkronos.com/IGN/Sostenibilita/Risorse/Energia-boom-del-fotovoltaico-in-Lombardia-+488-in-un-anno_3847829854.html

27 *Istituto Superiore Per la Protezione e la Ricerca Ambientale.*

Abbildung I-60   Alternative Energiequellen in den Landesteilen: Produktion und Kapazität

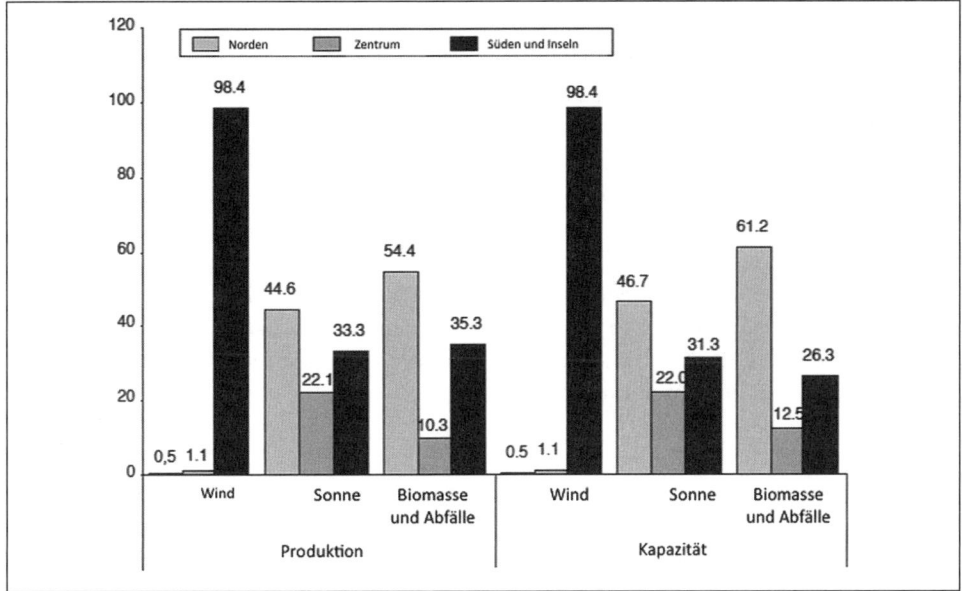

Quelle: Censis (2010b), S. 109.

mit der Energiegewinnung aus den Abfällen des gesamten Vereinigten Königreichs könnte die Hälfte der Wohnungen im Lande geheizt (ebda.) werden.

8.4   Die Liberalisierung des Energiesektors

Die Stromerzeugung wie überhaupt die Energieproduktion war einer der Sektoren mit umfassender Steuerung durch den italienischen Staat ab 1953 bis in die neunziger Jahre des letzten Jahrhunderts. Dies galt der gesamten Wertschöpfungskette von der Gewinnung von Methangas aus eigenen Vorräten, die Beschaffung von Rohöl und die nationale Verbreitung in einer eigens aufgebauten Petrochemie.

Seit 2000 wurde der Energiesektor schrittweise geöffnet. Vielfältige Triebkräfte wirkten hier. Die EU erließ bindende Richtlinien zur Wettbewerbsintensivierung, die Verfassungsreform von 2001 verschob Befugnisse auch auf dem Energiesektor an die Regionen mit der Folge der konkurrierenden Kompetenz von Staat und Regionen (siehe Kapitel III 5.2) und die Umweltproblematik erhöhte den Druck zur Entwicklung von Erneuerbaren Energien konkurrierender Anbieter.

Die Aufhebung der Monopole führte nicht zwangsläufig zu Privatisierungen der Staatsunternehmen. Das *ENEL* und die „kommunalisierten" Unternehmen sind nach wie vor in Staatsbesitz. In Summe besitzt der Staat 32 Prozent der Aktien im Stromsektor und 30 Prozent im Gassektor. (OECD 2009a, S. 319)

8.4.1 Strommarkt

Auf dem Strommarkt herrscht über die gesamte Wertschöpfungskette ein „völliger und offener Wettbewerb". (OECD 2009a, S. 319) Die *TERNA* besitzt das nationale Stromnetz, über die im öffentlichen Besitz befindliche Börse *(IPEX)* wird der Strom gehandelt. In der Stromerzeugung hat das *ENEL* 2009 einen Marktanteil von 30,4 Prozent (siehe Abbildung I-61). Diese Dominanz ging zwischen 1999 und 2009 um mehr als 40 Prozent zurück.

Im europäischen Vergleich gibt es außer Irland kein Land, in dem es zu einer so schnellen Marktminderung des dominanten Akteurs kam. Zweitgrößter Anbieter ist die *Edison* mit 11,8 Prozent, was gegenüber 2007 einen leichten Rückgang von 1,7 Prozent ausmacht.

Die Strompreise in Italien gehören zu den höchsten in Europa. Dies gilt für beide Hauptabnehmer, die privaten Haushalte wie die Unternehmen. Im Durchschnitt sind sie um 25 bis 33 Prozent höher. (OECD 2009a, S. 322) Diese Differenz erklärt sich weitgehend mit der hohen Last aus dem immensen Import von Energie.

8.4.2 Gasmarkt

Auch der Gassektor ist durch einen offenen Wettbewerb mit einigen Einschränkungen hinsichtlich faktisch weiter bestehender Markteintrittsbarrieren gekennzeichnet. Die Verteilgesellschaft ist völlig vom *ENI* getrennt. Der *ENI* hat auf den Gebieten des Imports und der Produktion von Erdgas seine marktbeherrschende Position behaupten können. In der Gasproduktion hat er einen Marktanteil 84,5 Prozent, der 2007 noch bei 87 Prozent lag. (OECD 2009a, S. 326)

An zweiter Stelle folgt *ENEL Trade* mit 13 Prozent und *Edison* an dritter mit einem Marktanteil von 8 Prozent.

Das Gasnetz befindet sich in Privatbesitz. Der *Snarn Rete Gas (ENI)* gehört das größte mit 8 548 km von 8 668 km des nationalen Netzes (ebda.). Der Rest ist im Besitz der *Società Gasdotti Italia*.

Die OECD begründet das Urteil eines nur eingeschränkten Gasmarktes mit folgenden Aspekten: „Nach Meinung der *AGGM*[28] haben die dominante Rolle des früheren Monopolisten bei Import, Transport und Lagerung, verknüpft mit den Vertragsstrukturen bei Erdgasimporten (Langfristverträge mit *take-or-play*-Klauseln), die Rigidität der Erdgaslieferung und die Existenz einer segmentierten Nachfrage dazu beigetragen, dass der tatsächliche Wettbewerb im nationalen Erdgasmarkt eingeschränkt und die Schaffung einer Infrastruktur, die die Zwänge entspannen könnten, behindert werden". (OECD 2009a, S. 328)

9 Umwelt

Italien gehört nicht zu den Vorreitern des Umweltschutzes und den Pionieren der *green economy*. Die Bürger des Landes weisen insgesamt ein geringes Interesse und ein wenig verän-

---

28 *AGGM (Austrian Gas Grid Management)* ist ein Anbieter auf dem österreichischen Gasmarkt.

dertes Verhalten in Bezug auf Umweltfragen auf. Die Daten über den Energiesektor haben aber gezeigt, dass mit der Entwicklung von Energie aus erneuerbaren Quellen bessere Voraussetzungen auch für einen entwickelten Umweltschutz geschaffen werden. Und Italien ist auch das einzige Land, das nicht die Alpenkonvention unterschrieben hat (Stand 2008). (Visetti 2009, S. 66)

In internationalen Berichten üblich ist die Schilderung des Zustandes der Umwelt anhand der Kriterien CO_2-Emissionen, Abfälle, Zustand des Wassers und der Luft. Hinzu kommt die subjektive Wahrnehmung und Bewertung der Umwelt durch die italienische Bevölkerung.

CO_2-Emissionen
Nach Daten von 2010 (Europaen Environment Agency 2010) sind die EU-15-Länder auf einem guten Wege, das im Kyoto-Protokoll festgehaltene Ziel zu erreichen, nämlich die CO_2-Emissionen innerhalb der Periode von 2008 bis 2012, bezogen auf das Basisjahr 1990, um 8 Prozent zu senken. „Die Verringerung innerhalb der EU-27-Ländergruppe war sogar noch größer als der EU-15; die nationalen CO_2-Emissionen gingen zwischen 1990 und 2008 um ungefähr 11 Prozent zurück". (ebda., S. 28)

Abbildung I-61   Treibhausgasemissionen 2008 in CO_2-Tonnen-Äquivalente pro Person im Ländervergleich

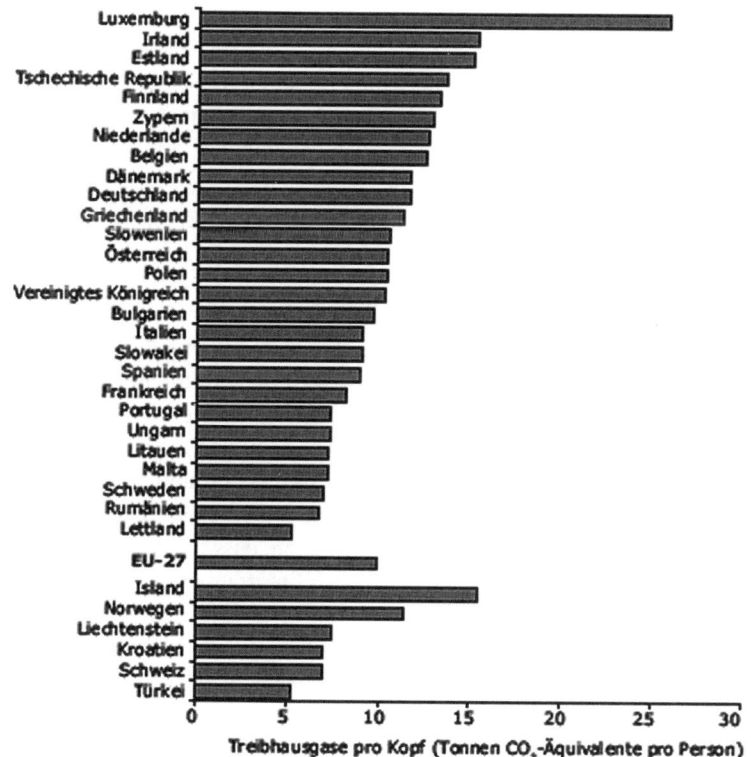

Quelle: European Environment Agency (2010), S. 29.

Abbildung I-62 Anteil (in Prozent) der auf Deponien verbrachten Siedlungsabfälle
in den EUA-Ländern, 2003 und 2008

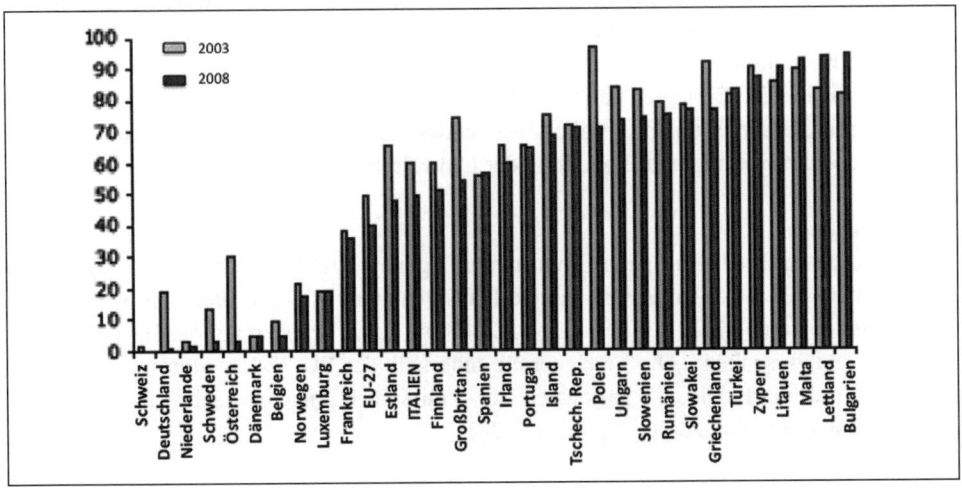

Quelle: European Environment Agency (2010), S. 74.

Während die Hälfte der Schadstoffreduktion auf das Konto von Deutschland und Großbritannien gehen, wird der Gesamterfolg durch die Länder mit erhöhtem Schadstoffausstoß
gemindert. Dies sind vor allem Spanien und, in geringerem Maße, Italien, Griechenland und
Portugal. Die Zuwächse in Italien von 35,58 Mt CO_2-Äquivalent stammen aus dem Energiesektor mit einem Zuwachs von 40,48 Mt CO_2-Äquivalente und vom Müll mit 0,63 Mt CO_2-
Äquivalente. Im Jahre 2007 waren Abfälle der Grund für 3.1 Prozent aller CO_2-Emissionen.
(ISPRA 2010[29])

Abfälle
Die Abfallwirtschaft in Italien bleibt weit hinter den Erfordernissen des Umweltschutzes
zurück. Die moderne und von der EU-Kommission vorgegebene Perspektive des Ressour-
cenkreislaufs wird in Italien kaum beachtet. Artikel 4 der Müllrichtlinien der EU sieht als
dringlich in dieser Stufung vor: die quantitative und qualitative Müllvermeidung, die Wiederverwendung von Müll, die Wiederverwertung von Müll und die Entsorgung.
   Unter dem Aspekte der Müllvermeidung gibt es kleine ermutigende Befunde und Maßnahmen über die Jahre. „Insbesondere zeigt die Analyse der Korrelation zwischen Abfallerzeugung, Bruttoinlandsprodukt und Haushaltsverbrauch, dass die Abfallerzeugung schneller
als die Wirtschaftsindikatoren zunimmt". (European Environment Agency 2010)
   Erst im Jahre 2007 fiel der Anstieg des kommunalen Abfalls geringer aus als der Zuwachs
des Bruttoinlandsprodukts und des privaten Verbrauchs (0,1 Prozent gegenüber 1,5 Prozent
bzw. 1,3 Prozent). Damit ist ansatzweise der Umwelt schädigende Kreislauf von Produzieren,
Verbrauchen und Wegschmeißen durchbrochen.

---

29 http://www.sense.sinanet.isprambiente.it/Plone/waste/waste-2/

Abbildung I-63   Anteil der Mülltrennung auf kommunaler Ebene in Italien (2003–2007)

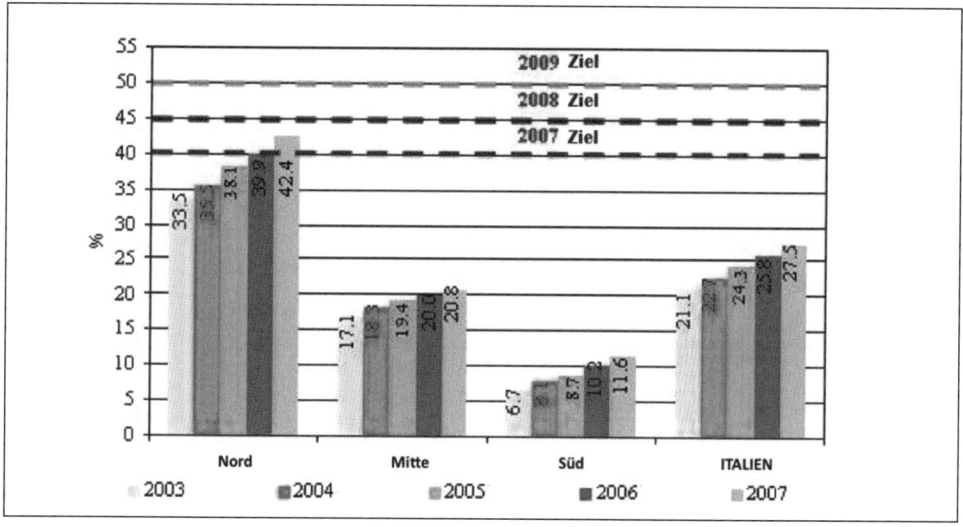

Quelle: ISPRA (2010).

Die italienische Regierung hat umweltschädliche Plastikbeutel verboten. Das neue Umweltschutz-Gesetz, das am 01.01.2011 in Kraft trat, erlaubt nur biologisch abbaubare Materialen, die sich in Kompost verwandeln. Wieder verwendbare Stoffbeutel, Gummitaschen, Tüten aus Jute, Papier und aus Bio-Plastik dürfen die Bürger benutzen.

Das ist erst ein bescheidener Anfang, denn immer noch die Hälfte des Abfalls wird auf Deponien gebracht. Der Rest wird dem Recycling bzw. der Wiederverwertung und -verwendung zugeführt oder verbrannt. Am höchsten ist der Prozentsatz des Mülls, der auf der Deponie landet, im *Mezzogiorno* (79,5 Prozent) gegenüber 31,2 Prozent im Norden.

Bei der Mülltrennung als wesentlichem Schritt für die Wiederverwendung und Wiederverwertung von Müll bleibt Italien 2007 hinter die gesetzlich definierten Ziele zurück: 27,5 Prozent des Mülls wurden getrennt eingesammelt, während das Ziel von 35 Prozent (Art. 205 des Gesetzesdekrets 152/2006) bzw. 40 Prozent (Gesetz Nr. 296 vom 27.12.2006) festgelegt ist.

Während der Norden die Mülltrennung gemäß den Zielwerten von 2007 erreicht hat, liegen die Mitte und der Süden mit 20,8 bzw. 11,6 Prozent weit hinter den Zielen.

Die Wiedergewinnung von Material zur Wiederverwendung in Produktionen ist mit 49,3 Prozent die am meisten verbreitete Form der Müllverwertung.

In ihrem Bericht zur Situation der „Umwelt in Europa" kommt die Europäische Umweltagentur für Italien zu weitreichenden Aufforderungen, dem sehr unbefriedigenden Umgang mit dem Müll in Italien entgegen zu wirken. Die allgemeine Haltung der Bevölkerung gegenüber Müll ist nachhaltig zu verändern und Recht und Rechtdurchsetzung müssen viel rigoroser sein. Gerade in Italien wird Abfall und Müll allzu oft in die Landschaft gekippt, ob von Privatpersonen oder der „Öko-Mafia" ist der Umwelt ziemlich gleichgültig. Die Mafia lässt sich für die Beseitigung von Sondermüll bezahlen und entledigt sich des Mülls illegal im Lande oder in Osteuropa.

Abbildung I-64   Wasserausbeutungsindex Anfang der 90er Jahre und 2007 im Vergleich

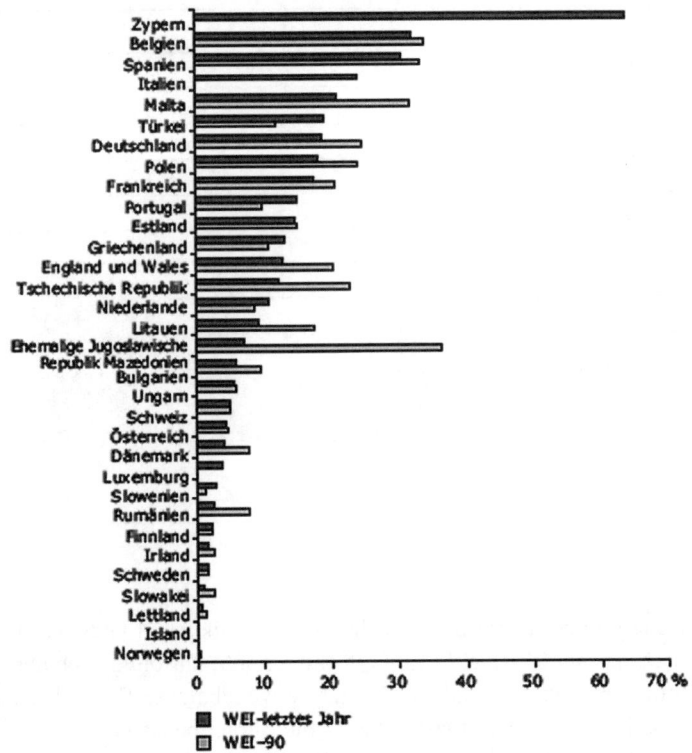

Quelle: European Environment Agency (2010), S. 83.

Wasser

In den meisten entwickelten Ländern gibt es eine schrittweise Orientierung auf die Prekarität der Verfügung von Süßwasser und eine, wenn auch, zögerliche Umorientierung in den alltäglichen, mit Wasserverbrauch verbundenen, Lebensverrichtungen.

In der Statistik über den Wasserausbeutungsindex *(WEI)* spiegelt sich dieser Wandel wider. Dieser Index[30] zeigt die „jährliche Wasserentnahme als Prozentsatz der langfristig verfügbaren Süßwasservorkommen" an. Nach dem *WEI* liegt Italien – übrigens ebenso wie Deutschland – demnach an der Schwelle zu den Ländern mit Knappheit an Süßwasser, wenn man von folgender Definition ausgeht: „Die Warnschwelle, welche eine nicht unter Knappheit leidende Region von einer Region mit Wasserknappheit unterscheidet, liegt bei etwa 20 Prozent. Extreme Knappheit liegt dann vor, wenn der *WEI* 40 Prozent überschreitet". (European Environment Agency 2010, S. 83)

Der Vergleich zu den skandinavischen Ländern, der Schweiz oder Österreich indes verdeutlicht, was bei Verhaltensänderungen, Einsatz neuer Technologien oder der Vermeidung von Wasserverlusten auf den Verteilungswegen an Ersparnis möglich ist.

---

30   In der Literatur wird zumeist die englische Bezeichnung *Water Exploitation Index (WEI)* verwandt.

Tabelle I-22   Jährliche Ausgaben für Wasser und Wasserverlust im Netz
2009 in den Regionen

Region	Ausgaben 2009	Wasserverlust im Netz 2009
Toskana	369 €	33%
Umbrien	339 €	41%
Emilia Romagna	319 €	22%
Marken	312 €	21%
Apulien	312 €	41%
Sizilien	279 €	43%
Basilikata	266 €	58%
Piemont	256 €	24%
Sardinien	252 €	44%
Ligurien	248 €	22%
Latium	245 €	38%
Venetien	231 €	30%
Kampanien	214 €	36%
Abruzzen	213 €	45%
Trient-Südtirol	200 €	21%
Kalabrien	189 €	42%
Friaul-Julisch Venetien	185 €	35%
Lombardei	178 €	17%
Aostatal	147 €	35%
Molise	141 €	65%
ITALIEN	270 €	35%

Quelle: Cittadinanzattiva (2011), S. 13.

Nach einem Dossier der Bürgerrechtsorganisation *Cittadinanzattiva* (Cittadinanzattiva 2011) hat das Wassersystem in Italien gravierende Probleme der Effizienz und der Versorgungssicherheit. Die Probleme sind:

- Die exzessive Fragmentierung
- Der Verlust von 35 Prozent der eingelassenen Wassermenge
- Die ausbleibenden Investitionen bei gleichzeitig steigenden Tarifen. (Cittadinanzattiva 2011, S. 2)

Diese Probleme betreffen weite Teile des Landes, aber vor allem den *Mezzogiorno*. Aus dieser Unzufriedenheit heraus wurde im Juni ein Referendum durchgeführt, das darauf hinausläuft, eine Entprivatisierung, also eine Wiederverstaatlichung, des Wassersektors zu bewirken. Es ging um zwei Fragen. Die erste betrifft die Abschaffung der Verpflichtung zu einem Wettbewerb um die Betriebserlaubnis von Wasserdienstleistungen. Die zweite schlägt

Abbildung I-65   Tag der Überschreitung des Grenzwertes bei Feinstaubemission;
                    Anzahl der Tage mit Grenzwertüberschreitung (2005–2007)

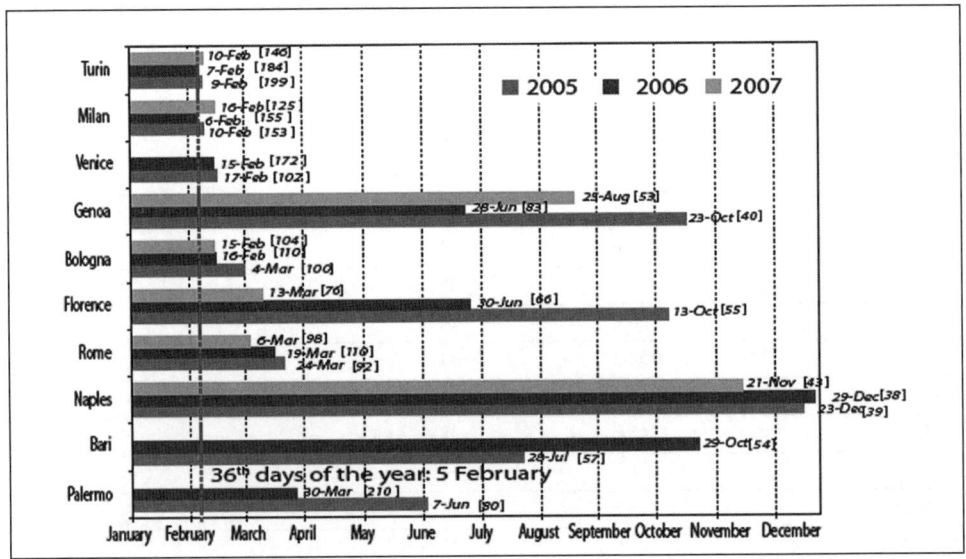

Quelle: Cittadinanzattiva (2011), S. 81.

die Abschaffung des Abschnitts im Gesetz vor, mit dem den Betreibern von Wasseranlagen auf den Wasserrechnungen der Ertrag von 7 Prozent des investierten Kapitals garantiert wird. Beiden Referenden wurde zugestimmt.

Indes liegt das Problem weniger in der privaten oder öffentlichen Verfügung über das Wassersystem. Denn laut dem letzten parlamentarischen Bericht der *Conviri*[31] haben die Betreiber der Wassersysteme die folgende Rechtsform: „Von den 114 Dienstleistern sind sieben Privatgesellschaften, 23 sind Gesellschaften mit gemischtem Kapital ..., neun sind an der Börse gelistete Unternehmen und 57 sind vollständig öffentliche Gesellschaften". (Conviri 2009, S. 14 f.)

Das Problem liegt wohl eher in den Beschränkungen des Systems und nicht in seiner Rechtsform. Nach dem Kommentar des Präsidenten der *Conviri* wird „die Innovation durch lokale Interessen, Managementunfähigkeiten und konservativem Gebrauch des Wassers durch die Politiker blockiert, die alles so bleiben lassen wollen, wie es ist, einschließlich der Gebühren, um nur ja den Konsens zu erhalten". (*L'Espresso* vom 24.03.2011, S. 84)

In jedem Fall äußert die italienische Bevölkerung große Unzufriedenheit mit der Wasserversorgung, die für viele die größte Schwäche der öffentlichen Dienstleistungen darstellt (26 Prozent gegenüber 22 Prozent in Bezug auf Abfälle und Müll und 12 Prozent in Bezug auf die öffentlichen Verkehrsmittel). Mit großer Zurückhaltung reagieren sie auf die Frage,

---

31 *Commissione Nazionale di Vigilanza delle Risorse Idriche* (Nationale Kommission zur Überwachung der Wasserressourcen).

Abbildung I-66   Die größten Umweltprobleme im Urteil der Bevölkerung (2007)

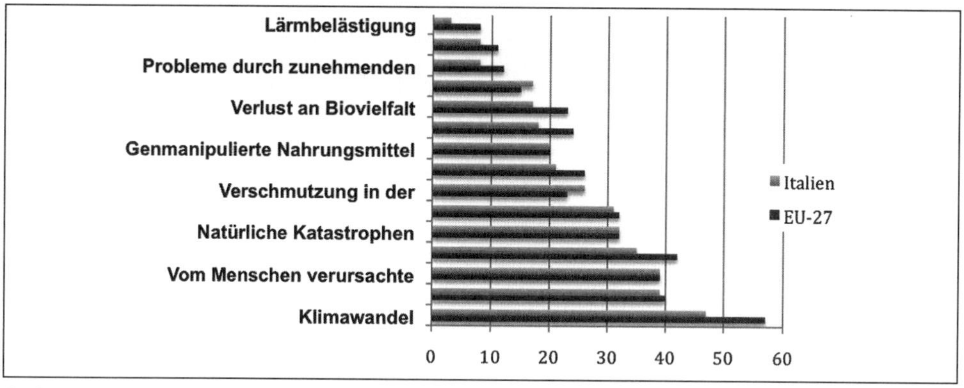

Quelle: Eurobarometer (2008), S. 2.

ob sie Wasser aus dem Wasserhahn trinken: dies tun nur 46 Prozent der Italiener, während insbesondere Süditaliener zu 64 Prozent darauf verzichten. (Cittadinanzattiva 2011, S. 14)

Luftbelastung

Im Sommer 2008 registrierten 89 Prozent aller Messstationen Überschreitungen der Lang-fristgrenzwerte der Ozonemission. Am schlimmsten war die Lage im Norden. „Auf diese dramatischen Daten reagieren die verantwortlichen Politiker mit großspurigen Plänen: In Nea-pel wurde jetzt ein 117 Quadratkilometer großer Stadtbereich zur verkehrsberuhigten Zone erklärt. Ohne jeden Nutzen, denn die Stadtverwaltung verfügt gar nicht über die nötigen Ord-nungskräfte, um das Fahrverbot im großen Stil durchzusetzen".[32]

Mit dieser Luftbelastung liegt Italien als fünftgrößte Wirtschaftsmacht der EU-27 hin-sichtlich der Luftqualität am hinteren Ende der Statistik der Luftqualität. Schlimmer ist die Lage nur noch in Bulgarien, Polen und Rumänien – allesamt Länder, die im Umweltschutz einen Nachholbedarf im Rahmen der Transformation zur Marktwirtschaft haben.

Nach einer Studie der *WHO* für den Zeitraum 2002 bis 2004 in Italiens größten Städten gibt es eindeutige Belege für eine Beziehung zwischen hoher Feinstaubbelastung und Ge-sundheitsschäden. „Mehr als 8 000 Todesfälle pro Jahr können auf durchschnittliche Konzen-trationen von Feinstaub höher als 20 μg/m3" zurückgeführt werden". (Martuzzi et al. 2007)

Die Ängste der europäischen Bevölkerung bezüglich der Gefahren und Katastrophen in ihrer natürlichen und zivilen Umwelt sind erheblich, wobei die Befragung Ende 2008, also noch vor der Katastrophe in Japan 2011, durchgeführt wurde.

Die Italiener führen hiernach, bis auf die Probleme in der Stadt (Lärm, wenig Grün, etc.), keine von anderen Völkern abweichenden Ängste und Sorgen an.

---

32   Bericht der Deutschen Welle am 11.12.2009 in http://www.dw-world.de/dw/article/0,,5005574,00.html.

II   Gesellschaft

Italien hat den Übergang von einem vernehmlich agrarisch strukturierten Land zu einer Industrienation in nur eineinhalb Generationen vollzogen. Begleitet wurde dieser Umbruch von einer Umstrukturierung der sozialen Beziehungen, Gefüge und Institutionen, wobei der Wandel von Mentalitäten, Sitten und Gebräuchen sowohl Katalysator als auch Folge dieser sozialstrukturellen Umgestaltung war.

Auf der einen Seite ist die zurückliegende Entwicklung von der Entfaltung sozialer und ziviler Institutionen der Modernität wie die verbreitete Berufstätigkeit der Frau, die geringe Geburtsrate, die hohe Zahl von Scheidungen und Trennungen, die Gesundheitsversorgung in staatlichen Institutionen statt in der Familie, die Selbstorientierung in der Ausbildung der Bürger, die verstärkte unternehmerische Betätigung der Italiener, die Entfaltung neuer Berufe und lokaler Potenziale geprägt.

Auf der anderen Seite geht dieser Prozess einher mit einer zunehmenden Isolierung der Italiener voneinander, einer wachsenden Armut, der Verschlechterung der Zukunftschancen der jungen Italiener und Italienerinnen auf dem Bildungs- und Arbeitsmarkt. Ganze Landstriche werden entvölkert. Eine älter werdende Bevölkerung hat wenige Mitwirkungsmöglichkeiten im Erwerbsleben.

1   Bevölkerung

1.1   Allgemeine Bevölkerungsentwicklung

Italien ist mit 60,3 Mio. Einwohnern das viertgrößte EU-Land hinter Deutschland (81,8 Mio.), Frankreich (64,7 Mio.) und Großbritannien (62,0 Mio.).

Zwischen 1861, dem ersten Jahr, in dem in Italien nach der staatlichen Vereinigung eine Volkszählung durchgeführt wurde, und der bislang letzten Volkszählung von 2001 stieg die Wohnbevölkerung von 26,3 Mio. auf 56,99 Mio. Personen und hat sich damit mehr als verdoppelt.

Italien erlebte über die 150 Jahre des Betrachtungszeitraums eine unterschiedliche Dynamik der Bevölkerungsentwicklung.

Die stärkste Zunahme der Bevölkerung verzeichnete das Land in der Periode der Industrialisierung und zwar von 1881 bis 1936. Die italienische Bevölkerung nahm in diesem Zeitraum um fast siebzehn Millionen Personen zu. Solche Steigerungen wurden in der Folgezeit nicht mehr erreicht. Der enorme Bevölkerungszuwachs in den ersten Jahrzehnten nach der Vollendung der italienischen nationalen Einheit ist auf die verbesserten Lebenschancen in großen Familien mit vielen Arbeitskräften zurückzuführen.

Die Italiener reproduzierten sich vornehmlich über landwirtschaftliche Tätigkeiten, an denen die ganze Familie beteiligt war. Die allgemeine Lebenssituation mit der Dominanz der Landwirtschaft, der Präsenz der Großfamilien und der starken Bedeutung religiöser Bindungen erklären zum großen Teil den Bevölkerungszuwachs der Vergangenheit, während der Babyboom der fünfziger und sechziger Jahre, also der zweiten Periode großer Bevölkerungszuwächse, im Wesentlichen auf die generelle Verbesserung der Lebenslage, die weit günstigeren Wohnbedingungen, die Fortschritte in der Gesundheitsversorgung und in der Bildung zurückzuführen ist.

Seit Beginn der siebziger Jahre indes wächst die italienische Bevölkerung nicht mehr im Tempo der Vorperioden, und seit 1991 verringert sich die Bevölkerungszahl absolut.

Hierin spiegelt sich eine weitgehende Änderung in der Haltung vieler Italiener und vor allem Italienerinnen zu ihren Lebensbedingungen, zur überkommenen Rollenverteilung und zur Rolle der Katholischen Kirche wider. Die zunehmende Berufstätigkeit der Frauen in den sechziger und siebziger Jahren ohne entsprechende Ausdehnung der sozialen Betreuung von Kindern, die Loslösung vieler Italienerinnen von der Selbstdefinition ihrer Rolle als Frau durch die Mutterrolle und die damit einhergehende verbreitete Anwendung von Verhütungsmitteln wirken sich in einem Geburtenrückgang aus, der zu einer bedenklichen Verschiebung in der Zusammensetzung der Bevölkerung führt.

Italien und Spanien, zwei der vormals am tiefsten von den Werten und Vorstellungen der Katholischen Kirche geprägten Länder, haben mit 1,4 bzw. 1,5 Kindern pro Frau im erwerbsfähigen Alter die niedrigste Geburtenrate unter den entwickelten europäischen Nationen. Der Anteil der geborenen Kinder auf 1 000 Einwohner geht in Italien seit Anfang der neunziger Jahre zurück und liegt in 2008 bei 9,6 Kinder, während der Anteil der Sterbefälle auf 100 000 Einwohner um 34 Prozent zurückgeht. (OECD 2010) Der Bevölkerungszuwachs nach 2001 ist alles in allem vor allem auf die erhöhte Zuwanderung zurückzuführen.

1.2   Bevölkerungsstruktur

1.2.1   Altersgliederung

Die Tendenz der Überalterung der italienischen Gesellschaft ist seit Beginn dieses Jahrhunderts ein unübersehbares und drängendes Problem. Der Rückgang der Geburten seit den

Abbildung II-1   Demografische Entwicklung nach Altersgruppen (in Prozent)

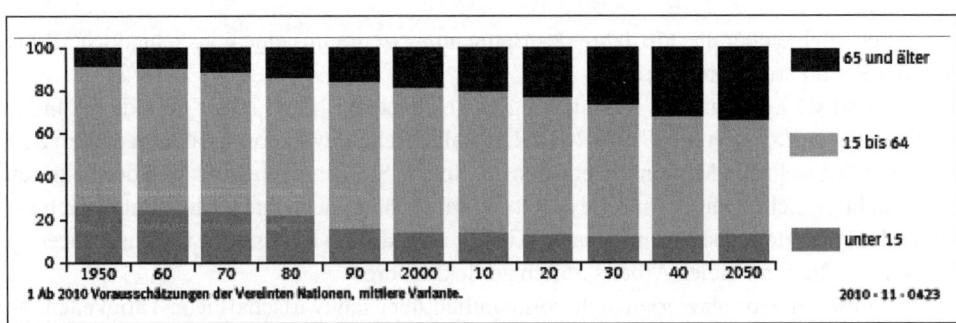

Quelle: Statistisches Bundesamt (2010), S. 3.

Tabelle II-1   Fertilitätsrate, Anzahl der Kinder pro Frau im gebärfähigem Alter, 1960–2008

Land	1960	1970	1980	1990	2000	2008
Österreich	2,7	2,3	1,7	1,5	1,4	1,4
Bulgarien	2,3	2,2	2,1	1,8	1,3	1,5
Tschechische Republik	2,1	1,9	2,1	1,9	1,1	1,5
Dänemark	2,5	2,0	1,6	1,7	1,8	1,9
Finnland	2,7	1,8	1,6	1,8	1,7	1,9
Frankreich	2,7	2,5	2,0	1,8	1,9	2,0
Deutschland	2,4	2,0	1,6	1,5	1,4	1,4
Griechenland	2,3	2,4	2,2	1,4	1,3	1,5
ITALIEN	2,4	2,4	1,7	1,4	1,3	1,4
Niederlande	3,1	2,6	1,6	1,6	1,7	1,4
Polen	3,0	2,2	2,3	2,0	1,4	1,4
Portugal	3,1	2,8	2,2	1,6	1,6	1,4
Rumänien	k.A.	k.A.	2,4	1,8	1,3	1,5
Slowenien	2,2	2,2	2,1	1,5	1,3	1,5
Spanien	2,9	2,9	2,2	1,4	1,2	1,5
Schweden	2,2	1,9	1,7	2,1	1,6	1,9
Schweiz	2,4	2,1	1,6	1,6	1,5	1,5
Großbritannien	2,7	2,4	1,9	1,8	1,6	2,0
EU	–	–	2,0	1,8	1,5	1,6

Quelle: OECD (2010d), S. 125.

siebziger Jahren und die höhere Lebenserwartung von im Durchschnitt 81 Jahren bei einer Sterblichkeitsrate von 512 Fällen auf 100 000 Einwohner führten zu einem relativen Übergewicht der Bevölkerung über 65 Jahren.

Abbildung II-2   Lebenserwartung über die Jahrzehnte

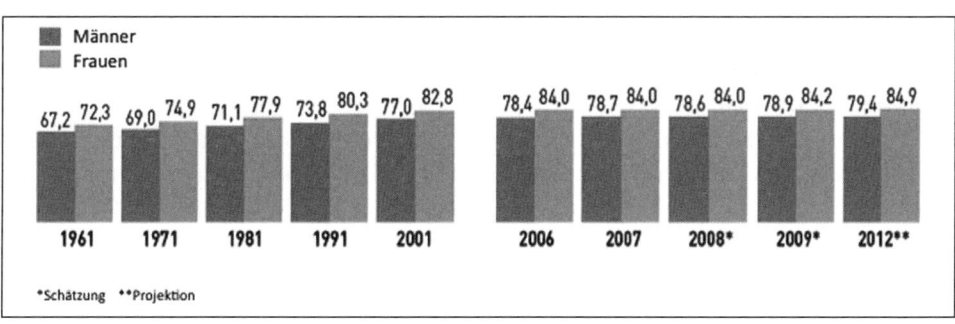

Quelle: Istat (2010d), S. 5.

Abbildung II-3　　Altersaufbau der italienischen Bevölkerung

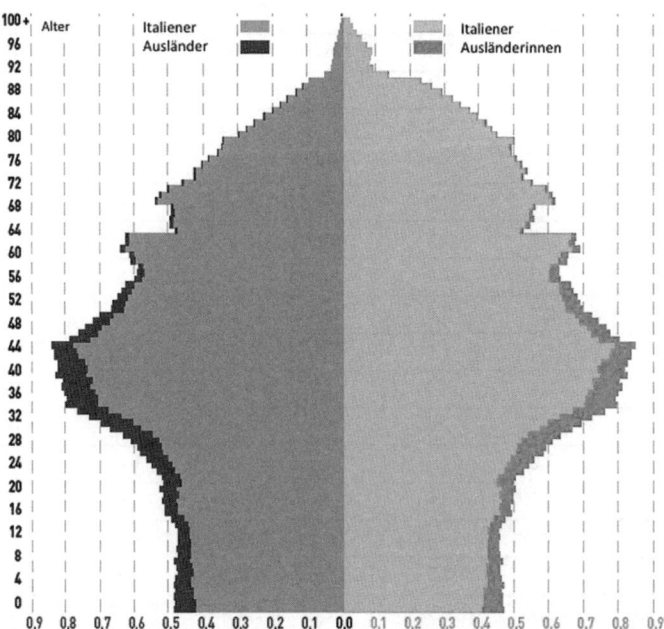

Quelle: Istat (2010b), S. 4.

Nach den Ergebnissen der Volkszählungen stieg der Anteil der Bevölkerung über 65 Jahre von 13,2 Prozent im Jahre 1980 auf 14,7 Prozent in 1990 und 18,1 Prozent in 2000 (Istat 2006a, S. 10). Sofern diese demographische Entwicklung ihre Dynamik beibehält und nicht durch politische Maßnahmen und veränderte individuelle Lebensplanungen der Italiener korrigiert wird, wird der Anteil der Italiener, die älter als 60 Jahre sind, bis 2050 von 12 auf fast 40 Prozent gestiegen sein. Für dieses Szenario spricht die heute über zehn Jahre höhere Lebenserwartung der Italiener (78,9 Jahre für Männer und 84,2 Jahre für Frauen gegenüber 67,2 und 72,3 Jahren in 1961).

Die italienische Bevölkerungsentwicklung zeigt das bedenkliche Phänomen der Überalterung, deren Ausmaß im Vergleich zu den anderen Ländern der Europäischen Union überaus deutlich wird: Italien belegt den letzten Platz bei der Quote der ganz Jungen im Alter von 0 bis 19 Jahren (19,6 Prozent gegenüber dem EU-Durchschnitt von 23,1 Prozent) und den ersten Platz beim Anteil der Personen über 60 Jahren (24,2 Prozent gegenüber dem Durchschnitt von 21,6 Prozent).

Unter den EU-27-Ländern hat Italien, ausgedrückt im Altersindex,[1] damit hinter Deutschland die älteste Bevölkerung (143,1 gegenüber 150,2). Die Überalterung ist ein paneuropäisches Problem. Wie die Abbildung II-3 zeigt, weisen elf Länder über dem EU-27-Durchschnitt liegende Indizes auf. Günstige Verteilungen der Altersgruppen haben Irland (52,8 Prozent) sowie Polen (88,3 Prozent) und Frankreich (89,4 Prozent).

1　Der Altersindex ist das Verhältnis der Bevölkerung über 65 Jahren zu den bis 14 Jahre alten Einwohnern.

Abbildung II-4   Altersindex im Ländervergleich (in Prozent)

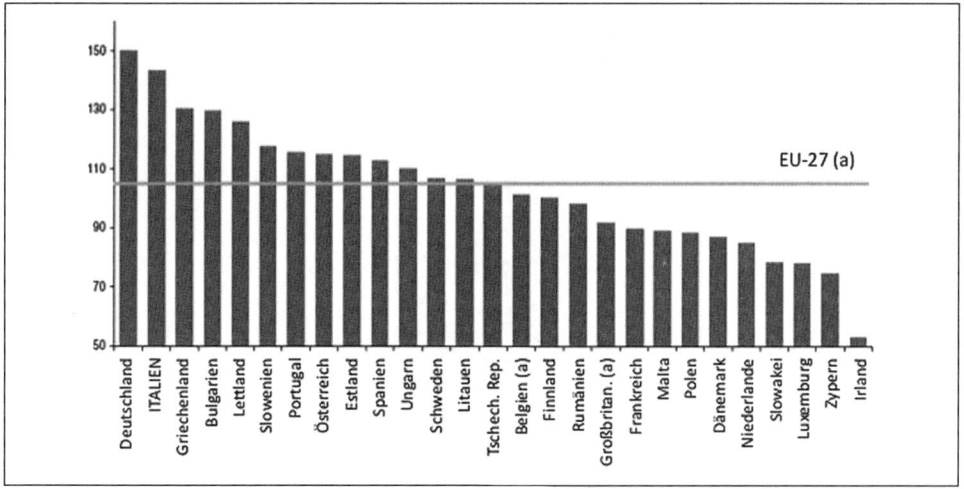

Quelle: Istat (2011b), S. 45. (a) = Angabe aus 2007.

Diese ungünstige Altersstruktur begründet ein prekäres Verhältnis der aktiven und passiven Bevölkerung, abgebildet im Abhängigkeitsindex. Die aktive Bevölkerung muss einen im europäischen Vergleich übergroßen Anteil der nicht aktiven Bevölkerung ernähren. Mit dem Index von 51,7 Prozent liegt Italien auf dem dritten Platz hinter Frankreich und Schweden.

1.2.2   Regionale Bevölkerungsstruktur

Sizilien und Piemont sind mit über 25 000 km² die größten Regionen, gefolgt von Sardinien, der Lombardei, der Toskana und Emilia Romagna (ungefähr 20 000 km²). Die Lombardei ist mit 9,8 Mio. Einwohnern die Region mit der größten Bevölkerung. Dahinter folgen die bevölkerungsreichsten Regionen des *Mezzogiorno*, nämlich Kampanien (ungefähr 5,8 Mio. Einwohner), und der Mitte, das ist Latium mit 5,6 Mio. Einwohnern. Sizilien hat als flächenmäßig größte Region 5 Mio. Einwohner.

Das Problem des ungünstigen Verhältnisses zwischen der aktiven und der passiven Bevölkerung hat vor allem Ligurien mit einem Abhängigkeitsindex von 62 Prozent. Das entgegengesetzte Extrem repräsentiert Sardinien mit 45,8 Prozent.

Ligurien ist die älteste Region in Europa. „37 Prozent der Familien haben nur ein Mitglied, 45 sind ohne Kinder … Bereits heute erhält die Hälfte der Ligurier eine Rente, fast 40 Prozent sind Rentner. Die Todesfälle sind doppelt so hoch wie die Geburten … 60 Prozent der Ligurier hängen von der Unterstützung durch Andere ab: 80 000 der Alten können sich nicht selbst versorgen". (Visetti 2009, S. 24) Die Caritas berichtet, dass die Rentner abends bei der Essensausgabe die Afrikaner zahlenmäßig überholt haben. „In Genua wurden in 2007 mehr Ehen zwischen den 70-Jährigen und jungen Pflegekräften aus Osteuropa als zwischen den jungen Leuten aus Ligurien im Alter zwischen 23 und 28 Jahren geschlossen: 3 642". (ebda., S. 26)

Abbildung II-5   Bevölkerungsdichte pro km² in den Regionen

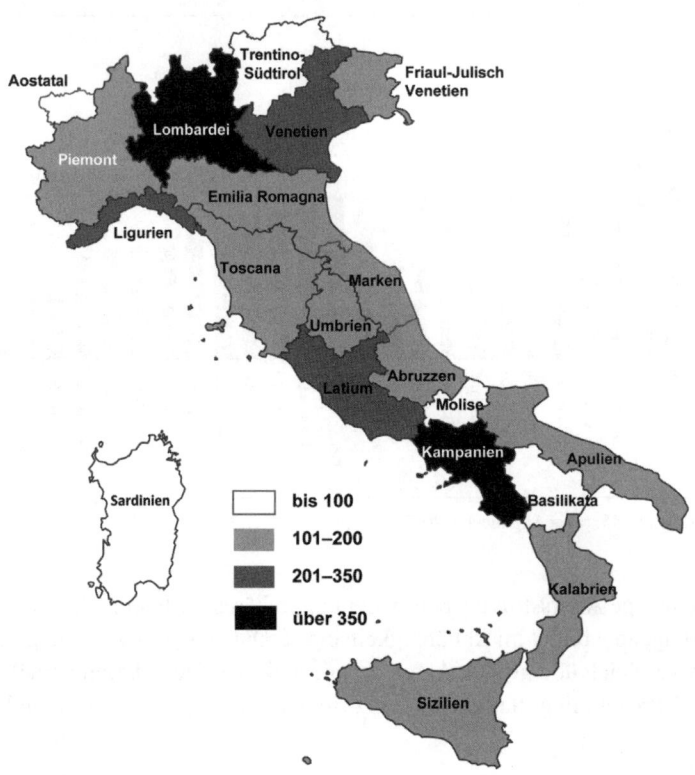

Quelle: Istat (2011b), S. 14.

Ligurien setzt einen Trend, der in anderen Regionen in eine ähnliche Richtung geht. „Der Abhängigkeitsindex zwischen 2002 und 2010 ist in Friaul-Julisch Venetien und der Lombardei um 6 Prozentpunkte gestiegen". (ebda.)

1.2.3   Bevölkerungsentwicklung

Zwischen 2001 und 2009 ist Italien das Land mit der fünftgrößten Rate des Bevölkerungswachstums. In Italien kamen im letzten Jahr 576 000 Neugeborene zur Welt, ca. 12 000 mehr im Vergleich zum Vorjahr. Dem gegenüber stehen 580 000 Todesfälle, der zweithöchste Wert der Nachkriegszeit. Das Problem der unausgeglichenen Altersstruktur verschärft sich in Italien wegen der geringen nachwachsenden Bevölkerung.

Deshalb hat Italien diesen Zuwachs vor allem dem weiter anhaltenden Zustrom von Einwanderern aus dem Ausland zu verdanken. Der Wanderungssaldo betrug 2008 circa 438 000 Personen; die Zuwanderung summiert sich damit allein in den letzten sieben Jahren auf circa 2,4 Millionen Personen. Damit leben in Italien inzwischen ca. 3,9 Millionen Ausländer (6,5 Prozent der Bevölkerung).

Abbildung II-6 Geburtenrate*

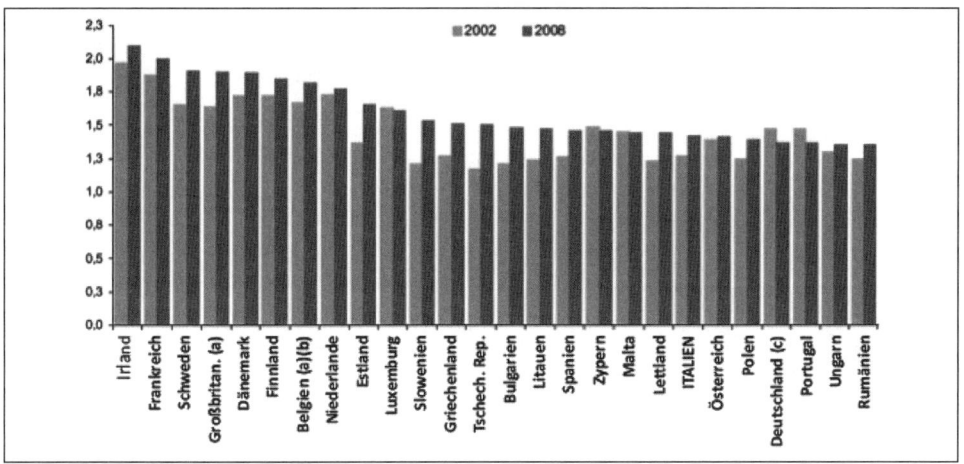

* Durchschnittliche Anzahl der Kinder pro Frau im gebärfähigen Alter (15 bis 49 Jahre).

Legende: (a) Umfasst die Migrationsrate und statistische Anpassungen.

Quelle: Istat (2011b), S. 53.

Auch bei den Geburten ist der Anteil der Mütter mit ausländischem Pass beachtlich. 88 000 Neugeborene, ca. 15 Prozent der gesamten Geburten, gehören einer Mutter mit ausländischer Nationalität. Die Geburtenrate pro Frau liegt nun bei 1,41 Prozent, gegenüber dem Tiefstand von 1,19 Prozent aus dem Jahre 1995. Die Geburtenrate der ausländischen Frauen liegt bei 2,1 Prozent.

Im Vergleich der EU-27-Länder steht Italien mit einer natürlichen Bevölkerungszuwachsrate von −0,4 Prozent auf dem zwanzigsten Platz. Demgegenüber zeigen die größeren und vergleichbaren Länder Europas positive Werte. Hinsichtlich des Wanderungssaldos weist Italien hinter Luxemburg und Schweden den höchsten Wert auf.

Mit Blick auf die regionalen Daten zeigen sich entgegengesetzte Dynamiken. Der *Mezzogiorno* hat in 2009 die vergleichsweise höchste natürliche Bevölkerungszunahme und die höchste Zuwanderung. Da aber viele Zuwanderer in den Norden und in die Mitte Italiens weiterziehen, verzeichnet der *Mezzogiorno* eine negative Bevölkerungsentwicklung. 2009 sind 114 000 Personen vom Süden in den Norden umgezogen. „Zwischen 1999 und 2009 haben ungefähr 2 Mio. Personen den *Mezzogiorno* verlassen". (Svimez 2011a, S. 27) Für 90 Prozent waren die Mitte und der Norden des Landes die Ziele der Auswanderung. Attraktiv sind seit langem vor allem die Lombardei, die allein ein Viertel der Binnenwanderer anzieht, und Emilia Romagna.

In den anderen Landesteilen ist bei einem Rückgang der natürlichen Bevölkerung die Bevölkerungszunahme auf diese internen Wanderungsgewinne zurückzuführen.

Die Regionen zeigen zum Teil beträchtliche Unterscheide. Von der dramatischen Situation in Ligurien war schon die Rede: das Bevölkerungswachstum ist massiv negativ (−5,88 pro Tausend Einwohner). Hingegen beträgt die natürliche Bevölkerungswachstumsrate in Bozen 2,86, 3,48 in Molise und 1,62 in Kampanien.

Abbildung II-7 Bevölkerungsentwicklung im Ländervergleich
(2009 auf 1 000 Einwohner)

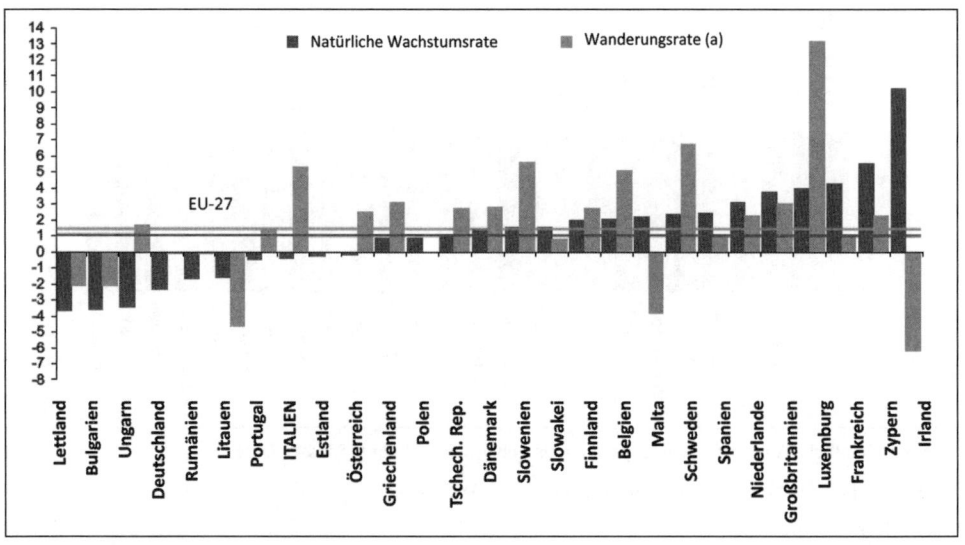

Quelle: Istat (2011b), S. 49.

Die Regionen mit den meisten Geburten sind das Aostatal (1,62 pro Frau im gebärfähigen Alter) und Trentino-Südtirol (1,55). Demgegenüber sind Sardinien (1,11) und Molise (1,15) die Regionen mit den geringsten Geburten.

Angesichts dieser Zahlen wirft das *Census* die Frage auf, ob für Paare die Geburt und Aufzucht von Kinder überhaupt als eine attraktive Lebensperspektive erscheint. Das Institut zitiert eine Studie des *Istat*, nach der „ein Drittel der Frauen mit einem Kind angeben, sie könnten sich nicht mehr Kinder leisten (20,6 Prozent) und keine längere Auszeit von ihrer Arbeit nehmen". (Census 2010b, S. 84)

Bei der Frage, ob und wann ein Paar ein Kind haben soll, kommt als ein weiterer gewichtiger Grund neben dem kulturellen Wandel vor allem die finanzielle Lage der Frauen ins Spiel. Das System der staatlichen Unterstützung von Mutterschaft ist stark auf die erwerbstätige Frau ausgerichtet. „2005 waren 55 Prozent der Frauen bei Geburt des Kindes erwerbstätig. Dieser Anteil der Frauen erhielt 84 Prozent der Mutterschaftsunterstützung, die sich pro Jahr auf etwas weniger als 5 000 Euro beliefen. Anders herum erhielten arbeitslose Frauen (5,2 Prozent der Mütter) 2,1 Prozent des Gesamtbetrages und die Frauen ohne Beschäftigtenstatus (39,6 Prozent) empfingen 13,9 Prozent der Unterstützungen …, die sich auf ungefähr 1 137 Euro pro Jahr belaufen". (ebda.)

Da die Unterstützung eng an den Arbeitsmarkt gebunden ist, verschlechtert tendenziell jede Unsicherheit auf dem Arbeitsmarkt vor allem für Frauen die wirtschaftlichen und finanziellen Bedingungen für die Entscheidung, ein Kind in die Welt zu setzen.

Das gewohnte Bild der Geburtenüberschüsse im *Mezzogiorno* gegenüber den anderen Landesteilen stimmt nicht mehr. Im Vergleich zu 1995 ist die Geburtenrate im Norden um 40 Prozent angestiegen, während sie sich im *Mezzogiorno* auf 4 Prozent verringert hat. Der

Abbildung II-8 Veränderungen der Wohnbevölkerung in den Provinzen
(2001–2009, jährliche Veränderungsraten)

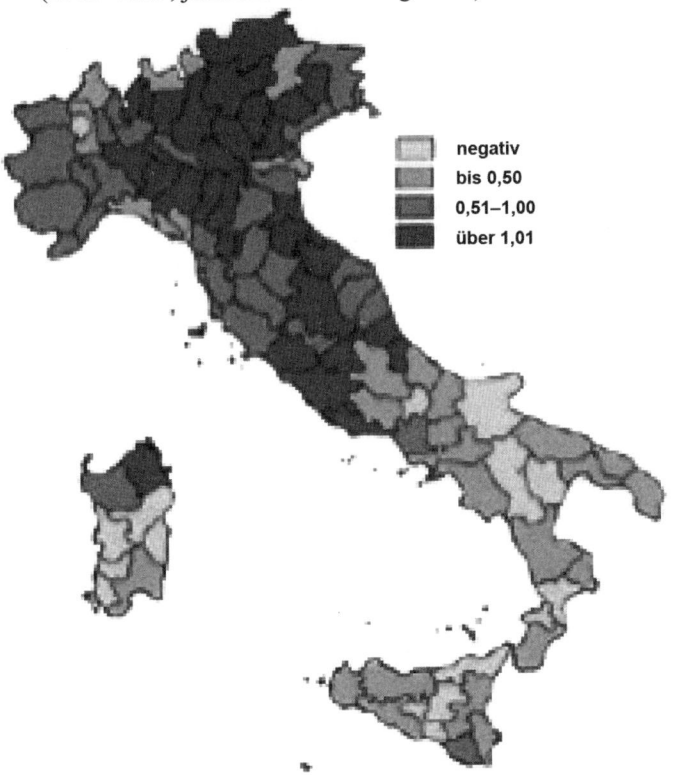

negativ
bis 0,50
0,51–1,00
über 1,01

Quelle: Istat (2011b), S. 49.

Grund für die Umkehr liegt in der höheren Geburtenrate der in den Norden zugezogenen ausländischen Frauen.

1.3 Die ausländische Bevölkerung

1.3.1 Die Entwicklung der ausländischen Bevölkerung

Die ausländische Bevölkerung in Italien umfasst 4,2 Mio. Personen, was einen Bevölkerungsanteil von 7 Prozent ausmacht. Ihre Anzahl hat sich in den letzten zehn Jahren verdreifacht. Der Zustrom, mit einer Spitze in 2009 von 8,8 Prozent, verlangsamt sich etwas, vor allem, da die Wirtschaftskrise die Attraktivität Italiens senkt und der größte Schub aus Rumänien und Bulgarien nach dem Beitritt der Länder in die EU im Jahr 2007 zunächst nachlässt.

Innerhalb Europas gehört Italien zum Mittelfeld und liegt hinter Deutschland mit 8,8 Prozent und vor Frankreich mit 5,8 Prozent Ausländeranteil an der Bevölkerung. Nach dem *Dossier Statistico sull'Immigrazione* der Caritas lebten 2010 ungefähr fünf Millionen reguläre

Abbildung II-9   Ausländeranteil im Ländervergleich

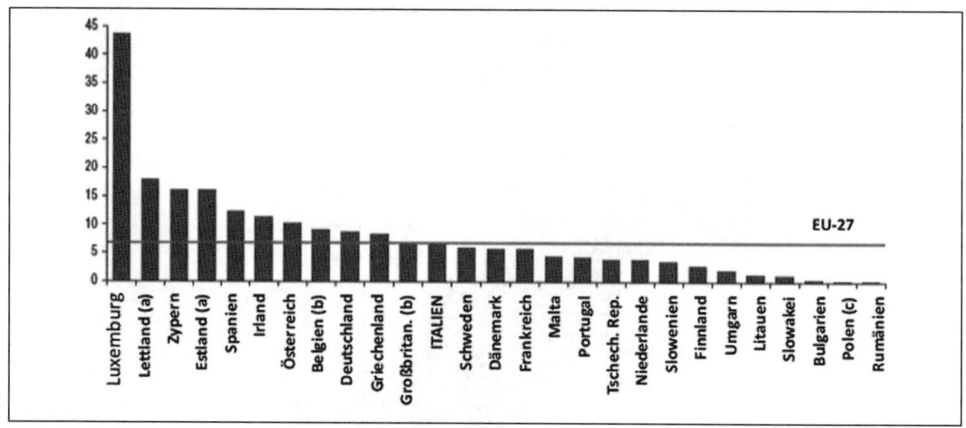

Legende: (a) Für Estland und Lettland ist der Anteil der ausländischen Bevölkerung besonders hoch wegen der großen Anzahl der „nicht anerkannten Bürger" vor allem aus der alten Sowjetunion. Diese Bürger haben nicht die Staatsangehörigkeit der Länder oder eines anderen Landes angenommen. (b) Zum 01.01.2008 (c) Vorläufige Daten.

Quelle: Istat (2011b), S. 61.

Immigranten in Italien (8 Prozent der Gesamtbevölkerung). (Caritas/Migrantes 2011) 1998 schätzte die Caritas die Zahl der irregulären Einwanderer noch auf mehr als eine Million.[2]

Mit der Weltwirtschaftskrise 1973 und der Politik des Zuzugstopps für Italiener in Deutschland und der Schweiz, verbunden mit Anreizen für die Rückkehr der Immigranten – so zahlten die deutschen Behörden jedem Rückwanderer eine „Prämie" von DM 10 500, die zweifellos gegen die EG-Regelungen zur Freizügigkeit der Arbeitskräfte zwischen den Gemeinschaftsländern verstieß –, kam die Auswanderungswelle zum Erliegen. In den folgenden Jahren wurde Italien ebenso wie Spanien und Griechenland zum Einwanderungsland. Die Zahl der Zuwanderer stieg von 299 000 in 1980 auf 536 000 Personen in 1990.

Zu Beginn der neunziger Jahre setzte dann eine starke Zuwanderung aus den Ländern des ehemaligen Ostblocks und aus dem früheren Jugoslawien ein. Zudem begann 1991 der Zustrom illegal eingereister Albaner nach Italien. 1994 haben die Bevölkerungsgruppen aus diesen Teilen Europas die Nordafrikaner als stärkste Gruppe abgelöst.

Eine erneute Veränderung der Zusammensetzung der Zuwanderer ist ab 2008 zu beobachten. Vor allem sind mehr Moldawier (18,1 Prozent), Pakistaner (17,1 Prozent) und Inder (15,3 Prozent) zugewandert.

Die größte ausländische Bevölkerungsgruppe bilden die Rumänen, denen die sprachliche Verwandtschaft zwischen dem Italienischen und Rumänischen als lateinischen Sprachen zugute kommt. Sie waren noch 1992 mit 8 250 Personen eine verschwindende Größe. Die Marokkaner bildeten in den letzten zehn Jahren kontinuierlich eine anteilig große Zuwanderergruppe.

---

2   „Clandestini in Italia? Solo un immigrato su cinque", La Repubblica, 24. Februar 1998, http://www.repubblica. it/online/fatti/legge/numeri/numeri.html.

Tabelle II-2   Ausländische Wohnbevölkerung zum 01.01.2010 für die ersten
20 Herkunftsländer (absolute Werte, Veränderung in Prozent)

Länder	Ausländische Wohnbevölkerung			Veränd. % 2009–10	Länder	Ausländische Wohnbevölkerung			Veränd. % 2009–10
	Abs. Werte	% w	% Gesamt			Abs. Werte	% w	% Gesamt	
Rumänien	887 763	53,9	21,0	11,5	Mazedonien	92 847	43,5	2,2	4,2
Albanien	466 684	45,8	11,0	5,7	Peru	87 747	60,0	2,1	13,0
Marokko	431 529	43,2	10,2	6,9	Ekuador	85 940	58,7	2,0	7,3
VR China	188 352	48,2	4,4	10,6	Ägypten	82 064	30,7	1,9	10,0
Ukraine	174 129	79,4	4,1	13,1	Sri Lanka	75 343	44,4	1,8	9,6
Philippinen	123 584	58,0	2,9	8,7	Bangladesch	73 965	32,9	1,7	12,9
Indien	105 863	40,6	2,5	15,3	Senegal	72 618	23,3	1,7	7,6
Polen	105 608	70,6	2,5	6,3	Pakistan	64 859	33,1	1,5	17,1
Moldawien	105 600	65,7	2,5	18,1	Serbien	53 875	45,2	1,3	−6,8
Tunesien	103 678	36,2	2,4	3,6	Nigeria	48 674	55,0	1,1	9,3

Quelle: Istat (2011b), S. 63.

Die Ausländer zeigen ganz verschiedene Muster, sich im Lande nieder zu lassen. Die Gründe dafür liegen in der Attraktivität schon vorhandener Konglomerationen von Ethnien, damit dem Bedürfnis nach Familienzusammenführung, und den Bedingungen des lokalen Arbeitsmarkts. Die Rumänen bevorzugen die Regionen Latium (180 000 Personen), die Lombardei (130 000) und Venetien (97 000), während sich die Chinesen in einigen Metropolen des Nordens (Mailand, Parma, Reggio nell'Emilia) und der Mitte (Prato und Florenz) niederlassen.

Die Philippinen gehen zumeist nach Rom, Mailand, Bologna und Florenz. Andere Gemeinschaften sind wie die Ukrainer in der Lombardei mit 33 000 Personen lokal geballter.

Wie bereits angeführt, ist die Bevölkerungszunahme Italiens im neuen Jahrzehnt vor allem auf die Zuwanderung zurückzuführen. Während 1994 der Anteil der Geburten von ausländischen Müttern 1,5 Prozent betrug, lag er in 2004 bereits bei 8,5 Prozent. (Rodriguez 2007, S. 389) Für die weitere Bevölkerungsentwicklung Italiens sind die demografischen Strukturen der Einwanderer so günstig, dass eine Fortsetzung dieses positiven demografischen Trends zu erwarten ist.

Das erste Merkmal ist der bei einigen Nationalitäten hohe Anteil der Frauen an den Einwanderern hoch. Zweitens sind die meisten Frauen verheiratet, was gemeinhin für die Familienplanung förderlich ist. Drittens sind die Einwanderer durchschnittlich jünger als die Italienerinnen.

Abbildung II-10 Einwanderer in Italien (Prozent Ausländer mit Aufenthaltsgenehmigung an der Gesamtbevölkerung, 2008)

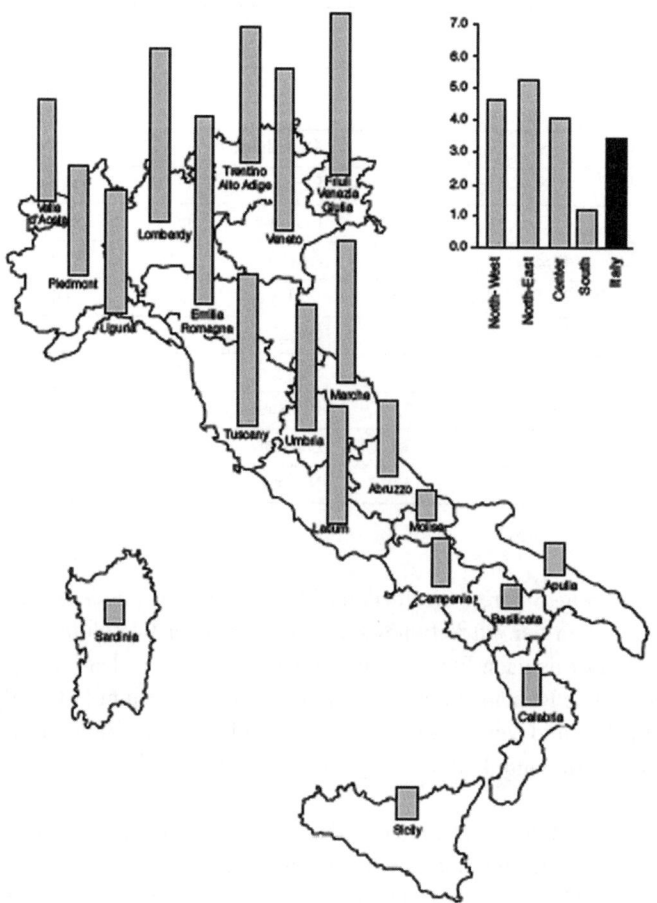

Quelle: Censis (2010b), S. 165.

1.3.2 Italiens Ausländerpolitik

Italien ist für die aus politischen und wirtschaftlichen Gründen ihr Land verlassenden Nordafrikaner oder Osteuropa sozusagen ein naheliegendes Zielland. „Wie eine reife Frucht baumelt Italien über den Köpfen der Armen aus Afrika, vom Balkan oder aus dem Nahen Osten". (Severgnini 2007, S. 246) Folglich wird es ein angemessenes Management der Einwanderung geben müssen. Mit dem bisherigen Verhalten im politischen wie operativen Bereich ist Italien in die Kritik einer breiten v. a. europäischen Öffentlichkeit geraten:

- 2008 hatte die Organisation für Sicherheit und Zusammenarbeit in Europa (OSZE) Italien vorgeworfen, Einwanderer zu stigmatisieren.

- Aus Anlass eines Besuchs eines Sammellagers in Rom hat der UN-Beauftragte für Menschenrechte Thomas Hammarberg *(UNHCR)* die Behandlung von Roma-Immigranten als nicht vereinbar mit den Menschenrechten kritisiert.

Die Kritik richtet sich gegen das von der Berlusconi-Regierung 2008 beschlossene „Paket der Sicherheitsmaßnahmen".

> „In diesem Paket, das am 26.5.2008 nach der Ratifizierung durch den Staatspräsidenten in Kraft getreten ist, wurden folgende Bestimmungen festgelegt: Die Personen, die über illegale Wege in das Land eingereist sind, können bis zu ihrer Statusklärung bis zu 18 Monate in den Auffanglagern untergebracht werden. Straftätige Ausländer und Ausländer ohne eine gültige Aufenthaltserlaubnis müssen ausgewiesen werden. Die Strafen, die gegen kriminelle Ausländer verhängt werden, müssen auf das Dreifache erschwert werden. Gegen Eigentümer, die ihre Wohnungen an illegale Immigranten vermieten, ist eine Freiheitsstrafe von bis zu drei Jahren oder eine Geldstrafe von bis zu 50 000 Euro zu verhängen. Außerdem ist die illegale Immigration künftig als Straftat mit einer Haftstrafe von sechs Monaten bis vier Jahre einzustufen. Um die Ehen zu verhindern, die für die Übernahme der italienischen Staatsangehörigkeit geschlossen werden, müssen sich Personen für einen Zeitraum von mindestens zwei Jahren in Italien aufgehalten haben, um nach ihrer Ehe mit italienischen Staatbürgern eine Staatangehörigkeit beantragen zu können. Die Staatsbürger der EU-Staaten müssen eine Einkommenserklärung vorzeigen, sollten sie sich länger als drei Monate in Italien aufhalten".
> Quelle: www.italienischepolitik.de vom 29. Juli 2008.

Erst seit Mitte der neunziger Jahre kann in Italien von einer regelrechten Einwanderungspolitik gesprochen werden. Zu den Verfassungsprinzipien des Asylrechts und der Gleichbehandlung für ausländische Einwohner gab es bis 1986 keine gesetzlichen Regelungen und Durchführungsbestimmungen.

Das erste Einwanderungsgesetz von 1986 blieb Stückwerk und stellte eher eine Reaktion auf den Druck von Seiten der anderen Länder der Europäischen Gemeinschaft als eine systematische Regelung der Materie dar. 1991 wurde gegenüber den 15 000 illegal ins Land eingereisten Albanern die Politik der harten Hand mit rigorosen Zurückweisungen praktiziert. Dies jedoch mit nur mäßigem Erfolg. „Der restriktive, auf die öffentliche Ordnung bedachte Ansatz gegenüber ‚illegalen' Einwanderern, verknüpft mit einer administrativen Ineffizienz, hatte zum Resultat, dass die Zuwanderungspolitik einfach nicht funktionierte. Trotz der hohen Zahl von Verhaftungen und Gefängniseinweisungen wurden in diesem Zeitraum pro Jahr nur 3 000 bis 6 000 Einwanderer zurückgewiesen. Gleichzeitig trugen das zweifelhafte Vorgehen der Polizei und der Mangel an sozialer Unterstützung gegenüber den Zuwanderern zu einem Anstieg der sozialen Probleme besonders in den Innenstädten bei". (Statham 1998, S. 41)

Am 19.11.1998 verabschiedet die Abgeordnetenkammer angesichts der ungelösten Probleme und unter dem zunehmenden Druck der EU-Staaten ein verschärftes Ausländergesetz. Im Kern sieht es die sofortige Abschiebung illegaler Immigranten vor und begrenzt es die Möglichkeit zur Weiterreise in andere Staaten. Gleichzeitig erleichtert es die Integration von Ausländern mit einer offiziellen Aufenthaltsgenehmigung.

Eine andere staatliche Maßnahme sind die seit 1986 sechsmal durchgeführten Amnestien illegaler Einwanderer durch Regulierungsgesetze. Abgesehen von einigen Erleichterungen – so ist ab 1990 auch die selbstständige Tätigkeit von Einwanderern zulässig – liegt aber das manifeste Problem darin, dass „ein Beschäftigungsverhältnis als fundamentales Erfordernis, um in das Verfahren hinein zu kommen, vorausgesetzt ist". (Censis 2010b, S. 146) Damit wird es einem Einwanderer sehr erschwert, in Italien Fuß zu fassen, da viele Arbeitgeber die Jobvergabe vom Vorliegen einer gültigen Aufenthaltsgenehmigung abhängig machen.

Die aktuelle Politik der Berlusconi-Regierung gegenüber Tunesiern und Libyern orientiert sich nach Auffassung des *UNHCR* eher an den Abmachungen mit den Krisenländern – mit Libyen besteht ein Freundschaftsvertrag – als an der Genfer Flüchtlingskonvention. Im Mai 2009 erhielten 227 Flüchtlinge, die auf dem offenen Meer aufgegriffen worden waren, keine Gelegenheit, Asylanträge zu stellen. Im April 2011 versprach Berlusconi bei einem Aufenthalt in Lampedusa, dass Flüchtlinge auf andere Regionen des Landes verteilt würden. Die zweite Maßnahme war die Ausstellung einer vorläufigen Aufenthaltsgenehmigung, die den Behörden aber auch die Weiterleitung der Flüchtlinge in andere Länder Europas in Umgehung des Schengener Abkommens ermöglicht.

Beobachter sehen hierin den Versuch, Bewegungsspielraum zu erhalten, der vorher wegen des ineffizienten Umgangs mit dem Problem nicht vorhanden war. Dabei ist die Mehrheitspartei Berlusconis bemüht, von der Stimmung gegen Einwanderer zu partizipieren, die vom Koalitionspartner *Lega Nord* geschürt und ausgenutzt wird. Klar ist auch, dass kaum Flüchtlinge in Regionen geschickt werden, in denen der *Polo della Libertà* oder die *Lega Nord* die Regierungspartei sind.

Das italienische Asylsystem

Seit 2008 basiert das italienische Asylsystem auf dem Europäischen Asylsystem. Danach soll ein Ausländer einen Asylantrag an der Grenze oder, falls er sich bereits in Italien aufhält, auf einer Polizeistation stellen. Von der Polizei wird der Antrag zu einer der zehn territorialen Kommissionen oder zur Nationalen Kommission in Rom geleitet, die Richtlinien ausgibt und für den Widerruf der Aufnahme zuständig ist. Asylbewerber bekommen eine Aufenthaltsgenehmigung mit einer Gültigkeit von drei Monaten, wobei das Dokument bis zum Ende der Prüfung des Asylantrages erneuerbar ist.

Berufungsverfahren gegen die Ablehnung des Asylantrages sollten dem Zivilgericht innerhalb von 30 Tagen unterbreitet werden. Anträge, die von irregulären Einwanderern gestellt werden, nachdem sie aufgegriffen worden sind, werden mit Priorität behandelt. Das Gericht entscheidet in diesen Fällen über das Bleiberecht der Illegalen. Asylbewerber dürfen erst sechs Monate nach der Asylprüfung eine Arbeit aufnehmen. Während der Prüfung hat der Asylbewerber das Recht auf soziale Unterstützung. Die Asylbewerber haben ein Anrecht auf Unterkunft in den Erstaufnahmeeinrichtungen, *CARA (Centri di accoglienza per richiedenti asilo)*.[3]

---

[3] Zu den Bedingungen in den Unterkünften siehe den Reisebericht unter www.proasyl.de/fileadmin/fm … /Italienbericht_FINAL_15MAERZ2011.pdf. Überdies: „Die Wartelisten für SPRAR-Plätze, auch und gerade in den Ballungszentren, sind so lang, dass für ausgesprochen viele Schutzberechtigte keine realistische Perspektive auf Unterbringung in den Projekten besteht". SPRAR steht für das staatliche Aufnahmesystem *(Sistema di Protezione per Richiedenti Asilo e Rifugiati)*.

In einigen Fällen werden Asylbewerber in Identifizierungs- und Ausweisungslager gebracht, nämlich wenn sie Kriegsverbrecher sind, in Italien wegen schwerwiegender Verbrechen wie Drogenhandel oder Zuhälterei verurteilt worden sind oder benachrichtigt worden sind, dass sie ausgewiesen oder zurückgeschickt werden.

Eigene Zusammenstellung nach http://www.legalaidboard.ie/lab/publishing.nsf/content/The_Researcher_June_2009_Article_6

1.3.3 Öffentliche Haltungen zur Ausländerfrage

Während die italienische Regierung mit ihrer rigiden Einwandererpolitik international auf scharfe Kritik stößt, ist die Haltung in der italienischen Öffentlichkeit nicht eindeutig. Nach verschiedenen Untersuchungen gibt es eine in der Bevölkerung im europäischen Vergleich ausgeprägte Antihaltung gegen Einwanderer und gegen Ausländer im Allgemeinen.

- Aus einer Studie an der *Università della Sapienza* in Rom ergibt sich, dass „im ganzen ersten Halbjahr 2008 nur 26 von 5 684 Fernsehnachrichten über Einwanderer sich nicht auf Fragen der Kriminalität oder Sicherheit bezogen. Diese Statistik hat Navi Pillay, Hochkommissar der UN für die Menschenrechte, während seines Besuchs in Italien vom März 2010 als ‚verblüffend‘ bezeichnet". (Human Rights Watch 2011, S. 1)
- Nach einer Studie[4] von 2008 glauben 60 Prozent der Italiener, dass die Einwanderer eine Bedrohung für die Sicherheit darstellen.
- In einer Untersuchung der Friedrich-Ebert-Stiftung zu gruppenfeindlichen Haltungen stimmten 62,5 Prozent der Befragten der Formulierung zu, „es gibt zu viele Zuwanderer in unserem Land". (Friedrich-Ebert-Stiftung, S. 62) 55,9 Prozent wollten, dass bei Arbeitsplatzknappheit Italiener „mehr Recht auf eine Arbeit haben als Zuwanderer". (ebda.)
- Die Autoren der Friedrich-Ebert-Stiftung kommen auf Basis der vergleichenden Befunde zu dem Ergebnis, „In Italien ist im Vergleich zu den übrigen westeuropäischen Ländern ein höheres Ausmaß an Fremden- und Islamfeindlichkeit sowie Homophobie erkennbar, während Rassismus auffallend geringen Zuspruch erhält". (ebda., S. 76) Besorgniserregend ist folgender Fakt: „Fremdenfeindlichkeit, Antisemitismus und Rassismus sind bei den jüngsten Italiener/innen (im Alter von 16 bis 22 Jahren) besonders stark ausgeprägt". (ebda., S. 93)

2 Lebensformen der Bevölkerung

Die massiven Umwälzungen der italienischen Gesellschaft nach dem Zweiten Weltkriege zeigen sich sehr deutlich in den differenzierten Lebensformen der Bevölkerung. Paar- und Familienstrukturen haben nicht mehr viel mit dem klassischen Lebenskonzept im der Tradi-

---

4 „Studio: per il 61,2% degli italiani gli stranieri aumentano la criminalità", Stranieriinitalia.it, 11 febbraio 2009, http://www.stranieriinitalia.it/statistiche-studio_per_61_2_degli_italiani_gli_stranieri_aumentano_la_criminalita_2827.html (Zugriff am 14.12.2010).

tion und dem Katholizismus verhafteten Italien der fünfziger und sechziger Jahre des letzten Jahrhunderts zu tun.

Das einstmals kinderverrückte und strenggläubige Italien hat, wie im Kapitel II 1 dargelegt, seit den siebziger Jahren eine sehr niedrige Geburtenrate; in 2008 lag sie bei 1,41 Kinder pro Frau im gebärfähigen Alter. Die Frauen bekommen ihr erstes und häufig einziges Kind durchschnittlich mit 31,2 Jahren (Istat 2011b, S. 41), also acht Jahre später als in den sechziger Jahren.

Ein wesentlicher Faktor zur Erklärung der geringen Kinderzahl ist der Rückgang der Zahl der Eheschließungen seit Beginn der siebziger Jahre. Gegenüber der Hochzeit der Hochzeiten im Jahre 1962 mit 406 500 werden 1976 nur noch 355 200 Eheschließungen und 1998 nur noch ca. 280 000 und 2008 gerade einmal 246 613 Hochzeiten verzeichnet.

Zur gleichen Zeit steigt die Zahl der Scheidungen und Trennungen. Sieht man vom Jahr 1972 ab, als nach dem erfolgreichen Referendum gegen die Rücknahme der Scheidungsgesetze mit 32 000 Scheidungen ein gewisser Nachholbedarf zu decken war, wuchsen die Scheidungszahlen von 12 000 auf 28 000 in 1990. In 2008 werden 84 165 Trennungen und 54 351 Scheidungen registriert. Dies stellt gegenüber 2000 bei den Trennungen einen starken Zuwachs um 16,9 Prozent und bei den Scheidungen um 44,7 Prozent dar.

Zwischen den Landesteilen bestehen sowohl in Bezug auf die Trennungen wie Scheidungen deutliche Unterschiede. Der *Mezzogiorno* verzeichnet 11,4 Trennungen auf 10 000 Einwohner und 5,7 Scheidungen auf 10 000 Einwohner gegenüber dem Aostatal (21,2 und 15,7) und Ligurien (20,4 und 14,2).

Die Familie hat eine gegenüber der Nachkriegszeit komplett neue Struktur entwickelt. Die Großfamilie, bestehend aus Mitgliedern verschiedener Generationen, befindet sich auf dem Rückzug: nur in 3,5 Prozent aller Familien leben die Großeltern-, Eltern- und Kindergenerationen zusammen. Hier vollzieht Italien verspätet eine in Europa verbreitete Tendenz zur Ein-Eltern-Familie nach, die mittlerweile 8 Prozent ausmacht.

Was sich kaum im Verlaufe der tiefgreifenden Veränderungen der italienischen Familie geändert hat, ist das Nesthocken der jungen Männer: „Die Zahl der ledigen Kinder zwischen 25 und 34 Jahren, die noch in der Herkunftsfamilie leben, übersteigt den Prozentanteil ihrer Altersgenossen, die in einem Paar als Eltern leben". (Istat 2010f, S. 10)

Abbildung II-11 Scheidungen und Trennungen

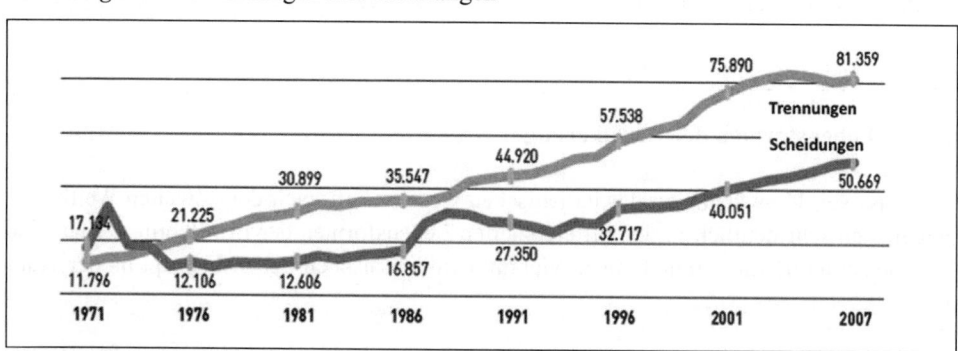

Quelle: Istat (2010d), S. 6.

Abbildung II-12 Neue Familienstrukturen

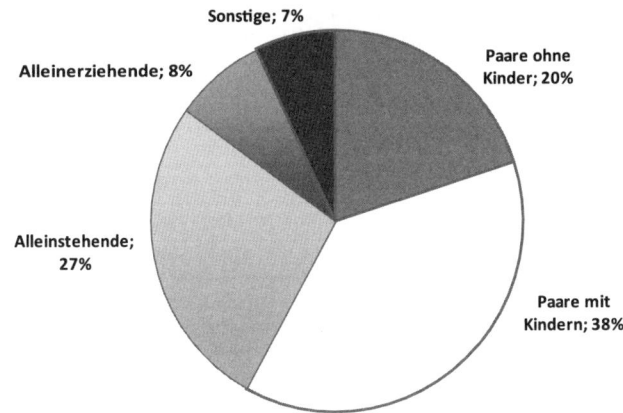

Quelle: Istat (2010d), S. 6.

Mehr als die Hälfte der „Kinder" zwischen 18 und 39 Jahren plant nicht, in den nächsten drei Jahren ihre Familie zu verlassen.

Eine Eheschließung ist für 41,7 Prozent der Grund auszuziehen. 24,6 Prozent wollen Unabhängigkeit erlangen, die Arbeit wird von 18,3 Prozent als Grund genannt und das Bedürfnis, mit dem Partner/der Partnerin zusammen zu leben, führen 12 Prozent an. (Istat 2006b)

„Du bist nicht wie meine Mutter, ich verlasse Dich!" – das sagt nach einer Erhebung von 1999 jeder fünfte scheidungswillige Ehemann seiner Frau. Untreue rangiert demnach im Land der Latin Lover erst auf dem zweiten Platz. Der Grundstein für diese Einstellung mag schon in der Kindheit gelegt worden sein. Eine Gruppe von 20 Psychologen erforschte das Urlaubsverhalten von Müttern aus zehn europäischen Ländern. Ergebnis: die italienischen Mütter sind mit Abstand die ängstlichsten und Besitz ergreifendsten, was den Nachwuchs angeht.
Nach dem Tagesspiegel vom 25.08.1999

Auch nach einer gescheiterten Beziehung gibt es laut *CNEL* für viele Männer nur eine Lösung: zurück zur Mama. „Diese Rückkehr ist nicht traumatisch, vielmehr ganz natürlich, praktisch spontan".

„Die Mutter bleibt der wichtigste Bezugspunkt im Leben der italienischen Männer", folgert die Zeitung *Corriere della Sera* nach einer ähnlichen Umfrage. Auch Lehrer, Bankdirektoren oder Freiberufliche, die im Beruf gestandene Männer sind, geben nicht gern die häusliche Geborgenheit und den Komfort auf. Für Experten ist dies eine „Großfamilie neuen Typs": Wegen der chronisch niedrigen Geburtenrate bevölkere nicht mehr eine Schar kleiner Kinder das Haus, sondern es seien immer häufiger die „erwachsenen Muttersöhnchen".

Die Familien im *Mezzogiorno* sind signifikant größer, während sich neue Familienstrukturen wie das Paar ohne Kind und der Single-Haushalt von Personen im mittleren Alter eher in den Regionen Mittelitaliens und des Nordens verankert haben als im Süden.

Tabelle II-3   Familien nach Mitgliederzahl, Familientypen und Region

Region	1 Mitglied	Alte (über 65J.) auf 100 Fam. mit 1 Mitglied	2 Mitglieder	3 Mitglieder	4 Mitglieder	5 und mehr Mitglieder	Paare mit Kindern (a)	Paare ohne Kinder (a)	Alleinerziehende (a)	Erweiterte Familien (b)
Piemont	31,7	48,9	31,3	20,4	13,5	3,1	32,7	24,2	8,4	3,2
Aostatal	36,2	40,2	29,4	17,4	13,8	3,1	30,0	22,6	9,1	2,4
Lombardei	28,6	45,7	28,5	22,4	16,5	4,0	38,4	22,3	8,3	3,6
Trient-Südt.	30,1	41,5	27,3	18,8	17,4	6,4	38,4	21,2	7,5	2,5
Venetien	26,6	45,4	27,5	22,1	18,0	5,8	40,2	22,4	7,7	6,3
FJ Venet.	28,5	50,7	33,7	20,5	14,3	3,1	33,4	26,8	8,3	4,8
Ligurien	36,8	52,0	31,2	18,1	11,4	2,5	27,6	23,1	8,8	3,6
Emilia R.	30,8	47,8	30,7	20,9	13,7	4,0	33,8	24,6	7,4	4,8
Toskana	27,8	47,8	31,1	20,6	15,5	5,1	34,6	24,3	8,7	7,6
Umbrien	27,4	55,0	27,9	23,0	16,1	5,6	38,8	22,0	8,4	7,0
Marken	25,1	51,3	28,2	24,3	16,2	6,2	38,5	22,0	9,1	7,2
Latium	33,3	44,8	25,2	19,4	17,1	5,0	35,1	18,2	10,1	4,6
Abruzzen	26,9	50,6	24,6	20,8	21,7	6,0	41,3	19,8	8,4	6,1
Molise	27,3	58,8	25,0	20,1	21,1	6,5	41,5	19,4	8,6	4,5
Kampanien	21,4	56,8	21,9	20,4	24,8	11,8	49,0	15,5	10,7	6,4
Apulien	22,4	61,8	23,9	20,9	23,8	8,9	48,3	18,5	7,5	3,6
Basilikata	25,1	60,4	26,7	19,1	21,2	8,0	43,8	20,3	8,5	2,7
Kalabrien	26,2	54,6	23,9	20,3	21,3	8,2	45,3	17,7	8,4	2,4
Sizilien	25,9	55,5	25,2	19,7	20,3	8,8	43,0	18,9	9,7	4,0
Sardinien	28,3	47,1	22,7	21,1	20,8	7,1	43,2	16,3	9,2	3,1
ITALIEN	28,1	49,5	27,3	20,8	20,8	5,9	39,1	21,0	8,7	4,6

Legende: (a) umfassen auch die Familien mit isolierten Mitgliedern, (b) umfassen Familien mit isolierten Mitgliedern und mit mehreren Kernen. Ein Kern ist definiert als „eine Einheit von zusammenlebenden Personen, die durch Paarverbindung und/oder das Verhältnis Eltern-Kind verbunden sind". Eine Familie kann also mehrere Kerne umfassen wie z. B. zwei Brüderpaare mit ihren Familien.

Quelle: Istat (2010b), S. 20.

Die Rollenverteilung innerhalb der italienischen Familien bewegt sich langsamer als in sonstigen entwickelten europäischen Ländern von den alten Konzepten weg. Momentan bietet die durchschnittliche italienische Familie ein ganz anderes Bild als sonstige entwickelte Länder in Europa (siehe Abbildung II-13): nur in der Hälfte der Familien kümmern sich beide Eltern in gleichem Umfang um die Kinder.

Kulturelle Muster bei beiden Geschlechtern behindern eine Neudefinition der Rollen in der Familie. Die Männer sind wegen der Bevorteilung im Berufsleben immer noch zumeist die Ernährer, auch wenn Frauen in der Bildung die Männer überholt haben (siehe Kapitel IV

Abbildung II-13 Beteiligung der Väter an der Kinderversorgung

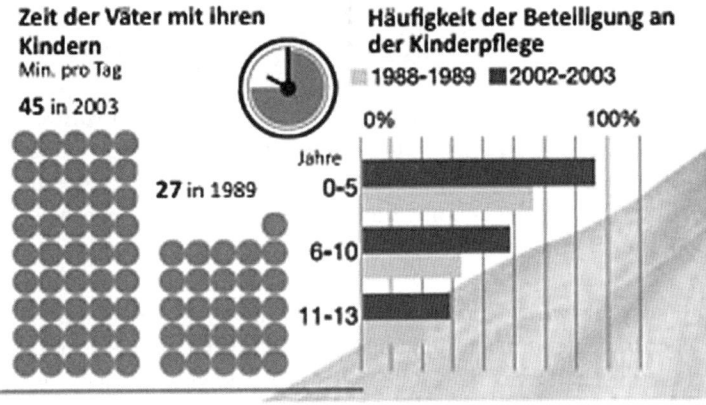

Quelle: La Repubblica vom 21.04.2011.

Bildungswesen). Das veränderte Selbstbewusstsein der Frauen, nicht länger auf die Rolle als
Hausfrau, Ehefrau und Mutter festgelegt zu werden, führt nicht zu ihrer grundsätzlichen Aufwertung im öffentlichen Leben. „Frauen verdienen um 16,8 Prozent weniger als ihre männlichen Kollegen. Jede vierte Frau verlässt ihren Arbeitsplatz nach der Mutterschaft; nur 10 von
100 Kindern erhalten einen Platz in einer Tagesstätte, weniger als 5 Prozent in einem öffentlichen Kindergarten". (Masera 2011)

Abbildung II-14 Fertilitätsrate und Erwerbstätigkeit (2008)

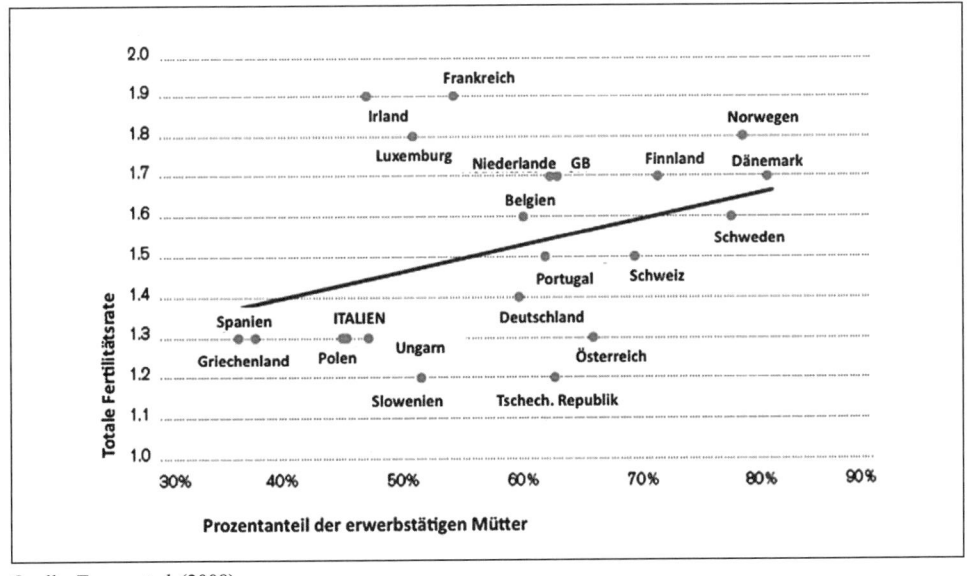

Quelle: Torres *et al.* (2008).

155

2008 war in den 8 Mio. Haushalten mit nur einem Beschäftigten zu 66 Prozent der Mann der Ernährer; in den Familien mit Teilzeitbeschäftigung waren zu 65 Prozent Frauen diejenigen mit eingeschränkter Erwerbstätigkeit. (Istat 2009, S. 196)

Die Situation in anderen Ländern zeigt, dass sehr wohl Mutterschaft und Beschäftigung vereinbar sind, jedenfalls wenn diese Vereinbarkeit in Partnerschaften gewollt, in kleinen Lebenskreisen unterstützt und durch öffentliche Infrastruktur ermöglicht wird.

Die Ergebnisse der ersten größeren und repräsentativen Studie zur Lage und Lebenseinstellung der Frauen in Italien sind eindeutig. (Donneeuropee/Eurispesl/Federacasalinghe) Fast Dreiviertel der Frauen glauben nicht an die Selbstverwirklichung über die Rolle als Hausfrau. Mehr als ein Drittel der Befragten übt neben der Mutterschaft eine Teilzeitbeschäftigung aus.

Die Hausfrauenrolle wird andererseits nicht gering geschätzt: „Mehr als die Hälfte (53,4 Prozent) der befragten Frauen sind nicht der Auffassung, dass Hausfrausein die Rolle der Frau in der Gesellschaft reduziert". (ebda., S. 6) Allerdings zeigt sich eine tiefe Spaltung zwischen den Frauen des Nordens und des Südens: im *Mezzogiorno* glauben 72,2 Prozent, dass sich die Frau vor allem durch ihre Rolle als Hausfrau verwirklicht. Dies ist auf ganz anders gelagerte kulturelle Prägungen aber auch schlicht auf die Tatsache zurückzuführen, dass es im Süden noch weniger Beschäftigungsmöglichkeiten als in der Mitte und im Norden gibt.

Einig hingegen sind sich die Frauen in allen Landesteilen in der Forderung nach mehr Krippen- und Kindergartenplätzen: 86,6 Prozent der Befragten sind dafür. Für flexible Arbeitsregimes sprechen sich 81,6 Prozent aus.

Mehr als die Hälfte der Befragten wünscht sich die Austauschbarkeit der Rollen von Mann und Frau innerhalb der Familien.

3   Die soziale Gliederung der Bevölkerung

3.1   *Erwerbstätigkeit*

Beschäftigtenquoten

Im Niveau der Erwerbstätigkeit liegt Italien nach dem Ende des Zweiten Weltkrieges durchgehend hinter den anderen großen Industrienationen Europas zurück. Mit einer Beschäftigtenquote, definiert als Anteil der Erwerbstätigen an der Bevölkerung zwischen 15 und 65 Jahren, von 57,5 Prozent verzeichnet das Land 2009 eine deutlich niedrigere Erwerbsbeteiligung als Frankreich, Deutschland, Großbritannien und einen noch erheblich größeren Abstand zu den Niederlanden (siehe Abbildung II-15). Die niedrige Beschäftigtenquote gibt klare Hinweise darauf, in welchem Maße menschliche Ressourcen in Italien unterausgenutzt bleiben und welche Last auf den Erwerbstätigen liegt, die Steuern und Sozialbeiträge erwirtschaften, die als Transfereinkommen von den Nicht-Erwerbstätigen und Nicht-Erwerbspersonen genutzt werden.

Der Rückstand wird so gravierend, da die Frauenerwerbsquote um 12,2 Prozent hinter dem Durchschnitt der EU-27-Länder zurückbleibt, während die der Männer nur um 2,2 Prozent geringer ist. Dies liegt, wie im vorherigen Kapitel erörtert, nicht an der Weigerung der Frauen, am Erwerbsleben teilzunehmen, sondern an den großen Schwierigkeiten, angesichts

Abbildung II-15 Beschäftigtenquoten im Ländervergleich (2009) (in Prozent)

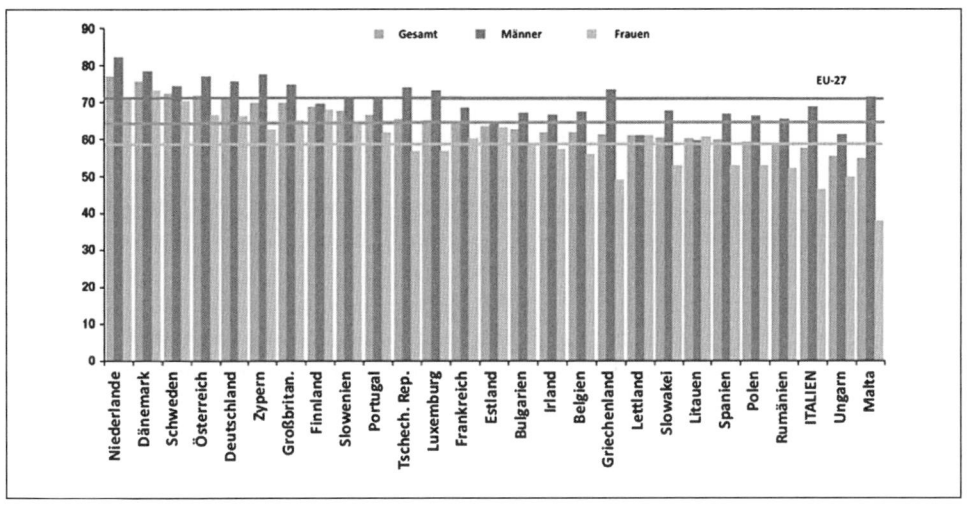

Quelle: Istat (2011b), S. 237.

Abbildung II-16 Beschäftigtenquote in den Regionen (2009) (Prozent)

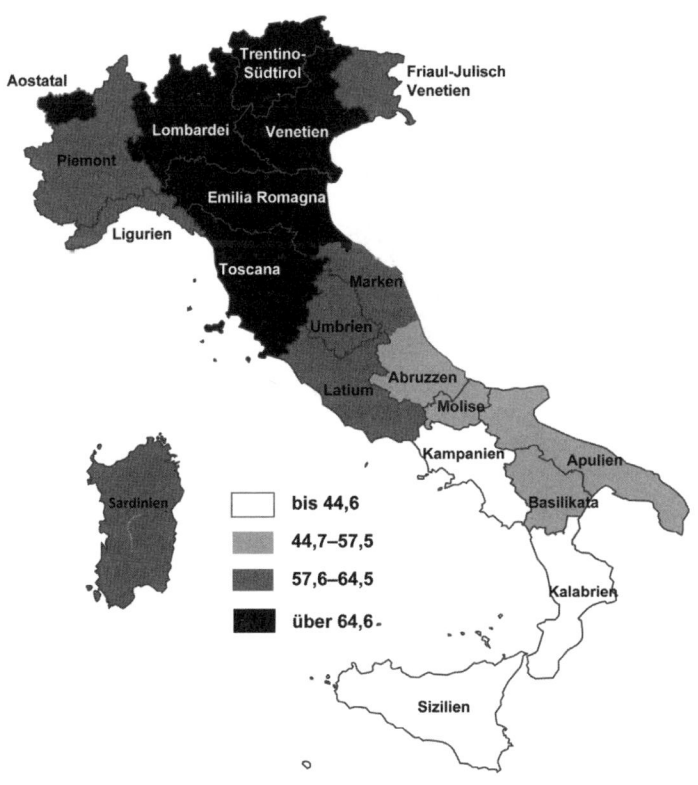

Quelle: Istat (2011b), S. 236.

fehlender Betreuungsstätten für Kinder nach der Geburt wieder einer Beschäftigung nachgehen zu können.

Die zweite erhebliche Diskrepanz zwischen Bevölkerungsgruppen neben der zwischen den Geschlechtern betrifft die Regionen. Höhere Beschäftigtenquoten verzeichnen die Regionen vor allem im Nordosten. Hier übersteigen die Beschäftigtenquoten von 66,3 Prozent den nationalen Durchschnitt um 9 Prozentpunkte. Der *Mezzogiorno* bleibt mit 44,4 Prozent Beschäftigten an der Bevölkerung zwischen 15 und 65 Jahren weit hinter diesen Werten. Diese Diskrepanz nimmt über die Jahre schrittweise zu: zwischen 2000 und 2009 wuchs der Abstand der südlichen Regionen gegenüber der Mitte und dem Norden von 16,3 auf 19,9 Punkte. Während in Emilia Romagna sowie den autonomen Provinzen von Bozen und Trient Werte von mehr als Zweidrittel der Bevölkerung erreicht werden, ist in Kampanien, Apulien, Kalabrien und Sizilien noch nicht mal jeder zweite Italiener beschäftigt.

Noch krasser ist der Abstand bei der Frauenbeschäftigung: In Kampanien, Sizilien, Apulien und Kalabrien liegt sie unter der Hälfte des Wertes von Emilia Romagna.

Abbildung II-17 Beschäftigtenquote der 55 bis 65 Jährigen in den Regionen (2009) (in Prozent)

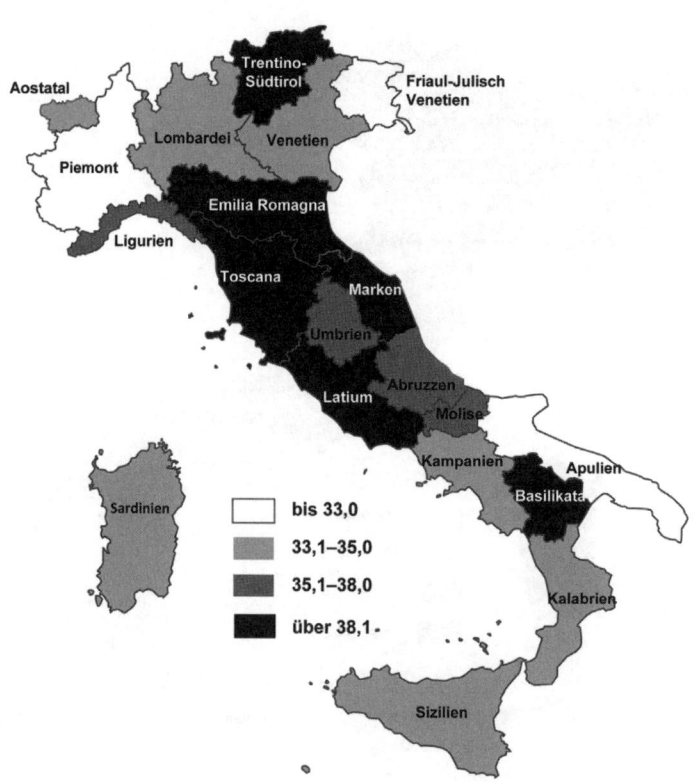

Quelle: Istat (2011b), S. 238.

Tabelle II-4   Flexible Formen der Beschäftigung (2000, 2005 und 2009) (in Prozent)

Befristete Beschäftigung	2000	2005	2009
• Nordwesten	10,0	8,9	9,7
• Nordosten	11,4	10,9	11,4
• Mitte	13,1	11,9	12,0
• Mitte-Norden	11,3	10,4	10,9
• Mezzogiorno	16,5	17,0	16,8
Italien	12,7	12,3	12,5
Teilzeitbeschäftigung			
• Nordwesten	12,8	12,9	14,8
• Nordosten	14,0	13,8	14,7
• Mitte	15,3	14,4	15,3
• Mitte-Norden	13,8	13,6	14,9
• Mezzogiorno	12,2	11,0	12,5
Italien	13,4	12,8	14,3

Quelle: Istat (2011c), S. 241 und 242.

Die Abbildung II-17 illustriert die neben dem Geschlecht und der Region dritte massive Rückständigkeit der italienischen Beschäftigungssituation, nämlich die der älteren Bevölkerung zwischen 55 und 65 Jahren.

Hier hat Italien eine Beschäftigtenquote von 35,7 Prozent. Dieser Wert ist angesichts der erhöhten Lebenserwartung und der damit verbundenen längeren Zeit des Rentenbezugs alarmierend. Arbeitswillige in diesem Alter haben in Italien eingeschränkte Beschäftigungsmöglichkeiten. Nur Ungarn und die Türkei haben für diese Bevölkerungsgruppe geringere Erwerbstätigkeitsraten. Auch hier ist der Rückstand im Wesentlichen auf die äußerst niedrige Erwerbsbeteiligung der Frauen von 25,4 Prozent zurückzuführen (Istat 2011a, S. 238). In Italien findet zudem so gut wie keine Weiterbildung dieser Beschäftigtengruppe statt. (Hartlapp/Schmid 2008, S. 17)

Die Frauenquoten liegen in allen Kategorien deutlich höher. 27,9 Prozent der Frauen arbeiten in Teilzeit. Die Anzahl der unfreiwilligen Teilzeitarbeitsverhältnisse ist zwischen 2004 und 2008 von 34,9 auf 46,5 Prozent gestiegen (ebda.). Diese Beschäftigungsform ist in Italien aber immer noch weniger verbreitet als im europäischen Durchschnitt (18,8 Prozent). Während z. B. Dänemark Teilzeitarbeitsplätze mit gutem Verdienst und hohem Profil eingerichtet hat, führt Teilzeit in Italien immer wieder zu einem Verlust der Arbeitsperspektiven.

Teilzeitarbeitsverhältnisse werden vor allem im Nordosten eingegangen: in den autonomen Provinzen Bozen und Trient liegt ihr Anteil bei 35 Prozent. Teilzeit der Männer und unfreiwillige Teilzeitarbeit sind eher im *Mezzogiorno* zu finden.

Anders als manch andere entwickelte Industrieländer hat Italien flexible Formen der Erwerbstätigkeit nur in geringem Masse entwickelt. Beim Ausmaß der befristeten Beschäftigung liegt Italien im EU-27-Durchschnitt, während die Teilzeitbeschäftigung als Instrument

Tabelle II-5   Merkmale der Beschäftigten nach verschiedenen Kategorien (2008)

Merkmale	Standard			Teilweise Standard	Atypisch	Gesamt
	Abhängig	Selbst-ständig	Gesamt			
Geschlecht						
• Männer	64,6	75,7	67,6	20,3	48,3	60,1
• Frauen	35,4	24,3	32,4	79,7	51,7	39,9
Altersklassen						
• 15–34 J.	28,7	21,3	26,6	28,2	56,7	30,4
• 35–54 J.	60,5	59,8	60,4	59,2	36,7	57,4
• über 55 J.	10,8	18,9	13,0	12,6	6,6	12,2
Landesteile						
• Norden	52,7	50,2	52,0	55,6	44,8	51,5
• Mitte	20,5	20,3	20,4	22,2	21,5	20,8
• Mezzogiorno	26,8	29,5	27,6	22,2	33,7	27,7
Wirtschaftsbereich						
• Landwirtschaft	1,5	8,3	3,4	2,7	7,7	3,8
• Industrie	35,5	26,3	33,0	14,8	22,6	29,7
• Industrie im engen Sinne	27,5	12,6	23,5	11,5	16,5	21,3
• Baubranche	8,0	13,7	9,5	3,3	6,1	8,4
• Dienstleistungen	63,0	65,4	63,6	82,5	69,7	66,5
davon:						
• Handel, Unterkünfte, Re-staurants	14,1	33,5	19,4	26,5	19,3	20,2
• Dienstleistungen für Un-ternehmen	5,2	14,6	7,8	15,0	9,0	8,7
• Ausbildung	8,7	0,4	6,4	3,5	12,1	6,8
• Dienstleistungen für die Familie	2,2	3,8	2,6	13,3	2,9	3,8
• GESAMT	100,0	100,0	100,0	100,0	100,0	100,0
Absolute Werte (in Tsd.)	13 086	4 940	18 026	2 591	2 788	23 405

Quelle: Istat (2009), S. 177.

der Beschäftigungspolitik in weit geringerem Maße genutzt wird als in Dänemark, den Niederlanden, Deutschland, Schweden, Großbritannien oder Dänemark.

Charakterisierung der Beschäftigten
Wie kein anderes Land hat Italiens eine Wirtschaft mit einer Vorherrschaft der Kleinst- und Kleinbetriebe. Dementsprechend hoch ist der Anteil der Selbstständigen gegenüber dem der abhängig Beschäftigten.

Tabelle II-6   Beschäftigte nach Typologie (2004 und 2008)
(absolute Werte und Anteil in Prozent)

Beschäftigte	2004		2008	
	Absolute Zahlen (in Tsd.)	Anteil in %	Absolute Zahlen (in Tsd.)	Anteil in %
Standard	17 791	79,4	18 026	77,0
Abhängig Beschäftigte in Vollzeit	12 618	56,3	13 086	55,9
Selbstständige in Vollzeit	5 173	23,1	4 940	21,1
Teilweise in Standard	2 207	9,9	2 591	11,1
Abhängig Beschäftigte in unbefristeter Teilzeitbeschäftigung	1 590	7,1	2 037	8,7
Selbstständige in Teilzeit	617	2,8	554	2,4
Untypische	2 406	10,7	2 788	11,9
Abhängig Beschäftigte mit befristeter Beschäftigung	1 909	8,5	2 323	9,9
Mitwirkende*	497	2,2	465	2,0
GESAMT	22 404	100,0	23 405	100,0

Legende: Das „*Biagi*-Gesetzesdekret" von 276/2003 definiert die „gelegentliche Mitwirkung" als Beschäftigung, die den Beschäftigten für eine Dauer von höchstens 30 Tagen im Jahr bei einem einzigen Auftraggeber einbezieht und die in jedem Fall einen Verdienst von höchstens 5 000 Euro vorsieht.

Quelle: Istat (2009), S. 176.

Dabei ist die Besonderheit zu berücksichtigen, dass in Italien der Selbstständige häufig ein faktisch Abhängiger ist, wenn er namlich nur für einen oder wenige Kunden arbeitet, häufig auch in seinen Räumen wirkt und weitgehend von dessen Geschäftsgang abhängig ist.[5]

Im Laufe der ersten Jahre des neuen Jahrhunderts hat sich der traditionell geschlossene Arbeitsmarkt ansatzweise flexibilisiert.

Die neuen Kategorien sind die „teilweise gemäß dem Standard Beschäftigten" und die „atypisch Beschäftigten". Der teilweise gemäß dem Standard Beschäftigte hat eine befristete Teilzeitbeschäftigung, der atypisch Beschäftigte ist sowohl in Teilzeit als auch in einem befristeten Arbeitsverhältnis. Die Verteilung und Entwicklung zwischen 2004 und 2008 verdeutlicht die Tabelle II-6.

Irreguläre Beschäftigung

Von den registrierten flexibleren Beschäftigtenkategorien zu unterscheiden ist die Kategorie der irregulär Beschäftigten, definiert als die nicht registrierte Beschäftigung ohne Steuern und Sozialabgaben. Sie umfasst in Italien immerhin 11,9 Prozent der gesamten Arbeitseinheiten. Wie Abbildung II-18 verdeutlicht, dominiert der *Mezzogiorno* in dieser Kategorie von

---

5   Diese Beschreibung ähnelt dem Begriff der Scheinselbstständigkeit im deutschen Arbeitsrecht.

Abbildung II-18 Irreguläre Beschäftigung nach Regionen und Wirtschaftsbereich (2009)

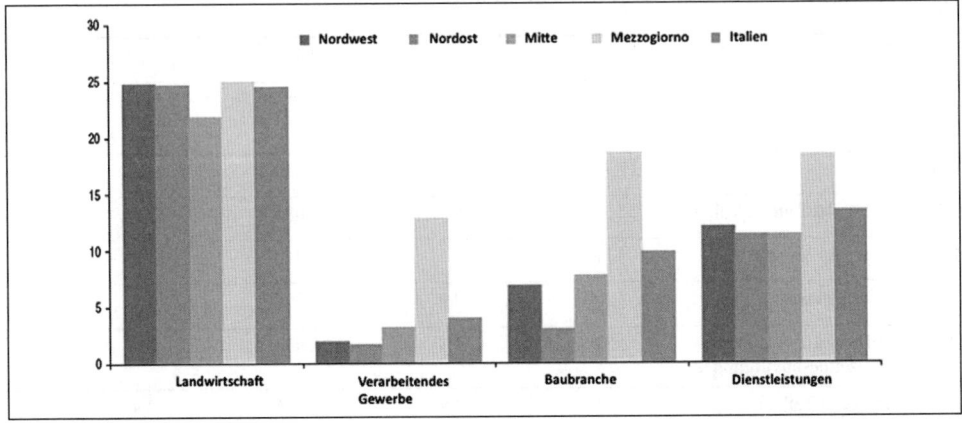

Quelle: Istat (2011b), S. 253.

Beschäftigung. Hier ist der Anteil der irregulären Beschäftigung an der Gesamtbeschäftigung doppelt so hoch wie im Norden.

In Kalabrien beträgt der Anteil der irregulären Beschäftigung 26,6 Prozent, gefolgt von der Basilikata und Molise.

Im Verlauf der Jahre 2001 bis 2008 stagnierte diese Beschäftigungsform, in einigen süditalienischen Regionen wie Kampanien und Sizilien sind die Rückgänge bedeutend (zwischen 6,7 und 4,6 Prozent). (Istat 2011b, S. 253)

Abbildung II-19 Arbeitslosenquoten im Ländervergleich (2009)

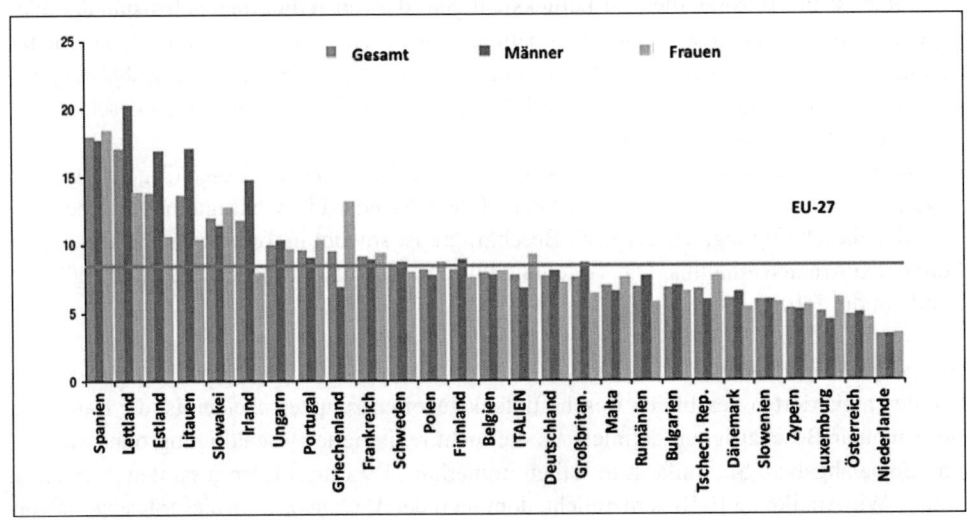

Quelle: Istat (2011b), S. 247.

Tabelle II-7   Merkmale der Arbeitslosen (2004 und 2010)

Merkmale	2004	2010
Geschlecht		
• Männer	47,2	53,0
• Frauen	52,8	47,0
Altersklassen		
• 15–24 Jahre: 15–29 Jahre	26,2	39,7
• 25–34 Jahre : 30–49 Jahre	35,6	49,2
• 35–44 Jahre : über 50 Jahre	21,8	11,2
• 45–54 Jahre	11,5	–
Über 55 Jahre	4,9	–
Landesteile		
• Nord	25,9	35,5
• Nordwesten	16,0	21,5
• Nordosten	9,9	13,9
• Mitte	16,2	19,0
• Mezzogiorno	57,9	45,6
Kondition		
• Ex-Beschäftigter mit früheren Erfahrungen	40,3	50,0
• Ex-Inaktive mit früheren Erfahrungen	27,3	24,3
• Auf der Suche nach der Erstbeschäftigung	32,4	25,7
Dauer der Arbeitslosigkeit		
• Kurz (bis elf Monate)	49,2	51,1
• Lang (mehr als 12 Monate)	47,7	48,9
• keine Angabe	3,1	–
GESAMT (in Tsd.)	1 960	2 102

Quelle: Istat (2009), S. 187 und für 2010 Istat (2011c), S. 125.

Die Analyse nach den Wirtschaftsbereichen zeigt ein enormes Gewicht der irregulären Beschäftigung in der Landwirtschaft, wo sie etwa ein Viertel der Gesamtbeschäftigung ausmacht.

Im Dienstleistungsbereich liegt der Anteil der irregulären Beschäftigung deutlich über dem nationalen Durchschnitt, wobei erneut der *Mezzogiorno* mit 18,4 Prozent einen sehr hohen Anteile hat.

Arbeitslosigkeit

Wie in allen entwickelten Ländern ist in Italien in den Krisenjahren 2008 und 2009 die Arbeitslosigkeit deutlich gestiegen. Die Arbeitslosenquote beträgt in 2009 7,8 Prozent. Die

Abbildung II-20 Jugendarbeitslosigkeit nach Regionen

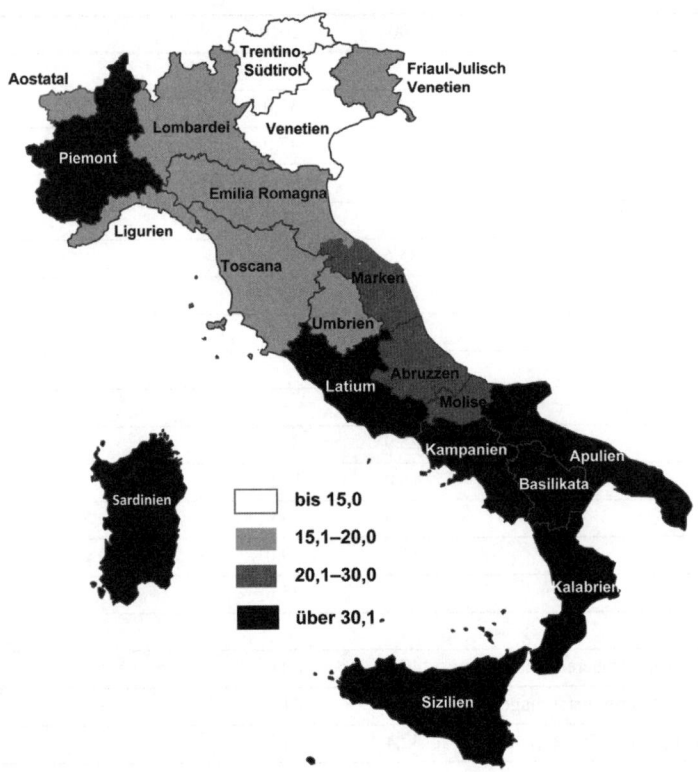

Quelle: Istat (2011b), S. 248.

Arbeitslosenquote der Frauen liegt wie überall deutlich über der der Männer (9,3 Prozent gegenüber 6,8 Prozent).

Dramatisch ist die Situation der Jugendlichen auf dem Arbeitsmarkt. Hier liegt Italien mit 27,8 Prozent der arbeitslosen Jugendlichen zu den Problemländern unter den 27 EU-Mitgliedsländern. (Zahlen des Statistischen Bundesamts/Eurostat, Stand Juli 2011) Auch mit Bezug auf die OECD-Länder wird der gravierende Rückstand des Landes deutlich: Der Anteil der beschäftigten Jugendlichen an allen Beschäftigten liegt 20 Prozent unter dem OECD-Durchschnitt. Die Arbeitslosigkeit unter den Jugendlichen ist besonders lang. Hinzu kommt, dass die Erstbeschäftigung spät gefunden wird. Der Übergang von der Schule in die Arbeit zieht sich viel länger als beim Großteil der OECD-Länder hin. Häufig ist die erste Zeit nach dem Schulabschluss instabil, d. h. Phasen von Arbeitslosigkeit wechseln mit befristeten und prekären Beschäftigungsverhältnissen.

Auch in dieser Kategorie steht der *Mezzogiorno* mit einer Quote von 36 Prozent besonders schlecht da. Allein im Jahre 2009 geht die Beschäftigung der Personen zwischen 15 und 24 Jahren um 13,2 Prozent zurück. (Svimez 2011a, S. 26)

Auch wenn die Jugendarbeitslosigkeit weiterhin die dramatische Seite der Arbeitsmarktkrise bildet, zeigt sich eine zweite Tendenz im Hinblick auf das Alter der Arbeitslosen. Ein

Viertel der Arbeitslosen ist zwischen 35 und 44 Jahren alt und der Anstieg der Arbeitslosen im Alter von 35 und 54 Jahren erklärt zwei Drittel des Anstiegs der Arbeitslosigkeit. „Mittlerweile haben wir nicht nur, wie zur Mitte der neunziger Jahre, eine Arbeitslosigkeit zu Beginn des Arbeitslebens, die auf die Jüngeren bis zum Alter von 30 Jahren konzentriert war, sondern eine Arbeitslosigkeit der Älteren". (Istat 2009, S. 188)

Der Hauptgrund für diese Verschiebung ist der Anstieg der ungeschützten, untypischen Beschäftigungsformen (Tabelle II-6). Diese flexiblere Gruppe von Arbeitskräften, vor allem im Dienstleistungsbereich und unter den Frauen, kann bei Krisenerscheinungen leichter wieder freigesetzt werden.

Im Resultat spricht das Statistische Amt Italiens *(Istat)* von dem „neuen Arbeitslosen" mit folgendem Profil: „Er ist zwischen 35 und 44 Jahren alt, wohnt in den Regionen der Mitte oder des Nordens, hat einen Schulabschluss nicht höher als die Sekundarstufe II, lebt in einer Ehe oder Partnerschaft und hat häufig Familienverantwortung. Der ‚neue Arbeitslose' stammt zum großen Teil aus den Reihen der ehemaligen Beschäftigten, insbesondere des Verarbeitenden Gewerbes, wo er häufig unqualifizierte Handarbeit leistet. Zugleich erlebt er Phasen der Arbeitssuche, die im Schnitt kürzer sind als die seiner Kollegen von vor fünf oder zehn Jahren. Er verliert aber auch tendenziell leichter als seine Kollegen in der Vergangen-

Abbildung II-21 Regionale Arbeitslosenquoten (2009)

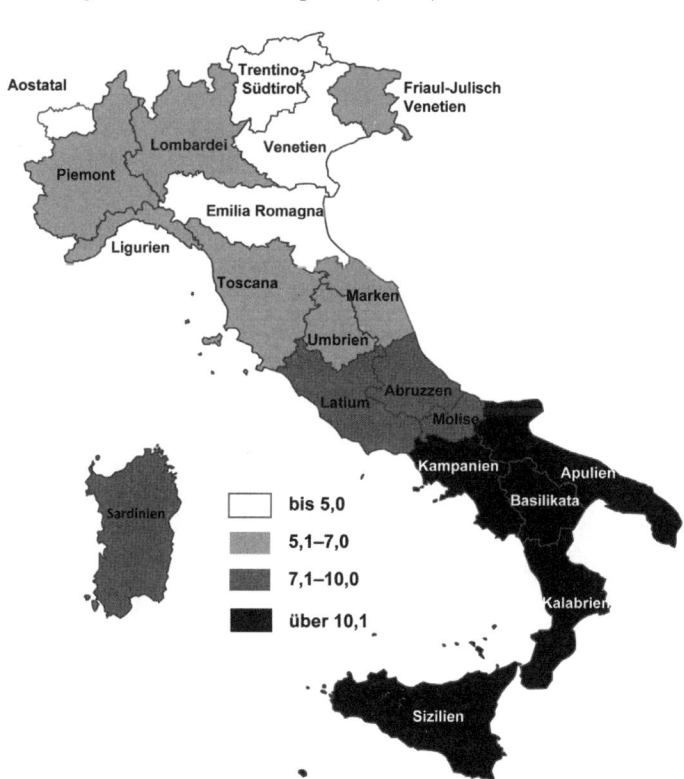

Quelle: Istat (2011a), S. 248.

heit im Laufe seines Berufslebens eine Arbeit, auch wenn es sich um eine unbefristete Stelle handelt". (Istat 2009, S. 192)

Langzeitarbeitslosigkeit

Tabelle II-7 gibt einen Rückgang des Anteils der Langzeitarbeitslosen zwischen 2004 und 2008 an. In absoluten Zahlen wird deutlich, dass sich ihre Zahl aber nach wie vor auf dem hohen Niveau von einer Millionen Personen bewegt. Diese Gruppe setzt sich weiterhin vornehmlich aus jüngeren Personen (unter 35 Jahren) und aus Frauen zusammen. Überdies finden sich Langzeitarbeitslose vor allem im Mezzogiorno. Die Übergänge zu den potenziell Beschäftigten, also solchen Personen, die weiterhin Beschäftigung suchen und vom *Istat* zum grauen Arbeitsmarkt gerechnet werden, und zu den Inaktiven, die mittlerweile entmutigt sind, sind fließend.

Nicht-Erwerbspersonen

Italiens Quote der Nicht-Erwerbspersonen, definiert als die Personen, die nicht als Beschäftigte oder Arbeitsuchende registriert sind, liegt mit 37,6 Prozent deutlich über dem Durchschnitt der 27 EU-Mitgliedsländer von 28,9 Prozent. Dänemark verzeichnet zum Beispiel

Abbildung II-22 Regionale Nicht-Erwerbsquoten (2009)

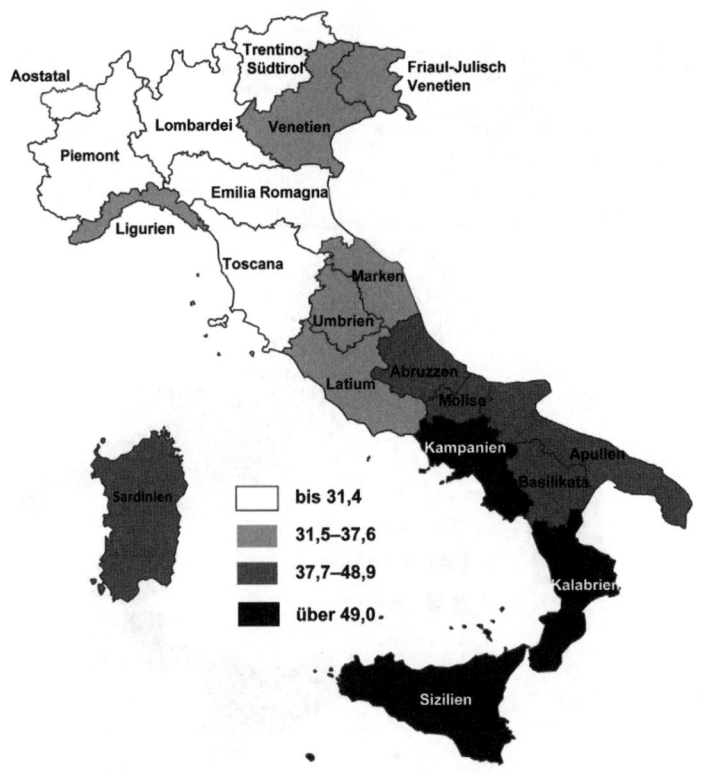

Quelle: Istat (2011b), S. 246.

166

eine Quote der Passivität von 19,3 Prozent. Verantwortlich für den hohen Wert in Italien ist vor allem die enorm ausgeprägte Nicht-Erwerbsquote der Frauen, die bei 48,9 Prozent liegt, während die der Männer 26,3 Prozent beträgt. Italien nimmt damit den dritten Platz hinter Malta und Ungarn und im Falle der Passivitätsquote der Frauen den zweiten Platz hinter Malta ein.

Zwischen den Landesteilen bestehen krasse Unterschiede. Für die eine Realität einer hohen Beteiligung am Arbeitsmarkt steht Emilia Romagna im Nordosten mit einer Erwerbsquote (28 Prozent) und einer Arbeitslosenquote (4,8 Prozent), die beide unter dem jeweiligen EU-27-Durchschnitt liegen. Für die andere Realität sind vor allem die Regionen Kampanien und Kalabrien zu nennen (Abbildung II-22). Hier nehmen mehr als die Hälfte der Personen nicht am Arbeitsmarkt teil. Dieser Zustand gipfelt in der Tatsache, dass zwei Drittel der Frauen außerhalb des Arbeitsmarktes stehen, d. h. nicht mehr als Arbeit suchend registriert sind. (ebda., S. 244)

3.2 Die Beteiligung der ausländischen Bevölkerung am Erwerbsleben

Die ausländische Bevölkerung in Italien hat eine höhere Beschäftigungsquote als die einheimische Bevölkerung. Dies gilt für alle Landesteile; besonders auffällig ist der große Vorsprung von 14 Prozent im *Mezzogiorno*. Die ausländischen Frauen haben nur im Norden eine geringere Beschäftigungsquote als die Italienerinnen; im Süden ist sie um 16 Prozent höher als die der italienischen Frauen.

Die insgesamt höhere Arbeitslosenquote der ausländischen Bevölkerung im Vergleich zur einheimischen resultiert aus der gegenläufigen Bewegung zwischen den Landesteilen. Während die Ausländer im Norden einen höheren Anteil von Arbeitslosen haben, ist dieser im Süden deutlich unter der Quote der Italiener (9,3 gegenüber 12,6 Prozent).

Wichtig für die Frage der sozialen Versorgung der Ausländer ist die Nicht-Erwerbsquote. Sie ist um 11 Prozent niedriger als die der einheimischen Bevölkerung. Im *Mezzogiorno* liegt sie sogar 13 Prozent niedriger. Auffällig ist die deutlich niedrigere Nicht-Erwerbsquote der Frauen im *Mezzogiorno* (13,5 Prozent niedriger als bei den süditalienischen Frauen).

3.3 Einkommensverhältnisse

3.3.1 Überblick

Im Jahr 2008 beträgt das durchschnittliche Jahreseinkommen Italiens 29 606 Euro (ungefähr 2 467 Euro im Monat). 61 Prozent der italienischen Familien hatten ein Einkommen unter diesem Wert. Mit Bezug auf den Median, der statistische Ausreißer in der Gesamtverteilung eliminiert, liegen 50 Prozent der Familien bei 24 309 Euro pro Jahr und einem Monatseinkommen von 2 026 Euro. (Istat 2011b, S. 258)

In Italien sind die Einkommensunterschiede zwischen den reichsten und den ärmsten Einkommensgruppen sehr stark ausgeprägt. Die stärkste Gruppe (das oberste Quintel) verfügt über ein 5,5-faches höheres Einkommen als die ärmste Gruppe. Nur noch Portugal (6,6), Li-

Abbildung II-23 Einkommensunterschiede im Ländervergleich (2006)

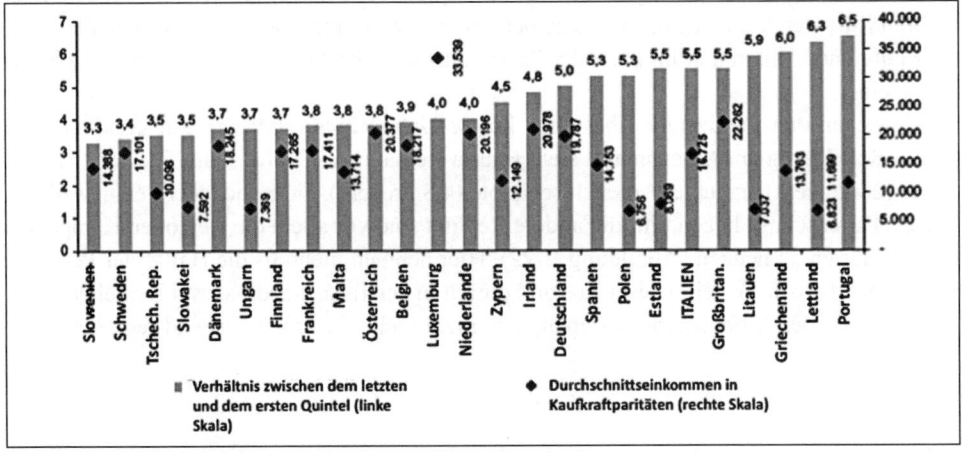

Quelle: Istat (2009), S. 202.

tauen (6,3), Griechenland (6,0) und Lettland (5,9) verfügen über eine ähnlich krasse Spanne (siehe Abbildung II-23). Demgegenüber sind die Einkommensverhältnisse in den skandinavischen Ländern, in Slowenien, in Zypern, in der Slowakei und Ungarn mit dem 3,7-fachen Verhältnis zwischen beiden Extremgruppen angeglichener.

„Italien ist eines der Länder mit der größten Verbreitung des niedrigen relativen Einkommens: zwanzig Prozent der Bevölkerung leben in Familien mit einem Einkommen, das 60 Prozent unter dem Durchschnittseinkommen liegt". (ebda.)

Wie die Abbildung II-24 verdeutlicht, erhalten die Familien mit dem niedrigsten Einkommen (im fünften Quintel) acht Prozent des Gesamteinkommens. Aber das erste Quintel der reichsten Einkommensgruppe erhält 38 Prozent, mithin das fünffache.

Abbildung II-24 Aufteilung des durchschnittlichen Familieneinkommens nach Quintelen (mit und ohne unterstellter Miete) (in Prozent des Gesamteinkommens)

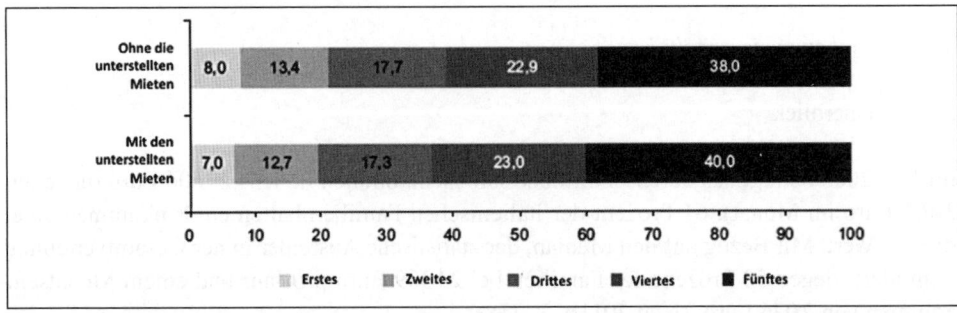

Legende: Die Familien werden nach dem niedrigsten bis zum höchsten Einkommen geordnet und dann in fünf Gruppen geteilt. Damit umschließt die erste die 20 Prozent der Familien mit den niedrigsten Einkommen und das letzte Quintel enthält die Familien mit den höchsten Einkommen.

Quelle: Istat (2009), S. 207.

Ein weiteres aussagekräftiges Maß der internen Einkommensverteilung ist der Konzentrationsindex.[6]

Basis des Vergleichs zwischen den Ländern sind die Daten von 2008 im Rahmen der Untersuchung der Europäischen Kommission zu der Einkommenslage und den Lebensbedingungen der Bevölkerung (EU-Silc).

Italien liegt mit einem Index von 0,315 auf einem ähnlichen Niveau wie Polen und Estland und hinter Spanien (0,323), Großbritannien (0,324) und Griechenland (0,331). Die ausgeprägtesten Einkommensungleichheiten haben Litauen (0,355), Portugal (0,354), Rumänien (0,349) und Bulgarien (0,334). Die geringste Einkommensungleichheit wird für Slowenien (0,227), Ungarn (0,247), die Schweiz und die Slowakei (jeweils 0,248) errechnet.

Abbildung II-25 Einkommensungleichheit nach Regionen (2008)

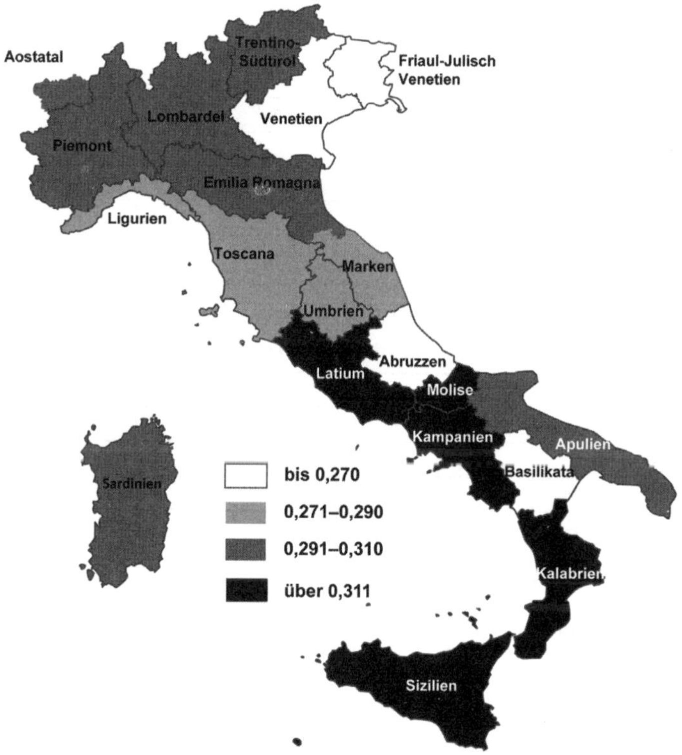

Legende: *Gini*-Konzentrationsindex auf die Nettofamilieneinkommen ohne unterstellte Mieten. (a) vorläufige Daten.

Quelle: Istat (2011b), S. 258.

---

6 „Der *Gini*-Konzentrationsindex ist ein synthetisches Mass des Grades der Ungleichheit in der Einkommensverteilung. Er wird auf die äquivalenten Familieneinkommen gerechnet, d.h. die durch die Verwendung einer Äquivalenzskala, die die verschiedene Familienzusammensetzung berücksichtigt, vergleichbar macht. Dieser Index ist also im Falle einer völligen Gleichheit der Einkommen gleich Null und beträgt Eins im Falle der totalen Ungleichheit, d.h. dass nur eine Familie das gesamte Einkommen erhält." (Istat 2011b, S. 258)

Tabelle II-8   Bevölkerung mit Niedrigeinkommen nach Landesteil und Familieneigenschaften (2006) (auf 100 Personen mit denselben Merkmalen)

	Norden	Mitte	Mezzogiorno	Italien
ANZAHL DER FAMILIENMITGLIEDER				
Eins	11,1	12,4	30,3	16,8
Zwei	6,2	7,4	27,8	12,3
Drei	7,5	7,2	26,7	13,6
Vier	8,8	13,4	36,3	21,0
Fünf und mehr	23,9	22,9	47,9	36,1
FAMILIENTYPEN				
Einzelne Personen	11,1	12,4	30,3	16,8
• mit mindestens 65 Jahren	11,0	14,1	34,9	17,7
• mit mehr als 65 Jahren	11,3	10,8	26,6	15,9
Kinderlose Paare	6,0	5,2	27,0	11,4
Referenzperson unter 65 Jahre	5,4	6,8	31,0	11,9
Referenzperson über 65 Jahre	7,0	3,2	22,4	10,7
Paar mit Kindern	9,1	11,8	34,8	19,8
Paar mit mindestens einem Kind	6,2	6,8	26,7	12,8
Paar mit zwei Kindern	7,7	12,2	35,0	19,9
Paar mit mindestens drei Kindern	26,8	30,7	47,3	38,6
Alleinerziehende	14,0	18,0	35,3	21,7
Sonstige	10,9	11,3	47,0	24,7
GEGENWART VON MINDERJÄHRIGEN				
Ein Minderjähriger	10,6	12,6	37,1	20,5
Zwei Minderjährige	12,7	20,9	44,1	27,3
Drei oder mehr Minderjährige	35,4	33,4	58,9	46,2
GEGENWART VON ÄLTEREN				
Ein Älterer	8,4	10,4	29,1	15,6
Zwei oder mehr Ältere	6,1	3,1	21,7	10,4
ANZAHL DER EMPFÄNGER				
Ein Bezieher	20,8	25,0	50,2	34,2
Zwei Bezieher	6,1	6,8	27,0	12,9
Drei oder mehr Bezieher	2,6	4,2	17,5	7,7
HAUPTQUELLE DES EINKOMMENS				
Abhängige Beschäftigung	8,3	8,6	30,5	16,2
Selbstständige Beschäftigung	11,1	15,4	39,7	21,2
Öffentliche Transfers	8,5	10,1	34,2	18,1
Kapitaleinkommen und sonstige Einkommen	23,3	43,4	59,6	40,2
GESAMT	9,3	11,2	34,0	18,4

Quelle: Eigene Zusammenstellung nach Istat (2009), S. 209. Ohne unterstellte Mieten.

3.3.2 Regionen

Die Einkommenssituation in den italienischen Regionen zeigt, dass das Land weit vom Ziel der sozialen Kohäsion zwischen den Landesteilen entfernt ist.

Sizilien hat mit 22 044 Euro das geringste durchschnittliche Jahreseinkommen und liegt damit über ein Viertel hinter dem Durchschnitt Italiens. Ungefähr die Hälfte der sizilianischen Familien hat ein Einkommen unter 17 748 Euro im Jahr (ungefähr 1 480 Euro im Monat).

Das höchste Familieneinkommen (34 927 Euro) im Jahr hat die Region Trentino-Südtirol. Dahinter liegen das Aostatal (33 663 Euro), Emilia Romagna (33 611) und die Lombardei (33 077).

Die größte intraregionale Einkommensungleichheit haben Kampanien, Latium und Molise (0,327, 0,324, 0,319). Eine hohe Einkommensgleichheit weisen Venetien, Friaul-Julisch Venzien, Umbrien und die autonome Provinz Trient auf.

Die Einkommensstatistiken (Tabelle II-8) lassen keinen Zweifel daran aufkommen, wer vor allem Gefahr läuft, Empfänger von Niedrigeinkommen zu werden:

- Familien mit vielen Personen: vier (21 Prozent), fünf und mehr Personen (36,1 Prozent)
- Famiien mit nur einem Einkommensbezieher (34,2 Prozent) und
- Familien im Süden.

3.3.3 Einkommen und Ausgaben

Die Gegenüberstellung von durchschnittlichem Einkommen und Ausgaben gibt einen Hinweis darauf, in welchem Masse die Italiener in der Lage sind, ihr Leben in ausreichender Qualität zu fristen, und für welche Bevölkerungsgruppen sich hier Probleme ergeben.

Abbildung II-26 Endverbrauch, Rückgriff auf die Ersparnisse

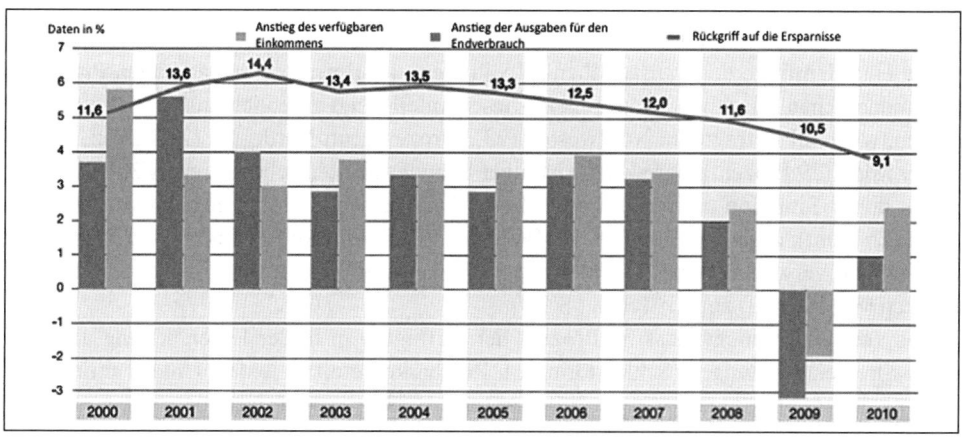

Quelle: *La Repubblica* vom 24.04.2011.

Tabelle II-9   Zusammensetzung der durchschnittlichen Monatsausgaben
der italienischen Familien 2009

Ausgabeposten	Durchschnittsfamilie mit drei Mitgliedern
Durchschnittliche Jahresausgaben (in Euro)	34 932
Zusammensetzung (in Prozent)	
Nahrungsmittel und Getränke	19,4
Tabakwaren	0,9
Kleidung und Schuhe	6,2
Wohnung	25,7
Energie	5,3
Haushalt, Elektrogeräte und Hausdienstleistungen	6,3
Gesundheit	3,5
Verkehr	14,9
Kommunikation	2,0
Bildung	1,2
Freizeit und Kultur	4,3
Sonstige Waren und Dienstleistungen	11,3
GESAMT	100,0

Quelle: Censis (2011), S. 6.

Bei einem Durchschnittseinkommen von 29 606 Euro pro Jahr hat ein Großteil der Familien, vornehmlich die mit den oben bezeichneten Merkmalen, erhebliche Probleme, die aufgelisteten Ausgaben von 34 932 Euro zu bestreiten. Verschärfend kommt hinzu, dass der Anteil der aus Verpflichtungen resultierenden und damit unverzichtbaren Ausgaben – Wohnung, privater und/oder öffentlicher Nahverkehr, Gesundheit und soziale Sicherung – auf ein niemals zuvor erreichtes Niveau gelangt ist: „Diese Ausgaben betrugen 1970 18,9 Prozent, 24,9 Prozent in 1990, 27,7 Prozent in 2000, während sie heute über 30 Prozent der Gesamtausgaben der Familien hinausgehen". (Censis 2011, S. 11)

In einer Umfrage des *Censis* gaben 28,5 Prozent der Befragten an, sie hätten Probleme, ihre monatlichen Ausgaben zu bestreiten. Dieser Anteil steigt erheblich (auf 36,5 Prozent) im Süden, während Befragte im Nordwesten (23,3 Prozent), im Nordosten (21,1 Prozent) und in der Mitte (29 Prozent) hier weitaus weniger Schwierigkeiten sehen. (Censis 2010b, S. 28)

In dieser Situation greifen die betroffenen Familien immer stärker auf ihre Ersparnisse (41 Prozent), zusätzliche Jobs (25,4 Prozent), Käufe mit der Kreditkarte (22,2 Prozent), Kredite von Verwandten und Freunden (10,5 Prozent) und Kredite von Finanzinstituten und Banken (8,9 Prozent) zurück. (ebda., S. 29)

Es verwundert nicht, dass 36 Prozent der Befragten in dieser Untersuchung angaben, unter Stresserscheinungen (Schlafstörungen, Reizbarkeit etc.) zu leiden. Unter Familien mit dem niedrigsten Einkommen steigt dieser Anteil auf 53 Prozent. (ebda.)

Abbildung II-27 Anteile der Familien mit relativer Armut* in den Regionen (2009) (in Prozent)

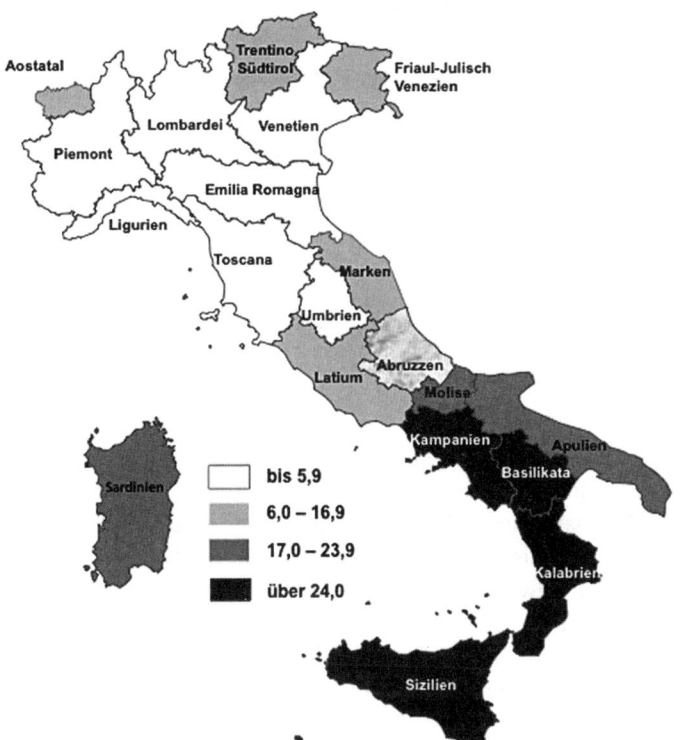

* „Eine Familie wird als relativ arm definiert, wenn ihre Ausgaben für Konsum auf oder unter der Armutsgrenze liegt, die zu den Daten der Untersuchung zu den Konsumausgaben der Familien berechnet wird. Für eine Familie mit zwei Mitgliedern ist die relative Armut die durchschnittlichen monatlichen Ausgaben pro Person in der Höhe von 983,01 Euro (2009)". (ebda.)

Quelle: Istat (2011b), S. 256. (a) für Abruzzen nicht erhältlich, aber wegen geringem Befund irrelevant.

3.3.4 Armut und Deprivation

Armut

Mit dem prekären Verhältnis von Einkommen und Ausgaben bewegen sich viele italienische Familien naturgemäß in einer sozial labilen Situation. In der Wirtschafts- und Finanzkrise der Jahre 2008 und 2009 gelang das Lavieren mit beschränkten Mitteln immer weniger. Bei rückläufigem Konsum der Familien gerieten kleine Selbstständige, für die ihr Geschäft häufig einen Ausweg aus der Krise darstellt, immer weiter in relative Armut. Eine weitere Gruppe sind die Nicht-Erwerbspersonen, die bei geringer Sozialunterstützung leicht unter die Armutsgrenze rutschen.

Abbildung II-28 Relative und absolute Armut (2009) (in Prozent)

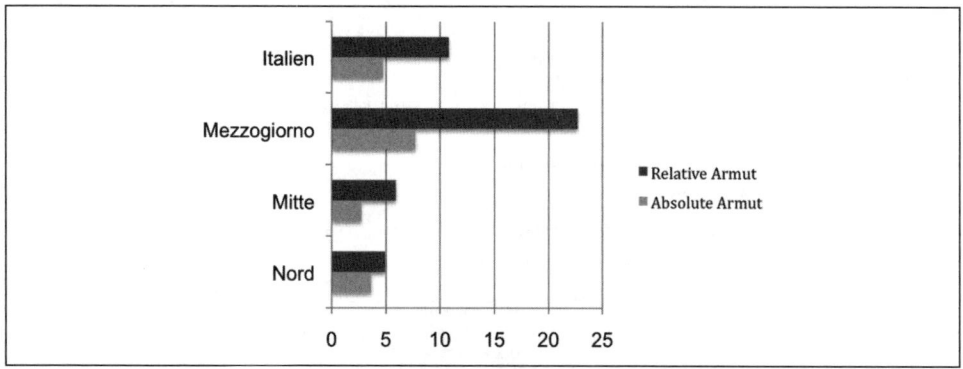

Quelle: Istat (2011b), S. 257.

In Italien leben im Jahre 2009 10,8 Prozent der Familien in relativer Armut. Dies sind 7,8 Mio. Arme und damit 13,1 Prozent der Wohnbevölkerung. Die absolute Armut[7] betrifft 4,7 Prozent der Familien mit insgesamt 3,1 Mio. Personen. Die Armutsintensität[8] beträgt 20,8 Prozent für die relative und 17,3 Prozent für die absolute Armut". (Istat 2011b, S. 256)

Nimmt man die Ergebnisse der Erwerbsstatistik mit der hohen Arbeitslosigkeit und der hohen Quote der Nicht-Erwerbstätigkeit unter den Süditalienern und noch mehr unter den Süditalienerinnen, so wird klar, dass die Verteilung der Primäreinkommen über die Lebenschancen der Italiener in den verschiedenen Landesteilen entscheidet und Transfereinkommen nicht in der Lage sind, korrigierend zu wirken.

„Kampanien ist die europäische Region mit der höchsten Konzentration von armen Familien, Arbeitslosen, nicht-erwerbstätigen Frauen und minderbemittelten Minderjährigen. Etwas weniger als 2 Mio. in der Region, 240 000 allein in Neapel. Fast einer von dreien hat nicht das zum Überleben Notwendige. Zwei von zehn essen nicht mehr als dreimal die Woche. Acht von zehn können ihre Miete nicht bezahlen. Die Arbeitslosen betragen fast 40 Prozent. Von denen, die arbeiten, verdienen zwei von zehn weniger als 1 000 Euro im Monat, einer von zehn weniger als 500. Mehr als die Hälfte der Einwohner häuft mindestens 200 Euro Schulden im Monat an. Das BIP pro Kopf beträgt 16 000 Euro im Jahr gegenüber 33 000 in der Lombardei. Jeder zweite Arbeitsvertrag ist befristet. Der Verlust an Schulstunden[9] beträgt 45 Prozent. Unter den 80 rückständigsten Regionen Europas belegt Kampanien den 68. Platz. Die Armen betragen im *Mezzogiorno* mittlerweile fast sechs Millionen Personen". (Visetti 2009, S. 155)

---

7   „Die absolute Armut ist als minimale monatliche Ausgaben definiert, um den als Existenzminimum definierten Warenkorb zu kaufen. 2009 betrug dieser Warenkorb für eine Familie mit zwei Erwachsenen einer kleinen Kommune 956,73 Euro im Norden und 742,81 Euro im Mezzogiorno. Er sinkt, wenn einer der beiden Mitglieder älter als 74 Jahre ist, auf 892,38 Euro und 687,50 Euro". (Istat 2011b, S. 256)

8   „Die Armutsintensität zeigt in Prozenten an, wie sehr die durchschnittlichen monatlichen Einkommen der als arm eingestuften Familien unter der Armutsgrenze liegen". (ebda.)

9   Unter Schulverlust werden verschiedene Phänomene zusammengefasst: die Abwesenheit vom Unterricht, das gelegentliche Schulschwänzen, Verspätungen, Wiederholungen, Unterbrechungen, Nicht-Versetzungen.

Abbildung II-29 Indizes für Deprivation (2008) (Anteile in Prozent)

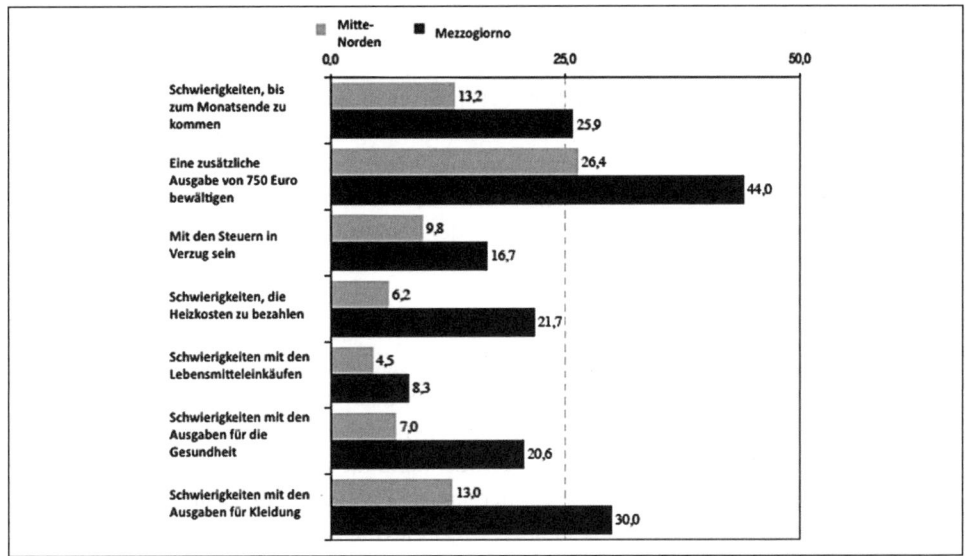

Quelle: Svimez (2011a), S. 43.

Eine Berechnung der Zahl der Obdachlosen in Italien ist schwierig und führt zu unterschiedlichen Resultaten. „Nach einer nationalen Untersuchung von 2000 sind im ganzen Land ungefähr 17 000 Personen obdachlos, während die NGO die Anzahl der Obdachlosen auf 7 000 Personen in Rom (2 000 schlafen auf der Strasse, die meisten Ausländer, 2 000 in Unterschlüpfe und 3 000 in Heimen) schätzen". (Damon 2009)

Deprivation
Im Unterschied zur Armut ist die soziale Deprivation ein subjektiver Indikator für soziale Probleme. Die Einschätzung der Befragten wird zu acht Indikatoren abgefragt, die die Schwierigkeiten bezeichnen, den Alltag zu bewältigen.

Das Muster der Ausprägung von Deprivation ähnelt, wie zu erwarten war, dem der Armut. Über die soziale Deprivation entscheiden im Wesentlichen der territoriale Wohnort, die Familienstruktur und -größe, das Bildungsniveau und die Beteiligung am Arbeitsmarkt.

Denn der Index ist deutlich größer in Familien mit mindestens fünf Mitgliedern (25,5 Prozent), wohnhaft im *Mezzogiorno* (25,3 Prozent), mit drei oder mehr Minderjährigen (29,4 Prozent) und den Familien in Mietwohnungen (31,4 Prozent), wobei die Kriterien sich überlappen.

Demgegenüber ist der Index der sozialen Deprivation im Norden nur 9,3 Prozent und 13,5 Prozent in Mittelitalien. Die Lage ist besonders schlecht in Sizilien (33,1 Prozent), in Kampanien (25,0 Prozent) und in Apulien (23,3 Prozent). (Istat 2011b, S. 260)

4 Sozialversicherung

4.1 Überblick

Italien sieht sich in der Tradition des zentraleuropäischen Selbstverständnisses in Staat und Gesellschaft, wonach eine Prävention und Unterstützung der Solidargemeinschaft für die im Verlaufe des Lebens der Bürger möglicherweise auftretenden Risiken und Unglücksfälle geleistet wird. Die Strukturen und Finanzmittel, um diesen Anspruch angemessen umzusetzen, fehlen allerdings in dem Land, an das als der achtgrößten Wirtschaftsnation der Welt und einem Kernland der EU in Bezug auf die soziale Unterstützung höhere Ansprüche zu stellen sind.

Die Probleme liegen sowohl auf der Einnahme- wie der Ausgabenseite. Die erhöhten Einnahmen aus den Steuer- und Abgabenerhöhungen nach 1997 verloren durch die Inflation sowie durch ihre Verwendung zur Verringerung der Staatsverschuldung ihre Effekte für die Umverteilung für die Bedürftigen. Überdies entgehen, wie im Kapitel I 5 geschildert, dem Staat erhebliche Finanzmittel durch die Steuerflucht und die ineffektive Steuererhebung.

Auf der Ausgabenseite hat das System der sozialen Sicherung, das aus der Rentenversicherung, der Gesundheitsversorgung und der sozialen Unterstützung besteht, eine deutliche Schieflage. Während die Arbeitslosen einen gewissen Schutz erhalten, sind die Mittel für Bedürftige außerhalb des Erwerbslebens sehr begrenzt (siehe Tabelle II-12). Arme Familien sind weitgehend auf sich selbst bzw. auf die Unterstützung durch sonstige Familienmitglieder angewiesen. Italien ist eines der wenigen Länder in Europa, das keine universellen Mittel zur Einkommensintegration zur Garantie minimaler Lebensstandards hat.

Alle Instrumente der sozialen Sicherung sind auf den Normarbeitnehmer mit Vollzeit und unbefristeter Beschäftigung gerichtet (siche Abbildung II-30).

Die Folge ist ein geringer Ausgleichseffekt durch die spärlichen Mittel der Sozialunterstützung: „In Italien, Griechenland und Spanien beträgt der Umverteilungseffekt der sozialen Transferleistungen ohne die Rente für die Bevölkerung mit dem niedrigsten Einkommen 17 Prozent, was der niedrigste Wert in der Europäischen Union ist. Die Sozialausgaben ohne die Rente betragen in Italien 10,2 Prozent des Bruttoinlandsprodukts (Griechenland 11,5 und Spanien 12 Prozent). Die Lage in den skandinavischen Ländern unterscheidet sich stark von der in den mediterranen Ländern: in Schweden und Dänemark verringert sich die Bevölkerung mit niedrigem Einkommen um 61 bzw. 56 Prozent bei Sozialausgaben ohne Rente von fast 18 Prozent am BIP". (Istat 2009, S. 206)

Unter Einbezug der Rente liegen die Ausgaben für die soziale Sicherung in Italien im Jahre 2009 bei über 30 Prozent des Bruttoinlandsprodukts (25,5 Prozent in 2007). Der Pro-Kopf-Betrag übersteigt 7 500 Euro im Jahr (6 945 Euro in 2007).

Italien platziert sich mit diesen Werten auf einem hinteren Platz in der Europäischen Gemeinschaft und leicht über dem EU-27-Durchschnitt, in den aber Länder mit sehr kleinem Sozialhaushalt wie die Länder aus Osteuropa eingehen. Nach dem hier aussagekräftigeren EU-15-Durchschnitt liegt Italien im Niveau seines Sozialstaates weit zurück.

Im Jahre 2007 macht die Rentenversorgung den Löwenanteil der Sozialausgaben aus (51,4 Prozent). Den Rest teilen sich die Ausgaben für Krankheit/Gesundheit (26,1 Prozent), Hinterbliebenenversorgung (9,7 Prozent), Invalidität (6,0 Prozent), Familie (4,7 Prozent),

176

Tabelle II-10   Staatliche Unterstützung im Falle sozialer Exklusion im Ländervergleich (2007)

Länder	Ausgaben pro Kopf	Anteil der Sozialausgaben am BIP	Funktionen								
			Krankheit/ Gesundheit	Invalidität	Alter	Hinterbliebene	Familie Mutterschaft Kindheit	Arbeitslosigkeit	Wohnung	Sonstiges*	Gesamt
ITALIEN	6944,9	25,5	26,1	6,0	51,4	9,7	4,7	1,8	0,1	0,2	100,0
Bulgarien	568,3	14,6	27,1	8,3	46,8	4,6	8,6	2,0	0,0	2,5	100,0
Dänemark	11 982,5	26,1	23,0	15,0	38,1	0,0	13,1	5,6	2,5	2,6	100,0
Deutschland	8186,2	26,7	29,8	7,7	35,4	7,7	10,6	5,8	2,3	0,6	100,0
Griechenland	4936,9	23,8	28,1	4,9	43,6	8,4	6,2	4,5	2,0	2,3	100,0
Spanien	4929,5	20,5	31,2	7,6	31,9	9,4	6,0	11,7	0,9	1,3	100,0
Frankreich	9056,3	29,0	29,9	6,1	38,7	6,6	8,5	6,1	2,6	1,6	100,0
Niederlande	9872,1	26,8	32,5	9,1	35,0	5,2	6,0	4,3	1,4	6,4	100,0
Österreich	9123,3	27,1	28,0	8,0	41,7	7,2	10,2	5,3	0,4	1,1	100,0
Polen	1480,1	17,8	22,1	9,6	49,1	11,1	4,5	2,2	0,5	0,9	100,0
Portugal	3812,3	23,4	28,3	10,0	42,9	7,1	5,3	5,1	0,0	1,2	100,0
Rumänien	741,4	12,6	23,8	10,0	43,2	4,1	13,2	2,2	–	3,5	100,0
Slowenien	3657,4	20,8	32,1	7,8	39,3	7,4	8,7	2,3	0,1	2,3	100,0
Slowakei	1629,7	15,4	30,8	8,5	38,3	5,5	10,0	3,6	–	3,3	100,0
Finnland	8624,9	24,6	26,3	12,6	35,0	3,5	11,6	7,8	1,0	2,2	100,0
Schweden	10738,2	29,0	26,1	15,3	39,0	3,0	10,2	3,8	1,7	2,1	100,0
Großbritannien	8471,5	24,8	30,6	9,8	41,8	3,1	6,0	2,1	5,8	0,7	100,0
EU 15	7850,9	25,9	29,3	8,0	39,4	6,6	7,9	5,2	2,3	1,3	100,0
EU 27	6521,8	25,2	29,1	8,1	39,6	6,6	8,0	5,1	2,3	1,3	100,0

Legende: * Weiterbildungsmaßnahmen zur Wiedereingliederung in den Arbeitsmarkt, Maßnahmen zur Bekämpfung der Armut und sozialen Exklusion (Behinderung etc.).

Quelle: Istat (2010b), S. 65.

Arbeitslosigkeit (1,8 Prozent), Wohnung (0,1 Prozent) sowie die sonstigen Ausgaben gegen die soziale Exklusion (0,2 Prozent).

Mit dieser Aufteilung der Sozialausgaben wird die sehr unterschiedliche Ausrichtung des Sozialstaats in Italien gegenüber anderen europäischen Ländern deutlich (Tabelle II-10). In Italien liegt der Schwerpunkt der Sozialleistungen auf der Alters- und Hinterbliebenenversorgung. Die Werte für die Krankenversorgung fallen im europäischen Vergleich nicht so weit zurück, aber auf dem Gebiet der Leistungen für die Familie/Kinder, bei den Mietzuschüssen und bei den Unterstützungsleistungen im Falle sozialer Exklusion (Behinderung etc.) liegt Italien erheblich hinter Deutschland, Frankreich und Schweden.

Die Zusammensetzung der Sozialleistungen hat sich in Italien im Verlaufe der letzten zwanzig Jahre verändert. Vor allem der Anteil der Ausgaben im Gesundheitswesen ist um ca. acht Prozent gesunken. Ausschlaggebend dafür war die starke Reduzierung der Ausgaben für Arzneimittel und die – im Vergleich dazu geringer ausfallende – Verringerung der Ausgaben für Fachärzte und den Einsatz von kostspieligen Apparaturen in der Diagnostik.

Der Anteil der Arbeitgeber an der Finanzierung des Sozialsystems aus den Sozialbeiträgen ist in den neunziger Jahren von 76,3 Prozent auf 72,9 Prozent und auf aktuell (2009) 66 Prozent zu Lasten der Arbeitnehmer zurückgegangen. Der Löwenanteil der restlichen 30 Prozent kommt aus staatlichen Transfers, also aus Steuermitteln.

4.2   Arbeitsmarktpolitik

Arbeitsmarktpolitik hat zwei Funktionen:

1. Die Sicherung der Investition in Beschäftigung von Seiten der Arbeitnehmer wie Arbeitgeber
2. Die Gewährleistung der Bedingungen für eine schnelle (Re-)Integration im Falle von Beschäftigungslosigkeit – bei Arbeitsplatzverlust bzw. bei erster Beschäftigung.

Die Mittel des Staates zur Erfüllung dieser Funktionen sind erstens die Normsetzung, d. h. die Setzung des Rechtsrahmens zur Steuerung der Beschäftigungsformen, des Beginns, Verlaufs und Endes von Beschäftigungsverhältnissen, und zweitens die aktive und passive Arbeitsmarktpolitik. Aktive Beschäftigungspolitik umfasst im Wesentlichen die Vermittlung von Jobmöglichkeiten und die Weiterbildung beschäftigungsloser Personen. Passive Arbeitsmarktpolitik erfolgt in Form der Arbeitslosenunterstützung der verschiedensten Art mit dem Ziel, die Reintegration der Beschäftigungslosen zu ermöglichen.[10]

Die Arbeitsmarktpolitik in Italien hat vier Hauptmerkmale:

- Geringe Investitionen in die arbeitspolitischen Maßnahmen,
- die Vernachlässigung der aktiven Maßnahmen, folglich den Fokus auf Lohnersatz,

---

10 Diese Analyse betrifft die Arbeitsmarktpolitik des Staates, nicht die Verhandlungen zwischen den Sozialpartnern. Diese sind Thema des Kapitels 5.

- eine niedrige und kurzzeitige finanzielle Unterstützung,
- die Ausrichtung auf den Normalbeschäftigten der Großunternehmen in der Industrie.

Der Blick auf die Ausgaben für Arbeitsmarktpolitik verdeutlicht die geringen Investitionen Italiens im Vergleich zu anderen entwickelten Industrieländern.

Tabelle II-11 Ausgaben für die aktive und passive Arbeitsmarktpolitik 1998, 2003 und 2007 (in Prozent des BIP)

	1998	2003	2007
Dänemark			
Gesamt	4,62	4,28	2,53
Aktive Maßnahmen	1,68	1,62	1,02
davon: Weiterbildung	0,74	0,62	0,33
Passive Maßnahmen	2,94	2,66	1,50
davon: Frühverrentung	0,93	0,77	0,52
Deutschland			
Gesamt	2,27	3,22	2,13
Aktive Maßnahmen	k. A.	0,94	0,51
davon: Weiterbildung	k. A.	0,47	0,29
Passive Maßnahmen	2,27	2,28	1,63
davon: Frühverrentung	0,00	0,04	0,06
ITALIEN			
Gesamt	1,22	1,35	1,08
Aktive Maßnahmen	0,48	0,71	0,37
davon: Weiterbildung	0,26	0,25	0,18
Passive Maßnahmen	0,74	0,65	0,71
davon: Frühverrentung	0,17	0,10	0,09
Niederlande			
Gesamt	3,34	2,95	2,07
Aktive Maßnahmen	0,99	0,99	0,68
davon: Weiterbildung	0,09	0,14	0,06
Passive Maßnahmen	2,36	1,95	1,39
davon: Frühverrentung	–	–	–

Quelle: Europäische Kommission (2010a), S. 73.

4.2.1 Beschäftigungsschutzbestimmungen

Im Vergleich der OECD-Länder hat Italien einen hohen Beschäftigungsschutz (Index von 2,6 gegenüber dem EU-Durchschnitt von 2,4), der aber ganz unterschiedliche Schutzniveaus und Regulierungen für verschiedene Beschäftigungsaspekte und -gruppen umfasst.

Ein geringer Regulierungsgrad und damit Beschäftigungsschutz besteht für die Entlassung einzelner Arbeiter, während Zeitarbeit (Index von 2,5 gegenüber EU 2,2) und Massenentlassungen (4,9 gegen 3,2) hochreguliert sind. Bei Massenentlassungen sind die italienischen Regelungen EU-weit die strengsten.

Dies ist ein bemerkenswertes Resultat, nachdem der Arbeitsmarkt mit einigen auch einschneidenden Reformen flexibler gestaltet werden sollte:

- Den Beginn machte das Gesetz 223/91 mit Deregulierungseffekten vor allem bei der Einstellung von Beschäftigten, nunmehr nach der freien Wahl des Arbeitgebers, während er bislang seine neuen Angestellten aus einer vom Arbeitsamt geführten Liste mit Arbeitsuchenden aussuchen musste (Gualmini 1996, S. 11 ff.), und bei der Entlassung, insofern zum ersten Mal Massenentlassungen als zulässig erachtet wurden.
- Mit dem Gesetz 236/93 wurde der Einkommensschutz im Falle von Arbeitslosigkeit gestärkt. Durch das Gesetz 451/94 zur Arbeitsförderung im Rahmen von Projekten im Bereich der Kulturgüter, des Umweltschutzes und öffentlicher Dienstleistungen wurde die Reintegration von Arbeitsuchenden verstärkt.

Abbildung II-30 Index der Beschäftigungsschutzbestimmungen
in ausgewählten OECD-Ländern (2008)

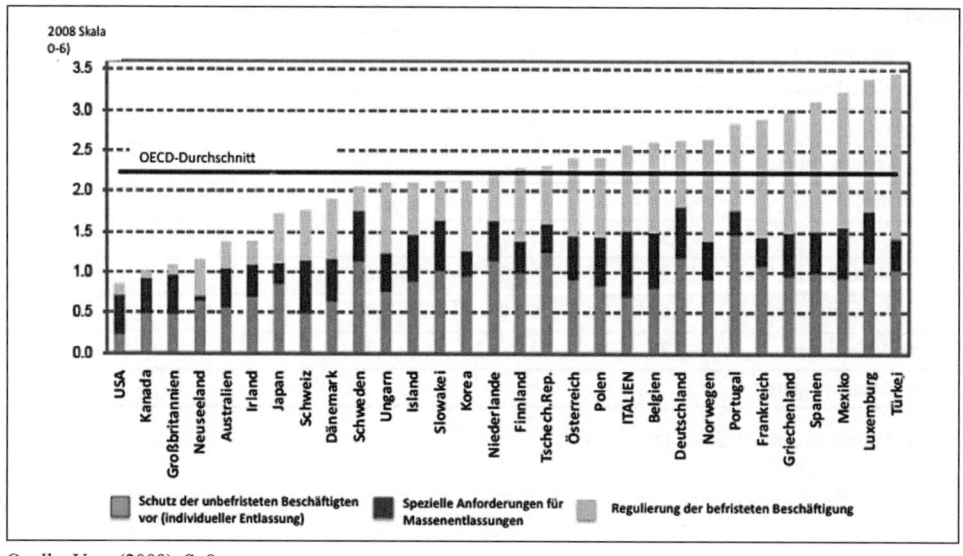

Quelle: Venn (2009), S. 8.

- Die Mobilitätslisten *(liste di mobilità)* stellen seit 1991 ein Instrument dar, um die Wiederanstellung von Arbeitslosen durch bedeutende Anreize für den Arbeitgeber, der Arbeiter in Mobilität anstellt, zu erleichtern.
- Ein bedeutender Schritt für Italien war die Zulassung von geregelter Leiharbeit mit dem Gesetz 196/97. Das nutzende Unternehmen zahlt dem Verleiher ein Entgelt und erhält dafür eine Arbeitskraft für eine bestimmte Zeit und zur gleichen Bezahlung wie für Normalbeschäftigte gleicher Qualifikation, die der Leiharbeiter vom Verleiher erhält.

Neben den von Regierungsseite eingeführten Flexibilisierungen kamen sozialpartnerschaftliche Neuerungen. Mit der Drei-Parteien-Übereinkunft von 1993 wurde neben Maßnahmen zur Lohnkostendämpfung und zur Neuordnung des Systems der Tarifverhandlungen (siehe Kapitel 5.3) eine neue Runde in den Initiativen zur Verbesserung der Qualifikation und zur Mobilisierung neuer Arbeitsmöglichkeiten für junge Arbeitsuchende eingeläutet.

Solidaritätsverträge sehen in der ab 1993 geltenden Form Arbeitszeitverkürzungen von 20 Prozent aufwärts auf der Basis von Vereinbarungen zwischen dem Unternehmen und den Gewerkschaften vor. Mit den „defensiven Verträgen" soll die innere Mobilität erleichtert und sollen Entlassungen verhindert werden. Das Arbeitsministerium kommt für die Lohnkompensation bis zu 50 Prozent der verlorenen Arbeit für eine Zeit von maximal 24 Monaten auf. (Gualmini 1996, S. 14)

In den neunziger Jahren sind zwei Instrumente zur Forderung der regionalen Entwicklung und des Arbeitsmarktes geboren worden, die beide auf dem konzertierten Vorgehen der Sozialpartner basieren: die Territorialpakte *(patti territoriali)* und die Regionalabkommen *(contratti d'area)*.

Die Territorialpakte sind auf einer Abstimmung von unten zwischen den lokalen Akteuren begründet, während im Falle der Regionalabkommen der Eingriff durch die Zentralregierung, die dazu eine besondere „*Task Force* für Beschäftigung" gebildet hat, entscheidend ist.

Das zwischen der Regierung und den Sozialpartnern im September 1996 geschlossene Beschäftigungsabkommen enthält die Grundprinzipien für eine neue arbeitspolitische Maßnahme, deren Ziel es ist, die regionale Entwicklung zu fördern. Vorrangiger Einsatzort sind die Ziel-1-Gebiete, also der gesamte *Mezzogiorno* (siehe Kapitel I 5.). Insbesondere die Möglichkeit, Teilzeitverträge mit einem Anteil von Ausbildung, die nicht vom Unternehmen bezahlt wird und während der Arbeitszeit genommen wird, abzuschließen, ist hier relevant. Zusätzlich haben die Gewerkschaften flexible Arbeitszeiten akzeptiert, die eine optimale Ausnutzung von Maschinen erlauben.

Der Blick auf fünfzig Jahre Gesetzgebung in der Arbeitsmarktpolitik führt zu dem Urteil, dass Initiativen allzu häufig im *Stop-and-Go*-Verfahren aus Anlass von krisenhaften Entwicklungen und/oder auf Druck starker Interessengruppen in Angriff genommen, dann aber halbherzig umgesetzt werden. „Die Entwicklung von Innovationen in der Arbeitspolitik scheint strikt von den politischen Strategien von Interessenverbänden und der Art ihrer Beziehung mit der Regierung abzuhängen". (Gualmini 1996, S. 20) Die Schwierigkeiten der Gewerkschaften, eine größere Flexibilität in den Arbeitsbeziehungen zuzulassen und das traditionelle Sicherheits- und Verteidigungsdenken aufzugeben, sind weitere Hindernisse auf dem Wege zu einer größeren Geschmeidigkeit in der Arbeitsmarktpolitik.

Im Folgenden sollen die Elemente des Indexes der Bestimmungen zum Beschäftigungs-schutz im Einzelnen, wie sie in den verschiedenen Abkommen geregelt sind, erörtert werden.[11]

Individuelle Entlassungen

Entlassungen von Einzelnen sind nur erlaubt, wenn sie gerechtfertigt sind. Im Falle von nicht-gerechtfertigten Entlassungen ist das Unternehmen verpflichtet, den Beschäftigten wieder einzustellen oder ihm eine Kompensation zukommen zu lassen. Unternehmen mit mehr als 15 Beschäftigten zahlen den Lohn zwischen dem Entlassungs- und dem Wiedereinstellungszeitpunkt. Demgegenüber zahlen Unternehmen mit weniger als 15 Beschäftigten eine Entschädigung in Höhe von 2,5 bis 6 Monaten Lohn oder sie stellen den Arbeiter wieder ein.

Für die Arbeiter stellt diese Regelung einen geringen Schutz da, denn kaum einer von ihnen kann sich ein Gerichtsverfahren von zwei Jahren bei einer Erfolgsquote von 45 Prozent (OECD 2004) leisten.

Massenentlassungen

Massenentlassungen sind nur bei Umstrukturierungen möglich. Die Regelungen gelten für Unternehmen mit mehr als 15 Beschäftigten, wenn der Arbeitsgeber mindestens fünf Beschäftigte innerhalb von 120 Tagen entlassen will. Innerhalb von 75 Tagen muss er die betriebliche Interessenvertretung und die Gewerkschaften über die Gründe, den Mangel an Alternativen, den Umfang und den Zeitpunkt der Maßnahme informieren. In einer Konsultation prüft der Betriebsrat diese Informationen. Falls die Gültigkeit der Maßnahme bestätigt wird, suchen die Sozialpartner gemeinsam nach Weiterbildungs- oder Neuanstellungsmöglichkeiten. Im Falle des Nichteinhaltens des Verfahrens muss das Unternehmen die Entlassenen wieder einstellen.

Entlassene Beschäftigte aus der Industrie und der Baubranche kommen auf die oben erwähnten Mobilitätslisten *(liste di mobilità)*. Für jeden Entlassenen muss das Unternehmen einen Beitrag in Höhe des Sechsfachen der Mobilitätsbeihilfe des ersten Monats zahlen. Dieser Betrag beläuft sich auf 100 Prozent und 80 Prozent der Lohnausgleichskasse für die ersten zwölf Monate und weitere Phasen.

Zeitverträge

Verträge mit vorab festgelegter Laufdauer sind aus technischen, organisatorischen und produktiven Gründen erlaubt. Nur eine Erneuerung ist möglich.

Mit den arbeitsmarktpolitischen Gesetzen des *Treu*-Pakets 1997 wurden Zeitarbeitsagenturen zugelassen. Die Zeitverträge müssen in ihren Gründen erläutert werden und decken in der Regel Ausnahmesituationen der Beschäftigung (Zusatzaufträge, Abwesenheit von Stammpersonal, etc.) ab. Mit Blick auf zwei Regelungen sind diese Zeitverträge hochreguliert. Erstens erhalten Zeitarbeitskräfte das gleiche Entgelt und die gleichen Arbeitsbedingungen in ihrem Verhältnis zu ihrer Agentur, wie sie im Kundenunternehmen gelten. Zweitens besteht die Auflage zu periodischen Berichten als Voraussetzung für die Agenturen, um die Berechtigung zum Abschluss von Zeitverträgen verlängert zu bekommen. Vereinbarungen

---

11   Die Ausführungen lehnen sich an die Darstellung des OECD-Länderreports zu Italien an (OECD 2010e). Zitate werden nur in Ausnahmen ausgewiesen.

zwischen den Sozialpartnern regeln den Gebrauch von Zeitverträgen hinsichtlich der Gründe, Grenzen, einbezogene Beschäftigte) oftmals strenger als die Gesetzgebung.

Arbeitszeit und Arbeitsorganisation

„Italien hat eine auf mittlerem Niveau liegende Regelung für flexible Zeitarrangements, eine relativ geringe Arbeitsintensität, Irregularität und wenig Rotation und Teamarbeit sowie eine relativ niedrige Arbeitsautonomie und Komplexität". (OECD 2010e, S. 3)

So wird nicht selten an Sonntagen und abends gearbeitet. In der Festlegung des Anfangs und Endes der Arbeitstage sowie deren Länge weist Italien gegenüber sonstigen entwickelten Industrieländern eine geringe Regelung auf. Nach Angaben von Arbeitern ist auch die Arbeitskomplexität vergleichsweise niedrig.

4.2.2   Instrumente der Arbeitsmarktpolitik

4.2.2.1 Aktive Arbeitsmarktpolitik

Aktive Arbeitsmarktpolitik besteht im Wesentlichen in der Setzung von Anreizen für Unternehmen, Arbeitsuchende anzustellen. Dafür erhält der Arbeitgeber Reduzierungen der Sozialbeiträge oder Steuern. Aktive Vermittlung, die Steuerung und Finanzierung von Weiterbildungsmaßnahmen sind in Italien kaum entwickelt. „Nur 25 Prozent aller Beschäftigten und 20 Prozent der Arbeitsuchenden suchen einen Job über öffentliche oder private Agenturen, während weniger als 5 Prozent eine Arbeit durch das öffentliche Arbeitsamt finden". (OECD 2010e, S. 6)

Das Land gibt 0,4 Prozent des BIP für aktive Arbeitsmarktmaßnahmen aus (gegenüber 0,5 Prozent des BIP im EU-27-Durchschnitt). (ebda., S. 5)

Für die Durchführung von Arbeitsmarktpolitik sind seit 1997 die Regionen zuständig, was die Heterogenität und die Effizienzunterschiede in der Arbeitsmarktpolitik verschärft. Problematisch ist in allen Fällen die geringe Stringenz in der Fallbehandlung von der Registrierung, über das erste Interview bis zur konzentrierten Befassung mit dem konkreten Fall. „Lange Wartezeiten zwischen der ersten und der detaillierten Registrierung können dazu führen, dass Arbeitsuchende geeignete offene Stellen verpassen". (ebda., S. 6)

Sehr problematisch in Bezug auf den Wiedereintritt in Beschäftigung ist die große Lücke in der beruflichen Weiterbildung der Italiener (siehe Kapitel IV), ob auf Initiative des Einzelnen oder von Unternehmen.

Hier gibt es Regelungen für die jüngeren und die älteren unter den Arbeitsuchenden sowie für Frauen, um den Ersteintritt oder Wiedereintritt in den Arbeitsmarkt zu erleichtern:

- Ausbildungsverträge für junge Leute im Alter von 15–18 Jahren bis zu drei Jahren. Eine Variante sind die Berufsbildungs- und höherwertigen Ausbildungsverträge für 18–29 Jährige von zwei bis sechs Jahren Laufdauer je nach der zu erwerbenden Qualifikation.
- Arbeitszugangsverträge können für junge Arbeitsuchende zwischen 18 und 29 Jahren, Langzeitarbeitslose zwischen 29 und 32 Jahren, Arbeiter über 50, Arbeiter mit Rückkehrwunsch nach einer Unterbrechung, Frauen in Gebieten mit einer um 20 Prozent niedrige-

Abbildung II-31 Durchschnittliche Lohnersatzraten bei einer Arbeitslosigkeit
von fünf Jahren

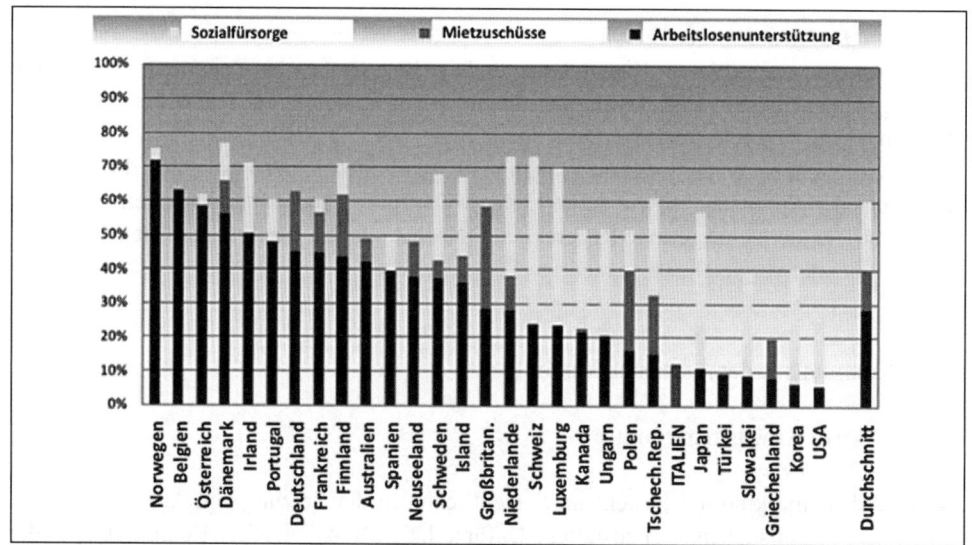

Legende: Vorläufige Zahlen 2008 für Zahlen, für alle anderen Länder effektive Zahlen aus 2007. Für 2007 waren
die Raten für Italien: 7,4 Prozent Lohnersatz, 0,1 Prozent Mietbeihilfe, 0 Prozent Sozialbeihilfe. Die Länder sind
absteigend danach geordnet, wie hoch der Lohnersatz durch die Hilfen ist.

Quelle: OECD (2009c).

ren Beschäftigungsrate von Frauen gegenüber Männern und für Behinderte geschlossen
werden. Diese Verträge haben eine Höchstlaufdauer von 6 bis 18 Monaten (36 Monate für
Behinderte) und können in allen Bereichen mit Ausnahme der öffentlichen Verwaltung
genutzt werden. Voraussetzung ist, dass zumindest 60 Prozent der Beschäftigten, die früher mit diesen Verträgen eingestellt worden waren, immer noch in dem Unternehmen beschäftigt sind. (Venn 2009, S. 23)

4.2.2.2 Regelung neuer Beschäftigungsformen

Es dauerte lange Zeit, bis man sich in Italien der Regelung neuer Beschäftigungsformen an-
nahm. Im Vordergrund stehen die verschiedenen Existenzformen der Selbstständigkeit von
Freiberuflern besonders im Status zwischen der abhängigen und der selbstständigen Beschäftigung, wofür in Deutschland der Begriff Scheinselbstständige benutzt wird. Diese „ar-
beitgeber-koordinierte freiberufliche Arbeit" oder „Projektarbeit" zeichnet sich durch die
Einbindung in den Ablauf und die Auftragssituation des Kunden sowie damit durch die Abwesenheit eines eigenen unternehmerischen Risikos aus. So steht er dem Auftraggeber für
eine gewisse Zeit für Aufträge zur Verfügung, was die typische Selbstständigentätigkeit der
Akquisition auf dem freien Markt einschränkt. Aber der Auftragnehmer arbeitet mit eigenen
Arbeitsmitteln.

Für Projektarbeit sind strengere Regeln erlassen worden. Hier wird *Stand-by*-Präsenz geregelt, Rufbereitschaft vereinbart und sind die Laufzeiten festgelegt (nämlich mit Projektende). Diese Beschäftigtenkategorien, die immerhin sieben Prozent der Gesamtbeschäftigung (ebda., S. 8) umfassen, bringen ein beachtliches Element von Flexibilität in den italienischen Arbeitsmarkt.

4.2.2.3 Passive Arbeitsmarktpolitik

Die passive Arbeitsmarktpolitik, die im Lande gegenüber den aktiven Maßnahmen vorrangig ist, bleibt im EU-Ländervergleich weit unterentwickelt (0,7 Prozent des BIP gegenüber 1,0 Prozent). Zudem ist das System sehr auf den Normalarbeiter, also den unbefristet in einem Großunternehmen in der Industrie Beschäftigten, ausgerichtet. „Personen mit keiner oder einer geringen Arbeitserfahrung oder mit atypischen Verträgen haben einen sehr beschränkten Zugang zu Unterstützungsleistungen und sind oft auf die Unterstützung in der Familie angewiesen". (OECD 2010e, S. 4)

Überdies bedingen weitere Vorschriften der Sozialpolitik eine geringe Mobilität von Personen auf dem Arbeitsmarkt und eine Exklusion vor allem von Frauen, insofern der Hauptverdiener steuerlich bevorteilt wird, wenn er abhängige nicht-erwerbstätige Personen (also Kinder und eine Ehefrau) zu versorgen hat.

Unterstützungen bei Arbeitslosigkeit
Das gesamte System der Unterstützungsleistungen im Falle von Arbeitslosigkeit ist wenig aufeinander abgestimmt, enthält vielfältige Unterschiede je nach betroffener Beschäftigtenkategorie und ist wenig mit aktiven Arbeitsmarktmaßnahmen und Anreizen zur Arbeitsaufnahme verknüpft.

Insgesamt gibt es vier verschiedene Unterstützungsleistungen:

- die normale Arbeitslosenversicherung *(Indennità di disoccupazione non agricola)*
- die normale Lohnausgleichskasse *(Cassa integrazione guadagna ordinaria, CIGo)*
- die außerordentliche Lohnausgleichskasse *(Cassa integrazione guadagni straordinaria, CIGs)*
- die Mobilitätsentschädigung *(Indennità di mobilità)*.

Die normale Arbeitslosenversicherung
Die normale Arbeitslosenversicherung erhält ein Arbeitsloser nur für eine begrenzte Zeit und unter bestimmten Bedingungen. Arbeitslose müssen mindestens 52 Wochen in den zwei Jahren vor Eintritt der Arbeitslosigkeit Beiträge gezahlt haben oder die Zahlung von Beiträgen über mindestens zwei Jahre bis zur Antragstellung nachweisen. Dies sind die normalen Vorbedingungen für den Erhalt der Arbeitslosenunterstützung. Daneben gibt es die verringerte Vorbedingung für Arbeitslose, die mindestens 78 Tage beim selben Arbeitgeber gearbeitet haben. Ursprünglich galt diese Regelung für Saisonarbeit und für Bauarbeiter. In diesem Fall ist die gezahlte Summe sehr gering.

Der Arbeitslose erhält bis zu 60 Prozent des Bezugslohns für die ersten sechs Monate und bis zu 50 Prozent für die folgenden zwei Monate. Nach den ersten acht Monaten wird

Abbildung II-32 Nutznießer der Arbeitslosenversicherung (2010, in Tsd.)

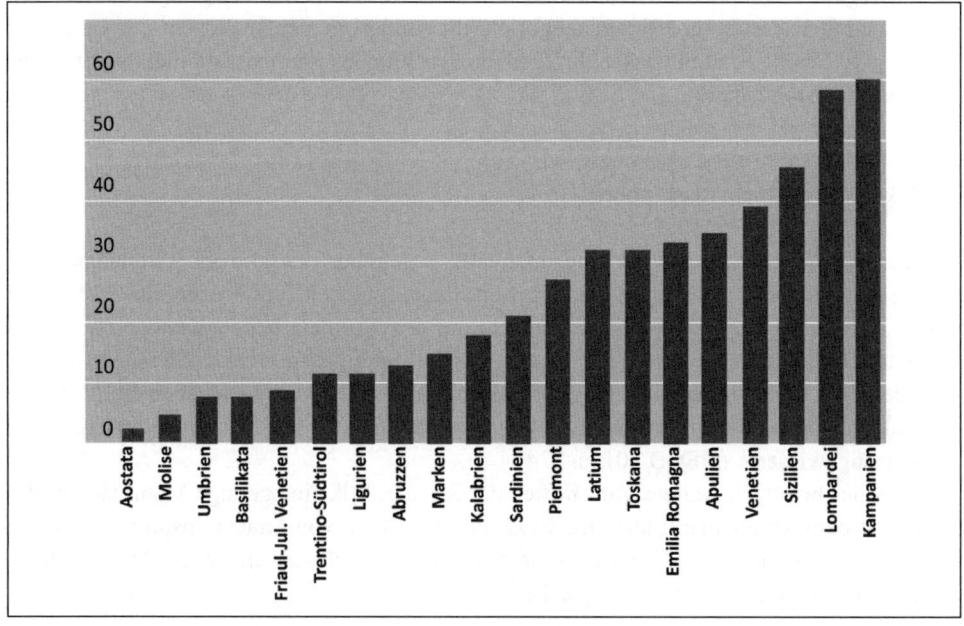

Quelle: La Repubblica, Beilage „Affani & Finanza" vom 25.07.2011, S. 10.

die Leistung auf 40 Prozent für Arbeiter über 50 oder über vier zusätzliche Monate gesetzt. Im Falle der verringerten Vorbedingung liegt die Ersatzleistung bei 35 Prozent für die ersten 120 Tage und bei 40 Prozent für die restlichen 60 Tage.

Die Bezugsdauer beträgt acht Monate für Arbeitslose unter 50 Jahren und neun bis zwölf Monate für Beschäftigungslose über 50 Jahre. Im Falle der verringerten Vorbedingung wird die Leistung für die Anzahl der gearbeiteten Tage gezahlt.

Im Jahre 2009 bezogen 1,1 Mio. Arbeitslose die normale Arbeitslosenunterstützung. Der regionale Schwerpunkt lag im Süden mit 430 000 Personen, was einem Anteil von 38,5 Prozent entspricht. (INPS 2011), S. 218) Dahinter liegen die Regionen im Nordosten des Landes mit 252 786 Personen (22,7 Prozent) und die des Nordwestens mit 235 989 Personen (21,1 Prozent). Die Mitte Italiens verzeichnet 17,7 Prozent der Gesamtbezieher der Arbeitslosenunterstützung.

Die normale Lohnausgleichskasse (CIGo)

Die *CIGo* ist eine Lohnersatzleistung und tritt ein im Falle von vorübergehender Arbeitsunterbrechung oder Kurzarbeit wegen zyklischer Auftragsfluktuation oder wegen besonderer Umstände, die nicht in der Verantwortung von Arbeitgeber oder Arbeitnehmer liegen. Die Leistungen aus der *CIGo* erhalten Beschäftigte der Industrie bei weiter laufendem Arbeitsvertrag. Die Lohnausgleichskasse wird nicht in Unternehmen mit weniger als 15 Beschäftigten angewendet. „Die Zahlungen der *CIGo* entsprechen 80 Prozent der gesamten Entlohnung

Abbildung II-33 Nutzung der Lohnausgleichkasse

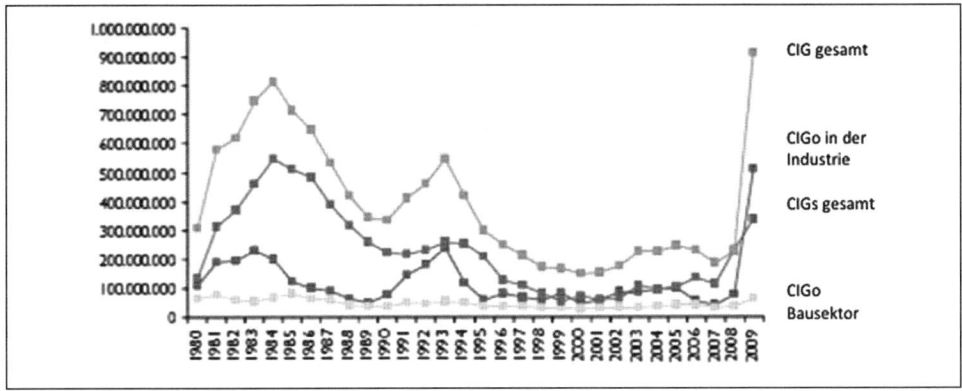

Quelle: INPS (2011), S. 186.

für maximal zwölf Monate. Für die anschließenden sechs Monate wird eine Obergrenze der Leistungen gesetzt". (OECD 2010e, S. 5)

Die *CIGo* wird für 13 Wochen mit möglichen Verlängerungen bis zu zwölf Monaten (24 Monate in einigen Regionen) innerhalb von zwei Jahren gezahlt.

Die außerordentliche Lohnausgleichkasse (CIGs)

Die *CIGs* tritt ein, wenn eine Massenentlassung in Folge einer teilweisen oder vollständigen Verringerung ihrer Arbeitsstunden wegen Umstrukturierung oder Bankrott vorgenommen wird. Die Lohnersatzleistungen werden an Beschäftigte des verarbeitenden Gewerbes mit mehr als 15 Beschäftigten sowie an Verlags- und Handelsunternehmen mit mehr als 200 Beschäftigten gezahlt. „Die *CIGs* gewährt 80 Prozent der Gesamtentlohnung mit einer Obergrenze für nicht gearbeitete Stunden für maximal 36 Monate". (ebda.) Die Grenze für 2008 liegt bei 858 Euro bzw. 1 031 Euro im Falle von Monatsgehältern über 1 857 Euro. Beide Ausgleichszahlungen werden vom Arbeitsgeber mitfinanziert.

Die *CIGs* erhält der Betroffene für zwölf bis 24 Monate mit zwei Verlängerungen von jeweils zwölf Monaten, wenn die Umstrukturierung länger als 24 Monate dauert. Das Maximum sind 36 Monate über den Zeitraum von fünf Jahren.

Die Finanzierung erfolgt zu 30 Prozent durch die Regionen, während die restlichen 70 Prozent von den Versicherungsfonds zu tragen sind.

Das Instrument der Lohnausgleichkasse hat sich gewandelt. Ursprünglich eingesetzt, um Unternehmen in vorübergehenden wirtschaftlichen Nöten zu helfen, indem die Beschäftigungsverhältnisse erhalten und damit die Investitionen in die Arbeitskräfte gewahrt bleiben sowie ein sozialer Ausgleich für die betroffenen Arbeiter erreicht würde, hat es sich zum Hauptinstrument zur Relativierung der Beschäftigungskrise entwickelt.

Anfang der achtziger Jahre wurde die Lohnausgleichkasse äußerst stark von Unternehmen in Krise insbesondere in der Chemieindustrie, in der Stahlindustrie und im Schiffbau in Anspruch genommen. Die Zahl der von der *CIG* gedeckten Kurzarbeit stieg von 578 Mio.

Stunden, entsprechend 5 Prozent aller Arbeitsstunden in der Industrie, im Jahre 1981 auf 816 Mio. Stunden, gleich 7,5 Prozent, in 1984 an. Zwischen 1985 und 1990 ging sie dann jährlich im Durchschnitt um 20 Prozent zurück. Anfang der neunziger Jahre stieg die Stundenzahl wieder auf 549 Mio. (1993), fiel aber bis 1999 auf 167 Stunden zurück vor allem wegen des Übergangs vieler Betroffener in die Mobilitätslisten.

In den Krisenjahren 2008 und 2009 ging die Anzahl der von der *CIG* gedeckten Stunden auf das Vierfache. Von den 915 Mio. genehmigten Stunden in der *CIG* wurden 593 effektiv genutzt (INPS 2011). 296 712 Arbeiter erhielten in 2009 Lohnersatzleistungen aus der *CIG*, davon waren 175 545 in der *CIGo* und 121 167 in der *CIGs*. Die durchschnittliche Nutzungszeit betrug einen Monat und 18 Tage, wobei die durchschnittliche Verweildauer pro Kopf in der *CIGs* mit vier Monaten und zwei Tagen gegenüber einem Monat und acht Tagen in der normalen Lohnausgleichkasse beträgt.

Die Hauptnutzerbranchen waren die mechanische Industrie mit 299 Mio. Stunden (58,4 Prozent) und einem Anstieg von 7,04 Prozent gegenüber 2008, dann die Metallverarbeitung mit 47 Mio. Stunden (9,2 Prozent). Es folgen die Chemieindustrie und die Petrochemie mit 8,8 Prozent Anteil an der Gesamtstundenzahl.

Die Mobilitätsentschädigungen

Dies sind Unterstützungsleistungen, die an Beschäftigte mit mindestens zwölf Monaten Versicherungszeit, darin eingeschlossen mindestens sechs Monate tatsächlicher Tätigkeit, gezahlt werden. Die Mobilitätsleistungen werden an Beschäftigte gezahlt, die von Unternehmen nach Nutzung der *CIGo* nicht wieder beschäftigt werden können. Für die Beschäftigten ist dies die Entschädigung dafür, dass sie auf neue Beschäftigung warten. „Die Mobilitätsleistungen können 36 Monate gezahlt werden (48 Monate in Süditalien) und gewährleisten 100 Prozent der *CIGs* für das erste Jahr und 80 Prozent für die folgenden Monate, wobei dieselben Obergrenzen wie für die normale Arbeitslosenunterstützung gesetzt werden. Sie tritt für gewöhnlich ein, wenn die *CIG* ausgelaufen ist". (ebda.)

Die Bezugsdauer für die Mobilitätsentschädigungen variiert je nach dem Alter des Beziehers, dem Standort der Tätigkeit sowie der Unternehmensgröße. Die Referenzbezugszeit beträgt zwölf Monate, die für Beschäftigte über 40 und 50 Jahre auf 24 und 36 Monate erhöht wird. Im Süden und sonstigen benachteiligten Regionen ist die Bezugsdauer auf 24, 36 und 48 Monate jeweils erhöht.

Im Jahre 2009 wurden 1,1 Mrd. Euro an Mobilitätsentschädigungen ausgezahlt. Nutznießer kamen vor allem aus dem Süden mit 58 857 Personen, was knapp einem Drittel aller Empfänger (119 000 Personen) entspricht. Aus dem Nordosten kamen 54 406 Nutznießer (30,1 Prozent). (INPS 2011, S. 214)

Abweichende soziale Hilfsmaßnahmen (Ammortizzatori sociali in deroga)

Falls ein von Arbeitslosigkeit Betroffener weder auf die Lohnausgleichskasse noch auf die Mobilitätsentschädigung zurückgreifen kann, weil die Bezugsrechte nicht gegeben sind, kann er ausnahmsweise und abweichend beim Nachweis von Beschäftigungsproblemen Leistungen beider Kassen nutzen. In welchem Ausmaß und in welcher Höhe dies geschehen kann, hängt von den jährlich vom Haushaltsgesetz der Regierung zur Verfügung gestellten Mitteln ab.

4.2.3 Inklusion und Exklusion in der Arbeitsmarktpolitik

Die eingangs genannten vier Hauptmerkmale der Arbeitsmarktpolitik in Italien, geringe Investitionen in die arbeitspolitischen Maßnahmen, die Vernachlässigung der aktiven Maßnahmen, folglich den Fokus auf Lohnersatz, eine niedrige und kurzzeitige finanzielle Unterstützung und die Ausrichtung auf den Normalbeschäftigten der Großunternehmen in der Industrie bedeuten eine signifikante Benachteiligung weiter Teile der Bevölkerung nach Unternehmenstyp, Beschäftigungstyp, Geschlecht und Alter. Das Resultat sind Probleme des (Wieder)Eintritts dieser Personengruppen in den Arbeitsmarkt im Falle von frei gewählter oder erzwungener Beschäftigungslosigkeit.

- Weite Teile der Beschäftigungsschutzregelungen betreffen die Großunternehmen, da die Unternehmen bis 15 Beschäftigten, die 51 Prozent aller Unternehmen in Italien ausmachen, ausgenommen sind.
- Für Personen ohne bisherige Berufstätigkeit bestehen regelrechte Marktzutrittsbarrieren. Beim Ausweichen in atypische Beschäftigungsverhältnisse sinkt der rechtliche und finanzielle Schutz.
- Das System der Leistungen ist für die spezifischen Beschäftigungsprobleme im *Mezzogiorno* nicht geeignet. Die Systeme sind eher auf die Belange des Nordens ausgelegt: „Im *Mezzogiorno* machen die gemeldeten Arbeitslosen die eine Hälfte aller beschäftigungslosen Personen aus. Die andere Hälfte setzt sich aus einem Heer von Personen zusammen, die nicht aktiv Arbeit suchen, und einer ziemlich geringen Anzahl von Personen in der Lohnausgleichkasse. In Mittel- und Norditalien ist das Verhältnis vollständig anders herum: der relevanteste Anteil der Beschäftigungslosen besteht außer den normalen Arbeitslosen vor allem aus Personen in der Lohnausgleichkasse. Das System der Unterstützungsleistungen, das um die Lohnausgleichkasse zentriert ist, erscheint als zu dünn für den *Mezzogiorno*. Dies geht aus einer Gegenüberstellung der Zahlen der *CIG* und der Arbeitslosigkeit hervor.
  Gegenüber 186 000 verlorengegangenen Arbeitsplätzen im Norden sind im Jahr 438 000 Arbeitseinheiten in der Lohnausgleichkasse registriert. Im Süden hingegen betraf die *CIG* kaum 96 000 Arbeitseinheiten gegenüber dem alarmierenden Verlust von 200 000 Arbeitsplätzen. Folglich gibt es auf jede Person, die ihre Arbeit verloren hat, zwei weitere, vom Unterstützungssystem geschützte Personen. Im Süden hingegen ist es genau anders herum: nur einer von drei Arbeitern genießt den Schutz der Lohnausgleichkasse". (Svimez 2011a, S. 39)
- Personen mit geringer Arbeitserfahrung haben nur beschränkten Zugang zu den Unterstützungsleistungen und müssen sich auf die Unterstützung ihrer Familien verlassen.
- Die Steuererleichterung für den Erstverdiener mindert die Bereitschaft für Zweitverdiener, in der Regel die Frau, selbst erwerbstätig zu werden.
- Der geringe Schutz der Personen in atypischen Beschäftigungsverhältnissen reduziert die Attraktivität dieser für bestimmte Beschäftigtengruppen in bestimmten Lebenslagen sehr gewünschten Arbeitsform.

- Die absolut geringen Investitionen in Weiterbildungs-, Vermittlungs- und Suchaktivitäten von Seiten der Arbeitsbehörden tragen dazu bei, die Bindung der Betroffenen an den Arbeitsmarkt zu mindern und sie in ihrer Qualifikation stagnieren zu lassen.

4.3 Sozialpolitik

4.3.1 Rentenversicherung

Überblick

Für Renten wurden im Jahr 2009 173 Mrd. Euro ausgegeben. Zu diesem Zeitpunkt gab es 16 Mio. Rentner zuzüglich der 2,6 Mio. Bezieher der zivilen Versehrtenrente. Den größten Anteil machen die abhängig Beschäftigten mit 10 Mio. Rentnern und die Selbstständigen mit vier Millionen aus. In vier Millionen Fällen musste der Rentenbetrag durch staatliche Zuschüsse auf das Mindestrentenniveau erhöht werden; 80 Prozent davon waren Renten für Frauen. (Zahlen aus INPS 2011, S. 134)

Den Löwenanteil der 16 Mio. Rentenfälle macht die Altersrente aus; die durchschnittliche Rente beträgt hier 13 959 Euro im Jahr. Die zweitgrößte Gruppe ist mit 1,6 Mio. Fällen die der Bezieher von mindestens zwei Renten aus der Rentenversicherung (Invalidität und Alter), die im Durchschnitt 14 035 Euro im Jahr erhalten. Die Bezieher von nur Sozialrenten (1,5 Mio.) mit durchschnittlich 5 670 Euro im Jahr folgen. Weitere Kategorien sind die Bezieher von Sozialleistungen, die an die Versicherungen gebunden sind, (1,4 Mio.) mit jährlichen Durchschnittsbeträgen von 15 560 Euro, die Bezieher von nur Hinterbliebenenrenten (1,4 Mio.) mit 7 766 Euro im Durchschnitt pro Jahr und die Bezieher von nur Invalidenrenten (776 000) mit Durchschnittsbeträgen im Jahr von 8 213 Euro. (ebda., S. 167)

Die Übersicht über die Einkommensklassen ergibt, dass 63 Prozent der Rentner, d. h. 8,6 Mio. Personen, eine oder mehrere Leistungen mit einem Wert unter 1 000 Euro im Monat erhalten. Weitere 22,2 Prozent, also 3,1 Mio. Personen, beziehen Renten zwischen 1 000 und 1 500 Euro. 8,6 Prozent erhalten zwischen 1 500 und 2 000 Euro und die restlichen 6,7 Prozent einen Betrag über 2 000 Euro. Die Männer besetzen die höchsten Einkommensgruppen, die Frauen dagegen die niedrigsten. 62 Prozent der Renten für Frauen sind niedriger als 500 Euro im Monat.

Tabelle II-12 Verteilung der Rentenformen 2009

Rentenart	Männer	Frauen
Altersrente	70,3	35,4
Invalidität	7,4	4,1
Hinterbliebenen	1,1	17,0
Fürsorgeleistungen	8,8	12,8
IVS	4,3	18,6
IVS und Fürsorge	8,0	12,1

Quelle: INPS (2011), S. 169.

Abbildung II-34 Renten nach Einkommensgruppen im Vergleich der Geschlechter, 2009

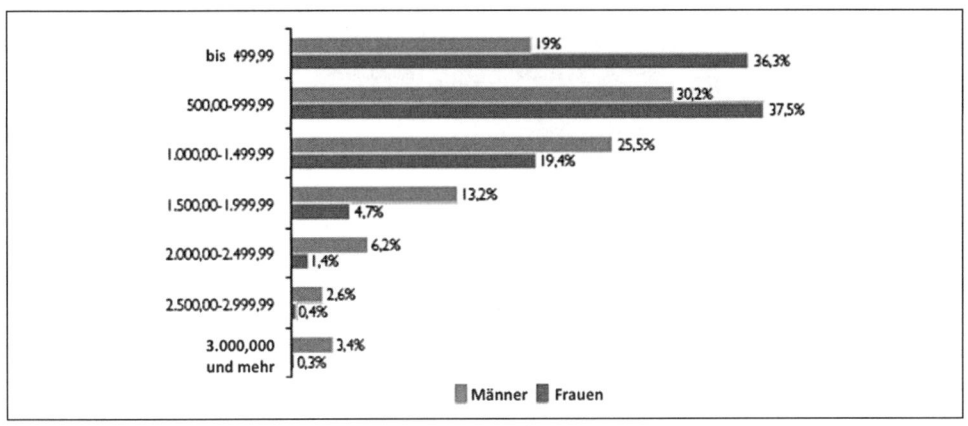

Quelle: INPS (2011), S. 179.

Die Rentenbeträge sind naturgemäß je nach Berufsgruppe sehr unterschiedlich: an der Spitze liegen die Führungskräfte (3 788 Euro pro Monat im Durchschnitt), dann die Piloten mit 3 487 Euro. Die Grenze von 2 000 Euro überspringen die Mitarbeiter der Telefongesellschaften, knapp dahinter liegen die ehemaligen Beschäftigten der Stromgesellschaften mit 1 879 Euro.

Die größte Gruppe hinter diesen privilegierten Berufsgruppen umfasst die ehemals abhängig Beschäftigung mit ca. 9,5 Mio. Personen, die sich im Durchschnitt mit 861 Euro Rente zufrieden geben müssen.

Weiter unten stehen die Händler (707 Euro), die Handwerker und Bauern (2,7 Mio. Rentner mit 611 Euro). (INPS 2011)

Abbildung II-35 Zusammensetzung der Renten in den drei Landesteilen, 2009

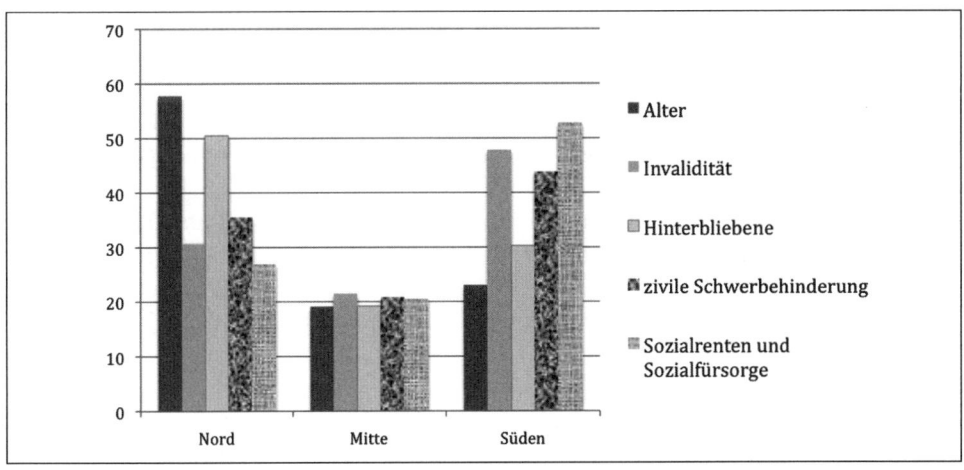

Quelle: INPS (2011), S. 160.

191

Abbildung II-36 Regionale Rentnerquoten (Anzahl der Rentner an der Wohnbevölkerung)

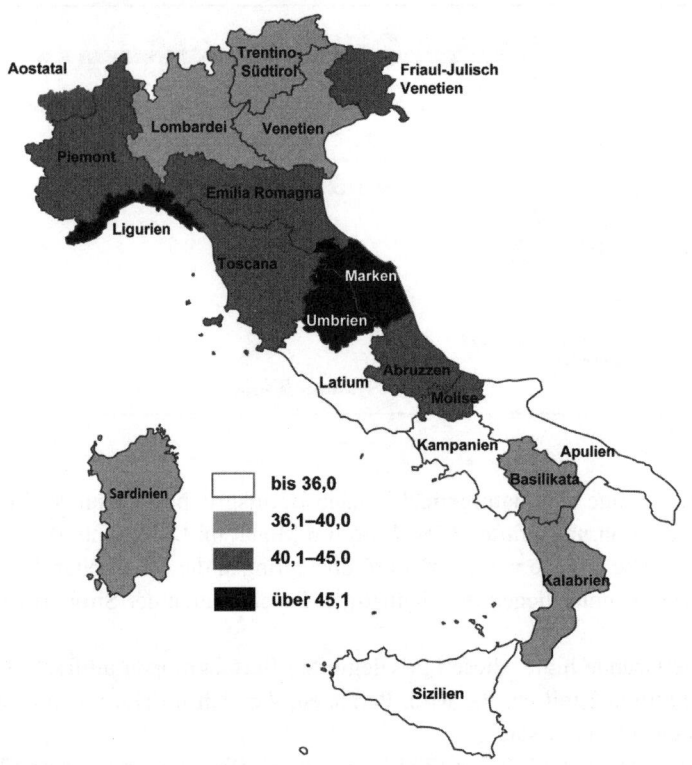

Quelle: Istat (2011b), S. 272.

Regionale Verteilung

In den Regionen des Nordens ist die Rentenrate mit 40,8 Renten pro 100 Einwohner am höchsten. Auch die Regionen der Mitte liegen mit 40,5 Renten pro Einwohner noch über dem Landesdurchschnitt von 38,8 Renten. Umbrien ist mit 49,2 Prozent die Region mit der höchsten Rentenrate, Kampanien hat die niedrigste Rentenrate (31,8 Prozent).

Im *Mezzogiorno* herrschen die Unterstützungs- und Sozialrenten vor, während im Norden vor allem Renten gezahlt werden, die einen direkten Bezug zum vorherigen Erwerbsleben haben.

In Bezug auf die Rentenhöhe geht ein tiefer Riss durch das Land. In 2009 erhielt ein Rentner aus dem Süden im Durchschnitt 9 501 Euro Brutto im Jahr. Damit liegt er weit unter der Rente eines Rentners im Nordwesten (11 805 Euro), Nordosten (10 959 Euro) und in der Mitte (11 317), wobei der Landesdurchschnitt 10 808 Euro beträgt. (INPS 2011)

Rentenreformen

Die Rentenzahlungen waren immer schon ein gewichtiger Posten im Staatshaushalt und daher Gegenstand verschiedener Reformen, die unterschiedlich weit reichten. Ein Überblick verdeutlicht die wichtigsten Schritte:

- Regierung Amato von 1992: automatische Angleichung der Renten an den Preisindex für den Konsum der Arbeiter- und Angestelltenfamilien und nicht auch an die Löhne, graduelle Anhebung des Renteneintrittalters auf 65 Jahre für Männer und 60 Jahre für Frauen mit der Anhebung der erforderlichen Versicherungszeit auf 15 bis 20 Jahre, Anhebung auf 35 Jahre der Beitragsberufzeit für die Anwartschaft auf die Dienstalterrente, Einfrieren der Renten, Einführung der Einkommensvoraussetzungen für die Aufstockung auf die Mindestrente,
- Regierung Dini von 1995: Umstellung der Berechnungsmethode vom verdienstorientierten zum beitragsorientierten System, so dass die gesamte Erwerbsbiographie für die spätere Rentenhöhe erheblich ist; daneben bemisst sich die spätere Rentenhöhe nicht nach dem Einkommen, sondern nach der Summe der während des Erwerbslebens geleisteten Beiträge. Renteneintritt zwischen 57 und 65 Jahren sowohl für Männer wie für Frauen, Einführung der neuen Regeln für die Dienstalterrente (40 Jahre Auszahlung bei gleichgültig welchem Alter oder mindestens 57 Lebensjahre und 35 Beitragsjahre), weitere Verschiebung des Eintritts der Dienstalterrente, Verschärfung der Einkommensvoraussetzungen für die Aufstockung auf die Mindestrente. Einführung von Leistungselementen wie den Jahren der Kinderaufzucht für die Frauen.
- Regierung Prodi von 1997: Homogenisierung der Beiträge für die verschiedenen Berufsgruppen, vorübergehende Aufhebung der Anpassung der Renten über drei Mio. Lire nach dem Verbraucherpreisindex.
- Regierung Berlusconi von 2004: Frühverrentung nach 40 Jahren Beitragszahlung, Erhöhung des Renteneintrittsalters auch im beitragsbasierten System auf 65 Jahre für Männer und 60 für Frauen.
- Regierung Berlusconi von 2007: Einführung eines graduellen Ansteigens des Renteneintrittsalters mit „Treppchen" und „bindenden Quoten" aus der Summe des Lebensalters und den Jahren der Beitragszahlung, Stärkung des beitragsorientierten Systems von 1995 mit der Einführung der neuen Transformationskoeffizienten.
- Regierung Berlusconi von 2009: Einführung eines automatischen Mechanismus für die schrittweise Erhöhung des Renteneintrittsalters gemäß der vom *Istat* festgestellten und von *Eurostat* bestätigten jeweiligen Lebenserwartung.

4.3.2   Die Renten im Einzelnen

Altersrente

Die Anwartschaft auf eine Altersrente ist abhängig von der Art der Leistungsberechnung, also entweder beitragsbasiert oder in einer Mischung aus Beitrags- und Einkommensabhängigkeit.

Der einfachste Fall ist der einer Mischung aus den beiden Berechnungsmethoden, die auf all diejenigen Arbeitnehmer angewandt wird, die bereits zum 31. Dezember 1995 in der Rentenversicherung eingeschrieben waren. Das Renteneintrittsalter beträgt bei Männern mindestens 65 und bei Frauen 60 Jahren. Die minimale Beitragszeit beträgt 20 Jahre.

Komplexer ist die Situation für Arbeitnehmer, die nach dem beitragsbasierten System eingestuft werden.

Abbildung II-37 Offizielles und tatsächliches Renteneintrittsalter

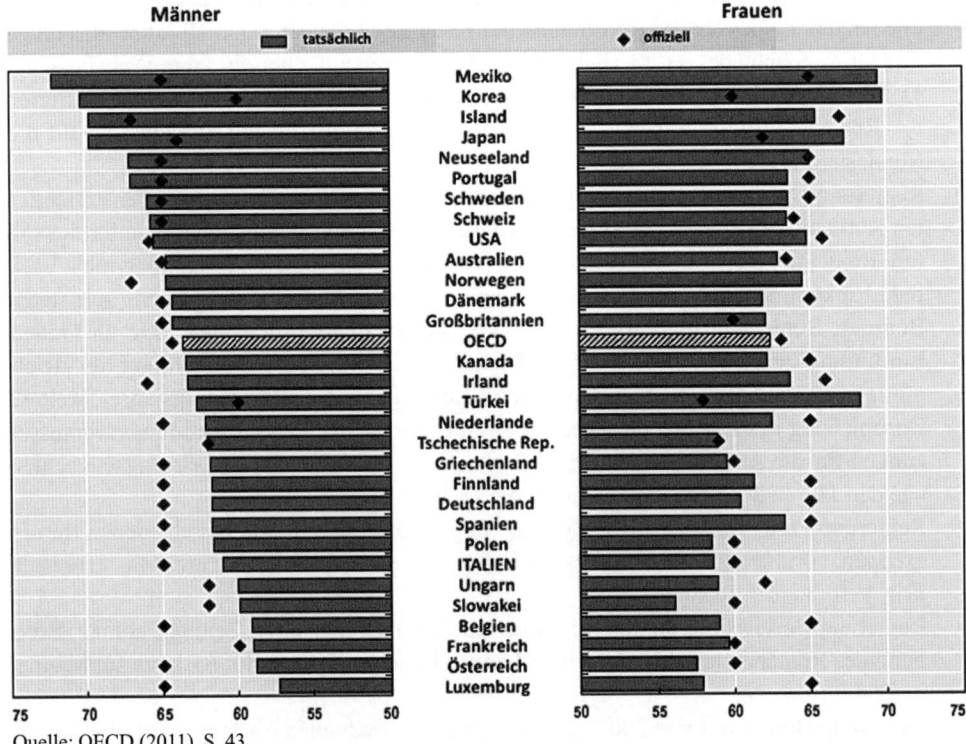

Quelle: OECD (2011), S. 43.

Die Neuregelung der Dienstaltersrente sieht eine ähnliche schrittweise Erhöhung des Renteneintrittsalters von 58 Jahren auf 60 Lebensjahre plus 35 Berufsjahre in 2008 bis auf 62 Jahre Lebensalter und 36 Berufsjahren in 2014 vor. Alternativ kann die Dienstaltersrente bei 40 Berufsjahren mit Beitragszahlungen unabhängig vom Lebensalter bezogen werden. Für die Selbstständigen, die die Dienstaltersrente beanspruchen wollen, sind die Eintrittsstufen beim Lebensalter wieder um ein Jahr höher. Mit dem Maßnahmenpaket gegen die Spekulation der Finanzmärkte gegen Italien vom August 2011 wurde auch beschlossen, Frauen schon 2015 erst mit 65 Jahren den Anspruch auf Altersrente einzuräumen. Überdies sollen abhängig Beschäftigte bereits 2012 und nicht erst 2013 die Summe von 97 Jahren aus Lebensalter und Beitragsjahren nachweisen müssen, um Altersrente beziehen zu können.

Die Rente finanziert sich durch die Sozialbeiträge in Höhe von 33 Prozent, die zu einem Drittel von den Arbeitnehmern und zu zwei Dritteln vom Arbeitgeber getragen werden. Zur Berechnung der Rentenhöhe werden zwei Faktoren ermittelt: „Die Beitragszahlungen, die mit der nominellen Wachstumsrate des Bruttoinlandsproduktes (in Übereinstimmung mit einem sich über fünf Jahre bewegenden Durchschnitt) verzinst werden, und der Transformationsindex, dessen Berechnung hauptsächlich an den Wahrscheinlichkeit des Todes, der Hinterbliebenschaft als Witwe oder Witwer und der Anzahl der Jahre, die die Leistungen des Überlebenden ausmachen". (OECD 2011, S. 255)

Tabelle II-13   Bezugsberechtigung für die Altersrente

Arbeits-situation	Lebensalter	Mindestbeitrags-jahre	Rentenhöhe
Beendigung des Arbeits-verhältnisses	Nur für Frauen: zwischen 60 und 64	5	Mindestens das 1,2fache des Be-trages des Sozialschecks (der um 20 Prozent vergrößerte Sozial-scheck)
	65	5	–
	–	Mindestens 40 (einschl. den Jah-ren der Studien-zeit)	Mindestens das 1,2fache des Betra-ges des Sozialschecks (der um 20 Prozent vergrößerte Sozialscheck)

	Abhängig Beschäftigte und quasi-unter-stellte Beschäftigte:
	• vom 1.1.08 bis zum 30.6.09 58 Jahre
	• vom 1.7.09 bis 2010
	  59 oder 60 Jahre
	• ab 2011 bis 2012
	  60 oder 61 Jahre
	• ab 1.1.13 61 oder 62 Jahren
	• Option: 57 Jahre für die Frauen, die das vollständig beitragsorientierte System wählen
		35
		36 (Summe 95*)
		35 (Summe 95)
		36 (Summe 96)
		35 (Summe 96)
		36 (Summe 97)
		35
			Mindestens das 1,2fache des Be-trages des Sozialschecks (der um 20 Prozent vergrößerte Sozial-scheck)

	Selbstständige (CDMC**, Handwerk und Handel):
	• vom 1.1.08 bis zum 30.6.09 59 Jahre
	• vom 1.7.09 bis 2010
	  60 oder 61 J.
	• ab 2011 bis 2012
	  61 oder 62 Jahre
	• ab 1.1.13 62 oder 63 Jahren
	• Option: 58 Jahre für die Frauen, die das vollständig beitragsorientierte System wählen
		35
		36 (Summe 95)
		35 (Summe 95)
		36 (Summe 96)
		35 (Summe 96)
		36 (Summe 97)
		35
			Mindestens das 1,2fache des Be-trages des Sozialschecks (der um 20 Prozent vergrößerte Sozial-scheck)

* Summe aus Lebensalter und Berufsjahren.

** *Coltivatori Diretti, Mezzadri e Coloni:* Selbstbebauer, Halbpächter und Bauern

Quelle: INPS (2011), S. 159.

Im Ergebnis hängt die Rentenhöhe extrem vom Pensionierungsalter und den eingezahl-ten Beiträgen ab.

Die Beitragsbemessungsgrenze für Beschäftigte betrug in 2008 177,42 Euro pro Woche. Das entspricht 35 Prozent der Durchschnittsverdienste. Die Maximalgrenze für Leistungen sind 88 669 Euro pro Jahr, was 37 Prozent der Durchschnittsverdienste ausmacht.

Der Beschäftigte kann eine freiwillige Zusatzrente abschließen. Der *TFR (trattamento di fine rapporto)* ist eine Art Abfindung am Ende des Beschäftigungsverhältnisses. Der Arbeit-geber behält einen Lohnbestandteil von 6,9 Prozent jährlich des Bruttolohns, den er in einen Fonds zahlt. Mit dem Ende der Anstellung wird die Summe an den Arbeitnehmer ausgezahlt. Nur 12 Prozent der Arbeitnehmer sind durch diese freiwillige Zusatzrente gedeckt. (ebda.,

S. 172) Mit dem Maßnahmepaket der Regierung Berlusconi wurde beschlossen, den *TFR* für öffentlich Bedienstete zwei Jahre nach dem Ausscheiden aus dem öffentlichen Dienst auszuzahlen.

Soziale Fürsorgeleistung (assegno sociale)
Rentner mit einem Einkommen unter dem Fürsorgeniveau können eine Zusatzleistung ab dem 65. Lebensjahr beanspruchen. Einschließlich einiger Zusatzleistungen beträgt diese Sozialleistung in 2008 5 310,63 Euro im Jahr. Für über 70-Jährige steigt der Betrag auf 7 540 Euro.

Invaliditätsrente
In den vergangenen Jahrzehnten war die Invaliditätsrente allzu leicht zu bekommen. Häufig gekoppelt mit einer Altersrente gab sie ein gutes Polster für den Lebensabend, leider aber auch eine gehörige Belastung der Solidargemeinschaft. Die Kontrollen durch den Rententräger, den *Inps,* haben sich erhöht. Immerhin wurden 15 Prozent der kontrollierten Fälle durch die anschließende Gerichtsverhandlung zugunsten des Rententrägers entschieden.

5 Gesundheit

5.1 Finanzierung und Institutionen

Finanzierung
Für das öffentliche Gesundheitswesen gibt der italienische Staat im Jahre 2009 mehr als 110 Mrd. Euro aus, was 7,3 Prozent des Bruttoinlandsprodukts und 1 800 Euro pro Einwohner entspricht. Im europäischen Vergleich liegt Italien damit deutlich hinter Ländern wie Österreich, den skandinavischen Ländern, Deutschland, Frankreich und Großbritannien (siehe

Abbildung II-38 Ausgaben im öffentlichen Gesundheitswesen im Ländervergleich (2008) (in Dollar Kaufkraftäquivalente)

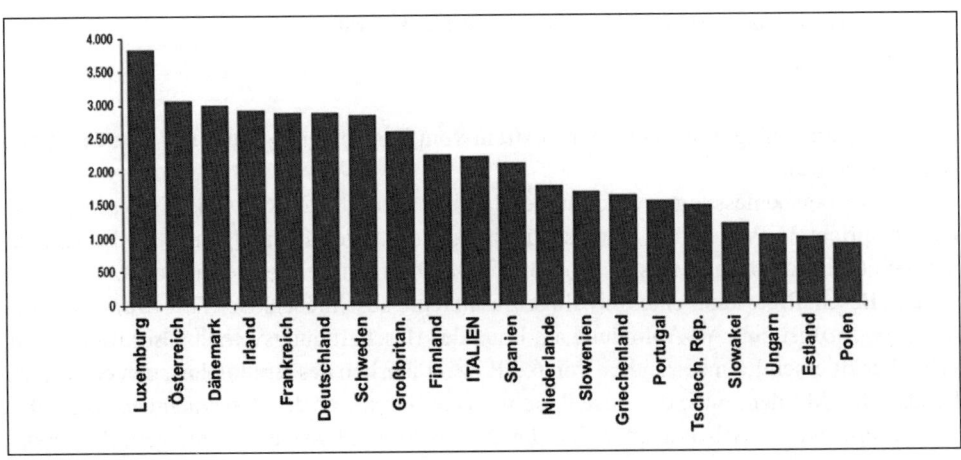

Quelle: Istat (2011b), S. 93.

196

Abbildung II-38). Den Rest der Ausgaben für die gesundheitliche Versorgung von 22 Prozent (entsprechend 1,8 Prozent des BIP) tragen die Familien mit ihrem Einkommen. Dieser Betrag umfasst die privat zu tragenden Ausgaben für Leistungen des öffentlichen Gesundheitswesens, rein privat zu finanzierende Leistungen sowie die Zusatzversicherungen für Gesundheitsleistungen.

Italien gehört wie Australien, Kanada, Dänemark, Finnland, Island, Irland, Neuseeland, Norwegen, Portugal, Spanien, Schweden und Großbritannien zu den Ländern mit einer Finanzierung des öffentlichen Gesundheitswesens über den Staatshaushalt. Länder hingegen wie Deutschland oder Frankreich werden Gesundheitsleistungen durch Versicherungsträger finanziert. 37,5 Prozent der Mittel des Gesundheitsfonds in Italien kommen aus Steuermitteln, 40,8 Prozent stammen aus Beiträgen der Krankenversicherung, die der Arbeitgeber entrichtet (2,88 Prozent des Bruttoverdienstes).

Wenn der Fonds in 2013 aufgelöst sein wird, werden die Regionen die Einnahmen selbst organisieren. Es wird dann drei Budgets geben: erstens das nationale Budget, das aus Teilen der Einkommenssteuer *(Irpef)*[12] und 74,3 Prozent der Umsatzsteuer gespeist wird. Zweitens das regionale Budget, das im Wesentlichen von der Regionalsteuer *(Irpap*[13]*)* gespeist wird, die zu 65–90 Prozent in den Regionalfonds und zu 10–35 Prozent in den Nationalfonds geht. Weitere Einnahmequelle ist die regionale Einkommenssteuer. Der dritte Fonds ist der nationale Solidaritätsfonds, der aus der Umsatzsteuer gefüllt wird. (ESS-Europe 2005, S. 2)

Im Jahr 1978 ersetzte die italienische Regierung das bestehende Krankenversicherungssystem mit ca. 100 Krankenkassen und Beitragsfinanzierung durch ein System, das die kostenlose medizinische Versorgung bei Krankheiten aller Bürger gewährleistet. Jetzt erhalten die Ärzte eine Kopf-Pauschale für jeden Patienten, den sie behandeln. Der zentrale steuerfinanzierte Gesundheitsfonds wird auf die einzelnen Regionen verteilt. Bis zum Jahre 2013 soll dieser Fonds aufgelöst und die vollständige dezentrale Kontrolle eingeführt werden.

Das ist für sich genommen noch kein gültiger Index für die Qualität des öffentlichen Gesundheitswesens. Bedenklich stimmen aber die enormen inneritalienischen Unterschiede in der Finanzierung des Gesundheitswesens aus privaten Quellen.

Denn im *Mezzogiorno* müssen die Familien eher auf private Ressourcen zurückgreifen als anderswo (2 Prozent des BIP). Dies stellt den Versuch dar, sich bei einer schlechteren Ausstattung mit öffentlicher Gesundheitsversorgung durch Eigenmittel Abhilfe zu verschaffen. Nur trifft dies in der Regel die Familien mit weit unterdurchschnittlichem Einkommen.

Nimmt man stattdessen die Verteilung zwischen öffentlichen und privaten Gesundheitsausgaben, liegen die Regionen der Mitte und des Nordens des Landes naturgemäß vorne, da wohlhabende Familien viel leichter die Zusatzleistungen finanzieren können als die ärmeren Familien im Süden. Diese wohlhabenderen Familien wählen auch eher eine private Versorgung, um den sehr langen Wartezeiten im öffentlichen Gesundheitssystem auszuweichen.

Die Ärzte werden, anders als beispielsweise in Deutschland, wo der Arzt pro Leistung abrechnet, als Angestellte des Nationalen Gesundheitsdienstes *(SSN)* monatlich entlohnt. Die akute Krankenhausversorgung wird über eine Fallpauschale verrechnet.

---

12 *Irpef, Imposta sul reddito delle persone fisiche* (Siehe Kapitel I 5.1).
13 *Irpap, Imposta regionale sulle attività regionali.*

Abbildung II-39 Ausgaben des öffentlichen Gesundheitswesens in den Regionen, 2008 (pro Einwohner)

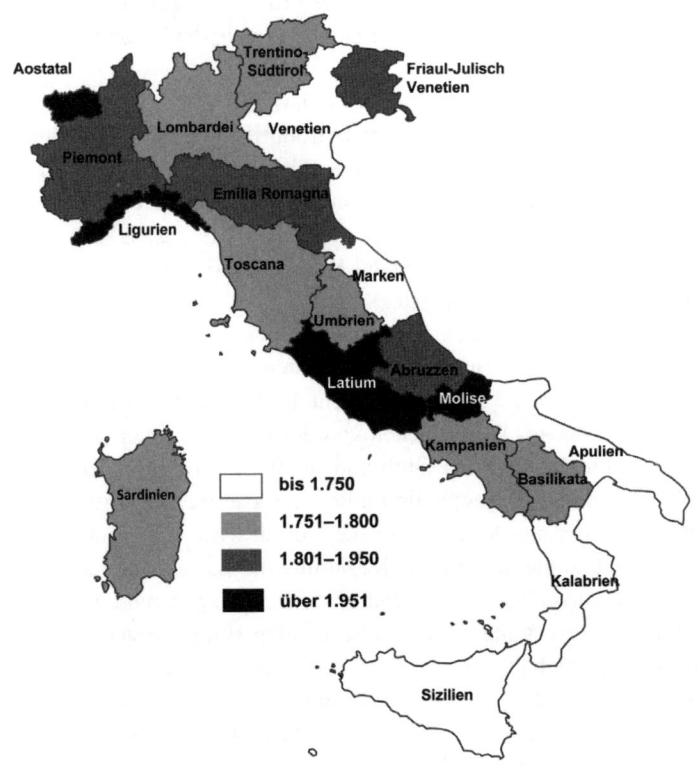

Quelle: Istat (2011b), S. 92.

Institutionen

Die Italiener sind frei in der Wahl des öffentlichen Gesundheitszentrums, des Krankenhauses und des behandelnden Arztes. Mit der Wahl ist dann eine verpflichtende Registrierung, bei der der Bürger eine Gesundheitskarte erhält, verbunden. Damit kann er sich einen bevorzugten Arzt der Grundversorgung *(medico di base)* auswählen. Der in etwa dem deutschen Hausarzt vergleichbar ist, auswählen. Für die Konsultation bei einem Facharzt benötigt der Versicherte eine Überweisung dieses Grundarztes. Informationen über die Qualität ärztlicher Dienstleistungen sind nicht offiziell verbreitet.

Der Marktzutritt für Ärzte ist staatlich reguliert, insofern das Ministerium für Universitäten und Forschung *(MIUR)* die Anzahl der Studierenden im Fach Medizin festlegt. Überdies ist die Ansiedlung von Ärzten durch den Schlüssel von einem Arzt auf 1 500 Einwohner gesteuert. (Paris *et al.* 2010, S. 50)

Mit der Reform des Gesundheitswesens von 1978 ist der Nationale Gesundheitsdienst *(Servizio Sanitario Nazionale, SSN)* eingeführt worden. Seine Hauptaufgabe ist die Organisation des Gesundheitswesens, so dass alle Berechtigten (Bürgerinnen und Bürger sowie

Abbildung II-40 Regionalausgleich 2011 für die Verteilung von Mitteln
aus dem Gesundheitsfonds

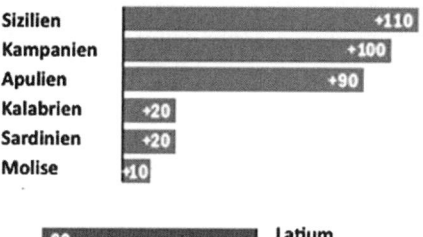

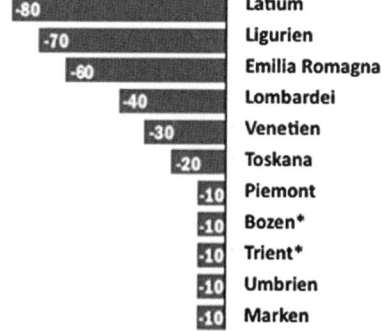

Restliche Regionen unverändert

Legende: Solidaritätsfonds zum Ausgleich zwischen den Regionen. Veränderungen aus der Reform des Gesundheitsfonds durch den Rechnungshof gegenüber Gesundheitsfonds 2010. * autonome Provinzen.

Quelle: *L'Espresso* vom 14.04.2011, S. 155.

legale Einwanderer) gleiche Zugangschancen zur medizinischen Versorgung haben. Der Nationale Gesundheitsdienst ist auf drei Ebenen aufgebaut. Die erste ist die nationale Ebene mit
dem Gesundheitsministerium, das für die strategische Richtung, für die Rekrutierung von
Ärzten und sonstigem Personal, die Festlegung der Gehaltsskala, für die Bestimmung des
Fallgewichts für die Preisbildung und für die Zulassung von Verfahren und Arzneimittel zuständig ist.

Die zweite Ebene sind die Regionalregierungen, die die Preise für die Behandlungen im
Rahmen der zentral gesetzten Fallgewichte festlegen. Hier gibt es eine Varianz in der Preisbildung für vergleichbare Fallbehandlung und/oder Leistung von −30 Prozent bis +16 Prozent. (ebda, S. 127) Überdies erstellen sie alle drei Jahre einen regionalen Gesundheitsplan
und verteilen Mittel an die lokalen Gesundheitsdienste und Krankenhäuser

Auf der lokalen Ebene arbeiten die *Unità Sanitaria Locale (USL)*, also 200 Gesundheits-
einheiten in Selbstverwaltung, im Rahmen der zentralen und regionalen Vorgaben, die öffentlichen sowie die privaten Krankenhäuser.

Die meisten Krankenhäuser werden von den *USL* betrieben. Die größeren Häuser schließen mit den *USL* Verträge ab. Finanzierungsbasis sind die *USL*-Mittel. Vertragskrankenhäu-
ser erhalten eine Vergütung nach Tagessätzen, die jedes Jahr neu auszuhandeln sind.

5.2   Ärztliche Versorgung

Die medizinische Grundversorgung erhalten die Italiener in öffentlichen Gesundheitszentren, die in der Regel vor allem in der Mitte und im Norden auf dem neuesten Stand der Technik ausgestattet sind. Fachärzte werden vor allem in den öffentlichen Krankenhäusern aufgesucht.

Italien ist in Europa das Land mit den niedrigsten Ausgaben für öffentliche Programme der Gesundheitsprävention. Gerade mal 0,7 Prozent des Gesundheitsbudgets werden für diese enorm effektive Sparte der Gesundheitsleistungen ausgegeben. Im Vergleich dazu geben ähnlich entwickelte Länder über 3 Prozent der Gesundheitsausgaben für die Vorsorge aus: Finnland 5,7 Prozent, Niederlande 4,9 Prozent, Deutschland 3,7 Prozent und Schweden 3,6 Prozent.

5.3   Geldleistungen

Die Unfallversicherung wird durch Beiträge des Arbeitsgebers finanziert. Dabei bestimmt sich die Höhe der Beiträge nach dem Risikograd der verschiedenen Berufe. Die Spanne der Beiträge reicht von 0,5 bis 16 Prozent der Bruttolohnsumme. Diese Unfallversicherung deckt Arbeitsunfälle und unter bestimmten Voraussetzungen auch Berufskrankheiten und Wegeunfälle.

Krankengeld bekommen nur Arbeiter. Hingegen erhalten Angestellte eine gesetzliche Lohnfortzahlung von mindestens drei Monaten. Zur Erlangung des Krankengeldes muss der Arbeiter eine Arbeitsunfähigkeitsbescheinigung des Arztes vorlegen. Das Krankengeld wird für höchstens sechs Monate gezahlt. Vom ersten bis zum 20. Krankheitstag bekommt der Arbeiter 50 Prozent, danach 66,66 Prozent des Bruttoverdientes.

Tabelle II-14   Deckung von Leistungen

Leistungen	Deckungsgrad (in Prozent)
Akutversorgung	100
Ambulante medizinische Grundversorgung	100
Facharzt	76–99
Klinische Labortests	76–99
Diagnostik mit Bild gebenden Verfahren	76–99
Physiotherapeut	1–99
Arzneimittel	100*
Brille	Nicht gedeckt
Zahnärztliche Behandlung	1–50
Zahnersatz	Nicht gedeckt

Legende: * Einige Regionen erheben eine Rezeptgebühr von 1 bis 2 Euro.

Quelle: Paris *et al.* (2010), S. 22.

5.4 Die Infrastruktur des Gesundheitswesens

Eine Bewertung eines Gesundheitswesens aufgrund der Daten zu seiner infrastrukturellen Ausstattung ist zunächst problematisch. Die Gesundheitsökonomie lehrt uns, dass es ein Optimalverhältnis zwischen der Menge von Personal, Krankenhäusern, Praxen, Apparaturen etc. gibt, das erstens vom Stand des jeweiligen medizinischen Fortschritts, zweitens vom subjektiv empfundenen Bedarf an medizinischen Leistungen in einem Volk und drittens von der Effizienz der eingesetzten Infrastruktur abhängt. Vieles von Allem oder von Vielem ist folglich nicht umstandslos gleich gut. Mit dieser grundsätzlichen Einordnung müssen die folgenden Daten aufgenommen werden.

Ausstattung mit medizinischem Personal
Im Besatz mit Ärzten, ausgedrückt im Anteil der Ärzte pro 1 000 Einwohner, liegt Italien auf dem dritten Platz hinter Griechenland und Österreich. Dieser Fakt ist ambivalent zu bewerten. Auf der einen Seite spricht eine hohe Quote für eine günstige Ausstattung des Landes. Auf der anderen Seite aber, wie im Falle Griechenlands, ist die Quote Ausdruck eines kostspieligen Gesundheitssystems. Beim Pflegepersonal liegt Italien demgegenüber unter dem EU-Durchschnitt von 9,8 Personen auf 1 000 Einwohner.

Abbildung II-41 Ausgaben für öffentliche Gesundheitsprävention, 2008 (in Prozent der Gesundheitsausgaben)

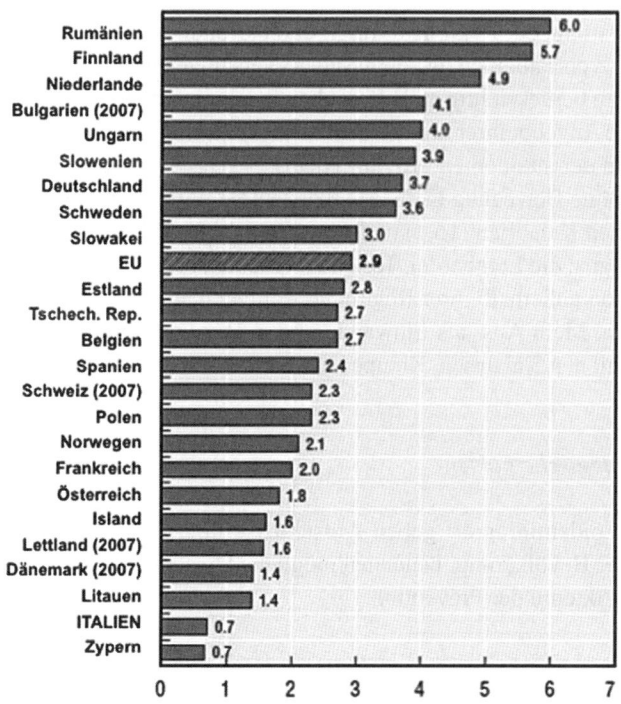

Quelle: OECD (2010d), Tab. 4.3.3.

201

Zwischen den Landesteilen und den Regionen gibt es in der Personalausstattung deutliche Unterschiede, obwohl mit der Einrichtung des *SSN* unter anderem auch das vorher gravierende Nord-Süd-Gefälle im Gesundheitswesen eingeebnet werden sollte. Im Süden ist die Personalausstattung bis auf Sizilien (495,2) niedriger als im Landesdurchschnitt (412,5 auf 100 000 Einwohner). (Istat 2011b, S. 96)

Ausstattung mit High-Tech-Apparaturen
Im Hinblick auf die Ausstattung der Gesundheitszentren und Krankenhäuser mit moderner Apparatur belegt Italien den zweiten Platz. Geräte für Bild gebende Diagnostik wie *MRT* (Magnetoresonanz-Tomographie) und *CT* (Computertomographie) sind verbreitet. Im Lande gibt es 20 *MRT*-Geräte auf 1 Mio. Einwohner und 31 *CT*-Geräte auf 1 Mio. Einwohner. Bei beiden High-Tech-Apparaturen liegt Italien weit über Deutschland (8,6 bzw. 16,4).

Ausstattung mit Krankenhaus-Betten
Der medizinische Fortschritt, Kostenüberlegungen und veränderte Erkenntnisse zu Therapieformen führten zu einer gravierenden Verringerung der Anzahl der Krankenhausbetten in Europa. Im EU-Durchschnitt gibt es 2008 noch 5,7 Betten auf 1 000 Einwohner gegenüber 7,3 in 1995. In Italien ging diese Quote von 6,3 auf 3,8 zurück. Ähnliche Entwicklungen gelten für die Anzahl der Krankenhauseinweisungen sowie für die im Krankenhaus verbrachten Tage.

Medizin-Tourismus
Die bessere Ausstattung der Regionen Mittel- und Norditaliens bewirkt eine ausgesprochene Wanderbewegung von Patienten aus dem Süden. Verschiedene Phänomene und Beweggründe sind hier aber zu berücksichtigen. Hilfesuchende aus einigen Regionen nutzen das in ihren Augen überlegene Angebot ihrer unmittelbaren Nachbarschaft im In- und Ausland (vor allem im Aostatal und in der autonomen Provinz Trient).

Ganz ausgeprägte Bewegung in die Medizinzentren nördlich des *Mezzogiorno* haben die südlichen Regionen Kalabrien (16,1) und Abruzzen (14,2). Per Saldo registrieren die Regionen Emilia Romagna, die Lombardei, Toskana, Venetien, Friaul-Julisch Venetien und Latium mehr Patienten von außerhalb ihrer Region als Patienten aus der Region zur Behandlung in anderen Regionen. Mehr Aus- als Einwanderung in Bezug auf medizinische Versorgung registrieren die Regionen Kalabrien, Kampanien, Sizilien und Sardinien.

5.5   *Epidemiologische Fakten*

Ergebnisse der Epidemiologie[14] geben Aufschlüsse über die spezifische Verteilung von Krankheiten in der Bevölkerung, benennen mögliche Ursachen und erhellen die Möglichkeiten, Formen und Akteure der Prävention.

---

14 „Die Epidemiologie befasst sich mit der Verbreitung und dem Verlauf von Krankheiten und deren verursachenden Faktoren in der Bevölkerung. Neben der Erforschung der Krankheitsursachen untersucht die Epidemiologie auch Möglichkeiten der Prävention". (Gesellschaft für Medizinische Informatik, Biometrie und Epidemiologie. http://www.gmds.de/fachbereiche/epidemiologie/index.php).

Todesursachen und häufige Krankheiten

Für Italien ist zunächst festzuhalten, dass das Land eine hohe Lebenserwartung und, verbunden damit, eine niedrige Sterblichkeitsrate hat. Der Blick auf die Liste der häufigsten Gründe für den Tod offenbart eine geringere Inzidenz von sogenannten Zivilisationskrankheiten. Italien hat die geringste Anzahl von Todesfällen in Folge von Herz-Kreislauf-Erkrankungen: 86 Männer und 44 Frauen auf 100 000 Einwohner werden Opfer dieser europaweit häufigsten Todesursache. Die Zahlen aus Deutschland bilden einen illustrativen Vergleich: 117 Männer und 62 Frauen auf 100 000 Einwohner.

Den Tod in Folge eines Schlaganfalls erleiden 53 Männer und 43 Frauen auf 100 000 Einwohner. An Krebs sterben 220 Männer und 123 Frauen auf 100 000 Einwohner (Deutschland: 206 und 131). Angesichts der höchsten Autodichte Europas verwundert die Anzahl der Verkehrstoten von 9,2 Personen auf 100 000 Einwohner nicht. Selbstmord als Todesursache ist irrelevant: 5,2 Fälle auf 100 000 Einwohner gegenüber dem EU-Durchschnitt von 12,0.

Aids/HIV

Im Weltmaßstab sind Italiens Zahlen der Neuansteckung mit *HIV* und die Anzahl der Neufälle mit *AIDS* zu vernachlässigen, für ein entwickeltes Industrieland in Europa ein Skandal. Italien registriert im Jahre 2008 eine *AIDS*-Inzidenz von 17,2 Fällen auf 1 Mio. Einwohner, womit das Land in Europa auf der sechsten Stelle steht, und mit 150 000 *HIV*-Infizierte die meisten in Europa, ohne dass die Dunkelziffer angemessen geschätzt werden könnte.

Es sei schwierig für die Italiener, offen mit Sex umzugehen, doch fast undenkbar für die Süditaliener, unterstreicht auch Natalia Corsini. Die 34-jährige kommt aus der Region Basilikata und bezeichnet sich selbst als Ausnahmefall. Ihre Eltern sind sehr offen mit dem Thema Sexualität umgegangen, sie hat bereits mit 20 Jahren an Verhütung gedacht. Nicht so ihre männlichen Freunde: „Ich muss zugeben, dass meine Freundinnen mir erzählt haben, dass sie oft Jungs getroffen haben, die keine Kondome benutzen wollten. Wir reden von 20-jährigen, mit wenig Verantwortung, denen ein richtiger Umgang nie beigebracht wurde und die vielleicht auch Angst hatten, zu versagen" … Die Ergebnisse der Studie ‚*Family Planning* 2008' bestätigt dieses Desinteresse: Nur 39,2 Prozent der Italiener verhüten, dem gegenüber stehen die Chinesen mit 85,9 Prozent. Damit steht Italien auf der Weltskala nur an zweiundzwanzigster Stelle. Die Sexualkrankheiten nehmen zu: Zwischen 1997 und 2007 hat die Zahl der AIDS-Kranken um 20 Prozent zugenommen. Was fehle, ist ein Gesetz, das eine sexuelle Aufklärung in den Schulen garantiere, so die römische Gynäkologin Cristina Critelli. Vielleicht würden dann viele dieser Unsicherheiten in der Zukunft nicht mehr existieren.[15]

Ausprägung der Risikofaktoren

Was die klassischen Ursachen im Lebensstil für die häufigsten Todesfälle (Herz-Kreislauf-Krankheiten und Krebs) angeht, leben die Italiener gesünder als viele Europäer. Der Anteil der Raucher an der Bevölkerung über 15 Jahren indes liegt 2008 mit 23,0 Prozent im Mittel-

---

15 Suite101.de „Netzwerk der Autoren": www.suite101.de/content/teenger-haben-keine-ahnung-von-aids-a504 35#ixzz1M1Y3lZyU

Abbildung II-42 Anteil der Raucher nach Regionen

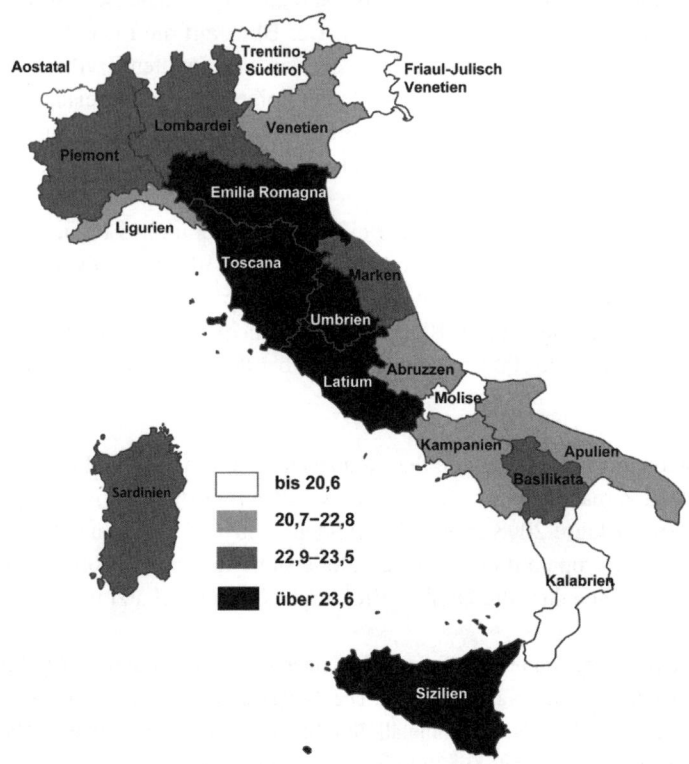

Legende: Fälle auf 100 Einwohner mit gleichen Merkmalen.

Quelle: Istat (2011b, S. 108.

feld und deutlich unter den Werten von etwa Griechenland (39,7 Prozent), Ungarn (30,4 Prozent) und Irland (29,0). (Istat 2011b, S. 109)

Italien ist das Land mit dem geringsten Anteil übergewichtiger Einwohner, was im Land der Mode durchaus nachvollziehbar, aber angesichts der kohlenhydratreichen Kost wie Nudeln auch nicht selbstverständlich ist.

Alkoholprobleme sind nach den offiziellen Zahlen in Italien zwar nicht so manifest wie in anderen europäischen Ländern, aber ein Phänomen, das beginnt, mehr Aufmerksamkeit zu erhalten. Abweichend von den offiziellen Zahlen wird für Friaul-Julisch Venetien und Italien insgesamt „die bislang dramatisch unterbewertete Situation" geschildert.

> In Friaul, im Nordosten und im Lande ersetzt der Alkohol langsam die anderen Drogen. Er ist die dritte Todesursache und die erste unter den Jugendlichen zwischen 18 und 25 Jahren. Wir absorbieren 58 hl im Jahr. Sieben von zehn Italienern sind Großverbraucher. Zwanzig Kinder von Hundert beginnen zwischen elf und 15 Jahren mit dem Trinken. Jedes Jahr sterben wegen Alkohol auf der Arbeit 750 Personen. Die Hälfte der Verkehrstoten muss dem Griff zur Flasche zugerechnet werden. Die Opfer nur in Friaul betragen 1 500. Die Kontrollen sind unzu-

Abbildung II-43 Anteil der Übergewichtigen in den Regionen

Quelle: Istat (2011b), S. 108.

Abbildung II-44 Zunahme der Menge eingenommener Antidepressiva 2000–2009

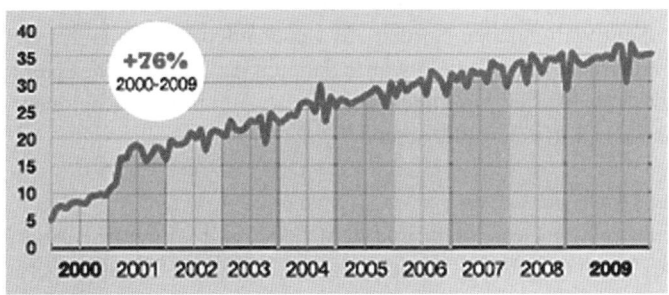

Legende: Antidepressiva (Kategorisierung des nationalen Gesundheitsdienstes, *SSN*). Dosis pro 1 000 Einwohner.

Quelle: *La Repubblica* vom 19.04.2011.

reichend. In Italien gibt es 400 000 Alkoholtests, dagegen 10 Mio. in Frankreich … 10 Prozent der Teenager betrinken sich mindestens einmal in der Woche. 74 Prozent gibt sich dem Kampf-trinken hin".
Quelle: (Visetti 2009, S. 94 f.)

Regionen bzw. Provinzen mit Rauchgewohnheiten der Einwohner sind vor allem das Aosta-tal (25,7 Fälle pro Einwohner über 15 Jahren), Molise (23,3) und Bozen (22,0) (ebda.). Hoch ist der Anteil auch in Sardinien (21,3), Friaul-Julisch Venetien (20,2) und Venetien (20,6). Übermäßig viele Raucher finden sich in Mittelitalien (24,3 Prozent von Personen ab 15 Jah-ren) bei einem Landesdurchschnitt von 23,0. Im *Mezzogiorno* ist das starke Rauchen ver-gleichsweise wenig ausgeprägt (22,3).

Gesundheit und Armut
Einer der größten Risikofaktoren für die Gesundheit sind die untereinander stark korrelieren-den Faktoren Armut und geringes Bildungsniveau.

Die Bevölkerung mit geringerem Einkommen kann sich die gewachsenen Zuzahlungen im italienischen Gesundheitssystem nicht mehr leisten, was verhindert, dass Erkrankungen rechtzeitig erkannt und behandelt werden. 40 Prozent der Befragten mit einem niedrige-ren sozio-ökonomischen Status gaben an, sich Gesundheitsdienste nicht mehr leisten zu können. (Censis 2010b, S. 81) Wiederum 40 Prozent dieser Bevölkerungsgruppe glauben, dass sich die Deckung von Gesundheitsausgaben durch das öffentliche Gesundheitssystem verringert hat.

Die ansteigende Zahl von Demenzkranken in Italien korreliert sehr stark mit der sehr hohen Lebenserwartung, ist aber nicht allein mit diesem demografischen Faktor zu erklären. Die sozioökonomischen Determinanten dafür sind hinreichend belegt:

„Es gibt eine relativ große Anzahl von guten epidemiologischen Studien zur Inzidenz und Prävalenz von Demenz in Italien. Bemerkenswert ist die Tatsache, dass die meisten der ver-fügbaren Studien das erhöhte Risiko der Demenz bei Personen mit geringem Bildungsniveau bestätigen … Die Existenz eines nationalen Projekts zum Monitoring der pharmazeutischen Behandlung von AD-Patienten führte zum Ergebnis, dass man sich des Problems der De-menz und der damit verbundenen Bürden auf verschiedenen Ebenen des Gesundheits- und Sozialsystems bewusst wurde. Zudem wurde dadurch der Aufbau eines Netzwerks von Zen-tren (UVA-Alzheimer Evaluationseinheiten, mehr als 500 in allen Regionen), die ihre spezi-alisierten klinischen Aktivitäten fortführen".[16]

Gesundheit und Lebensstil
Der Zusammenhang von Gesundheit und dem Lebensstil ist evident. Aber die erhebliche Komplexität des Themas verbietet einfache Erörterungen und Schlussfolgerungen. Das Feld ist komplex und reicht von den interpersonalen und sozialen Bedingungen wie Zufriedenheit in der Arbeit, soziale Anerkennung oder eine befriedigende Paarbeziehung über die indivi-duelle Lebensführung wie Ernährung, Freizeitaktivitäten, dem Grad intrapsychischer Be-

---

16 Stefano F. Cappa, M. D. Professor für Neuropsychologie an der Vita-Salute San Raffaele University-DIBIT Mailand. www.unihsr.it

lastungen aus der Kindheit bis hin zu den äußeren Lebensumständen wie der Inzidenz von Zivilisationsbelastungen aus Lärm, Wasserqualität (siehe dazu das Kapitel I 9.).

Demnach muss folglich das Phänomen der „ewigen Jugend" in Campodimele in der Provinz Latina in der Region Latium letztlich unentschlüssel bleiben.

Die Einwohner von Campodimele, einem italienischen Dorf in der Region Latium, haben eine gegenüber dem Landesdurchschnitt um zwanzig Jahre höhere Lebenserwartung. Einer der Gründe für dieses Phänomen könnte, erhärtet durch Beobachtungen und Befragung der Anwohner, die Ernährung sein. Auf dem Speisezettel stehen kaltgepresstes Olivenöl, Brot und Nudeln aus eigener Zubereitung, Tomaten und Bohnen, reichlich heimisches Gemüse, Kräuter, Fisch.

Auf Fleisch verzichten sie völlig und die Speisen werden nur wenig gesalzen. Dafür trinken sie täglich zwei Gläschen Rotwein, na ja vielleicht manchmal auch mehr... Auch wird Geselligkeit in dem Ort sehr groß geschrieben: Das Resultat: Campodimele ist der Ort innerhalb Italiens, in dem die meisten über 100-Jährigen leben. Selbst die Weltgesundheitsorganisation WHO errichtete in dem Bergdorf eine Beobachtungsstation, um den Zusammenhang zwischen Ernährungsgewohnheiten und Lebensalter zu untersuchen.
Eigene Schilderung nach http://www.mensvita.de/2008/08/11/das-dorf-der-100jaehrigen/

5.6   Das Gesundheitssystem im Spannungsfeld partikularistischer Interessen

Der politische Gebrauch des Gesundheitswesens ist so alt wie die Erste Republik und leider auch wie die Zweite Republik. Die Besetzung der hohen Posten im Gesundheitswesen erfolgt nach wie vor gemäß der Parteizugehörigkeit. „Generaldirektoren wird man nur, wenn man dieser oder jener Partei nahesteht ... Die Frage, zu welcher Partei man gehört, betrifft nicht nur den Generaldirektor. Denn diese wählen ihre Chefärzte und die Abteilungsleiter eher nach der bevorzugten politischen Zugehörigkeit als nach den Fähigkeiten aus". (Manifest für die Wiedergeburt des Gesundheitswesens in Stella/Rizzo 2008, S. 217)

Laut einer Übersicht der Tageszeitung Il Sole 24ore sieht die Verteilung der höchsten Positionen wie folgt aus: 79 Generaldirektoren von der Partei der Linksdemokraten, 69 der Margherita, 61 der Forza Italia, 14 der Alleanza Nazionale, 13 der Lega Nord, 10 Sozialisten, 8 von lokalen Listen, 7 von der UDC, je 5 von der Rifondazione und von der Udeur, drei Techniker (ebda., S. 227).[17] Laut dem nationalen Sekretär (dem Vorsitzenden) der italienischen Konföderation der Krankenhausärzte ist dieses Phänomen „in Kampanien, in Kalabrien oder in Sizilien furchterregend". (ebda., S. 229)

Mit dieser politischen Rückendeckung zum wechselseitigen Vorteil wird die Selbstbedienung im Gesundheitswesen erleichtert. Zur Kostendeckung hatte die Regierung Berlusconi II ein Gesetz erlassen, wonach nicht mehr als 90 Prozent des Krankenhausbudgets für Gehälter ausgegeben werden dürfen. Eine Ausnahme wurde aber dank des Wirkens der universitären Lobby eingebaut: die Gehälter der Personen, die medizinische Hilfestellung geben, sind von diesem Verbot ausgenommen. Im Resultat tauchen auf den Listen für Zulagen acht von zehn Dozenten der Medizin im ganzen Lande auf: 56 Prozent in Mailand, 73 Prozent in

---

17   Zu den Parteien siehe das Kapitel V.

Turin, 93 Prozent in Messina und 99 Prozent in Neapel. Sie sind befugt, Zulagen in Höhe von 13 000 oder 18 000 Euro im Monat einzustreichen. (ebda., S. 224)

Diese Selbstbedienung ist umso brisanter in Zeiten der beschlossenen Kostenkürzung im Gesundheitswesen durch die Regierung Berlusconi und diverse Regionalregierungen vor allem der Mitte-Rechtsparteien.

Im Jahr 2011 steht die Kürzung der Ausgaben im Gesundheitswesen um 1,5 Mrd. Euro an. *L'Espresso* berichtet in seiner Ausgabe vom 17.05.2011 von den Einschnitten in der Ausstattung der Krankenhäuser mit Betten und Personal bei gleichzeitigen fragwürdigen Praktiken der Vergabe und Finanzierung neuer Häuser und Erweiterungen bestehender Kliniken.

In den nächsten Jahren wird aus Altersgründen 10 Prozent des Pflegepersonals ausscheiden; nur ein Zehntel wird ersetzt werden. Bis 2018 werden 22 000 von 240 000 Ärzten zu ersetzen sein. Dies wird nur eingeschränkt gelingen, zumal die Einstellungssperre medizinisches Aushilfspersonal betrifft, das noch einen relevanten Teil der Patientenversorgung und einen Teil der Forschungsaktivitäten abdeckt.

In Venetien, einer Region mit einem auf europäischem Topniveau modernen Gesundheitswesen, wurde die Anzahl der Betten von 20 325 im Jahr 2000 auf 16 276 in 2009 gekürzt. Folglich sank die Rate der Betten pro akut zu versorgenden Patienten von 4,60 auf 3,40 je 1 000 Einwohner. Als Folge verlor Venetien zum ersten Mal seit Jahren Einnahmen aus zugewanderten Patienten.

Gleichzeitig, so *L'Espresso*, werden bei Bauprojekten Vergabe und Abwicklung nicht mit Sorgfalt oder strenger Verfahrensweise verwaltet. In Zeiten der Kürzungen, so merkt die Gesundheitskommission von Venetien an, höhlen die Projekte die Basis des Systems aus: „Die neuen Krankenhäuser müssten mit gesonderten Investitionsmitteln gebaut werden, stattdessen entziehen sie laufend Ressourcen, die das wesentliche Leistungsniveau gewährleisten müssten". Die Folge, so *L'Espresso*, ist, dass „eines der besten Gesundheitssysteme der Welt ein Dieb geworden ist, während die öffentlichen Gelder, vielleicht rechtmäßig, in die Hände privater Unternehmer übergingen".

Im gleichen Artikel wird eindringlich die gravierende Leistungseinschränkung durch die Schließung von kleinen Krankenhäusern sowie von Altenheimen in ehemaligen Krankenhäusern in der Region Latium beschrieben.

Die Transportwege für Akutkranke verlängern sich dramatisch und damit verringert sich die Leistungskraft des Systems. Nach der Einlieferung ins Krankenhaus müssen viele Patienten aber auf ihre Erstversorgung warten, so dass die Krankentransporte zum Teil auf dem Krankenhaushof stehen bleiben müssen. Ein weiterer Punkt ist der Umgang mit öffentlichen Mitteln in der Beauftragung privater Gesundheitsunternehmen. In einigen Krankenhäusern von Latium blieben viele Betten frei, weil sich die privaten Unternehmen weigerten, die Anzahl der einträglichen Unterbringungen von Personen zur Rehabilitation zugunsten von Personen in betreutem Wohnen zu reduzieren. Die Folge ist, dass die Krankenhäuser die Betten nicht belegen und ihre Beschäftigten nicht beschäftigen können. Die Lohnausgleichskasse muss einspringen.

Kritische Stimmen unter den Verantwortlichen im Gesundheitswesen beklagen die Kurzatmigkeit und Willkür der Sparmaßnahmen, die ohne Plan und Konzept vorgenommen werden, auf der einen Seite, und das verschwenderische Verhalten gegenüber privaten Leistungs- und/oder Bauträgern im Gesundheitswesen auf der anderen Seite.

Italien repräsentiert unter den entwickelten Nationen den Typ der „gemischten Marktwirtschaft" (siehe Einleitung), der sich insbesondere durch spezifische industrielle Beziehungen im Rahmen seines Produktions- und Politikregimes auszeichnet. Die eine Besonderheit ist die niedrige Regelungsdichte in den betrieblichen und außerbetrieblichen Arbeitsbeziehungen, insbesondere verglichen mit dem Typ der „koordinierten Marktwirtschaft", nämlich Deutschland oder die nordischen Länder, aber größer als in den Ländern „der liberalen Marktwirtschaft" wie Großbritannien und die USA.

Die andere Besonderheit ist die spezifische Rolle des Staates im italienischen Produktions- und Politikregime, die Folge und wiederum Verstärker der geringen autonomen Aushandlungspraxis der sozialen Akteure in den Tarifverhandlungen wie in den Auseinandersetzungen um die Wirtschafts-, Sozial- und Arbeitsmarktpolitik ist. Damit ist der Staat, anders als in den Ländern der liberalen Marktwirtschaft oder der koordinierten Marktwirtschaft, auch die prägende Institution im System der industriellen Beziehungen.

> „Italiens Interessenvertretungen leiden unter einer ‚konstitutionellen Schwäche'. Die Mitgliederbindungen sind schwach und voluntaristisch. Sowohl bei den Gewerkschaften wie auch den Arbeitgeberorganisationen gibt es eine Vielzahl von Interessenvertretungen, die untereinander im Wettbewerb um die Vertretung stehen. Charakteristisch ist auch für beide die schlechte Institutionalisierung ihrer innerorganisationalen Beziehungen". (Regini 1997, S. 110)

Molina und Rhodes (Molina/Rhodes 2007, S. 233) nennen die vier Spaltungen, die die einheitliche Interessenvertretung auf Seiten der Arbeitgeber schwächen:

1. die Branchenspaltung
2. die Spaltung zwischen öffentlichen und privaten Unternehmen
3. die Spaltung zwischen Branchen mit differenzierten Niveaus und Intensitäten der Fähigkeiten
4. die Spaltung zwischen kleinen und großen Unternehmen.

In den Verhandlungen mit der Regierung und den Gewerkschaften spielen die über die *Confindustria* organisierten Großunternehmen die dominante Rolle unter den Unternehmen (siehe Kapitel I Wirtschaft). Andere Unternehmen wie *Fiat* regeln ihre Fragen sowieso in direktem Verhältnis mit Regierungsvertretern.

Ein Umbruch trat im Gefüge der Interessenvertretung der Arbeitgeberseite mit der gravierenden Reduzierung der Rolle der Staatsbetriebe bzw. der Unternehmen mit staatlicher Beteiligung sowie mit der wachsenden Bedeutung der Unternehmen des Banken- und Finanzsektors ein.

Wesentliche Beschäftigtenkategorien werden von den Gewerkschaften nicht oder nur unzureichend vertreten (siehe Tabelle II-15). Dies betrifft Frauen, Arbeitslose und die Personen in atypischer Beschäftigung.

Des Weiteren sind die Gewerkschaften bei den Klein- und Mittelunternehmen nicht vertreten und somit von 51 Prozent der Unternehmenswelt ausgeschlossen. Wegen zweier Besonderheiten der industriellen Beziehungen ist die Attraktivität der Gewerkschafts-mitgliedschaft im Vergleich zu anderen Ländern gesenkt. Erstens sind die betrieblichen Interessenorgane zwar gewerkschaftlich gesteuert, aber die Vertretung aller Beschäftigten. Zweitens hat in Italien jeder Tarifvertrag Gesetzeskraft, er ist also allgemeinverbindlich für alle Arbeitgeber, die dem Arbeitgeberverband angehören, und für alle Arbeitnehmer, auch die unorganisierten. Alle innerbetrieblichen Vereinbarungen werden von den *RSU* als Haus-tarifvertrag abgeschlossen und gelten für die gesamte Belegschaft, es gibt keine Betriebs-vereinbarungen im deutschen Sinne. Damit ist das Problem des Trittbrettfahrers virulent, der ohne eigene Anstrengungen von den Bemühungen der organisierten Interessenvertretung partizipiert. Die Selbstexklusion in Form der frei gewählten Nicht-Mitgliedschaft in Gewerk-schaften wird folglich im System der industriellen Beziehungen belohnt.

6.1   Die Gewerkschaften

6.1.1   Überblick

Die Gewerkschaftsbewegung in Italien ist zersplitterter als in jedem anderen Land Europas. Mehr als 700 Gewerkschaften haben den Anspruch, Arbeitnehmerinteressen zu repräsentie-ren. (Fulton 2011) Mehr als die Hälfte von ihnen hat eine Mitgliedschaft von unter 0,1 Pro-zent der gesamten Gewerkschaftsmitglieder in Italien. Fast die Hälfte (49 Prozent) (ebda.) der Mitglieder sind jedoch Rentner, die folglich herausgerechnet werden müssen. Damit hat Italien einen gewerkschaftlichen Organisationsgrad von 33,1 Prozent, der deutlich über dem

Tabelle II-15   Gewerkschaftliche Organisationsgrade in Europa
nach Beschäftigungsverhältnissen 2002/03 (Angaben in Prozent)

Land		Alle	N	Teilzeit*	Befristet*	Arbeitslos	Frauen	Alter 16-34
Dänemark	DK	83,7	843	76,1	75,9	74,5	85,8	71,1
Schweden	SE	77,2	1085	69,4	59,8	63,1	79,8	61,7
Finnland	FI	67,3	931	66,9	67,4	43,6	72,5	60,1
Norwegen	NO	58,2	1117	49,0	45,4	9,1	60,7	43,2
Belgien	BE	44,0	657	46,3	39,3	41,2	41,9	39,5
Irland	IE	38,4	705	37,3	37,4	14,8	33,5	28,9
Slowenien	SI	36,9	575	38,9	15,2	5,2	40,7	23,1
Luxemburg	LU	34,1	551	26,9	25,6	3,9	23,0	25,4
Österreich	AT	29,4	1024	25,3	27,5	7,0	23,9	19,2
Niederlande	NL	28,7	1009	23,6	14,6	14,8	24,2	15,2
G. Britannien	GB	25,3	969	22,4	9,8	6,0	26,2	15,4
BRD (West)	DE-W	21,0	774	15,2	11,9	7,7	12,2	16,1
BRD (Ost)	DE-O	20,6	525	27,2	9,4	13,0	18,3	11,4
Italien	IT	17,1	385	18,7	10,2	2,4	13,1	13,4
Polen	PO	12,9	760	21,9	5,0	0,5	14,9	6,0
Ungarn	HU	12,8	552	6,1	9,4	0,0	14,5	8,5
Frankreich	FR	12,7	657	14,3	–	2,8	12,9	4,1
Portugal	PT	11,3	551	19,0	2,0	4,6	10,3	7,9
Griechenland	GR	11,2	624	19,9	9,5	0,0	10,6	6,3
Spanien	ES	11,1	615	11,9	5,4	4,7	8,6	5,6

Quelle: Ebbinghaus *et al.* (2009).

EU-27-Durchschnitt von 22,1 Prozent (Europäische Kommission 2009) liegt. Im öffentlichen Sektor liegt der Organisationsgrad bei über 50 Prozent. (Fulton a.a.O.)

Die drei größten Gewerkschaften sind die *CGIL (Confederazione Generale Italiana del Lavoro)* mit 5,7 Mio. Mitgliedern in 2009, wovon 2,7 Mio. Beschäftigte sind, die *CISL (Confederazione Italiana Sindacati Lavoratori)* (4,5 Mio. Mitglieder in 2010, davon 2,3 Mio. Beschäftigte) und die *UIL (Unione Italiana del Lavoro)* (2,2 Mio. Mitglieder in 2010, davon 1,3 Mio. Beschäftigte). (ebda.)

Anders als in der Bundesrepublik Deutschland sind die Gewerkschaften in Italien in Richtungsgewerkschaften organisiert, die sich traditionell an die drei großen parteipolitischen Strömungen, der kommunistisch-sozialistischen *(CGIL)*, der christdemokratischen *(CISL)* und der „laizistischen" *(UIL)* Richtung, anlehnten. Seit der zweiten Hälfte der achtziger Jahre ist diese enge politische Ausrichtung, begünstigt auch durch die Umstrukturierungen des Parteienspektrums und die Auflösung der hier wirkenden traditionellen Orientierungen, relativiert worden. Wichtiger als die parteipolitische Richtung sind mittlerweile unterschiedliche Positionen über die angemessene Politik zur Vertretung der Interessen der abhängig Beschäftigten.

In dieser Hinsicht sind die letzten 25 Jahre voller Wendungen und Wechsel. Zwischen 1972 und 1984 bestand eine Konföderation der drei Bünde, die u.a. anlässlich der harten innergewerkschaftlichen Auseinandersetzung um die Beibehaltung oder Abschaffung der automatischen Lohngleitklausel *(Scala mobile)* zerbrach. Insbesondere die *FIOM* an der Seite der damaligen Oppositionspartei *KPI* und die *FIM* im Bündnis mit der sozialistischen Regierung Craxi standen sich unversöhnlich gegenüber.

Nach einer Phase der Zusammenarbeit zwischen den konföderierten Gewerkschaften, dem Arbeitgeberverband *Confindustria* und der Regierung in Fragen des Inflationsausgleichs, der Arbeitszeitregelung, der Regelung der Verteilung von Produktivitätsverbesserungen und sozialpolitischer Fragen (ca. 1978 bis 1983, dann wieder Anfang der neunziger Jahre) ist die zweite Hälfte der neunziger Jahre von einer zunehmenden Rivalität zwischen den drei großen Gewerkschaften und der Abgrenzung der *CGIL* gegenüber den Mitte-rechts-Regierungen Berlusconi gekennzeichnet. In der jüngeren Vergangenheit haben sich diese Differenzierungen und Distanzierungen eher verstärkt. Die früher anvisierte einheitliche Gewerkschaftsorganisation ist in weite Ferne gerückt.

6.1.2 Mitgliedschaft und Organisation

Mitgliedschaft

Die drei großen Bünde sind die Dachorganisationen von Sektorgewerkschaften in Industrie, in den privaten Dienstleistungen und in der öffentlichen Verwaltung. Nur im Metallbereich gelang eine weitergehende organisatorische Verbindung zwischen den drei Richtungsgewerkschaften mit der *FLM (Federazione Lavoratori Metalmeccanici)*, dem Bund der Metallarbeiter, wobei die Branchengewerkschaften *FIOM-CGIL, FIM-CISL* und *UILM* weiter bestehen blieben. Im Jahr 1984 zerbrach die Metalleinheitsgewerkschaft u.a. an den Streitigkeiten zwischen den übergreifenden Konföderationen um die Beendigung des automatischen Lohnausgleichs.

Tabelle II-16   Mitgliedschaft in Gewerkschaften

Gewerkschaft	Gründungsjahr	Mitglieder	Politische Tendenz	Schwerpunkt
CGIL	1950	5,2 Mio.	links	Fahrzeugbau, Stahlindustrie, Druckgewerbe
CISL	1950	3,9 Mio.	alte christliche Linie	Öffentlicher Dienst, Landwirtschaft
UIL	1950	1,7 Mio.	sozialdemokratisch	Öffentlicher Dienst, Dienstleistungen Fahrzeugbau
CISAL	1957	1,7 Mio.*	autonom	Ministerien, Finanzsektor
CONFSAL	1979	k.A.	autonom	Lehrer, Ministerien
CISAS	1974	k.A.	autonom	Gesundheitswesen
UGL	1996	2,0 Mio.*	Neue Rechte	Landwirtschaft, öffentlicher Dienst
CIDA	1946	k.A.	reformistisch	leitende Angestellte
Sindacato Padana	1996	k.A.	Lega Nord	Fahrzeugzulieferer

Legende: * ausschließlich Gewerkschaftsangaben, nicht von anderen Quellen bestätigt.

Quelle: Eigene Zusammenstellung.

Die bedeutendsten dieser Gewerkschaften, die *CGIL*, *CISL* und *UIL*, weisen deutliche Unterschiede der Mitgliedschaft und der geographischen Verankerung auf:

- Die *CGIL (Confederazione Generale Italiana del Lavoro)* ist ein Zusammenschluss von 15 Berufsgewerkschaften bzw. -gruppen. Sie ist die größte Richtungsgewerkschaft mit 5,2 Mio. Mitgliedern, die stärkste Gewerkschaft unter den Arbeitern und hat ihr Hauptrekrutierungsfeld in der Großindustrie des Industriedreiecks des Nordens und in der stabilen Industrie Mittelitaliens, im ehemaligen „roten Gürtel", den Regionen unter kommunistischer Verwaltung. Besonders auffällig ist der mit 49 Prozent enorm hohe Anteil an den Rentnern unter den Mitgliedern.
- Die *CISL (Confederazione Italiana Sindacati Lavoratori)* galt bis vor einigen Jahren als den Christdemokraten nahestehende Gewerkschaft. Dies hatte die *CISL* aber nie davon abgehalten, sich in Zeiten einer schärferen Gangart gegen die lohnabhängige Bevölkerung auf einzelnen Politikfeldern von den christdemokratisch geführten Regierungen zu distanzieren und die Einheit der Gewerkschaftsbewegung zu betonen. Die *CISL* hat, bezogen auf die Berufsgruppen, eine ausgeglichene Mitgliederstruktur. Geographisch liegt der Schwerpunkt auf dem Norden, aus dem 48 Prozent der Mitglieder kommen, 20 Prozent kommen aus Mittelitalien und 32 Prozent aus dem Süden.
- Die *UIL (Unione Italiana del Lavoro)* stützte ihre Existenzberechtigung von Beginn an auf die Eigenständigkeit des laizistischen Blocks gegenüber den Kommunisten und Christdemokraten, die in den anderen beiden Gewerkschaften dominierten. Die *UIL* ist mit 1,7 Mio. Mitgliedern die deutlich kleinste der drei großen Gewerkschaftsbünde. Den größten Rückhalt hat die *UIL* bei den Angestellten, deren Sonderinteressen sie häufig übermäßig ins Spiel bringt. Die *UIL* ist die einzige der drei großen Gewerkschaften mit einer relativ ausgeglichenen territorialen Verteilung der Mitglieder: immerhin vereint der Süden genauso viel Mitglieder wie der Norden (36 Prozent), während die Mitte in der Mitte liegt.

Die autonomen Gewerkschaften vertreten häufig auf Kosten der übergreifenden Interessen der Arbeitnehmer Partikularinteressen, was nicht ausschließt, dass sie sich an den Drei-Parteien-Abkommen beteiligen, sofern es den von ihnen vertretenen Sonderinteressen nützlich ist.

Seit dem Jahre 2000 haben die drei großen Gewerkschaften Mitglieder gewonnen (die *CISL* 14,6 Prozent, die *UIL* 13 Prozent für *UIL*, die *CGIL* 11,5 Prozent[18]), was aber mit zwei Einschränkungen vermerkt werden muss. Erstens kommt der Mitgliederzuwachs vor allem von Rentnern und zweitens hielt der Zuwachs nicht mit der Zunahme der Beschäftigtenzahl in diesen Jahren Schritt, so dass der Organisationsgrad sank.

Organisation

Die drei Gewerkschaftsbünde sind weitgehend identisch strukturiert, und zwar auf der vertikalen Ebene nach dem Industrieverbandsprinzip und auf der territorialen Ebene als Integration aller zum Bunde gehörenden Branchengewerkschaften. Die vertikale Struktur baut sich ausgehend vom Betrieb auf, in dem die Gewerkschaften (seit 1956) mit eigenen Betriebsgruppen wirken, um in den allgemeinen gesetzlichen bzw. tarifvertraglichen Organen der Interessenvertretung, also den einheitlichen Betriebsausschüssen *(Rappresentanze Sindacali Unitari, RSU)*, die jeweilig spezifische gewerkschaftliche Politik zur Wirkung zu bringen.

Die Liga organisiert die gewerkschaftliche Interessenvertretung auf der Provinzebene. Das Dach der ganzen Struktur bildet die nationale Organisation mit dem Kongress als höchstem Beschlussfassungsorgan. Auf der territorialen Ebene haben die städtisch oder bezirklich strukturierten Arbeitskammern *(Camere di Lavoro)* als organisatorische Zusammenfassung der Industriegewerkschaften innerhalb eines Bundes im Raume für die unmittelbare Interessenvertretung der Mitglieder wie Rechtshilfe, Sozialberatung und Schulung eine ungleich höhere Bedeutung als beispielsweise die DGB-Ortskartelle in Deutschland.

Tabelle II-17   Entwicklung der Mitgliederzahlen 1947–2009

Jahr	CGIL	CISL	UIL	zusammen	Organisationsgrad der abhängig Beschäftigten
	In Tausend				In Prozent
1947	(Einheits-CGIL) 4 491				
1954	4 194	2 046	200	6 440	48
1972	3 107	2 184	782	6 073	43
1978	3 545	2 491	1 152	7 188	48
1982	3 286	2 410	1 181	6 877	46
1990	5 000	3 500	1 500	9 000	38
1998	5 231	3 910	1 758	10 899	42
2009	5 746	4 542	2 185	12 473	33

Quelle: Beiträge zum wissenschaftlichen Sozialismus 5/77 für 1947 bis 1976. *L'Espresso* vom 29.07.1984 für 1977 bis 1982. Web-Seiten der Gewerkschaften für 1998 bis 2009.

---

18   Für den Zeitraum 2000 bis 2009, nicht 2000 bis 2009 wie bei den beiden anderen.

Abbildung II-45 Organisatorische Entwicklung der Gewerkschaften

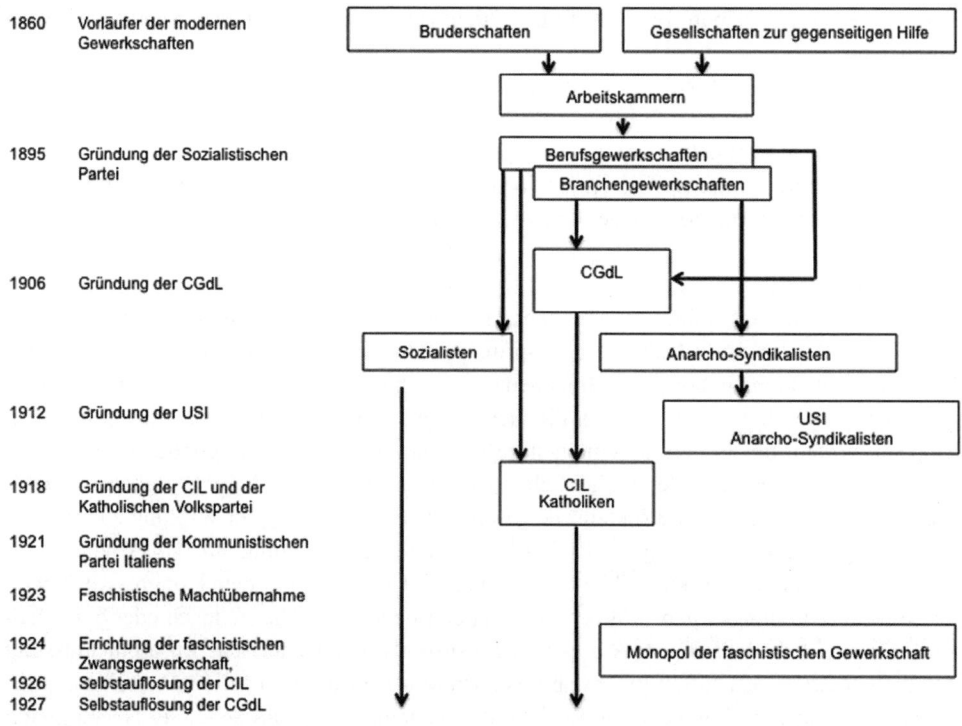

1860	Vorläufer der modernen Gewerkschaften
1895	Gründung der Sozialistischen Partei
1906	Gründung der CGdL
1912	Gründung der USI
1918	Gründung der CIL und der Katholischen Volkspartei
1921	Gründung der Kommunistischen Partei Italiens
1923	Faschistische Machtübernahme
1924	Errichtung der faschistischen Zwangsgewerkschaft,
1926	Selbstauflösung der CIL
1927	Selbstauflösung der CGdL

Die Gewerkschaften leben von den Gebühren bei der Ausstellung der Mitgliedskarte (etwa 10 Euro), von den monatlichen Beträgen, die stark nach Branche und Region variieren und nie den Satz der DGB-Gewerkschaften (i. d. R. 1 Prozent des Bruttoverdienstes) erreichen, sowie in einigen Branchen von obligatorischen monatlichen Abgaben aller Beschäftigten, ob sie gewerkschaftlich organisiert sind oder nicht. Wegen dieser schmalen finanziellen Decke sehen sich die Gewerkschaften außerstande, Streikunterstützung zu zahlen: Streiks bedeuten somit eine immense Belastung der Haushaltseinkommen der Gewerkschaftsmitglieder.

Die Gewerkschaften gerieten ab Mitte der achtziger Jahre mit der Orientierung auf den Schutz der Kerngruppen des industriellen Arbeitskörpers immer stärker in eine geschwächte Position. Der Ausgang des Referendums von 1985 zur Frage der Beibehaltung der gleitenden Lohnskala belegte deutlich, dass große Teile der Bevölkerung (54 Prozent stimmten gegen die Rücknahme der Abschaffung der *scala mobile*) den Gewerkschaften in deren eng definierten Kurs nicht länger folgen wollten. Zum Ausgleich für die Abschaffung des automatischen Inflationsausgleichs waren Mitte der achtziger Jahre geringfügige Verbesserungen in Fragen der Arbeitszeit, der Rentensicherung, der staatlichen Preis- und Tarifregelung vereinbart worden.

Abbildung II-44 (Fortsetzung)

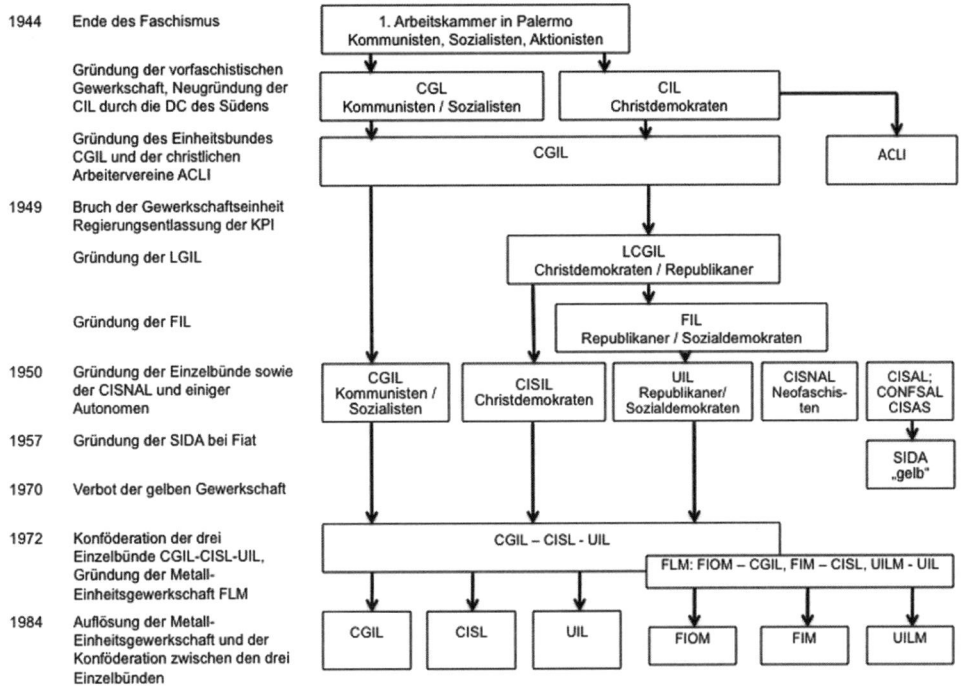

1944	Ende des Faschismus
	Gründung der vorfaschistischen Gewerkschaft, Neugründung der CIL durch die DC des Südens
	Gründung des Einheitsbundes CGIL und der christlichen Arbeitervereine ACLI
1949	Bruch der Gewerkschaftseinheit Regierungsentlassung der KPI
	Gründung der LGIL
	Gründung der FIL
1950	Gründung der Einzelbünde sowie der CISNAL und einiger Autonomen
1957	Gründung der SIDA bei Fiat
1970	Verbot der gelben Gewerkschaft
1972	Konföderation der drei Einzelbünde CGIL-CISL-UIL, Gründung der Metall-Einheitsgewerkschaft FLM
1984	Auflösung der Metall-Einheitsgewerkschaft und der Konföderation zwischen den drei Einzelbünden

Quelle: Eigene Zusammenstellung.

Nach einer Untersuchung zu Beginn der neunziger Jahre haben „in den Kleinunternehmen nur 17 Prozent der Befragten gegenüber 38 Prozent in mittelständischen Unternehmen und 75 Prozent in den Großunternehmen angegeben, Gewerkschaftsrepräsentanten bei Fragen der inneren Arbeitsregulierung und Umstrukturierung einbezogen zu haben". (Negrelli/ Treu 1995, S. 725)

Die italienischen Gewerkschaften durchleben seit den achtziger Jahren die gleichen Grundprobleme in der Mitgliederentwicklung wie alle Gewerkschaften in Europa. Die Durchsetzung einer Reihe zentraler Forderungen, die die Stellung der Lohnabhängigen in der Industrie und in der Gesellschaft grundlegend geändert haben, sowie die starke Ausdifferenzierung der Arbeits- und Lebensbedingungen und der Interessen machen eine einheitliche Interessenvertretung immer schwieriger. Jedoch trat Anfang der neunziger Jahre eine leichte Trendwende in der Mitgliederentwicklung aller Gewerkschaften ein, als die Regierung Berlusconi mit scharfen Gesetzesvorlagen Attacken gegen die Arbeitnehmer fahren wollte und die Gewerkschaften mit einer Mobilisierung großer Menschenmassen reagieren konnten.

Abbildung II-46   Gewerkschaftlicher Organisationsgrad
und betriebliche Interessenvertretung

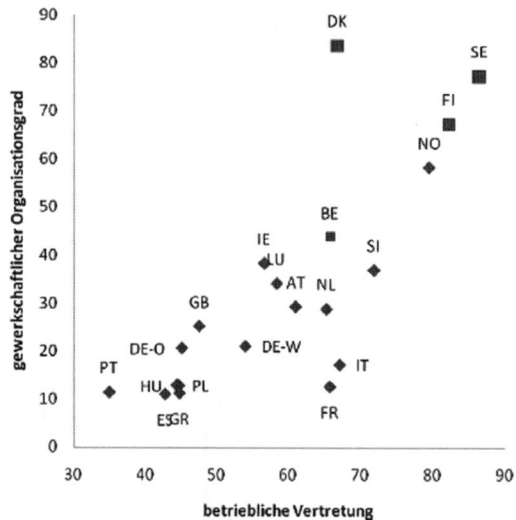

Quelle: Ebbinghaus *et al.* (2009).

6.1.3   Betriebliche Vertretung

Das Instrument der gewerkschaftlichen betrieblichen Vertretung sind die einheitlichen gewerkschaftlichen Betriebsausschüsse *(Rappresentanze Sindacali Unitarie, RSU)*[19]. Auch wenn sie das Vertretungsorgan aller Beschäftigter sind, spielen die Gewerkschaften die entscheidende Rolle: sie schlagen die Kandidaten für die Zweidrittel der *RSU*-Mitglieder, die von allen Betriebszugehörigen gewählt werden, vor und nominieren das restliche Drittel. Die *RSU* wurden erst Anfang der neunziger Jahre gegründet, obwohl mit dem Statut der Arbeitnehmer bereits 1970 die rechtliche Basis gelegt worden war. Bis dahin wirkten die Fabrikräte *(Consigli di fabbrica)* als Ergebnis der einheitlichen, basisorientierten Interessenvertretung nach dem „heißen Herbst" der Jahre nach 1969. Im Abkommen von 1993 (siehe weiter unten) wurde die Umsetzung und Arbeitsweise der *RSU* festgelegt. Als Besonderheit wurde die Wahl aller *RSU*-Mitglieder im öffentlichen Dienst vereinbart. In einigen Branchen wie den Banken und Versicherungen existieren wenige oder keine *RSU*.

RSU können in Unternehmen mit mindestens 15 Beschäftigten errichtet werden. Bei einer Beschäftigtenzahl von 16–200 Personen umfasst der *RSU* drei Mitglieder und bei 201–500 Personen sechs Personen. Für alle weiteren 300 bis zum Maximum von 3 000 Beschäftigten gibt es drei weitere *RSU*-Mitglieder und danach für alle weiteren 500 Beschäftigten drei weitere Plätze. Im Falle von Kleinunternehmen gibt es die Möglichkeit, *RSU* für mehrere Unternehmen in einem lokalen Bereich zu gründen.

---

19   Die Darstellung stützt sich im Wesentlichen auf Fulton (2011).

In der Regel steht der *RSU* der Führer der größten Gewerkschaft im Unternehmen oder der Behörde vor. In größeren Institutionen wird die *RSU* von einem Exekutivkommittee unter Leitung der größten Gewerkschaft geführt.

Die Hauptaufgabe der *RSU* ist die Verhandlung mit den Arbeitgebern auf der betrieblichen Ebene. Dazu benötigt der *RSU* Informationen zum betrieblichen Geschehen wie der wirtschaftlichen und finanziellen Lage des Unternehmens, zu Investitionen, zur Entwicklung der Beschäftigtenzahl, zu Planungen der Veränderungen des Arbeitsprozesses und zum Technologieeinsatz sowie zur Weiterbildung und zur Geschlechtergleichbehandlung.

In der Folge des Abkommens von 1993 etablierten sich zwischen Arbeitgeber und Beschäftigten gemeinsame Ausschüsse zur Informierung und Konsultation. Weiterreichende Mitbestimmungsrechte wie in Deutschland haben die betrieblichen und gewerkschaftlichen Interessenvertretungsorgane jedoch nur beim Datenschutz und bei der Einführung von Überwachungssystemen betrieblicher Abläufe.

Wählbar sind Betriebsangehörige, die zu einer Gewerkschaft gehören, die das Abkommen von 1993 unterzeichnet, oder ein Branchenabkommen für das betreffende Unternehmen abgeschlossen oder die Unterstützung von mindestens fünf Prozent der Wahlberechtigten erzielt hat. Damit sollen kleine Splitterorganisationen aus den *RSU* ferngehalten werden. *RSU*-Vertreter sind drei Jahre im Amt. Während dieser Periode sind sie durch das Statut der Arbeitnehmer vor Diskriminierung wegen ihrer Tätigkeit geschützt.

Die für die Interessenvertretung eingeräumte Zeit abseits von der eigentlichen Arbeitstätigkeit der *RSU*-Mitglieder staffelt sich von einer Stunde pro Beschäftigtem pro Jahr bei einer Betriebsgröße von bis zu 200 Beschäftigten bis zu acht Stunden pro Monat für je 500 Beschäftigte bei über 3 000 Gesamtbeschäftigten.

6.2   Die Arbeitgeberverbände

Eine übergreifende Organisation der Arbeitgeberverbände über die Branchen hinweg gibt es in Italien nicht. Offensichtlich sind die sektoralen bzw. politischen Interessengegensätze wie auch die unterschiedlichen Perspektiven der Unternehmen je nach Unternehmensgröße so groß, dass eine gemeinsame Vertretung in nationalen Arbeitgeberverbänden nicht zustande gekommen ist.

Die Arbeitgeberverbände organisieren sich an der Spitze entsprechend den drei großen Wirtschaftsbereichen Industrie, Dienstleistungen und Landwirtschaft:

*   Die *Confindustria (Confederazione Generale dell'Industria Italiana)* ist die bei weitem einflussreichste Arbeitgeberorganisation Italiens und bevorzugter Gesprächspartner für Gewerkschaften wie Regierung bei Fragen der Tarif-, Wirtschafts- und Sozialpolitik. Die *Confindustria* ist in 18 Regionalverbänden und 100 Territorialvereinigungen gegliedert. 23 Fachorganisationen für die einzelnen sektoralen Organisationsbereiche und 97 Verbände für die einzelnen Kategorien von unternehmerischer Aktivität bilden den Unterbau des Gesamtverbandes. (www.confindustria.it)
*   Die *Confapi (Confederazione Italiana della Piccola e Media Industria)* hat aufgrund der großen quantitativen Bedeutung und des großen Renommees einer Reihe von Klein- und

Tabelle II-18   Die wesentlichen Arbeitgeberverbände

Wirtschaftsbereich	Gründungsjahr	Mitglieder
Industrie		
Confindustria	1910	146 000 Unternehmen mit 5,4 Mio. Beschäftigten
Confapi	1947	120 000 Unternehmen mit 2,3 Mio. Beschäftigten
Dienstleistungen		
Confcommercio	1945	770 000 Unternehmen
Contesercenti	1971	240 000 Unternehmen mit 500 000 Beschäftigten
Confartigianato	1946	520 000 Handwerksbetriebe Landwirtschaft
Confagricoltura	1920	690 000 Betriebe mit 1,3 Mio. Beschäftigten
Coldiretti	1944	1 Mio. Betriebe

Quelle: Eigene Zusammenstellung.

Mittelunternehmen im In- und Ausland immer mehr Gehör für die Sonderinteressen ihrer Klientel gefunden und ist deutlich aus dem Schatten der *Confindustria* getreten. Mittlerweile werden vom Verband nach Eigenangaben 50 000 Unternehmen mit insgesamt 1 Mio. Beschäftigten repräsentiert. Die stärksten Teilorganisationen auf Branchenebene sind die Metallverarbeitung mit knapp 14 000 Unternehmen und insgesamt 500 000 Beschäftigten und das Transportwesen mit knapp 30 000 Unternehmen und 93 000 Beschäftigten. (www.confapi.it)

- Die *Confartigianato (Confederazione Italiana del Artigianato)* organisiert mehr als 520 000 Handwerker aus den insgesamt 1,3 Mio. Handwerksunternehmen in Italien. Sie orientiert sich politisch mehr an den Mitte-rechts-Parteien. (www.confartigianato.it)
- Die *CNA (Confederazione Nazionale dell'Artigianato e della Piccola e Media Impresa)*, gegründet 1946, ist die zweite Vertretung des Handwerks. Sie vertritt laut Verbandsangaben 250 000 Unternehmen. (www.cna.it) Sie steht eher den Mitte-links-Bündnissen nahe.
- Die *Confcommercio (Confederazione Generale Italiana del Commercio, del Turismo e dei Servizi)* ist nach eigenen Angaben mit insgesamt 700 000 Unternehmen die größte Interessenvertretung der Unternehmen in Italien. Sie steht den Parteien des Zentrums nahe.
- Die *Confesercenti (Confederazione Italiana Esercenti Attiviti Commerciali, Turistiche e dei Servizi)* ist die unmittelbare Konkurrenzorganisation der *Confcommercio*. Sie gliedert sich in mehr als 70 Föderationen, 20 Regional- und 120 Provinzverbände sowie in über 1 000 Gemeindegruppen und erfasst 352 000 Unternehmen mit mehr als 1 Mio. Beschäftigten. Schwergewicht der Organisation ist die Interessenvertretung der Kleinunternehmer. (www.confesercenti.it)

Die größten Interessenverbände in der Landwirtschaft sind die *Confagricoltura* und die *Coldiretti:*

- Die *Confagricoltura (Confederazione Generale dell'Agricoltura)* organisiert die ganze Breite der landwirtschaftlichen Produktion, also Bauern, Pächter und Halbpächter, Kooperativen und die Nahrungsmittelindustrie. Der Verband ist die zentrale Vertretung der Großbauern. Er hat 690 000 Mitgliedsunternehmen, die 38,5 Prozent der gesamten landwirtschaftlichen Nutzfläche repräsentieren und deren Bruttoproduktion 45 Prozent des Gesamtvolumens von Italien darstellt. Mit einer Gesamtbeschäftigtenzahl von über 500 000 Beschäftigten deckt die Organisation zwei Drittel der Unternehmen des Sektors ab. Die Organisation ist in 18 Regionalföderationen, 95 Provinzsitze und mehreren hundert kommunalen Vertretungen organisiert. (www.confagricoltura.it)
- Die *Coldiretti* vertreten demgegenüber eher Klein- und Mittelbauern bzw. Klein- und Mittelunternehmen und Händler in der Landwirtschaft. Bis Anfang der neunziger Jahre war die *Coldiretti* die bevorzugte Organisation in der Nähe der Christdemokraten.
- Die *CIA (Confederazione Italiana Agricoltori)* ist demgegenüber mit den Mitte-links-Parteien verbunden.
- Der Organisationsgrad der Arbeitgeberorganisationen, also der Anteil der von ihnen vertretenen Unternehmen, wird auf etwas über 50 Prozent geschätzt. (Visser 2008)

6.3   Die Arbeitsbeziehungen

6.3.1   Die Rolle des Staates in den industriellen Beziehungen

Der italienische Staat spielt die dominante Rolle in den industriellen Beziehungen Italiens. Die Sozialpartner haben nur ein unzulängliches System der Regelung der zentralen Aufgaben der industriellen Beziehungen entwickelt.

Die Gründe dafür liegen erstens in der eingeschränkten Repräsentativität beider Organisationen in Folge der tiefgreifenden Spaltungen der Interessenvertretung und zweitens in dem spezifischen Politik- und Rollenverständnis von Arbeitgeberorganisationen und Gewerkschaften. Im Vordergrund steht die Vertretung von Partikularinteressen. Die Abgrenzung zu anderen Organisationen wie zum sozialen Widerpart wird häufig auch verstärkt durch die Betonung der grundsätzlichen (partei-)politischen Differenzen. Anders als in Deutschland existiert in Italien kein Grundkonsens darüber, dass die gemeinsame Beratung zur Regulierung von Arbeitsfragen grundsätzlich berechtigt und dem Konfliktkurs überlegen ist. Häufig sind Manager wie Gewerkschaftsvertreter nur in Krisensituationen zur gemeinsamen Regelung der anstehenden Fragen bereit, weshalb diese Kooperationen sporadisch, unsystematisch und flüchtig bleiben.

Schmidt kommt zum Urteil, dass der Korporatismus in Italien noch schwächer als in Deutschland ist, „weil die kooperative Orientierung der Sozialakteure sehr unterentwickelt und nicht durch öffentliches Recht geschützt ist. Sie ist viel stärker vom Handeln eines Staates abhängig, der trotz Veränderungen zum Besseren in den neunziger Jahren sehr schwach bleibt". (Schmidt 2006, S. 147) Von allen Seiten gibt es deutliche Widerstände gegen ein gemeinsames Krisenmanagement. Im Prinzip befürworten beide Seiten, dass es für die Ge-

Tabelle II-19   Industrielle Beziehungen, Bezahlung und Arbeitszeit

	Italien	EU-27 (ungewichtet)
Gewerkschaftlicher Organisationsgrad (Anteil der Gewerkschaftsmitglieder an allen abhängig Beschäftigten)	33,1 Prozent	k.A.
Arbeitgeberorganisationsgrad. (Anteil der Mitgliedsunternehmen an einer Arbeitgeberorganisation	50,0 Prozent	k.A.
Deckungsgrad der Tarifvereinbarungen (Anteil der Beschäftigten in Tarifvereinbarungen)	80,0 Prozent	k.A.
Anzahl der durch gewerkschaftliche Aktionen verlorenen Arbeitstage auf 1 000 Beschäftigte (Jahresdurchschnitt 2004–2007)	47,3 Tage (vorläufig)	37,47 Tage (Schätzung)
Lohnanstieg durch Tarifverhandlungen (Jahresdurchschnitt 2004–2007)	2,8 Prozent	5,1 Prozent (einschließlich Norwegen)
Tatsächlicher Lohnanstieg (Jahresdurchschnitt 2004–2007)	k.A.	2,1 Prozent
Tariflich vereinbarte wöchentliche Arbeitszeit (2007)	38 Stunden	38.6 Stunden (einschließlich Norwegen)
Tatsächliche wöchentliche Arbeitszeit (2007)	38,4 Stunden	39,9 Stunden (einschließlich Norwegen)

Legende: k.A. = keine Angaben

Quelle: Pedersini (2008).

werkschaften keine formale Mitbestimmung in den Unternehmensführungen und keine Vetorolle bei gravierenden Umstrukturierungen sowie personalpolitischen Massnahmen gibt.

Auf den Gebieten der Lohnverhandlungen, der Erst- und Weiterbildung sowie der Fragen der Arbeitsbedingungen ist erst nach 1993 eine Verhandlungspraxis eingezogen, die insbesondere im Hinblick auf die Institutionen und das Prozedere in den industriellen Beziehungen deutliche Fortschritte brachte. Die hohe Zersplitterung der Repräsentanz sowohl auf Arbeitnehmer- wie auf Arbeitgeberseite verhindert aber nach wie vor inhaltlich eine breite autonome Regelung durch die Sozialpartner selbst.

Die dominante Richtschnur von Arbeitgeberorganisationen wie Gewerkschaften ist der „Normalarbeiter" der Industrie mit geregeltem Beschäftigungsverhältnis, Vollzeitanstellung, lebenslangem Beschäftigungsverhältnis und hoher Bindung an ein Unternehmen, in der Regel Großunternehmen der Metall- oder Chemiebranche. Sonstige Arbeitnehmer mit atypischen Beschäftigungsverhältnissen oder Arbeitslose stehen in diesem System eher am Rande.

In seinem Handeln bestätigt und verfestigt der Staat dieses den konventionellen Schemata verhaftete Denken der Sozialpartner. Die Arbeitsmarkt- und Sozialpolitik ist, wie in diesem Kapitel gesehen, auf Beschäftigungssicherheit ausgerichtet. Der Staat subventioniert und privilegiert Arbeitgeber wie Beschäftigte unter Vernachlässigung der sonstigen, auf staatliche Unterstützung angewiesenen, Gruppen unter den Beschäftigten und, weiter gefasst, in der Bevölkerung. Diese Politik blockiert Innovationen in der Arbeitsmarktpolitik, in der Aus- und Weiterbildung, in der Unternehmensgründung und in der regionalen Entwicklung.

Der übermäßige Schutz durch die Lohnausgleichskasse erstarrt die Bewegung auf dem Arbeitsmarkt. „Wenn sie zulange angewandt wird, verlangsamt sie den Prozess der Neuallokation auf neue Beschäftigungen, die für viele Arbeitnehmer unausweichlich ist". (Baldini/Toso 2009)

Tabelle II-20   Regimes und Arrangements der industriellen Beziehungen

	Norden	Mitte-West	Süd	West	Mitte-Ost
Produktionsregime	Koordinierte Marktwirtschaft		Gemischte Marktwirtschaft	Liberale Marktwirtschaft	Gemischt oder liberal?
Wohlfahrtsregime	Universalistisch	Segmentiert (status-orientiert, korporatistisch)		Residual	Segmentiert oder residual?
Beschäftigungsregime	Inkludierend	Dualistisch		Liberal	
Regime der industriellen Beziehungen	Organisierter Korporatismus	Sozialpartnerschaft	Polarisiert/staatszentriert	Liberaler Pluralismus	Fragmeniert/staatszentriert
Machtgleichgewicht	Beschäftigtenorientiert	Ausgeglichen	Abwechselnd	Arbeitgeberorientiert	
Hauptebene der Tarifverhandlungen	Branche		Variabel/instabil	Unternehmen	
Verhandlungsstil	Integrierend		Konfliktorientiert		Fügsam
Rolle der Sozialpartner in öffentlicher Politik	Institutionalisiert		Irregulär/politisiert	Selten/anlassgesteuert	Irregulär/politisiert
Rolle des Staates in den industriellen Beziehungen	Begrenzt (Mediator)	,Schatten der Hierarchie'	Häufige Intervention	Nicht-Intervention	Organisierer der Transition
Arbeitnehmervertretung	Gewerkschaftsbasiert, hoher Organisationsgrad	Duales System, hoher Organisationsgrad	Verschieden (*)	Gewerkschaftsbasiert, geringer Organisationsgrad	
Länder (Beispiele)	Dänemark Finnland Norwegen Schweden	Belgien Deutschland Niederlande Österreich	Griechenland Spanien Frankreich Italien	Irland Malta Zypern Großbritannien	Bulgarien Ungarn Polen Slowakei

Legende: Aus dem Original *„statist market economy"* ersetzt durch „gemischte Marktwirtschaft".

(*) In Frankreich verkörpert die Arbeitnehmervertretung in Unternehmen beide Prinzipien. In Spanien und Portugal ist sie dualistisch, in Italien und Griechenland ist sie mit den Gewerkschaften verschmolzen, aber basiert auf rechtlichen Grundlagen.

Erläuterungsbedürftige Kategorien:

Beschäftigungsregime: ‚Inkludierend' meint, dass alle Seiten auf ein hohes allgemein geltendes Regelungsniveau ausgerichtet sind. ‚Dualistisch' hingegen beschreibt die „konsultative Einbeziehung der Beschäftigten im Entscheidungssystem, dabei ihre schwächere Organisationsstärke reflektierend" (Europäische Kommission 2009, S. 45. ‚Markt-basiert' oder ‚liberal' zielt auf die Regelung im freien Spiel der Marktkräfte.

‚Schatten der Hierarchie': Verhandlungen verlaufen im Rahmen der gesetzlich oder politisch festgelegten staatlichen Grenzen.

Quelle: Europäische Kommission (2009), S. 49.

Charakteristisch sind „schwache Koordinierungsfähigkeiten von Gewerkschaften und Arbeitgebern und die Anreize, um passive Formen der staatlichen Unterstützung aufrecht zu erhalten". (Molina/Rhodes 2007, S. 242) Die enorme Finanzlast in diesem so geprägten System steigert die Arbeitskosten.

Vor allem mit dem verstärkten Druck des internationalen Wettbewerbs geriet das an der Abfederung der Folgen der industriellen Umstrukturierung orientierte Politikverständnis in eine tiefe Krise. Offensivere und gestaltende Politikansätze wie die Qualifizierung der Arbeitskräfte, um sie für die neuen Herausforderungen des globalen Wettbewerbs fit zu machen, oder eine Flexibilisierung des Arbeitsmarktes, um breiteren Schichten der Arbeitnehmer neue Chancen der Erwerbstätigkeit zu eröffnen, wurden lange abgewehrt und werden auch jetzt noch mit Skepsis behandelt.

Mit dem *Biagi*-Gesetz versuchte die Regierung Berlusconi unter dem euphemischen Titel „Pakt für Italien", weitreichende arbeitsmarktpolitische Veränderungen durchzusetzen. Im Mittelpunkt stand die Aufweichung des Kündigungsschutzes in Unternehmen unter 15 Beschäftigten. „Die italienische Mitte-rechts-Regierung, die zwischen Mai 2001 und 2006 im Amt war, dachte nicht daran, die Rolle der Sozialpartner bei Konsultationen zu Politikfeldern anzuerkennen. Die Regierung begann Verhandlungen mit den Gewerkschaften und erlangte 2002 die Unterstützung von zwei der drei großen Föderationen im ‚Pakt für Italien', der verschiedene Massnahmen vorsah, darunter Vergünstigungen und Dienstleistungen für Beschäftigte, die auf den Arbeitsmarkt zurückkehren, und experimentelle Massnahmen, um den Kündigungsschutz in Unternehmen mit weniger als 15 Beschäftigten aufzuheben. Der Pakt war hoch umstritten und große Teile von ihm wurden nie implementiert". (Europäische Kommission 2009, S. 57)

Der „Pakt für Italien" wurde von der *CISL*, der *UIL* und zwei anderen Dachverbänden (*CISAL* und *UGL*, siehe oben) unterzeichnet, aber nicht von der *CGIL*.

6.3.2 Die rechtliche Basis der Arbeitsbeziehungen

Die Arbeitsbeziehungen in Italien stehen auf einem Fundament mit drei großen Abmachungen: dem Status der Rechte der Arbeiter von 1970, der Drei-Parteien-Vereinbarung von 1993 und dem Abkommen zwischen zwei der drei großen Gewerkschaften, dem Arbeitgeberverband und der Regierung von 2009.

Das Statut der Rechte der Arbeiter
Das Arbeiterstatut von 1970 *(Statuto dei Lavoratori)*, das unter dem Eindruck der sozialen Auseinandersetzungen der Jahre nach 1968 entstanden ist, stellt bis heute die wesentliche Formulierung der industriellen Beziehungen im Betrieb zwischen abhängig Beschäftigten und Unternehmen dar. Die Regelungen sind allerdings bei weitem nicht so detailliert und komplex wie jene im Betriebsverfassungsgesetz der Bundesrepublik Deutschland.

Abschnitt 1 regelt die individuellen Rechte des Arbeiters wie die Ausübung der Meinungsfreiheit, den Schutz vor audiovisueller Überwachung, das prinzipielle Recht auf Krankmeldung oder die Pflicht des Unternehmers, Umsetzungen nur mit Zustimmung der Gewerkschaften vorzunehmen. Im Abschnitt II ist die Freiheit der gewerkschaftlichen Assoziierung festgelegt, die mit dem Verbot der Diskriminierung von Arbeitern aufgrund ihrer Gewerkschaftszugehörigkeit abgesichert ist. Zugleich werden gelbe, d. h. von den Unternehmern gegründete bzw. wesentlich unterstützte, Betriebsvereinigungen, die sich Gewerkschaft nennen, verboten.

Artikel 18 setzt Individualentlassungen von Arbeitern hohe Hürden. Damit war ein weitgehender Kündigungsschutz etabliert, der erst Anfang der achtziger Jahre aufgelockert und Anfang der neunziger Jahre mit der prinzipiellen Möglichkeit von Massenentlassungen stark durchlöchert wurde.

Die Frage der Einstellung von Personal wurde im Abschnitt V derart geregelt, dass die Arbeitsämter in der Arbeitsvermittlung und Einstellung des Einzustellenden zusammen mit Gewerkschaften und Unternehmern zu beraten haben und vorzugsweise Einzustellende von der Liste der Arbeitsuchenden auswählen. Diese Praxis wurde erst Ende der neunziger Jahre mit dem Dekret 469/97 zugunsten größerer Freiheit der Arbeitgeber und von privaten Arbeitsvermittlungen relativiert.

Das Abkommen von 1993

Im Umbruch des politischen Systems von 1993 kamen auch die industriellen Beziehungen auf den Prüfstand. Nach Wegfall der harten ideologischen Gegenüberstellung zwischen den Gewerkschaften sowie zwischen den Gewerkschaften und den Arbeitgebern war es möglich, in ihrem Verhältnis eine neue Seite aufzuschlagen. Ein wesentliches Ergebnis der Verhandlungen zwischen den Sozialpartnern und der Regierung war das Abkommen vom 23.07.1993 mit einer weitreichenden Reform der industriellen Beziehungen. Es muss als der „innovativste Schritt in den italienischen Arbeitsbeziehungen seit dem Arbeiterstatut (1970) und den Experimenten mit konzertierter Aktion in den achtziger Jahren angesehen werden". (Gualmini 1996, S. 13)

Die Abschaffung der automatischen Lohngleitklausel wurde endgültig beschlossen, allerdings wurde gleichzeitig ein – wenn auch zeitverschobener – Inflationsausgleich im Rahmen der Berufsgruppenverträge garantiert sowie die Reform der Tarifverhandlungen einschließlich der Festlegung der Gegenstände der Verhandlungen und der zuständigen Institutionen auf den verschiedenen Ebenen vorangetrieben.

In der neuen Struktur der Tarifverhandlungen sind die Gegenstände, Zuständigkeiten und Partner auf den verschiedenen Ebenen, erstens der Branchenebene *(Contratti collettivi nazionali di lavoro)*, zweitens der Betriebsebene und drittens der Territorialebene geregelt worden.

Die Branchenverträge regeln die Massnahmen zum Kampf gegen die Inflation und damit zur Sicherung des Reallohns. Zudem werden hier die sonstigen Fragen der Arbeitsorganisation, der Informationsrechte und der Arbeitszeit behandelt.

Auf der Ebene des einzelnen Unternehmens werden abweichende Bezahlungen vereinbart. Hier werden Produktivitätsunterschiede berücksichtigt oder das Arbeitsplatzrisiko zum Gegenstand der Verhandlungen. Auch geht es um neue Arbeitsmethoden auf der Unternehmensebene.

Auf Distriktebene können Tarifverhandlungen für eine größere Gruppe von Unternehmen geführt werden. Dieses Verfahren wird vor allem im Bausektor, im Tourismus, im Handwerk und in der Landwirtschaft angewandt.

Außerdem wurde eine neue Form des Informations- und Positionsaustausches zwischen den drei Parteien vereinbart. In Form von zwei jährlichen Treffen sollen verschiedene Themen beraten werden: das erste im Mai soll die Ziele der Haushaltspolitik und die jährlichen Beschäftigungstrends erörtern und das zweite im September dient der Regulierung der Einkommenspolitik vor der Verabschiedung des Finanzgesetzes für das kommende Jahr.

Sodann wurden einheitliche gewerkschaftliche Vertretungen „als legitime Subjekte betrieblicher Verhandlungen anerkannt, wodurch endlich der Weg für die Wahl entsprechender Vertreter frei wurde". (Riester 1995, S. 105)

Neben den Fragen der Lohnzurückhaltung sind im selben Abkommen auch Fragen der Qualifizierungspolitik und der Berufsausbildung angesprochen worden. Unter anderem wurden eine Neuordnung des Lehrlingssystems und eine Neuregelung der Ausbildungs- und Arbeitsverträge vereinbart.

Die Neuregelung des Systems der Tarifverhandlungen in 2009

Zu Beginn des neuen Jahrhunderts eröffnete die *Confindustria* eine Diskussion über eine stärkere Dezentralisierung der Tarifverhandlungen zugunsten der Unternehmensebene.

Darüber entbrannte zwischen den Gewerkschaften eine heftige Auseinandersetzung. Die *CISL* und die *UIL* erkannten in dem neuen Abkommen die Möglichkeit einer flexibleren Tarifpolitik. Die *CGIL* hingegen führte als grundlegende Bedenken an, dass die neuen Lohntarife nicht eng genug an das Auslaufen von bestehenden Verträgen herangeführt würden und ein nationaler Kampf gegen die Inflation geführt werden müsse.

Ohne eine Einigung unter den drei Gewerkschaftsbünden wurde im Januar 2009 ein neues Abkommen zwischen der *Confindustria,* den beiden Gewerkschaften *CISL* und *UIL* sowie der Regierung geschlossen. Die *CGIL* hat dieses Abkommen bis heute nicht unterschrieben und anerkannt.

Dieses Abkommen vom Januar 2009 führte gegenüber dem Rahmenwerk von 1993 die folgenden Neuerungen ein:

- Branchenweite Vereinbarungen gelten für drei Jahre und nicht länger für zwei Jahre.
- Lohnzuwächse werden nicht mehr an der Schätzung der Inflationsrate sondern an dem geschätzten Warenkorb der Europäischen Kommission ausgerichtet. Falls ein Unternehmensabkommen nicht möglich ist, sollen Beschäftigte Sonderzahlungen durch ein Lohngarantieelement *(elemento di garanzie retributive, EGR)* erhalten, die von beiden Seiten übereinstimmend festgelegt und am Ende der Periode von drei Jahren gezahlt werden.
- Das Prozedere der Verhandlungen wird geändert: die Gewerkschaften müssen ihre Forderungen sechs Monate vor dem Ablauf des Abkommens unterbreiten und die Arbeitgeber müssen innerhalb von zwanzig Tagen antworten. Arbeitskämpfe werden für die letzten sechs Monate eines Abkommens und im Monat nach seinem Ablauf verboten.

Die Spannungen zwischen den Gewerkschaften spitzten sich noch einmal zu, als die Metallgewerkschaften *FIM* und *UILM* ein Abkommen mit dem Automobilhersteller *Fiat* in Mirafiori in Turin und in Pomigliano bei Neapel unterzeichneten. Die *CGIL* bemängelt die einseitigen, arbeitgeberfreundlichen Regelungen im Abkommen, während die beiden anderen Gewerkschaften die Chancen der betrieblichen Regelung hervorheben und zudem auf die

Tabelle II-21   Verhandlungsebenen

Ebene	Partner	Bedeutung	Gegenstand	Deckungsgrad	Laufdauer	Branchen
Politische Verhandlungen						
Nation	Regierung, Sozialpartner	Beeinflussend				
Tarifverhandlungen						
Region/ Distrikt						Bauwesen, Tourismus, Handwerk, Landwirtschaft
Branche		Dominant	1. Lebensstandard, Inflationsausgleich 2. Arbeitsstunden, Informationsrechte, Arbeitsorganisation		Drei Jahre, im öffentlichen Dienst zwei Jahre	Alle großen Sektoren
Unternehmen		Wichtig	Besondere Bedingungen Umstrukturierung	30–40 Prozent	Drei Jahre	

Quelle: Eigene Zusammenstellung auf Basis von Fulton (2011).

Drohung des *Fiat*-Managements verweisen, bei Nicht-Abschluss die Produktion ins Ausland zu verlagern.

Im Februar 2009 verständigten sich Regierung und Gewerkschaften auf eine Übereinkunft zur „Regulierung des Übergangs nach der Blockierung der Erneuerung der nationalen Tarifverträge im öffentlichen Dienst".

Neuartig ist die Verknüpfung von Verfahrensfragen der Tarifvertragserneuerung mit Zielen der Verbesserung der öffentlichen Dienstleistungen. Die tariflichen Leistungen bleiben, so Punkt 2 des Abkommens, im Prinzip unverändert und werden zunehmend in Bestandteilen an die zusätzlichen Ersparnisse in Folge von Rationalisierungs- und Einsparerfolgen beim Funktionieren öffentlicher Dienstleistungen (Punkt 3) geknüpft.

6.4   *Dreier-Verhandlungen über sozial- und arbeitsmarktpolitische Fragen*

Die Linie der konzertierten Verhandlung über Fragen der Senkung bzw. Eindämmung der Arbeitskosten, der Entwicklung des Südens, der Aus- und Weiterbildung und der Weiterentwicklung arbeitsmarktpolitischer Themen wurde im Jahre 1998 bis zum Abschluss des „Sozialpaktes" *(Patto Sociale)* am 22.12.1998 konsequent weitergeführt.

Die wesentlichen Punkte des Sozialpaktes sind:

- Konzertierung: die Ausdehnung der Methode auf die Regionen und lokalen Körperschaften sowie ein verstärktes Monitoring beim Ministerpräsidenten.
- Verhandlungsebenen: die Abmachungen von 1993 werden bestätigt, der nationale Vertrag mit einer Laufzeit von vier Jahren regelt die normativen Teile und ein Zweijahres-Vertrag

Abbildung II-47 Sozialausgaben der einzelnen und assoziierten Kommunen
nach Landesteilen, 2004 und 2006 (Pro-Kopf-Ausgaben)

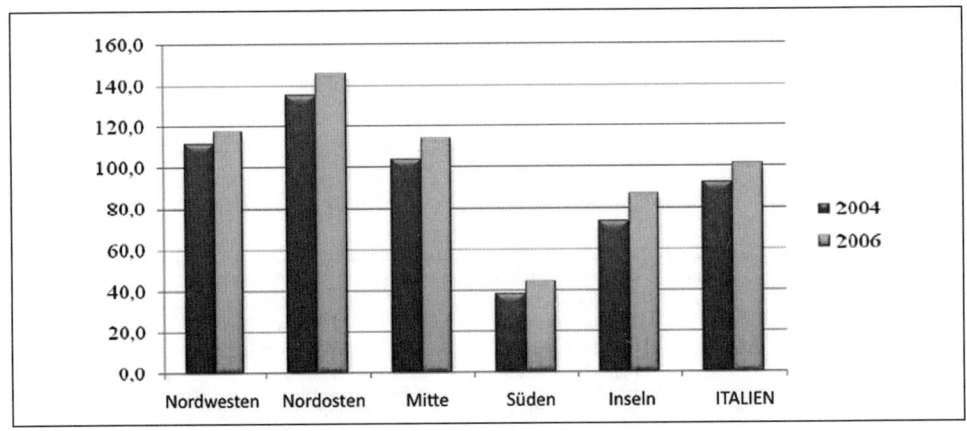

Quelle: CNEL (2010a), S. 267.

befasst sich mit den wirtschaftlichen Fragen, die Tarifverhandlungen in den Betrieben drehen sich um die Fragen der Produktivität, Qualität und Profitabilität.

- Die Frühjahrstreffen sollen sich zudem mit dem Finanz- und Wirtschaftsplan *(Dpef)* der Regierung beschäftigen.
- Beschäftigungspolitik: Vereinbarungen von Investitionsanreizen. Weitere Eindämmung der Schwarzarbeit auch in Abstimmung mit der Europäischen Union.
- Sozialabgaben: Fortführung der Senkung der Arbeitskosten über die bisher gesetzten Ziele (0,82 Prozent für 1999) hinaus.
- Ausbildung: Stärkung der Lehrlingsausbildung. Forcierung aller Maßnahmen, die die Flexibilität erweitern helfen.

Italien ist das erste Land Europas, das – im Jahre 2001 – die 35-Stunden-Arbeitswoche für alle Betriebe mit mindestens 15 Beschäftigten per Gesetz für verbindlich erklärt hat. Mit einer neuen Vereinbarung wurde im Jahre 2007 die geregelte Wochenarbeitszeit auf 38 Stunden heraufgesetzt.

Im Rahmen der lokalen Sozialpakte gingen die Gewerkschaften Kooperationen mit den anderen Akteuren vor Ort zur Regelung von sozialpolitischen Fragen ein. „Die Gewerkschaften formalisieren Übereinkünfte, unterzeichnen Protokolle, beteiligen sich an der Planung von Eingriffen und zwar in einer doppelten Rolle: einerseits sind sie die Interessenvertretungen der im Bereich der Sozialfürsorge Beschäftigten ... und andererseits der Nutzer der Dienstleistungen, darunter vor allem der Rentner, für die die Probleme der mangelnden Eigenversorgung und der sozialen und gesundheitlichen Unterstützung entscheidende Aspekte ihrer sozialen Verankerung sind". (CNEL 2010a, S. 254)

Über die direkte Verantwortung gegenüber den Rentnern, die immerhin in allen drei großen Gewerkschaftsbünden fast die Hälfte der Mitglieder stellen, wirken die Gewwerkschaften als unabhängige Kraft gegenüber den Betreibern und Anbietern der Sozialdienste und als

Interessenvertreter der vielen freiwilligen Organisationen, die in den Gewerkschaften eine starke Organisationen gegenüber den professionellen Akteuren im Sektor sehen. Insofern erweitert sich die Rolle der Gewerkschaften über den Kreis ihrer Mitglieder auf weitere soziale Akteure, die des Schutzes der großen Gewerkschaftsbewegung bedürfen.

Die Ergebnisse der Initiativen schlagen sich nur bedingt in der Höhe der Sozialausgaben pro Kommune nieder. Die Entschlossenheit und Fähigkeit der Gewerkschaften wie anderer Akteure in den Verhandlungen, die Kompetenz der Problemlösung und die Qualität der fachlichen und politischen Führungen in den Kommunen variieren in den Landesteilen zum Teil erheblich. Überdies stehen in den Landsteilen ganz unterschiedlich hohe Ressourcen für die komunalen Sozialausgaben zur Verfügung.

6.5   Arbeitskonflikte

Das Streikrecht ist in der italienischen Verfassung im Artikel 40 ausdrücklich garantiert. Die dort vorgesehenen gesetzlichen Regelungen zur Umsetzung des Verfassungsprinzips blieben bis heute wegen des stillschweigenden Einverständnisses zwischen Unternehmern und Gewerkschaften, auf institutionelle Vereinbarungen zu verzichten, aus. Immer wieder haben sich die verschiedenen Regierungen an diesem brisanten Thema versucht, ohne den letzten Schritt einer stärkeren Verrechtlichung der Arbeitskonflikte zu wagen bzw. zu schaffen. Die Ausnahme bildet das Gesetz 146/90 zur Beschränkung der Streiks im öffentlichen Dienst.

In Italien ist die Aussperrung als Mittel der Unternehmen im Arbeitskampf rechtswidrig. Sie stellt zudem eine Verletzung des zivilrechtlich geschlossenen Vertrages zwischen Arbeitgeber und Arbeitnehmer dar und zieht die Pflicht des Unternehmers zur Lohnfortzahlung nach sich. In der Praxis spielt die Aussperrung keine Rolle.

Eine Friedenspflicht im bundesdeutschen Sinne – das Aussetzen von Kampfmaßnahmen während der laufenden Verhandlungen – ist in Italien unbekannt. Entscheidungen über die Aufnahme von Streiks sowie ihren Umfang und ihre Beendigung werden in Abstimmung mit den gewerkschaftlichen Dachorganisationen (lokalen Arbeitskammern oder nationalen Dachverbänden) dann getroffen, wenn mehrere wesentliche Berufsgruppen und Dienste betroffen sind. Dies sehen der Art. 52 der Satzung der *CGIL* bzw. der Art. 45 der Satzung der *CISL* vor. Friedensklauseln sind zum Teil in Betriebsvereinbarungen und in Tarifverträgen in einigen vor allem nicht-industriellen Sektoren (Kredit, Handel. Versicherungen, Chemie) enthalten. Schlichtungsregelungen sind in Italien wenig institutionalisiert und damit wenig bindend. Seit 2009 sind die Verhandlungsprozedere aber im Sinne der Deeskalation geregelt.

Größere Bedeutung kommt der Vermittlung durch staatliche Stellen, bei regionalen Verhandlungen durch die Arbeitsbehörde, bei nationalen Auseinandersetzungen durch den Arbeitsminister, zu, wobei die Gewerkschaftsvertreter in den Schlichtungskommissionen sitzen.

Italien hat zwei große Streikwellen nach dem Ende des Wirtschaftswunders erlebt, die das Land nachhaltig erschütterten.

In der Streikwelle des heißen Herbstes 1969 war die Großindustrie durch massive und thematisch breite Arbeitskämpfe wochenlang zum Erliegen gebracht worden, da die Arbeiter, zunächst ohne Führung durch die Gewerkschaften, ihren Anteil am neuen Aufschwung

Tabelle II-22   Arbeitskämpfe in Italien

Periode	Dänemark	Frankreich*	Deutschland	ITALIEN	Schweden	Großbrit.	USA
Streiks auf 1 Mio. Beschäftigte							
1950–59	12,5	115,5	k.A.	92,6	7,1	89,1	68,6
1960–69	15,9	85,9	k.A.	170,9	4,9	100,3	57,6
1970–79	66,3	168,4	k.A.	192,0	21,7	105,4	60,6
1980–89	92,5	101,2	k.A.	79,5	28,3	45,6	6,9
1990–99	216,3	76,2	k.A.	42,9	7,0	10,3	0,3
2000–08	282,8	k.A.	k.A.	31,5	2,4	5,6	0,2
Relative Beteiligung: Streikende auf 1 000 Beschäftigte							
1950–59	5,7	83,1	6,0	117,9	2,0	27,8	35,8
1960–69	13,6	118,5	3,1	175,9	1,3	55,7	25,2
1970–79	39,6	86,6	7,6	456,9	5,1	65,2	26,7
1980–89	40,0	20,9	5,2	320,2	28,6	42,3	5,8
1990–99	39,3	14,5	6,6	90,7	7,3	7,7	2,2
2000–08	24,4**	k.A.	3,3	67,8	2,9	14,8	1,0
Verlorene Tage auf 1 000 Beschäftigte							
1950–59	62,9	315,5	47,5	301,5	49,2	135,9	550,2
1960–69	129,4	138,5	12,0	730,5	14,7	145,7	382,3
1970–79	212,4	167,8	4,7	1 041,0	41,1	521,6	457,1
1980–89	153,5	61,7	22,9	433,3	167,8	292,8	132,0
1990–99	151,5	31,2	10,5	110,6	44,3	25,0	37,0
2000–08	33,8**	k.A.	4,3	62,9	20,2	25,5	27,9

Legende: * Datum für 1968 nicht eingeschlossen. ** 2000–07.

Quelle: CNEL (2010a), S. 107.

des Landes einklagten. Zu Beginn der sechziger Jahre war ein großer Teil dieser Arbeiter vom Süden in die Fabriken der Industrie im Norden gezogen, ohne aber dort ausreichend mit Wohnungen, Dienstleistungen des Gesundheitswesens, Schulplätzen versorgt zu sein. Eine andere Quelle der Unruhen waren die neuen Erwartungen der neuen Arbeiterklasse, die im Norden groß geworden ist, eine weit höhere Qualifikation als noch ihre Eltern genossen hatte. Sie wollte sich auf die Konsumgesellschaft Norditaliens einstellen, sah sich aber in den Fabriken noch mit überkommenen Führungsmethoden, Arbeitsbedingungen und Lohnverhältnissen konfrontiert. Erst als beide Strömungen in einem relativ einheitlichen Vorgehen zusammenliefen, entfalteten die Arbeitskämpfe die Kraft, die die Arbeitsbeziehungen in Italien lange Zeit prägten.

Die zweite größere Streikwelle ergriff das Land Ende der siebziger Jahre, als die Gewerkschaften die Arbeiter im Rahmen ihrer Strategie der Mitwirkung in zentralen Fragen der Wirtschafts- und Sozialpolitik zur Unterstützung ihrer Forderungen mobilisieren konnten. Seit den frühen achtziger Jahren hat sich das Kräfteverhältnis deutlich verändert. *Fiat* konnte zum ersten Mal Massenentlassungen durchsetzen, die gleitende Lohnskala, ein zentraler Sicherungsmechanismus gegen Inflationsfolgen, wurde nach langwierigen Verhandlungen mit dem Referendum von 1985 auch angesichts tiefgreifender Meinungsunterschiede zwischen den drei Gewerkschaften abgeschafft, und die Gewerkschaftsbewegung war damit an den Rand gedrängt.

Eine neue landesweite Streikwelle erfasste das Land anlässlich der Haushaltsgesetze der Regierung Berlusconi 1994, die unter anderem deutliche Einschnitte in das System der Rentenversicherung einseitig zu Lasten der Arbeitnehmer vorsah. Über den Zeitraum von zwei Monaten waren zeitweise 1,5 Mio. Arbeitnehmer an Arbeitsniederlegungen wie am Generalstreik, an lokalen Demonstrationen und an der zentralen Protestveranstaltung in Rom (Riester 1995, S. 106) beteiligt. Die Rentenpläne wurden zurückgenommen, was aber nur eine Verschiebung der Lösung des drängenden Rentenproblems darstellte, bis die Regierungen Dini und Prodi einschneidende Maßnahmen auch gegen den Willen der Gewerkschaften durchsetzten.

Ansonsten werden durch Streiks häufig Forderungen von häufig privilegoierten Beschäftigten bekräftigt:

Italiens Verkehr lahmgelegt
„In Italien wird gern gestreikt, wenn dies den größtmöglichen Chaos-Effekt hervorruft. Wie jetzt im sommerlichen Urlaubsverkehr. ..Die staatliche italienische Fluggesellschaft hat ein bislang geheimgehaltenes Abkommen mit den Fluglotsen des Landes aufgekündigt, das die Pünktlichkeit bei Starts und Landungen garantieren sollte. (Vereinbart war), dass alle Lotsen und ihre Familienangehörigen auf allen Flügen nur noch die Hälfte bezahlen müssen … Die Fluggesellschaft wirft den Fluglotsen nun vor, ihren Teil der Abmachung nicht eingehalten zu haben … Am letzten Wochenende hatte es großen Zorn – etwa unter festsitzenden Sardinien-Reisenden – gegeben, weil viele Piloten und auch Bahnhofsvorsteher schlagartig krank wurden. Die zuständige Staatsanwaltschaft hat Ermittlungen aufgenommen und nimmt jetzt die gleichlautenden ärztlichen Atteste unter die Lupe. Will sich ein Mediziner vorsorglich einen Anwalt nehmen, hat er wohl Pech. Denn auch die Strafverteidiger proben den Ausstand, wieder einmal gegen eine angeblich bevorstehende Justizreform".
Der Tagesspiegel vom 11. 07. 1999, 5. 32.

7 Die katholische Kirche und die säkularisierte Gesellschaft

7.1 Überblick

In keinem anderen westeuropäischen Land – bis auf Spanien – spielt die katholische Kirche eine traditionell starke Rolle im Alltagsleben und in der Politik wie in Italien. Nachdem die Kirche mit der Säkularisierung der modernen Zivilisation ihre dominante Stellung des Mittelalters verloren hat, suchte sie über die Jahrhunderte eine neue Rolle in einem Italien der Demokratie, des Faschismus, des Pluralismus und tiefgreifende veränderten Lebensformen und Lebensweisen. Dazu gehörte die Suche nach einer angemessenen politischen Präsenz.

Nach dem Zweiten Weltkrieg etablierte sich mit der Christdemokratischen Partei *(Democrazia cristiana, DC)* ein politischer Arm der katholischen Kirche. Später jedoch löste sich die DC von der Kirchendominanz und entwickelte sich zu einer in allen sozialen Schichten verankerten Massenpartei, ohne das privilegierte Verhältnis zur katholischen Kirche aufzukündigen.

In den sechziger Jahren öffneten sich sowohl die Kirche als auch die DC in die veränderte italienische Gesellschaft. Mit dem veränderten theologischen Konzept unter Papst Benedikt XVI. des unumschränkten Wahrheitsanspruchs beansprucht die katholische Kirche eine ethische und moralische Führungsrolle in einer säkularisierten Gesellschaft.

In Italien agiert „eine zu starke Kirche in einem zu schwachen Staat" (Gainsborg 2010, S. 85). Die katholische Kirche verfügt unter allen vergleichbaren Organisationen über das am weitesten gefächerte und zahlenmäßig stärkste Netz von Vereinigungen innerhalb der italienischen Gesellschaft.

In vielen zentralen, die Grundfesten der italienischen Gesellschaft betreffenden, Fragen warf und wirft die katholische Kirche das ganze Gewicht ihrer tief verankerten Präsenz in die Auseinandersetzungen. Höhepunkte dieser Auseinandersetzungen waren die Ablehnung einer Regierungsbeteiligung der Kommunistischen Partei, die Kampagnen zu den Referenden um die Abschaffung der Ehescheidung und um die Freigabe der Abtreibung sowie um die Zulässigkeit der künstlichen Befruchtung.

7.2 Ein schwieriges Verhältnis im laizistischen Nationalstaat

Eine kontinuierliche Vorherrschaft des Katholizismus in der Geschichte des italienischen Nationalstaats anzunehmen, würde die grundlegenden Spannungen zwischen beiden Seiten gering schätzen. Von 1523 bis 1978 waren alle Päpste Italiener und seit der Gründung des italienischen Nationalstaates 1861 befinden sich – abgesehen von San Marino – zwei souveräne Staaten auf italienischem Boden.

Gegenüber dem Staat blieb die katholische Kirche distanziert und pflegte ein eher instrumentelles Verhältnis. Wer ihr den kulturellen und sozialen Spielraum beließ, konnte mit ihrem Wohlwollen rechnen. Die direkte Beteiligung am politischen Leben ist erst Resultat der sozialen und politischen Veränderungen im Gefolge des Ersten Weltkrieges. Es entstanden katholische Arbeitervereine und 1919 wurde mit Billigung des Papstes die Volkspartei *(Partito Popolare, PPI)* mit ausdrücklicher katholischer Orientierung gegründet. Zum wechselseitigen Frieden schlossen Kirche und Staat 1929 die Lateranverträge, die in drei Teilen das Verhältnis zwischen dem faschistischen Staat und der katholischen Kirche regelten: eine Übereinkunft über den Status Roms als Hauptstadt Italiens und über die Vatikanstadt als Ort der staatlichen Souveränität des Papstes; das Konkordat zur Regelung der rechtlichen Beziehungen mit der Erklärung des Katholizismus als Staatsreligion, der Pflicht zum Religionsunterricht usw.; schließlich die finanzielle Vereinbarung als Entschädigung für den Verlust des Kirchenstaats (1870) mit Steuervergünstigungen, staatlichen Gehaltszuweisungen u. ä.

Nach dem zweiten Weltkrieg standen die 1942 als Ausdruck des politischen Katholizismus von Laizisten wie De Gasperi und La Pira gegründete Christdemokratische Partei und katholische Kirche eng zusammen. 1948 drohte die Kirche mit der Exkommunikation für Volksfrontwähler, d. h. Wähler des Bündnisses von *KPI* und *PSI* an die kirchliche Hierarchie und Lehre gebunden und die *CISL* wurde als Gegengewicht zur kommunistisch orientierten *CGIL* gegründet.

Mit den Entwicklungen der sechziger Jahre in Italien wie in ganz Europa veränderte sich das Verhältnis tiefgreifend. Die *DC* veränderte sich zu einer in allen sozialen Schichten verankerten Massenpartei. Die Kirche ihrerseits vollzog mit dem Zweiten Vatikanischen Konzil unter den Pontifikaten von Johannes XXIII. und Paul VI. sowie mit der Enzyklika *Pacem in terris* von 1963 als Grundlage einer veränderten Moraltheorie und auch ausdrücklicher Hinwendung zu den sozialen Problemen der Zeit eine deutliche Zäsur. Der Verlust der unumschränkten Vorherrschaft der *Democrazia cristiana*, wie er in den Wahlen von 1976 deutlich geworden war, führte innerhalb der Kirche zu einer wenn auch zögerlichen und ambivalenten Anerkennung des politischen Pluralismus und zu verstärkten Bemühungen, das mittlerweile verlorengegangene Terrain wiederzugewinnen. Die Katholische Aktion *(azione cattolica)* verzeichnete 1959 eine Zahl von 3,3 Mio. Mitgliedern, die „Gemeinschaft und Erlösung" *(Comunione e liberazione)* als gegen di Beschlüsse des Konzils gerichtete Bewegung hatte über 100.000 Mitglieder und die katholischen Arbeitervereine *(Associazioni cristiane lavoratori italiani, ACLI)* verzeichneten fast 1 Mio. Mitglieder.

Die Rolle der katholischen Kirche für die italienische Gesellschaft wurde zugespitzt formuliert. 1980 definierte Papst Johannes Paul II. die Bischöfe als „legitime und qualifizierte Vertretung des italienischen Volkes, … als soziale Kraft, die eine Verantwortlichkeit im Leben der gesamten Nation hat". (zitiert in Zagrebelsky 2010, S. 75) Die Kirche sah er als „die große gesellschaftliche Kraft, die die Einwohner Italiens vom Norden bis zum Süden eint". (ebda., S. 76)

Die skizzierten sozialen und politischen Veränderungen bilden den Hintergrund für die im Februar 1984 erfolgreich abgeschlossenen Verhandlungen zwischen Staat und katholische Kirche über eine Neufassung der Lateranverträge. Beide Seiten nehmen in der Einleitung des neuen, 40 Seiten starken, Vertragstextes ausdrücklich auf die seit 1929 sowohl in der Gesellschaft als auch in der Kirche eingetretenen Veränderungen Bezug, denen sie mit der Neufassung der wechselseitigen Verhältnisse Rechnung tragen wollen. So gibt die katholische Kirche ihren Alleinvertretungsanspruch als Staatsreligion auf und bestätigt die vom Zweiten Konzil anerkannte Religionsfreiheit. Der Religionsunterricht ist nicht länger Pflicht- und Hauptfach, die Teilnahme der Schüler ist in das Ermessen der Eltern gestellt. Der Staat nimmt seinerseits Einfluss auf die Auswahl der Religionslehrer. Weltliche und kirchliche Eheschließung sind ab sofort getrennt, Zivilehe und Scheidungen bleiben ohne kirchliche Sanktionierung bzw. Bestätigung. Die finanziellen Regelungen werden gesondert getroffen und bedeuten insgesamt die Lösung der finanziellen Verpflichtungen des Staates gegenüber der Kirche. Bis 1990 finanzierte der Staat das Kirchenpersonal. Zuweisungen von den Bürgern werden nur freiwillig geleistet: jeder Bürger zahlt acht Promille seines Einkommens als Spende und vermerkt auf seiner Einkommenssteuererklärung, ob dieser Betrag an die Kirche überwiesen werden soll oder nicht. Alle bislang Steuervorteile genießenden wohltätigen kirchlichen Gesellschaften und Vereine müssen die Gemeinnützigkeit nachweisen, um diese Vergünstigungen weiter beanspruchen zu können.

Zu Beginn der neunziger Jahre hat die Hierarchie der katholischen Kirche mit der Revision vieler Positionen des Zweiten Vatikanischen Konzils auch wieder das Ziel einer politischen Einheit der Katholiken weniger im politischen als im weltanschaulichen Sinne ins Auge gefasst. Der Vorsitzende der italienischen Bischofskonferenz *(Conferenza episcopale italiana, CEI)* Kardinal Camillo Ruini hat 1991 auf der Vollversammlung der *CEI* die Katholiken aufgefordert, „einige grundlegende ethische und anthropologische Inhalte zu erhalten und voranzutreiben" (zitiert in Garelli 2007, S. 58). Dazu aufzurufen, erwies sich als notwendig, da die Krise der Christdemokratischen Partei unübersehbar war und mit der Einwanderung vieler Araber sich der Islam als zahlenmäßig relevante zweite Religion hinter dem Katholizismus etablierte. 1995 wurde auf dem Konvent der *CEI* in Palermo das „Kulturprojekt" *(progetto culturale)* der italienischen Kirche verkündet. „Im Zentrum dieses Projekts standen die christliche Anthropologie und der mögliche Beitrag der Katholiken zu den wichtigsten Fragen der Zeit wie die Vision des Menschen und der Welt, die Konzeption der Familie, den Sinn des Lebens und des Todes, die Idee der Entwicklung und der Solidarität, der Vereinbarkeit von Wahrheit und Subjektivität, die großen Problematiken der Bioethik und der Genetik, die ökologische Frage, die wirtschaftlichen und finanziellen Dynamiken, die Ausweitung der Kommunikationsprozesse, die Grenzen der Wissenschaft, usw." (ebda., S. 62) Der Anspruch lag in nicht mehr und nicht weniger als einer neuen umfassenden Positionierung zu Fragen des Glaubens und des Alltagslebens im Italien der Globalisierung.

Das Verhältnis zwischen der katholischen Kirche und dem italienischen Staat ist seit der von Kardinal Ratzinger vorangetriebenen theologischen Positionierung (Ratzinger 2000, Ratzinger 2009) gespannt. In dieser Konzeption werden (katholische) Wahrheit und (menschliche) Vernunft und Vernunft und Wahrheit in eins gesetzt. Dadurch erhält das Wort der Kirche „eine Dimension der Absolutheit und Universalität, die keine Grenzen, Widersprüche, Relativierungen zulässt". (ebda., S. 80) Im Unterschied zu früher erhebt die katholische Kirche hiermit einen Alleinvertretungsanspruch in Fragen der letzten Erklärungen gegenüber weltlichen Konzepten wie auch konkurrierenden Religionen, und zwar nicht nur für die Gläubigen, sondern für die gesamte Menschheit. Andere Positionen werden als Ausdruck des zu bekämpfenden Relativismus apostrophiert. Die Kirche baut sich unter Papst Benedikt XVI. auf der universalistischen Berufung als letzte weltanschauliche Instanz auf. Zagrebelsky (2010) sieht hier ein unvermeidliches Aufeinandertreffen von Kirche und laizistischem Staat in Fragen der Visionen von Gesellschaft, menschlichem Leben und Moral aufziehen: „Es liegt in der Natur der Sache, dass die Kirche sich eine universalistische Aufgabe zuweist, also sich auf die Gesellschaft insgesamt bezieht. Diese Aufgabe kann sich nach ihrem exklusiven Urteil darauf ausdehnen, vollständig die Aufgabe des Staates zu duplizieren. Dies umso mehr, als es sich um eine Aufgabe handelt, deren Legitimität auf einem transzendenten Grundsatz basiert, der konzeptionell und praktisch im Gegensatz zum immanenten Prinzip des demokratischen Staates steht." (ebda., S. 121)

Die Positionierung der katholischen Kirche zu Beginn der neunziger Jahre mit der weltanschaulichen Wende von Kardinal Ratzinger traf in Teilen der italienischen Gesellschaft auf eine große Resonanz. In einer Gesellschaft, in der Niedergang, Prekarität, Unsicherheit über den wirtschaftlichen und politischen Fortgang der Dinge von vielen Italienern empfunden und erlebt werden, ist eine religiöse Konzeption als Alternative zum neoliberalen Weltbild willkommen.

Die Kirche erlebt eine starke mediale und politische Beachtung. Die Stellungnahmen der *CEI* und anderer Institutionen der katholischen Welt werden von den Fernsehanstalten aufgenommen, manche politische Repräsentanten artikulieren eine gegenüber der jüngeren Vergangenheit ungewöhnliche Nähe zu Auffassungen der Kirche. Massiv agierte die katholische Kirche zugunsten des Referendums 2005 zur Verhinderung einer weitgehenden Freigabe der künstlichen Befruchtung (siehe das Kapitel „Politik").

Dies sind Belege der weltanschaulichen Bedeutung der Kirche und ihrer medialen Repräsentanz im laizistischen Staat. Basis und Fundament dieser starken Präsenz ist die in Europa unvergleichliche Organisation der Kirche und ihrer sozialen Aktivitäten.

Italien hat – laut dem *Annuarium statisticum ecclesiae* von 2002 (zitiert in Garelli 2010) – mehr Kirchenmitglieder als jede andere Nation in Europa: 97 Prozent gegenüber 96 Prozent in Polen, 93 Prozent in Spanien und 78 Prozent in Frankreich. (ebda., S. 73) In absoluten Zahlen kann die katholische Kirche auf 55 Mio. Mitglieder bauen. Allerdings sank über die Jahre die Beteiligung der Gläubigen an den Sakramenten. Nur noch 30 Prozent der Kirchenmitglieder gehen zur Messe. (Garelli, F. 2006, S. 121)

Diese Gläubigen werden von einer beispiellosen Schar von Bischöfen betreut: „die Bischöfe in Italien stellen ein Drittel aller katholischen Bischöfe in Italien (512 von 1.511)" (ebda.). Damit kommen auf einen Bischof 224 000 Gläubige gegenüber 370 000–400 000 in Polen und Deutschland). Auch die Zahl der Intermediäre, also der Akteure mit eingeschränkten liturgischen und seelsorgerischen Rechten, ist unvergleichlich. Ihr Anteil beträgt 30 Prozent aller Akteure dieser Kategorie in Europa.

„Ein typisch italienisches Phänomen scheint das der Mitglieder säkulärer Institute zu sein. Hier leben geweihte Personen in der Stille und in der Berufsausübung die Gelübde von

Tabelle II-23   Die Gesamtheit des religiösen Personals in Italien

- Ein Diözesanpriester auf 1 730 Einwohner
- Ein „religiöser" Priester* auf 3 300 Individuen
- Ein Geistlicher (ob diözesan oder „religiös") auf 1 130 Einwohner
- Eine weibliche religiöse Figur (eine Schwester) auf 540 Personen
- Ein Mitglied von religiösen männlichen und weiblichen Instituten auf 450 Personen
- Eine religiöse Figur (in der Summe der verschiedenen Kategorien) auf 350 Personen.

Legende: * Diese Kategorie umfasst die 17.500 Mitglieder von religiösen Bruderschaften und Orden

Quelle: Garelli (2007), S. 92.

Armut, Keuschheit und Gehorsam. Ungefähr die Hälfte aller religiösen Figuren dieses Typs in Europa leben in Italien". (ebda., S. 74)

Als Ergebnis der historischen Entwicklung sowie in Entsprechung des Bestrebens, in wichtigen Bevölkerungszentren präsent zu sein, unterscheidet sich die organisatorische Verankerung der Kirche in den italienischen Landesteilen und Regionen deutlich. Kampanien ist die Region mit der größten Anzahl von Diözesen bei einer vergleichsweise niedrigen Bevölkerungszahl (24 Diözesen für etwas weniger als sechs Millionen Einwohner).

Ein Ungleichgewicht kennzeichnet auch die Dimension der Diözesen. Im Norden befinden sich zehn Diözesen mit mehr als einer Millionen Einwohnern, während diese Größe nur drei Diözesen in Mittel- und Süditalien haben (Rom, Neapel und Palermo). „Auch die Kirche, deren gesellschaftliche Existenzberechtigung darin besteht, auf die Verringerung der Ungleichheiten und die Unterstützung der Schwächsten hinzuwirken, setzt tendenziell ihre Ressourcen vor allem in den bevorzugten und dynamischsten Gebieten des Landes ein." (ebda., S. 89)

Problematisch für die Kirche ist die Überalterung der Priester bei gleichzeitig rückläufigen Immatrikulationen von Seminaristen für die Priesterausbildung.

Im Jahre 2003 betrug das Durchschnittsalter des Klerus 60 Jahre. 36 Prozent ist jünger als 50 Jahre, 17 Prozent liegt zwischen 51 und 60 Jahren, 23 Prozent ist zwischen 61 und 70 Jahren alt und 24 Prozent ist älter als 70 Jahre. Bedenkt man, dass seit dem acht Jahre vergangen sind, wird deutlich, welch dramatische Züge die Überalterung des Klerus genommen hat. (Garelli 2007, S. 95)

Zu Beginn der sechziger Jahre des vergangenen Jahrhunderts standen die Zahlen zum Kirchenpersonal auf ihrem Höhepunkt. 160 000 Schwestern wurden gezählt, es gab 66 500 Priester und die Zahl der Seminaristen betrug 10 000. Seit dem gingen die Zahlen deutlich nach unten. Die Zahl der Schwestern ging in den 50 Jahren am massivsten zurück (−34 Prozent), die Zahl der Akteure ohne Priesteramt um 30 Prozent, die der Diözesanpriester um 29 Prozent und der „religiösen" Priester um 22 Prozent. (ebda., S. 100) Im Jahre 1981 wurden nur noch 2 900 Seminaristen in der Priesterausbildung gegenüber 9 300 in 1961 gezählt.

Weiter verlor die Kirche durch die nachgewiesenen Fälle von Pädophilie gegen Kinder in ihrer Obhut sowie durch den lange verharmlosenden Umgang mit dem Skandal an Boden.

Das wahre Fundament der Kirche und die Quelle ihres Einflusses ist ihre Präsenz in der Gesellschaft. „Das nationale Territorium setzt sich aus vielen Werken der Religion zusammen, unter ihnen Schulen, Krankenhäuser, Kinderheime, Kindergärten, Altersheime, Pflegeheime für chronisch Kranke und Behinderte, Zentren für Erziehung und Umerziehung, Verlagshäuser und Kommunikationszentren usw." (Garelli 2007, S. 72)

Diese Aktivitäten sind weitgehend in die Organisation des Klerus eingebunden und werden über die *CEI* gesteuert. Die *CEI* hat sich „wie die Exekutive einer großen Nation strukturiert" (ebda., S. 105) mit einer Fülle von Kommissionen, Ausschüssen, Abteilungen und Stiftungen, die für die verschiedenen Aspekte des Alltagslebens in Italien zuständig sind. Darüber hinaus verzeichnet die italienische Kirche heute eine starke Präsenz in den neuen Medien, darunter einen eigenen digitalen Fernsehsender.

Die finanzielle Basis für diese Aktivitäten sind die Einnahmen aus den Steuereinnahmen gemäß den 1984 in den neuen Lateranverträgen festgelegten Modalitäten: 8 Promille der

Einkommenssteuern erhält die Kirche, wenn der Steuererklärende dieser Verwendung zustimmt. In den Jahren bis 2007 gaben 87 Prozent der Bürger dieses Einverständnis. Zu Beginn der neunziger Jahre ergaben diese Abgaben Einnahmen von ungefähr 200 Mio. Euro, 700 Mio. Euro zu Beginn des neuen Jahrhunderts und etwas mehr als 1 Mrd. Euro seit 2003.

Die Präsenz der Kirche in der Gesellschaft wird in Italien wesentlich von einer hohen Anzahl von Laien getragen und durchgeführt. Nach Zählungen von 2007 (Garelli 2007, S. 108) sind 5 Mio. Personen, das entspricht 12 Prozent der italienischen Bevölkerung, in den verschiedenen Ausgaben für die Kirche aktiv. Der größte Teil von ihnen (60 Prozent) ist in religiösen Aktivitäten engagiert wie Bibelstunden, Katechismus-Kursen, Erziehung, während 40 Prozent mit den sozialen Aufgaben befasst sind: Pflegedienste, Gesundheitswesen, internationale Solidarität usw). Bemerkenswert ist, dass die Anzahl der in diesen Feldern Aktiven in den letzten Jahrzehnten kaum zurückgegangen ist. „Die Dauerhaftigkeit eines hohen Niveaus des religiösen Engagements in Vereinigungen ist, vor allem in einer Gesellschaft und einer Kultur – wie der unserigen –, die jede Art der organisierten Aggregation, und gar solcher mit hohem Einsatz, als wenig attraktiv erscheinen lassen, nicht von geringer Bedeutung". (ebda., S. 109) Auch für diese freiwilligen Engagements stellten die jüngsten Skandale indes eine schwere Belastung dar.

7.5 Politische Privilegien für die katholische Kirche

Im Sommer 2011 ist von den Radikalen eine Diskussion um den Beitrag der katholischen Kirche zur Sanierung der Staatshaushalte losgetreten worden.

In der Tat nimmt die katholische Kirche im ökonomischen Verhältnis zum italienischen Staat eine ungewöhnlich privilegierte Rolle ein. Strukturell genießt die Kirche Zuwendungen des Staates und Befreiungen von Steuern verschiedener Art.

Der bedeutendste Posten sind die bereits erwähnten Anteile an der Einkommenssteuer von 8 ‰ an die Kirche, die, falls der Einkommenssteuerzahler das nicht ausdrücklich ablehnt, automatisch vom Lohn abgezogen werden. Diese Zuwendung erhält nur für die katholische Kirche. Weitere wichtige Einnahmeposten für die Kirche sind die Gehälter für Lehrer der katholischen Religion in den Schulen in der Gesamthöhe von 800 Mio. Euro. (*L'Espresso* vom 01.09.2011) Der nächste Posten sind die Gehälter für Kapläne im Dienst des Zentralstaates. Der dritte Posten sind die 500 Mio. Euro an Finanzmittel für Privatschulen und Universitäten im Einzugsbereich der Kirche.

Diese Posten machen insgesamt ca. 2,5 bis 3 Mrd. Euro pro Jahr nur für den Zentralstaat aus. Die Aufwendungen der Regionen an die Kirche sind hier noch nicht eingerechnet.

Daneben schlagen ausbleibende Einnahmen aufgrund von Befreiungen und Erleichterungen hinsichtlich der Steuerzahlungen zu Buche.

Das sind Ausnahmen bei der kommunalen Immobiliensteuer *(Ici, imposta comunale sugli immobili),* die einen Steuerausfall von 1,5 bis 2 Mrd. Euro jedes Jahr verursachen. Die Forderung in Italien lautet, zumindest die Aktivitäten in Gebäuden der Kirche normal zu besteuern, die nicht der Ausübung des religiösen Kultes dienen. Damit sind die Beherbung, die Gastronomie und der Tourismus gemeint.

Die zweite Erleichterung betrifft die Reduktion der Körperschaftssteuer *(Ires, imposta sul reddito delle società)* von 33 auf 16,5 Prozent, die 998 Institutionen und Gesellschaften der Kirche betrifft.

Die dritte Erleichterung ist die Befreiung von der Einkommenssteuer für Angestellte des Heiligen Stuhls und der Vatikanstadt. Sie gilt damit auch für Berufsangehörige in Zeitungen, im Radio, an Gerichten, in Sekretariaten der Kirche. Der Verlust an Steuern beläuft sich hier auf ca. 3 Mrd. Euro.

III Politik

Das politische System und die öffentliche Verwaltung Italiens sind im Verlaufe der neunziger Jahre in einen tiefen Umbruch geraten. Die Parteienlandschaft der „Ersten Republik" nach dem Zweiten Weltkrieg hat sich im Zuge der internen und externen Ereignisse (Anklageerhebung der Justiz wegen Korruption gegen einen Großteil der Parteiführer der Regierungskoalition, der Fall der Mauer etc.) pulverisiert. Das neue Wahlrecht beschleunigte die Herausbildung eines bipolaren Parteiensystems. Eine weitreichende Dezentralisierung mit Stärkung der Kompetenzen auf kommunaler und regionaler Ebene ist in Angriff genommen worden.

Für viele Beobachter ist indes dieser Prozess der Modernisierung von Staat, Parteiensystem und Verwaltung nicht nur insgesamt zögerlich und zu wenig grundsätzlich angegangen worden. Der Impuls der Umbrüche dieser Jahre ist in ihren Augen verbraucht. Der Rückzug in individuelle Lösungsstrategien sei alarmierend und unterminiere die kollektiven Wege und Institutionen der Problemlösung und der Fortentwicklung des Gemeinwesens. Der Zustand des politischen Systems, so das Urteil, trage dazu bei, Resignation und Desinteresse zu fördern. Manche glauben sogar, Italien sei vor allem im neuen Jahrhundert einen Weg zurück in die personalisierte Machtausübung, ja in den autoritären Populismus (Tranfaglia 2010), gegangen. Die Führer in der Politik und Verbänden würden immer mehr zu „Kolumnisten" statt Vertretern von realen Interessen.

> „Die kollektive Rhetorik scheint damit beschäftigt zu sein, Politik und Staat zu verteidigen, zu retten und wieder zu beleben. Aber was wirklich passiert, ist die Unterminierung durch das Primat der Meinung mit dem Ergebnis eines dreifachen Defizits: an systemischer Interpretation, an einer umfassenden Vision, dessen was wir sind und woher wir kommen, sowie an der Fähigkeit und dem Willen, eine Marschrichtung festzulegen, an der sich die im Spiel befindlichen Interessen, die laufenden Prozesse und der Wille zum Handeln orientieren können". (Censis 2010a, S. 7)

Für Viele stellen aber die Ergebnisse der Kommunalwahlen im Mai 2011 und der vier Referenden vom Juni 2011 mit der schweren Niederlage der Mitte-rechts-Parteien sowie der Regierung von Silvio Berlusconi den Beleg einer selbstbewußteren Haltung der Italiener dar. Diese Ergebnisse sollen den Aufbruch in eine Relativierung des Abstandes zwischen Politik und Gesellschaft signalisieren, der Italien seit fast zwanzig Jahre gekennzeichnet habe.

In diesem Kapitel wird das Politikregime Italiens (siehe Einleitung) detailliert vorgestellt. Dazu werden das politische System erläutert und die Parteienlandschaft der Ersten und der Zweiten Republik dargestellt. Das Wahlsystem und die Wahlergebnisse sind Themen des anschließenden Kapitels. Dann werden die informellen Institutionen, v. a. die *Mafia*, dargestellt. Eine Erörterung über die Kräfte- und Einflussbeziehungen zwischen den politischen Akteuren bildet den Abschluss des Kapitels.

1 Die historischen Rahmenbedingungen des politischen Systems

Italiens politisches System und politische Kultur sind ohne die Tradition der nationalen Vereinigung 1861 und ohne den Faschismus (1922–1943) nicht zu verstehen. Ein kurzer Rückblick soll helfen, die historischen Wurzeln des heutigen politischen Systems Italiens freizulegen.

1.1 Die Bewegung der nationalen „Wiederaufstehung"

In der Einheitsbewegung Mitte des 19. Jahrhunderts fanden sich verschiedene Volkskreise, politische Bewegungen und Kulturen in dem Bestreben zusammen, ein einheitliches Italien zu begründen und sich von der äußeren Abhängigkeit von Österreich und den französischen Besatzungstruppen zu lösen. Die durch die Ergebnisse des Wiener Kongresses (1815) besiegelte Zerteilung des italienischen Territoriums auf verschiedene Souveräne, das Königreich Sardinien-Savoyen und Österreich im Norden, den Papst in Rom, die Großherzogtümer in Mittelitalien und die Bourbonen im Süden, wurde im Zuge der äußeren Machtverschiebung zwischen den Großmächten und der Erstarkung einer inneren Einheitsbewegung zunehmend in Frage gestellt. Angetrieben durch das mit einer entwickelten Industrie und Handelsstruktur ökonomisch mächtige Piemont, das in einem einheitlichen Italien ökonomisch einen integrierten Markt und politisch eine bürgerliche Demokratie als adäquater politischer Form des aufstrebenden Kapitalismus anstrebte, entfaltete sich die Bewegung zur „Wiederauferstehung" *(Risorgimento)* Italiens. Diese Bewegung stellte die Integration der verschiedenen Motive zur nationalstaatlichen Vereinigung dar und hatte als ideologisches Band die Entwicklung einer einheitlichen italienischen Sprache, Literatur, überhaupt Kultur im weiten Sinne.

Die soziale und politische Vorherrschaft in diesem im *Risorgimento* zusammengeschlossenen nationalen Bündnis hatte das Großbürgertum zusammen mit den Großagrariern des Südens. Dieses Bündnis wurde von der Partei von C. Cavour geführt, die die Liberalen/Moderaten von G. Mazzini zurückdrängte und zielstrebig das Bündnis aus Bürgertum des Nordens und Großagrariern des Südens schmiedete, um das sich die Bauernmassen und teilweise das Industrieproletariat des Nordens und die Mittelschichten des ganzen Landes gruppierten. Die militärischen Erfolge von G. Garibaldi im Süden gegen die französischen Besatzungstruppen, die Volksabstimmung der Italiener in Mittelitalien und die politische Strategie des Königreiches Sardinien-Savoyen (Piemont) führten schließlich zur Erringung der nationalen Einheit, die 1861 durch das Parlament des Königreichs Sardinien-Savoyen erklärt wurde.

Der politische Sieg des Großbürgertums von Piemont zeigte sich im Staatsaufbau, der stark zentralistisch war und faktisch eine Verlängerung von Piemont in den Süden darstellte. Der Präfekt verfügte als Repräsentant der zentralen Verwaltung auf lokaler Ebene über eine Allmacht, die die jeweiligen Eigenarten der Landesteile allzu oft den Bedürfnissen der nördlichen Vorherrschaft unterwarf. Sozial gesehen verfestigte sich eine Dreiteilung des Landes in den industrialisierten Norden, das Zentrum mit der vorherrschenden Halb- und Teilpacht sowie den Süden mit Großgrundbesitz und Pachtverhältnissen.

Abbildung III-1 Die Etappen der staatlichen Einigung Italiens

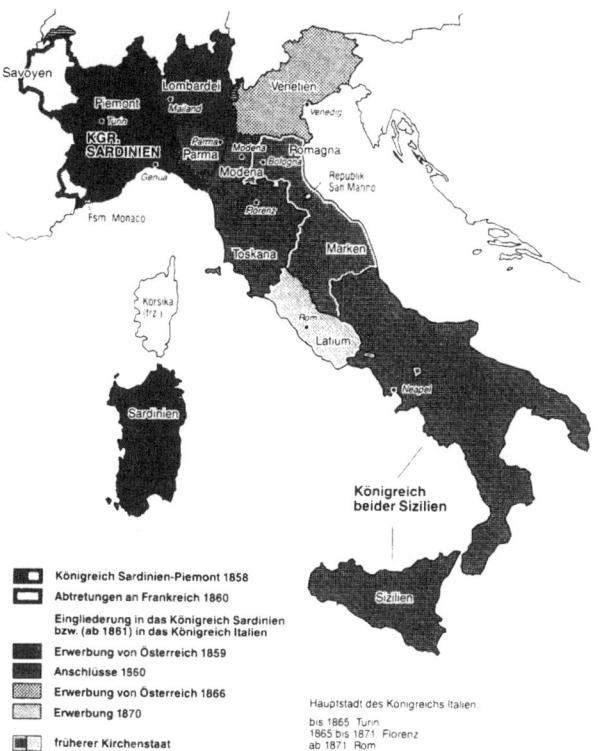

Quelle: Brütting (1995), S. 30, Erich Schmidt Verlag, Zahlenbilder.

Die sprachliche und kulturelle „Erhebung" ging sowieso an weiten Teilen des Landes vorbei: 8 Prozent der Süditaliener waren bis in die achtziger Jahre des 19. Jahrhunderts Analphabeten. Das Problem, dass Italiener ihre Nationalsprache nicht nutzten, beschränkte sich nicht auf die schreib- und leseunkundigen Massen. Das Italienische war keineswegs die automatische Sprache der Wahl für die Eliten. Ein Gemeinplatz, der nicht häufig genug wiederholt werden kann, ist, dass sowohl der erste Ministerpräsident des neuen italienischen Staates und sein erster König besser Französisch als Italienisch sprachen. In der Tat war Viktor Emmanuel II wahrscheinlich glücklicher damit, seinen Piemonteser Dialekt zu benutzen". (Laven 2006, S. 263 f.)

Was die Italiener bei allen massiven Unterschieden und Eigenarten am meisten verband, war die katholische Religion. Problem war nur, dass der Katholizismus seinen eigenen Staat hatte, den Kirchenstaat, der zum neuen italienischen Staat in heftiger Ablehnung stand. (Laven 2006, S. 266)

Die massive Durchsetzung der Interessen, Strukturen und des Staatsverständnisses des herrschenden „sozialen Blocks" (Gramsci 1973, S. 1051) Piemonts trieb den Süden in eine prekäre Sonderstellung in sozialer, politischer und kultureller Perspektive. Die Rückständigkeit des Südens wurde ideologisch in einer umfassenden Inferioritätsthese zementiert. Nach dieser Auffassung würden die meridionalen Landesteile nur durch eine aufholende Modernisierung aus der Rückständigkeit geführt werden können. (Laven 2006, S. 270)

Wie neuere geschichtswissenschaftliche Studien zur „Südfrage" nahelegen, erwies sich diese Inferioritätsthese „als Instrument zur Errichtung bzw. Aufrechterhaltung regionaler und geschlechtsspezifischer Hegemonien". (Daum 2006) Die Haltung gegenüber dem Süden war der stärkste Ausfluss der Ideologie des unitarischen zentralistischen Nationalstaats. Nach der neueren Forschung ist keineswegs ausgemacht, dass die zumeist sehr leistungsfähigen, politisch selbstbewussten Einzelstaaten bereitwillig in einen Einheitsstaat piemontesischer Prägung übergehen wollten. Ein föderativer Staat war nur eine der Optionen, aber keineswegs das Bestreben der Führung dieser vornationalen Einheiten. Auch aufgrund dieser Divergenzen erfolgte die Staatsgründung in dieser betriebenen Art möglicherweise voreilig. (Petraccone 2000; Scirocco 1990)

Territorial weitete sich der neue Staat 1866 mit dem Anschluss Venetiens und 1870 mit der Einbeziehung Roms um wichtige Teile aus (siehe Abbildung III-1). Für die Zurückdrängung der weltlichen Macht der katholischen Kirche (1870) bezahlte der italienische Staat mit dem Bannstrahl durch Papst Pius IX., der dem bürgerlichen Liberalismus mit der Enzyklika *Syllabus errorum* den Krieg erklärte und den Kirchenangehörigen mit dem *non expedit* die Teilnahme am politischen Leben verbot.

Die drei wesentlichen Charakteristika: wirtschaftliche und soziale Dreiteilung des Landes, politische Vorherrschaft des Blocks aus Großbürgertum und Großagrarier, das Spannungsverhältnis von Staat und Kirche prägen die soziale und politische Entwicklung Italiens ab dem Zeitpunkt der staatlichen Vereinigung ganz entscheidend.

1.2   Faschismus und Widerstand

Der Hintergrund des Aufkommens der faschistischen Bewegung war die tiefgreifende Umwälzung der sozialen und politischen Verhältnisse durch den Ersten Weltkrieg. Nationalistische Bewegungen bildeten sich mit der erklärten Absicht, die Ergebnisse des Weltkrieges nicht anzuerkennen und in neuem (durchaus militärischen) Vormarsch zu korrigieren. Soziale Bewegungen entstanden aus verschiedenen Bevölkerungskreisen mit unterschiedlichen politischen Stoßrichtungen.

Auf der einen Seite propagierten frustrierte, durch die bisherige Entwicklung des Einheitsstaates zurückgestoßene und durch den Weltkrieg desorientierte, Kleinhändler und Handwerker sowie Teile des Industrieproletariats eine autoritäre, nicht-demokratische Lösung der angestauten sozialen Konflikte.

Auf der anderen Seite versuchte eine Minderheit des Industrieproletariats, aus dem entwickelten Norden mit dem Zentrum in Turin eine Rätebewegung über das ganze Land zu bringen, um nach dem Vorbild der Oktoberrevolution in Russland eine soziale Umwälzung ins Werk zu setzen. Die parallel dazu laufenden Bauernaufstände gegen die Großgrundbesitzer konnten aber nicht mit der sozialen Bewegung des Nordens verknüpft werden, so dass die Machtverhältnisse im Lande nicht ernsthaft gefährdet waren. Die rechte, nationalistische Bewegung erhielt größeren Zulauf und gelangte 1921 über die Nationalen Blocks mit 35 Sitzen ins Parlament. Im selben Jahr wurde die Nationale Faschistische Partei *PNF* gegründet und wurden die Stoßtrupps *(fasci di combattimento)* aufgebaut. Die Beauftragung Mussolinis mit der Regierungsbildung durch den König Viktor Emmanuel III. im Jahre 1922 war der Abschluss eines Prozesses der weiteren sozialen, politischen und ideologischen Verankerung der faschistischen Bewegung bei gleichzeitiger Unfähigkeit der demokratischen Parteien zur Gegenwehr.

Mit einem Staatsstreich erhob sich der *Duce* (Führer) der Faschistenpartei 1925 per Ermächtigungsgesetz zum Diktator. Tausende politische Gegner verbannte er auf die Pontinischen Inseln. Sein totalitärer Staat *(stato totalitario)* verband eine konzernfreundliche Politik mit sozialpolitischem Beiwerk.

Wesentliches Charakteristikum der politischen Herrschaft der Faschisten war die perverse Modernität des Einbezugs der Massen in die Politik und umgekehrt das Eindringen des Staates in alle Lebensbereiche. Mit speziell entwickelten und eingesetzten Organisationen sorgte der Faschismus für die Verstaatlichung der Freizeit (Bewegung des *dopo lavoro*) und der Erziehung. Kernstück der durch den Staat geprägten Wirtschaftsstruktur war die beabsichtigte, aber nie durchgesetzte Korporativierung des Wirtschaftslebens. Die Kooperationen sind bürokratische Apparate zur Organisierung der Produktion und der Verteilung, zur Klärung technischer und disziplinärer Fragen und sollen ein einheitliches Wirtschaftsinteresse jenseits aller Klassen- und Gruppengegensätze repräsentieren. Das zweite Merkmal der faschistischen Wirtschaftspolitik war der massive Staatseingriff zur Lenkung der Wirtschaftsprozesse nach politisch gesetzten Zielen. Diese bestanden in der Rettung maroder Unternehmen nach der Wirtschaftskrise 1929 mit der Gründung des *IRI* (siehe Kapitel I 5.3), zunächst zur sozialen Befriedung und später als zentrales Instrument der Autarkiepolitik, die mit den Sanktionen des Völkerbundes 1937 gegen das imperialistische Italien zur Verfolgung der Kolonialinteressen in Afrika unabdingbar erschien.

Diese Politik musste abgesichert werden durch die Ausschaltung aller demokratischen Parteien, das Verbot der Presse- und Versammlungsfreiheit, die Zwangsauflösung der Gewerkschaften und ganz wesentlich durch das Einverständnis mit der katholischen Kirche, die in Mussolini anfangs einen Abgesandten Gottes erblickte! Das 1929 abgeschlossene Konkordat machte dem faschistischen Regime den Rücken frei und trug nicht unerheblich zur Integration weiter Bevölkerungsteile im tief katholischen Italien bei. Die faschistische Ideologie verschaffte dem seit der nationalen Einheit von 1861 tief gespaltenen Land vorübergehend eine, wenn auch pervertierte, nationale Identität.

Die aggressive Außenpolitik des faschistischen Italiens (Feldzüge gen Äthiopien, Teilnahme am Anti-Kominternpakt mit Deutschland und Japan, die Besetzung Albaniens 1939) machte das Lande bald zu einem Gegner der sich gegen das Hitler-Deutschland bildenden alliierten Front. Noch vor der Besetzung des Landes durch die Alliierten wurde Mussolini 1943 aufgrund der militärischen Misserfolge und des wachsenden inneren Widerstandes vom Großen Faschistischen Rat als Regierungschef abgesetzt.

Italien war gegen Kriegsende von einer Dreierherrschaft gekennzeichnet. Im Norden saßen der befreite Mussolini mit seiner „Republik von Salò" sowie die deutsche Besatzung, und in Mittel- und Süditalien Marschall Badoglio und die alliierte Besatzung sowie die Widerstandsbewegung aus Christen, Sozialisten, Kommunisten, Bürgerlichen und Monarchisten, die auf einige regionale und lokale Zentren konzentriert war. Diese Kräfte bildeten bereits im Dezember 1942 das „antifaschistische Komitee" zur Koordination des politischen und militärischen Widerstandes.

Zum Nationalbewusstsein, das sich durch den gemeinsamen Kampf gegen den Faschismus und seine Reste im Norden nach dem Kriege entwickelte, gibt es in Italien eine kontroverse Debatte. Auf der einen Seite halten Historiker wie Rusconi dafür, dass die Erfahrung der *Resistenza* die eigentliche Legitimation der italienischen Nachkriegsrepublik darstelle. Sie verteidigte die demokratischen Werte und ist Ausdruck von Bürgersinn. (Rusconi 1999) Auf der anderen Seite führen einige Autoren an, dass die im Widerstand wirkenden politischen Kräfte nicht nur nicht die gleichen Vorstellungen über die für das Italien der Nachkriegszeit zu bauende Gemeinwesen hatten, sondern dass sich durch „die polarisierenden bürgerkriegsähnlichen Ereignisse des antifaschistischen Befreiungskriegskrieges" (Daum 2006) tiefe Risse ins Nationalbewusstsein der Italiener eingruben.

2 Die Umwälzungen der neunziger Jahre

Zu Beginn der neunziger Jahre kam es zu einer Verdichtung verschiedener internationaler und nationaler Entwicklungen, die zusammen genommen eine besondere Kraft zur Veränderung entfalteten.

Der erste Typ von Triebkräften sind säkuläre, also nicht rasch vorübergehende, Entwicklungen. Dazu gehören die Globalisierung mit der stärkeren Verflechtung nationaler und subnationaler Einheiten mit anderen Ländern, die immense Leistungssteigerung bei den Informations- und Kommunikationstechniken und die neuen Erwartungen der Bürger und Unternehmen an die Leistungsfähigkeit und Moralität von Regierung und Verwaltung. Ausdrucksformen dieser neuen Haltungen sind das Bewusstsein einer erhöhten globalen Interdependenz, die Erfahrung einer nie gekannten Verfügung über Daten und Informationen in einer Geschwindigkeit von Nanosekunden, aber auch eine verstärkte Tendenz zur grundsätzlichen Kritik am Sozialstaat durch einen Trend zur Fokussierung auf eigene Leistungen und Lösungsfähigkeit.

In einem konkreteren Sinne wirkten nachhaltige außeritalienische Triebkräfte. Zunächst ist zu nennen das Ende der politischen und ideologischen Gegenüberstellung von Kommunismus und „Freiheit" in Folge der Auflösung des Warschauer Blocks und der Transformation der Länder Osteuropa nach 1989.

Weiterhin übten die transgouvernementalen Regulierungen, vor allem von Seiten der Europäischen Union, aber auch von den G7-Beratungen, einen erheblichen Druck auf die Wirtschaftspolitik der italienischen Regierungen aus. Dies führte zu Revisionen in Einzelheiten der Haushaltspolitik (Schuldenpolitik, Sozialpolitik), der Finanzpolitik (Regulierungen des Zinsniveaus und der Inflationsrate). „Der Druck Europas zwang zur Modernisierung des Systems". (Kriesi 2008, S. 149)

Der zweite Typ von Triebkräften waren inneritalienische Entwicklungen. Die Strafverfolgungen gegen Repräsentanten (Politiker, Unternehmer, Richter u. a. m.) sind an erster Stelle zu nennen. Hinzu kam die Wirtschaftskrise Anfang der neunziger Jahre, die der bisherigen klientelistischen Politik des alten Parteiensystems weitgehend den Boden entzog. Als dritte

Triebkraft ist die Strategie der Spannungen zu nennen, mit der das organisierte Verbrechen eine Destabilisierung des Landes bezweckte.

Die Welle, die das marode System zu Fall brachte, begann mit der Anklageerhebung gegen Industrielle, Politiker und Verwaltungsbeamte wegen Korruption und Machtmissbrauch durch eine Gruppe Mailänder Richter und Staatsanwälte. Minutiös wurde die Verwicklung höchster Repräsentanten des *DC*-Systems in illegalen Geldzahlungen an Parlamentarier, Richter, Ministeriale etc. nachgewiesen. Die Christdemokraten und ihre engsten Verbündeten, die Sozialistische Partei, wurden nachhaltig diskreditiert und verloren jegliche Unterstützung im Wahlvolk. So ließ sich Bettino Craxi, der Sozialistische Parteichef und Ministerpräsident, erwiesenermaßen vom Medienzar Silvio Berlusconi mit DM 200 Mio. schmieren. Gegen mehr als 3 000 Beamte, Unternehmensmanager und Politiker, darunter 438 Abgeordnete und Senatoren, ist in dieser Zeit wegen Bestechung, Bestechlichkeit, Erpressung, Vorteilsannahme und sonstiger Form der Korruption ermittelt worden. Das System der *tangenti*, also des Griffs in die Staatskasse zur Bestechung von Macht- und Würdeträgern, wurde als ein Kernbestandteil der christdemokratischen und sozialistischen Machtverteidigung entlarvt.

Diese Entwicklungen kulminieren in Einzelereignissen. Dazu gehört der Wahlerfolg der *Lega Nord* bei den Regionalwahlen und 1992 bei den Parlamentswahlen, wo sie mit 17 Prozent zweitstärkste Kraft wurde. Damit wurde die Frage von Misswirtschaft, Nord-Süd-Gefälle und einer auch formellen Spaltung von kreativen und „schmarotzenden" Gesellschaftsschichten auf die politische Bühne getragen.

Mit dem Referendum von 1993 wurde ein neues Wahlrecht beschlossen. 1993 trat der Unternehmer Berlusconi in die Politik ein. Er formulierte als Ziel die Rekonstruktion der Hegemonie der Rechten mit einem dem Anspruch nach modernen Programm und Regierungsverständnis. Berlusconi machte keine Hehl daraus, dass diese Entscheidung zudem den Schutz vor Strafverfolgung bedeutete: „Ansonsten schicken sie mich ins Gefängnis und lassen mich in Konkurs gehen".[1]

Die Kampagne der „sauberen Hände" *(mani pulite)* wurde im Sinne der europäischen und italienischen Grundwerte von Rechtmäßigkeit, der Gleichbehandlung vor dem Gesetz und der Transparenz des politischen und Verwaltungshandelns geführt und von der breiten Bevölkerung getragen. Eine Episode mag das verdeutlichen. Als der Sozialist Amato als Ministerpräsident 1993 eine Amnestie für die illegalen Finanzierungspraktiken der politischen Parteien ins Spiel brachte, reagierte die Öffentlichkeit mit massiven Protesten.

In diesem Sinne markieren die Jahre ab 1992 einen Wendepunkt in der zeitgenössischen italienischen Geschichte von einer „unvollständigen bipolaren Parteienstruktur" (Galli 1966) zum Wechselspiel zweier starker Parteienblöcke, von einem ungebrochen zentralistischen, unitarischen Staat zu einem „quasi-föderalen" Staat, von starren legalistischen zu tendenziell kundenorientierten öffentlichen Verwaltungen.

Die tiefer liegende Entwicklung hinter diesen Neuarrangements der Institutionen war letztlich die (Wieder-)Herstellung der Komplementarität der Produktions- und Politikregimes Italiens.[2] Bis Anfang der neunziger Jahr degenerierte das politische System zur *partitocrazia*. Statt die politischen Auseinandersetzungen um den richtigen Kurs für das Land zu führen

---

1   Berlusconi in einem Interview von 1994 auf Rai Uno mit Enzo Biagi, zitiert bei Tranfaglia (2010), S. 118.
2   Zu den Begrifflichkeiten siehe die Einleitung.

sowie gesellschaftliche und kulturelle Kräfte einzubinden, bestand Parteiarbeit im *assisten-zialismo*, also der Bindung von gesellschaftlichen Kräften durch die Verteilung von Staatsressourcen (Geld und Posten), in der Vetternwirtschaft und im Klientelismus. „Angesichts seines offensichtlichen Charakters als Verteilungsübung wurde die direkte Kontrolle der Parteien über Nominierungen zum fruchtbaren Boden für die Aktivitäten und die Herausbildung von ‚Sub-Partei-Akteuren' (Gruppierungen, Flügel etc.). Damit wurden die Parteien immer mehr zu schlichten Agenten der Vermittlung zwischen solchen Akteuren". (Cotta 1996, S. 23)

Die produktiven gesellschaftlichen Akteure, auch aus den Reihen der vor allem exportorientierten Unternehmen, drängten darauf, diese Lähmung im Politikregime zu überwinden und es stärker der Dynamik des teilweise fortgeschrittenen Produktionsregimes auszurichten. Und die breiten Volksmassen waren empfänglich für Politikfiguren, einen politischen Stil und politische Aussagen, die auf jeden Fall zunächst anders waren, als das was sie jahrzehntelang ertragen mussten. Somit war der Weg frei für neue Parteien und neue Führer. 1992 konnte man noch nicht absehen, dass nur wenige Jahre nach dem Umbruch die Bewegung im politischen System Italiens in einem starren Gebilde von vertikaler Machtausübung, also von der unumstrittenen Lenkung durch den Ministerpräsidenten Berlusconi, nach unten in die Verästelungen von Politik, Verwaltung und Parteien, verebbte und das Land sich hier zurückentwickelte.

3   Die Verfassung

Mit dem Referendum vom 02./03.06.1946 über die künftige Staatsform wurde Italien demokratische Republik. Von den 28 005 449 Italienern und Italienerinnen, die nach dem allgemeinen Wahlrecht wählen durften, gaben 24 946 878 (89,1 Prozent) ihre Stimme ab. Davon stimmten 12 718 641 Personen für die Republik und die restlichen 10 718 502 Wähler und Wählerinnen für die Monarchie. Diese starke Minderheit von 45,7 Prozent brachte die tiefe Verwurzelung der Monarchie im Volke zum Ausdruck, die offenbar trotz der königlichen Unterstützung des faschistischen Regimes nicht nachhaltig diskreditiert war. Die Wahlen zur Verfassungsgebenden Versammlung bestätigten diese Stärke des rückwärts gewandten konservativen Trends neben einem deutlichen Wunsch nach tiefgreifender Veränderung, der im Votum für die Linksparteien und einige der Zentrumsparteien artikuliert wurde.

In nur sieben Monaten erarbeiteten die Mitglieder der Verfassungsgebenden Versammlung ein Grundgesetz, das sich weitgehend an den klassischen bürgerlichen Verfassungen etwa Großbritanniens und Frankreichs orientiert, in wichtigen Punkten aber eine eigene Prägung erkennen lässt, die aus dem Kompromiss der demokratischen Tradition der Christdemokraten, der Sozialisten, der Kommunisten und der liberalen Kräfte entstanden ist und insbesondere die Stärke der italienischen Arbeiterbewegung widerspiegelt. So definiert Artikel 1 die italienische Republik ausdrücklich als „auf der Arbeit begründet" und macht es Artikel 3 den jeweiligen Regierungen zur Aufgabe, für die Verwirklichung des „Rechts auf Arbeit" zu wirken.

Die zweite wesentliche Besonderheit der italienischen Verfassung ist das unter den Parteien der Verfassungsgebenden Versammlung lange umstrittene, dann jedoch einvernehmlich geregelte Nebeneinander von Staat und Kirche. Der Artikel 7 anerkennt die jeweilige Souveränität „ein jeder in seinem Bereich" und verankert damit die Existenz zweier (abgesehen

Tabelle III-1   Die Wahlen zur Verfassungsgebenden Versammlung

Parteien	in Prozent	Sitze	Stimmen
Linksparteien:			
• Kommunistische Partei Italiens	18,9	104	4 356 686
• Sozialistische Partei der proletarischen Einheit (PSIUP)	20,7	115	4 758 129
• Aktionspartei (Pd'A)	1,5	7	334 748
• Republikanische Partei (PRI)	4,4	23	1 003 007
Parteien der Mitte und der Rechten:			
• Democrazia Cristiana (DC)	35,2	207	8 101 004
• Liberale Partei (PLI)	6,8	41	1 560 638
• Jedermannpartei (UQ)	5,3	30	1 211 956
• Nationaler Block (BN)	2,8	16	637 328
• Demokratie der Arbeit (DdL)	0,2	1	40 633
Sonstige	4,2	12	1 006 350

Quelle: Ministero dell'Interno (2011).

von San Marino) souveräner Mächte auf italienischem Boden: ein nicht immer spannungsfreies Verhältnis. Zusätzlich zu dieser Regelung wurden die Lateranverträge, die Mussolini mit der katholischen Kirche zur Absicherung seiner Herrschaft 1929 abgeschlossen hatte, in die Verfassung aufgenommen.

4 Das Regierungssystem

4.1 Der Präsident

Der Präsident der Republik oder Staatspräsident (Presidente della Repubblica Italiana) repräsentiert die Einheit der Nation und verkörpert die demokratische Tradition Italiens. Wegen dieser herausgehobenen moralischen Position werden an die Kandidaten für die Präsidentschaft hohe Anforderungen gestellt. Der Präsident verfügt über erheblich weniger Macht als etwa der französische Staatspräsident und über größere Einflussmöglichkeiten als der bundesdeutsche Präsident. Seine wichtigsten Kompetenzen sind das Auflösungsrecht des Parlaments, das jedoch in den letzten sechs Monaten seiner Amtszeit ausgesetzt ist, sowie das aufschiebende Veto gegen einen Gesetzesentwurf, das durch erneute Beratung und Mehrheitsabstimmung des Parlaments aufgehoben werden kann. Außerdem besitzt er das Recht zur Begnadigung Verurteilter. Ausdrücklich räumt die Verfassung dem Präsidenten umfassende politische Befugnisse in Krisenzeiten ein.

    Die größten Einwirkungsmöglichkeiten auf die unmittelbare politische Leitung des Landes besitzt der Staatspräsident mit dem Ernennungsrecht des Ministerpräsidenten und auf dessen Vorschlag der Mitglieder des Ministerrats. Der Ernennung des Präsidenten des Ministerrats gehen ausgiebige Konsultationen des Staatspräsidenten mit den Parteiführern sowie

Tabelle III-2   Die Staatspräsidenten Italiens

1.	Enrico de Nicola (PLI)	1946–1948
2.	Luigi Einaudi (PLI)	1948–1955
3.	Giovanni Gronchi (DC)	1955–1962
4.	Antonio Segni (DC)	1962–1964
5.	Giuseppe Saragat (PSDI)	1964–1971
6.	Giovanni Leone (DC)	1971–1978
7.	Sandro Pertini (PSI)	1978–1985
8.	Franceso Cossiga (DC)	1985–1992
9.	Oscar Luigi Scalfaro (DC)	1992–1999
10.	Carlo Azeglio Ciampi (parteilos)	1999–2006
11.	Giorgio Napolitano (DS)	2006–

Quelle: Eigene Zusammenstellung.

sonstigen politischen Amtsträgern (Parlamentspräsidenten, ehemalige Staatspräsidenten, Fraktionsführer aller Parteien) voraus.

Jedoch bleibt dem Staatspräsidenten ein nicht unerheblicher Spielraum in der Beauftragung eines Politikers mit der Regierungsbildung. So sind die Bildung der Regierung Cossuta im Jahre 1979 und die Ministerpräsidentschaft des Republikaners Spadolini 1983 unbestritten dem Einwirken von Präsidenten Sandro Pertini zuzuschreiben.

Eine weitere Bedeutung kommt dem Präsidenten in seinem Recht zu, fünf Senatoren auf Lebenszeit und ein Drittel der fünfzehn Richter des Verfassungsgerichtshofes zu ernennen, während die anderen zwei Drittel jeweils vom Parlament und von den obersten Gerichten gewählt werden.

Der Präsident hat eine formelle Verbindungsfunktion im italienischen Staatsaufbau (siehe Abbildung III-2): er wird von der Legislative gewählt, er ernennt die Exekutive und steht der Judikative vor. Überdies ist er der Oberbefehlshaber der italienischen Armee.

Wahlen von Staatspräsidenten sind sehr häufig Signale der politischen Kultur und ihrer Änderung. Nach den Liberalen de Nicola und Einaudi als Exponenten des Liberalismus und als Gegengewicht zur Regierungsmacht der Christdemokraten prägten Gronchi und Segni die zentristische Politik der *DC* in den fünfziger Jahren mit.

Mit Saragat wurde ein Repräsentant der Mitte-links-Regierungen gewählt, während Leone wiederum die Rechtswende der *DC* verkörpert (er wurde mit den Stimmen der Neofaschisten gewählt). Pertini als Nachfolger des in Skandalen verwickelten Präsidenten Leone war über jeden Zweifel an seiner moralischen Integrität erhaben. Kaum ein Präsident vor und nach ihm ist wie er als demokratische Instanz schlechthin akzeptiert worden, und so manche direkte Schelte der politisch Verantwortlichen zu aktuellen Tagesfragen wurde hingenommen.

Der Präsident wird in einer gemeinsamen Sitzung beider Kammern des Parlaments, erweitert um je drei Repräsentanten der Regionen[3], gewählt. Angestrebt wird eine Zweidrit-

---

3   Die Ausnahme bildet das Aostatal mit nur einem Vertreter.

Abbildung III-2   Der Staatsaufbau Italiens

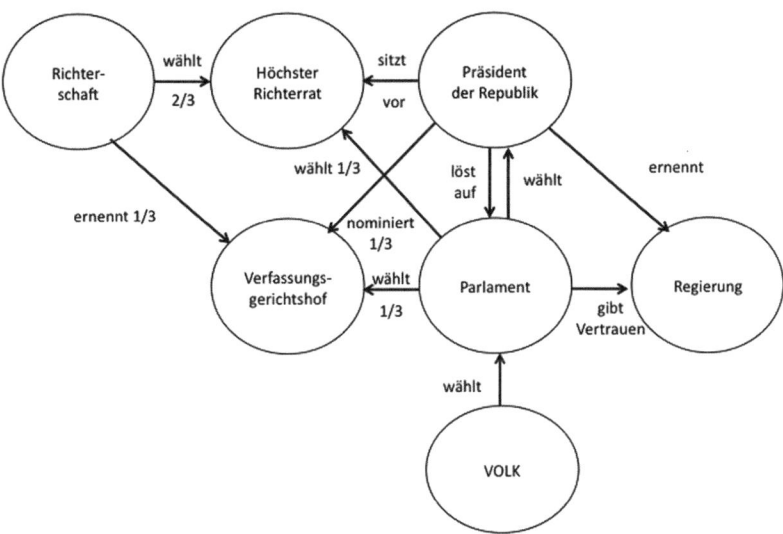

Quelle: Eigene Zusammenstellung.

tel-Mehrheit. Falls diese Mehrheit nicht erreicht wird, reduziert sich das Quorum auf die Mehrheit der abgegebenen Stimmen (Hälfte plus eine). Nur Cossiga und Ciampi wurden im ersten Wahlgang gewählt.

Der in überraschend großer Eintracht von den Regierungsparteien und der kommunistischen Opposition im Juni 1985 gewählte Christdemokrat Cossiga erwies sich als ein zurückhaltender Präsident. Oscar Scalfaro fiel die Aufgabe zu, das Land durch die Klippen des Umbruchs der Jahre zu führen. Auf seinen Einfluss ist die zeitweise Unterbrechung der undurchsichtigen Absprachen zwischen Parteiflügeln zur Bestimmung des Ministerpräsidenten und der Minister zurückzuführen. Mit Dini und Ciampi hat er zwei sehr angesehene Regierungschefs jenseits von Parteiorientierungen durchsetzen können. Der 1999 zum Präsidenten gewählte Carlo Ciampi hatte sich über Jahrzehnte einen Namen als kompetenter und integrer Wirtschaftsführer (Präsident der italienischen Zentralbank) machte, bevor er in seinen politischen Funktionen, zunächst Finanzminister in verschiedenen Regierungen, dann selbst Regierungschef nach dem Rücktritt der Mitte-rechts-Regierung Berlusconi 1994, seinen Ruf und seine Reputation noch ausbaute.

Sein Nachfolger Giorgio Napolitano war einer der profiliertesten Führer der Kommunistischen Partei und einer der Protagonisten der Wende zum Sozialdemokratismus der *KPI* im Jahre 1993. Im Jahre 2006 wurde er als Kompromisskandidat der Mitte-links-Koalition im vierten Wahlgang zum Staatspräsidenten gewählt. Er gilt in den Zeiten der Attacken der Berlusconi-Regierung gegen die Justiz und angesichts neuer Korruptionsvorwürfe als bindende Figur und moralisches Zentrum.

Der Regierung, dem Ministerrat *(Consiglio dei Ministri)*, steht der Ministerpräsident vor. Er hat keine Richtlinienkompetenz und ist faktisch stärker als der deutsche Bundeskanzler von den jeweils dominierenden Parteiflügeln oder Parteien der Koalitionen bzw. innerhalb der Mehrheitspartei abhängig. Er bildet den politischen Fokus der Regierung, aber nur eingeschränkt ihr Machtzentrum.

Nach Artikel 92 der Verfassung „ernennt der Staatspräsident den Ministerpräsidenten und auf dessen Vorschlag die Minister". Erst in Artikel 94 wird das Parlament durch die Auflage für die Regierung erwähnt, „sich nicht später als zehn Tage nach ihrer Bildung" zur „Erhaltung des Vertrauensvotums vorzustellen".

Für den Prozess der Regierungsbildung selbst spielt das Parlament offensichtlich keine Rolle. Es vollzieht das Ergebnis der Konsultationen zwischen den Koalitionsparteien nach. So führen in der Regel eher der Entzug der parlamentarischen Unterstützung durch einzelne Koalitionspartner oder der Verlust der Vorherrschaft des Ministerpräsidenten innerhalb seiner Mehrheitspartei zum Ende der Regierung als das Scheitern bei der formellen Vertrauensabstimmung im Parlament, das nach Artikel 94 jedoch nicht zwangsläufig den Rücktritt des Regierungschefs bewirkt. Die Vertrauensabstimmungen, die von den Regierungsparteien eingebracht werden, dienen somit vor allem der Versicherung und Stabilisierung, auch Disziplinierung, der Regierungsmehrheit gegen Kritiker aus den eigenen Reihen.

Durch ein Gesetzesdekret des Reformbündels, das unter dem Namen Gesetze *Bassanini* bekannt geworden ist, wurde 1993 die Struktur der Regierung neu geordnet. Die Anzahl der Minister sollte auf zwölf begrenzt werden. Agenturen sollten einen Großteil der oberen Regierungsabteilungen ersetzen. Überdies wurde ein einheitliches Stellenverzeichnis für das Verwaltungspersonal erstellt, wodurch ihre Mobilität erhöht werden sollte. Diese Regierungsreform ist allerdings nicht in Gänze umgesetzt werden.

Die Regierung tendierte in den Jahren der Berlusconi-Kabinette, hier durchaus in Kontinuität zu den Craxi-Regierungen der achtziger Jahre, zur Regelung von politischen Fragen über Dekrete. Dazu gibt ihr die Verfassung grundsätzlich das Recht, jedoch ist dieses Instrument als Ausnahme gedacht. Zudem missbrauchten diese Regierungen die Möglichkeit des Regierens über Regierungsdekrete, die per definitionem für Notsituationen vorgesehen sind *(decretazione d'urgenza)*.

Zur Behandlung von Sonderproblemen oder übergreifenden Politikfragen werden unter den momentanen 13 Ministern mit Ressortverantwortung und zehn weiteren Ministern ohne Portfolio Kabinettsausschüsse gebildet, die zum Teil unter dem Vorsitz des Ministerpräsidenten stehen.

Einige Ausschüsse sind von herausragender Bedeutung für die Regierungsarbeit. Der *CIPE* ist ein Entscheidungsorgan in wirtschafts- und finanzpolitischen Fragen. Er setzt sich aus 13 Ministerien unter dem Vorsitz des Ministerpräsidenten zusammen. Weitere wichtige interministeriale Ausschüsse sind der *CIDU*, der Ausschuss für den Kredit und das Sparwesen, der *CIP*, der Ausschuss für die Preisbildung, der *CISR*, der für die Sicherheit der Republik zuständig ist.

Der *CISR (Comitato Interministeriale per la Sicurezza della Repubblica)* steuert alle drei Geheimdienste *DIS*, *AISE* und *AISI*. Der *DIS (Dipartimento Informazioni per la sicurezza)* ist das Koordinationsorgan der Geheimdienste. Die *AISE (Agenzia Informazioni Estere)* ist der Auslandsgeheimdienst und die *AISI (Agenzia Informazioni Interne)* ist der Anti-Terrorismus-Dienst. Diese Dienste bilden zusammen die Staatspolizei *(Polizia di Stato)*.

Davon zu unterscheiden sind die weiteren Polizeikategorien. Die Carabinieri umfassten im Jahre 2006 ca. 116 000 Mitglieder. Die Finanz- und Zollpolizei *(Guardia di Finanza)* ist militärisch organisiert. Für die *Mafia*bekämpfung zuständig ist die *DIA (Direzione Investigativa AntiMafia)*, die aus Vertretern der oben genannten Polizeisparten zusammengesetzt ist. Auf der lokalen Ebene agiert die Gemeindepolizei *(Polizia Municipale oder Vigili Urbani)*, die dem Bürgermeister untersteht, aber den Regionspräsidenten zum obersten Dienstherr hat.

4.3 Das Parlament

Das Parlament ist in zwei gleichberechtigte Kammern aufgeteilt. Die Abgeordnetenkammer *(Camera dei Deputati)* setzt sich aus 630, alle fünf Jahre vom Volke direkt bzw. über Parteilisten gewählten, Delegierten zusammen, während der Senat *(Senato della Repubblica)*, bestehend aus 325 Mitgliedern, auf regionaler Basis gewählt wird. Anders als in Deutschland ist die zweite Kammer, der Senat, kein Ausdruck der föderativen Struktur des Landes, sondern ein Relikt des alten Zweikammersystems der konstitutionellen Monarchie des Königreichs Sardinien-Savoyen, das auf Grundlage des Albertinischen Status von 1848 arbeitete.

Die Tradition der zweiten Kammer als „Oberhaus" wird im Wahlmodus – wahlberechtigt sind Italiener über 25 Jahre und wählbar sind Kandidaten über 40 Jahre – sowie im Anteil von nicht-gewählten Senatoren erkennbar. Die ehemaligen Staatspräsidenten sowie fünf vom Staatspräsidenten aufgrund ihrer Verdienste in Politik, Gesellschaft, Wissenschaft und Kultur zu ernennende Senatoren auf Lebenszeit gehören ebenfalls dem Senat an. Aufgrund der geringen Unterschiede in der Funktionsbestimmung und Zusammensetzung stellt der Senat eine Verdoppelung der Gesetzgebung dar. Gesetzesvorlagen werden häufig bis zur Einigung hin und her geschoben.

Gesetzesvorhaben *(disegni di legge)* können von der Regierung (Gesetzesentwürfe), von einzelnen Abgeordneten oder Senatoren, dem Volk (50 000 Wähler), in sozialen und wirtschaftlichen Bereichen vom Nationalen Wirtschafts- und Arbeitsrat *(CNEL)* sowie von den Regionalräten eingebracht werden. Eine besondere Rolle in der Gesetzgebung spielen in Italien die 14 ständigen Ausschüsse des Parlaments. Mit der Geschäftsordnung von 1971 und modernisiert mit der Novellierung von 1997 haben die Ausschüsse weitreichende legislative Kompetenzen erhalten. Ihre Arbeit unterscheidet sich nach vier Funktionen. Sie bereiten Gesetzesvorlagen für das Plenum vor *(sede referente)*, erstellen für den federführenden Ausschuss Gutachten als Beratungshilfe *(sede consultiva)*, formulieren den genauen Gesetzestext nach dem Entwurf des Plenums oder beschließen Gesetze selbst *(sede legislativa)*. Wegen der Bedeutung dieser *sede legislativa* – 4/5 aller Gesetze werden von den Ausschüssen faktisch verabschiedet – soll diese Kompetenz näher erläutert werden.

Der Präsident der Abgeordnetenkammer weist einen Gesetzesentwurf *(progetto di legge)* entweder dem Plenum oder einem Ausschuss zu und zwar nach Absprache mit den Fraktionsführern der vertretenen Parteien. Zur Gesetzesverabschiedung ist der ständige Ausschuss berechtigt, wenn die Mehrheit der Ausschussmitglieder, die von den Parteien ernannt werden, anwesend ist. Die Anwesenheit eines Regierungsmitglieds oder eines Vertreters ist auch zwingend. Zur Beschlussfassung ist die aus der geheimen Abstimmung hervorgehende einfache Mehrheit erforderlich. Bei einer möglichen finanziellen Belastung des Staats durch das zu beschließende Gesetz wirkt der Haushaltsausschuss in *sede consultiva* mit.

Die Regierung, ein Zehntel der Mitglieder der Kammer, ein Fünftel der anwesenden Ausschussmitglieder oder ein Fünftel der anwesenden Ausschussmitglieder können die Rücküberweisung des Gesetzesentwurfs ins Plenum beantragen, ein Recht, das selten in Anspruch genommen wird.

Dem Plenum ist die ausschließende Gesetzgebung in Fragen der Verfassung, des Wahlrechts, der internationalen Abkommen und des Haushalts vorbehalten. Daneben spielen in der italienischen Gesetzespraxis die Maßnahmegesetze der Exekutive nach Artikel 97, Absatz 1, die Regierungsdekrete nach Artikel 77, die sogenannten *leggine*, und die gesetzesvertretenden oder Legislativ-Dekrete *(decreti legislativi)* nach Artikel 76 eine besondere Rolle. Diese Gesetzesdekrete der Regierung, immerhin ein Drittel aller Staatsgesetze, sind vom Plenum innerhalb von 60 Tagen als Gesetz zu verabschieden. Die Legislativ-Dekrete entstehen nach Ermächtigung durch das Parlament. Die Regierung wird beauftragt, ein Dekret zu erarbeiten. Dieses Dekret darf nur die mit der Ermächtigung bezeichneten Gegenstände behandeln und muss innerhalb der im Ermächtigungsgesetz *(legge delega)* festgelegten Zeit verabschiedet werden.

4.4 Die Gerichtsbarkeit

Der dem Staatspräsident unterstellte Oberste Richterrat *(Consiglio Superiore della Magistratura, CSM)* ordnet und kontrolliert die gesamte Gerichtsbarkeit im Sinne der Aufgabenzuweisung, durch Personalentscheidungen und Regelungen von Zuständigkeiten im Streitfall. Die beiden Kompetenzbereiche Zivilgerichtsbarkeit und Strafgerichtsbarkeit sind ähnlich aufgebaut.

Die strukturelle Ausrichtung der Gerichtsbarkeit in Italien geriet bei den Beratungen zur neuen Verfassung zu einer handfesten politischen Auseinandersetzung um den Grad und die Sicherstellung der Unabhängigkeit der Justiz im neuen Staatsgebilde.

Im Ergebnis stand ein Kompromiss zwischen den eher liberalen und den eher reformatorischen Vorstellungen.[4] Nach Artikel 101 der Verfassung sind die Mitglieder der Judikative „allein dem Gesetz unterworfen". Dieser Grundsatz hat sich in der Zusammensetzung des höchsten Organs der Judikative niedergeschlagen.

Der Oberste Richterrat aus nunmehr 24 (statt 30 bis 2002) Mitgliedern wird zu zwei Dritteln von der Judikative selbst gewählt. Artikel 112 der Verfassung legt fest, dass öffentliche Strafverfolger immer dann eine Ermittlung beginnen müssen, wenn sie Anhaltspunkte erhalten, dass ein Verbrechen möglicherweise verübt worden ist, aber auch in Fällen ohne Anzeige.

Auf der anderen Seite haben Sozialisten und Kommunisten eine engere Bindung der Judikative an das Parlament durchsetzen können. So wird ein Drittel der Mitglieder des *CSM*

---

4 Siehe dazu insbesondere die Darstellung bei Bull/Newell (2005).

vom Parlament gewählt, und zwar durch Vollprofessoren der juristischen Fakultäten und von Richtern mit mindestens 15 Berufsjahren. Zudem sieht Artikel 102 der Verfassung den Einbezug von qualifizierten Laien in bestimmte Bereiche der Justiz vor. „Damit hat die Verfassung den Einbezug von auswärtigen Experten in Justizentscheidungen beispielsweise zu Minderjährigen, Drogenabhängigen und Häftlingen auf Bewährung ermöglicht". (Bull/ Newell 2005, S. 142)

Die Justiz hat sich durch Beharrlichkeit, Unbeirrbarkeit und Kompetenz eine hohe Achtung in der neueren italienischen Geschichte erarbeitet. Ihre Untersuchungen wegen Korruption, Ämtermissbrauch oder Steuerhinterziehung bezogen weite Teile der gesellschaftlichen und politischen Führungselite ein: 1994 gab es 422 Anträge auf Aufhebung der parlamentarischen Immunität gegen 212 Mitglieder des Abgeordnetenhauses. Andere Quellen benennen die Zahl der einbezogenen Personen auf mehr als „3 000 Politiker, Unternehmer und hohe Beamte". (Kriesi 2008, S. 147) Die Richter machten auch nicht vor Craxi, der Ikone der Sozialistischen Partei, und Andreotti, der grauen und umstrittenen Eminenz der Christdemokraten, Halt.

Nach dem Umbruch im politischen System Mitte der neunziger Jahre, der gerade auch durch die Entschlossenheit vieler Richter, Korruption und Amtsmissbrauch zu verfolgen, in Gang kam, geriet die Justiz in ein neues Spannungsverhältnis zur Politik. Bei den meisten Regierungen vor 1993/94 bestanden zur Justiz mehr oder weniger wirksame informelle Beziehungen, die letztlich dazu dienten, in den Augen der Regierenden problematische Verfahren rechtzeitig abzuwürgen. Dies war nun nicht mehr im gewohnten Ausmaße möglich. Da damit die *partitocrazia* wesentliche Hebel der Machtstabilisierung verlor, richteten sich wütende Angriffe und Beschuldigungen insbesondere der Rechtsparteien um Berlusconi gegen die Richter und den Justizapparat.

Bei diesen Attacken ging es darum, die Unabhängigkeit der Justiz zu beschneiden, um die Durchführung der gegen den Ministerpräsidenten anhängigen Verfahren u. a. wegen Korruption und Amtsmissbrauch zu verhindern. Dazu wurde versucht, die Verjährungsfrist für bestimmte Straftaten zu verkürzen, das Strafmaß für einige Delikte zu verringern und die internationale Rechtshilfe zu verzögern. Im Jahre 2003 beschloss die Parlamentsmehrheit das Gesetz, mit dem den Inhabern der fünf höchsten Ämter im Staat Immunität vor Strafverfahren garantiert werden sollte. Dieses Gesetz zielte offensichtlich auf die Verhinderung des Verfahrens gegen Berlusconi wegen seiner mutmaßlichen Verwicklung in den Bauskandal um die Vergabe der Aufträge zum Bau des Mailänder Viertels *Milano 2*.

Dies sind ganz offensichtliche und spektakuläre Versuche der Beschneidung der Unabhängigkeit der Justiz durch die Mitte-rechts-Koalition aus rein persönlichen Beweggründen des Ministerpräsidenten Berlusconi. Im Referendum vom Juni 2011 ist Berlusconi schließlich damit gescheitert, vom Volk ein Gesetz akzeptieren zu lassen, das ein eingeschränkte Pflicht für Regierungsmitglieder vorsah, vor Gericht zu erscheinen *(leggittimo impedimento)*.

Nicht weniger gravierend sind die alltäglichen Schwierigkeiten der Justizbehörden, effizient und effektiv ihre Aufgaben zu erfüllen. Die Gründe dafür liegen in einem komplexen Bündel von Ressourcenmangel, Behinderungen durch die Politik, ineffiziente Organisation, Auswüchse eines legalistischen Arbeitsverständnisses sowie subjektive Unfähigkeit bis zum Schlendrian und zur Obstruktion.

Im Urteil von Ferrarella ist der Personalmangel eines der zentralen Probleme der Justiz. Ihr fehlen heute „193 Staatsanwälte und 677 Richter".[5] Nach Schätzungen von Stella und Rizzo geht die Zahl sogar auf 1 570 fehlende Richter. (Stella/Rizzo 2008, S. 127)

Dieses Geflecht von verschiedenen Gründen führt zu einer in Europa einzigartigen Ineffizienz des Gerichtswesens in der Bearbeitung von Verfahren, gleichgültig ob zivilrechtlicher oder strafrechtlicher Art, auch unbesehen, ob damit wirtschaftliche Aktivitäten massiv behindert werden.

Ferrarella führt an, dass „acht Milliarden Euro im Jahr verbrannt werden, um ungefähr fünf Jahre mit der Entscheidung zu verbringen, ob jemand schuldig oder unschuldig ist; um pro Jahr zwischen 150 000 und 200 000 Verfahren für verjährt zu erklären, was europäischen Rekord darstellt; um 58 von 100 Häftlingen ohne abschließende Verurteilung zu inhaftieren; um in einem zivilrechtlichen Fall nach mehr als acht Jahren Recht zu sprechen, um in zwei Jahren in erster Instanz in einem Fall von Entlassung zu entscheiden; um Eheleute in siebeneinhalb Jahren zu scheiden; um Gläubiger einem Konkursverfahren für fast ein Jahrzehnt auszuliefern; um eine Zwangsvollstreckung um viereinhalb Jahre in die Länge zu ziehen". (zitiert in Stella/Rizzo 2008, S. 130).

> „Was die Verfahrensdauer in Zivilprozessen betrifft, nehme man nur das Abenteuer zweier siebzigjähriger Rentner aus Foggia, die im Herbst 2007 beschlossen, gegen die Rentenversicherungsanstalt (INPS) vorzugehen und folgendes zu hören bekamen: , Mittwoch nein, Donnerstag nein, die kommende Woche ist voll, Januar ist schon voll besetzt … Gut, ihre Verhandlung ist auf den 27. Februar 2020 angesetzt.' Was soll das: zwölf Jahre Wartezeit auf die erste Verhandlung? Natürlich ist die Angelegenheit in die Zeitungen gelangt. Und erst dann bekamen die beiden Alten einen neuen Bescheid: ,Entschuldigen Sie, das war ein Irrtum. Wir legen das Ganze vor. Kommt in 2013.' Also ,nur' fünf Jahre nach dem Antrag". (Stella/Rizzo 2008, S. 128 f.)

Neuerdings können Bürger auf Basis des *Pinto*-Gesetzes Schadenersatz wegen zu langer Wartezeiten auf Prozesse verlangen. „Von 2003 bis zur Jahreshälfte 2007 haben sich die Anträge vervierfacht. Dies in einem Ausmaß, dass man in manchen Orten wie Rom eine Ewigkeit (zwei Jahre) braucht, um den Schaden anerkannt zu bekommen, eine Ewigkeit gewartet zu haben". (ebda.)

Der Europäische Menschenrechtsgerichtshof (EGMR) hat wiederholt die Justiz in Italien kritisiert. Er greift die Beurteilung des Europarats in dessen drittem Bericht zur Überlänge der Verfahren in Italien für das Jahr 2003 auf, dass auch nach Einführung des *Pinto*-Gesetzes die italienische Rechtslage weiter Mängel insbesondere in der Umsetzungspraxis aufweist. Er verweist dabei explizit auf die fehlende Möglichkeit, noch anhängige Verfahren zu beschleunigen.

Der Europarat äußert ferner auch nach der neueren Entwicklung in der obergerichtlichen Rechtsprechung Italiens harsche Kritik daran, dass sich in Bezug auf die Verfahrensdauer keine qualitative Verbesserung ergeben habe, und dass an dieser Grundsituation auch die Gewährleistung angemessenen Schadensersatzes nichts ändere.[6]

---

5 Ferrarella 2008 zitiert bei Stella/Rizzo 2008, S. 127.
6 Commitee of Ministers 2004.

Tabelle III-3   Durchschnittliche Dauer der Gerichtsverfahren (2009)
       ... wegen eines nicht eingehandelten Vertrages
       ... wegen eines nicht bezahlten Hauskredits

Land	Monate	Land	Tage
Italien	90	Italien	1 210
Portugal	27	Spanien	515
Irland	22	Portugal	495
Belgien	21	Niederlande	408
Frankreich	17	Deutschland	394
Österreich	14	Österreich	342
Spanien	11	Frankreich	331
Großbritannien	10	Großbritannien	229
Deutschland	9	Finnland	228
Niederlande	7	Irland	217
Schweden	7	Schweden	208
Dänemark	6	Dänemark	190

Quelle: Stella/Rizzo (2008), Anhang.

Diese unhaltbare Situation gilt für Bürger ebenso wie für Unternehmen, wie Tabelle III-3 verdeutlicht.

Im Endeffekt geht es um viel Geld, um verloren gegangene Rechtssicherheit und um die wirtschaftliche Existenz von Privat- wie Geschäftsleuten. Der Verband des italienischen Handwerks *Confartigianato* hat mit Daten von 2005 des Statistischen Amtes Italiens *(Istat)* und des Informationsdienstes der Kammern *(Infocamere)* die folgende Rechnung aufgemacht: „Die Langsamkeit der Konkursverfahren von durchschnittlich acht Jahren und acht Monaten kostet die Handwerksbetriebe jedes Jahr 1,16 Milliarden Euro wegen der Verzögerung bei der Kreditrückzahlung sowie 1,170 Milliarden Euro an höheren Finanzkosten wegen der Notwendigkeit, von den Banken jene Ressourcen zu leihen, die ansonsten in der Kasse wären, wenn die Prozesse schneller abgewickelt würden. Insgesamt: 2,3 Milliarden Euro an ‚Schneckenhaussteuer‘ auf 6 Millionen Unternehmen. Macht 384 000 Euro pro Firma". (Stella/Rizzo 2008, S. 134)

Der Schaden für die italienische Wirtschaft geht noch darüber hinaus. Im Wettbewerbsfähigkeits-Bericht 2010–2011 des *World Economic Forums* werden die Institutionen des politischen und des Rechtssystems Italiens als Hauptschwächen für Geschäftsaktivitäten angeführt. Bei den Faktoren „die Effizienz des Rechtssystems bei der Konfliktregelung" sowie die „Effizienz des Rechtssystems, Regulierungen in Frage zu stellen" liegt Italien auf weit hinteren Rängen (129 bzw. 122 von 139 Ländern!). (Schwab *et al.* 2010, S. 192 f.)

Ein weiterer die Geschäftätigkeit ausländischer Unternehmen massiv hemmender Fakt ist die unzureichende Verfolgung von Korruption durch die Strafbehörden. „In einer Untersuchung haben zwei Autoren, Davigo und Mannozzi, auf Basis der Daten der Justizregister von 1983 bis 2002 herausgefunden, dass von den wenigen Verurteilungen wegen Amtsmissbrauch (dem schwersten Vergehen) nur 22 Prozent mit Strafen höher als zwei Jahren Gefängnis mit dem Geschenk der Bewährung abgeschlossen werden. Unter den Verurteilungen wegen Korruption selbst (Art. 319) noch weniger: 7 Prozent. Und unter jenen mit einfacher Korruption weniger als 2 Prozent. Wie geht das? Ist es in einem Land, das wie unseres in der Rangliste der korrupten Länder von *Transparency International* schlechter dasteht als Barbados, Estland, Macao oder Botswana, möglich, dass nur zwei von 100 wegen Bestechung Verurteilten, die eh schon wenig sind, in den letzten Jahrzehnten mehr als 24 Monate in Haft verbracht haben". (Stella/Rizzo 2008, S. 139)

Überdies werden das Ausmaß und damit die nur mangelhafte Eindämmung von Korruption sowie dem organisierten Verbrechen als weitere erhebliche Hürden für Unternehmen angeführt, in Italien und mit Italienern Geschäfte zu machen. (ebda.)

4.5 Sonstige Verfassungsorgane

Der Staatsrat *(Consiglio di Stato)* hat zwei Funktionen. Erstens ist er ein beratendes Organ für die Regierung in Fragen des Verwaltungs- und Verfassungsrechts. In dieser Funktion erstellt er Gutachten zu den Fragen, in denen er von den Ministern konsultiert wird. Die beratende Funktion über die Richtigkeit und Gesetzmäßigkeit der Handlungen der Regierung kann fakultativ oder obligatorisch sein, wobei die obligatorischen Gutachten und deren Ergebnisse für die Regierung bindend oder nicht bindend sein können.

Zweitens stellt der Staatsrat die oberste Instanz in der Verwaltungsgerichtsbarkeit dar. Nach der Institutionalisierung von regionalen Verwaltungsgerichten ist er die höchste Berufungsinstanz in Streitfällen zwischen den Bürgern und der Verwaltung geworden.

Der Staatsratspräsident wird vom Präsidenten der Republik ernannt, nachdem der Ministerrat über die Benennung entscheiden hat. Dazu gibt es ein Anhörungsverfahren des Selbstverwaltungsorgans der Verwaltungsgerichtsbarkeit.

Der Staatsrat besteht aus sieben Sektionen. Vier Sektionen haben beratende, drei Sektionen haben richterliche Funktionen. Jeder Sektion stehen zwei Präsidenten vor. Die beratenden Sektionen bestehen aus mindestens neun, die richterlichen Sektionen aus mindestens zwölf Ratsmitgliedern („Staatsräte").

Der Nationalrat für Wirtschaft und Arbeit *(Consiglio Nazionale di Economia e Lavoro, CNEL)* besitzt im Unterschied zum Staatsrat Gesetzesinitiativkompetenz im Bereich der Wirtschafts- und Sozialgesetzgebung. Er setzt sich aus dem Präsidenten und 120 Beratern zusammen. Dazu gehören zwölf Experten aus den Bereichen Wirtschaft, Soziales und Justiz, die vom Staatspräsidenten benannt werden, und zusätzlich vier Experten, die von der Regierung vorgeschlagen und vom Staatspräsidenten benannt werden. Weiterhin umfasst der *CNEL* 99 Vertreter aus der Wirtschaft und sozialen Gruppen sowie zehn aus den Wohlfahrtverbänden und den Organisationen der ehrenamtlichen Arbeit. Die Wahlperiode im *CNEL* beträgt fünf Jahre und kann erneuert werden.

5 Die Territorialverfassung

Es dauerte 53 Jahre, bis die von der Verfassung von 1948 vorgesehene Dezentralisierung mit der Verfassungsänderung von 2001 zumindest zum größeren Teil umgesetzt wurde. Nunmehr ist mit dem neuen Artikel 114 festgelegt, dass die Republik „aus den Gemeinden, aus den Provinzen, aus den Regionen und aus dem Staat" besteht. Folglich sind damit alle Gebietskörperschaften formal gleichgestellt. Mit nunmehr eigenen Kompetenzen zur Gesetzgebung sind die 22 Regionen aufgewertet worden. Der nächste Schritt war die Verabschiedung des Gesetzes zum Fiskalföderalismus im Februar 2011, d. h. zur Neuregelung der Einnahmen der subnationalen Einheiten zur Finanzierung ihrer Aktivitäten und der Neuordnung der zentralen Zuweisung von Finanzmitteln.

„Die neunziger Jahre waren das Jahrzehnt mit den intensivsten Veränderungen in der ewig langen Geschichte der kommunalen Regierungen in Italien". (Bobbio 2005, S. 29) Zunächst wurden die lokalen Aufgabenbereiche mit einem Gesetz in 1990 neu geregelt. Dann wurde die Direktwahl für Bürgermeister im Jahre 1993 eingeführt. Mit dem Gesetzespaket *Bassanini* 1997 wurde der ‚administrative Föderalismus' eingeführt. Schließlich gaben zwei Verfassungsänderungen den Reformen die sozusagen höchste Weihe (1999 und 2001). Italien ist dabei, sich Zug um Zug von einem zentralistischen, unitarischen Staat zu einem zunächst „quasi-föderalen Staat" (Bobbio 2005) zu entwickeln.

Ein Rückblick auf die Struktur des italienischen Staates vor 1993 macht deutlich, wie einschneidend die bis jetzt vorgenommenen Veränderungen sind und welche Lücken im Hinblick auf einen materiellen Föderalismus allerdings noch bestehen.

5.1 Die Staatsstrukturen bis 1993

Die vor den Veränderungen nach 1993 geltende Territorialverfassung geht im wesentlichen auf die Napoleonische Tradition zurück. Dies resultierte zum einen in einer enormen Zentralisierung von Legislative und Verwaltung und zum andern in einer hohen Uniformierung der Existenz- und Arbeitsweise der subnationalen Einheit Regionen, Provinzen und Kommunen. Der für die französische Verwaltung typische Präfekt stellte auch in Italien den verlängerten Arm des Zentralstaats dar. Überaus auffällig ist die marginale Rolle der Kommunen im italienischen Staatsaufbau etwa im Vergleich zu Deutschland.

Im italienischen Staatsaufbau wurde 1970 mit der Einrichtung der Regionen eine Asymmetrie eingebaut, indem vier Regionen mit Sonderstatut Sizilien, Sardinien, Trentino/Südtirol, Friaul-Julisch Venetien und Aostatal ausgestattet wurden. Was das konkret bedeutete, beschreibt Elia: „Zumindest im Prinzip, wenn man das Verfassungsgesetz von 1993 zugrunde legt, ist den Regionen mit Sonderstatut eine Position zuerkannt worden, die der der deutschen Länder vergleichbar ist, da sie innerhalb ihrer eigenen Region Verwaltungskompetenzen an Kommunen und Provinzen verteilen können". (Behnke 2010, S. 300)[7]

---

7   Hier zitiert Behnke ein Statement von L. Elia, den Präsidenten der Arbeitsgruppe ‚Staatsform', in der 8. Sitzung der *bicamerale,* der gemeinsamen Kommission beider Parlamentskammern zur Verfassungsreform am 04.03.1997.

Die italienische Kommunalebene ist stark zersplittert. Die ca. 8 000 Kommunen *(Comuni)* haben eine Durchschnittsgröße von 7 000 Einwohner. 74 Prozent haben weniger als 5 000 Einwohner. In dieser für effektives Handeln prekären Situation gingen eine Reihe von Kommunen interkommunale Kooperationen ein, vor allem auf den Gebieten Abfall, Verkehr, Verwaltungsfunktionen, Sozialaufgaben und Wohlfahrt. Die Mehrheit der italienischen Gemeinden gehört zu mindestens einer dieser Kooperationen. Zudem sind seit 1971 alle Gemeinden in Berggegenden – das ist die Hälfte aller Gemeinden – verpflichtet, sich besonderen Vereinigungen, den Berggemeinden, anzuschließen. Diese ersetzen die Gemeinden vor allem bei Fragen des Verkehrs, der Infrastruktur und der Wirtschaftsförderung nach Festlegung durch die Regionalregierung.

Vor den Reformen der Jahre nach 1993 führten die Gemeinden Aufgaben im Auftrage des Innenministeriums als oberstem Dienstherrn (u. a. Meldewesen, Personenstandswesen, Wahllisten) und ihnen von der Regionalregierung zugewiesene Aufgaben durch. Trotz dieser subalternen Rolle haben sich viele Gemeinden aus Mittel- und Norditalien damit hervorgetan, „Lücken oder Fehler der nationalen Politik zu kompensieren, indem sie ihre eigenen Dienstleistungen auf vielen verschiedenen Gebieten aufsetzten: Tagesmütter, Kindergärten, Fürsorge, Herstellung und Verteilung von Energie, Schuldienstleistungen, Weiterbildung, Förderung kultureller Aktivitäten, Museen usw. Oft haben die dynamischeren Gemeindeverwaltungen die Formulierung von Politiken vorweg genommen, die später auf nationaler Ebene eingeführt wurden". (Bobbio 2005, S. 32)

Bis 1993 wurden die Kommunalverwaltungen als Abbild der Funktionsweise der Nationalregierungen angelegt. Die Bürger wählten eine Gemeindeversammlung oder einen Gemeinderat, der wiederum den Bürgermeister und sein Kabinett wählte. Dort waren nur die Mehrheitsparteien vertreten. Bürgermeister und Kabinett wirkten vertrauensvoll zusammen. Wie stark die Unterwerfung unter zentralistische Regelungen war, zeigt die Tatsache, dass die Zentralregierung die Gemeindeversammlung auflösen und Neuwahlen festlegen konnte. Die Lebensdauer der Kommunalregierungen war wegen des fragmentierten Parteienspektrums recht kurz.

5.2   Schrittweise, aber inkonsequente Dezentralisierung nach 1993

Italien gehört zu den wenigen entwickelten Länder ohne nennenswerte Versuche, in den achtziger Jahren Elemente des *New Public Management* einzuführen.[8] Auch hierin erweisen sich die Länder mit gemischten Marktökonomien *(MME)*[9] als rückständig. Es bedurfte vor allem massiver innenpolitischer Krisen, um auch hier Änderungen zu initiieren (siehe Kapitel 6.2).

Eine Regelung mit erheblichen Einschnitten in das Selbstverständnis der politischen Kräfte auf der kommunalen Ebene und auch der Bürger selbst war die Direktwahl der Bürgermeister ab 1993.

---

8   Für einen Überblick siehe Pollitt/Bouckaert 2004.
9   Siehe die Ausführungen in der Einleitung (S. 29) zu den Kapitalismustypen *controlled market economies (CME)', 'liberal market economies (LME)'* und eben *'mixed market economies (MME)'*.

Im Jahre 1997 ging die Aufwertung der subnationalen Ebenen weiter. Das Gesetz *Bassanini* wurde verabschiedet, das neben den vorher geschilderten Neuregelungen der Arbeit der Nationalregierung den „administrativen Föderalismus" implementierte. Damit wurden die wichtigsten Politikbereiche wie Arbeit, soziale Sicherung, Verkehr und Umwelt in die Zuständigkeiten der Regionen und Gemeinden gelegt. Die Kontrollen der Rechtmäßigkeit einzelner Verwaltungsakte der Gemeinden durch den Gemeindesekretär der Nationalregierung wurden aufgehoben.

Im Jahre 1999 wurde die interkommunale Kooperation auf eine neue Grundlage gestellt. Nunmehr waren solche Kooperationen zeitlich nicht mehr begrenzt, nicht länger auf Gemeinden mit weniger als 5000 Einwohnern beschränkt und zudem freiwillig.

In einem Referendum vom 07.10.2001 sprachen sich 64 Prozent der teilnehmenden Wähler (bei einer Beteiligung von 34 Prozent) für die weitreichende Staatsreform aus. Ihr Kern waren vier Neuregelungen:

- die Gleichgewichtigkeit von subnationalen Einheiten und Staat
- die Auflistung der ausschließlichen und konkurrierenden Gesetzgebungskompetenzen des Staates
- die Festlegung der regionalen Aufgaben mit Residualkompetenzen vor allem in der Wirtschaftsförderung und -regulierung
- die Aufwertung der Kommunen mit Residualkompetenz bei administrativen Funktionen, die vorher bei Regionen lagen
- die Direktwahl der Regionspräsidenten.

Lange Zeit ließen die Umsetzungsgesetze für die Modifizierung der Verfassungsänderungen auf sich warten. Nach Vollzug der administrativen Dezentralisierung stand jahrelang die Frage der eigenständigen Steuererhebung durch die subnationalen Ebenen auf der politischen Tagesordnung.

Eine erste Maßnahme in dieser Richtung war die Einführung einer kommunalen Vermögenssteuer im Jahre 1997. Damit erhielten die Gemeindeverwaltungen in gewissen Grenzen einen eigenen finanziellen Spielraum, wie an der Tabelle III-4 klar abzulesen ist.

Die dezentralen Einheiten – Kommunen und Provinzen – erhalten nach den Sparbeschlüssen der Regierung vom 12.08.2011 in den Jahren 2012 und 2013 insgesamt 9,5 Mrd.

Tabelle III-4 Einnahmequellen der Gemeindeverwaltungen in Italien 1975, 1980, 1990 und 2000 (in Prozent)

Einnahmequelle	1975	1980	1990	2000
Einnahmen aus Investitionen	2,0	2,4	0,5	0,4
Lokale Steuern	4,6	1,6	1,7	38,3
Transfers vom Staat	92,7	95,7	97,5	60,9
Gebühren and sonstige Einnahmen	0,7	0,4	0,3	0,4
GESAMT	100	100	100	100

Quelle: Bull/Newell (2005), S. 159.

Euro weniger Transfermittel von der Nationalregierung. Regionen wird die Zuwendung um 1 Mrd. Euro gekürzt.

Eine Anbindung der Gemeinden an die Regionalregierungen im Sinne eines klassischen Föderalismus deutscher oder skandinavischer Art scheiterte an der entschlossenen Verteidigung des neu gewonnenen Spielraums der Gemeinden.

Der nächste Schritt war die Verwaltungsverordnung 112/98 vom 21 April 1998. Dieses 164 Artikel umfassende Regelwerk teilt über verschiedene Politikbereiche hinweg die Kompetenzen zwischen den Staatsebenen auf.

Wie das Forschungsinstitut *Formez* betont, wird mit der Neuregelung eher ein „Modell des Föderalismus mit Integration der Kompetenzen statt ihrer Trennung" (Formez 2011, S. 10) verfolgt. Der neue Verfassungstext formuliert im Artikel 117 die neue Aufgabenverteilung zwischen Staat und Regionen nach Themen und Zuständigkeitsbereichen. Das Verfassungsgericht wurde zum Schiedsrichter im Streit zwischen auf der einen Seite einer Nationalregierung, die zu einer Kooperationspolitik in dieser Frage mit den subnationalen Ebenen nicht bereit oder imstande war, und auf der andern Seite den Regionen, die häufig eine intransigente Haltung gegenüber dem Staat vertraten. In einer detaillierten Aufstellung unterschied es in seinem Beschluss[10] drei Sphären von Zuständigkeiten zwischen Staat und Regionen: die ausschließliche Zuständigkeit des Staates, die konkurrierende Zuständigkeit und die restliche Zuständigkeit der Regionen. Letztere wird dadurch definiert, was nicht in der Zuständigkeit des Staates liegt.

Ausschließliche Zuständigkeit des Staates
Die Bereiche der ausschließlichen Zuständigkeit und damit der Gesetzgebungskompetenz des Staates sind die klassischen staatlichen Aufgabengebiete. Diese umfassen:

- die auswärtigen Angelegenheiten
- die Beziehungen zwischen der Republik und den religiösen Konfessionen
- die Verteidigung, die Sicherheit des Staates, den Zoll, den Schutz der Landesgrenzen
- die öffentliche Ordnung und die Sicherheit mit Ausnahme der Gemeindepolizei
- die Bürgerschaft, den Personenstand und das Meldewesen
- die Organe des Staates und diesbezügliche Wahlgesetze, die Wahlen zum Europäischen Parlament, die innere Organisation des Staates
- die Rechtsprechung und die Prozessordnung, die Zivil- und die Strafrechtsordnung, die Verwaltungsjustiz
- die Gesetzgebung zu Wahlen, die Regierungsorgane und die fundamentalen Funktionen der Kommunen, die Provinzen und Metropolstädte.

Zu diesen klassischen Gebieten der Zuständigkeit des Staates kommen vier weitere Gebiete:

- der Schutz des Wettbewerbs
- die „Festlegung der wesentlichen Niveaus der Leistungen bezüglich der zivilen und sozialen Rechte" (Buchstabe m), womit der Staat ein Eingriffsrecht auf das gesamte Ge-

---

10 *Corte costituzionale* (Verfassungsgericht), Urteil Nr. 228 del 2004.

biet der Wohlfahrt und der sozialen Sicherung (Buchstabe o) sowie auf die Ausbildung (Buchstabe n) erhält

- den Umweltschutz und den Schutz der Kulturgüter.

Konkurrierende Zuständigkeit von Staat und Regionen

Der zentralen Bereiche der konkurrierenden Gesetzgebung sind das Gesundheitswesen und die Steuerung des Territoriums. Hinzu kommen legislative Befugnisse der Regionen, internationale Beziehungen einschließlich der zur Europäischen Union zu unterhalten, zu denen auch die Berechtigung zum Außenhandel kommt. Das Verfassungsgericht mahnt hier explizit die loyale Zusammenarbeit von Staat und Regionen an.[11] Immerhin sind die Regionen befugt, im Rahmen der vom Staate geführten Außenpolitik selbstständig Verträge mit fremden Mächten abzuschließen.

Ein weiteres Feld konkurrierender Zuständigkeiten ist die Steuerung der großen Infrastrukturen wie Seehäfen, Flughäfen, große Verkehrs- und Schifffahrtsnetze, Energie und Kommunikation. Hier hat das Verfassungsgericht mit Verweis auf die ausschließliche Zuständigkeit des Staates zum Wettbewerbsschutz und des Umweltschutzes die Rechte der Regionen stark beschnitten. Ziel wäre gemäß *Formez* eine „Co-Regierung zwischen Staat und Regionen auf diesem Feld. Diese scheitert aber, auf der einen Seite, an der wenig kooperativen Haltung des Staates und, auf der andern Seite, an der Haltung der Regionen, die Gesetzgebung des Staates im gesamten Bereich anzufechten, was dazu führte, dass eine ‚Dunsthaube' von äußerst restriktiven Grundsätzen geschaffen wurde". (Formez 2011, S. 19)

„Wissenschaftliche Forschung, Technologie und Unterstützung der Innovation im Produktionsbereich" ist ein weiterer Bereich konkurrierender Zuständigkeit. Die Kompetenzen der Regionen im Bankenbereich bleiben auf das lokale Bankensystem beschränkt, worauf der Staat auch Zugriff hat. Ihm bleibt die Zuständigkeit für die Grundordnung des Bankensystems.

Auf dem Gebiet der Arbeit haben die Regionen keine Kompetenzen bezüglich der Grundstrukturen der Arbeitsbeziehungen, sondern bezüglich der Dienstleistungen für Arbeitsuche und Anstellung, aber doch bezüglich der Festlegung der „wesentlichen Niveaus der Leistungen". (Formez 2011, S. 20)

Auf dem Felde der Wohlfahrt und Sozialhilfe ist dem Staat die Formulierung der Grundsätze vorbehalten. Hier haben die Regionen Zuständigkeiten in den operativen und alltäglichen Fragen.

Die konkurrierende Gesetzgebung im Gesundheitswesen ist eines der komplexesten und umstrittensten Angelegenheiten im Zusammenspiel von Staat, Regionen und Verfassungsgericht. Wie im Kapitel II ausgeführt, arbeiten die lokalen Gesundheitsämter *(Unità del Servizio Locali)* auf Basis der *Bindi*-Reform. Im Lichte der neuen Bestimmungen zu Abschnitt V der Verfassung hat aber das Verfassungsgericht eine Gesetzgebung zum Thema eingefordert.

Diese Fragen wurden schließlich Gegenstand der weiteren Beratungen unter anderem zwischen Staat und Regionen zur Finanzierung des Gesundheitswesens insgesamt. Im August 2001 vereinbarten beide Seiten die Finanzierung für die Jahr 2002 bis 2004 mit der Absprache, dass der Staat die Ausgaben des Gesundheitssystems finanziert und die Regionen

---

11 Verfassungsgericht: Urteil Nr. 175 von 2005.

zusagten, die Ausgaben im Rahmen der vereinbarten Grenzen zu halten. Ende 2010 schließlich wurde die Frage der Finanzierung des Gesundheitswesens im Rahmen der Umsetzung des Gesetzes vom Mai 2009 zum Fiskalföderalismus geregelt (siehe weiter unten).

Weitere Felder der konkurrierenden Gesetzgebung sind das Bauwesen, die Steuerung des Territoriums einschließlich des Städtebaus, der Zivilschutz, der Schutz der Kulturgüter, die Harmonisierung der öffentlichen Bilanzen und die Koordinierung der öffentlichen Finanzen und des Steuersystems. Schließlich wird die konkurrierende Gesetzgebung bezogen auf das Wahlsystem und die Dauer der Wahlperiode definiert.

Neue Gremien der vertikalen Abstimmung: Staat-Regionen-Konferenz und Staat-Kommunen-Konferenz
Ein wesentliches Instrument zur Stärkung der Rolle der subnationalen Ebenen bei der Festlegung der Politik Italiens ist mit der Einführung zweier Konferenzen gegeben. Die erste ist die Staat-Regionen-Konferenz. Sie wurde per Verwaltungsdekret gegründet und sollte zunächst als informelles Informationsgremium wirken. Mittlerweile aber hat die Konferenz das Recht zu Konsultationen und zur Anhörung bei wirtschaftlichen und finanziellen Planungsfragen mit Belang für Regionen. Bei regionalen Interessen und Fragen ist das Einschalten der Staat-Regionen-Konferenz verpflichtend.

Ein zweites Instrument dieser Art ist die Staat-Kommunen-Konferenz mit ähnlichen Aufgaben und Mitwirkungsrechten in diesem Fall für die Kommunen. Konferenzen, die Themen von Interessen für alle drei Ebenen verfolgen, heißen „vereinigte Konferenzen".

Der Ländervergleich verdeutlicht, wie relativ der Fortschritt in der Dezentralisierung von Aufgaben und die Aufwertung der subnationalen Einheiten des italienischen Staates sind. Ein starker Indikator für das tatsächliche Gewicht von Regionen und Gemeinden/Provinzen ist der jeweilige Anteil der Beschäftigten.

Die Bedeutung der Gemeinden für die Produktion und Verteilung staatlicher Dienstleistungen ist somit noch relativ gering. Alle Vergleichsländer haben einen weit höheren Anteil an Beschäftigten auf der subzentralen Ebene. Die Anzahl der lokalen Beschäftigten in Italien

Tabelle III-5   Anteil der Beschäftigten auf den Staatsebenen (in Prozent)

Land	Zentrale Ebene			Regionale Ebene			Lokale Ebene			Spezifische Sektoren*		
	1985	1994	2005	1985	1994	2005	1985	1994	2005	1985	1994	2005
I		63,0	54,7			3,8		14,0	13,6	17,0	19,0	27,9
D	9,9	11,6	12,0	55,6	51,0	53,0	34,5	38,1	35,0			
F	54,9	48,7	51,0				27,1	30,7	30,0	18,0	20,6	19,0
GB	21,9	21,4	16,8				55,0	53,0	56,0	17,6	20,8	26,0
S		17,3	17,0					84,7	83,0			

Legende: Die Länder sind Italien (I), Deutschland (D), Frankreich (F), Großbritannien (GB) und Schweden (S).

Quelle: Wollmann (2010), S. 8.

* in Italien die lokalen Gesundheitsämter (siehe Kap. II 4.1) und (ab 2005 einschl.) die öffentlichen Betriebe.

hat sich sogar verringert. 10 Prozent davon entfallen auf die kommunale Ebene. (Wollmann 2010, S. 16)

In der Wertung schränkt Wollmann den Grad der Dezentralisierung in Italien ein: „Wenn der Ausgabenanteil der subnationalen Ebenen … mit 30,2 Prozent verhältnismäßig hoch liegt, so ist zu berücksichtigen, dass hiervon knapp 20 Prozent auf die (‚quasi-föderalen‘) *regioni* entfallen und es sich hierbei wiederum im wesentlichen um Ausgaben in Zusammenhang mit dem öffentlichen Gesundheitsdienst *(servizio sanitario nazionale)* handelt". (ebda., S. 23)

Im Mai 2009 wurde ein Gesetz zum Fiskalföderalismus, das den Übergang vom ausgabenbezogenen zum bedarfsorientierten Zuweisungssystem regeln soll, verabschiedet. Die Aufgaben der Regionen und Kommunen werden hierbei in zwei Typen unterschieden: Pflichtaufgaben und optionale Aufgaben.

Für die Aufgaben des ersten Typs, die essenziellen Pflichtaufgaben, sollen einheitliche Leistungsstandards definiert werden. Auf der Basis standardisierter Bedarfsschätzungen zur Deckung dieser einheitlichen Leistungsstandards werden dann den Regionen und Kommunen staatliche Mittel zugewiesen, die im Prinzip die Ausgaben zu 100 Prozent decken sollen. Bei den Regionen beschränken sich diese essenziellen Aufgaben auf die drei ausgabeninten-sivsten Bereiche Gesundheitswesen, Sozialhilfe und Verkehrswesen. Einige Regionen werden in diesem Rechenverfahren als *Benchmark* herangezogen. Für die Kommunen wird hier zunächst einfach von ‚grundlegenden Funktionen‘ gesprochen, die aber konkret nicht definiert sind.

Alle anderen Aufgaben haben für die Sicherstellung eines landesweiten einheitlichen Leistungsniveaus keine politische Priorität. Die Kommunen haben außerdem innerhalb bestimmter Grenzen nationaler Einheitlichkeit das Recht, neue Abgaben einzuführen und zu erheben. Die Ressourcen zur Erfüllung dieser Aufgaben müssen zum einen aus den eige-

Tabelle III-6   Zusammensetzung der öffentlichen Ausgaben je nach Staatsebene 2005 (in Prozent)

Land Bereich	Italien*	Deutschland			Frank- reich	GB	Schwe- den	Spanien	
		Gemeinden	Kreise	Länder				Mun + Prov.	Com.
Allgemeine Dienste	14,6	12,7	8,1	33,2	19,2	8,1	10,0	33,4	9,9
Soziale Sicherung	4,6	26,4	49,1	11.1	15,8	29,0	27,0	8,3	5,2
Bildung	8,3	10,1	14,6	30,0	16,2	30,0	21,6	4,5	28,0
Gesundheit	43,0	1,0	4,4	1,5	0,6	0,0	27,1	1,3	35,5
Wirtschaftsförderung	14,0	2,0	3,0	5,0	13,0	8,2	5,8	14,2	12,6
Kultur/Erholung	3,0	11,3	2,3	2,2	10,2	3,3	3,4	10,9	3,2
Wohnen	4,7	14,7	5,6	2,2	15,2	5,9	3,2	9,5	1,6
Öffentliche Ordnung	1,5	6,4	6,3	6,1	2,8	10,0	0,9	7,9	2,6
Umwelt	4,6	0,0	0,0	0,6	6,9	4,5	0,8	10,1	1,5

Quelle: Wollmann (2010), S. 21.

* Gemeinden, Provinzen und Regionen.

nen Einnahmen der Regionen und Kommunen (Steuern, Abgaben und Anteile am nationalen Steueraufkommen), zum anderen aus einem anteiligen Finanzkraftausgleich des Staates kommen.

Eine Aufstellung des *Censis* aus dem Jahre 2010 verdeutlicht die Summen, um die es geht: „Die Transfers vom Staat auf die Regionen belaufen sich auf ungefähr 7,5 Mrd. Euro. Diese Summe kann als Gegenstand der direkten Steuererhebung betrachtet werden. Auf kommunaler Ebene dürfte es um die Summe von 14 Mrd. Euro gehen, die fiskalisiert werden sollen. Auf Ebene der Provinzen beläuft sich die Summe auf ungefähr 1,2 Mrd. Euro". (Censis 2011, S. 34)

Darin ist nicht kalkuliert, wie die unterschiedlichen ökonomischen Möglichkeiten zur Einkommenserzielung aus Steuern je nach Wirtschaftskraft der Regionen ausgeglichen werden können. Die *Svimez* spricht von einem Rückstand des *Mezzogiorno* in der Erzielung eines Steueraufkommens gegenüber den Regionen aus Mittel- und Norditalien von 51 Prozent. (Svimez 2011b)

Auf der Staat-Regionen-Konferenz vom 16.12.2010[12] ist ein Abkommen hinsichtlich der beiden offenen Diskussionspunkte des Fiskalföderalismus getroffen worden. Danach werden die Kosten für das örtliche Verkehrssystem vom Staat aus dem Stabilitätspakt genommen und ab 2012 aus Steuermitteln gedeckt. Ein offener Diskussionspunkt ist die Finanzierung des öffentlichen Gesundheitssystems, das einen erheblichen Ausgabenposten auf Ebene der Kommunen darstellt.

5.3   Die ambivalente Rolle der Provinzen

Bei den Dezentralisierungstendenzen richtet sich die Aufmerksamkeit auf die stärker werdenden Regionen. Die Provinzen, eingesetzt als Zwischenebene zwischen Staat und Kommunen, sind prinzipiell die Verlierer dieser neuen Entwicklung. Traditionell agieren sie als dezentrale Verwaltungsstrukturen des Nationalstaates. Aktuell bestehen in den 20 Regionen 109 Provinzen. Eine genuine Verwaltungsfunktion haben sie im Grunde genommen nur im Schulwesen.

Die Provinzen könnten aber eine Bedeutung als Gegengewicht gegen den „regionalen Zentralismus", also die übermäßige Betonung der regionalen Sonderinteressen, bilden und Kooperationen zwischen Kommunen fördern und koordinieren. Wie diese Abwägung ausgeht, bleibt noch offen. Im Zuge des zunehmenden Drucks, die Kosten der Politik zu reduzieren, wird aber immer wieder über eine Abschaffung der Provinzen spekuliert.

6   Aufbruch und Stillstand im Verwaltungsumbau

Die Dezentralisierung von administrativen Aufgaben und von Entscheidungsbefugnissen auf die subnationalen Einheiten Regionen, Provinzen und Gemeinden war nur das eine Ziel der Verwaltungsreformen mit dem Gesetz *Bassanini* von 1997. Außerdem strebte die Reform

---

12   Verlautbarung der Sitzung unter red/16.11.10) http://www.regioni.it/mhonarc/readsqltop11.aspx.

„dringende Maßnahmen für die Vereinfachung von Verwaltungspraktiken und Prozeduren der Entscheidungsfindung und Kontrolle"[13] an. Es ging um nicht mehr und nicht weniger als einen tiefgreifenden Bruch mit der Verwaltungskultur und dem Verständnis des Verhältnisses zwischen Staat und Bürger/Unternehmen.

Hier wirkte lange die Pfadabhängigkeit der spezifischen italienischen Bürokratiekultur. Die Struktur und innere Ordnung der Verwaltung gingen zurück auf die *Cavour*-Reformen von 1853. Sie zielten auf die Umsetzung des liberalen Prinzips der ministeriellen Verantwortung für Politikformulierung und -umsetzung, organisatorisch realisiert durch die Fokussierung der Zuständigkeiten in einem Ministerium bis auf die lokale Ebene. „Die Ministerien wurden als Maschinen konzipiert, die die mechanische (und das heißt schnelle und präzise) Ausführung der von oben kommenden politischen Anweisungen sicherstellt". (Melis 1996, S. 27)

6.1   *Verwaltungskultur und Verwaltungspraxis bis 1997*

Durch eine starke Ausrichtung der administrativen Verfahrensweisen auf die Rechtmäßigkeit mit dem eigenen Risiko des Arbeitsplatzverlustes bei Ignorierung dieser Verpflichtungen entwickelte sich in der Verwaltung und bei den Verwaltungsbeamten eine starke legalistische Kultur.

Hinzu kommt eine bestimmte süditalienische Färbung des Verwaltungsapparates. Die öffentliche Verwaltung war mangels Alternative und bei der hohen Beschäftigungssicherheit eine attraktive Beschäftigung für viele Süditaliener. Zudem musste der Eingriff des Staates in den Süden (Industrialisierung, soziale Versorgung) administrativ umgesetzt werden. Was das ideologisch bewirkte, schildert Cassese. Die Unfähigkeit der Verwaltung wurde von der Öffentlichkeit bereitwillig auf „ein für die Bauernwelt typisches kulturelles Modell, wonach es vorrangig ist, sein Eigentum zu bewahren" (Cassese 1994, S. 18), zurückgeführt.

Lange Zeit bis in die siebziger Jahre verfestigte sich diese Verwaltungskultur. Hinzu kamen die Folgen der Besonderheit des italienischen Politikregimes bis 1993: instabile und kurzlebige Regierungskonstellationen, rasches Auswechseln von Ministern, starke Polarisierung der politischen Kultur zwischen Christdemokraten und Kommunisten. „Ein hoher Umsatz an Ministern, verbunden mit der Tatsache, dass alle höheren Einstellungen vom Minister genehmigt werden mussten, hatte desaströse Auswirkungen auf die Beschäftigungssicherheit. Die administrative Elite wurde dadurch besonders anfällig für Versuche von Politikern, amerikanisch geprägte Ämterpatronage zu nutzen, um dadurch den Fängen der Bürokratie zu entkommen. Um solch ein Szenario zu verhindern, kamen die Verwaltungsbeamten zu einer ungeschriebenen Übereinkunft mit Politikern zum wechselseitigen Nutzen: im Austausch für die Akzeptanz einer marginalen Rolle in den wichtigsten politischen Entscheidungen durch die Verwaltung stimmten Politiker zu, auf ihre Entscheidungsmacht, mit etablierten Beförderungsmustern nach Dienstalter einzugreifen, zu verzichten". (Bull/Newell 2005, S. 141)

Jedes Autonomiestreben der Verwaltung und jede Eigeninitiative wurden durch diese wechselseitige Rollenzuschreibung erstickt. Der Bürger spielte in seinen Bedürfnissen, nütz-

---

13   Der Gesetzestext ist zu finden unter: http://www.parlamento.it/parlam/leggi/97059l.htm#legge.

liche öffentliche Dienstleistungen in angemessener Zeit zu erhalten, eine untergeordnete Rolle. „Zynismus und Feindseligkeit gegenüber der öffentlichen Verwaltung" (ebda.) prägten die Haltung der Bürger und der Öffentlichkeit.

6.2 Der vorsichtige Wandel

Die Verwaltungsreform zielt vor diesem Hintergrund auf die gesamte Breite der Prozeduren, Qualifikationen und Orientierungen in der öffentlichen Verwaltung. Dies beginnt in der Technik der Führung der öffentlichen Haushalte. Missstände in der Haushaltspraxis wie eine ungeeignete Buchhaltung, der Mangel an Transparenz in den Haushaltsprozeduren, ungenügende Ex-post-Kontrollen bei Ausgaben und deren Auswirkungen und die übermäßige Disaggregation der Haushaltsposten stellen wesentliche Faktoren des Schlendrians und der Verschwendung öffentlicher Mittel dar.

Zu unterscheiden sind bei den Reformmaßnahmen Veränderungen in den gesetzlichen Maßnahmen zur Arbeitsweise sowie die Strukturreform der öffentlichen Verwaltung selbst.

Ausgabenmindernd wirkte sich bereits die Bestimmung aus, wonach nicht abgerufene Haushaltsmittel von öffentlichen Stellen nicht länger als Basis für den Haushaltsansatz im neuen Jahr genommen werden dürfen. Stattdessen wurde der Zero-Budget-Ansatz eingeführt, wonach für jedes Jahr neu und nicht auf Basis des vorhergehenden Jahres Haushaltsposten finanziell ausgewiesen werden. Zudem werden Einschränkungen bei Ankäufen und Ausgaben für bestimmte lokale Aktivitäten erlassen. Statt 5 000 Kapitel und Posten wurden nunmehr 1 000 Budgeteinheiten eingerichtet, was die Ausgabenziele und die Allokation von Ressourcen transparenter als in der Vergangenheit macht.

Noch nachhaltigere Auswirkungen auf die Haushaltsentwicklung Italiens sollte die Reform der öffentlichen Verwaltung zeigen, die im Jahre 1993 begann und 1997 ihren zweiten großen Schub mit dem Gesetz Bassanini 2 erfuhr. Schließlich wurde das Paket um das Gesetz Bassanini 3 erweitert. Mit dem ersten Schritt 1993 wurden zunächst ein neues Entgeltsystem, neue Regeln für die Tarifverhandlungen und die Reform des Status der öffentlichen Bediensteten mit der Trennung zwischen den Verantwortlichkeiten der Politiker und denen der Verwaltungsbeamten eingeführt. Ein Jahr später wurden Qualitätsindikatoren zur Bemessung der Qualität öffentlicher Dienstleistungen auf der zentralen wie der lokalen Ebene vereinbart. „Im Juni 1997 hatten fast 7 000 Regierungsstellen, u. a. die Einrichtungen für die Gas- und Stromversorgung, die Post, das Gesundheitswesen, die Schule und die Rentenverwaltung ihre eigenen Dienstlisten erarbeitet". (OECD 1999, S. 65)

Die Einrichtung des Stadtmanagers als Generaldirektor der Verwaltung auf kommunaler Ebene brachte Reformimpulse zumindest in die Gemeindeverwaltungen und von dort aus in andere Verwaltungsbereiche: „Da die ‚City Manager' vorrangig aus den Reihen der Studenten der Bocconi Universität, Italiens führender (dem NPM[14] verpflichteter) Business School rekrutiert wurden, machten in NPM trainierte Experten ihren Eintritt (und ihre Karriere) in Italiens Gemeindeverwaltungen". (Kuhlmann/Fedele 2010) Einen wichtigen Bruch

---

14 NPM steht für New Public Management, dem an Steuerungsinstrumenten aus der Betriebswirtschaft orientierten neuen Managementsystem für die öffentliche Verwaltung (Pollitt/Bouckaert 2004).

mit der Verwaltungskultur der Vorphase stellte die Trennung zwischen den politischen Aufgaben, die beim Bürgermeister und dem Gemeinderat, blieben und den administrativen Aufgaben des Generaldirektors, dar. Zudem wurde er mit einem eigenen Budget ausgestattet. (Bobbio 2005, S. 42)

Durch ein nationales Gesetz wurde im Jahre 1993, also ca. sechs Jahre nach den meisten anderen entwickelten Ländern Europas, eine weitere, für italienische Verhältnisse unerhörte, Neuerung in die Verwaltungskultur eingeführt: die Verpflichtung, Prüfungen der Leistungsfähigkeit zur Einführung von Prozess- und Managementoptimierungen durchzuführen. Instrumente, die in anderen Ländern mit der Anwendung des *New Public Management* gang und gäbe waren (Naschold *et al.* 1999; Pollitt/Bouckaert 2004), veränderten die italienische Verwaltung: Steuerung von Budget über Kennzahlen, Bewertung der Führungskräfte, dezentrale Ressourcenverwaltung. Eine wichtige Neuerung, die ins Herz der italienischen Verwaltungskultur ging, war der Abschluss von Verträgen zwischen Ebenen der öffentlichen Verwaltung.

Damit wurden Absprachen über u. a. zu erbringende Leistungen, die dafür zur Verfügung gestellten Mittel und Konsequenzen bei Abweichungen von Qualitäts- und Zeitzielen getroffen. Vertragspartner können Verwaltungseinheiten auf verschiedenen Verwaltungsebenen, auf der gleichen Verwaltungsebene wie auch innerhalb der Verwaltungseinheiten sein. Die politische und verwaltungskulturelle Dimension benennt Naschold: „Damit Kontraktmanagement stattfinden kann, müssen die entsprechenden ‚Behörden' eine gewisse Unabhängigkeit erlangen. Auf der Ebene der Zentralverwaltungen bedeutet dies, dass bisher innerhalb der hierarchischen Steuerungskette wahrgenommene Aufgaben in verselbständigte Einheiten ausgelagert werden". (Naschold *et al.* 1999, S. 16)

Im ersten Jahrzehnt des Vertragsmanagements haben zum Beispiel die Regionalregierungen der Lombardei und der Toskana 210 bzw. 110 Übereinkommen mit Gemeinde- oder Provinzregierungen oder sonstigen öffentlichen Stellen abgeschlossen, vor allem für Aktivitäten in der Infrastruktur". (Bobbio 2005, S. 39)

Mit dem gleichen Instrumentarium wurden die „Territorialpakte" gesteuert, die ab 1993–94 zwischen Gemeinden, öffentlichen Dienststellen und privaten Akteuren abgeschlossenen wurden, um in kleinem Maßstab territoriale Entwicklung voranzubringen (ebda.) (siehe Kapitel II 3.2.1).

Schließlich hielten neue Formen der Bürgerbeteiligung Einzug in die Gemeinden und Provinzen wie die Gründung von Gruppen zur Agenda 21, themenspezifische Konsultationen der Bevölkerung durch die Gemeindeverwaltungen und lokale, aber nicht bindende Referenden. „Das erste Beispiel ist Turin, dessen strategischer Plan im Jahre 2000 nach zwei Jahren Arbeit erstellt wurde, in die die wichtigsten öffentlichen Gremien, Vereinigungen und Privatunternehmen einbezogen waren. Heute wird die Verwirklichung des Plans durch einen Verband von über hundert Mitgliedorganisationen, unter denen die Gemeindeverwaltung nur eine unter vielen ist, stimuliert und bewertet". (ebda., S. 45)

6.2.1 Kritik an der öffentlichen Verwaltung

Die geschilderten Reformen stellen bedeutsame immense Fortschritte in der Leistungsfähigkeit der öffentlichen Verwaltung dar. Der Bruch mit der überkommenen Verwaltungskultur ist weitgehend vollzogen. Aber die Bevölkerung ist sehr skeptisch und kritisch gegenüber ihrer Verwaltung, und zwar in einem in Europa ungewöhnlich hohem Maße.

Die Italiener geben zudem mehr als die Einwohner der Vergleichländer an, dass die öffentlichen Verwaltungen in den letzten fünf Jahren noch schlechter geworden sind (49 Prozent). (Censis 2010a, S. 30)

Die Regierung selbst traut nicht der Funktionsweise ihrer eigenen Verwaltung. Immer, wenn ein Problem oder eine Aufgabe eine gewisse auch externe Aufmerksamkeit auf sich zieht, wird mit Kommissionen und Kommissaren gearbeitet, die wegen der, dann so definierten, Notsituation Sondervollmachten haben und häufig an der bestehenden Zuständigkeitsverteilung vorbei wirken.

Mit der Zeit wächst sich das zu einer Überverwaltung aus. Da Notstandsmanagement schnell implementiert werden und die verwirrenden Regeln zur Steuerung der normalen Verwaltung durchaus überwinden kann, erklärt sich der immer weiter wachsende Gebrauch der Zuweisung von außerordentlichen externen Kommissaren zum Management der schlimmsten Notstandssituationen. Mit Stand Oktober 2009 steuern externe Kommissare Italiens die drei größten Rentenfonds (die nationale Wohlfahrt, die nationale Versicherungsanstalt für Beschäftigte der öffentlichen Verwaltung und die Versicherungsanstalt gegen Arbeitsunfälle für Italiens Arbeiter), 70 Gemeindestellen und 17 kommunale Gesundheitsstellen. „Externe Kommissare sind aus den verschiedensten Gründen eingesetzt: vom außerordentlichen Kommissar, der auf die Auswirkungen der Wellenbewegung in Venedig schaut, zu den vielen, die die Verkehrsprobleme und die explosionsartige Ausdehnung der Lager von Roma und Sinti in den italienischen Städten überwachen, bis zu dem Kommissar für die Wasserreinigung in

Tabelle III-7   Urteil der Bürger über das Funktionieren der öffentlichen Verwaltung in ihrem Lande im internationalen Vergleich 2010 (in Prozent)

	gut	schlecht	weiß nicht/ keine Antwort	Gesamt
Italien	24	74	2	100
Frankreich	43	52	5	100
Spanien	43	53	4	100
Deutschland	64	32	4	100
Vereinigtes Königreich	41	49	10	100
Die Niederlande	52	44	4	100
Schweden	64	28	8	100
EU27	42	52	6	100

Quelle: Censis (2010a), S. 29.

Mailand etc. Der Leiter des Zivilschutzes allein hat persönlich neun verschiedene Rollen als außerordentlicher Kommissar übernommen". (Censis 2010b, S. 51)

Diese Auswüchse bekräftigen letztlich den fatalen Eindruck innerhalb und außerhalb der Verwaltung, als wäre die normale Aufgabenverteilung für wie immer auch definierte Notsituationen grundsätzlich nicht geeignet.

Gegen die ausufernde Bürokratie hat das italienische Parlament in den letzten zehn Jahren vier Gesetze erlassen. Die Umsetzung hat selbst für Italien skurrile Formen angenommen. Zunächst ist 1999 beim Ministerpräsidenten eine „Sonderabteilung für die Vereinfachung der Normen und Prozeduren" mit 25 Experten und einem technischen Sekretariat mit 40 Personen eingerichtet worden. Mit dem zweiten Gesetz ist 2002 die Sonderabteilung zugunsten eines „Führungsbüros auf allgemeiner Ebene" mit 18 Experten, diesmal beim Minister für öffentliche Angelegenheiten angesiedelt, aufgelöst worden. Dieses Büro hat seinen Platz zwei Jahre später dem „Ausschuss für die Verwaltungsvereinfachung" unter dem neuen Minister geräumt.

Mit dem dritten Gesetz von 2005 wurde die „Abschaffung aller unnützen Gesetze aus der Epoche vor dem 1. Januar 1970" beschlossen. Um das Parlament einzubeziehen, wurde eine „Parlamentarische Kommission für die Verwaltungsvereinfachung" mit 20 Abgeordneten, 20 Senatoren, einem Präsidenten, zwei Vizepräsidenten und zwei Sekretären eingerichtet … Damit noch nicht genug. Die zweite Regierung Prodi schafft diese Kommission ab und gründet mit weiteren 20 Experten und einem Sekretariat eine „Einheit für die Vereinfachung und die Qualität der Regelungen", die wieder beim Ministerpräsidenten angesiedelt wird.

Aufschrei im Ministerium für die öffentliche Verwaltung. Dann entsteht dort der „Interministerielle Ausschuss für die Richtung und strategische Führung der Politiken der Vereinfachung und Qualität der Regelungen". Der entspricht exakt dem sechs Monate vorher von der Regierung Berlusconi geschaffenen Ausschuss. Aber man verwechsele ihn nicht mit dem Gremium, das für den Einbezug der kommunalen Gebietskörperschaften, des Arbeitgeberverbandes, der Handelsvertretung, der Kooperativen, der Verbraucher, der Berggemeinschaften und dann der Kommunen und der Konferenz der Präsidenten der Regionen und die Union der Provinzen geschaffen wurde … Name: „Permanenter Tisch für die Vereinfachung". (Stella/Rizzo 2008, S. 45 f.)

Alles wird jetzt anders mit dem Ministerium für Normenvereinfachung. Dieses zeichnet sich durch zwei Höhepunkte der öffentlichen Kommunikation aus. Zunächst werden bahnbrechende Projekte und Vorschläge lanciert – wie im Juni 2011 die Abschaffung der Provinzen – und dann werden diese von den Koalitionsfraktionen gekippt.

Die geringe Leistungsfähigkeit der öffentlichen Verwaltung ist nicht nur ein immenses Ärgernis für die Bürger. Noch gravierender, nimmt man die Häufigkeit der Kontakte zur öffentlichen Verwaltung, sind die Belastungen und Kosten aus ihrer Ineffizienz für in- und ausländische Unternehmen. Italien steht in allen Erhebungen bezüglich der Bürokratiekosten an der Spitze:

- Die Ausgaben italienischer Unternehmen für die Erfüllung aller Informationspflichten, die ihnen von der öffentlichen Verwaltung auferlegt werden, belaufen sich auf 4,6 Prozent des Bruttoinlandsprodukts (BIP) (Berechnungen der Europäischen Kommission).

| Tabelle III-8 | Verfahren, benötigte Zeit und Kosten des Erhalts einer Genehmigung zum Bau eines Lagerhauses im internationalen Vergleich unter OECD-Ländern, 2009 |

	Position im OECD-Ranking	Anzahl der Verfahren pro Jahr	Anzahl der benötigten Arbeitstage	Kosten in Prozent des Pro-Kopf-Einkommens
Deutschland	15	12	100	62.2
Frankreich	18	13	137	23,8
USA	26	19	40	13,1
Spanien	51	11	233	62,3
Großbritannien	61	19	144	64,2
Italien	83	14	257	136,4

Quelle: Censis (2010b), S. 136.

- Im Ranking des *World Economic Forums* gilt die „ineffiziente Regierungsbürokratie als größtes Problem, Geschäfte zu machen". (Schwab *et al.* 2010, S. 19)
- Ein Kapitel für sich sind die Umstände der Unternehmensgründung. „Ein Unternehmen zu gründen ist zudem sehr teuer, nämlich im Durchschnitt 5 681 Dollar gegenüber 285 Dollar im Vereinigten Königreich, 318 Dollar in den USA, 347 Dollar in Frankreich und 1 990 in Deutschland". (Censis 2010b, S. 135) Alle Formalitäten abzuarbeiten und auf Genehmigungen zu warten, dauert in Italien durchschnittlich über 60 Tage, in Kanada hingegen zwei Tage, in den USA und im Vereinigten Königreich vier Tage, in Schweden 13, in Deutschland 45 Tage. Nur in Portugal und Spanien müssen Unternehmen noch länger warten (76 bzw. 82 Tage). (Stella/Rizzo 2008, Anhang)

Der laufende Betrieb eines Unternehmens in Italien ist nicht weniger von bürokratischen Fesseln behindert (siehe Tabelle III-8).

6.3 Reforminitiativen der 2000er Jahre

Zwei Reformstränge werden im neuen Jahrhundert von den verschiedenen Regierungen (Mitte-links unter Prodi, Mitte-rechts unter Berlusconi seit 2008) verfolgt: die Umsetzung und Konkretisierung der Dezentralisierung, zu dem das Gesetz vom Mai 2009 und die Übereinkunft zwischen Staat und Regionen vom Dezember 2010 zum Fiskalföderalismus gehören, sowie die Herstellung von Kundenorientierung und eines erleichterten Zugangs zu öffentlichen Dienstleistungen für Bürger und Unternehmen.

Die Initiativen auf diesem Strang sind im Kern organisatorische Umgestaltungen der Präsenz und des Auftretens der öffentlichen Verwaltung auf allen Ebenen unter Nutzung der neuen Informations- und Kommunikationstechnologien:

Abbildung III-3   Online-Verfügbarkeit und Nutzung der 20 wesentlichen Dienstleistungen
(2010)

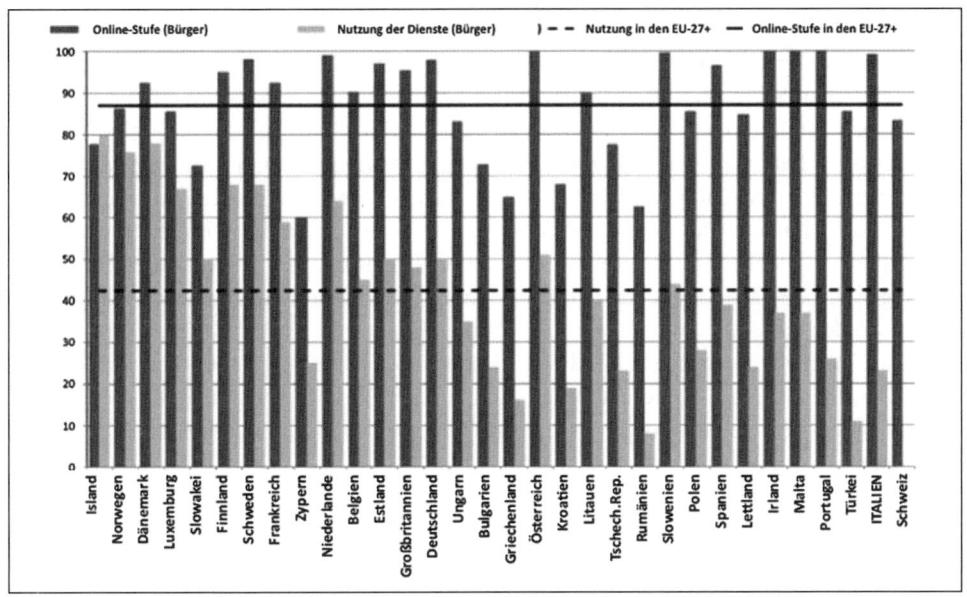

Quelle: Capgemini *et al.* (2010), S. 73.

- die Digitalisierung der Produktion und Verteilung von öffentlichen Dienstleistungen
  (E-Government)
- die Einrichtung einer Einheitlichen Behördenrufnummer für die öffentliche Verwaltung
  (Linea Amica)
- die Einrichtung eines Netzes von dezentralen Anlaufstellen für den Bürger *(Reti Amiche)*

E-Government in der italienischen Verwaltung

Die Digitalisierung der öffentlichen Verwaltung und der Interaktionen mit Bürgern und Unternehmen ist eines der vorrangigen Ziele der Europäischen Kommission im Rahmen ihrer Lissabonner Strategie von 2006 zur Verbesserung der Wettbewerbsfähigkeit Europas im Weltmarkt und somit eine europaweite Initiative. Die beiden folgenden *eEurope* Aktionspläne von 2002 und 2005 gingen über in den *eGovernment*-Aktionsplan i2020.

Electronic Government umfasst alle Aspekte des Regierens und Verwaltens (öffentliche Willensbildung, Entscheidungsfindung, Leistungserstellung und -erbringung, Partizipation), sofern sie durch die Nutzung von Informations- und Kommunikationstechnologien unterstützt und verbessert werden können. Dieses Verständnis geht über die Vorstellung hinaus, dass *E-Government* in erster Linie die Abwicklung geschäftlicher Prozesse im Zusammenhang von Regieren und Verwalten mithilfe von Informations- und Kommunikationstechniken über elektronische Medien bedeutet.

269

Messungen des Entwicklungsstandes von *E-Government* in Europa stellen im Wesentlichen auf die Online-Verfügbarkeit von öffentlichen Dienstleistungen für die Nutzer ab. Diese Verfügbarkeit wird dann abgestuft, beginnend mit Informationen auf der Website der Behörden (Stufe 1), über die Möglichkeit, Formulare herunter zu laden (Stufe 3) bis zur vollständigen Erledigung von Verwaltungskontakten medienbruchfrei einschließlich Bezahlung und Signierung (Stufe 5). Eine systematischere Erfassung des Umbaus von öffentlichen Verwaltungen steht indes noch aus. Erst dann können Grad und Qualität des tiefgreifenden Umbaus der öffentlichen Verwaltung angemessen beurteilt werden. Dann wäre zu erfassen, wie weitreichend die Beziehungen innerhalb und zwischen Verwaltungsstellen mit neuen Aufgabenverteilungen und neuartigen Kooperationsformen (wie den *Shared Services*[15]) sowie neue Interaktionsmöglichkeiten zu Unternehmen in Form gemeinsamer Prozessketten für Dienstleistungen mit den Möglichkeiten der Informations- und Kommunikationstechnologien umgebaut worden sind.

In die Betrachtungen dieser Studie wird neben der Online-Verfügbarkeit von öffentlichen Dienstleistungen die Internet-Penetration bei den Bürgern untersucht, da dies die Voraussetzung zum Nutzen des Angebots anzeigt. Weiterhin wird die Situation in den Regionen beleuchtet.

Die Online-Verfügbarkeit von öffentlichen Dienstleistungen allgemein

Die Online-Verfügbarkeit von öffentlichen Dienstleistungen, gemessen an der Quote der elektronisch angebotenen Dienste der Verwaltung, ist der weithin verwandte Indikator für die Angebotsseite von *E-Government*. Für den internationalen Vergleich sind zwanzig öffentliche Dienstleistungen für Bürger und Unternehmen ausgewählt worden, wobei Unschärfen in Kauf genommen worden sind: so hat Großbritannien z. B. kein Meldewesen.

Das Ergebnis des *Benchmarkings* im Auftrag der europäischen Kommission zeigt für Italien zwischen 2009 und 2010 einen Anstieg der Quote der online verfügbaren öffentlichen Dienstleistungen auf 100 Prozent nach einem deutlichen Anstieg um über 30 Prozent in den beiden Jahren.

Die Situation in den italienischen Regionen ist sehr unterschiedlich und reflektiert den unterschiedlichen Entwicklungsstand der Wirtschaft und der Gesellschaft überhaupt.

- Interaktivität: den Zugang der Nutzer zu Informationen ermöglichen 90 Prozent der analysierten Verwaltungen (Regionen, Provinzen, Kommunen), 68 Prozent bieten den Download von Formularen an, 16 Prozent ermöglichen die elektronische Zusendung von Dokumenten und 8 Prozent haben ihre Webpräsenz für die vollständige Online-Abwicklung der nachgefragten Dienstleistung eingerichtet (Zahlen von Istat 2010g, S. 28).

---

15 Ein *Shared Service Center* ist eine unabhängige Organisationseinheit. Unterstützungsprozesse aus den Bereichen Finanzen, Personal, IT, Immobilienverwaltung etc. wird für verschiedene Behörden gewährleistet. Dann müssen diese Dienstleistungen nicht länger in den angestammten Behörden, beispielsweise Kommunen, angeboten werden. *Service Level Agreements* legen die Beziehungen zwischen Auftraggeber und Auftragnehmer fest. Ziel sind die Kostenreduzierung und die Erzielung von Skaleneffekte an einer Stelle und die Spezialisierung und die Kostenvorteile, die damit einhergehen.

Abbildung III-4 E-*Government*-Dienstleistungen für Unternehmen

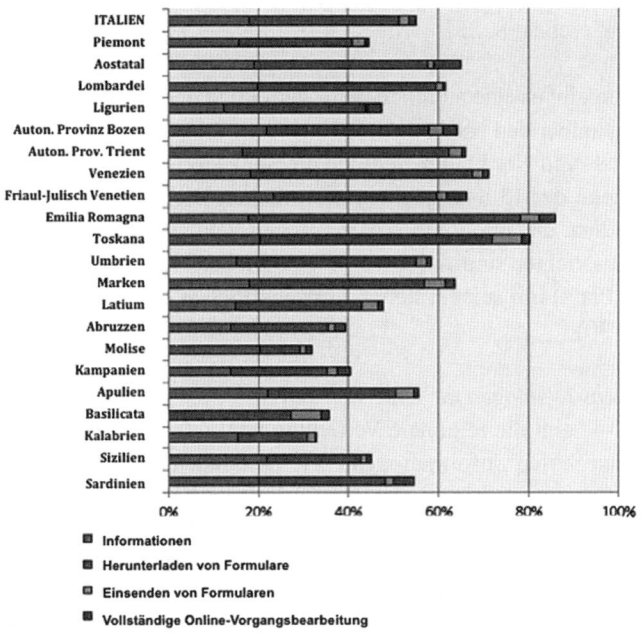

Quelle: DigitPA (2010), S. 127.

Abbildung III-5 Kommunen mit elektronischem einheitlichem Ansprechpartner

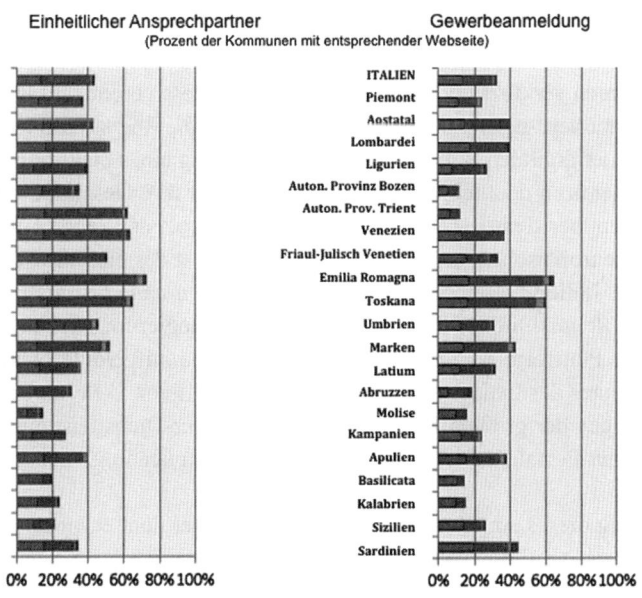

Quelle: DigitPA (2010), S. 127.

- Qualität der Webseiten: laut dem Urteil des *Istat* erfüllen „weniger als die Hälfte der Webseiten von Kommunen in der Domäne ‚it' die Qualitätsanforderungen der Norm in vollem Umfang". (ebda. S. 25)

Unter den Regionen gibt es eine ziemlich klare Verteilung der Gebiete mit breitem *E-Government*-Angebot gegenüber den Nachzüglern. Nach dem Ranking des Instituts *Census* sind die Regionen aus Mittel- und Norditalien deutlich die Spitzenreiter. Emilia Romagna ist auf dem ersten Rang bei neun der 13 untersuchten öffentlichen Dienstleistungen über das Internet. Es folgen die Toskana, die autonome Provinz Bozen, Venetien, Friaul-Julisch Venetien und die Marken. Schlusslichter sind durchweg die südlichen Regionen, wobei der Rückstand von Piemont (16. Platz) mit seinem hohen wirtschaftlichen Entwicklungsstand verwundert. (DigitPA 2010, S. 30)

E-Government-Dienstleistungen für Unternehmen
Die Abbildung III-4 zeigt die regionale Verteilung von *E-Government*-Dienstleistungen für Unternehmen in den Stufen ‚Informationen', ‚Herunterladen von Formularen' und ‚vollständige Abwicklung von Vorgängen'. Ungefähr 60 Prozent der Kommunen haben Webseiten mit einem nur für Unternehmen eingerichteten Bereich. Vorne liegen die Regionen Emilia Romagna, Toskana, Venetien und das Aostatal. Das Schwergewicht liegt auf dem Herunterladen von Formularen mit 30 Prozent der Webseiten.

Was mit dem Internet möglich ist, wird bei der Vereinfachung der Unternehmensgründung deutlich, dem größten Ärgernis im Umgang von Unternehmen mit den Behörden.

Seit April 2010 ist das Portal der einzige Weg, um ein Unternehmen zu registrieren. Das Unternehmen erfüllt über das Portal in nur einem Kontakt die rechtlichen Anforderungen mehrerer Verwaltungsstellen wie die Steuerbehörde *(Agenzia delle Entrate)*, die Sozialversicherung *(INPS)* und die Versicherungsanstalt gegen Arbeitsunfälle *(INAIL)*. Dadurch wird das Gesamtverfahren verkürzt und der bürokratische Prozess vereinfacht.[16] (Capgemini *et al.* 2010, S. 174) Voraussetzung zur Nutzung des Portals sind die Registrierung des Interessenten, die Beschaffung der digitalen Signatur und die Einrichtung eines elektronischen Postfachs.

Unternehmen nutzen deutlich häufiger das Internet für ihre Geschäfte mit den Behörden (84 Prozent gegenüber dem EU-Durchschnitt von 71 Prozent). (ebda.) Für Unternehmen gibt es einen im europäischen Vergleich entfalteten Dienst der elektronischen Beschaffung *(E-Procurement)*. Italien hat eine dezentralisierte *E-Procurement*-Strategie mit einer nationalen Plattform, *AcquistinRete*, die für die nationalen Regierungsstellen verpflichtend ist. „Innerhalb dieser Plattform ist *MePA* der erste in Europa aufgelegte elektronische Marktplatz. Italien ist eines der Länder mit der breitesten Anzahl von *E-Procurement*-Plattformen, da die Verwaltungen der größten Regionen *E-Procurement*-Dienstleistungen über ihre eigenen *E-Procurement*-Portale anbieten, wo sie die Ausgaben der Regionen zusammenführen". (ebda., S. 175)

In der Nutzung dieses Angebots liegt Italien weit hinter dem europäischen Durchschnitt zurück. Das Internet wird nur von 23 Prozent der Italiener für den Kontakt mit den Behörden genutzt (EU-Durchschnitt 41 Prozent). Nur 5 Prozent der Italiener geben an, dass sie den

---

16 Das Portal ist auf folgender Webseite eingerichtet: http://www.registroimprese.it/dama/comc/comc/IT/cu/.

Computer benutzt haben, um Formulare auszufüllen und zurückzusenden. Der EU-Durchschnitt liegt hier bei 12 Prozent. (Censis 2010b)

Die einheitliche Behördenrufnummer Linea Amica
Vor den Parlamentswahlen 2008 wurde im einflussreichen Politikmagazin des Fernsehsenders *RAI Porta a Porta* mehrfach über Missstände der öffentlichen Verwaltung berichtet, die italienischen Zeitungen berichteten von niederschmetternden Umfragen zur Zufriedenheit der Italiener mit ihrer Verwaltung. Das Thema war mit Nachdruck in der öffentlichen Debatte. Alle Parteien, die sich zur Wahl stellten, versprachen Abhilfe.

Somit wurde 2009 der Aufbau eines Netzes zwischen öffentlichen Dienststellen vorangetrieben, eine einheitliche Behördenrufnummer 803001 unter dem Namen *Linea Amica* eingeführt.

„Eine Einheitliche Behördenrufnummer (EBN) ist eine kurze bzw. gut einprägsame Telefonnummer, über die ein umfassender telefonischer Zugang zu öffentlichen Leistungen besteht. Die EBN ist von den national zuständigen (Regulierungs-)Behörden auf Antrag zugeteilt und über diese wird der Dienst angeboten. Über eine nationale EBN können Bürger und Unternehmen unabhängig von administrativen Zuständigkeiten die Verwaltung kontaktieren". (Schuppan *et al.* 2011, S. 10)

Die Bürgerinnen und Bürger können Informationen über das Telefon, die Website *www.lineaamica.it* oder physische Kontaktstellen der Behörden nutzen. *Linea Amica* ist nicht als „Kopfstelle" konzipiert, ersetzt also nicht die bestehenden Kontaktmöglichkeiten, sondern ergänzt diese. Anrufer erhalten über *Linea Amica* nicht nur Informationen zu Leistungen der öffentlichen Verwaltung, sondern auch zu Bearbeitungsständen von Anträgen und zu personenbezogenen Daten. Wie funktioniert das System?

Linea Amica verfügt über ein eigenes Kontaktzentrum mit insgesamt 180 Mitarbeiterinnen und Mitarbeitern, das mit 695 Behörden aller Ebenen verknüpft ist. Wenn jemand *Linea Amica* anruft, wird zunächst versucht, sein Anliegen auf der ersten Auskunftsebene zu klären, was bei fast zwei Dritteln der Fälle auch gelingt. Die Fragen beziehen sich in der Regel auf Zuständigkeiten, gesetzliche Regelungen und Verfahrenswege. Am häufigsten kommen Anfragen zu den Themen Sicherheit und Zivilschutz (allein 30 Prozent aller Anfragen). Kann die erste Auskunftsebene die Frage nicht beantworten, wird ein Ticket erstellt und an die zweite Auskunftsebene weitergeleitet (ca. 20 Prozent der Anrufer). Individuelle und sehr spezifische Anfragen (unter drei Prozent) werden in der Regel an die zuständigen Ministerien und Behörden weitergegeben.

Der Verbund *Linea Amica* umfasst derzeit 15 Hauptträger (u. a. Rentenversicherung, Steuerverwaltung, die Kommunen Rom und Mailand) und zahlreiche weitere Mitglieder auf allen Verwaltungsebenen.

Obwohl Italien gemessen an der extrem hohen Verbreitung der Mobiltelefone[17] als „Telefongesellschaft" gilt, ist bei *Linea Amica* die Zahl von ungefähr 502 000 Anrufen im Jahr (Stand: 30. Juni 2010 (Ministero per l'Amministrazione Pubblica e l'Innovazione 2010, S. 3) eher niedrig. Die deutsche Einheitliche Behördenrufnummer D115 hat im Vergleich dazu 150 000 Anrufer pro Monat. (Bundesministerium des Innern 2010, S. 30)

Im März 2011 hat die zweite Phase von *Linea Amica* begonnen, die die Vorgangsbearbeitung über Telefon in einem einzigen Netz der Kontaktcenter ausprobieren wird. Die ca. 1 100 teilnehmenden öffentlichen Dienststellen sind über das Internettelefon *(Voice over Internet Protocol, VoIP)* miteinander verbunden. Vom zentralen Kontaktpunkt werden Tickets erstellt, die sofort bzw., bei fehlenden Informationen, von den zuständigen Dienststellen bearbeitet werden.

Die öffentlichen Zugangspunkte zur öffentlichen Verwaltung (Reti Amiche)

Reti Amiche ist, ähnlich wie *Linea Amica*, ein Kanal für den Kontakt der Bürger zur öffentlichen Verwaltung. In den Verkaufsstellen der beteiligten Partner können die Bürger seit November 2008 über die dort aufgestellten elektronischen Zugangsstellen öffentliche Dienstleistungen erhalten. Hauptpartner der Initiative sind momentan Postämter, Tabakläden, Großhandel, Bankomaten etc.).

Jeder Italien-Reisende weiß, dass in den Tabakläden, den legendären *Tabacchi*, nicht einfach nur Zigaretten gekauft werden. Die Raucher sind ohnehin auch in Italien auf dem Rückzug. In diesen *Tabacchi* erhält man Fahrkarten für den öffentlichen Nahverkehr, kann man telefonie-

ren und ein Schwätzchen halten. Also der geborene Ort, um öffentliche Dienstleistungen anzubieten. Wie das funktioniert, erläutert das Ministerium für die öffentliche Verwaltung und die Innovation am Beispiel der Bezahlung von Sozialbeiträgen: „Das Ganze läuft automatisch ab. Das *Know how* liegt bei der Rentenversicherung *INPS* und ist in Form von Gesetzen, Regelungen, Umsetzungsbestimmungen und Berechnungssystemen materialisiert. Dieses *Know how* kann über das Internet zugänglich gemacht werden. Schon seit langem ziehen die Tabakläden über das telematische Netz, mit dem sie wetten und Glücksspiele abwickeln, Gebühren wie für das Autosiegel ein. Überdies dienen die *Tabacchi* der Bezahlung von Geldstrafen. Sie sind Konzessionäre des Staates für den ausschließlichen Verkauf von Tabakwaren oder Wertzeichen und sind Eintreiber. Somit kann die Bezahlung der Sozialbeiträge an den *INPS* für Haushaltsgehilfen sehr gut über dieses Netz abgewickelt werden. Ihr Netz mit 35 000 Punkten kann also genutzt werden, um den Staat zum Bürger kommen zu lassen statt den Bürger zum Staat gehen zu lassen".[18]

Am häufigsten werden Aufenthaltsgenehmigungen bestellt (84,5 Prozent der Vorgänge), Personalausweise beantragt oder Sozialbeiträge bezahlt. Dieser Dienst wird in den Regionen Basilicata, Toskana, Emilia Romagna und Umbrien am stärksten genutzt.

---

17 Die Mobilfunkverbreitung beträgt im Jahre 2009 150 Prozent gegenüber 129 Prozent im EU-Durchschnitt (siehe Kapitel IV).
18 *Ministero per la Pubblica Amministrazione e l'innovazione* (2011).

Die Gesamtnutzung hält sich indes in engen Grenzen. Mit Stand vom 13.05.2010 haben ungefähr eine Million Italiener den Dienst genutzt. Ein Teil der Hemmnisse liegt im Angebot: nur die Hälfte der 80 in einer Untersuchung geprüften Tabakläden der acht großen Städte[19] ist darauf ausgelegt, dass Bürger auch Sozialbeiträge bezahlen können, und 20 Prozent der 80 untersuchten Postämter haben nicht die technische Ausstattung für den Dienst. Viele Mitarbeiter in den Tabakläden sind nicht ausreichend auf den Dienst vorbereitet. Ihnen fehlen die Qualifikationen, um bei Schwierigkeiten zu helfen (Zugang, Registrierung, Übertragungsprobleme, Navigation etc.).

Ein weiteres Problem liegt bei den Nutzern: häufig haben sie nicht alle notwendigen Daten, um eine Anfrage oder eine Transaktion am Terminal abzuschließen. Zudem haben manche Nutzer Probleme mit der Handhabung des Systems. Überdies kommt sie mancher Dienst deutlich teurer. So steigen die Kosten bei der Ausstellung eines Personalausweises um 24 Prozent gegenüber der konventionellen Methode bei einer zuständigen Stelle der Polizei u. a. wegen der postalischen Zustellung des neuen Personalausweises nach Hause.

Bislang wurde die Angebotsseite beschrieben und wurden Daten zum Nutzungsverhalten wiedergegeben. Die Frage steht, welche technisch-organisatorischen Instrumente die italienische Regierung geschaffen hat, um eine rechtssichere und einfache Nutzung der Angebote zu ermöglichen.

Verbreitung der Instrumente für den Zugang zu öffentlichen Dienstleistungen
Für den Zugang zu den öffentlichen Dienstleistungen per Internet von zu Hause, über das Büro oder an den öffentlich zugänglichen privaten Kontaktstellen im Netz *Reti Amiche* werden auf Nutzerseite einige Instrumente benötigt. Die technische Ausstattung auf Anbieterseite wie Netze oder Plattformen bleiben hier außer Betracht.

Immer dann wenn es um rechtsgültige Vorgänge geht, muss sich der Nutzer rechtssicher authentifizieren (i. d. R. über eine digitale Signatur) und müssen beide Seiten über einen gesicherten elektronischen Postweg verfügen (zertifizierter E-Mail-Dienst).

Die zertifizierte elektronische Post
Über die zertifizierte elektronische Post kann dem Kommunikationspartner ein elektronisches Dokument übermittelt werden, das rechtsgültig ist und den Eingang und die Absendung von Dokumenten bestätigt.

Gemäß der Verordnung zur digitalen Verwaltung müssen alle öffentlichen Verwaltungen die Adresse ihrer elektronischen Postfachs im Index der öffentlichen Verwaltungen anzeigen. Bis zum Dezember 2010 sind 20 000 Postfächer registriert worden.

Zum Zeitpunkt der Berichterstattung (Dezember 2010) haben hauptsächlich Verwaltungsstellen aus Mittel- und Norditalien dieses Instrument eingerichtet. In Toskana und Umbrien haben 60 Prozent der Verwaltungsstellen zumindest ein elektronisches Postfach gegenüber einem Landesdurchschnitt von knapp 40 Prozent.

---

19   Siehe http://www.altroconsumo.it/cittadini-e-pubblica-amministrazione/reti-amiche-burocrazia-ancora-troppo-lontana-s264973.htm.

Instrumente zur sicheren Authentifizierung in der elektronischen Kommunikation
In Italien wird die sichere Authentifizierung über drei Instrumente gewährleistet: die nationale Servicekarte *(Carta Nazionale dei Servizi, [CNS])* bzw. in der regionalen Ausprägung „regionale Servicekarte" *(Carta Regionale dei Servizi, [CRS]),* die digitale Signatur und den elektronischen Personalausweis. Der elektronische Personalausweis enthält einen Mikrochip, mit dem sichere und rechtsgültige elektronische Kommunikation abgewickelt werden kann. *Censis* berichtet folgende Zahlen der Verbreitung:

- Ende 2010 sind 20 Millionen Servicekarten *CNS* und *CRS* ausgegeben worden, 650 000, allesamt *CNS,* ermöglichen die Nutzung der Karten für eine digitale Signatur.
- Von den bei der *DigitPA* akkreditierten Zertifizierern sind Ende Dezember 2010 ungefähr 3,7 Millionen digitale Signaturen ausgegeben worden. Nutzer sind vor allem Unternehmen für die obligatorisch elektronische Übermittlung der Bilanzen an die Handelskammern. Überdies finden digitale Signaturen auch im Gesundheitswesen Verwendung, und zwar für die Übermittlung von Gutachten. Regional ist die digitale Signatur vor allem in der Lombardei, in Emilia Romagna und der autonomen Provinz Trient zu finden.

7   Die politischen Parteien

7.1   *Überblick*

Die Zeit nach 1992 markiert das Ende der ersten Republik und das Verschwinden der großen und kleinen Parteien in den Jahren 1992–94. Struktur, Namen, Programme und führende Personen der aktuellen Parteien haben nur noch wenig mit den Parteien der achtziger und neunziger Jahre zu tun. Keine der politischen Parteien, die vor 1987 im Parlament vertreten waren, befindet sich noch in der Volksvertretung.

Das heutige Parteienspektrum besteht, befördert durch das neue Wahlsystem von 2006, aus dem Bipolarismus zweier Bündnisse. Auf dem Mitte-rechts-Pol führt Ministerpräsident Silvio Berlusconi ein Regierungsbündnis aus seiner Partei *Polo della Libertà,* der *Lega Nord* sowie den kleineren Parteien *Udeur, La Destra* sowie *NoiSud.* Sein Opponent sind auf dem Mitte-links-Pol die Demokratische Partei *(Partito Democratico)* unter dem Generalsekretär Bersani, die *Rifondazione Comunista,* und weiter im Zentrum die Parteien *Italia dei Valori* des ehemaligen *Mafia*-Jägers di Pietro und *SEL (Sinistra, ecologia, libertà)* von Nichi Vendola, dem Generalgouverneur der Region Apulien. Zudem sind die kleinen Parteien und Gruppierungen wie die Grünen *(Verdi),* die *Socialisti* und die Gruppe *Bonino/Pannella* hinzu zurechnen.

Dazwischen bewegt sich eine Gruppierung, die sich am 28.04.2011 den Namen *Terzo Polo* (Dritter Pol) hat schützen lassen. Sie ist momentan eine Gruppierung im Parlament mit ungefähr 100 Abgeordneten und plant, bei den nächsten Wahlen als Bündnis aufzutreten. Der *Terzo Polo,* der angesichts der repräsentierten Wählerbasis momentan keineswegs als gleichwertiger dritter Pol im Parteienspektrum gelten kann, besteht aus den Parteien *Unione di Centro (UDC), Margherita* und *Futuro e Libertà (FIL).* Im Juni 2011 nach der Doppelniederlage des Mitte-rechts-Bündnisses bei den Kommunalwahlen sowie bei den vier Referenden (siehe Kapitel 8) äußerten die Spitzen der Gruppierung ihre Tendenz, sich bei den nächsten Parlamentswahlen eher mit den Mitte-links-Parteien in einem Regierungsbündnis zusammen zu tun.

Weitere Parteien sind entweder sehr klein oder haben eine nur regionale Bedeutung wie die Südtiroler Volkspartei oder der *Movimento per l'autonomia della Sicilia*.

Im Unterschied zu den Jahren bis 2008 kann nicht mehr von klaren Hochburgen der beiden Hauptgruppierungen gesprochen werden. Der „rote Gürtel" südlich der Poebene mit den Regionen Emilia Romagna, Umbrien und Toscana ist nicht nur wegen der veränderten Einfärbung der Linksparteien nicht mehr rot. In den Kommunalwahlen 1999 haben die Wähler zum ersten Male einer nicht kommunistischen bzw. linksdemokratischen Liste die Mehrheit der Stimmen gegeben. Die „weiße Zone", vor allem im Nordosten und einigen südlichen Regionen (wie der Basilikata), existiert als Stammgebiet christdemokratischer Verwaltung nicht mehr. In dem Maße, wie die Christdemokraten ihre „Rolle als politischer Mediator und sozialer Integrator" (Ignazi 1997, S. 138) verloren, ging die politische Vorherrschaft hin und her.

Die Kommunalwahlen vom Juni 2011 brachten dem Mitte-rechts-Bündnis eine schwere Niederlage auch in den bisherigen Stammregionen des Nordens.

7.2   Die Entwicklung des Parteiensystems

Kaum ein Land hat so tiefgreifende Brüche in der Parteienlandschaft und in den Regierungskonstellationen erlebt wie Italien.

Mit dem Kriterium der vorherrschenden Politikdynamik und der Regierungskonstellationen lassen sich folgende dominanten Phasen unterschieden:

- Die kurze Phase der nationalen Einheit mit der Regierung der nationalen Solidarität. Wesentliches Kennzeichen der antifaschistischen Grundhaltung des Bündnisses ist die Ausarbeitung der neuen Verfassung von 1948.
- Die Phase der Vorherrschaft der christdemokratischen Partei in einem Milieu von Antikommunismus, enger Bindung an den Katholizismus und einer starken Orientierung an die USA (1948–1961). Die *DC* baute in dieser Zeit ihr System der informellen Herrschaft mit den Kennzeichen Klientelismus, Ämterpatronage und Balance zwischen den innerparteilichen Strömungen auf. Die verspätete Einrichtung wesentlicher Staatsorgane[20] eröffneten ihr zusätzlich Spielraum für das gemischte System aus formeller elektoraler Herrschaft und informeller Macht aus den Verästelungen in der Gesellschaft. Das Verhältnis zur kommunistischen Opposition war von einem „polarisierten Pluralismus" (Sartori 1976) gekennzeichnet, also der Parallelität von formellem Ausschluss der Kommunistischen Partei *(Partito Comunista Italiano, PCI)* von der Regierung bei gleichzeitiger beständiger Verhandlungsaktivität mit dem *PCI* und den ihm nahestehenden Gewerkschaften.

---

20 Verfassungsgericht 1956, Nationalrat für Wirtschaft und Arbeit 1957, der Hohe Rat der Judikative 1958 und die Regionalregierungen und die Referenden 1970.

- Das Ende der uneingeschränkten *DC*-Vorherrschaft mit dem Aufbruch des *Partito So-cialisti Italiano (PSI)* in die Mitte (1961). Dies markiert den Beginn des „zentripetalen Pluralismus" (Farneti *et al.* 1985), also der „Konkurrenz der Parteien der Linken und der Rechten" im Bemühen um Koalitionen mit dem Zentrum. Resultat war die Phase der „Pendelbewegung zwischen Mitte-rechts- und Mitte-links-Regierungen" (Kriesi 2008, S. 141) und der starken Annäherung zwischen dem *PCI* und den Christdemokraten, die durch die Ermordung von Aldo Moro *(DC)* im Jahre 1978 zerstört wurde.
- Die Phase der blockierten politischen Entwicklung (1980–1992). (Ginsborg 2003) In der Zeit einer nachhaltigen Entwicklung von Wirtschaft und Gesellschaft paralysierten sich die politischen Kräfte aufgrund der nicht mehr beherrschbaren innerparteilichen Hetero-genität der *DC*, der neoklientelistischen Regierungsführung des *PSI* und der nach wie vor schwachen sonstigen laizistischen Parteien.
- Die Phase der Erneuerung des Parteiensystems unter dem enormen internationalen (Maastricht-Vertrag, Europäische Währungsunion, Fall der Mauer) und nationalen Druck (Prozesswelle gegen vor allem die politische Klasse wegen Korruption und Amtsmiss-brauch) (1992–1998).
- Die Phase der populistischen Regierungen im labilen Mitte-rechts-Bündnis bei einem schwachen oppositionellen Gegenbündnis.

Die Tiefe des Wandels von der Ersten zur Zweiten Republik erschließt sich durch eine Ge-genüberstellung der alten mit den neuen Parteien. Die Darstellung beginnt mit den alten Parteien.

7.3 Die Parteien der ‚Ersten Republik‘

Die vorherrschenden Parteien der Ersten Republik waren die christdemokratische Partei, die Kommunistische Partei Italiens (KPI oder *PCI*), die Sozialistische Partei *(PSI)* sowie klei-nere laizistische Kräfte, die zumeist wie die Republikanische Partei *(Partito Repubblicano, PRI)* oder die Sozialdemokratische Partei *(Partito Socialdemocratico, PSDI)* Strömungen der Mitte oder rechts von der Mitte, wie die Liberale Partei *(Partito Liberale Italiano, PLI)* repräsentierten.

Democrazia cristiana
Anfang der neunziger Jahre ging mit der Wahlniederlage der *Democrazia cristiana (DC)* von 1993/94 eine in Europa beispiellose Vorherrschaft einer Partei zu Ende. Seit Ende des Zwei-ten Weltkrieges stellte die *DC* die Mehrheitspartei und bis 1982 auch immer den Ministerprä-sidenten in den vielen verschiedenen Regierungen Italiens. Über vier Jahrzehnte konnte die *DC* ein Herrschaftssystem aufbauen, dem entscheidende Merkmale eines modernen Parteien- und Staatssystems fehlten wie der demokratische Wandel durch den Wechsel der Regierungs- und Oppositionsrolle, die Trennung von Partei und Staat und die wirksame Kontrolle der Regierung durch das Parlament. Diese strukturellen Defizite der italienischen Demokratie ermöglichten eine Gleichsetzung von Partei und Staat mit den Folgen der Besetzung des Re-gierungsapparates und der Staatsverwaltung mit Parteigängern. Diese Verflechtung von Par-

tei und Staat, der *sottogoverno*, war am stärksten ausgeprägt in den Bereichen der staatlichen Kontrolle der Wirtschaft, also im System der staatlichen Beteiligungen, den direkt staatlichen Betrieben und im sozialen Sicherungssystem.

Die Basis für diese Vorherrschaft war eine breite Zustimmung weiter Teile des italienischen Volkes zu Politik und Personen der *DC*. Insofern kann die *DC* sicherlich mit Recht als einzige Volkspartei in Italien bezeichnet werden. Um sie scharten sich Kleinproduzenten, Händler, Selbstständige, darunter Freiberufler, sowie ein Großteil der Nicht-Erwerbspersonen, also Hausfrauen und Rentner. Immerhin ein Drittel der Mitglieder waren Frauen.

Außerdem wurde die *DC* von den amerikanischen Regierungen sowie von der institutionalisierten katholischen Kirche massiv unterstützt. Die oppositionellen Kräfte auf der Linken, die Sozialistische Partei und die Kommunistische Partei, bestanden darauf, in der unmittelbaren Nachkriegszeit eine sozialistische Revolution anzuzielen und machten sich damit strategisch schwach als Gegenpol zu den Christdemokraten. (Bull/Newell 2005, S. 41)

Die *DC* entstand 1942 als Nachfolgerin der katholischen Volkspartei *(Partito Popolare Italiano, PPI)*, aber mit dem Ziel der breiteren Verankerung in den verschiedenen sozialen Schichten. Im Laufe der Zeit wandelte sich die politische Richtung der *DC* je nach der Stärke der einzelnen Fraktionen und Strömungen. Zunächst ging es um den Aufbau des Klientelsystems, also eines Systems, das durch die Gewährung von Hilfestellungen an Gruppen und Individuen durch die Machthaber im Gegenzug für kontinuierliche Unterstützung bei Wahlen charakterisiert ist. Abgesichert wurde dieses durch ein Korporativgefüge, d. h. den sozialen Block aus verschiedenen sozialen Kräften. Unter Fanfani wurde die Durchdringung des Staates in den fünfziger und sechziger Jahren vorangetrieben Aldo Moro trieb dann die Öffnung nach links und die Zusammenarbeit mit den Sozialisten voran.

Nach dem vorübergehenden Rechtsrutsch Anfang der siebziger Jahre stabilisierte sich die Linksverschiebung der *DC* auch mit der Option einer gemeinsamen Politik mit der Kommunistischen Partei, um die Modernisierung von Gesellschaft und Politik in Italien in einem Mehrheitsbündnis der beiden großen politischen Kräfte voranzubringen. Die Entführung und Ermordung von Moro im Jahre 1978 stoppte diese Strategie und beförderte die Politik der Verfestigung der Staatsmacht gegen die Systemfeinde, wodurch auch eine Zusammenarbeit mit den Kommunisten unmöglich wurde.

Der klamoröse Zusammenbruch des Herrschaftssystems der Christdemokraten vierzehn Jahre später hat verschiedene Ursachen.

In den achtziger Jahre und zu Beginn der neunziger Jahre vermochte die Partei nicht, ein einigermaßen kohärentes Politikkonzept zu präsentieren, das Italien durch eine Zeit tiefgreifenden wirtschaftlichen und gesellschaftlichen Wandels hätte führen können. Es gab keine Antworten auf die neuen weltwirtschaftlichen Phänomene wie die Globalisierung, die Formierung neuer multinationaler Konglomerationen sowie die engere europäische Integration. Die *DC* schrieb sich unbeirrt die moderate Fortentwicklung des althergebrachten Herrschafts- und Politiksystems auf die Fahnen. Nach wie vor hielt die *DC* an ihrem Herrschaftsmuster der politischen und finanziellen Versorgung des klientelistischen Blocks fest

Mit dem Zerbrechen des Systems der real existierenden sozialistischen Staaten und der Auflösung des Warschauer Paktes entfiel ein Grundpfeiler christdemokratischen Selbstverständnisses, nämlich eine kommunistische Herrschaft in Italien und Europa verhindern zu müssen. Mit dem Fall der Berliner Mauer fiel auch eine Klammer, die die Vielzahl von Strömungen und Gruppierungen in einer katholisch-konservativen Partei zusammengehalten hat, weg.

Das Aufdecken der Korruptions- und Machtmissbrauchsfälle seit 1992 durch die italienische Justiz versetzte dem bereits innerlich ausgehöhlten Machtsystem der *Democrazia cristiana* den letzten Todesstoß. Angestoßen durch eine Gruppe Mailänder Richter wurde in den folgenden Jahren minutiös die Verwicklung höchster Repräsentanten des *DC*-Systems in illegalen Geldzahlungen an Parlamentarier, Richter, Ministeriale etc. nachgewiesen.

Die Bilanz der *DC*-Herrschaft ist ernüchternd. Die christdemokratisch geführten Regierungen haben keinen der grundsätzlichen Gegensätze der italienischen Gesellschaft in Griff bekommen können, sondern waren selbst eine diese Gegensätze forcierende Kraft:

- Der Gegensatz Nord/Süd wurde von den *DC*-Regierungen verschärft statt gemildert. In den *Mezzogiorno* flossen erhebliche Geldbeträge, ohne dass eine Konzeption ersichtlich gewesen wäre, die eine sich selbst tragende Entwicklung des Südens hätte ermöglichen könnte. Im Gegenteil favorisierte diese Art von Politik Erscheinungen wie Korruption, Ineffizienz, Vergeudung öffentlicher Mittel und den Zulauf zur *Mafia* als krimineller Bewegung mit quasi-politischen Ordnungsaufgaben und sozialen Versorgungsfunktionen.
- Der Gegensatz zwischen Kapital/Großgrundbesitz und Arbeitern wurde verfestigt. Die Arbeiterbewegung blieb bis auf die faktische aber nicht formelle Einbindung der KPI in die Regierung der Mehrheit explizit aus der Regierungsverantwortung und aus den politischen Apparaten ausgeschlossen. Die christdemokratische Steuerpolitik schonte Vermögende und Selbstständige und belastete die abhängig Beschäftigten. Von einer Arbeitmarkt- oder Weiterbildungspolitik zur Stärkung der Position der arbeitenden Bevölkerung kann im Gegenzug überhaupt nicht geredet werden.

In kurzer Zeit löste sich das politische Blocksystem *DC* auf. Zwischen 1991 und Oktober 1992 verringerte sich die Organisationsstärke von 1 390 918 Mitgliedern auf ca. 800 000 Mitglieder. (Ignazi 1997, S. 31) Die Bemühungen der moralischen Reinigung der Partei und ihrer organisatorischen Erneuerung vor allem unter dem Sekretär Martinazzoli kamen zu spät. Die *DC* sank in den Wahlen von 1992 erstmals unter die 30 Prozent-Grenze und verlor vor allem im Norden (an die *Lega Nord*) Boden.

Zunächst verlässt Mario Segni im Frühjahr 1993 die Partei und gründet die Bewegung *Popolari per la Riforma* (Volkskräfte für die Reform), dann gründet sich der *Partito Popolare Italiano PPI* (Volkspartei) im Januar 1994, sodann formiert sich eine konservative Strömung als Christdemokratisches Zentrum *(Centro Cristiano Democratico, CCD)* und eine kleinere linke Gruppierung, die als *Cristiano-Sociali* weiter existiert.

Die Gruppierungen und Parteien ordnen sich uneinheitlich den großen Blöcken der italienischen Politik zu: während sich die *CCD* und die später gegründete *CDU (Cristiani Democratici Uniti)* dem rechtskonservativen *Polo della Libertà* anschließen, ist der *PPI* Teil des Mitte-links-Bündnisses *L'Ulivo*. Somit haben ganz andere Kräfte das Erbe der Christdemokraten und der zuletzt mit ihnen verbündeten Sozialisten übernommen.

Die Kommunistische Partei

Die Umwandlung der Kommunistischen Partei Italiens in die Demokratische Linke *(Democratici di Sinistra)* im Jahre 1991 markiert den vorläufigen Endpunkt des langen Weges von der Kaderpartei des Jahres 1921 über die zentrale Kraft des antifaschistischen Widerstandes und des Wiederaufbaus nach dem Zweiten Weltkrieg, schließlich von der stärksten Oppositionskraft in den fünfziger, sechziger und siebziger Jahren bis zur Einbindung in die Regierung des „Verfassungsbogens" der Jahre 1976–78 und der Stagnation in den achtziger Jahren.

Die KPI *(Partito Comunista Italiano, PCI)* ist 1921 in Livorno als linke Abspaltung des *PSI* um die Gruppe von Gramsci und Togliatti entstanden, um „es wie in Moskau zu machen". Lange Zeit blieb die KPI der sozialistischen Bruderpartei *PSI* in der politischen Stärke unterlegen, ehe sie durch ihre gut organisierte und schlagkräftige Widerstandsarbeit unter dem Faschismus einen festen Rückhalt im Volk fand. Die KPI hat ihre Programmatik und Strategie schrittweise geändert. 1956 mit der Verurteilung der Niederschlagung des Ungarn-Aufstandes, 1968 mit der Kritik am Einmarsch der Truppen des Warschauer Paktes in der Tschechoslowakei und 1980 mit der Brandmarkung des Eindringens von Sowjettruppen in Afghanistan als imperialistischen Akt vollzog sich die äußere Loslösung von dem Vorbild des „real existierenden Sozialismus" der UdSSR. In dem Maße, wie das historische Vorbild verblasste, konkretisierte sich „der italienische Weg zum Sozialismus" jenseits vom sozialdemokratischen Reformismus und von sowjetischer Planwirtschaft als „drittem Weg". Er sollte im Prinzip durch die Wirtschaftsplanung mit dem Markt als Korrektiv in wesentlichen Bereichen, durch die tiefgreifende Umgestaltung des Staates und die entscheidende Beteiligung der Massen gekennzeichnet sein.

In der Strategie und Taktik auf dem Wege zu diesem Ziel suchten die Kommunisten vor allem unter der Führung von Enrico Berlinguer zu Beginn der siebziger Jahre die Bildung einer breiten politischen Mehrheit der sozialen und politischen Kräfte unter Einschluss der Christdemokraten im Konzept des „historischen Kompromisses". Nach dem Scheitern dieser Strategie, das auch mit der Ermordung des bevorzugten Gesprächspartners unter den Christdemokraten, Aldo Moro, im Jahre 1978 verknüpft ist, bemühten sich die Kommunisten um die Bildung einer „linken Alternative" mit der Sozialistischen Partei, Teilen der Zentrumsparteien und den linken Gruppierungen.

Die vernichtende Niederlage im Referendum von 1985 zur Abschaffung der gleitenden Lohnskala (siehe auch Kapitel IV, 8.4) signalisierte den Verlust der traditionellen Wählerbasis ohne jede Aussicht auf das Eindringen in andere Volksgruppen. Die Erneuerung der Partei in Organisation und Führungsmannschaft unter dem Generalsekretär Occhetto änderte wenig an der zunehmenden Isolierung der Partei. Die entscheidenden Änderungsanstöße kamen aus der internationalen Entwicklung.

Der Fall der Berliner Mauer und das Ende des Kalten Krieges verschoben die Bezugspunkte der KPI grundsätzlich. Stärker als jemals zuvor stellte sich die Erfordernis, den neuartigen nationalen Entwicklungsbedingungen durch eine neue Politik und eine neue Strategie gerecht zu werden. Im Januar 1991 wurde auf dem Parteikongress die formale Umwandlung der KPI in die Demokratische Partei der Linken beschlossen. Mit neuem Namen, neuem Symbol und neuer Konzeption von Demokratie tritt die Partei in die Auseinandersetzungen um die Neuverteilung der politischen Einflüsse am Ende der langen Periode der Vorherrschaft alter Ideologien und Strategien.

Ähnlich wie die *Democrazia cristiana* war die Kommunistische Partei Italiens von den tiefgreifenden nationalen und internationalen Verwerfungen besonders getroffen worden. Die Parallelität liegt im Niedergang großer umspannender Ideologien, dort die Ausrichtung auf den Katholizismus, hier die Orientierung an einer wenn auch stark national gefärbten Auslegung des wissenschaftlichen Sozialismus, im Verlust traditioneller Wählerschichten im Zuge der zunehmenden Heterogenität der Gesellschaft sowie im Verlust der externen Pole im Kalten Krieg, dort der Antikommunismus, hier die wenn auch äußerst kritische und distanzierte Anlehnung an die Staaten des real existierenden Sozialismus.

Nicht alle früheren Mitglieder der KPI gehen den neuen Weg mit: die Mitgliederzahl sinkt von 1 264 790 in 1990 auf 989 708 Personen in 1991. Ein Teil davon geht in die *Rifondazione Comunista (PRC)* unter A. Cossuta mit 112 278 Mitgliedern. Die *Rifondazione* beharrt auf der Priorität der Orientierung an den vor ihr definierten Interessen der Arbeiterklasse, während die *DS* eindeutig auf die neuen Mittelschichten setzen. Die *PRC* will damit die Strategie und auch die ideologische Konzeption der alten KPI fortführen und sieht sich im Linksbündnis in einer kritischen Distanz, um sich als Garant der Tradition anzubieten.

Die Sozialistische Partei

Im Umbruch der Parteienlandschaft nach der Aufdeckung der Korruptions- und Schmiergeldaffäre 1992, zunächst in Mailand dann aber landesweit, ist die Sozialistische Partei Italiens *(Partito Socialista Italiano, PSI)* auf der Strecke geblieben. Die Gründe dafür liegen zum einen in der Hauptschuld der Partei an den illegalen Machenschaften und zum andern in der fast totalen Identifikation der Partei mit ihrer Führung, vor allem dem autoritär agierenden Parteiführer und Ministerpräsidenten von 1983 bis 1992, Bettino Craxi. Als dieser sich der Verfolgung durch die Justiz in sein luxuriöses Anwesen in Tunesien entzog, wo er im Januar 2000 verstarb, fiel die Partei in sich zusammen. Als sie 1994 noch einmal als *PSI* zu den Wahlen antrat, erhielt sie mit 2,2 Prozent aufgrund der nach der Wahlrechtsreform (siehe Kapitel III 8.1) geltenden 4-Prozent-Klausel kein Mandat mehr.

Dieser Einbruch und Zusammenbruch erfolgte nur zehn Jahre, nachdem mit der Übernahme der Regierungsführung in einer Fünf-Parteien-Regierung ein alter Traum der Sozialisten, nämlich die Erlangung der zentralen Machtposition zur Umsetzung ihres Reformkonzeptes, in Erfüllung gegangen war. „Die Geschichte der Sozialistischen Partei ist eine Geschichte ausgelassener Gelegenheiten, nicht wahrgenommener Verabredungen und verpasster Züge. Wenn man nicht so mitleidsvoll ist, lässt sich auch sagen, dass dies die Geschichte von Niederlagen ist, deren Katharsis mit der Enthauptung ihrer Führungsklasse und der strafrechtlichen Verurteilung ihres über die letzten zwanzig Jahre unangefochtenen Führers, dem finanziellen Scheitern, dem Flattern im Winde der anderen Parteiführer bis zur Auflösung der Partei in einer Unzahl von Splitterorganisationen, die sich um ein schwieriges Erbe streiten, ihren Höhepunkt findet". (Ignazi 1997, S. 34)

Die Geschichte der Sozialistischen Partei in Italien lässt sich unter das Leitmotiv zunächst der Auseinandersetzung mit der Kommunistischen Partei um die Führung der Arbeiterbewegung im Bemühen um eine Alternative zum bürgerlich-konservativen Machtblock und dann der Erringung der Regierungsmacht gegen die bürgerlichen Kräfte stellen. Die Konzepte der Ablösung des kapitalistischen Staates und seines Ersatzes durch die Diktatur des Proletariats auf Seiten der frühen KPI und die Strategie der reformistischen Umbildung des Staates und des wirtschaftsdemokratischen Umbaus der Gesellschaft bei den Sozialisten standen unversöhnlich gegeneinander und verhinderten ein gemeinsames Vorgehen der Linksparteien, zusätzlich erschwert durch die jeweilige Verankerung in konkurrierenden internationalen Vereinigungen, hier die Kommunistische Internationale, dort die sozialdemokratische Arbeiterbewegung.

In den Jahren des italienischen Wirtschaftswunders (siehe Kapitel I 1.) trat in der Mehrheitslinie des *PSI* zunehmend ein anderes Ziel in den Vordergrund, nämlich die Teilhabe an der Macht, während linke Strömungen in der Partei auf die Unmöglichkeit der Verbesserung der Lage der Arbeiterklasse innerhalb des Systems verwies. Die Craxi-Linie, die in der Partei seit Ende der siebziger Jahre uneingeschränkt dominierte, befürwortete die Annäherung an die *DC* als Chance der Machtbeteiligung auf dem Weg zur hegemonialen Position in einer Mitte-links-Konstellation. Mit dieser Position wurden auch zunehmend Spannungen in der einheitlichen Gewerkschaftsbewegung in Kauf genommen, die mehr als einmal den Zusammenhalt der Gewerkschaften gefährdeten.

Auf dem Höhepunkt ihrer Macht (1983) besetzten *PSI*-Vertreter zehn von 53 Direktorenposten in den Unternehmen mit staatlicher Beteiligung, kontrollierten eine der staatlichen Fernsehanstalten, nämlich *RAI 2* (siehe Kapitel V), hatten ein Viertel der Ministersessel inne, stellten 17 Prozent der Bürgermeister, 31 Prozent der Provinz- und 30 Prozent der Regionalpräsidenten – und all dies mit einem Stimmenanteil von nur 11 Prozent.

Die Parteien, vornehmlich die Christdemokraten und die Sozialisten, in gewissem Masse auch die Kommunisten in ‚ihren‘ Regionen, verzweigten sich in alle Sphären des öffentlichen Sektors. Mit der Praxis der *lottizzazione*, also der proporzartigen Verteilung von Ämtern auf den zweiten und dritten Ebenen des gesamten öffentlichen Sektors, vom Staatsapparat über die Regionen, Provinzen und Kommunen bis hin zum Gesundheitssystem, dem System der staatlichen Beteiligungen, dem Bildungswesen und den öffentlich-rechtlichen Fernsehanstalten, versuchten die Parteien, ihre Gewährsleute zu versorgen, neue Unterstützer zu gewinnen und Kontrolle über die Verästelungen im öffentlichen Sektor aufrechtzuerhalten. Tabelle III-9 verdeutlicht die Ämterverteilung in den Unternehmen mit staatlicher Beteiligung aus dem Jahre 1983.

Mit dieser Praxis legten die Parteien aber auch die Keime ihres eigenen Untergangs. Denn durch die hohe Visibilität der Parteifunktionäre in den Institutionen des öffentlichen Sektors trat ein Bumerang-Effekt ein: „Da die Namen der Parteien in den Augen der Wähler mit der Kontrolle weiter Teile der öffentlichen Institutionen und Verwaltungsorganen verbunden waren, wurden die Parteien unvermeidlich für die Ineffizienzen dieser Institutionen verantwortlich gemacht. Hinzu kam noch, dass die Schwäche der politischen Gestaltung durch dies Parteien die Institutionen davon abhielt, besser zu werden". (Bull/Newell 2005, S. 43) Das

Tabelle III-9   Die Fünfparteienregierung auf den Direktorenposten

IRI	21 DC	4 PSI	1 PSDI	1 PRI	1 PLI
ENI	8 DC	3 PSI	1 PSDI	3 PRI	
EFIM	5 DC	3 PSI	1 PSDI	1 PRI	

Quelle: Rinascita Nr. 24/83.

Ergebnis waren Sklerose, Immobilismus und Rückschritt im Verhältnis von Politik auf der einen Seite sowie zwischen Wirtschaft und Gesellschaft auf der andern Seite.

Der *PSI* hatte eine mit Blick auf seine Wählerschaft übermäßige Präsenz im System der *partitocrazia*. Als Puffer der Christdemokraten gegen die beständig an die Pforten der Macht anklopfende Kommunistische Partei und als Kontrollkraft gegen die innerhalb der *DC* ansonsten aufbrechenden Flügelkämpfe waren die Sozialisten so unentbehrlich, dass sie diese starke politische und gesellschaftliche Verankerung aufbauen konnten. Mit ihrer neoklientelistischen Politik schafften sie es, sich eigene Pfründe im weit verzweigten Klientelsystem der Bürokratie in der Verwaltung im Staat, in den Regionen, den Provinzen und Kommunen, im Gesundheits- und Bildungswesen sowie in der Justiz zu sichern. Der zweite Pfeiler der Verankerung der Partei waren die Verbindungen mit der Bauindustrie, dem Banken- und Finanzsystem und darüber mit Ästen der *Mafia*. Durch die Achse der drei Parteiführer Craxi, Andreotti und Forlani, der sogenannten *CAF*-Übereinkunft, wurden die jeweiligen Interessen zum Nutzen beider Seiten austariert.

Im Zuge seines zunehmenden Eindringens in die Staatsapparate und in sehr einflussreiche Positionen wandelte sich die Wählerbasis des *PSI* zu Beginn der achtziger Jahre. In den Wahlen von 1983 erhielt die Partei zum ersten Mal mehr Stimmen im Süden als im Norden. Die Partei war somit nicht länger eine reformistische, weiterhin den Zielen der Arbeiterbewegung verhaftete, Partei. Nunmehr war sie eine staatstragende, auf den Erhalt und Ausbau der Machtposition fixierte, Kraft. Der *PSI* war mittlerweile zu einer wesentlichen Ressource für die Akteure im *Mezzogiorno* geworden, die an der Fortsetzung der einseitig auf Unterstützungsleistungen ohne Gegenwert angelegten Süditalien-Politik des konservativen Blocks interessiert waren. Konsequenterweise wurden Kalabrien und Apulien anstelle der Nordregionen Lombardei und Piemont zu den Hauptbastionen des *PSI*.

Die achtziger Jahre sind gekennzeichnet von dem Bemühen, die Machtposition gegenüber der *DC* zu konsolidieren. Kaum ein politisches Konzept ist zu erkennen. Ein Indiz für die zunehmende Entfernung von den Volksstimmungen ist die Empfehlung Craxis 1991 an das italienische Wahlvolk, statt am Referendum über die Zulassung der Abtreibung teilzunehmen, „lieber Baden zu gehen". Dieser Stil und der Ausgang des Referendums beschädigten Craxis Ansehen empfindlich und leiteten den konstanten Niedergang der sozialistischen Regierungsführung ein. Craxis Nachfolger, Giuliano Amato, leitete 1992 eine Regierung, die auf dem Feld der Wirtschaftspolitik sehr erfolgreich war, aber in den Sog des Niedergangs der Sozialistischen Partei geriet.

Weitere laizistische Kräfte

Im Soge des Niedergangs der traditionellen Parteien hat keine der sogenannten laizistischen Parteien überlebt. Sie begriffen sich als die kleineren demokratischen Parteien und vor allem als Gegenpole zu den ideologisch gebundenen großen Parteien, als Verkörperungen des „laizistischen" Bereichs gegenüber den beiden „Kirchen", dem Marxismus der KPI und dem Katholizismus der *DC*. Jenseits dieser globalen Gemeinsamkeit sind die Parteien aber als Repräsentanten von Sonderinteressen ausreichend unterscheidbar, von der für das reibungslose Funktionieren von Marktwirtschaft und Rechtssystem eintretenden Republikanischen Partei *(PRI)*, über die Liberale Partei *(PLI)*, die konsequent die Interessen der Großgrundbesitzer und der Großunternehmen vertrat, bis hin zur Sozialdemokratischen Partei *(PSDI)*, die mit den europäischen Sozialdemokratien nur den Namen gemein hatte und eher dem rechten Flügel zuzuordnen war.

Die politischen Parteien waren nicht nur aus politischen und ideologischen Gründen aufs Abstellgleis geschoben. Alle Parteien gerieten in den Bankrott, da die Praxis der gesetzeswidrigen finanziellen Unterstützung wegbrach. Die Einnahmen aus der seit 1974 bestehenden Parteienfinanzierung vom Staate reichten bei weitem nicht aus, die Ausgaben zu decken. „Insbesondere die Unentbehrlichkeit der Sozialisten als Koalitionspartner seit Mitte der 1970er Jahre erlaubte es ihnen, einen wachsenden Anteil an den öffentlichen Positionen herauszuziehen, die durch den Prozess der *lottizzazione* verfügbar waren. Das stärkte ihre Attraktivität für ‚Business-Politiker', also Personen mit wenig oder gar keiner zivilen Moral und einer fast vollständig instrumentellen Haltung zur Politik. Als deshalb Geld zunehmend der Schlüssel zum Erfolg und Machtpositionen innerhalb der Parteien wurde, stieß die Konkurrenz zwischen Individuen und Gruppen ... bald eine inflationäre Dynamik an, wodurch der Druck, immer größere Beträge von unerlaubtem *Funding* zu erhalten, nicht nachließ. Als die aus illegalen Finanzquellen verfügbaren Beträge kleiner wurden, trieben die Untersuchungen der Justiz alle traditionellen Parteien schnell in den Bankrott". (Bull/Newell 2005, S. 45)

7.4 Die Parteien und Bündnisse der ‚Zweiten Republik'

Entsprechend der neuen Realitäten im politischen System Italiens nach 1993 kann eher von Bündnissen von Parteien und Gruppierungen als von klassischen Parteien gesprochen werden. Überdies haben viele Parteien eine begrenzte Lebenszeit. Manche existieren nur für eine Wahl, verschwinden dann vollständig oder gehen in eine Gruppierung mit anderen Parteien auf (siehe Abbildung III-6).

Die Abbildung III-6 verdeutlicht, wie massiv die Brüche auf das Parteiensystem gewirkt haben. Und ein zweiter Aspekt wird überaus deutlich: die Bewegung von einem extern zersplitterten Parteiensystem mit einer Vielzahl von eigenständigen Parteien und Gruppierungen zu einem System von intern fragmentierten Parteiengebilden und Bündnissen.

Einige der neuen Parteien können ihre Wurzeln und ihre Herkunft nicht leugnen: die Demokratische Linke *(Democratici di Sinistra, DS)* hat sich aus der Kommunistischen Partei Italiens *(Partito Comunista Italiano, PCI)* entwickelt, die Italienische Volkspartei *(Partito Popolare Italiano, PPI)* hat eine Strömung der alten Christdemokratischen Partei *(Democrazia Cristiana, DC)* fortgeführt und die Nationale Allianz *(Alleanza Nazionale, AN)* ist aus der Sozialen Bewegung Italiens *(Movimento Sociale Italiano, MSI)* entstanden. Andere Parteien wie die Grünen, die *Lega Nord* und die *Forza Italia* existierten damals noch gar nicht.

Die beiden Gruppierungen, die das politische Geschehen seit 1996 beherrschen, sind das Mitte-rechts-Bündnis *Polo della Libertà (PdL)*, das bis 2009 den Namen *Casa delle Libertà (CdL)* trug, sowie die Mitte-links-Koalition aus den Demokraten sowie einigen katholischen Gruppierungen unter dem Namen *L'Ulivo*. Nur noch ein Prozent der Wählerstimmen entfallen auf Parteien außerhalb der beiden Blöcke.

Die Wahlrechtsreformen von 1995 und dann 2005 haben mit der Einführung von zunächst dem reinen Mehrheitswahlrecht und später des Mischwahlrechts aus Mehrheits- und

Abbildung III-6 Entwicklung der wesentlichen Parteienorganisationen und Bündnisse 1991–2001

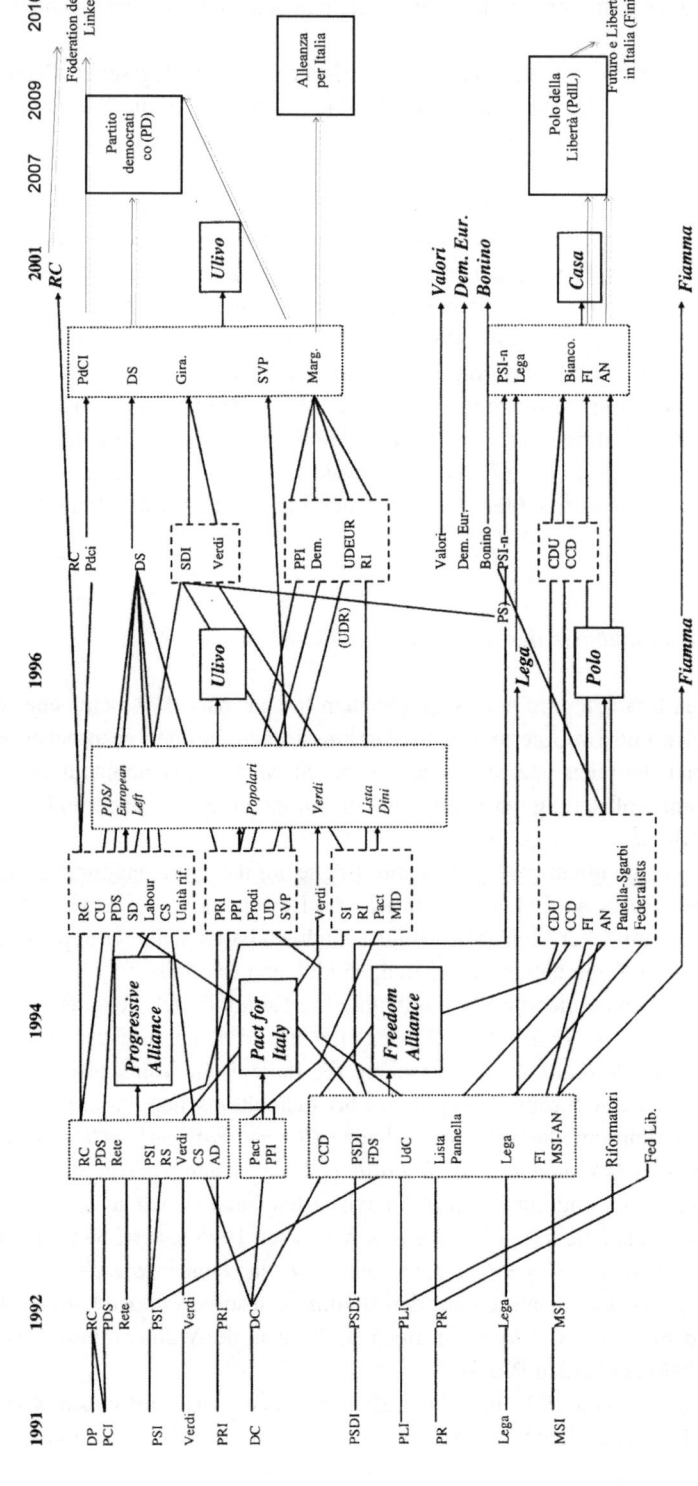

Quelle: Bull und Newell (2005), S. 55.

286

Proporzsystem (siehe Kapitel 8) die Bildung dieser Blöcke befördert. Zu den Zeiten des Mehrheitswahlrechts drohte den kleinen Parteien der Verlust ihrer Stimmen, da sie kaum Chancen auf den Gewinn eines Wahlkreises hatten. Ihren Einfluss versuchten sie demnach, in größeren Wahlallianzen geltend zu machen.

7.4.1 Die Bestandteile des Mitte-rechts-Bündnisses

Das Mitte-rechts-Bündnis, wie es sich bei den Nationalwahlen von 2008 präsentiert hat, ist das Ergebnis einiger Veränderungen in der Zusammensetzung und der Namensgebung. Zunächst trat es zu den Wahlen von 1994 als *Polo della Libertà* an und trug als Koalition von 1996 bis 2000 den Namen *Polo per le Libertà*. Dann firmierte es als *Casa delle Libertà* (2001–2009). Im März 2009 gründeten die Führungsparteien *Forza Italia* von Berlusconi und die *Alleanza Nazionale* von G. Fini die Partei *Popolo delle Libertà* ohne die *Lega Nord*, die ihre Eigenstellung beibehalten wollte. Die Führungspartei war in allen diesen Strukturen, Gruppierungen und Bündnissen die *Forza Italia* von Berlusconi.

Forza Italia (1993–2009)
Silvio Berlusconi, der Besitzer der Holding *Fininvest,* trat zum ersten Male im Dezember 1993 ins Rampenlicht, als er sich im Duell um den Posten des Bürgermeisters in Rom auf die Seite des Kandidaten des *Movimento Sociale*, Gianfranco Fini, schlug und damit als erster Vertreter des industriellen Establishments der neofaschistischen Partei das Testat einer in Industriekreisen akzeptierten Partei ausstellte. Im gleichen Monat stellte sich Berlusconi im Januar 1994 vor die Presse, um seinen Eintritt in die Politik und die Gründung seiner Partei, der *Forza Italia*, zu verkünden. Die erklärte Absicht dieses Schrittes war, eine Linksregierung in Italien zu verhindern und die Krise der Rechten zu beenden. Das Wahlprogramm der *Forza Italia* war immer deutlich neokonservativ und neoliberal ausgerichtet und befürwortete die Freiheit der Marktkräfte bei gleichzeitigem Rückbau des Sozialstaates.

Von Beginn an orientierte sich Berlusconi auf die Führungsrolle in einem Mitte-rechts-Bündnis. Zu den Wahlen von 1994 bildete er mit der *Lega Nord* den *Polo della Libertà* und mit dem *MSI* im Süden den *Polo del Buongoverno* (Block der guten Regierung). Sowohl im Norden bis auf Emilia Romagna als auch im Süden, nämlich in Sizilien, erreichte die Partei mehr als die nationalen 21 Prozent. Die Wählerschaft rekrutierte sich vor allem aus den Reihen der Frauen, darunter vor allem Hausfrauen, der Freiberufler und der Unternehmer. Wenig beliebt ist die Partei, sicherlich auch wegen ihrer aggressiven Attacken gegen den Sozialstaat, bei den Älteren.

Die *Forza Italia* setzte die Möglichkeit, über die drei Kanäle der *Fininvest* von Berlusconi Wahlpropaganda zu machen, rigoros um. Nach den offiziellen Zahlen zu den Ausgaben der politischen Parteien im Wahlkampf 1994 gab die *Forza Italia* mit 15 506 Mio. L. gut 50 Prozent der Gesamtausgaben aus. Bezogen auf die Ausgaben für Wahlspots ist der Vorsprung noch größer: *Forza Italia* vereinte ungefähr 70 Prozent der Gesamtausgaben aller Parteien. Statham (1996) kommt auf Basis dieser Daten zu einer drastischen Schlussfolgerung hinsichtlich der aus dieser Fernsehpräsenz erreichten Anziehungskraft der Partei: „Der über die Medien erzeugte Populismus der *Forza Italia* um den Berlusconi-Kult zieht die Vorstellungs-

Tabelle III-10   Die Regierungen der Ersten Republik

	Ministerpräsident	Koalitionspartner	Dauer
1	Parri	Partito d'Azione-DC-KPI-PLI-PSIUP-PDL	20.06.1945–24.11.1945
2	De Gasperi I	DC-KPI-PSI-Partito d'Azione-PDL-PLI	09.12.1945–01.07.1946
3	De Gasperi II	DC-KPI-PSI-PDL-PRI	13.07.1946–20.01.1947
4	De Gasperi III	DC-KPI-PSI	02.02.1047–13.05.1947
5	De Gasperi IV	DC-PLI-PSI	31.05.1947–12.05.1948
6	De Gasperi V	DC-PSDI-PRI	23.05.1948–12.01.1950
7	De Gasperi VI	DC-PSDI-PRI	27.01.1950–16.07.1951
8	De Gasperi VII	DC-PRI	26.07.1951–29.06.1953
9	De Gasperi VIlI	DC	16.07.1953–28.07.1953
10	Pella	DC	17.08.1953–05.01.1954
11	Fanfani I	DC	18.01.1954–30.01.1954
12	Scelba	DC-PSDI-PLI	10.02.1954–22.06.1955
13	Segni I	DC-PSDI-PLI	02.07.1955–06.05.1957
14	Zoli	DC	19.05.1957–19.06.1958
15	Fanfani II	DC-PSDI	01.07.1958–26.01.1959
16	Segni II	DC	18.02.1959–24.02.1960
17	Tambroni	DC	25.03.1960–19.07.1960
18	Fanfani III	DC	26.07.1960–02.02.1962
19	Fanfani IV	DC-PSDI-PRI	21.02.1962–16.05.1963
20	Leone I	DC	21.06.1963–05.11.1963
21	Moro I	DC-PSI-PSDI-PRI	04.12.1963–26.06.1964
22	Moro II	DC-PSI-PSDI-PRI	22.07.1964–21.01.1966
23	Moro III	DC-PSI-PSDI-PRI	23.02.1966–05.06.1968
24	Leone II	DC	24.06.1968–19.11.1968
25	Rumor I	DC-PSI-PRI	12.12.1968–05.07.1969
26	Rumor II	DC	05.08.1969–07.02.1970

kraft von Karrierefrauen auf sich und kultiviert den Massensog des Seifenoper-Publikums". (Statham 1996, S. 100)

Forza Italia war eine „Partei" neuen Typs. Sie war formalrechtlich ein Verband, der von Berlusconi, der ihr Präsident war, und weiteren sieben Gründungsmitgliedern konstituiert wurde. Sie war eine politische Bewegung nach dem Gutdünken Berlusconis, der das Führungspersonal selbst auswählte, die Richtlinien allein bestimmte und einen Großteil der Finanzmittel zumindest am Anfang in die Bewegung steckte. In der Anfangsphase waren die Hauptrepräsentanten der *Forza Italia* Angestellte der *Fininvest* und damit unmittelbar von Berlusconi abhängig. Die zweite Organisationsebene der *Forza Italia* war der Club, das sind freie Verbände zur Unterstützung in Wahlkämpfen. Sie hatten keinerlei Einfluss auf die Wil-

Tabelle III-10 (Fortsetzung)

	Ministerpräsident	Koalitionspartner	Dauer
27	Rumor III	DC-PSI-PSDI-PRI	27.03.1970–06.07.1970
28	Colombo	DC-PSI-PSDI-PRI	06.08.1970–15.01.1972
29	Andreotti I	DC	17.02.1972–26.02.1972
30	Andreotti II	DC-PSDI-PLI	26.06.1972–12.06.1973
31	Rumor IV	DC-PSI-PSDI-PRI	07.07.1973–02.03.1974
32	Rumor V	DC-PSI-PSDI	14.03.1974–03.10.1974
33	Moro IV	DC-PRI	23.11.1974–07.01.1976
34	Moro V	DC	12.02.1976–30.04.1976
35	Andreotti III	DC (Duldung durch KPI)	29.07.1976–16.01.1978
36	Andreotti IV	DC (Duldung durch KPI)	12.03.1978–31 .01.1979
37	Andreotti V	DC-PSDI-PRI	20.03.1979–31.03.1979
38	Cossiga I	DC-PSDI-PLI	04.08.1979–19.03.1980
39	Cossiga II	DC-PSI-PRI	04.04.1980–29.09.1980
40	Forlani	DC-PSI-PSDI-PRI	18.10.1980–26.05.1981
41	Spadolini (PRI) I	DC-PSI-PSDI-PRI-PLI	28.06.1981–07.08.1982
42	Spadolini II	DC-PSI-PSDI-PRI-PLI	23.08.1982–11.11.1982
43	Fanfani V	DC-PSI-PSDI-PLI	01.12.1982–29.04.1983
44	Craxi (PSI) I	PSI-DC-PRI-PSDI-PLI	04.08.1983–27.07.1986
45	Craxi II	PSI-DC-PRI-PSDI-PLI	01.08.1986–03.03.1987
46	Fanfani VI	DC-Techniker	17.04.1987–28.04.1987
47	Goria	DC-PSI-PRI-PSDI-PLI	28.07.1987–11.03.1988
48	De Mita	DC-PSI-PRI-PSDI-PLI	13.04.1988–19.05.1989
49	Andreotti VI	DC-PSI-PRI-PSDI-PLI	23.07.1989–29.03.1991
50	Andreotti VII	DC-PSI-PRI-PSDI-PLI	13.04.1991–24.04.1992
51	Amato	PSI-DC-PLI-PSDI	28.06.1992–22.04.1993

Quelle: Eigene Zusammensetzung.

lensbildung der *Forza Italia* und stellten nichts anderes als territoriale Pfeiler für eingegrenz-te Zwecke dar.

Die Parlamentariergruppe der *Forza Italia* bestand 1994 zu 90 Prozent aus Personen ohne jede politische Erfahrung und nur 15 Prozent hatten Erfahrungen in der Lokalverwaltung. 1996 wurden dagegen nur 50 Prozent der Abgeordnetenkammer ersetzt, was der *Forza Italia* die Chance zum politischen Lernprozess gab. Das Mitte-rechts-Bündnis um *Forza Italia* band ganz gegensätzliche politische Kräfte zusammen. Die *Forza Italia* verstand sich als nationale Partei im Zentrum, das die modernen Gesellschaftsschichten ebenso anspricht wie die sozial Depravierten. Berlusconi wurde zu Beginn seiner politischen Karriere als Beispiel für Leistungsstärke, Durchsetzungsvermögen und dabei Menschlichkeit präsentiert, als ein vom Parteienklüngel unabhängiger Unternehmer – in dieser Charakterisierung sollte er breite Volksschichten ansprechen. Faktisch bezog er lange seinen Rückhalt vor allem bei den Frauen, Älteren und Selbstständigen.

Die *Lega Nord* hingegen ist von Beginn an föderalistisch, regionalpopulistisch ausgerichtet. Sie agiert mit Ausländer- und Immigrantenfeindlichkeit, vertritt einen norditalienischen Regionalismus und propagiert eine neoliberale Wirtschafts- und Sozialpolitik.

Die *Alleanza Nazionale (AN)* vertritt die klassische Rechte, verteidigt die nationale Einheit und befürwortet einen starken Sozialstaat. Die Hochburgen befinden sich im Süden.

Die *Unione dei cristdemocratici (UDC)* repräsentiert die klassische christdemokratische Mitte. Sie ist 2002 aus der Vereinigung zweier Reste der alten *DC* entstanden.

Lega Nord

Die *Lega Nord* entstand aus zwei lokalistischen Bewegungen, der *Liga Veneta* in Venetien und der *Lega Lombarda*. Beide gründeten sich zur Verteidigung und Bewahrung der jeweiligen kulturellen Identität, der Sprache und der spezifischen wirtschaftlichen Interessen. Die *Liga Veneta*, auf Initiative ehemaliger *DC*-Repräsentanten ins Leben gerufen, erreichte bei den Nationalwahlen von 1983 immerhin 4,2 Prozent der Stimmen in Venetien. Durch den zunehmend ethno-regionalistischen Zungenschlag und die gegen den Süden gerichtete Diktion allerdings verlor die Bewegung ihren Rückhalt in bürgerlichen Kreisen und fiel in den Wahlen von 1987 auf 3 Prozent der Stimmen zurück.

1987 war das erste Erfolgsjahr der *Lega Lombarda* mit einem Stimmenanteil von 2,7 Prozent in der Lombardei. Schon bald versuchte die *Lega* mit der Gegenüberstellung des arbeitsamen „lombardischen Volkes", das vom Unternehmergeist beseelt sei, gegen die „faulen" und „fatalistischen" Süditaliener, die sich im öffentlichen Dienst breit gemacht hätten, überregionale Adressaten anzusprechen. Im gleichen Maße veränderte sich die Anhängerschaft der *Lega Lombarda* hin zu den städtischen Zwischenschichten wie Freiberuflern, Kleinhändlern, Lehrern oder höher qualifizierten Beschäftigten.

Nach dem großen Erfolg in den Kommunalwahlen von 1990, bei denen die *Lega Lombarda* 18,9 Prozent und in einigen Gemeinden im Raum Bergamo, Brescia oder Brianza über 30 Prozent erreichte, begleitet von ebenfalls aufsehenerregenden Erfolgen anderer regionaler Ligen (6,1 Prozent in Ligurien, 5,9 Prozent in Venetien, 5,1 Prozent in Piemont) (Ignazi 1997, S. 127), wurde die *Lega Nord* unter Führung von Umberto Bossi gebildet.

Die Nationalwahlen von 1992 bescherten der *Lega* mit 8,6 Prozent und 55 Abgeordneten sowie 25 Senatoren eine nationale Rolle als Sammelbewegung der Protestler gegen die „ineffiziente politische Klasse in Rom", die als Inbegriff für Bürokratie, Korruption und Misswirtschaft galt. zugunsten der im Norden dominierenden Klein- und Mittelunternehmen.

Die *Lega Nord* wird mit 117 Abgeordneten gegenüber 97 der *Forza Italia* die stärkste Kraft auf der Rechten mit dem Norden als ausschließlichem Bewegungsfeld, wo die *Lega* 70 Prozent aller Sitze erringt. Im gleichen Jahr bewirkt die Unterstützung des Misstrauensvotums der Mitte-links-Parteien den Bruch der Regierungskoalition aus *Forza Italia*, *Alleanza Nazionale* und *Lega Nord*.

In isolierter Position kehrt Bossi im März 1998 zu den regionalistischen Tönen zurück. Die Partei wird wieder zu einer expliziten Partei des Nordens ohne national übergreifenden

Tabelle III-11   Wahlunterstützung für die Lega Nord nach sozialer Stellung

	1991	1994	1996	1998
Unternehmer-Professoren-	14,0	15,8	12,4	16,8
leitende Angestellte	13,3	16,0	18,8	21,7
Lehrer-Angestellte	24,0	26,5	23,9	31,3
Händler-Handwerker-Landwirte	16,6	21,4	31,2	38,5
Arbeiter-Landarbeiter	10,7	14,2	21,6	16,1
Hausfrauen	10,7	15,1	13,8	14,4
Rentner	14,6	16,0	18,2	16,6
Studenten	21,4	17,0	21,0	12,5
Arbeitslose	14,1	16,9	19,8	22,0

Quelle: Biorcio (1999), S. 58.

Anspruch. Die Sezession vom Süden wird als unmittelbares politisches Ziel aufgegeben und zugunsten eines graduellen Übergangs relativiert. Gemäß dem Modell der Schweiz wird eine relative Autonomie der nördlichen Regionen gefordert, die im „Padanischen Block" (Biorcio 1999, S. 62) vereinigt sind. Dazu werden ein „Parlament des Nordens" und eine „Regierung von Padanien", also der Regionen um den Fluss Po, sowie die Abspaltung des Nordens anstelle eines Föderalismus befürwortet. In den Nationalwahlen 1996 wurde diese Fokussierung mit 10,1 Prozent gegen die beiden Blöcke der Linken und der Rechten belohnt. Das Schwergewicht der *Lega* verschiebt sich dabei weiter nach Nordosten in die Provinzen Pordenone, Belluno, Vicenza, Treviso, Brescia, Bergamo und Sondrio, wo die *Lega* mehr als 40 Prozent der Stimmen erhält, während sie auch in den Gemeindewahlen 1999 und den Regionalwahlen 2000 in den Großstädten keinen Rückhalt findet.

Das Hauptziel der *Lega Nord* war es von Beginn an, im Norden die stärkste Partei zu werden und im Lande das Mitte-rechts-Bündnis zu stärken. Auf dem Wege zu diesem Ziel hat die Partei bei den Kommunalwahlen vom Juni 2011 einen empfindlichen Rückschlag erhalten, indem sie ein Drittel ihrer Wähler der vorhergehenden Regionalwahlen von 2008 verlor (siehe Kapitel 8.2.2). Die Rolle als Juniorpartner im Mitte-rechts-Bündnis wird auch jetzt nicht in Frage gestellt. Allerdings sieht sich die Partei in der Rolle, auf die Politik des Regierungschefs Berlusconi starken Einfluss nehmen zu können, wie es nach den Juni-Wahlen in 2011 geschehen ist. Weitere nationale Ambitionen hat die *LN* damit nicht. Für die Partei stellt sich angesichts der schweren Erkrankung des Gründers Umberto Bossi die dringende Frage nach der Nachfolge in der Parteiführung.

Alleanza Nazionale (1995–2009)

Die Regierungsbeteiligung der *Alleanza Nazionale* 1994 mit fünf Ministern und 12 Staatssekretären stellt die endgültige Aufnahme der *AN* in den „Verfassungsbogen" dar. Der Vorläufer der *AN*, der *MSI-DN (Movimento Sociale Italiano-Destra Nazionale)*, hat dagegen durch seine Verteidigung des Faschismus lange Zeit auf diese politische Weihung warten müssen.

Zu deutlich war der *MSI* mit der Vergangenheit des faschistischen Italiens unter Mussolini verbunden, zu nebulös war die Distanzierung von diesem dunklen Kapitel der italienischen Geschichte. Noch 1992 feierte der *MSI-DN* den Jahrestag von Mussolinis Marsch auf Rom.

Der *MSI* wurde 1946 von A. Michelini als Fortsetzung der Nationalen Faschistischen Partei *(PNF)* gegründet. Er trat bis weit in die achtziger Jahre gegen die italienische Verfassung auf und befürwortete ein Korporativsystem faschistischer Prägung. Seine Bedeutung besaß der *MSI-DN* vor allem als Mehrheitsbeschaffer der Christdemokraten in Zeiten der Rechtswende: so 1960 für die Wahl des christdemokratischen Rechtsaußen Tambroni zum Ministerpräsidenten oder 1971 bei der Wahl Leones zum Staatspräsidenten.

1972 fusionierte der *MSI* mit der Monarchistischen Partei *(PDIUM)* und gab sich den prägnanten Zusatz: Nationale Rechte. Im Februar 1995 wandelte sich der *MSI-DN* als Konsequenz aus dem Ende des aus dem Kalten Krieg genährten Antikommunismus und als Zeichen der Betonung einer nationalen Politik gegen die separatistischen Bestrebungen der *Lega Nord* zur *Alleanza Nazionale*. Bis zu seiner Auflösung mit der *Forza Italia* in die Partei *Polo della Libertà* in 2009 hat sich die *Alleanza Nazionale* von diesem Bild einer ominösen, im Dunklen und in der Nähe zu Geheimorganisationen auf den Umsturz hinwirkenden Partei weitgehend befreit.

Die *AN* war in Konsequenz des wachsenden Erfolgs der *Lega Nord* im Norden so etwas wie die politische Hauptvertretung der Interessen des Südens geworden, wobei die Betonung des National-Einheitlichen eine unmittelbare Konfrontation mit den Ablösestrategien der *Lega* darstellte. In dieser Rolle verteidigte die Partei im Kern die Politik der Förderung des rückständigen Südens durch die nationale Politik und die Europäische Union und kann kaum Konzepte für eine selbstständige Entwicklung des *Mezzogiorno* aufweisen.

Die Wählerschaft der *AN* rekrutierte sich vor allem aus den Reihen der Studenten, Unternehmer, Händler, Handwerker und sonstigen Selbstständigen. Der typische *AN*-Wähler war entweder jung, d. h. unter dreißig Jahren, oder alt, d. h. älter als 55 Jahre (*L'Espresso* vom 03.02.1995) und wohnt im Süden oder in Mittelitalien.

In den Wahlen bildete der *Polo di Libertà* von Berlusconi keineswegs die überlegene politische Kraft, sondern mit Schwankungen in der Zustimmung durch die Wähler sowie mit Rissen im Bündnis. Im Jahre 1994 verließ die *Lega Nord* die Regierung Berlusconi, in die die Partei erst 2000 zurückkehrte. Das Bündnis verlor 2004 in den Kommunalwahlen und 2005 in den Regionalwahlen. (Kriesi 2008, S. 157) Die Bilanz der Mitte-rechts-Koalition als Regierungsbündnis war eher dürftig, weshalb sich die Wähler dem Mitte-links-Bündnis *L'Ulivo* zuwandten.

Drei Entwicklungen zum Ende 2010 bzw. Juni 2011 sind geeignet, die bislang unumstößliche Position Berlusconis im Mitte-rechts-Bündnis zu unterminieren. Erstens das Zerwürfnis Berlusconis mit seinem langjährigen Weggefährten Fini, der im Dezember eine neue Partei „Zukunft und Freiheit" gründete und aus der Regierung auszog. Zweitens die Anklage gegen Berlusconi am 15.02.2011 wegen Begünstigung im Amt und Unzucht mit Minderjährigen. Drittens die beiden schweren Niederlagen Berlusconis in den Kommunalwahlen und in den vier Referenden vom Juni 2011.

7.4.2 Die Parteien links von der Mitte des Parteienspektrums

Das Mitte-links-Bündnis L'Ulivo (1999–2007)

Am 05.02.1999 gründet sich die Sammlungsbewegung *Democratici per l'Ulivo* (Demokraten für den Olivenbaum) unter Führung des ehemaligen Regierungschefs Romano Prodi, um die versprengten Kräfte wie die PDS, die Bewegung *Cento città* (Hundert Städte) und die von Antonio Di Pietro im Oktober 1998 gegründete Partei *L'Italia dei valori* (Italien der Werte) zu sammeln. Nach Mitgliedern gehört die Prodi-Bewegung gewiss zu den kleineren Kräften aber aufgrund des Ansehens des ehemaligen Präsidenten der EU-Kommission zu den Schwergewichten im Mitte-links-Bündnis.

Das Olivenbaum-Bündnis war auf beiden Seiten, also der Linkskommunisten, und der schwankenden Christdemokraten, in sich sehr fragmentiert und damit für Abspaltung, Ausscheren und Abweisung anfällig. 1996 bestand das Wahlbündnis aus 24 Parteien, während die *Casa delle Libertà* auf der Rechten nur (!) acht Parteien bündelte. 2007 vereinigte sich das Olivenbündnis mit der *Margherita*, einer linksdemokratischen Sammlungsbewegung aus dem Zusammenschluss des *Partito Popolare* mit kleineren Zentrumsparteien, zur Demokratischen Partei.

Als Regierungskoalition hat der Olivenbaum einige wesentliche Reformen vor allem des Banken- und Finanzsektors sowie der öffentlichen Verwaltung erreicht. Aufgrund interner Unstimmigkeiten und Blockaden hat sich die Regierung sowohl 1996–2001 wie auch 2006–2008 nicht über die volle Amtsperiode halten können.

Die Demokratische Partei (ab 2007)

In der Demokratischen Partei kamen 2007 die Hauptströmung der früheren Kommunistischen Partei *(PCI),* die sich 1991 unter dem Eindruck der verschiedenen Krisenerscheinungen (siehe Kapitel 3.1) zur Partei des Demokratischen Sozialismus *(PDS)* umgewandelt hatte, und einige Politiker der *Margherita* zusammen. Die neue Partei hat das ambitiöse Ziel der Vereinigung sämtlicher linksdemokratischen, linksliberalen und sozialkatholischen Kräfte Italiens. Zur *Rifondazione Comunista, RFC,* der Partei auf der äußeren Linken, die an den alten Politikkonzepten der Kommunistischen Partei festhielt und ihre Sozialdemokratisierung heftig kritisiert, besteht ein gespanntes Verhältnis von Konkurrenz und Unterstützung.

Vorläufer des PD war die *Democratici di Sinistra (DS)* im März 1998. Diese Neugründung bildete den vorläufigen Höhepunkt der Entwicklung von der Kommunistischen Partei Italiens *(KPI)* über die Demokratische Partei der Linken bis zur jetzigen Konstellation.

Im Februar 1998 registriert der *PDS* vor der Umwandlung in die *DS* noch ungefähr 700 000 Mitglieder. Das Wahlvolk honoriert die Transformation der KPI zur *PDS* und dann *DS* zunächst nicht: bei den Nationalwahlen von 1992 geht der Stimmenanteil des *PDS* von 26,6 Prozent der KPI auf nunmehr 16,1 Prozent zurück, während die *Rifondazione Comunista* aber auch nur 5,6 Prozent erhält. Doch die neue Partei der Linken stellt sich durch die rasche Umstrukturierung als einzige Alternative auf der Linken dar, als die Sozialistische Partei unter der Beweislast der Justiz im Korruptionsskandal von Mailand auseinanderfällt. Nach zwischenzeitlichen Rückschlägen erreicht die Demokratische Partei der Linken *(PDS)* 1996 mit 21,1 Prozent der Stimmen das lang ersehnte Ziel, stärkste Partei und Regierungspartner in der Olivenbaum-Koalition unter Romano Prodi zu werden. Nach dem Scheitern der Prodi-Regierung übernimmt 1998 mit Massimo D'Alema zum ersten Mal ein ehemaliger Kommunist die Regierungsgewalt in Rom, der allerdings nach den Regionalwahlen vom April 2000 zurücktritt.

Im Jahre 2009 spaltete sich eine Gruppierung um einen der Gründer des *PD*, Francesco Rutelli, ab und gründete die *Alleanza per Italia*, die ab Ende 2010 einer der drei Säulen der Gruppierung *Terzo Polo* ist.

Der *PD* ist mit ungefähr 820 000 Mitgliedern (Stand: Dezember 2009)[21] die mitgliederstärkste Partei Europas vor der *CDU* in Deutschland und dem *Partido Popular* in Spanien.

Kleinere Parteien

Unter den aktuell im Parlament vertretenen Parteien des „laizistischen" Bereichs sind vor allem die Radikale Partei und die Grüne Partei erwähnenswert.

Die Radikale Partei *(Partito Radicale Italiano, PR)* ist 1955 als Abspaltung von den Liberalen entstanden und zeichnet sich durch die übertriebene und gruppenegoistische Vertretung von häufig zu Recht aufgegriffenen Themen und Forderungen aus, die von den anderen Parteien nicht oder nur unzureichend berücksichtigt werden. So gehen die Referenden zur Ehescheidung (1974), zur beschränkten Abtreibung (1981) oder zum Stopp des Baus weiterer Atomkraftwerke (1987 nach der Tschernobyl-Katastrophe) auf ihre Initiative zurück. Bei den Regionalwahlen 2000 erreichte die *Lista Bonino*, benannt nach der Listenführerin, der ehemaligen EU-Kommissarin für Umweltangelegenheiten *Emma Bonino* nur noch 2,7 Prozent nach den 8,8 Prozent bei den Europawahlen 1999.

Die Grünen existieren in Splitter- bzw. Lokalgruppen seit Beginn der achtziger Jahre. Als gemeinsame Liste traten sie erst im Oktober 1986 kurz nach der Katastrophe von Tschernobyl auf. Aufgrund interner Uneinigkeiten und des in Italien relativ unterentwickelten Umweltbewusstseins kam die Partei jedoch nie aus dem Ghetto einer Partei mit 2–3 Prozent Wählerstimmen. Wegen der neuen 4-Prozent-Hürde sind sie nicht im nationalen Parlament vertreten. Aufsehen erregte der Sieg des damals grünen Kandidaten Francesco Rutelli bei den Wahlen zum Bürgermeister mit Unterstützung der Linken im Dezember 1993 gegen den Vorsitzenden des *MSI-DN*, Fini.

7.5   Rolle rückwärts zum populistischen Verständnis von Politik

Mit dem Zusammenbruch des alten Parteiensystems wollten die Italiener auf jeden Fall eine Abkehr von den Politikpraktiken jener Zeit, dem *assistenzialismo*, der Klientelwirtschaft, der Selbstversorgung der Politiker und Funktionäre sowie der leeren Versprechungen erreichen. Beim Großteil der Bevölkerung herrschte eine diffuse Stimmung aus Resignation, Verdrossenheit, Langeweile, Desinteresse mit dem konsequenten Rückzug ins Private. Staat und Verwaltung waren gründlich und nachhaltig in ihrer Legitimität in Frage gestellt.

Aber was hat sich entscheidend getan in der Praxis des Regierungs- und Verwaltungshandelns? Haben die Entscheidungsträger in Staat und Verwaltung die Nester dieser verhee-

---

21 Diese Zahl wird auf der offiziellen Webseite des PD genannt: http://www.partitodemocratico.it/dettaglio/84318/820607_democratici (15.03.2011).

renden Praxis der Missachtung von Recht und Moral radikal ausheben und die alltägliche Arbeitsweise der Funktionäre und Beamten grundlegend an die Erfordernisse von *Good Governance* anpassen können?

Auf der einen Seite steht ein unerbittlicher Legalismus: wenn ein italienischer Bürger in seinen Verwaltungskontakten eine Vorschrift verletzt oder ein Dokument nicht in der geforderten Form liefert, verzögert sich die Erledigung um einige Zeit. Die folgende Episode kennzeichnet die absurde Ausprägung der bürokratischen Überwachung. „In einem Urteil gibt das Amtsgericht von Triest einer Grundschule im Bezirk Buja (Udine) Recht und den Eltern eines Schülers dieser Schule Unrecht. Die Eltern wollten erreichen, dass sie ihr zehnjähriges Kind nach der Schule alleine nach Hause gehen lassen können. Die Anfrage wurde vom Gericht als „ohne jede Fundierung" zurückgewiesen. ... Der Hinweg steht unter dem Schutz der Eltern. Das Kind kommt zur Schule, wie es die Familie für richtig hält: alleine, im Zickzack, auf einem Fuß springend. ... Der Rückweg hingegen steht unter dem Schutz der Schule und des Gesetzes und das Kind wird zu einem ‚überwachten Subjekt'. Wenn es auf dem Hinweg ein reifes und selbstständiges Kind sein konnte, wird es auf dem Rückweg eine zerbrechliches und den Gefahren ausgesetztes Kind". (Rovatti 2011, S. 48)

Auf der anderen Seite herrscht eine Praxis des Durchwurstelns und der Rechtsbeugung: „Im Mai 2007 wurde festgestellt, dass von 110 Busfahrern des Verkehrsbetriebes der Stadt Palermo alle 110 keinen Führerschein für die Busse hatten. ‚Sie werden es noch lernen', antwortet der Stadtrat dem, der sich darüber aufregt, ‚Warum sollten wir neues Personal einstellen, wenn wir noch die Leute in ‚gesellschaftlich nützlicher Arbeit' haben? Wir werden eine Ausschreibung machen, um einer Fahrschule den Auftrag zu geben, ihnen den Führerschein zu verschaffen. Wo ist das Problem?" (Stella/Rizzo 2008, S. XII)

Wie soll das Rechtsempfinden gepflegt werden, wenn staatliche Behörden ohne Umstände Recht brechen wie in folgendem Fall?

„Der Kommissar für das Erdbeben von Molise im Oktober 2002 beschließt, 8 Millionen Euro zur Unterstützung der Wiederaufnahme der Produktion in der Region Molise zu investieren. Beschafft werden sollen ein Schiff, das Termoli Jet, um die Touristen von Termoli in Kroatien zu bringen und umgekehrt. Dafür wird eine gemischte Gesellschaft mit einem privaten Gesellschafter, Giuseppe Larivera, Chef der *Emi* Holding, gegründet. Keine Ausschreibung? Nein, denn: dies ist ein Notfall! Und wer war jener von der Region als Partner ausgewählte Partner? Einer, der 1990 eine Verurteilung wegen Betruges erhalten hatte, nachdem er mit nicht vorhandenen Wegstrecken hantiert hat". (Stella/Rizzo 2008, S. 114)

28 Jahre nach dem Ende der Ersten Republik hat sich das Parteiensystem grundlegend geändert, das Justizsystem seine Unabhängigkeit bewahrt, hat die Dezentralisierung erhebliche Fortschritte gemacht. Aber in den letzten zehn Jahren ist ein Rückschritt von einem teilweise modernen italienischen Rechtsstaat zu einem autoritären Populismus zu verzeichnen.

Der Aufstieg von Berlusconi und seine mehrfachen Wahlerfolge zeigen eine gewisse Zustimmung des italienischen Volkes zu diesen Verdrehungen eines modernen Rechtsstaates zugunsten der selbstherrlichen Politikinszenierung eines der reichsten Unternehmer Europas. Massimo Salvadori, der nicht im Verdacht steht, zur radikalen Linken zu gehören, merkt in der *Repubblica* vom 22. August 2008 an: „Die Mehrheit des italienischen Volkes hat zum wiederholten Male Berlusconi und seine Leute an die Macht gebracht. Es hat sich damit als gegenüber dem Interessenkonflikt taub erwiesen, als vom Erfolg, der diesen so reich gemacht hat, bezaubert, als gleichgültig gegenüber seinen äußerst vulgären Attacken gegen die Justiz und dem Gebrauch der Gesetze aus persönlichen Motiven, als unsensibel gegenüber seiner Demagogie und seiner enormen Medienmacht, die wegen Craxi entstanden war und nur darauf zielte, die öffentliche Meinung nach seinem Geschmack zu modellieren. Ein solcher Aufstieg des *Cavaliere* zu einer so ungeheuerlichen wirtschaftlichen, politischen und ‚kulturellen' Macht wäre – wir wollen das noch einmal wiederholen – in keinem anderen reifen demokratischen Land möglich gewesen. Die Breite des dem Berlusconismus gegebenen Konsenses ist ein wesentlicher Ausdruck der moralischen und zivilen Unreife der Italiener". (Zitiert in Tranfaglia 2010 , S. 120) Die „Kultur der Unterwerfung und Fügsamkeit gegenüber gesellschaftlichen Hierarchien" (Ginsborg 2010, S. 97), die für den Klientelismus kennzeichnend ist, findet ihre Entsprechung im Weltbild des einfachen Italieners. Das Volk ruft die Jungfrau Maria an und lamentiert bei Mißerfolgen, „im Himmel keine Heiligen zu haben". (ebda., S. 98)

Was trägt die Mehrheit der Italiener mit dieser Unterstützung, was doch vor fast 30 Jahren mit dem alten System ein für allemal abgeschafft werden sollte?

Unterstützt wird die Fortführung der früher charakteristischen Selbstbedienung im Staat durch die herrschende Politiker- und Funktionärskaste. Die Verankerung in lukrativen und einflussreichen Bereichen des öffentlichen Sektors geht fort.

Die Zeitung *Il Sole 24 Ore* berichtet über die Ämteraufteilung im Gesundheitswesen unter den herrschenden Parteien: „79 Generaldirektoren von der *DS*, 69 von *Margherita*, 61 von *Forza Italia*, 14 von der *AN*, 13 von der *Lega Nord*, zehn Sozialisten, acht von lokalen Listen, sieben von der *UDC*, fünf von der *RC* und der *Udeur* und drei reine Techniker (Toll: drei von 276!), ein Linkskommunist und ein nach der Geburt der neuen Partei nominierter Christdemokrat". (Stella/Rizzo 2008, S. 227)

Gebilligt werden prinzipiell Rechtsbeugungen mit Initiativen, die allesamt darauf zielen, die Interessen der herrschenden Politiker- und Funktionärsschicht des Mitte-rechts-Blocks gegen die Prinzipien des Rechtsstaates zu sichern:

- das Gesetz zur Verkürzung der Verjährungsfristen für einige Delikte wie Bankrott, schweren Betrug, Korruption, Betrug, Börsenspekulation, Marktmissbrauch u. a.
- das Gesetz zur Beschränkung der internationalen Rechtshilfe und zur Gewährung der Straffreiheit der Bilanzfälschung
- das Gesetz zur legalen Wiedereinführung von illegal exportiertem Kapital sowie die Steuerbefreiung für große Vermögen
- das Gesetz *Cirami*, das dem Angeklagten das Recht zur Verlegung des Gerichtsverfahrens an einen anderen Ort geben soll, insofern berechtigte Zweifel an der Unvoreingenommenheit der Richter bestehen
- die vom Verfassungsgericht gestoppte Initiative zur vollständigen Straffreiheit für die fünf höchsten Amtsträger der Republik
- die Justizreform von 2006 zur Verhinderung der Berufung nach einem Urteil erster Instanz, die ebenfalls vom Verfassungsgericht annulliert wurde.

Abbildung III-7 Meinung der Italiener zu den größten Problemen im Lande (2011)

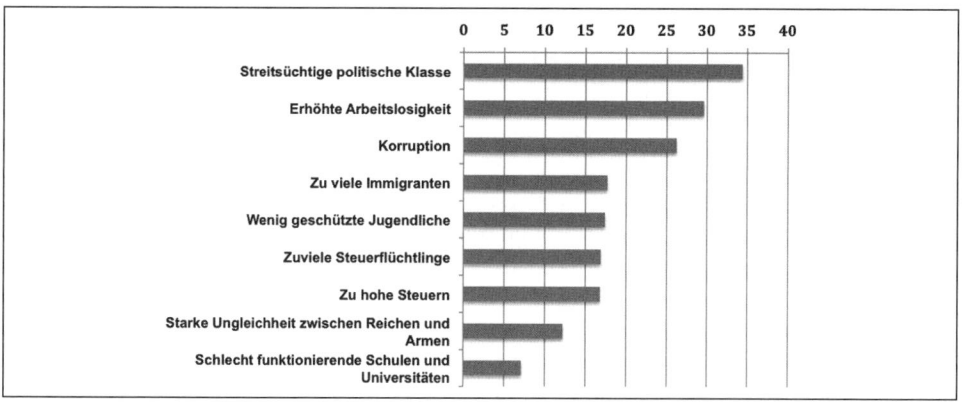

Quelle: Censis (2011), S. 31.

In der Zweiten Republik, die einen tiefen Schnitt gegenüber der Art der Ersten Republik, Politik zu machen, darstellen sollte, vertritt der Politiker mit der längsten Regierungszeit und der breitesten Mehrheit den Stil und die Machart des alten Systems: „Der *Economist* ist beunruhigt über Mr. Berlusconi sowohl als Verbrechen gegen das italienische Volk und sein Justizsystem als auch als Europas extremen Fall des Missbrauchs der Demokratie, in der er lebt und agiert, durch einen Kapitalisten. Weit davon entfernt zu sein, was er beansprucht, nämlich der Mann, der das neue Italien schafft, ist er der höchste Vertreter und Verewiger des schlechtesten des alten Italiens. Wirklich ironisch". (*Economist* 2003, S. 9 f.)

La Repubblica zählte im Juli 2011 945 Abgeordnete und 84 Senatoren, die vorbestraft sind, in einem Ermittlungsverfahren oder Prozess stehen oder wegen Verjährung nicht mehr belangt werden können (zitiert in Spiegel-Online vom 27.07.2011). Letztlich wurde aber offenbar einer großen Zahl von Italienern die Ineffizienz, Selbstbedienung, Perspektivlosigkeit und Lethargie der Mitte-rechts-Regierungen deutlich, da sich in ihrem Leben nach insgesamt acht Jahren Berlusconi-Regierung mit der Unterbrechung des Mitte-links-Bündnisses zwischen 2006 und 2008 die Dinge eher zum Schlechteren gewandt haben. Die Vorbehalte weiter Teile der Wählerschaft schlugen sich erstens in der Ablehnung des Referendums vom 26.06.2006 nieder, mit dem Berlusconi seine Neustrukturierung des italienischen Staates mit moderater Dezentralisierung sowie größerer Macht für den Regierungschef etc. verankern wollte und zweitens in der Wahlniederlage von 2006. Die Distanz zu Berlusconi hielt nicht bis zu den folgenden Wahlen. Im Jahre 2008 erreichte der *Polo della Libertà* eine Stimmenmehrheit.

In den Kommunalwahlen und den vier Referenden vom Juni 2011 zeichnete sich ein Umschwung in der Haltung der Mehrheit unter den Italienern gegenüber dem Berlusconismus ab.

Zum Verdruss vieler Italiener über den Zustand der italienischen Demokratie trugen auch die in die Öffentlichkeit getragenen Maßnahmen der Parteienfinanzierung bei, die den Charakter von Selbstbedienung aus Steuergeldern bekamen.

Mit 630 Parlamentariern ist das italienische Parlament sowieso schon eines der teuersten in Europa. Auch die Grundbesoldung von ca. 12 500 Euro macht sie in Italien zu einer privilegierten Berufsgruppe. Entgegen dem Volkswillen, der sich im Referendum von 1993 gegen die Parteienfinanzierung durch Steuergelder gewandt hat, finanzieren sich die italienischen Parteien zum Teil von Spenden und zum andern Teil über die Rückerstattung der Wahlkampfkosten. Für jeden Wähler bekommt eine Partei 3,5 Euro (in Deutschland 0,85 Euro) (L'Unità vom 17.07.2011, S. 6). Insgesamt beläuft sich der ausgeschüttete Betrag auf 50 Mio. Euro pro Jahr für das Abgeordnetenhaus und den gleichen Betrag für den Senat. Die Praxis der Parteienfinanzierung wird vom Rechnungshof geprüft. Private Finanzierung muss erklärt und durch Gerichte geprüft werden. Die Kosten der Politik belasten die Italiener mit 23 Milliarden Euro pro Jahr.

Der italienische Staat gibt deutlich mehr Steuergelder für seine Parteien aus als vergleichbare Länder. Ein römischer Parlamentarier erhält 11 700 Euro im Monat plus operative Zuschüsse. Die Diäten sind über 4 000 Euro höher als für den deutschen Abgeordneten (Spiegel-Online vom 18.07.20110). Während sich der Betrag für die Parteienfinanzierung in Italien auf 300 Mio. Euro – für National-, Regional, Europawahlen – beläuft, schütten die Spanier 61 Mio. Euro, die Deutschen 133 Mio. Euro und die Franzosen 73 Mio. Euro aus. (Stella/Rizzo 2008, S. XXI)

Wer an dieser Ausschüttung öffentlicher Gelder nicht partizipieren kann, wird von den großen Parteien unterstützt, wenn er ihnen von Nutzen ist. Die von Alessandra Mussolini 2004 als Abspaltung aus der *AN* gegründete Bewegung *Azione sociale* wurde eine Zeitlang von der *Forza Italia* finanziert. Über diese Zeit machte der Betrag 673 000 Euro aus. Berlusconis Partei hat auch noch weitere Kleinparteien finanziell unterstützt: „Die *Democrazia cristiana* von Gianfranco Rotondi (220 000 Euro); die Föderation der Grünen (130 000), von der *Casa delle Libertà* verwandt, um Stimmen von den Umweltaktivisten von Alfonso Pecoraro Scanio abzuschneiden; den neuen *PSI* von Gianni De Michelis (2 Mio. Euro); die Republikanische Partei von Francesco Nucara (90 000 Euro); die liberalen Reformatoren von Benedetto Della Vedova (450 000) und die Italiener in der Welt (700 000 Euro)". (Di Nicola/ Lillo 2008)

7.6   Die außerparlamentarische Protestbewegung

In Italien hat sich, ähnlich wie Anfang der neunziger Jahre gegen die *partitocrazia* und 2002 für die Absetzung von Berlusconi, mittlerweile eine beachtliche Protestbewegung gegen Berlusconi gebildet. Sie umfasst Aktivisten verschiedener Herkunft, von Studenten, Intellektuellen, Gewerkschaftern, Richtern etc. Die Gruppierungen und ihre Anhänger organisieren Treffen und Demonstrationen über die sozialen Netzwerke *Facebook* und *Twitter*. Zwischen den etablierten Parteien und den Aktivisten herrschen Spannungen und Entfremdung. „Bewegung und Parteien scheinen zu getrennten Galaxien zu gehören, die sich nicht begegnen und sich wechselseitig gleichgültig sind". (*L'Espresso* vom 17.02.2011, S. 34)

Dennoch lässt sich eine Positionierung der kleineren oder größeren Gruppierungen im Mitte-links-Spektrum mit den Bezugspunkten der Demokratischen Partei *(PD)* und *Italia dei Valori (IdV)* von Di Pietro feststellen (Abbildung III-8).

Abbildung III-8 Die Verortung der Protestbewegung im Parteienspektrum

Quelle: *L'Espresso* vom 17.02.2001, S. 31.

Das *Popolo Viola* ist fast 400 000 Mitgliedern und angesichts der öffentlichen Beachtung sicherlich die relevanteste der Protestgruppen. Die *Fabbrica di Nicchi* ist ein virtueller Treffpunkt zum Austausch von Ideen, Projekten und Erfahrungen auch über Italien hinaus. Interessenten sind aufgefordert, „Fabriken" zu bauen, die zu neuen Netzpunkten werden können. Zu *Libertà e Giustizia* gehören Juristen wie Gustavo Zagrebelsky und Valerio Onida, beide ehemalige Präsidenten des italienischen Verfassungsgerichts, und international angesehene Intellektuelle wie Gae Aulenti, Umberto Eco, Umberto Veronesi und Claudo Magris. Paul Ginsborg ist Historiker, Sandra Bonsanti ist Präsidentin von *Libertà e Giustizia*.

8   Wahlen

8.1   Die Wahlrechtsreform 2006

Mit der neuen Verfassung gab sich die junge Republik 1946 ein reines Verhältniswahlrecht, um die faschistischen Mehrheitsgeschenke mit Zusatzsitzen für siegreiche Parteien zu vermeiden. Mit der Verfassung erhielten auch Frauen zum ersten Mal das Stimmrecht. Im Jahre 1953 gab es den Versuch von Seiten der Christdemokraten, ein Wahlrecht mit Mehrheitsprämie durchzusetzen. 50 Prozent der Wählerstimmen plus eine sollten zwei Drittel der Parlamentssitze ausmachen. Der Rest sollte proportional unter die unterlegenen Parteien verteilt

Tabelle III-12   Entwicklung von Wahlberechtigung und Wahlbeteiligung –
Abgeordnetenkammer

Jahr	Wahlbevölkerung	Anteil an der Gesamtbevölkerung (in %)	Wahlbeteiligung (in %)	Geschlecht	Altersgrenze	Abgeordnete
1848	418 696	1,9	57,2	m	25	222
1913	8 443 205	23,2	60,4	m	25	508
1929	9 682 630	23,5	89,9	m	25	460
1946	28 005 449	61,3	89,1	m/w	21	573
1948	29 117 554	62,2	92,2	m/w		
1953	30 280 342	64,1	93,8	m/w		
1958	32 446 892	65,0	93,8	m/w		
1963	34 201 660	66,8	92,9	m/w		
1968	35 566 681	66,3	92,8	m/w		
1972	37 049 654	68,4	93,2	m/w		
1976	40 423 131	72,2	93,2	m/w	18	630
1979	42 203 314	74,3	90,6	m/w		
1983	44 047 478	77,6	89,0	m/w		
1987	45 692 417	79,8	88,8	m/w		
1992	47 486 964	83,6	87,3	m/w		
1994	48 235 213 a	84,5	86,1	m/w	18	630
	48 135 041 b	–	86,1	m/w		
1996	48 846 238 a	85,2	82,9	m/w	18	630
	48 744 846 b	–	–	m/w		
2001	49 358 947 a	86,9	81,4	m/w	18	630
	49 256 295 b	86,8	–	m/w		
2006	47 098 181	80,2	83,6	m/w	18	630
2008	47 142 437	79,1	80,5	m/w	18	630

a= nach Mehrheitswahl   b = nach Verhältniswahl

Quelle: Chiellino (1981), S. 145 und Ministero dell'Interno.

werden. Dieser Vorstoß ist in der jüngeren italienischen Geschichtsschreibung als „Betrugsgesetz" *(legge truffa)* vermerkt.

In Italien existiert das allgemeine Wahlrecht erst seit dem Referendum über die Staatsform vom Juni 1946. Mit der Verfassung erhält jeder italienische Bürger das aktive und passive Wahlrecht, das für die Abgeordnetenkammer und den Senat differenziert ist. Während für die Abgeordnetenkammer alle Bürger über 18 Jahre wahlberechtigt und alle Italiener über 25 Jahre wählbar sind, gelten für die Ausübung des aktiven wie passiven Wahlrechts für den Senat die Altersgrenzen 25 bzw. 40 Jahre.

Der Überblick über die Entwicklung des Wahlrechts verdeutlicht zum einen den großen Rückstand Italiens zu anderen entwickelten Ländern Europas (in Deutschland wurde das allgemeine Wahlrecht nach der November-Revolution 1918 eingeführt), und zum andern die hohe Politisierung insbesondere in den spannungsreichen siebziger Jahren, abzulesen an der hohen Beteiligung der Wahlberechtigten.

Das alte Wahlsystem von 1946 galt als einer der Gründe für die „blockierte Demokratie", vor allem für den fehlenden Wechsel von Regierung und Opposition. Über fünfzig Jahre beherrschten die *Democrazia cristiana* und ihre Verbündeten den Staat wie ein Feudalgebiet und durchdrangen ihn in einer Weise, dass jede Differenz zwischen Staat und politischen Parteien verwischt war. Zu Recht sprach man in Italien immer von einer *partitocrazia*, einer Parteienherrschaft. Diese Tendenz galt ebenso, wenn auch in abgeschwächter Form, für die Kommunistische Partei in ihren Hochburgen wie Emilia Romagna und Umbrien, wo sie ein Netz zentraler Planung und Steuerung aufzog, das allzu oft die Selbstinitiative der wirtschaftlichen und gesellschaftlichen Akteure behinderte.

Das in der Verfassung von 1946 verankerte System der Verhältniswahl geriet vor allem mit seinem Mechanismus der Präferenzstimmen in den Mittelpunkt der Kritik. „Dieses System, das nur für die Abgeordnetenkammer angewendet wurde, gab den Wählern zusätzlich zu ihrer Stimme für die Partei die Möglichkeit, auf der dazugehörigen Kandidatenliste (im Wahlkreis) bis zu vier Präferenzstimmen auszudrücken. Die tatsächliche Reihenfolge der Kandidaten auf jeder Liste ergab sich damit erst durch das Votum der Wähler". (Weber 1993, S. 21)

Dieses System ermöglichte nicht nur den direkten Wahlbetrug gerade im Süden durch die *Mafia* und die *Camorra* sondern auch den Missbrauch durch undurchsichtige Kandidatenbündnisse in den größeren Parteien. Häufig setzten die profilierten lokalen Spitzenkandidaten auf den Listen gefügige Mitläufer durch, die dann als bereitwillige Hilfstruppen für die Strömungen innerhalb der Partei agierten.

Mehrfach stand das Wahlrecht im Mittelpunkt von Referenden. Im Referendum vom 09.06.1991 befürworteten 95,6 Prozent der Italiener die Reduzierung der Präferenzstimmen von vier auf eine. Wie sehr den Italienern dieses Thema auf den Nägel brannte, sieht man an der enorm hohen Beteiligung von 62,5 Prozent. Das Ergebnis wirkte wie eine „politische Bombe, … nicht nur als Instrument, um das Übel des Wahlbetrugs abzuschaffen und das Spekulantentum der klientelistischen Seilschaften zu sprengen, sondern auch als der erste Schritt in Richtung auf den uninominalen Wahlkreis". (Pansa 1991, zitiert von Weber 1993, S. 22)

Der Druck auf eine Fortsetzung und Verdichtung der Reformen wurde durch die Initiativen des vom Christdemokraten Mario Segni ins Leben gerufenen „Pakts für die Reform" aufrecht erhalten. Im Referendum vom April 1993 wurde die Einführung des Mehrheitswahlrechts für den Senat befürwortet (82,7 Prozent Ja-Stimmen), die staatliche Parteienfinanzierung gestrichen (90,3 Prozent) und die Ernennung der Direktoren in den Betrieben mit staatlicher Beteiligung (90,1 Prozent) und in den Banken und Sparkassen (89,8 Prozent) befürwortet.

Gemäß dem nach dem Referendum beschlossenen Wahlrecht wurden 237 Senatoren (75 Prozent) in einer gleichen Zahl von Wahlkreisen mit einfacher Mehrheit gewählt. Die unterlegenen Kandidaten hatten aber eine zweite Chance bei der Verteilung der restlichen 78 Sitze (25 Prozent), die anschließend in den Regionen proportional auf die Parteien im Verhältnis ihres Gesamtergebnisses verteilt werden. Entsprechend war eine Veränderung des Wahlsystems für die Abgeordnetenkammer notwendig geworden, die im Juni 1993 ver-

Tabelle III-13   Entwicklung von Wahlberechtigung und Wahlbeteiligung – Senat

Jahr	Wahlbevölkerung	Anteil an der Gesamtbe- völkerung (in Prozent)	Wahlbeteiligung (in Prozent)	Geschlecht	Altersgrenze
1948	25 874 809	55,3	92,1	m	25
1953	27 172 871	57,5	93,8	m	25
1958	29 174 858	58,8	93,9	m	25
1963	30 989 382	60,5	93,0	m/w	21
1968	32 528 271	60,6	92,9	m/w	18
1972	33 923 895	62,7	92,7	m/w	18
1976	34 908 119	62,3	93,3	m/w	18
1979	36 364 039	64,0	90,4	m/w	18
1983	37 603 817	66,3	88,6	m/w	18
1987	38 953 549	68,0	88,4	m/w	18
1992	41 022 758	72,3	86,9	m/w	18
1994	41 795 730	73,0	85,8	m/w	18
1996	42 889 825	74,8	82,2	m/w	18
2001	44 499 794	78,1	81,3	m/w	18
2006	43 012 783	73,2	83,6	m/w	18
2008	43 146 174	72,4	80,5	m/w	18

Quelle: Istat (2008).

abschiedet wurde. Danach wurden 75 Prozent der Abgeordneten in einem Wahlgang nach dem Mehrheitswahlrecht gewählt. Die verbleibenden 25 Prozent der Sitze wurden mit einer Zweitstimme proportional auf jene Parteien verteilt, die mindestens vier Prozent erreichen, und gehen an die Kandidaten, die in einer nationalen Reserveliste die meisten Präferenzstimmen erhalten. Die Wahllisten der Parteien mussten zur Hälfte mit Frauen besetzt sein.

Für die Praxis der politischen Willensbildung auf Basis eines neuen Wahlrechtes bedeutend war die Anwendung der Direktwahl der Bürgermeister 1993, die bei Nicht-Erreichen der absoluten Mehrheit eine Stichwahl der beiden stärksten Kandidaten vorsah. Für den zweiten Wahlgang in einer Reihe von Städten bildeten die Gruppierungen der Linken Bündnisse, um dem jeweils vorne liegenden Kandidaten zum Erfolg zu verhelfen. Diese Bildung von Bündnissen hat sich in den folgenden Jahren fortgesetzt und prägt nunmehr die politische Landschaft Italiens. Damit war ein Schritt in Richtung eines funktionierenden Zweiparteiensystems getan worden. Forciert wurde diese Entwicklung 1994 durch die Präsentation von Silvio Berlusconi als Kandidaten für das Amt des Ministerpräsidenten, was im Vergleich zur Vergangenheit, als der Ministerpräsident als Ergebnis undurchsichtiger und komplexer Aus- und Verhandlungen zwischen den Strömungen und Flügel einer Partei bzw. den Koalitionsparteien bestimmt worden war, eine völlig neue Praxis war.

Ein klassisches Zweiparteiensystem hat sich seitdem noch nicht etabliert. Nach den Nationalwahlen 1996 waren immerhin noch neun Parteien/Gruppierungen im Parlament vertreten und bei den Europawahlen 1999 übersprangen sieben Parteien/Gruppierungen die 4-Prozent-Hürde.

Anfang der neunziger Jahre des letzten Jahrhunderts kam die Initiative zur Wahlrechts-änderung nicht aus den Reihen der politischen Parteien sondern aus der Zivilgesellschaft. „Welche Schubkraft dieser Druck von unten hatte, beweist der Umstand, dass allein zwischen März 1993 und März 1994 das Gesetz zu den Parlamentswahlen (und zwar für beide Häuser) sowie das Wahlgesetz für die Gemeinden und Provinzen geändert, die Direktwahl der Bür-germeisterInnen und LandtagspräsidentInnen eingeführt, die Regeln für die Wahlkämpfe auf allen politischen Ebenen geändert und diese Innovationen auch tatsächlich umgesetzt wur-den". (Pallaver 2005, S. 45)

Dieser Druck der Zivilgesellschaft hielt aber nicht lange an. Der Versuch einer außerpar-lamentarischen Initiative, das gemischte Mehrheits- durch ein reines Verhältniswahlrecht zu ersetzen, ist 1999 in einem Referendum mangels Wahlbeteiligung gescheitert. Ein Jahr spä-ter war die Situation nicht besser: ein weiterer Versuch, per Referendum den Proporzanteil (25 Prozent) bei der Mandatsverteilung zu beseitigen, führte erneut wegen der zu geringen Wahlbeteiligung von nur 32,4 Prozent nicht zum Erfolg.

Das Mehrheitswahlrecht wurde von den großen politischen Parteien als wesentliches In-strument angesehen, um das politische System Italiens zu stabilisieren und sich selbst jeweils günstige Regierungsbedingungen zu verschaffen. Ziele waren die Schaffung eines bipolaren Parteiensystems, einen Wechsel der Regierung und die Bildung von stabilen Regierungen.

Mit dem Mehrheitswahlrecht sollte dies in besonderem Masse gelingen, da kleine Partei-en sich zu größeren Parteigruppierungen zusammenschließen müssten und vor der Wahl kon-sistente Wahlkoalitionen zu bilden waren.

Diese Ziele sind lange nicht erreicht worden, da die Bündnisse in sich sehr fragmentiert waren. Aber der Übergang zum bipolaren Parteiensystem war unübersehbar.

Im Jahre 2005 verabschiedete der Senat auf Betreiben der Mitte-rechts-Koalition eine er-neute Änderung des Wahlrechts. Der Berlusconi-Block versprach sich davon eine breitere Stimmenmehrheit. Dieses aktuell gültige Wahlrecht sieht wieder eine Zuweisung der Sitze auf proportionaler Basis vor. Die wesentlichen Neuheiten sind:

- Statt wie bisher auf einer Liste pro Wahlkoalition einen Kandidaten auszuwählen, stimmt der Wähler für eine Liste.
- Die bei den Abgeordnetenwahlen siegreiche Koalition erhält eine Mehrheitsprämie in Form von einem Anteil von 55 Prozent (entspricht 340) der Sitze, wenn sie nicht aus eigener Kraft diese Mehrheit erzielt hatte. Bezogen auf den Senat wird diese Prämie über die regionalen Stimmverteilung verteilt. Die siegreiche Koalition erhält mindestens 55 Prozent der Sitze.
- Die Koalitionsführer werden mit Namen benannt.
  - Die Stimmenverteilung ist an bestimmte Voraussetzungen geknüpft:
  - Koalitionen müssen mindestens zehn Prozent der Stimmen landesweit erhalten und eine der an ihr beteiligten Parteien muss zwei Prozent erhalten.
  - Keiner Koalition angehörende Parteien müssen mindestens vier Prozent der Stimmen landesweit erringen. Diese Hürde gilt auch für Parteien, die Koalitionen angehören, die die oben genannte Sperrklausel für Koalitionen nicht erreichen.

- Parteien, die eine sprachliche Minderheit repräsentieren bzw. ausschließlich in einem Wahlkreis (von insgesamt 26) kandidieren, müssen dort mindestens 20 Prozent der Stimmen erreichen. Diese Regel ist auf die Südtiroler Volkspartei zugeschnitten.

Hinsichtlich der Wahlbeteiligung (Tabellen III-12 und 13) lassen sich drei Phasen unterscheiden. Die erste reiht nach dem zweiten Weltkrieg bis in die Phase der Regierung der nationalen Souveränität (1976–1979) mit Duldung durch den *PCI* (1946–1976), die von einer für Europa sehr hohen Wahlbeteiligung von über 93 Prozent gekennzeichnet ist. Gründe sind die Gewährung des Wahlrechts für Frauen im Jahre 1946 sowie die hohe Mobilisierung durch die Auseinandersetzung zweier großer Massenparteien. Die zweite Phase sind die Jahre von 1979 bis 1992 als den Jahren der Lethargie und Stimmenenthaltung im bisher nicht gekannten Stil. Sodann die Phase nach dem Umbruch, in der besonders im neuen Jahrhundert die Beteiligung deutlich zurückging.

8.2 Die Wahlergebnisse

8.2.1 Die Wahlen zum Abgeordnetenhaus und zum Senat

Von 1948 bis 1992 blieb die Konstellation des Parteiensystems relativ stabil. Sieben Parteien *(KPI, PSI, PSDI, PRI, DC, PLI* und *MSI)* erhielten eine stabile Unterstützung durch ihr Stammwählervolk. Einige Neugründungen als Abspaltung der KPI wie die *DP* oder des *PSI* wie der *PSIUP* u. a. hatten im nach dem Krieg etablierten Spektrum keine Chance. Eine tragende Achse der ersten 44 Jahre der Republik war der Gegensatz von Kommunismus und Antikommunismus in der Konfrontation von KPI und *DC*. In dieser dominierenden Konstellation drohten die kleineren Parteien zu ersticken. Sie hielten aber als notwendige Koalitionspartner und als Ausdruck von Sonderinteressen im Volke über den gesamten Zeitraum eine stabile Stellung.

Die zunehmende Infragestellung der Macht der Christdemokraten beginnt etwa mit dem Sprung nach vorn der KPI in den Regionalwahlen von 1975, als die Kommunistische Partei bis auf 1,9 Prozent an das Wählerpotential der *DC* heran kam (33,4 Prozent gegenüber 35,3 Prozent der *DC*). Nach der Bestätigung der Patt-Situation zwischen den beiden Großen in den Nationalwahlen von 1976 (34,4 Prozent gegenüber 38,8 Prozent) konnte nicht mehr wie früher an den Kommunisten vorbei regiert werden. Angesichts der wirtschaftlichen Krisensituation sah sich die *Democrazia cristiana* gezwungen, eine Regierung unter Duldung der Kommunisten und der Sozialisten unter Giulio Andreotti zu bilden, die als „Regierung der Enthaltung" in die jüngere politische Geschichte Italiens eingegangen ist. Diese Regierung des besonderen Typs hat eine Reihe von Planungsgesetzen zu Bekämpfung der Wirtschaftskrise, der Massenarbeitslosigkeit und der Rückständigkeit der südlichen Regionen verabschiedet, aber keine nachhaltige Änderung des Kräfteverhältnisses zwischen den bürgerlichen und kommunistischen Polen der italienischen Politiklandschaft gebracht.

Im Jahre 1981/82 führte mit dem Republikaner Spadolini zum ersten Mal ein Politiker, der nicht der *DC* angehört, die Regierung und von 1983 bis 1991 regierte mit Bettino Craxi ein Sozialist, der einer Fünf-Parteien-Regierung aus *DC, PSI, PRl, PSDI* und *PLI* vorsaß. Die

Regierungen dieser ersten Republik 1948 bis 1992 waren von einer tiefgreifenden institutionellen Schwäche der Regierungen und des Wählereinflusses gegenüber den Parteiflügeln der im bürgerlichen Lager dominierenden Kräfte gekennzeichnet. Ein wesentliches Kennzeichen ist die Kurzlebigkeit der Kabinette. Die durchschnittliche Amtsdauer einer Regierung liegt unter einem Jahr. Nimmt man die drei ersten Moro-Regierungen zusammen, kann man von einem Block relativer Kontinuität für die Dauer von 4,5 Jahren sprechen. Die meisten Regierungen finden ihr Ende als Ergebnis „außerparlamentarischer Krisen".

Dieser Begriff steht für Entwicklungen wie die Neuverteilung der Kräfteverhältnisse zwischen Parteiflügeln und/oder Führungspersönlichkeiten oder die Durchsetzung neuer Konditionen, Personen, Programmpunkte durch den oder die Koalitionspartner. Vor allem die Instabilität der *DC* in den fünfziger Jahren war für die Regierungskrisen verantwortlich. „Kabinettskrisen wurden meistens dadurch ausgelöst, dass eine Partei mit dem Austritt aus dem Kabinett gedroht hat. In vielen Fällen hat das direkt zum Rücktritt des Premierministers geführt, seltener zu einer parlamentarischen Vertrauensabstimmung". (Verzichelli/Cotta 1997, S. 605)

Seit 1972 führten stets vorgezogene Neuwahlen zum Ende der Kabinette und in den achtziger Jahren gingen Regierungen am Streit um die Person des Ministerpräsidenten und an der Interpretationen zu Absprachen über die Rotation im Amt des Regierungschefs zwischen *DC* und *PSI* zugrunde.

Das zweite Charakteristikum der Regierungen dieser Epoche war die lange Phase der Regierungsbildung und der Zusammensetzung der Kabinette. „Italien hat seit dem Zweiten

Tabelle III-14   Ergebnisse der Wahlen zur Abgeordnetenkammer 1948–1992 (in Prozent)

Parteien	1948	1953	1958	1963	1968	1972	1976	1979	1983	1987	1992
DC	48,5	40,1	42,3	38,3	39,1	38,7	38,7	38,3	32,9	34,3	29,7
KPI		22,6	22,7	25,3	26,9	27,1	34,3	30,4	29,9	26,6	–
PSI	31,01	12,7	14,2	13,8	14,5	9,6	9,6	9,8	11,4	14,3	13,3
PSDI	7,1	4,5	4,6	6,1	14,52	5,1	3,4	3,8	4,1	2,9	2,5
PDS	–	–	–	–	–	–	–	–	–	–	16,6
PRC	–	–	–	–	–	–	–	–	–	–	5,7
PSIUP	–	–	–	–	4,4	1,9	–	–	–	–	–
DP/PDUP/La Rete	–	–	–	–	–	–	1,6	2,2	1,7	1,8	2,7
PR	–	–	–	–	–	–	1,1	3,4	2,8	2,6	1,2
PRI	2,5	1,6	1,4	1,4	2,0	2,9	3,1	3,0	5,1	3,7	4,4
PLI	3,8	3,0	3,5	7,0	5,8	3,9	1,3	1,9	2,9	2,1	2,8
Verdi	–	–	–	–	–	–	–	–	–	2,5	2,8
MSI	2,0	5,8	4,8	5,1	4,4	8,7	6,1	5,9	6,8	5,9	5,2
Monarchici	2,8	6,9	4,8	1,7	1,3	–	–	–	–	–	–
Lega Nord	–	–	–	–	–	–	–	–	–	–	11,0

Quelle: Istat: Annuario Statistico, verschiedene Jahrgänge.

Weltkrieg mehr Zeit im Übergang von einem Kabinett zum nächsten verbracht als jedes andere europäische Land". (Verzichelli/Cotta 1997, S. 569) In allen Fällen wurde mehr als eine Woche für die Bildung eines neuen Kabinetts benötigt und eine Ausdehnung dieser Zeit auf einen Monat oder mehrere Monate war nicht unüblich. Drei Kabinette benötigten mehr als 100 Tage für ihre Bildung.

Ausdruck der starken Rolle der Parteiflügel und Parteipolitiker ist die Tatsache, dass es keinen offiziellen Regierungsvertrag gab, der die Arbeit zwischen den Koalitionspartnern systematisch plante. Die geschlossenen Abkommen enthielten mehr oder weniger schwache und unverbindliche Aussagen. Die Regierungsarbeit wurde faktisch gesteuert durch Mehrheitsgipfel, auf denen die Kabinette gestützt oder gestürzt wurden und mit denen die Regierungsarbeit stabilisiert oder umorientiert wurde.

1991 versuchte Giulio Andreotti *(DC)* mit seiner 7. Regierung das Rad der Geschichte zurückzudrehen und alte Kräftekonstellationen wieder zu installieren. Doch die Zeichen standen auf einem grundlegenden Wandel. Die italienische Wirtschaft befand sich gegenüber den meisten größeren europäischen Ländern in der Vorbereitung des Stabilitäts- und Wachstumspaktes auf dem Wege zu einem enger kooperierenden Europa in einem bedrohlichen Rückstand (siehe Kapitel I 1. 2).

Die Regierung von Giuliano Amato *(PSI)* stand unter dem Eindruck der Korruptionsaffäre, in die zunehmend relevante Teile der nationalen Führungsmannschaft des *PSI* einbezogen wurden. Dennoch konnte die Regierung erhebliche Erfolge in der Wirtschaftspolitik und den Beginn der Haushaltssanierung vorweisen.

Die Wahlen von 1994 waren die ersten nach dem Umbruch der Jahre 1992/93. Durch die Strafverfolgung verließen eine Reihe von Abgeordneten das Parlament, und durch den Zusammenbruch der alten Parteiformationen stellten diese Wahlen auch einen Austausch einer ganzen Generation der politischen Klasse dar: 452 von 630 Abgeordneten und 213 von 315 Senatoren waren neu im Parlament.

Unter dem Eindruck der Referenden vom April 1993 allerdings trat Amato zurück und machte den Weg frei für die Regierung Ciampi, die mit Unterstützung von Staatspräsident Oscar Scalfaro klar begrenzte Aufgaben wie vor allem die Einführung des Mehrheitswahlrechts und die Fortführung der Sanierung des Staatshaushalts in Angriff nahm. Dieser Wahlkampf zeigte relevante Neuerungen. Staatspräsident Scalfaro griff ungewohnt direkt in die Auseinandersetzungen, indem er inhaltliche Vorgaben für die anstehende Regierungsarbeit formulierte. Überdies wurde der Wahlkampf zum ersten Mal mit klar konturierten Vorwahlprogrammen und im Gegeneinander von Personen geführt.

Aus den Wahlen ging das Rechtsbündnis *Polo di Libertà* um die *Forza Italia* mit 366 von 630 Sitzen im Abgeordnetenhaus als Sieger hervor. Der Linken *(Progressisti)* blieb das (unerwartete) Nachsehen mit 213 Sitzen. Die Ergebnisse für die Parteien einzeln genommen brachten den Sieg der wenige Monate vor den Wahlen gegründeten *Forza Italia* mit 21 Prozent vor dem *PDS* (20,4 Prozent). Enttäuschend war das Ergebnis für die profiliertesten Nachfolgeparteien der *Democrazia cristiana:* der *PPI* konnte nur 11,1 Prozent der Stimmen erringen und der Patto Segni als treibender Kraft der Wahlrechtsreform erreichte nur 4,6 Prozent der Stimmen. Die postfaschistische *AN* hingegen sprang auf 13,5 Prozent. Der weitere Koalitionspartner war die *Lega Nord* bis zum Koalitionsaustritt im Laufe des Jahres 1994.

Tabelle III-15   Die Regierungen der Zweiten Republik (1993 bis 2008)

Ministerpräsident	Koalitionspartner	Dauer
Ciampi (parteilos)	DC-PSI-PSDI-PLI-Techniker	29.04.1993–13.01.1994
Berlusconi (FI)	FI-LN-AN-CCD-CDU	11.05.1994–22.12.1994
Dini (parteilos)	Techniker	17.01.1995–07.01.1996
Prodi (Ulivo)	L'Ulivo-PDS-PPI/SVP/PRI/UF/Prodi-Lista Dini-Progressisti-RFC	17.05.1996–09.10.1998
D'Alema I (DS)	L'Ulivo-DS-PPI-Democratici-Lista Dini	21.10.1998–18.12.1999
D'Alema II (DS)	L'Ulivo-DS-Democratici-Lista Dini-Lista Prodi	23.12.1999–19.04.2000
Amato	L'Ulivo-DS-Democratici-Lista Dini-Lista Prodi	26.04.2000–11.06.2001
Berlusconi (CdL) II	FI-AN-LN-UDC	11.06.2001–23.04.2005
Berlusconi (CdL) III	FI-AN-LN-UDC	23.04.2005–17.05.2006
Prodi II	La Margherita-PD-L'Ulivo-Unione DS-DL-PRC-RNP-PDCI-IDV-FV-IDEUR	17.05.2006–08.05.2008
Berlusconi IV (PdL)	PdL-LN-MpA	08.05.2008

Quelle: Ministero dell'Interno.

Nach dem Bruch der Rechtskoalition durch die *AN* bildete der parteilose Lamberto Dini eine Regierung, die sich von Fall zu Fall eine parlamentarische linke Mehrheit sicherte. Hauptverdienst der Dini-Regierung ist die Durchsetzung von Einsparungen im Staatshaushalt.

Im Jahre 1996 erwiesen sich Neuwahlen als unumgänglich, um den Bemühungen, Italien in den Stabilitäts- und Wachstumspakt von Maastricht und damit in die Reihe der Führungsländer Europas einzugliedern, eine breitere und stabilere Basis zu sichern. Aus den Parlamentswahlen im April 1996 ging das Mitte-links-Bündnis unter Romano Prodi und Massimo

Tabelle III-16   Ergebnisse der Wahlen zum Senat 1994, 1996 und 2001 (in Prozent)

Partei	1994	(Neue) Partei oder Gruppierung	1996	2001
Progressisti	32,9	L'Ulivo	39,9	38,7
Polo delle Libertà	19,9	Casa delle Libertà (CdL)	37,3	42,5
Patto per l'Italia	16,7		–	–
Lega Nord			10,4	–
Polo Buon Governo	13,7		–	–
Alleanza Nazionale	6,3		–	–
Panella	2,3		1,6	2,0
Rifondazione Comunista				5,0
Lista di Pietro				3,4

Quelle: Eigene Zusammenstellung nach dem Archiv des Ministero dell'Interno.

D'Alema (L'Ulivo) als knapper Sieger über die rechte Casa delle Libertà hervor. Indes betrug die Mehrheit der Regierung Prodi, die außer dem Ulivo (246 Sitze), den PDS (26 Sitze), PPIISVP/PRIIUFI-Prodi (vier Sitze), Lista Dini (acht Sitze), Progressisti (15 Sitze) und Rifondazione Comunista (20 Sitze) umfasste, mit 319 Sitzen gerade einmal drei Mandate mehr als die absolute Mehrheit. Die Regierung Prodi erwarb sich nachhaltige Verdienste in der Sanierung der Staatshaushalte, in der Privatisierung der Staatsbeteiligungen und Staatsbetriebe, in der Reform des staatlichen Auftragswesens, der öffentlichen Verwaltung, der Schulen und Universitäten, des Gesundheitswesens sowie des staatlichen Fernsehens RAI und durch neue Initiativen in der Umweltpolitik.

Das Mitte-links-Bündnis unter Romano Prodi siegte 1996 über die Berlusconi-Koalition Polo per le Libertà (Pdl). Während es im Senat eine breite Mehrheit innehatte, war sie in der Abgeordnetenkammer auf die Unterstützung der Rifondazione Comunista angewiesen (siehe Tabelle III-18), was die Regierung aber nachhaltig instabil machte und insbesondere nicht die tiefgreifenden Strukturreformen in Wirtschaft und Gesellschaft zuließ, die später erst die Regierung Giuliano Amato vorantrieb.

Zu den Wahlen 2001 trat die Mitte-links-Koalition nicht mit einem geschlossenen linken Flügel an. Rifondazione Comunista, Italia dei Valori (Di Pietro), Democrazia Europea und Radikale blieben außerhalb des Olivenbaum-Bündnisses. Die Casa delle Libertà (CDL) holte sowohl im Abgeordnetenhaus wie im Senat die absolute Mehrheit.

Eine Neuerung kam vor den Wahlen 2006 vom Olivenbaum. Das Bündnis führte die ersten Primärwahlen Europas durch, mit denen Romano Prodi zum Kandidaten für das Amt des Ministerpräsidenten gewählt wurde. Dies hatte im Mitte-links-Bündnis einen solidarisierenden Effekt und verlieh Prodi ein stärkeres Mandat als bei einer Wahl allein durch die Bündnisführung. Diesmal schlossen sich neben anderen auch die RFC, die Partei der italienischen Kommunisten, die Grünen und aus der Mitte Di Pietros Italia dei Valori der Unione an. Das Bündnis siegte mit 49,8 gegen 49,7 Prozent der Stimmen und profitierte von der Mehrheitsprämie.

Damit war auch die Alternanz zwischen zwei großen Blöcken erreicht. Kleinere Parteien wurden immer schwer von Koalitionen und untereinander zu differenzieren. Manche waren

Tabelle III-17   Sitzverteilung in der Abgeordnetenkammer 1996–2006 (in Prozent)

Partei/Bündnis	1996	2001	2006
Rifondazione	5,5	1,8	(9,2)
Ulivo	45,1	39,2	55,1
Casa delle Libertà	39,0	58,4	44,9
Lega	9,4	–	–
andere	1,0	0,6	–
Total	100,0	100,0	100,0

Quelle: Kriesi (2008), S. 155.

Tabelle III-18   Die Wahlergebnisse zur Abgeordnetenkammer 1994–2006 (in Prozent)

Partei/Gruppierung	1994	1996	2001	2006	Koalitionsführer/Partei/ Koalition	2008
Linke						
• Rifondazione (+ Communisti Italiani)	6,0	8,6	5,0	8,1	Walter Veltroni	38,0
• Ulivo	–				PD	33,7
• PDS	20,4	21,1	16,6	(17,5)	Italia dei Valori	4,3
• PPI (DC) („Margherita')	–	6,8	14,5	(10,7)		
• Movimento Rep. Europei	–	–	–	(3,1)		
• Grüne („Girasole')	–	2,5	2,2	2,1		
• La rosa nel pugno (Radikale)	–	–	–	2,6		
• Italia dei Valori (Di Pietro)	–	–	–	2,3		
• Democrazia Europea	–	–	–	1,4		
• Lista Dini	–	4,3	–	–		
• andere		0,1	1,7	2,1		
Total	–	43,3	40,0	49,8		
Mitte						
• Italia dei Valori (Di Pietro)	–	–	3,9			
• Democrazia Europea	–	–	2,4			
• PR Radikale	–	1,9	2,2	–		
Rechte	–	PdL	CdL		Silvio Berlusconi	47,3
• CDU-CCD (DC)	–	5,8	3,2	6,7	• Popolo della Libertà	38,2
• Leghe	8,4	(10,1)	3,9	4,6	• Lega Nord	8,1
• Forza Italia	21,0	20,6	29,4	23,7	• MpA	1,1
• Alleanza nazionale	13,5	15,7	12,0	12,3		
• Nuovo PSI	–	–	1,0	0,7		
• andere		–	–	1,6		
Total	–	52,2	49,5	49,7		

Legende: Einige Parteien wechseln über die Jahre das Lager und tauchen deshalb bei verschiedenen Bündnissen auf.

Quelle: Corriere della Sera vom 14.06.1999 und Kriesi (2008), S. 152.

nach einem in Italien gängigen Bonmot kaum mehr als „Taxiparteien", deren Mitglieder in einem Taxi Platz fänden. (Caciagli/Zuckerman 2001, S. 29)

Im Jahre 2008 kam die Regierung Prodi über die großen inneren Spannungen zu Fall. Die anschließenden Neuwahlen brachten Silvio Berlusconi zum vierten Mal in die Regierungsverantwortung.

Abbildung III-9 Koalitionen in den Wahlen von 2006 und 2008

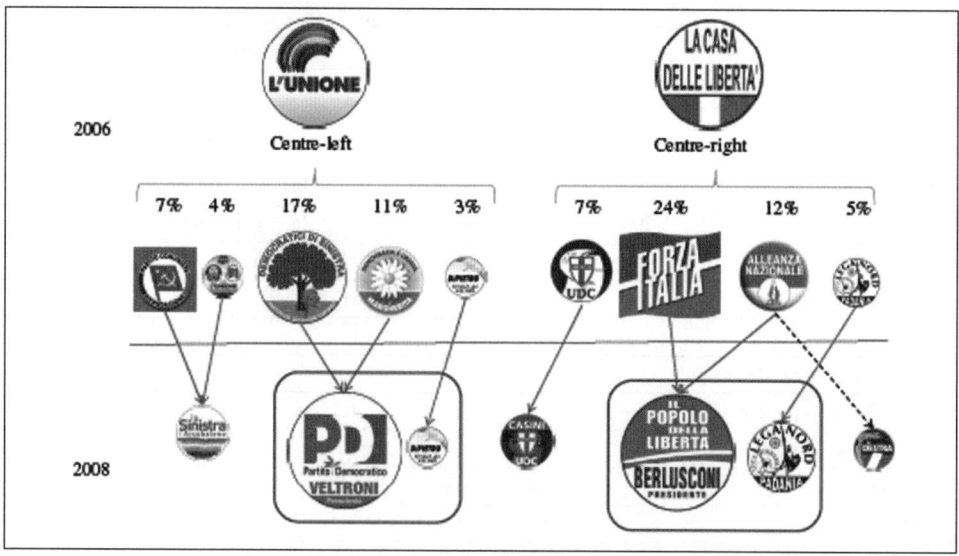

Quelle: Coffè/da Roit (2009), S. 16.

Tabelle III-19 Ergebnisse der Wahlen zum Senat 2006 und 2008 (in Prozent)

Kandidat/Partei/Bündnis	2006	Kandidat/Partei/Bündnis	2008
Romano Prodi	48,9	Walter Veltroni	38,0
· DS	17,5	· PD	33,7
· Margherita	10,7	· Italia dei Valori	4,3
· Rifondazione Comunista	7,4		
· Insieme con l'Unione	4,2		
· Italia dei Valori	2,9		
· Sonstige	6,7		
Silvio Berlusconi	50,2	Silvio Berlusconi	47,3
· Forza d'Italia	24,0	· Popolo della Libertà	38,2
· Alleanza Nazionale	12,4	· Lega Nord	8,1
· UDC	6,8	· MpA	1,1
· Lega	4,5		–
· andere	12,5		–

Quelle: Eigene Zusammenstellung nach dem Archiv des Ministero dell'Interno.

Tabelle III-20   Wahlergebnisse und Sitzverteilung 2008

Partei/Bündnis	Abgeordnetenkammer		Senat	
	Stimmenanteil	Sitze	Stimmenanteil	Sitze
Berlusconi-Koalition	47,3	344	46,9	174
• Popolo della Libertà (PdL)	38,2	276	38,0	146
• Lega Nord	8,1	60	7,9	26
• Movimento per le Autonomie	1,1	8	1,1	2
Veltroni-Koalition	38,0	246	37,8	134
• Partito Democratico (PD)	33,7	217	33,1	118
• Italia dei Valori	4,3	29	1,1	14
Unione di Centro (UDC)	5,6	36	5,7	3
Sonstige	10,1	4	8,6	4
Total	100,0	630	100,0	315

Quelle: Ministero dell'Interno.

8.2.2   Die Territorialwahlen

Regionalwahlen

Die Regionalwahlen haben in Italien aus vier Gründen eine besondere Bedeutung. Erstens bestimmen die Bürger auf der regionalen Ebene, die im Vergleich zu den Kommunen viel stärker ihre Lebensbedingungen beeinflussen, ihre politische Vertretung. Zweitens sind Regionalwahlen für das nationale Machtgefüge zwischen den Parteien und innerhalb der Parteien relevant, indem hier Strömungen und Personen eine starke Position aufbauen können. Drittens signalisieren sie zwischen den Nationalwalen politische Veränderungen und Wählerumschichtungen, die zum Teil beträchtliche Auswirkungen auch auf die Stärke der Parteien in den jeweiligen Regierungskoalitionen auf nationaler Ebene haben.

Viertens drückt sich in den Regionalwahlen die spezifisch lokale, ethnisch wie sozio-ökonomisch begründete politische Haltung aus. Insbesondere in den Regionen mit Sonderstatut haben die großen Parteien nur durch Wahlbündnisse bzw. durch sehr spezifisch auf die jeweiligen lokalen Belange ausgerichtete Parteiorganisationen überhaupt eine Chance, gegen die Parteien der Volksgruppen zu bestehen. Nur so konnte die *Forza Italia* 1999 den Sieg in Sardinien erringen. Die UV *(Union Valdôtaine)* führt die Regierungsgeschäfte im Aostatal nach dem Wahlsieg von 1998 unangefochten mit 42,6 Prozent der Stimmen. Noch dominanter ist die SVP (Südtiroler Volkspartei) zumindest in der autonomen Provinz Bozen, wo sie 1998 56,6 Prozent der Stimmen erreichte.

Umschwünge auf nationaler Ebene deuten sich häufig zunächst in den Regionalwahlen an und gewinnen durch sie zum Teil an Dynamik. So brachte der große Erfolg der Kommunistischen Partei bei den Regionalwahlen von 1975, als sie ihre Bastionen Ligurien, Emilia Romagna, Piemont, Umbrien und Toskana halten konnten, die Partei bis auf 1,9 Prozent an die früher unangefochten stärkste Partei, die *DC*, heran, was nicht unwesentlich zur Bildung

Tabelle III-21   Die Ergebnisse der Regionalwahlen 1975 bis 1990

Partei	1970	1975	1980	1985	1990
DC	37,9	35,3	36,8	35,0	33,6
KPI	27,9	33,4	31,5	30,2	24,0
PSI	10,4	12,0	12,7	13,3	15,0
MSI-DN	5,2	6,4	5,9	6,5	3,8
PSDI	7,0	5,6	5,0	3,6	2,8
PLI	4,7	2,5	2,7	2,2	1,9
PRI	2,9	3,2	3,0	4,0	3,5
DP (Democrazia Proletaria)	–	0,5	–	1,5	1,0
Verdi	–	–	–	1,7	2,3
Leghe	–	–	–	0,6	5,7

Quelle: ISTAT: Annuario Statistico, verschiedene Jahrgänge.

der „Regierung der Enthaltungen" beitrug. Die Wahlen von 1990 wiederum brachten einen tiefen Fall der KPI auch in ihren früheren Hochburgen, von 47 auf 42,2 Prozent in Emilia Romagna oder von 46,2 auf 40,3 Prozent in der Toskana, während die Sozialisten leichte Zugewinne verbuchen konnten.

Bei den Regionalwahlen 2000 wurde entsprechend dem Verfassungsgesetz 1/99 der Regionalpräsident zum ersten Mal direkt von den Wählern und dies in einem Wahlgang gewählt, also nicht über die Wahl des Regionalrats nach einer eventuell notwendigen Stichwahl bestimmt. Diese Bestimmung befördert die Koalitionsbildung, um einen Kandidaten mit einer breiten Unterstützung in dem einen Wahlgang durchzusetzen.

Die Regionalwahlen des Jahres 2000 führten zum Sturz der Regierung D'Alema in Rom, insofern der Kurs der Haushaltssanierung und der Reformen in den verschiedenen Politikfeldern offenbar nicht den erwünschten Rückhalt bei den Wählern fand. Die massive Propaganda der von Berlusconi *(Forza Italia)* angeführten Opposition vor allem gegen Einwanderer und gegen Sozialstaat brachte dem Mitte-rechts-Bündnis aus *FI, AN* und *Lega Nord* 50,7 Prozent der Stimmen gegenüber 45,7 Prozent des Mitte-links-Bündnisses. Schwerwiegend insbesondere war der Verlust des gesamten Nordens.

Durch die jüngsten Regionalwahlen (siehe Tabelle III-22) ergibt sich folgendes Bild. Das Mitte-links-Bündnis, das bei den vorletzten Wahlen elf Regionen regierte, hat sich entgegen dem allgemeinen Trend bei den National- und Europawahlen in sieben Regionen (Ligurien, Emilia Romagna, Toskana, Marken, Umbrien, Apulien und Basilikata) behaupten können. Das Mitte-rechts-Bündnis siegte auch in der Lombardei und in Venetien. Vier Regionen (Piemont, Latium, Kampanien und Kalabrien) gingen von Mitte-links nach Mitte-rechts. Damit gehören sechs Regionen zum Mitte-rechts-Bündnis und sieben zum Mitte-links-Block.

Die Wahlergebnisse in den Regionen mit Sonderstatut Aostatal, Friaul-Julisch Venetien, Trient-Südtirol, Sizilien und Sardinien drücken die große Besonderheit der regionalen und lokalen politischen Kräfte aus.

Tabelle III-22   Ergebnisse der letzten beiden Wahlen in den Regionen
mit Normalstatut (in %)

Region	Jahr	Stimmen in Prozent Mitte-links	Stimmenanteil in Prozent Mitte-rechts
Piemont	2010	47,5	47,0
Lombardei	2010	33,3	8,2
Venetien	2010	29,3	60,7
Ligurien	2010	52,7	47,3
Emilia Romagna	2010	51,9	38,3
Toskana	2005	56,7	33,0
Umbrien	2011	58,9	36,7
Marken	2005	57,6	39,1
Latium	2011	48,3	51,4
Abruzzen	2008	44,7	47,4
Molise	2006	47,1	52,9
Kampanien	2011	38,5	58,6
Apulien	2005	49,7	49,5
Basilicata	2011	67,6	27,3
Kalabrien	2011	32,2	51,7
Friaul-Julisch Venetien	2008	46,4	53,6
Sizilien	2008	41,6	53,8
Sardinien	2009	42,9	51,9

Quelle: Ministero dell'Interno, * = Lista Polverini 26,4 Prozent. Hauptparteien, weitere Parteien sind nicht aufgeführt.

Im Aostatal obsiegte die Autonomistische Koalition mit 61,9 Prozent vor der Autonomistisch-Fortschrittlichen Koalition mit 27,4 Prozent. Eine gesonderte Gruppierung Rechtes Zentrum erreichte immerhin noch 10,6 Prozent der Stimmen.

In Friaul-Julisch Venetien siegte 2008 die Mitte-rechts-Koalition mit 53,6 Prozent. Führungspartei ist hier der *Polo della Libertà* mit 33 Prozent. Die *Lega Nord* erreicht im Rahmen des Bündnisses 12,9 Prozent. Dem stand die Mitte-links-Koalition mit 46,4 Prozent, darin der *Partito Democratico* mit 29,9 Prozent, gegenüber.

Auch sind die Wahlsysteme hier sehr spezifisch. So wählen die Wähler in den beiden Provinzen Bozen und Trient, die zusammen die autonome Region Trentino-Südtirol ausmachen, ihren eigenen Provinzrat, aus dem dann der Regionalrat gebildet wird. Die Provinzpräsidenten werden direkt gewählt. Beide Provinzen haben verschiedene Wahlsysteme: während in Bozen mit dem Verhältniswahlrecht gewählt wird, kommt in Trient das Mehrheitswahlrecht mit Mehrheitsprämie zum Einsatz.

Bei den Wahlen 2008 in der Provinz Bozen setzte die Südtiroler Volkspartei mit 48,1 Prozent der Stimmen ihre jahrzehntelange Hegemonie – allerdings zum ersten Mal mit Stim-

Abbildung III-10 Hochburgen von Mitte-rechts (jeweils letzte Regionalwahlen)

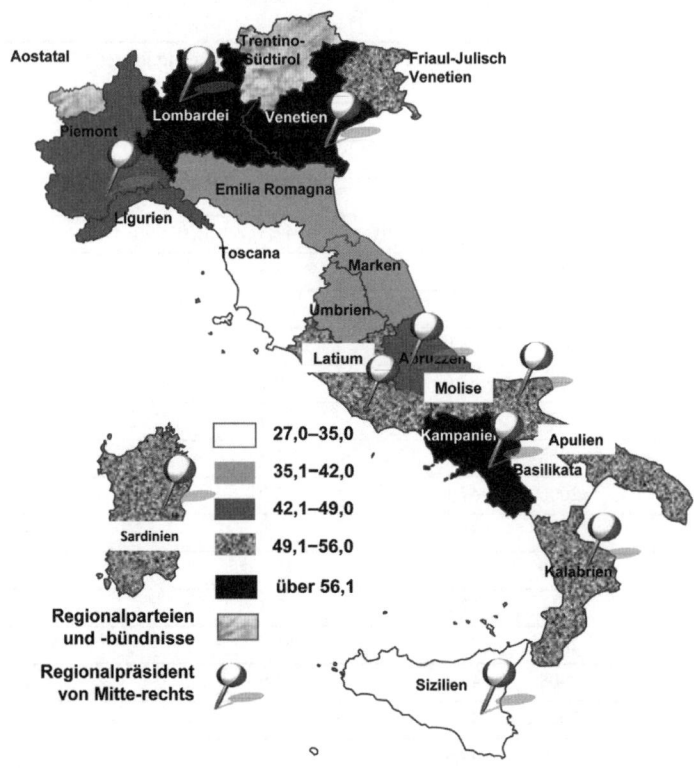

Quelle: Eigene Zusammenstellung.

menanteilen unter 50 Prozent – fort, gefolgt von den Freiheitlichen, einer rechten Strömung zur Bewahrung der deutschen Sprache und Kultur, mit 14,3 Prozent. Die großen Parteien folgen abgeschlagen: *Polo delle Libertà* mit 8,3 Prozent und der *Partito Democratico* mit 6,0 Prozent.

In der Provinz Trentino 2011 siegt das Linksbündnis *Unione del Trentino (UPT)* aus *PD* (stärkste Fraktion), *PATT* und *UDC*.

Sardinien ging bei den Wahlen 2009 von der Mitte-links an die Mitte-rechts-Koalition (51,9 Prozent).

In Sizilien führte der Rücktritt des bisherigen Regionalpräsidenten Cuffaro in Folge seiner Verurteilung wegen Begünstigung des organisierten Verbrechens 2008 zu vorgezogenen Neuwahlen. Aus ihnen ging der Mitte-rechts-Block als großer Sieger (68,1 Prozent) hervor. Der *Polo della Libertà* unterstützte den Kandidaten des *Movimento per l'Autonomia*, nachdem sich der eigene Kandidat zurückgezogen hatte.

Abbildung III-11 Hochburgen von Mitte-links (jeweils letzte Regionalwahlen)

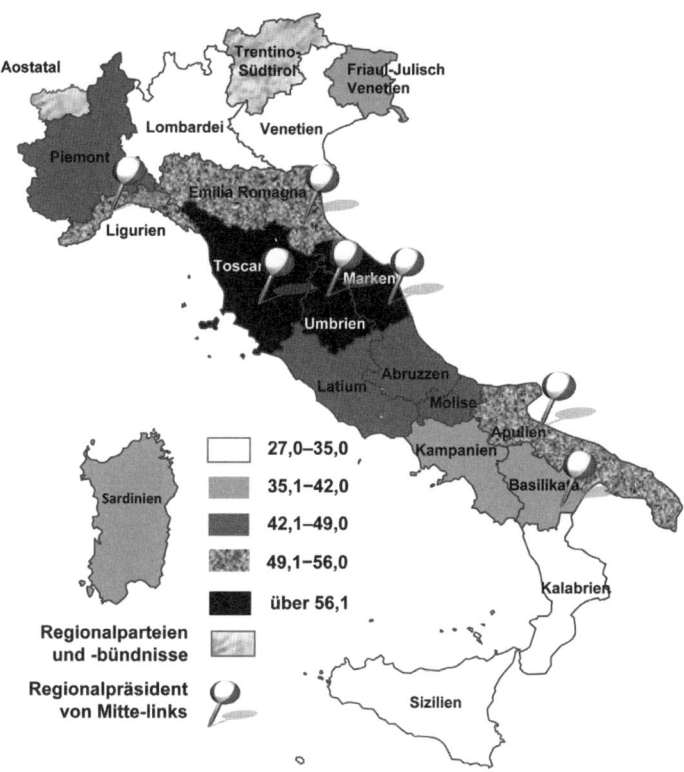

Quelle: Eigene Zusammenstellung.

Abbildung III-12 Ergebnisse und Wählerwanderung der Kommunalwahlen für Italien 2011

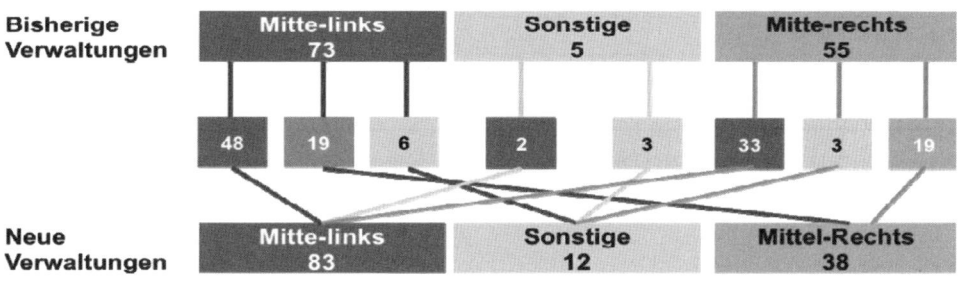

Legende: Berücksichtigt sind die 133 Kommunen mit mehr als 15 000 Einwohnern.

Quelle: *La Repubblica* vom 01.06.2011.

Abbildung III-13 Ergebnisse und Wählerwanderung der Kommunalwahlen
für den Norden 2011

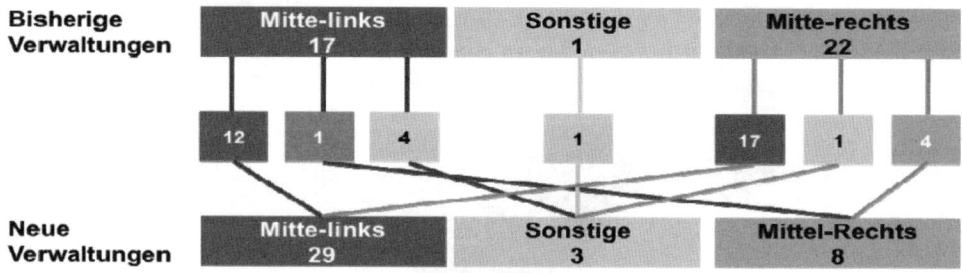

Quelle: *La Repubblica* vom 01.06.2011.

Kommunalwahlen

Im Juni 2011 errang das Mitte-links-Bündnis einige spektakuläre lokale Erfolge wie z. B. in Mailand und Neapel. Wahlberechtigt waren 4,8 Mio. Italienerinnen und Italiener. Es wählten 2,4 Mio., was eine Wahlbeteiligung von 60,1 Prozent ergibt.

Beide Parteien des Mitte-rechts-Bündnisses, also der *Polo della Libertà* von Berlusconi wie auch die *Lega Nord,* haben deutliche Verluste gegenüber den beiden vorhergehenden Wahlen eingefahren. Berlusconis Gefolgsleute verloren die Wahlen in seiner Stammstadt Mailand.

Angesichts der Eroberung einiger nördlicher Regionen findet die Niederlage in den Kommunen des Nordens besonders Beachtung, da dort die Hochburgen der Mitte-rechts-Parteien sind. Unter den Gegnern Berlusconis in den Parteien, Medien und in der nicht-parteigebundenen Bewegung werden die Ergebnisse als Beginns des Ende von Berlusconi und als Beweis der Abwendung des italienischen Volkes vom Stil und den Inhalten der Mitte-rechts-Koalition angesehen. Aber schon einmal – 2007 nach der Niederlage des Mitte-rechts-Lagers bei den Regionalwahlen sahen die Oppositionellen eine Wende; verfrüht allerdings.

Tabelle III-23   Entwicklung der Wahlergebnisse in Norditalien

Parteien	Vorhergehende Kommunalwahlen	Regionalwahlen	Kommunalwahlen 2011
Popolo della Libertà	31,7	30,7	22,5
Partito Democratico	27,0	25,4	27,0
Lega Nord	5,4	15,6	10,9

Legende: Berücksichtigt sind die 40 Kommunen des Nordens mit mehr als 15 000 Einwohnern. Prozentanteile.

Quelle: *La Repubblica* vom 01.06.2011.

8.2.3 Die Europawahlen

Italien gehört zu den sechs Gründungsländern der Europäischen Gemeinschaft und seitdem zu ihren verlässlichsten Mitgliedern. Die Regierungen werden dabei von einem breiten Konsens der Bevölkerung getragen. „Es gibt kein Land in Europa, in dem die Begeisterung für die europäische Idee von den Tagen der Montanunion an so groß war wie in Italien". (Masala 2006, S. 199)

1979 wählte die italienische Bevölkerung ihre 81 Delegierten für das Europäische Parlament in Straßburg zum ersten Male in der Geschichte der Europäischen Gemeinschaft in direkter Wahl. Die Wahlbeteiligung von 85,7 Prozent bezeugt das hohe Interesse der italienischen Bevölkerung an den politischen Vorgängen in Europa, auch wenn keine der politischen Parteien Illusionen über die effektiven Einwirkungsmöglichkeiten des Parlaments verbreitete. Danach sank die Wahlbeteiligung über 73,7 Prozent im Juni 1994 auf 33,7 Prozent in 1999.

Bei den Europawahlen 2004 hielt die Abkehr von der Mitte-links-Koalition nach dem Ende der Regierung Prodi an. Von dem Umschwung profitierte insbesondere die *Lega Nord*,

Tabelle III-24   Die Ergebnisse der Europawahlen 1979–1989 (in Prozent)

Partei	1979	1984	1989
DC	36,4	33,0	32,9
KPI	29,6	33,3	27,6
PSI	11,0	11,2	14,8
MSI-DN	5,5	6,5	5,5
PSDI	4,3	3,5	2,7
PR	3,7	3,4	–
PLI	6,2	–	4,4
PRI	k.A.	6,1	4,4
DP	0,7	1,4	1,3

Quelle: ISTAT: Annuario Statistico, verschiedene Jahrgänge.

Tabelle III-25   Die Ergebnisse der Europawahlen 1994–2009

Partei	1994	1999	2004	2009
DS	36,4	33,0	L'Ulivo 31,1	PD 26,1
I Democratici	29,6	33,3		
Forza Italia	30,6	25,1	20,9	PdL 35,3
AN/Patto Segni	12,5/3,3	11,0	11,5	
Lega Nord	6,6	4,6	5,0	10,2
Lista Bonnino	1,9	9,5	2,2	2,4
Di Pietro Italia dei Valori	–	–	–	8,0

Quelle: Ministero dell'Interno.

die ihren Stimmenanteil verdoppeln konnte. Auch in Bezug auf Europa hat sich die Gruppierung um Di Pietro *Italia dei Valori* als Kraft links von der Mitte stabilisiert.

8.3 Die Referenden

Nach der Verfassung soll das Volk mit dem Referendum die Möglichkeit haben, Gesetze zu korrigieren. Drei Typen von Referenden werden unterschieden:

- Das abrogative oder aufhebende Referendum. Damit kann über die Aufhebung eines Gesetzes oder einer gesetzesvertretenden Maßnahme mit Gesetzeskraft, also eines Dekrets, oder von Teilen entschieden werden. Allerdings sind Steuer- und Haushaltsgesetze, Strafnachlässe und Amnestien sowie internationale Verträge davon ausgeschlossen. Vorausset-

Tabelle III-26   Die wichtigsten Referenden

Jahr	Gegenstand	Beteiligung (in %)	Ja (in %)	Ausgang
1974	Aufhebung des Ehescheidungsgesetzes von 1971	87,7	40,7	nein
1978	Aufhebung der staatlichen Parteienfinanzierung	81,2	43,6	nein
1981	Völlige Liberalisierung der Abtreibung	79,4	11,6	nein
	Verbot der lebenslangen Haftstrafe	79,4	22,6	nein
1985	Rücknahme des Dekrets zur Kürzung des Inflationsausgleichs nach der automatischen Lohngleitklausel	77,8	45,7	nein
1987	Aufhebung der zivilrechtlichen Verantwortung der Gerichte bei vorsätzlichen Fehlurteilen	65,1	79,9	ja
1987	Aufhebung der Standortwahl eines Atomkraftwerks durch den CIPE-Regierungsausschuss	65,1	80,6	ja
	Aufhebung der Staatsbeiträge an Gemeinden mit Atomkraftwerken oder Kohlezentralen	65,1	79,7	ja
	Aufhebung der ENEL-Beteiligung an Atomkraftwerken	65,1	71,8	ja
1991	Abschaffung der Vorzugsstimmen bei der Wahl zur Abgeordnetenkammer	62,5	95,6	ja
1993	Aufhebung der kommunalen Zuständigkeit für den Umweltschutz	76,8	82,6	ja
	Aufhebung der Strafbarkeit des Drogenkonsums	76,9	55,3	ja
	Aufhebung der staatlichen Parteifinanzierung	76,9	90,2	ja
	Abschaffung des Ministeriums für Staatsbeteiligungen	76,8	90,1	ja
	Abschaffung der Proporzwahl für den Senat	77,0	82,5	ja
	Abschaffung des Ministeriums für Tourismus und Vergnügungen	76,9	82,2	ja
1995	Aufhebung des Gesetzes, das nur Kompetenzen an TV-Stationen erlaubt, die sich im Staatsbesitz befinden	57,4	54,9	nein
	Beschränkung der Ladenöffnungszeiten im Handel	57,2	35,6	nein

zung für die Durchführung des Referendums sind 500 000 Wähler oder fünf Regionalräte. Für die Annahme ist die Mehrheit der abgegebenen Stimmen bei einer Beteiligung von mindestens der Hälfte der Stimmberechtigten vorausgesetzt.

- Das konfirmative Referendum. Dieser Typ ist bei Änderungen der Verfassung anwendbar. Themen sind Verfassungsänderungsgesetze und sonstige Verfassungsgesetze. Ein Referendum muss innerhalb von drei Monaten nach der Veröffentlichung dieser Gesetze von mindestens einem Fünftel der Mitglieder einer der beiden Kammern oder von mindestens 500 000 Wählern oder fünf Regionalräten beantragt werden.
- Das konsultative Referendum kommt bei Fragen der Gebietsneugliederung zum Einsatz. Die Voraussetzungen sind im Artikel 132 der Verfassung beschrieben.

Überdies ist das institutionelle Referendum zu nennen, das erst einmal, nämlich zur Frage der Staatsform Republik oder Monarchie im Jahre 1946, durchgeführt worden ist.

Tabelle III-26   (Fortsetzung)

Jahr	Gegenstand	Beteiligung (in %)	Ja (in %)	Ausgang
1997	Aufhebung der automatischen Beförderung von Beamten	30,1	83,5	quorum
1999	Aufhebung der Wahl eines Viertels der Abgeordnetenkammer im Verhältniswahlrecht	49,6	91,5	quorum
2000	Aufhebung der Rückerstattung von Wahl und Abstimmungskosten	32,2	71,1	quorum
	Aufhebung der Wahl eines Viertels der Abgeordnetenkammer im Verhältniswahlrecht	32,4	82,0	quorum
	Aufhebung der Listenwahl innerhalb des Obersten Richterrates	31,9	69,0	quorum
2001	Umfassende Dezentralisierung (Verfassungsreferendum)	34,0	64,2	ja
2005	Aufhebung der Beschränkungen von Embryoeinpflanzungen	25,5	88,8	quorum
	Aufhebung des Verbots der heterologen Befruchtungen	25,5	77,4	quorum
2006	Stärkung des Ministerpräsidenten: Einführung des konstruktiven Misstrauensvotums; Umwandlung des Senats in einen Bundesrat; weitgehende Föderalisierung (Verfassungsreferendum)	52,3	38,7	nein
2009	Aufhebung von Listenverbindungen bei der Wahl der Abgeordnetenkammer	23,3	77,6	quorum
	Aufhebung von Listenverbindungen bei der Wahl des Senats	23,3	77,7	quorum
2011	Gegen die Privatisierung des Betriebes der Wasserversorgung	57,04	95,84	ja
	Gegen die Berechnung der Tarife für den Wasserverbrauch nach Marktgesetzen	57,04	96,32	ja
	Gegen den Bau neuer Atomkraftwerke	57,01	94,75	ja
	Gegen das Recht für den Ministerpräsidenten und seine Minister, nicht vor Gericht zu erscheinen	57,00	95,15	ja

Quelle: Ministero dell'Interno; Quorum bedeutet, dass, wie erforderlich, nicht 50 Prozent plus einem der Stimmberechtigten votiert haben.

Über die Zulässigkeit eines Referendums entscheidet der Verfassungsgerichtshof. Ein Gesetz, das bei der zweiten Kammer mit der Zweidrittelmehrheit ihrer Mitglieder angenommen wird, kann nicht zum Referendum gestellt werden.

Erst 1970 wurde das Ausführungsgesetz zum Verfassungsartikel 75 verabschiedet und im Mai 1971 in Kraft gesetzt. Abgesehen vom Referendum von 1946, mit dem das Volk über die Staatsform Italiens abstimmte, fand seit 1971 eine Reihe von Referenden statt, wobei mittlerweile tendenziell eine Chaotisierung der italienischen Politik durch propagandistisch aufgeladene Referenden-Kampagnen der Gruppe um *Pannella/Bonino* zu beobachten ist.

Bis Juni 2009 sind 65 Referenden durchgeführt worden. In vielen Fällen markiert das Referendum einen bestimmten Entwicklungsabschnitt in der Geschichte Italiens. „Zwei Parteien (die Radikalen und die Grünen) sind auf der Welle von Referendumsinitiativen ins Parlament eingezogen, die erste vorzeitige Auflösung einer Legislatur (1972) sollte ein Referendum verhindern und Referenden haben vorzeitige Auflösungen (1976, 1987 und 1994) hervorgerufen. Die Wahlreferenden der neunziger Jahre haben wichtige Reformen der politischen Vertretung auf lokaler und nationaler Ebene verursacht, die die Inaktivität der Parteien überwanden. Und gerade das Referendum hat einen Riss in den Regierungen der nationalen Souveränität erzeugt und die Krise der sozialen Repräsentanz des *PCI* bezeugt". (Ricciuti 2006, S. 2)

Mit der Bestätigung des Gesetzes zur Parteienfinanzierung wurde die Rolle der politischen Parteien akzeptiert, wobei sich in der beachtlichen Minderheit die traditionellen Vorbehalte artikulieren.

Mit der Bestätigung der Scheidungsreform (1974) und mit der Abwehr des Versuchs, die legale Abtreibung rückgängig zu machen (1978), manifestierte sich die tiefgreifende soziale und kulturelle Veränderung, die das Land nach dem Kriege und insbesondere durch den Schub in der Wirtschaftsentwicklung erlebt hat.

In diesen beiden Referenden zeigte sich auch der Bedeutungsschwund der katholischen Kirche, gerade auch in Süditalien, wo immerhin eine Mehrheit die Ehescheidung und die legale Abtreibung erhalten wissen wollte. Eiserne Bastion der Tradition blieb Südtirol, wo es eine Mehrheit der Abtreibungsgegner gab.

Anlässlich des Referendums zur gleitenden Lohnskala 1985, die als Inflationsausgleich des Einkommens der abhängig Beschäftigten diente, geriet die einheitliche Gewerkschaftsbewegung in ihre tiefste Krise und die KPI als Hauptbetreiber des Referendums in ein Desaster.

Das Referendum zur Abschaffung der Verhältniswahl vom April 1999 scheiterte trotz übergroßer Zustimmung von 91,5 Prozent der Abstimmenden an der um 0,5 Prozent zu niedrigen Wahlbeteiligung (50 Prozent).

Im Jahr 2000 verpasste das italienische Wahlvolk den Schritt zu einer Reduzierung der im Parlament vertretenen Parteien, wenn es nämlich der Abschaffung des Verhältniswahlrechts für 25 Prozent der Wählerstimmen zugestimmt hätte. Doch es erweist sich seit den letzten Referenden, dass sich dieses demokratische Instrument durch seine übermäßige Verwendung tendenziell totläuft.

In den Jahren 2001 und 2006 wurde mit Referenden die Zustimmung der Italiener zum institutionellen Umbau der Republik eingeholt. Im Oktober 2001 wurden die Italiener um die Zustimmung zur Neuregelung des Kapitels V der Verfassung (Dezentralisierung siehe Kapitel III 6) gebeten. Da es sich um ein konfirmatives und nicht abrogatives Referendum handelte, war für die Zulässigkeit des Referendums nicht die Stimmbeteiligung von 50 Prozent plus einem Wahlberechtigten erforderlich. Das italienische Volk gab mit über 64 Prozent seine Zustimmung zur Verfassungsänderung, und dies gegen den massiven Widerstand der herrschenden Mitte-rechts-Koalition.

Das Referendum des Jahres 2006 zielte von Seiten der Mitte-rechts-Koalition auf die Durchsetzung von Staatsreformen. Darunter sind als wichtigste zu nennen: a) eine Devolution, also Verschiebung von Kompetenzen auf die Regionen im Gesundheitswesen, im Schulwesen und in der Gemeindepolizei, b) die Stärkung der Befugnisse des Ministerpräsidenten in Richtung eines Präsidialsystems, c) die Einführung eines Senats als Regionalvertretung und d) die Ausweitung der vom Parlament zu wählenden Verfassungsrichter von fünf auf sieben zu Lasten der von den nicht-parlamentarischen Akteuren vorzuschlagenden Kandidaten.

Da das zuvor von der Abgeordnetenkammer gebilligte Gesetz im Senat aber nicht die Zweidrittel-Mehrheit erlangte, musste die Regierung den Weg über das Referendum gehen. Welche Bedeutung in diesem Referendum lag, zeigt sich an der Tatsache, dass zum ersten Mal in der italienischen Geschichte ein Referendum mit dem Quorum aller dazu berechtigten Gruppen (Wahlberechtigte, Parlamentarier und Regionalräte) beantragt worden ist. Das Referendum wurde aber mit 61,7 Prozent der abgegebenen Stimmen abgelehnt.

Die Gegner kritisierten vor allem den unausgegorenen Ansatz der Föderalisierung und die weitreichende Aufwertung der Rolle des Ministerpräsidenten, also faktisch von Berlusconi. Zudem wurde das Ansinnen, den Verfassungsgerichtshof enger an die Wahl durch das Parlament zu binden, heftig als Angriff auf die Unabhängigkeit der Justiz zurückgewiesen.

Im Juni 2005 wurde ein Referendum zur Ausweitung der künstlichen Befruchtung als Modifikation des diesbezüglichen Gesetzes angesetzt. Beantragt wurde das Referendum von einer Koalition aus den Radikalen, einigen Linksdemokraten und Linkskommunisten und einigen Exponenten der großen Parteien. Die Debatten vor dem Referendum riefen als Gegenpole auf der einen Seite eine Reihe von Wissenschaftlern auf den Plan, die ihre Forschungsmöglichkeiten ausweiten wollten, und mobilisierten auf der anderen Seite die katholische Kirche. Diese Debatte ging an einem Großteil der zur Abstimmung aufgerufenen Italiener weitgehend vorbei. Umfragen aus 2005 von den Radikalen wie vom *Corriere della Sera* belegen, wie uninformiert und fehlinformiert sich die meisten Italiener in das Referendum begaben. Konsequenterweise beteiligten sich nur 25,9 Prozent der Wahlberechtigten.

Die Jahre 1993 bis 1997 umfassen die Phase mit den meisten Referenden (27 insgesamt), von denen 13 gebilligt, sieben abgelehnt und sieben nicht die ausreichende Beteiligung erzielten. Danach hat nur noch ein Referendum, das von 2001 zur Verfassungsreform, die notwendige Beteiligung erzielt und die Zustimmung erreicht. Ansonsten scheiterten seit 2000 zwölf am Quorum.

Die ersten Referenden, die das Quorum von 50 Prozent plus einer Stimme erreicht haben, sind die vom Juni 2011, die nach den Kommunalwahlen vierzehn Tage zuvor der Regierung Berlusconi den zweiten heftigen Schlag versetzt haben. Der Bau neuer Atomkraftwerke, der von der Regierung vor dem Zwischenfall in Fukushima (Japan) beschlossen worden, dann aber unter dem Eindruck der öffentlichen Meinung in Italien aufgegeben worden war, wurde nachhaltig abgelehnt. Zudem verwahrte sich die Mehrheit der Italiener gegen die Möglichkeit für den Ministerpräsidenten und seine Minister, in sie betreffenden Prozessen nicht vor Gericht erscheinen zu müssen *(legittimo impedimento)*.

9   Informelle Institutionen

Informelle Institutionen sind solche, die ohne Mandat durch Wahlen Einfluss auf die formell vorgesehenen Strukturen der Willensbildung in einer Demokratie nehmen wollen. Damit sind nicht die Aktivitäten der *Lobbies* oder der Gewerkschaften gemeint, die ja in Italien wie überall eine verfassungsmäßige Verankerung über die Koalitionsfreiheit und den Schutz von Verbänden genießen.

Eine solche Präsenz von informellen Strukturen ist nach dem Analysekonzept des *Good Governance* (UNESCAP 2006) ein Indikator für einen schwachen Staat, insofern solche informellen Strukturen durch den Mangel an staatlicher Führung und Rechtsstaatlichkeit sowie effektiver und effizienter Verwaltungsstrukturen entstehen können. In Italien kommt noch hinzu, dass sich Akteure in der Politik und Verwaltung mit diesen informellen Strukturen verknüpft haben. Die Intentionen der Akteure der informellen Institutionen sind zum einen Bereicherung und zum andern verbesserte Durchsetzungsbedingungen für sich selbst bzw. für die Gruppierung, zu der man gehört.

Zu den informellen Institutionen werden in Italien die *Mafia*, die Geheimdienste (zumindest in den 70er/80er Jahren des letzten Jahrhunderts), die Freimaurerloge *P2,* die Roten Brigaden und die Korruption gerechnet.

Eine chronologische Betrachtung verdeutlicht, welchen Einfluss diese Strukturen auf die Entwicklungen in Wirtschaft, Gesellschaft und Staat in Italien genommen haben.

9.1   Rechte Umsturzstrategien

Die Phase des Kalten Krieges erzeugte vor allem unter den regierenden Christdemokraten eine „doppelte Loyalität". Auf der einen Seite stand die herrschende Klasse zur Verfassung von 1948, auf der andern Seite orientierte sie sich aufgrund der geopolitischen Situation der starken Konfrontation zwischen *NATO* und dem System des Warschauer Pakts sehr stark am Atlantischen Bündnis. Die Christdemokraten verstanden sich als Bastion westlich verstandener Freiheit gegen den Kommunismus. Im Lande selbst wurden heftige Auseinandersetzungen zwischen der Kommunistischen Partei als (vermeintlicher) Speerspitze des Kommunismus und den demokratischen Kräften als Verteidigern der Freiheit geführt.

Im Zuge der stärkeren Orientierung auf Sozialreformen und eine breitere politische Absicherung öffneten sich Kreise der *DC* der Kommunistischen Partei. Ende der siebziger Jahre standen der *PCI* und die *DC* unter Aldo Moro kurz vor dem Abschluss eines Regierungsbündnisses in Form des ‚Historischen Kompromisses'.

In dieser Phase verstärkten rechte Kreise ihre Aktivitäten zur Destabilisierung des Landes. Rechte Gruppierungen bauten zusammen mit den Geheimdiensten eine Organisation mit dem Namen *Gladio* auf. „Italien wurde das Ziel der umfassendsten geheimen politischen Aktionsprogramme in der Geschichte des *CIA*". (Bull/Newell 2005, S. 99)

Italienische Fachleute wurden in Spionage, Sabotage und Kommunikation ausgebildet. Darüber hinaus erhielten die „richtigen" politischen Parteien Finanzmittel: „Zwischen 1945 und 1966 lieferte die *CIA* mehr als 65 Mio. Dollar an finanzieller Unterstützung an nichtkommunistische Parteien in Italien, hauptsächlich an die *DC*. Das Unterstützungsprogramm wurde 1971 mit der Gesamtsumme von 11,5 Mio. Dollar erneuert. Zur Konsternierung der *CIA* wurde es dem damaligen US-Botschafter in Rom, Graham Martin, unterstellt, von wo aus viel Geld unmittelbar zu den italienischen Geheimdiensten ging. Weitere 2 Mio. Dollar wurden Mitte 1980er genehmigt". (Bull/Newell 2005, S. 100)

Diese klandestinen Kreise, deren Existenz Ministerpräsident Andreotti erst 1990 einräumte, verbanden sich mit der italienischen Rechten, die aufgrund der steckengebliebenen Säuberung nach dem Kriege von Faschisten in den politischen Apparaten an einigen Schalthebeln saßen. Es entstand eine „düstere anti-kommunistische Unterwelt (*Gladio,* andere Geheimorganisationen, Elemente der Staatssicherheitsdienste) mit Verbindungen zu Organisationen der extremen Rechten". (ebda.)

Viele Spannungen und terroristische Aktionen gehen auf diese Kreise zurück. In den siebziger Jahren fanden die antidemokratischen Umtriebe eine Zuspitzung in Umsturzplänen, um die Öffnung der politischen Landschaft nach links mit dem Regierungseinzug des *PSI* zu sabotieren. Die Planungen gingen vom Militär aus und fanden in den beschriebenen Kreisen Zustimmung. Durch die veränderte internationale Lage – hier vor allem die Aufdeckung undemokratischer Aktionen der Nixon-Regierung (*Watergate*-Affäre) – hatte die *CIA* nur noch eingeschränkten Spielraum für Aktionen mit dem Ziel, rechtsgerichtete Regimes einzusetzen.

Da ein offener Putsch am Ende einer Phase der bewusst vorangetriebenen Destabilisierung nicht machbar war, wurde der Weg der Aushöhlung des demokratischen politischen Systems von innen gewählt. Es schlug die Stunde der Freimaurerloge *P2* unter Führung von Lucio Gelli. Inhaltlich zielte das Programm der „demokratischen Wiedergeburt" auf die Herstellung eines effektiveren politischen Systems mit einer starken Stellung des Staatspräsidenten, aufgewerteten Regionen etc., methodisch auf die Unterwanderung der demokratischen Institutionen mit Hilfe von Korruption, Bestechung und Kontrolle der Medien.

Eine zufällig gefundene Liste verdeutlicht, wie weit der Kreis einflussreicher Mitglieder gezogen war. Zu den Mitgliedern der *P2* gehörten über 400 Beschäftigte der öffentlichen Verwaltung, die meisten in fuhrenden Positionen. Daneben umfasste die Mitgliederliste Kabinettsminister und ehemalige Minister, höhere Polizeioffiziere, Armeeangehörige und Justizbeamte, die Leiter der Geheimdienste sowie mehrere Unternehmensvorstände. Der Ministerpräsident Berlusconi der Mitte-rechts-Koalitionen nach 1994 war ebenfalls Mitglied von *P2*. Mit der Aufdeckung der Umtriebe in 1981 kamen diese Aktivitäten zum Ende.

Ernstzunehmenden Auffassungen zufolge gab es Infiltrationen von dieser Seite mit den Roten Brigaden, die Italien in den siebziger Jahren des letzten Jahrhunderts mit Attentaten und Terroranschlägen in Atem hielten. Die Brigaden wurden vermutlich von der Rechten im Rahmen der „Strategie der Spannungen" benutzt.

9.2   Mafia

Auch nach dem entschlossenen Eingreifen von Polizei und Justiz in den neunziger Jahren konnte der „Krake" noch lange nicht aus der Gesellschaftsstruktur des Landes entfernt werden, da er konstitutiver Bestandteil des ökonomischen, sozialen und politischen Systems ist. „Die *Mafia* ist nicht einfach eine Plage des *Mezzogiorno*, sondern sie ist eine strukturelle Komponente des alltäglichen Lebens in weiten Teilen der Regionen Süditaliens". (Violante 1995, S. 72)

Dies ist aus der Geschichte wie auch aus den aktuellen Bedingungen zu erklären. In einer Reihe von Analysen wird die Entstehung der *Mafia* mit dem Widerstand sizilianischer Gruppen in einem Gemisch aus Widerstandskämpfern und Banditen gegen die vielfältigen Besetzungen und Eroberungen über die Jahrhunderte erklärt. Geheime Gesellschaften organisierten den Kampf gegen ausländische Besetzer. So wird eine Bedeutung des Wortes *Mafia* dem Aufruf *„Morte Alla Francia Italia Anela"* (Tod den Franzosen ist Italiens Ruf!) oder M.A.F.I.A. zugeschrieben. In dem Maße, wie die demokratische Entwicklung des vereinigten Italiens am Süden vorbeiging, konnte sich die *Mafia* als lokale Ordnungsmacht etablieren, die wichtige Aufgaben im Alltag des Südens übernahm; wer sich an die *Mafia* wand, erhielt Arbeit, Schutz und eine perverse Form der Geborgenheit – all das, was vom Zentralstaat in Turin und später in Rom nicht erwartet werden konnte.

Gegen Ende des 19. Jahrhunderts wurde durch die Flucht eines *Mafia*-Bosses nach einem spektakulären Mordfall 1893 die amerikanische *Mafia* als *La Cosa Nostra* aufgebaut. Durch die Attacken des Mussolini-Regimes gegen die *Mafia* in Sizilien wurden viele Mitglieder in die USA getrieben, wodurch die Verbindung zwischen Sizilien und Nordamerika enger geknüpft wurde. Im Zuge der Befreiung von Gefangenen des faschistischen Regimes durch die Alliierten 1943 wurden auch viele *Mafia*-Mitglieder freigesetzt, die bald in wirtschaftlichen und politischen Stellungen einrückten und das Verbrechen in der organisierten Form etablierten. In dieser Zeit wurden auch die Verbindungen zwischen Verbrechen und Politik gelegt, die sich im Verlaufe der sechziger Jahre ausgehend von bedeutenden Einflüssen der *Mafia* auf die Stadtplanung in Palermo bis nach Rom erstreckten. Hier entstanden Querverbindungen zwischen subversiven Freimaurerlogen, kriminellen Organisationen und etablierter Politik, die erheblich zur wechselseitigen Stärkung anti-demokratischer und verbrecherischer Gruppierungen bis hin zu Formen des Staates im Staate zumindest für den Süden beitrugen. Die siebziger Jahre sahen eine deutliche Veränderung des Betätigungsfeldes der *Mafia*. Sie hat zunächst anstelle der *French Connection* von Marseille den Heroinhandel in die USA übernommen. Im eigenen Land war die Wirkung des Drogenhandels als neuem Geschäftszweig verheerend: „1974 gab es nur acht Drogentote in Italien. Ein Jahrzehnt später wurden 250 000 Heroinsüchtige im Lande gezählt und die Zahl der Todesfälle stieg auf 400 im Jahr". (Stille 1995, S. 6)

In den achtziger Jahre vollzieht sich eine Modernisierung der *Mafia* mit dem Eindringen in internationale Finanzmärkte, um das durch Drogenhandel, Waffengeschäften und Erpressung gewonnene Geld zu säubern und zu investieren. Mit dem Erdbeben im politischen System der neunziger Jahre wurde eine entschlossene Attacke gegen das System der kriminellen Organisationen losgetreten, angeführt von mutigen und rechtschaffenen Staatsanwälten und Richtern in Mailand. Die Ermittlungen im Rahmen der Kampagne *mani pulite* (saubere Hände) betrafen zu einem erheblichen Teil die Verbindungen zwischen dem organisierten Verbrechen und der Politik. Nach Vermutungen beziffert sich die für Erpressungen und Bestechungen eingesetzte Summe auf 40 Mrd. Dollar allein in den achtziger Jahren.

Zur sizilianischen *Mafia* werden – nach einer Einschätzung von Ex-Mitgliedern vor Gericht – 5 000 Mitglieder gerechnet, die unter einer straffen Führung und im Rahmen präziser

Verhaltensregeln wirken. Gelenkt wird die *Mafia* von 186 Familien, 67 von ihnen mit Sitz in Palermo und im ländlichen Castellammare. (Viviano 1995) Nicht mitgerechnet sind dabei die große Menge von Mitläufern und Sympathisanten, die nach wie vor auf die *Mafia* als Ordnungsmacht setzen. „In den Gebieten, in denen die *Mafia* starken Einfluss ausübt, stoßen die Menschen täglich auf ineffiziente staatliche Strukturen, während die Machtstrukturen der *Mafia* außerordentlich effizient sind". (Violante 1995, S. 78)

Die kalabrische Organisation wird *'ndrangheta* genannt und ist im Unterschied zur sizilianischen *Mafia* weitgehend aus Familienmitgliedern zusammengesetzt. Nach Schätzungen von 1995 gibt es 155 *'ndrangheta*-Familien mit ca. 6 000 Mitgliedern (Nicaso/Lamothe 1995, S. 2): „Alle Mitglieder durchlaufen die *'ndrangheta*-Zeremonie mit einer Reihe obskurer Fragen und Antworten, die schnell im kalabrischen Dialekt gesprochen werden, voller blumiger Phrasen mit Loyalität und impliziter Gewalt". (ebda., S. 63) Die Betätigungsfelder sind Drogenhandel, Kidnapping, Raub, Erpressung und Bestechung.

Die *Camorra* kam von ihrem spanischen Ursprung der *Garduna* mit der spanischen Eroberung im sechzehnten Jahrhundert nach Neapel. Die bizarren Aufnahmerituale der *'ndrangheta* wurden von der *Camorra* noch aberwitzig gesteigert, insofern ein Mord als definitives Aufnahmeticket gilt. Anders als die ländliche *Mafia* und die *'ndrangheta* war die *Camorra* von Beginn an städtisch orientiert und organisiert. Für die neunziger Jahre werden folgende Zahlen genannt: „Es gibt 111 operierende *Camorra*-Familien: 25 in Neapel, 12 in der Provinz Salerno, 17 in der Provinz Caserta, vier in Benevento und 11 in Avellino. *Camorra*-Gruppen agieren auch in anderen Teilen Italiens sowie in Holland, Deutschland, Rumänien, Frankreich, Spanien, Schottland und in der Dominikanischen Republik. Die Gesamtmitgliedschaft betrug im Juli 1993 ungefähr 6 700 Leute". (Nicaso/Lamothe 1995, S. 68)

Bedeutend wurde die europäische Rolle der *Camorra* durch die neuen Kontakte mit Banden aus der ehemaligen Sowjetunion und durch Waffenhandel und Schmuggelei.

Mittlerweile hat sich die *Mafia* ökonomisch, sozial und politisch zu einer gigantischen Organisation entwickelt. Naturgemäß sind ihre Aktivitäten nicht in Zahlen zu fassen. Nach Schätzungen wird für die „*Mafia* AG" ein Umsatz von 135 Md Euro pro Jahr angenommen. Im XII. Bericht der *SOS Impresa*[22] werden als Hauptfelder der Aktivitäten der Drogenhandel mit ca. 68 Md. Euro Umsatz, Entführungen, Betrügereien (1 Mrd. Euro) und unternehmerischen Aktivitäten (25 Md. Euro) genannt. Die *Mafia* ist im Bauwesen engagiert, hat den Bereich der Spiele und Wetten völlig in der Hand und kontrolliert die Wertschöpfungsketten in der Landwirtschaft und der Nahrungsmittelindustrie.

Zwei Fakten beunruhigen die Verantwortlichen in der Politik und der Justiz in besonderem Maße: die Verankerung des Kraken mittlerweile im Norden des Landes und die Durchdringung in den produktiven Strukturen des Landes. „Für eine Volkswirtschaft wie der unsrigen besteht die Gefahr, dass die italienischen Unternehmen leichter von der Kriminalität angegriffen werden, da die *Mafia*-Organisationen immense Summen liquiden Geldes zur Verfügung haben, die sie in die legale Wirtschaft investieren und damit die Regeln, ein Unternehmen zu führen, abwürgen und ausländische Investoren entmutigen". (Loi 2011)

---

22 Die Vereinigung *SOS Impresa* ist 1991 in Palermo von einer Gruppe von Händlern gegründet worden, um ihre unternehmerische Freiheit gegen das organisierte Verbrechen zu verteidigen.

Dies gilt in besonderem Masse im Falle von Auftragsvergaben, in denen die mit der *Mafia* verknüpften Unternehmen erhebliche Rabatte versprechen, was die an der Wirtschaftlichkeit verpflichteten kommunalen Entscheidungsträger in große Verlegenheit bringt. Solche niedrigpreisigen Angebote kann man kaum ausschlagen. „An einem gewissen Punkt begann das Problem der Auftragsvergabe besorgniserregend zu werden und sehr viele Kommunen unmittelbar zu betreffen, denen ungewöhnliche Rabatte angeboten wurden. Die Bürgermeister fragten sich, wie sich beträchtliche Rabatte für Bauunternehmen rechnen, darunter auch Kleinunternehmen, die sich vom Süden verlagern müssten, um Bauarbeiten auch zu bescheidenen Summen durchzuführen". (CNEL 2010b, S. 60)

Die (quasi-)legalen unternehmerischen Aktivitäten der *Mafia*-Organisationen dienen zum einen der Öffnung weiterer Geschäftsfeldern und zum andern, verbunden damit, der Wiedereinschleusung der illegal erwirtschafteten Geldsummen im Sinne der Geldwäsche. Die wirtschaftliche Dimension der Infiltration gerade der Lombardei wird aus der folgenden Abbildung III-14 ersichtlich.

Die regionale Ausweitung in den Norden ab den siebziger Jahren hat diese unselige Parallelität von verbrecherischen und (quasi-)legalen Geschäftstätigkeiten angestoßen. Nach einer vorübergehenden Präsenz der *Cosa nostra* aus Sizilien im Norden übernahm die kalabrische *'ndrangheta* die nördlichen Regionen. Sie folgte den Einwanderern aus Kalabrien und stellte für diese einen wichtigen Bezugspunkt in Bezug auf Beschäftigung und Betreuung dar. „Die *'ndrangheta* hat sich in den siebziger Jahren in den Norden verpflanzt, als sich im Zuge einer großen Emigration Personen aus den selben geografischen Gebieten in bestimmten Punkten des Territoriums konzentriert haben und dort ihre Kultur, sozialen Verhaltensweisen und Lebensverhältnisse genauso wie in ihren Herkunftsgebieten wieder aufgebaut haben". (Tribunale di Milano 1993)

Dabei hat sie sich mit den lokalen politischen Akteuren und den gesellschaftlichen Kreisen vor Ort vernetzt. Überdies erhielt sie aus den zahlenmäßig relevanten Zuwande-

Abbildung III-14 In den Regionen Norditaliens konfiszierte Güter und Unternehmen (31.12.2008)

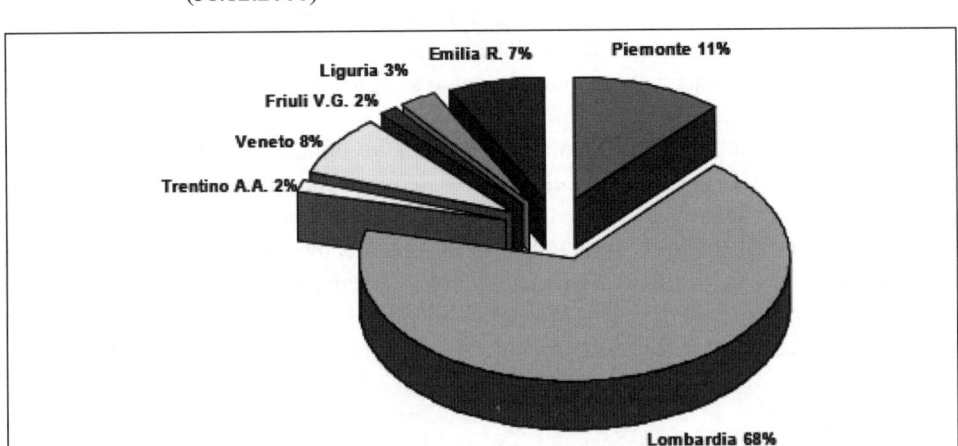

Quelle: CNEL (2010b), S. 160.

326

rergruppen auch Unterstützung bei Gemeindewahlen, wo ihre Vertreter zunehmen Erfolge verzeichneten. „In Mailand hat zuerst die *Mafia* und später die *'ndrangheta* sich als überaus fähig erwiesen, Beziehungen mit Teilen der Institutionen – einigen Richtern und einigen Vertretern der Ordnungskräfte – und mit Politikern auf den verschiedenen Ebenen der öffentlichen Verwaltung herzustellen". (CNEL 2010b, S. 29)

Die *Mafia* kann sich zudem auf einige Kollaborateure stützen, die insbesondere bei der Geldwäscherei nützlich sind: „Freiberufler und Vermittler aus der Gegend stellen ihre Fähigkeiten, ihre Professionalität und ihr Wissen über die lokale legale oder illegale Wirtschaft in den Dienst der *Mafia*". (ebda., S. 70)

In den neunziger Jahren kommt es landesweit zu zahlreichen Verhaftungen auch der obersten Bosse aller drei großen *Mafia*-Organisationen und nach der Zusicherungen von Strafminderungen packen einige von ihnen aus, wodurch ein bisher nicht gekanntes Bild der inneren Organisation, der Mitgliederzahl und der Aktivitäten entsteht.

Durch die Geständnisse u. a. des *Mafia*-Bosses Brusca wurden insbesondere auch die Verbindungen der *Mafia* zu den höchsten Vertretern des politischen Systems in Italien deutlich. Senator Dell'Utri, der 2010 in letzter Instanz verurteilt worden ist, erwies sich immer mehr als die zentrale Verbindungsperson zwischen der *Mafia* und politischen Kreisen um Berlusconi und dem *Cavaliere* selbst. (Tranfaglia 2010, S. 61 ff.) Diese möglichen Verbindungen sind Gegenstand des Strafverfahrens gegen Berlusconi wegen Bilanzfälschung, Meineid und Steuerhinterziehung unter anderem im Zusammenhang mit den Bautätigkeiten von *Milano 2* und 3, den Neubaugebieten in der lombardischen Hauptstadt.

Bei alledem darf die soziale und kulturelle Verankerung der *Mafia* in den unterentwickelten Strukturen des Südens nicht unterschätzt werden. Die *Mafia* ist eben kein rein kriminelles Problem, dem mit Strafrecht beizukommen wäre. Die Jahrhunderte lange Rolle als Quasi-Staat, als *Padrone* und damit Beschützer und Arbeitgeber ist tief im Bewusstsein vieler Süditaliener eingebrannt, wofür die folgende Begebenheit beredtes Zeugnis abgibt:

„Nach drei Monaten mit Zusammenstößen, Hinterhalten, Attentaten und Morden – nach vorläufiger Bilanz wurden 46 Tote gezählt – ist 'o Zuoppo in Handschellen. Aber wer an jenem Abend in der *Rione dei Fiori detto Terzo Mondo* zwischen Secondigliano und Scampìa unterwegs ist, sieht keine Verhaftung. Vielmehr eine Belagerung: die Carabinieri sind die Gefangenen einer Menge von tausenden von Personen, viele Frauen, die schreien, fluchen, die aus dem Fenster Teller, Flaschen, Becher, manche mit Wasser, werfen. Sie setzen die Müllcontainer in Brand. Die Scheiben eines Einsatzwagens schmeißen sie ein, dann werfen sie ihn auf eine Seite. Die Carabinieri werden für ungefähr drei Stunden auf der zweiten Etage des Gebäudes in der *via Gerusalemme Liberata*, wo sie den Boss gefunden haben, festgehalten. Sie mussten auf den Eingriff des Zehnten Bataillons Kampanien warten, um herauszukommen und den Verhafteten ins Gefängnis zu bringen". (Stella/Rizzo 2008, S. 120)

9.3   Korruption

Die Korruption in Italien ist das Schmiermittel zum Funktionieren der informellen Strukturen und das verbindende Instrument zwischen politischem Günstlingswesen, mafiösen

Machenschaften und ineffizienter Verwaltungsbürokratie, wie aus dem Bericht der parlamentarischen Untersuchungskommission von 2008 unter dem Vorsitz von Roberto Barbieri zu der Funktionsweise der für Notsituationen eingesetzten Kommissionen hervorgeht: „Die Geschichte hat zahlreiche und allarmierende verbrecherische Geschehnisse verzeichnet, zu deren Hauptakteure auch Spitzen des bürokratischen Apparates um die Kommissare herum gehören. Das führt dazu, dass sich bei den Bürgern der Eindruck festsetzt, man könne den Institutionen, die zum Einsatz in Notsituationen gebildet worden sind, nicht trauen, weil sie mit der Kriminalität einiger Unternehmen und der *Mafia*-Organisationen verknüpft sind". (Tranfaglia 2010, S. 113)

Die internationale Wettbewerbsfähigkeit Italiens ist nach den Analysen des *World Economic Forums* (siehe Einleitung) stark durch Korruption eingeschränkt. Nach dem *Corruptions Perceptions Index* von *Transparency International* steht Italien auf dem 67. Rang und damit auf einer Stufe mit Problemländern mit scheiternden oder schwachen Staaten wie Ruanda und knapp vor Georgien oder Kuba. Innerhalb Europas liegt Italien auf dem 27. Rang von 30 Ländern.

Korruption geht häufig einher mit Klientelismus. Das Neue ist, dass sie Mittel der Politik selbst und nicht allein der Wirtschaft gegenüber der Politik ist. Die Anzeigen wegen Korruption sind um 229 Prozent gestiegen. Thema ist nunmehr die ganz gewöhnliche Korruption der unteren Beamten.

Landauf, landab geht es bei zahllosen Gerichtsverhandlungen um Korruption: Die Staatsanwaltschaft Bari ermittelt bei den örtlichen Gesundheitsbehörden. In Mailand wurde der Mitterechts-Stadtrat Camillo Milko Pennisi auf frischer Tat ertappt – mit den Geldscheinen in der Hand, die ihm ein Unternehmer überreicht hatte. In Rom wurde Anklage gegen die *Telecom-Italia*-Tochter Sparkle wegen Steuerhinterziehung und Geldwäsche erhoben; und gegen Denis Verdini, den Koordinator der Berlusconi-Partei *Popolo della Libertà*, wird wegen Bestechlichkeit bei der öffentlichen Ausschreibung von Windkraftanlagen auf Sardinien ermittelt.

Am meisten Aufsehen erregt derzeit jedoch der neueste Korruptionsskandal namens „La Cricca" (Die Bande). Hier geht es um Schiebereien bei der Vergabe von Großveranstaltungen wie dem G-8-Gipfel, der ursprünglich auf der vor Sardinen gelegenen Insel La Maddalena geplant war und kurzerhand in die Erdbebenstadt L'Aquila verlegt wurde, oder bei den vom Zivilschutz organisierten Schwimmweltmeisterschaften 2009.

Im Zentrum der Ermittlungen der Staatsanwaltschaften Perugia und Florenz steht der Bauunternehmer Diego Anemone. Ihn haben offenbar jahrelang Ministerien und Regierungsvertreter mit lukrativen öffentlichen Aufträgen versorgt. Für den G-8-Gipfel sollen seine Firmen sowohl in L'Aquila als auch in La Maddalena staatliche Aufträge erhalten haben.

Auf einer Liste, die Polizeibeamte auf Anemones Computer fanden, standen 350 Namen bekannter Persönlichkeiten, die mit ihm zweifelhafte Geschäfte gemacht haben sollen. Zu ihnen gehört auch der mächtige Zivilschutzchef Guido Bertolaso, gegen den seit Februar 2010 wegen rechtswidriger Vergabe öffentlicher Bauaufträge ermittelt wird. Wegen der schweren Anschuldigungen forderte der Vorsitzende der Oppositionspartei *PD*, Pier Luigi Bersani, dessen Rücktritt.

Ein weiterer Beschuldigter ist Berlusconis ehemaliger Wirtschaftsminister Claudio Scajolo, der am 5. Mai 2010 zurücktrat, nachdem Vorwürfe laut wurden, beim Kauf seiner 180-Quadratmeter-Wohnung mit Blick aufs Colosseum sei Korruption im Spiel gewesen. Derweil hängt das mit viel Trara angekündigte Antikorruptionsgesetz im Parlament fest, und die Regierung versucht mit allen Mitteln zu verhindern, dass die Affäre *appaltopoli* (*appalto* ist das italienische Wort für einen öffentlichen Auftrag, HD) die hohe Politik erreicht. (Lancini 2010)

10 Die komplexe Funktionsweise des politischen Systems

Die bisherigen Analysen haben zum Resultat, dass das politische System auch nach dem Ende der Ersten Republik und dem Aufbau neuer institutioneller Strukturen (Parteien, Wahlrecht, administrativer und teilweise fiskalischer Föderalismus) deutliche Rückstände der Leistungsfähigkeit und der Legitimität aufweist. Dies ist das Ergebnis sowohl der in der Einleitung referierten internationalen Rankings zu *Good Governance*, in denen Italien durchweg hintere Plätze belegt, sowie die vernichtende Bewertung der Qualität des Regierungs- und Verwaltungshandelns durch die Mehrheit der Italiener selbst (siehe Tabelle III-14). „Der zwölfte Jahresbericht *‚Gli italiani e lo stato‘*[23] (Dezember 2009) zeigt ein außergewöhnlich niedriges Vertrauensniveau in die Institutionen des republikanischen Staates. Während der Staatspräsident sich des Vertrauens von 70,3 Prozent der erwachsenen Bevölkerung erfreut, und das Schulsystem überraschende 57,5 Prozent Vertrauen findet, ist das Vertrauen in das Parlament auf 18,3 Prozent und in die politischen Parteien auf jämmerliche 8,6 Prozent abgerutscht." (Ginsborg 2010, S. 15)

Die Gründe für diese suboptimale Leistungsfähigkeit sind in einem Geflecht von strukturellen und politisch-aktuellen Besonderheiten des politischen Systems Italiens zu sehen.

10.1 Komplexe Strukturbedingungen

Die strukturellen Besonderheiten sind im Buch an vielen Merkmalen des politischen Systems nachgezeichnet worden. Italien verfügt über nur beschränkte Handlungsressourcen im politischen Raum, da es keine Verhandlungsdemokratie[24] ist. In Mehrheitsdemokratien blockieren sich die Akteure tendenziell statt über Aushandlung ein von allen Seiten getragenes Ergebnis zu erzielen, das damit auch eine höhere Legitimität im Volk hätte. Die Handlungsfähigkeit der Demokratie ist erhöht, „je mehr politische Akteure mit solchen gegenmajoritären Handlungsressourcen an der Politikentwicklung beteiligt sind". (Czada 2003, S. 171 f.)[25]

---

23 Online erhältlich unter www.demos.it.
24 „Der Begriff der ‚Verhandlungsdemokratie' beziehungsweise ‚Konsensdemokratie' (Lijphart 1999) bedeutet, auf eine kurze Formel gebracht, dass wesentliche politische Entscheidungen nicht mit Stimmenmehrheit, sondern auf dem Wege von Aushandlungsprozessen getroffen werden. Dahinter steht die realistische, in der normativen Demokratietheorie ebenso wie in der klassischen Regierungslehre oft vernachlässigte Vorstellung, dass Wähler- und Abstimmungsmehrheiten nur eine unter vielen verschiedenen Handlungsressourcen im politischen Prozess darstellen". (Czada 2003, S. 171)
25 Die vielfältigen und thematisch breit gestreuten Politikfeldanalysen hier zu rekapitulieren, würde den Rahmen des Buches sprengen. Siehe im Einzelnen Scharpfs Analyse der Dämpfung der Inflationsraten und der Arbeitslosigkeit aus dem Zusammenwirken von Zentralbank und Regierung (Scharpf 1987) oder die Analysen im *Good-Governance*-Umfeld zur Bedeutung unabhängiger Behörden.

Demgegenüber ist Italien als Mehrheitsdemokratie mit folgenden Merkmalen zu klassifizieren:

1. Die „Interaktionsstruktur zwischen den politikfeldspezifischen und insofern unmittelbar *policy*-relevanten Akteuren" (Czada 2003, S. 174) ist von der Durchsetzung von Partikularinteressen gekennzeichnet.
2. Italien hat eine hohe Anzahl starker institutioneller und politischer Vetospieler.
3. Die Wählerunterstützung einer Regierung ist eher gering und schwankend.

Unterentwickelte Interaktionsstruktur
Die legislativen Mehrheitsverhältnisse sind bis heute von hoher Fragmentierung und Instabilität zunächst zwischen den und dann eher innerhalb der politischen Konstellationen gekennzeichnet.

Auch nach dem Umbruch der neunziger Jahre ist die politische Landschaft von einem massiven Gegeneinander unversöhnlich agierender politischer Gruppierungen geprägt. Die Herausbildung des bipolaren Parteiensystems mit zwei prinzipiell gleichstarken Formationen Mitte-rechts und Mitte-links ist zwar formell ein Durchbruch zu einer modernen Demokratie. Aber die Qualität der politischen Auseinandersetzung ist nach dem Aufbruch der neunziger Jahre im Bipolarismus stark abgesunken. Zwar fehlt heute die ideologische Aufladung der Nachkriegszeit bis Ende der achtziger Jahre mit auf der einen Seite der Kommunistischen Partei als Exponent der Arbeiterbewegung und den Christdemokraten als Führungspartei des bürgerlichen Blocks bei einer verschwindenden Bedeutung der laizistischen Kräfte. Aber die Kooperationsfähigkeit der beiden Blöcke ist nach wie vor unzureichend.

Der Grund ist vor allem im Regierungsverständnis und der Selbstverortung der Mitterechts-Regierungen unter Berlusconi zu suchen.

Im Verständnis von Berlusconi und den wesentlichen Trägern der Regierung wie Bossi, dem Führer der *Lega Nord* herrschen Haltungen der Intransigenz und der Unversöhnlichkeit vor: gegenüber dem politischen Gegner, gegenüber der Justiz und der Presse, gegenüber unproduktiven Strukturen im Süden. Eine Grundhaltung, „den Staat als Unternehmen" zu begreifen (Berlusconi), ist tendenziell gegen Kooperation und Interessenausgleich gerichtet, wie auch in folgendem Lamento zum Ausdruck kommt: „Meine Erfahrungen als Unternehmer kann ich doch so zusammenfassen: bei uns regiert keiner, keiner entscheidet, keiner ist verantwortlich, aber alle können dich aufhalten, einen Knüppel zwischen die Räder werfen, von Dir Wegezoll fordern". (Tranfaglia 2010, S. 76)

Die Aktivitäten der Mitte-rechts-Regierungen sind mit Bestätigung der Gerichte weithin von Klientelismus, Korruption, Verbindungen zur *Mafia*, Verhöhnung der zivilen Moral sowie Aushöhlung der Pressefreiheit gekennzeichnet. An die Stelle des Respekts vor konstitutionellen Staatsorganen treten wütende Attacken, wie gegenüber der Justiz und gelegentlich gegenüber dem Staatspräsidenten. Gemeinsame Reformprojekte mit der Mitte-links-Gruppierung wie im Falle der Kommission aus beiden Parlamentskammern (*Bicamerale* 1997–98) werden vorzeitig aufgegeben, um dann unilateral Reforminitiativen durchzusetzen.

Ausschlaggebend für die Beurteilung der Reife des politischen Systems ist somit nicht allein die Existenz zweier starker Parteien und damit das Ende der Vielparteien-Struktur. Es geht um die inhaltliche Qualität der neuen Konstellation, also die Mobilisierung von Handlungsressourcen für eine stabile und von Alternanz geprägte Parteienlandschaft. Hier weist Italien nach wie vor massive Rückstände auf.

Die unzulänglichen und abwesenden Interaktionsmuster zwischen Akteuren kennzeichnen, wie im Kapitel II 5 gesehen, ebenso die Beziehungen zwischen den sozialen Akteuren Arbeitgeberverbände und Gewerkschaften, Hier wirken sich Strukturprobleme des spezifisch italienischen Produktionsregimes aus wie die Existenz einer übergroßen Zahl von Kleinst- und Kleinunternehmen und einigen wenigen, lange Zeit als Familienunternehmen geführten, Konzernen in deutlichen Repräsentanzproblemen aus.

Hohe Anzahl starker Vetospieler
Italien muss nach übereinstimmenden Analysen internationaler Experten als ein Land mit einer großen Zahl und einer spezifischen Verankerung von Vetospielern in Politik und Gesellschaft gelten. „Italien und die USA sind Länder mit vielen Vetospielern". (Tsebelis 2002, S. 4) Hier herrschen „vielpolige Aushandlungsumgebungen". (Tsebelis 2002, S. 212)

Abbildung III-15 Regierungsmehrheiten, Korporatismus und Vetospieler

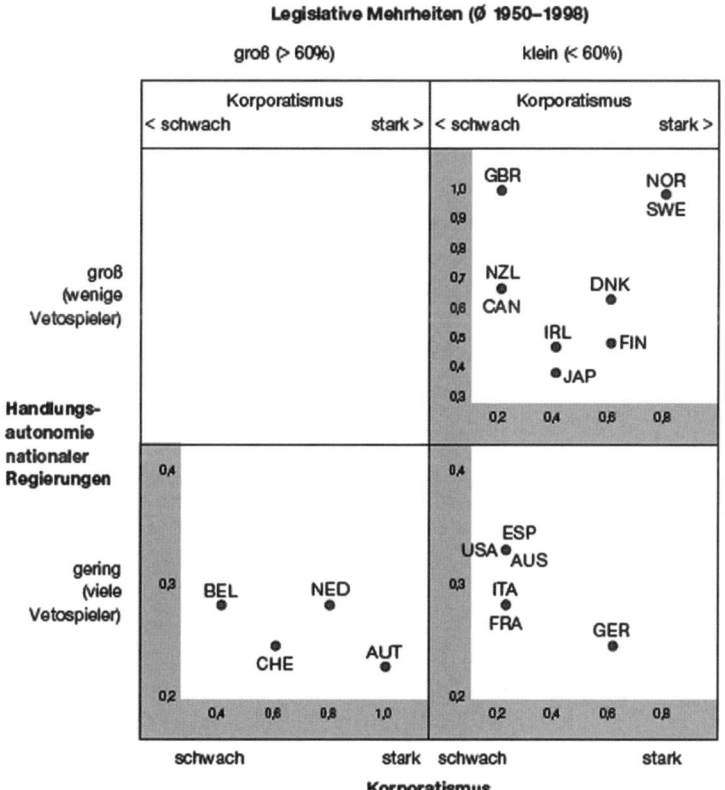

Quelle: Czada (2003), S. 194.

Hier ist zwischen konstitutionellen oder institutionellen Vetospielern und politischen Vetospielern zu unterscheiden. (Tsebelis 2002; Czada 2003)

Wie Czada ausführt, sind institutionelle Vetospieler durch die Verfassung und damit auf Dauer geschaffen. Sie wollen die spezifischen Ziele ihrer Institutionen zur Geltung bringen. (ebda., S. 254) Demgegenüber entstehen politische Vetospieler durch das politische System und damit aus den aktuellen politischen Kräfteverhältnissen. Für Italien stellt dieser Befund eine wesentliche Erklärung für die geringe Leistungsfähigkeit und Innovativität des politischen Systems dar: „Das Vorhandensein von Vetokräften gilt dabei als eine mehr oder weniger große Hürde für Reformpolitik". (Czada 2003, S. 257)

Italien hat ein unterentwickeltes System der Aushandlung von Regelungen zwischen den sozialen Akteuren. Die legislativen Mehrheiten sind im bipolaren System grundsätzlich gesichert, erfordern allerdings einen beständigen Ausgleich zwischen den Interessen von kleineren Bündnispartnern.

Für die Zeit von 1950 bis 1998 zeigt die Abbildung III-12 eine beschränkte Wählerunterstützung und damit eine nur schwache Mehrheit für die italienischen Regierungen an. Dies galt nur im Zusammenhang mit der geringen Kohärenz der christdemokratischen Partei in Folge ihrer extrem selbstständig agierenden Flügel und Fraktionen. Hinzu kamen die komplizierten Bündnisstrukturen vor allem mit dem Eintritt des *PSI* in Koalitionen mit der *DC*.

In der Zweiten Republik nach 1994 ist die Situation prinzipiell vergleichbar, was die Resultate für die Parteien angeht und was die inneren Spannungen in den beiden Koalitionen betrifft. Die Parteien erreichen ca. 30–35 Prozent der Stimmen. Die Koalitionen siegen jeweils mit größeren Mehrheiten.

Die Folge ist das beständige Bemühen um schwankende Wählerschichten, die mit Ressourcen bei der Stange gehalten werden sollen. Die schwankende Wählerunterstützung nährt den verbreiteten Klientelismus und verhindert größere Reforminitiativen, da die Regierungsparteien sich nie der Wählerunterstützung sicher sein können.

Die Handlungsautonomie ist in Italien indes durch die große Anzahl mächtiger Vetospieler beschränkt. Dies ist eines der stärksten Argumente gegen die These einer autoritären Regierung unter Silvio Berlusconi. Anzahl und Charakteristik der Vetospieler in Italien ergeben sich aus der Struktur des politischen und Verfassungssystems.

Die wesentlichen Vetospieler in Italien sind:

1. Das Verfassungsgericht: es kann die Gesetzgebung aufheben. In welchem Maße das italienische Verfassungsgericht diese formell gegebene Rolle tatsächlich ausübt, hängt von mehreren Faktoren ab. Der erste Faktor ist das Unabhängigkeitsbewusstsein auf der Grundlage von Fachlichkeit, von Tradition und von der aktuellen politischen Lage. In Bezug auf die Fachlichkeit und Unabhängigkeit ist das Verfassungsgericht durch das Benennungsverfahren der Richter in einer adäquaten Position. Die Parteien können über das Parlament – dies mit einer Zweidrittel-Mehrheit in einer gemeinsamen Sitzung beider Kammern – nur über ein Drittel der Verfassungsrichter entscheiden, ein Drittel bestimmt die Justiz selbst und den dritten Teil ernennt der Staatspräsident. Zudem müssen alle Kandidaten mindestens zwanzig Jahre Berufserfahrung haben oder eine Professur in Jura innehaben.

Bezogen auf die aktuelle politische Lage wurde dem Verfassungsgericht durch die mehrfachen Manöver Berlusconis gegen die Justiz (wie die Gesetze *Cirami*, *Lodo Schifani*) immer wieder die Rolle der Verteidiger der Verfassung inmitten politischer Alltagsstreitigkeiten mit stark persönlicher Färbung aufgezwungen. Unter anderem musste das Verfassungsgericht das Ansinnen der Berlusconi-Regierung zurückweisen (Urteile 103 und 104 im Jahre 2007), ein ausgedehntes spoil system[26] einzuführen. Das heißt: die Regierung wollte bei einem Wahlerfolg das Recht haben, die Führungskräfte von Ministerien, lokalen Körperschaften bis auf die Ebene der Büroleiter auszuwechseln. Das Verfassungsgericht beschränkte dieses Recht auf die Ebene der Generalsekretäre, Vizegeneralsekretäre und Abteilungsleiter und forderte Prüfungen der Leistung gemäß Verfahren, deren Ergebnisse vor Gericht Bestand haben müssten. Mit diesem Urteil sah sich das Gericht gezwungen, die Prinzipien der „Unparteilichkeit" und des „guten Funktionierens"[27] zu verteidigen.

2. Das Zwei-Kammer-System: der Senat muss allen Gesetzesvorlagen zustimmen. Diese Vetorolle ist aufgrund der unterschiedlichen Formen der Mehrheitsprämie für beide Kammern – für die Abgeordnetenkammer über die Mehrheit von 55 Prozent der abgegebenen Stimmen, beim Senat über die Mehrheit von 55 Prozent in den Regionen – um das Risiko des *divided government*, also der potenziell von der Mehrheitskonstellation in der Abgeordnetenkammer abweichenden Mehrheitsverhältnisse im Senat, erweitert worden.

3. Die Präsenz einer hohen Anzahl von politischen Vetospielern oder „Partisanen-Vetospielern" (Tsebelis 2002, S. 2) aufgrund der hohen Fragmentierung innerhalb des Regierungsbündnisses. Die Zeit der innerparteilichen Flügel à la Christdemokratie, die in äußerst komplexe Proporzregelungen bei der Besetzung von Ämtern von der Spitze bis in die unteren Verästelungen der Verwaltung reichen, ist zwar vorbei. Jedoch ist die Balance in beiden Koalitionen prekär, wobei hier der Mitte-rechts-Block aufgrund der stärkeren Koalitionsmacher-Rolle[28] des *Polo della Libertà* kohärenter erscheint.

4. Referenden nach Artikel 75 der Verfassung sind ein konditioniertes Vetoinstrument in den Händen des Volkes und sonstiger Antragsteller (Regionalräte, Parlamentarier). „Allein schon die Möglichkeit, eine legislative Auswahl der Zustimmung des Volkes zu unterbreiten, führt einen zusätzlichen Vetospieler in den Entscheidungsfindungsprozess: den durchschnittlichen Wähler aus der Bevölkerung". (Tsebelis 2002, S. 134) Konditioniert ist das Vetoinstrument Referendum, da nämlich die Anträge auf Durchführung eines Referendums durch den Vetospieler Verfassungsgericht geprüft werden. So hat das Verfassungsgericht verfügt, es werde populäre Vorschläge ausschließen, die „solch eine Vielfalt heterogener Anfragen enthalten, so dass ein Mangel an einer rationalen, einheitlichen Matrix gemäß Art. 75 der Verfassung entstünde". (Butler/Ranney 1994, S. 63–64) Von den Parteien wird der Vetospieler bereitwillig für eigene Vetomanöver herangezogen.

Einschlägig ist hier das Referendum von 1974 zur Ablehnung der Scheidungsgesetze von 1971. Das Referendum wurde von der katholischen Kirche betrieben. Damit das Re-

---

26 Das „*spoil system*" meint die Besetzung der Verwaltungspositionen bis weit in den operativen Bereich mit Parteimitgliedern bzw. Personen des Vertrauens nach einem Wahlsieg (Einzelheiten zur Begründung und zur Anwendung in den USA. (siehe Menghini 2008)
27 Verfassungsgericht, Urteile 103/104 2007.
28 „Coalition maker". (Bull/Newell 2005, S. 58)

ferendum nicht zustande kann, trat die Regierung zurück. Um das Referendum überhaupt durchführen zu können, musste die nächste christdemokratische Regierung zunächst ein Durchführungsgesetz für Referenden erlassen. Das Ergebnis des Referendums (60 Prozent der Teilnehmer votierten für den Erhalt der Scheidungsgesetze) fiel aber zuungunsten der Antragsteller aus.

5. Die nach der Dezentralisierung gestärkten Regionen: die Kompetenzverteilung zwischen Staat und den subnationalen Ebenen ist unklar und lückenhaft. Häufig bleibt eine Doppel- und Mehrfachzuständigkeit mit Potenzial für politische und institutionelle Konflikte. Obgleich im Art. 117 die ausschließlichen und konkurrierenden Kompetenzen des Zentralstaates enumerativ aufgelistet sind, ergibt sich in den konkreten Einzelfällen ein sehr hoher Interpretationsbedarf. Wenn eine Region in einem Politikfeld, für das ihr prinzipiell die Regelungskompetenz zusteht, ein Gesetz erlässt, wird dieses häufig von den entsprechenden Institutionen auf der Zentralebene angefochten. Aber auch der umgekehrte Fall ist denkbar, dass Regionen ein Feld für sich reklamieren, in dem zentralstaatliche Regelungen existieren. Diese Unklarheiten führten zu einer signifikanten Zunahme von Streitverfahren, die vor dem Verfassungsgerichtshof verhandelt werden müssen.[29] Zu bedenken ist hier, wie der Verfassungsgerichtshof seine Vetospielerrolle ausübt.[30]

---

29 Behnke gibt Zahlen des Ministeriums für regionale Angelegenheiten und lokale Autonomien vom Juni 2009 wieder. Stand des Verfahrens: 1. Noch nicht behandelt 87 Verfahren (25 Prozent), 2. Laufend 33 (10 Prozent), 3. Gesetz abgelehnt (endgültig oder erstinstanzlich) 97 (28 Prozent), Gesetz angenommen (ganz oder teilweise) 125 (37 Prozent), Gesamt 342, also 100 Prozent. (Behnke 2010, S. 316)
30 Behnke berichtet, dass der Verfassungsgerichtshof durchaus dazu neigt, „die Kompetenzen des Zentralstaates weit und die der Regionen relativ eng auszulegen". (ebda., S. 317)

IV Bildungswesen

Der Qualität des Bildungswesens kommt in der modernen Gesellschaft eine immense Bedeutung zu. Lebenschancen und individuelle Entfaltungsmöglichkeiten sind entsprechend dem Bildungsniveau ganz unterschiedlich verteilt. An die Institutionen der Vorschulerziehung, der Grund- und weiterführenden Schulen sowie an die Hochschulen müssen hohe Qualitätsanforderungen gestellt werden. Im Zeichen der Globalisierung müssen die Einrichtungen des Bildungswesens auch internationalen Vergleichen standhalten können. Die Fortschritte in den letzten Jahrzehnten sind unübersehbar. Während 1951 89,8 Prozent der Italiener Analphabeten, also ohne Schulabschluss waren, betrug dieser Anteil 2001 nur noch 63,4 Prozent. Dies ist im Vergleich zu Deutschland, Frankreich oder Großbritannien immer noch immens hoch, aber eine beachtliche Entwicklung. (Zahlen aus Ginsborg 2010, S. 119)

Italien bildet jedoch hinsichtlich der Ausgaben in das Bildungs- und Weiterbildungssystem sowie der Zahl der Absolventen sowie ihrer Zusammensetzung das Schlusslicht im Vergleich der großen Industrieländer.

Italien investiert durch die Beschränkung der finanziellen Mittel bzw. wegen falscher Prioritätensetzung weniger in die Bildung und Ausbildung der Bevölkerung als europäische Vergleichsländer. Gravierend sind insbesondere die Unterschiede hinsichtlich des Ausbildungsniveaus der Bevölkerung, insbesondere bei höheren Abschlüssen. Ein großer Rückstand besteht auch in der universitären Ausbildung, was sich in den Immatrikulations- bzw. Abschlussraten eines Jahrgangs niederschlägt.

1 Überblick

Das Bildungssystem wird zunächst nach seinen Ergebnissen wie dem Bildungsniveau der Bevölkerung, den Abschlussraten und den Leistungsdaten dargestellt. Sodann sind die Einflussfaktoren relevant, vor allem das Bildungsverhalten und die Haltung der Bevölkerung zur Bildung sowie die Ausgaben für Bildung, wobei zwischen den letzten beiden Faktoren ein komplexer Zusammenhang besteht. Denn wie viel Geld eine Regierung für Bildung ausgibt, hängt stark von der Haltung der Bevölkerung zur Frage der eigenen und des Nachwuchs Bildung ab.

1.1 Bildungsniveau und Bildungsverhalten der Italiener

Aus den Statistiken und Erhebungen zum Bildungsniveau und Bildungsverhalten der Italiener ergibt sich das Bild der Vernachlässigung eines Politikfeldes und Lebensbereichs, der vielleicht wie kein zweiter über die Perspektiven und Chancen des Landes wie seiner Bevölkerung entscheidet. Ob man die Ergebnisse der *PISA*-Studien, die Statistiken der OECD über

Abbildung IV-1   Kompetenzabstände in der Sekundarstufe I zum Landesdurchschnitt.
Nationale Tests 2009

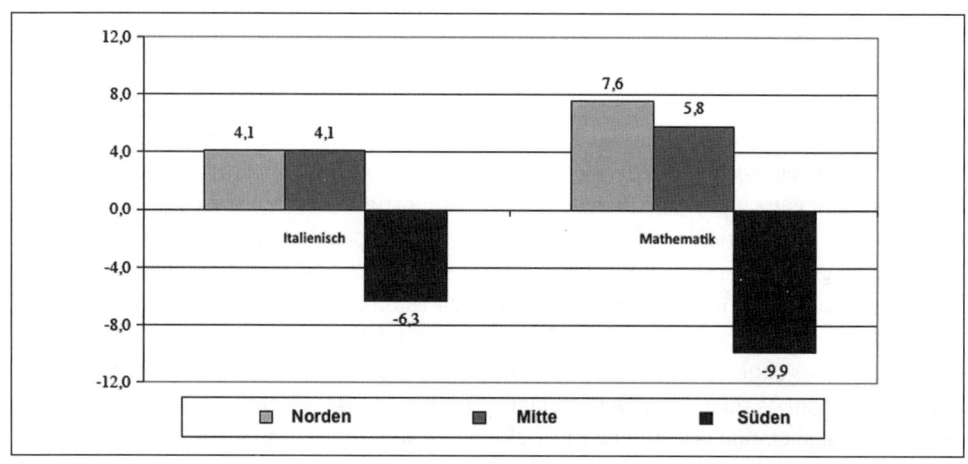

Quelle: Svimez (2011a), S. 34.

das Bildungsniveau nimmt oder Befragungsergebnisse der Italiener und Italienerinnen reka-
pituliert: im Land der Sonne sieht es in diesem Punkt recht düster aus.

Kompetenzlücken der Schüler (PISA-Ergebnisse)
Aus den *PISA*-Vergleichen zeigt sich, dass Italien einen höheren Anteil an 15-Jährigen mit
Leseschwierigkeiten hat (26,4 Prozent) als der europäische Durchschnitt. Die folgende Mel-
dung fasst die Ergebnisse für Italien auch im Zeitvergleich zur ersten Testrunde in 2000 zusammen: „Etwas besser als noch vor zehn Jahren schneiden Italiens Schüler bei den jüngsten
Ergebnissen der *PISA*-Studie aus dem Jahr 2009 ab. Sowohl in der Kategorie Textverständnis
als auch bei den Mathematik-Aufgaben haben sich die Studienteilnehmer seit dem Jahr 2000
verbessert, der Abstand zu den anderen teilnehmenden Ländern wurde um einige Punkte verringert. Dennoch wurde der OECD-Schnitt von 496 nicht erreicht.

Beim Textverständnis liegt Italien jetzt auf Platz 29 und mit 486 Punkten etwas unter
dem OECD-Schnitt von 493 Punkten. Auf den ersten Plätzen rangieren hier China, Korea
und Finnland.

Auch im Bereich Mathematik erreichen Italiens Schüler den OECD-Schnitt nicht ganz;
mit 483 Punkten und damit 13 Punkte unter dem Schnitt belegt Italien Rang 35".[1]

Diese Kompetenzlücken haben zusätzlich ein deutliches gepgraphisches Muster: Schüler
der Sekundarstufe I im *Mezzogiorno* haben ein massiv geringeres Kompetenzniveau als ihre
Mitschüler in den anderen beiden Landesteilen.

---

1   www.suedtirolnews.it/d/artikel/2010/12/08/PISA-studie-italien-besser-als-vor-10-jahren.html.

Der „Rückfall-Analphabetismus"

Die Befunde zum Kompetenzstand der Bevölkerung von 16 bis 65 Jahren, wie sie in den vergleichenden Studien *IALS (International Adult Literacy Studies)* von 1994 und 1998 sowie *ALL (Adult Literacy and Life Skills)* von 2000 und 2005 dokumentiert sind, ergeben für Italien ein desaströses Bild: „20 Prozent der italienischen Erwachsenen zwischen 14 und 65 Jahren können nicht einen Buchstaben vom anderen und nicht eine Zahl von der anderen unterscheiden. 38 Prozent können sie unterscheiden, aber lesen sie mit großen Schwierigkeiten und können gewisse Zahlen nur entziffern. 33 Prozent sind etwas besser, aber haben kein sehr hohes Niveau ihrer Fähigkeiten des Rechnens und Lesens. Ein geschriebener Text zu bedeutenden Fakten auch im Alltagsleben übersteigt ihre Lese- und Schreibfähigkeiten. Eine Abbildung mit Prozenten ist ein unverständliches Symbol. Laut internationaler Experten verfügen nur 20 Prozent der erwachsenen Bevölkerung Italiens über die minimalen Fähigkeiten zum Lesen, Rechnen und Schreiben, die notwendig sind, um seinen Weg durch die gegenwärtige Gesellschaft zu finden". (De Mauro 2008)

In keinem anderen Land sind diese basalen Defizite festzustellen. Die Schwächen lassen sich nur bedingt mit dem Schulbesuchsverhalten der Italiener begründen. Zwar haben sie im Durchschnitt eine niedrigere Schulbildung als die Bevölkerung in anderen Ländern (Tabelle IV-1), aber der Abstand legt nicht eine so niedrige Stufe der Fähigkeiten nahe. Folglich müssen sich im weiteren Leben der Italiener die Kenntnisse verloren haben mit dem Resultat des „Rückfall-Analphabetismus" *(„analfabetismo di ritorno")*. (Tranfaglia 2010, S. 84)

Haltung zur Bildung

Bildung hat bei großen Teilen der Bevölkerung verschiedener Altersstufen in Italien keinen großen Stellenwert. Das eklatanteste Phänomen ist die in Italien stärker als in allen anderen Industrieländern vorhandene und weiter steigende Gruppe der *NEET (no education, employment or training)*. Aber auch unterhalb dieser grundlegenden *drop-out*-Option sind Skepsis, Frustration und Resignation verbreitet. „Ungefähr 80 Prozent der Jugendlichen zwischen 15 und 18 Jahren haben sich mindestens einmal gefragt, welchen Sinn der Schulbesuch oder die Teilnahme an Berufsbildungskursen haben … 92,6 Prozent glauben, dass selbst Personen mit guten Qualifikationen unterbezahlt sind, während 91,6 Prozent der Auffassung sind, dass Personen mit einem Kontaktnetz leichter einen Job finden". (Censis 2010b, S. 42)

Die in anderen Ländern weithin funktionierende Verknüpfung von besseren Berufschancen im Hinblick auf Bezahlung sowie beruflichem Einstieg und Aufstieg wird von den Befragten sehr in Frage gestellt.

Die Universitäten und Hochschulen haben hinsichtlich ihres Beitrages zur Problemlösung für Kleinunternehmen eine geringe Reputation. „Nur drei Prozent der Kleinunternehmen meinen, dass die Zusammenarbeit mit Universitäten und Forschungszentren ein Einflussfaktor für Innovation ist, während … nur 7,4 Prozent der Italiener den Universitäten und Schulen zutrauen, einen Beitrag zur Verbesserung des Lebens auf lokaler Ebene zu leisten". (ebda., S. 43)

Die ältere arbeitende Bevölkerung hat nur ein geringes Interesse an Weiterbildung. Im internationalen Vergleich liegen die Beteiligungswerte auch für diese Gruppe deutlich niedriger.

Das Interesse und die Beteiligung von Eltern am Schulleben ihres Nachwuchses sind äußerst gering: fast die Hälfte der Eltern (47,7 Prozent) hat die Lehrer der Kinder noch nie

Tabelle IV-1   Verteilung der Bevölkerung zwischen 25 und 64 Jahren nach dem höchsten Bildungsabschluss (2008)

Land	Unterhalb Sekundarstufe I	Sekundarstufe II und Post-Sekundarausbildung	Tertiärausbildung	Gesamt
Österreich	19	64	18	100
Tschechische Republik	9	76	14	100
Dänemark	25	43	33	100
Finnland	19	45	36	100
Frankreich	30	43	28	100
Deutschland	14	60	25	100
Griechenland	39	37	23	100
Ungarn	21	60	18	100
Irland	31	36	34	100
ITALIEN	48	39	14	100
Japan	–	57	43	100
Korea	21	43	45	100
Polen	13	68	20	100
Portugal	73	14	14	100
Slowakei	10	75	15	100
Spanien	48	22	29	100
Schweden	15	53	32	100
Schweiz	12	54	33	100
Großbritannien	30	37	33	100
USA	11	48	41	100
OECD-Durchschnitt	29	44	28	100
EU-19-Durchschnitt	28	47	25	100

Quelle: Nach OECD (2010c), S. 34.

oder kaum getroffen (ebda.). Fast 60 Prozent glauben, dass Mobbing von Kindern an der Tagesordnung ist und die Lehrer nicht in der Lage sind, dies zu stoppen.

Das gravierende dahinter liegende Problem ist das veränderte Bild von Bildung. Gegenüber den Möglichkeiten, schnell Geld zu verdienen und am Erwachsenenleben teilzuhaben, „verliert die Schule völlig an Bedeutung. Die Erklärung dafür ist nicht nur in den Wirtschaftsdaten zu finden, sondern auch in der fehlenden Kultur der Herkunftsfamilien. Die Jugendlichen verstehen nicht mehr, welchen Sinn es machen soll, sich soviel Zeit zwischen den Schulbänken herumzudrücken mit Lehrern, die eine Sprache benutzen, die Lichtjahre von der ihren entfernt ist. Und dies in einer Gesellschaft, die Jahr für Jahr die Rolle der Kultur immer mehr entwertet".[2]

---

2   Prof. Santerina, Universität Mailand, in *La Repubblica* vom 24.05.2011.

Abbildung IV-2   Anteil der Bevölkerung mit Abschluss der Sekundarstufe I (2009)

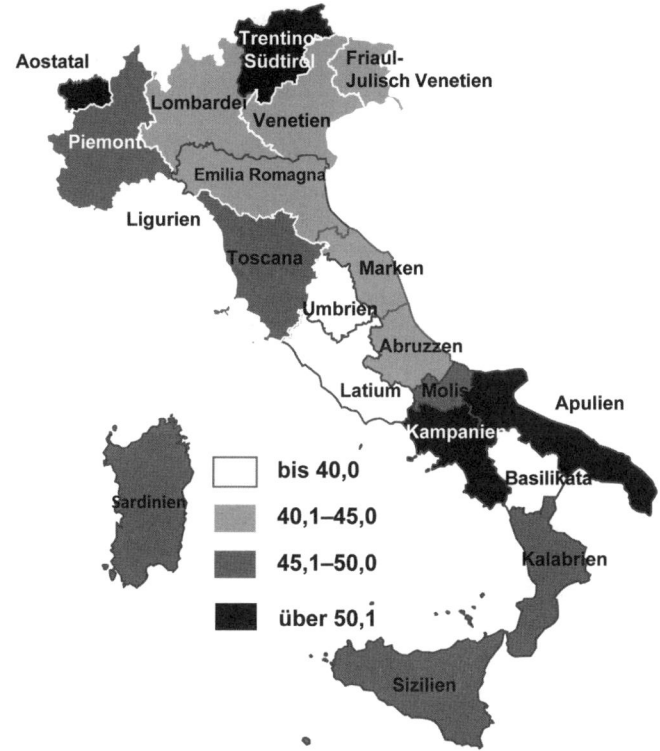

Quelle: Istat (2011b), S. 74.

Im Kern wird das Gesellschaftsmodell, das sich um Bildung und Wissen mit den darin eingeschlossenen Aufwänden, Konsumeinschränkungen und dem Verzicht auf das rasche Vergnügen, dreht, zugunsten des Geschäftsmodells des schnellen Verdienstes mit wenig Mühen und Frustrationen, das in den höheren Sozialkreisen auch eine stark individualistisch-hedonistische Note hat, in Frage gestellt.[3]

1.2   Formelle Schulabschlüsse der Bevölkerung

1.2.1   Einheimische Bevölkerung

Für ein entwickeltes Industrieland wie Italien ist das Bild des Bildungsniveaus seiner Bevölkerung unzureichend. Nur noch die Türkei hat einen niedrigeren Anteil der Bevölkerung mit Universitätsabschluss. Italien liegt auf dem vierten Platz der Länder mit nur Primarstufenbil-

---

3   Das Phänomen der *NEET* ist nicht nur im armen *Mezzogiorno,* sondern auch im reichen Südtirol von Bedeutung, natürlich aus anderen Gründen und mit anderen Konnotationen (siehe unten).

dung der Bevölkerung (48 Prozent). Allenfalls gegenüber den osteuropäischen Ländern liegt Italien deutlich vorne.

Die Hälfte der erwachsenen Bevölkerung Italiens hat höchstens die Sekundarstufe I (in früheren Begriffen: die Mittelschule) absolviert. Die Werte von Latium und den anderen Regionen des Zentrums liegen darunter. Hier schließt ein höherer Anteil die Ausbildung mit einem Hochschulstudium ab.

Wie angesichts des allgemeinen wirtschaftlichen und sozialen Niveaus zu erwarten war, liegen die Regionen des Nordens – bis auf Aostatal (50,7 Prozent) und die autonome Provinz Bozen (50,4 Prozent) – deutlich unter dem nationalen Durchschnitt der Regionen mit niedrigem Schulabschluss der Bevölkerung.

Den größten Bevölkerungsanteil mit nur Abschluss der Sekundarstufe I haben die Regionen des *Mezzogiorno:* Apulien (57,2 Prozent), Sardinien (56,5), Kampanien (54,9) und Sizilien (54,4). (Istat 2011b, S. 74)

1.2.2 Ausländische Bevölkerung

Die ausländische Bevölkerung mit Wohnsitz in Italien hat ein im Vergleich zur einheimischen Bevölkerung leicht höheres Bildungsniveau. Etwa die Hälfte hat im Jahre 2009 einen Abschluss der Sekundarstufe I gegenüber 46,1 Prozent der einheimischen Bevölkerung. Der Anteil der Absolventen mit Diplom (Sekundarstufe II) liegt bei 40,2 Prozent (39,7 Prozent bei Inländern). Leichte Vorteile hat die einheimische Bevölkerung beim Hochschulabschluss (13 gegenüber 10 Prozent).

Abbildung IV-3 Schulabschluss der ausländischen und einheimischen Bevölkerung im Vergleich, 2009

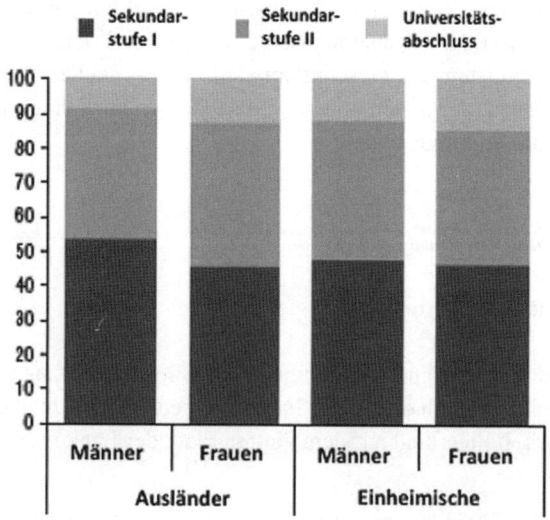

Quelle: Istat (2011b), S. 66.

Bedeutsam sind die regionalen Unterschiede: das durchschnittliche Bildungsniveau ist in der Mitte und im Norden höher als im *Mezzogiorno*. Im Süden haben 64 Prozent der Ausländer keinen höheren Schulabschluss als die Sekundarstufe I. (Istat 2011b, S. 66)

1.3   Ausgaben für das Bildungswesen

Italien befindet sich, was die Ausgaben für das Bildungswesen, gemessen als Anteil am Bruttoinlandsprodukt (BIP), angeht, mit einem Wert von 4,6 Prozent unter den OECD-Ländern auf dem vorletzten Platz. Überdies beunruhigend ist auch die Stagnation seit 1995.

Damit liegt Italien unter dem OECD-Durchschnitt von 6,2 Prozent und dem EU-15-Durchschnitt von 5,2 Prozent. Deutschland und Spanien stehen knapp vor Italien. Geringere Bildungsausgaben als Anteil am BIP hat unter den OECD-Ländern nur noch die Slowakische Republik. Führend in Europa sind die skandinavischen Länder, die weltweit nur noch von den USA und Island übertroffen werden. Zur Spitzengruppe gehört auch der Emporkömmling Korea, der in den letzten zehn Jahren enorme Anstrengungen unternommen hat, damit die Bevölkerung Anschluss an die Wissens- und Informationsgesellschaft erhält.

Regionen

Die Regionen des *Mezzogiorno* geben vergleichsweise mehr Geld für Bildung und Erziehung aus als die Regionen aus den anderen beiden Landesteilen. Dies erklärt sich vornehmlich mit dem höheren Anteil der Bevölkerung im schulpflichtigen Alter. Kalabrien, Sizilien, Basilikata, Apulien und Kampanien haben im Jahre 2007 einen Anteil der Bildungsausgaben am BIP zwischen 6,6 und 7,5 Prozent.

Überdurchschnittlich sind im Norden die relativen Bildungsausgaben der autonomen Provinzen Trient (4,7 Prozent) und Bozen (4,4 Prozent). Deutlich darunter rangieren die Lombardei (2,7 Prozent), Emilia Romagna (2,9 Prozent), Venetien (3,0 Prozent) und Friaul-Julisch Venetien (3,2 Prozent). (Istat 2011b, S. 72)

Abbildung IV-4   Ausgaben für Bildung als Anteil am Bruttoinlandsprodukt 1995 und 2007

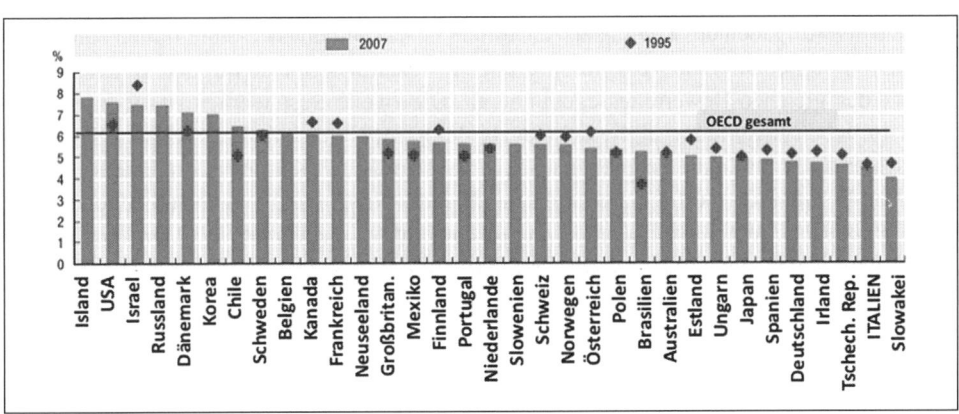

Quelle: OECD (2010c), S. 56.

Abbildung IV-5   Bildungsausgaben der Regionen als Anteil am BIP (2007)

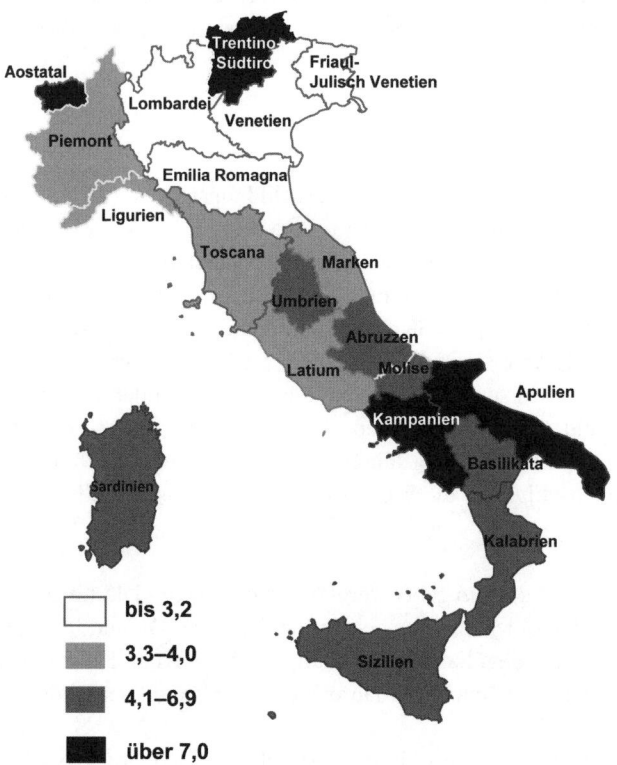

Quelle: Istat (2011b), S. 72.

2   Die einzelnen Bildungssysteme

Anders als in Deutschland, wo das Bildungssystem Ländersache ist, gehört dieser Politikbereich zu den Aufgaben des Zentralstaats. Deshalb ist das Bildungswesen in Italien einheitlich geordnet. Folglich sind die Abschlussprüfungen standardisiert, also mit den gleichen Inhalten und den gleichen Bewertungsregeln überall. Die zweite Besonderheit ist die Integration der beruflichen Ausbildung in die Schulausbildung. Im Unterschied zum dualen System in Deutschland vermitteln die Schulen der Sekundarstufe II auch Kenntnisse in einer Reihe von gängigen Berufen. Dies erfolgt auf unterschiedlichem Niveau und in unterschiedlicher Tiefe sowie Praxisnähe. Während die *Istituti tecnici* eher auf die qualifizierteren Tätigkeiten vorbereiten, fokussieren sich die *Istituti professionali* auf die geringer qualifizierten Berufe in der Gastronomie, im Handwerk und in der Industrie.

Im Schulwesen können grundsätzlich zwei Zyklen unterschieden werden. Der erste Zyklus ist die Zeit der Schulpflicht im engeren Sinne mit der fakultativen Vorschule und der obligatorischen Grundschule.

Anschließend beginnt der zweite Zyklus mit der Ausbildungsphase *(obbligo di frequenza di attività formativa),* die als Schulpflicht im weiteren Sinne betrachtet werden kann. Am Ende der acht Jahre und im Alter von 13–14 Jahren kann der Schulabsolvent entwender den universitätsbezogenen Ausbildungsweg (Gymnasium) oder den arbeitsweltbezogenen Weg (berufsbildende Institute/Anstellung) beschreiten, wobei jederzeit ein Wechsel in beide Richtungen möglich ist. Die folgenden Möglichkeiten bieten sich ihm konkret:

- Die Bildung an der weiterführenden Schule (Sekundarstufe II) bis zum Abitur fortzuführen
- Die berufsbildenden Kurse der Regionen zu absolvieren
- Eine Anstellung mit einem Ausbildungsvertrag zu erhalten.

2.1.1   Die einzelnen Schulstufen

Elementarbereich
Die ungenügende Versorgung im Lande mit Kindergärten und Vorschulklassen behindert eine stärkere Integration der Frauen in das Berufsleben. Nur 11,3 Prozent der Kinder zwischen 0 und zwei Jahren sind in öffentlichen Kindergärten untergebracht. Die leichte Steige-

Abbildung IV-6   Schulsystem

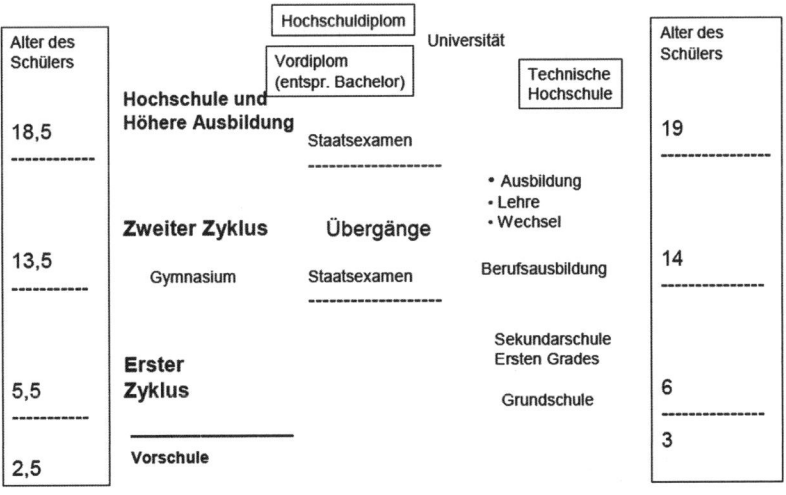

Quelle: DGB Bildungswerk (2007), S. 3.

rung in 2009 gegenüber 2004 (9,0 Prozent) stellt keine signifikante Verbesserung der Lage dar. Nimmt man die Unterkünfte in der Familienbetreuung hinzu, befinden sich 13,6 Prozent dieser Altersgruppe in öffentlicher Kinderversorgung.

Die Situation ist besonders in *Mezzogiorno* gravierend. Außer Sardinien (13,1 Prozent) und Abruzzen (10,1 Prozent) liegt der Wert überall unter zehn Prozent, während der Anteil in Emilia Romagna, Umbrien und dem Aostatal fast 30 Prozent beträgt. (Istat 2011c, S. 203 f.)

Die Schüler durchlaufen auf den drei Stufen des Schulsystems 13 Jahre: fünf Jahre in der Grundschule, drei Jahre in der Sekundarstufe I und fünf Jahre in der Sekundarstufe II.

Primärbereich

Im Alter von sechs Jahren (frühestens auch mit 5,5 Jahren) besuchen alle italienischen Kinder obligatorisch die Grundschule *(Scuola primaria)*. Auf dieser Schule bleiben sie fünf Jahre.

Zunächst stehen für zwei Jahre Schreiben, Lesen und Rechnen auf dem Programm. Ab der ersten Klasse wird auch Fremdsprachenunterricht erteilt. Danach erweitert und differenziert sich der Unterrichtsstoff.

Die Kinder werden 27 bis 30 Wochenstunden von je 60 Minuten von Montag bis Samstag unterrichtet. Nachmittagsunterricht ist nicht Pflicht, wird aber von vielen Schulen angeboten. Grundschullehrer in Italien haben eine Unterrichtsverpflichtung von 24 Wochenstunden. Meist unterrichten drei Lehrkräfte zwei Klassen.

Noten werden in der Primarschule nicht gegeben. Im jährlichen Zeugnis werden stattdessen Bewertungen und Beobachtungen in individuellen Schilderungen formuliert.

Für den Übergang an die Sekundarstufe I *(Scuola secondaria di I grado)*, auch als Mittelschule *(scuola media)* bezeichnet, ist keine Abschlussprüfung notwendig.

Sekundarstufe I

Die Sekundarschule I ist als Gesamtschule angelegt. Die Verweildauer auf der Sekundarschule beträgt drei Jahre. Die Schüler werden 30 Wochenstunden unterrichtet.

Seit 2003 steht auch der Unterricht in einer zweiten Fremdsprache auf dem Lehrplan. Am Ende des dritten Schuljahres legen die Schüler eine staatliche Abschlussprüfung ab. Die Prüfungskommission setzt sich aus den Schullehrern und einem Vorsitzenden von außerhalb zusammen. Die von der Kommission vorgegebenen Prüfungsaufgaben können je nach Schule differieren. Schriftlich geprüft werden die Schüler in den Fächern Italienisch, Mathematik und der Fremdsprache. Hinzu kommen mündliche Prüfungen in diesen Fächern sowie in Naturwissenschaften, Geschichte, Erdkunde und Sozialkunde. Die Kommission bewertet die Gesamtleistung des Schülers mit einem der Prädikate sehr gut *(ottimo)*, gut *(distinto)*, befriedigend *(buono)*, ausreichend *(sufficiente)* oder nicht bestanden *(non licenziato)*. Die Erfolgsquote bei der Abschlussprüfung liegt konstant bei 98 Prozent. (Quelle: www.italienwelten.de)

Sekundarstufe II

Die Sekundarstufe II ist in drei grundlegende Schularten unterteilt: das Gymnasium, die *Istituti technici* und die *Istituti professionali*.

– Gymnasium

Das Gymnasium steht für die höhere Schulbildung und bereitet zudem auf das Studium an einer Hochschule vor. Das Gymnasium ist die Schule der Wahl für 42 Prozent der Schüler. (*MIUR* 2008, S. 13)

Unter vier Fachrichtungen kann gewählt werden: die sprachlich-humanistische *(Liceo classico),* die mathematisch-naturwissenschaftliche *(Liceo scientifico)* und die pädagogisch-soziale Richtung *(Liceo psico-pedagogico)* und das neusprachliche Gymnasium *(Liceo linguistico).* Das *Liceo classico* ist nach wie vor den humanistischen Bildungsidealen verhaftet und lehrt noch heute Latein und Altgriechisch. Auch am naturwissenschaftlichen Zweig spielen die Geisteswissenschaften eine relativ große Rolle; Mathematik und Naturwissenschaften nehmen nicht mehr als ein Drittel des Lehrplanes ein.

Die musisch-künstlerische Bildung umfasst die bildenden Künste, Musik, Tanz und darstellende Kunst. Die entsprechenden Ausbildungsstätten sind die musischen Gymnasien *(Liceo artistico)* und die Fachschulen für Kunst *(Istituto d'arte),* die eine Ausbildung für kunsthandwerkliche Berufe vermitteln.

– Istituti tecnici

Das *Istituto tecnico* ist der begehrteste Schulzweig der Sekundarstufe II: fast 34 Prozent (ebda.) entschieden sich 2009 für die Ausbildung, die sowohl berufliches Wissen und eine Hochschulreife vermittelt. Wie das *Liceo* umfasst das *Istituto tecnico* fünf Schuljahre.

An den *Istituti tecnici* können die Schüler sich auf bestimmten Berufsfeldern spezialisieren. Die übergreifenden Fachrichtungen wie Elektronik, Tourismus, Gastronomie, kaufmännische Berufe, Landwirtschaft etc. sind wiederum unterteilt in ungefähr 50 berufsnahe Spezialisierungen. Das bedeutet nicht, dass auf diesem Schulzweig Berufsausbildung im engen Sinne betrieben wird; es handelt sich nach wie vor um einen Schulunterricht. Betriebspraktika rücken gegen Ende der Schullaufbahn immer stärker in den Mittelpunkt. Momentan wird eine verstärkte Reformdebatte geführt, weil die *Istituti tecnici* zunehmend gegenüber den Gymnasien an Boden verlieren. Eine Reformidee ist der Wechsel zwischen Schule und Arbeit *(Alternanza scuola e lavoro),* der deutlich über die gängigen Praktika hinaus die zukünftigen Berufsanfänger noch enger mit der Arbeitswelt und den spezifischen Berufsanforderungen vertraut machen soll.

– Istituti professionali

Die *Istituti professionali* mit 20,3 Prozent der Sekundarschüler (ebda.) sind Vollzeitschulen mit dem Schwergewicht auf dem schulischen Unterricht. Die betriebliche Praxis spielt eine geringere Rolle. Stärker als bei den *Istitutiti tecnici* wird die schulische Berufsausbildung betont.

In ungefähr 180 Berufen gibt es an den *Istituti professionali* eine Berufsausbildung. Die Laufbahn an den *Istituti professionali* verläuft zunächst über drei Jahre. Wer die allgemeine Hochschulreife *(maturità)* erreichen will, durchläuft weitere zwei Jahre Schulzeit auf diesem Zweig. Dies ist aber nur die Option von wenigen Schülern.

Die Schulergebnisse, wie sie in der *PISA*-Untersuchung vergleichend dokumentiert sind, weisen naturgemäß erhebliche Unterschiede nach den einzelnen Regionen Italiens auf.

Abbildung IV-7   Fähigkeiten der Schüler beim Lesen und in der Mathematik
                    nach dem Zweig der Sekundarstufe II, 2009

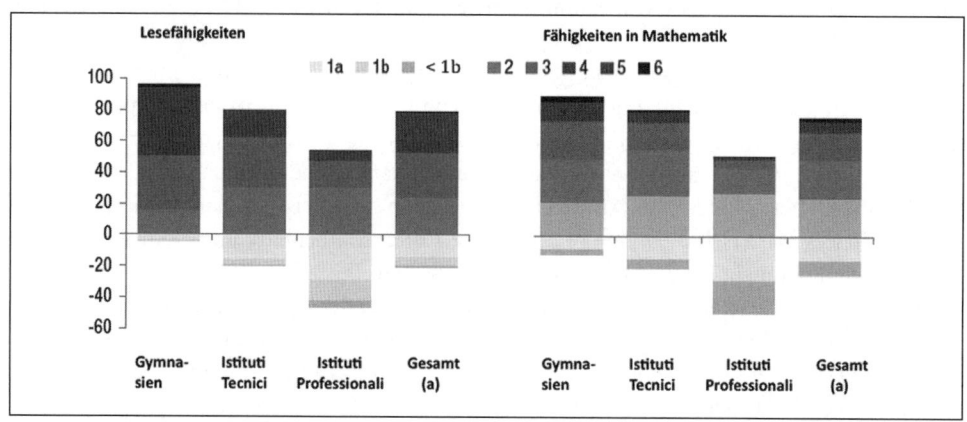

Legende: (a) enthält auch die Sekundarstufe I und die Berufsausbildung.

Quelle: Istat (2011b), S. 76.

Wie zu erwarten war, liegen die Regionen der Mitte und des Nordens in den Fähigkeiten der Schüler weit vor den Schülern im *Mezzogiorno*. Am oberen Ende der Rangliste stehen das Aostatal, die autonome Provinz Trient, die Lombardei und Friaul-Julisch Venetien, wo 85 Prozent über die Basisfähigkeiten beim Lesen verfügen und die letzten beiden Regionen einen Anteil an überragenden Fähigkeiten von 10 Prozent haben. (Istat 2011b, S. 76)

Am unteren Ende befinden sich die Regionen Sizilien, Kampanien und Kalabrien, wo 30 Prozent der Schüler kein ausreichendes Leseniveau aufweisen.

Für die Fähigkeiten in der Mathematik gelten ähnliche Unterschiede. Hier zeigen 40 Prozent der getesten Schüler im Alter von 15 Jahren in Kalabrien unzureichende Fähigkeiten, ca. ein Drittel in Kampanien und Sizilien und etwas weniger (32,5 Prozent) in Sardinien.

Die Schüler mit überragenden Fähigkeiten in der Mathematik gehen in der Lombardei (14,1 Prozent) und in der Emilia Romagna (15,2 Prozent) zur Schule.

Die Testergebnisse zu den naturwissenschaftlichen Fähigkeiten bestätigen das skizzierte Bild: ein Drittel der Schüler in Kampanien und Kalabarien weist hier unzureichende Fähigkeiten auf, während in Trient, die Lombardei und Friaul-Julisch Venetien zehn Prozent der Schüler überragende Fähigkeiten aufweisen.

Übergang von der Sekundarstufe II zur Universität

Die Übergangsraten von der Sekundarstufe II zur Universität reflektieren die jeweilige wirtschaftliche Situation Italiens ziemlich deutlich. In den Jahren einer entspannteren Konjunkturlage gehen weit mehr Absolventen in die wissenschaftlich ausgerichtete Hochschulausbildung, während in wirtschaftlichen Problemjahren der Einstieg in die Arbeitswelt versucht wird.

Zwischen 2000 und 2004 erreichte die Übergangsrate von der Sekundarstufe II zur Universität bis zu 73,8 Prozent, um in den folgenden Jahren stetig zurückzugehen und in den

Abbildung IV-8   Übergangsraten von der Sekundarstufe II zur Universität

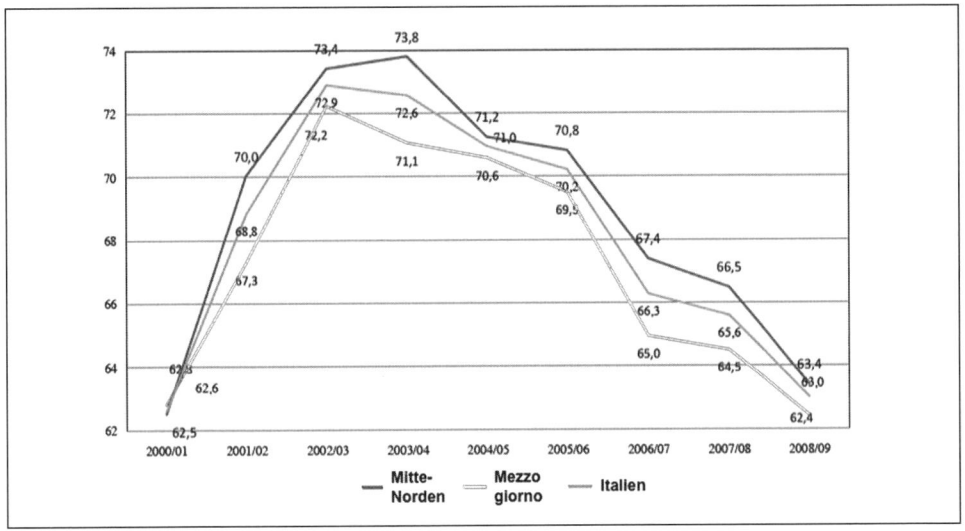

Legende: Die Übergangsrate ist als der Anteil der Neueingeschriebenen an einer Universität an den Absolventen der Sekundarstufe II definiert.

Quelle: Svimez (2011a), S. 35.

Jahren der Wirtschaftskrise auf das Anfangsniveau des Beginn des neuen Jahrhunderts abzusacken. Auch der *Mezzogiorno* machte diese Bewegung mit, wenn auch in einem konstanten Abstand zum Norden und der Mitte des Landes von zwei bis drei Prozent (unterste Linie in der Abbildung IV-5).

2.1.2   Probleme des Schulwesens

Die unbefriedigenden Testergebnisse im Rahmen der *PISA*-Studien verweisen auf Strukturprobleme des Schulwesens und erhebliche Mängel in der kulturellen und intellektuellen Einstimmung der Kinder in die Wissensgesellschaft durch das Elternhaus. Auf die Problematik der Distanz zur Bildung und damit zur Schule bei Schülern und Eltern ist in Kapitel 1.1 hingewiesen worden. Eine Ursache liegt sicherlich auch in der Qualifikation und der Haltung des Lehrkörpers.

Sogar 22 Prozent des Lehrpersonals an den Schulen der beiden Sekundarstufen haben keinen Universitätsabschluss. Der Anteil der Hochschulabsolventen unter allen Lehrern beträgt 51 Prozent. (Stella/Rizzo 2008, S. 166)

Von den Interessenvertretungen der Lehrer, vor allem den *Cobas* (siehe Kapitel II 5), wird mit Entschlossenheit eine stärkere Bezahlung und Beurteilung der Lehrer nach ihren inhaltlichen und pädagogischen Leistungen strikt abgelehnt. Die Ablehnung des Meritokratismus, die für viele Bereiche des öffentlichen Sektors typisch ist, zugunsten des egalitären Solidari-

Tabelle IV-2   Schullehrergehälter auf den verschiedenen Schulstufen im
Ländervergleich (2008)

	Primärstufe			Sekundarstufe			Tertiärstufe		
	(1)	(2)	(3)	(1)	(2)	(3)	(1)	(2)	(3)
Dänmark	32 880	37 147	37 147	32 880	37 147	37 147	34 317	44 808	44 808
GB	26 809	39 185	39 185	26 809	39 185	39 185	26 809	39 185	39 185
Finnland	25 801	33 555	42 123	28 546	35 957	45 227	28 737	39 439	50 858
Frankreich	20 839	28 032	41 361	22 936	30 129	43 555	23 180	30 373	43 822
Deutschland	38 214	47 573	51 371	42 148	51 939	57 882	45 412	55 871	63 985
Griechenland	22 805	28 049	33 942	22 805	28 049	33 942	22 805	28 049	33 942
Italien	22 893	27 674	33 698	24 670	30 142	36 992	24 670	30 985	38 668
Niederlande	31 106	40 314	44 976	31 962	44 099	49 106	32 277	58 918	64 940
Portugal	19 033	31 157	48 864	19 033	31 157	48 864	19 033	31 157	48 864
Spanien	32 637	37 575	45 999	35 760	41 085	49 807	37 263	42 974	52 008
OECD	25 417	34 616	42 163	26 998	36 812	44 470	28 590	40 256	48 042
EU-19	25 135	33 875	41 246	26 982	36 453	43 637	28 148	39 548	47 420

Quelle: OECD (2010c), S. 459.

tätsparadigmas[4] verhindert eine leistungsgerechte Entlohnung und Personalentwicklung und verunmöglicht die Wirkung diesbezüglicher Anreize. Der Rechnungshof Italiens hat sich in scharfer Form gegen diesen Egalitarismus gewandt: „Unter den industrialisierten Ländern zeichnet sich Italien durch den völligen Mangel an irgendeiner Korrelation zwischen der Einkommensdynamik und der Bewertung der individuellen Verdienste aus". (zitiert in Stella/ Rizzo 2008, S. 172)

Die Interessenvertreter wissen auch mit der Mehrheit der Lehrer im Rücken andere Sonderbedingungen zu verteidigen. So leisten die Lehrer in Italien unterhalb der Sekundarstufe II 594 Stunden im Jahr gegenüber 704 Stunden ihrer Kollegen im OECD-Durchschnitt. (Stella/Rizzo 2008, S. 188)

Die Pension der Lehrer beträgt nach der gleichen Quelle 95 Prozent des letzten Gehalts statt 70 Prozent wie beim Großteil der anderen europäischen Länder.

Gegenüber ihren Kollegen in den meisten anderen OECD-Ländern haben Italiens Lehrer, wie Tabelle IV 5 verdeutlicht, Rückstände bezogen auf das Gehalt auf den drei Schulstufen.

2.1.3   Das Problem der vorzeitigen Schulabgänger

Italien hat mit der hohen Zahl der Schulabbrecher ein überaus brennendes Problem. Ihr Anteil an allen 18–24-Jährigen beträgt 19,2 Prozent. Nur noch in Malta, Spanien und Portugal ist ihre Zahl, dann aber auch deutlich, höher.

---

4   Siehe dazu ausführlicher Heinrichs (2004).

Abbildung IV-9   Vorzeitige Schulabgänger

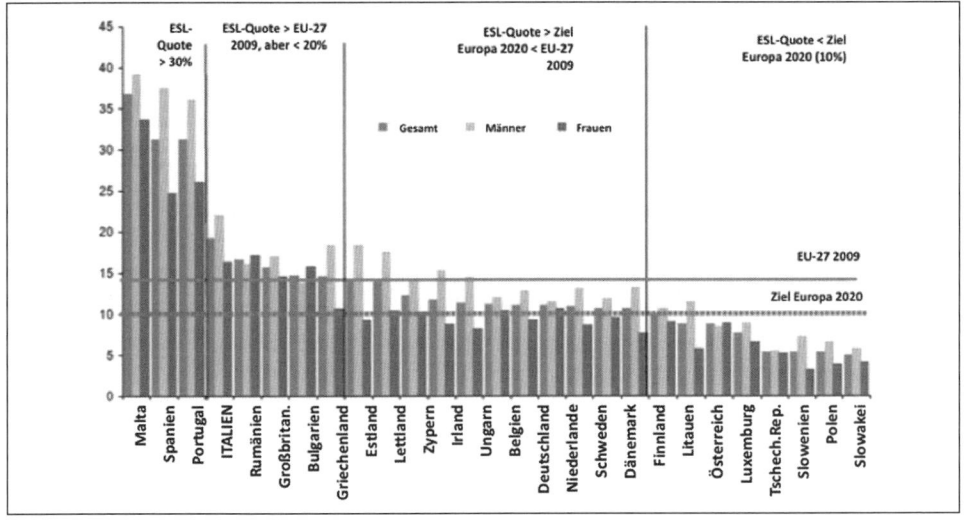

Legende: ESL = Early School Leaver, vorzeitige Schulabgänger

Quelle: Istat (2011c), S. 237.

Unter der Kategorie der vorzeitigen Schulabgänger *(ESL)* ist die Gruppe der Absolventen der Sekundarstufe I gemeint, die danach weder einen berufsbildenden Kurs von mehr als zwei Jahren, der von den Regionen anerkannt wird, abgeschlossen haben, noch weitere Schulzweige besuchen oder sonstige Ausbildungsaktivitäten verfolgen. (Istat 2011b, S. 78)

In absoluten Zahlen sind dies mehr als 800 000 junge Erwachsene. 60 Prozent der Schulabbrecher sind Männer. Der Anteil der Schulabbrecher unter den Ausländern dieser Altersgruppe ist mit 43,8 Prozent deutlich höher als bei bei den Einheimischen (16,4 Prozent). Das Phänomen ist überdies erheblich stärker in den südlichen Regionen ausgeprägt; in Sizilien brechen fast 30 Prozent der männlichen jungen Erwachsenen die Schulkarriere ab, in Sardinien und Apulien über 30 Prozent, während die Quote in den nördlichen Regionen unter 15 Prozent bei den Männern liegt. Die Quote bei den weiblichen 18 bis 24-Jährigen liegt durchgehend sechs bis acht Prozent niedriger.

2.2   Das Hochschulwesen

Italien ist das Mutterland der Universitäten. Im Jahr 1088 wurde in Bologna die erste Universität Europas gegrundet. Aktuell ist die Universität Bologna eine der zehn großen Universitäten, die ungefähr 40 Prozent aller Studierenden auf sich vereinen. Insgesamt sind rund 1,8 Millionen Studierende an den italienischen Hochschulen eingeschrieben. Rund 60 Prozent brechen das Studium jedoch vor dem Abschluss ab, zum Teil aus Mangel an Motivation und Leistungsvermögen, zum anderen Teil wegen einer Arbeitsmöglichkeit.

Abbildung IV-10 Personen mit Hochschulabschluss im Vergleich, 2009 (in Prozent)

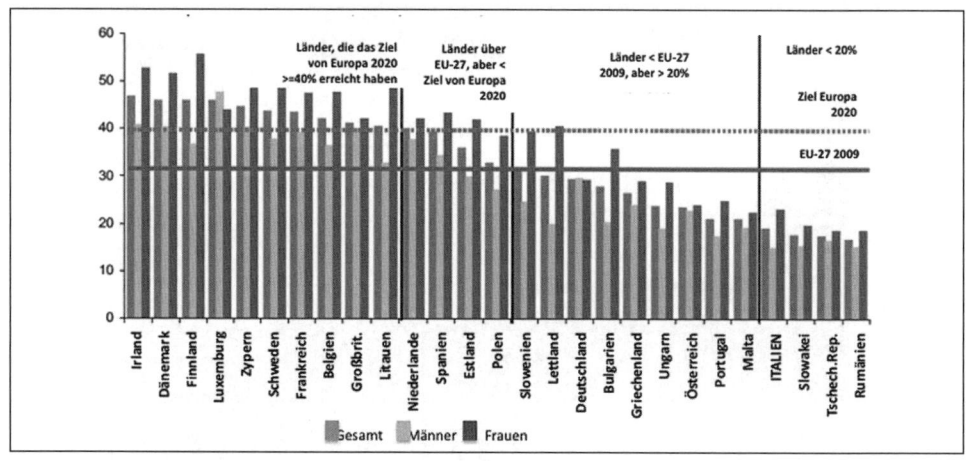

Quelle: Istat (2011c), S. 230.

2.2.1   Hochschulabsolventen

Im internationalen Vergleich nimmt Italien einen für ein modernes Industrieland bescheidenen viertletzten Platz hinsichtlich des Anteils der Bevölkerung mit Hochschulabschluss ein. Hinter Italien liegen mit der Slowakischen Republik, der Tschechischen Republik und Rumänien nur noch Länder, die sich in der Transformation vom real existierenden Sozialismus in die moderne Marktwirtschaft befinden.

Bei den Männern ist Italien beim Anteil der Hochschulabsolventen mit 15 Prozent sogar Schlusslicht. Der Anteil der Frauen mit Hochschulabschluss beträgt 23,0 Prozent.

Abbildung IV-11 Bevölkerung zwischen 30 und 34 Jahren mit Hochschulabschluss nach Landesteil (2004–2010, Anteile in Prozent)

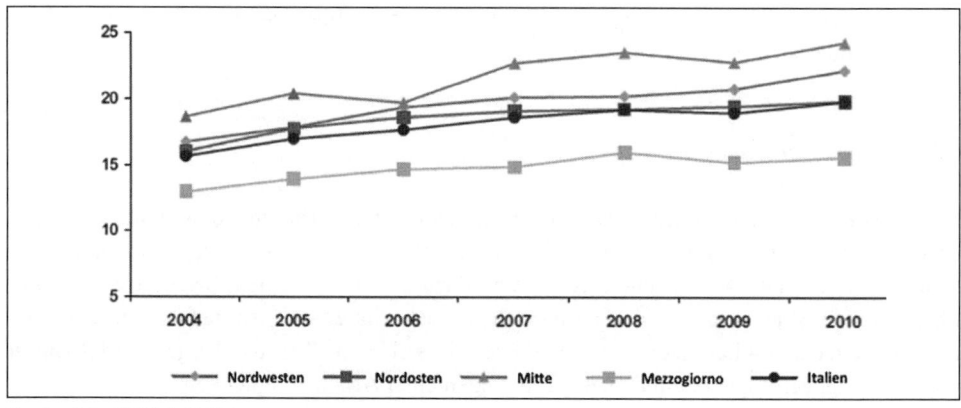

Quelle: Istat (2011c), S. 231.

350

Zwischen den Jahren 2000 und 2010 ist die Zahl der Hochschulabsolventen um 8,2 Prozentpunkte von 11,6 auf 19,8 Prozent gestiegen. Ein stärkeres Wachstum wiederum verzeichnen die Frauen. Den Hauptschub hat diese Kennziffer durch den „Bologna-Prozess" mit der Umbildung der Universitäten und Hochschulen zum Bachelor- und Masterstudium erhalten.

2.2.2   Hochschulen und Universitäten

Italien hat insgesamt 77 staatlich anerkannte Universitäten, davon 55 staatliche Volluniversitäten, drei staatliche technische Universitäten, 14 „nicht-staatliche" (aber staatlich anerkannte) Universitäten, zwei sogenannte (staatliche) Ausländeruniversitäten und drei weitere spezialisierte Hochschuleinrichtungen.

Im Studienjahr 2009/10 waren 1,9 Mio. Studierende an den italienischen Universitäten eingeschrieben.

Die erste Welle der Universitätsgründungen konzentrierte sich auf den entwickelteren Norden, wo es einen „wachsenden Bedarf an Qualifikationen wie Schreiben, Lesen, fremden Sprachen, Diplomatie- und Rechtskenntnissen, Länderkunde usw" (Berning 1988, S. 15) gab.

Im Süden existierte die Universität Neapel, 1224 gegründet, lange allein auf weiter Flur. Im 15. und 16. Jahrhundert wurden dann auf Sizilien (Catania, Messina) und auf Sardinien (Sassari, Cagliari) Universitäten errichtet.

Eine Beschleunigung des Ausbaus des Universitätssystems brachten die neuen Anforderungen und Bedürfnisse der Nachkriegszeit mit der immensen industriellen und sozialen Entwicklung.

„Zwischen 1956 und 1986 wurden fast dreimal so viele Universitäten gegründet (17) wie in den einhundert Jahren zuvor (sechs). Hierbei lassen sich zwei deutliche regionale Schwerpunkte des Hochschulausbaus erkennen: zum einen Nordostitalien, wo es bis dato keine Universität gab, und zum anderen die Regionen in der südlichen Landeshälfte. Der institutionelle Ausbau setzte hier in den 1950er Jahren mit der Gründung der Universität Lecce (1956) ein; es folgten in den 1960er Jahren die Universitäten Cassino (1964), Salerno (1967) und Cosenza (1968)". (Jahnke 2004, S. 65)

In der nächsten Phase der Univeritätsentwicklung wurde das vorübergehend ausbalancierte Verhältnis zwischen Nord und Süd allerdings wieder einseitig verändert. „Der Hochschulausbau konzentrierte sich vor allem auf die Ballungsräume Mailand, Rom und Neapel. Insbesondere der Raum Mailand wurde mit insgesamt fünf Gründungen als Hochschulregion am stärksten ausgebaut. In Süditalien gab es außerhalb des Großraums Neapel lediglich drei neue Universitäten in Apulien (Foggia, Bari und Casamassima) sowie die Gründung der Universität Teramo (Abruzzen), die 1993 aus einzelnen Fakultäten der Universität Chieti hervorging". (ebda., S. 65)

In den letzten Jahren wurde das italienische Hochschulsystem nach angloamerikanischem Vorbild reformiert. Heute umfasst es ganz verschiedene Typen und Zweige.

Università und Istituti universitari

Von den klassischen Universitäten mit breitem Fächerspektrum gibt es in Italien über 70 (siehe Tabelle IV-5). Drei Viertel davon sind staatlich. Die staatlich anerkannten privaten Universitäten werden von öffentlichen Institutionen, Kirchen oder Verbänden getragen. Die *Istituti universitari* haben nur einen einzigen Fachbereich.

Politecnici

Drei Technische Universitäten (Mailand, Turin und Bari) haben sich auf wissenschaftliche Ingenieurstudiengänge spezialisiert.

Scuole superiori

Eine Sonderstellung nehmen die drei *Scuole superiori*, die *Scuola Normale Superiore di Pisa*, die *Scuola Superiore S. Anna di Pisa* und die *Scuola Internazionale Superiore di Studi Avanzati di Trieste* ein. Drei weitere *Scuole superiori* in Catania, Lecce und Pavia befinden sich noch in der Entwicklung und haben noch keine staatliche Anerkennung erhalten.

Ziel dieser *Scuole* ist die Förderung besonders qualifizierter Studierender. Neben ihrem normalen Studium an ihrer Stammuniversität, an der sie auch eingeschrieben sind, verfolgen sie an den *Scuole* ein intensives, wissenschaftlich ausgerichtetes Zusatzprogramm. Naturgemäß haben die Absolventen der *Scuole superiori* herausragende berufliche Perspektiven in der Wissenschaft, im Spitzenmanagement oder in hohen Staatsämtern. Nicht nur in dieser Hinsicht ähneln sie den *grandes écoles* in Frankreich oder den *colleges* in Oxford und Cambridge. Hier wie dort stellen die Kontakte zu den ehemaligen Studierenden eine sehr günstige Ausgangsbasis für die eigene Karriere.

Die *Scuola Superiore* in Triest hat eine etwas andere Zielsetzung. Sie ist sehr forschungsorientiert und fördert vor allem Nachwuchsphysiker.

Istituti superiori di educazione fisica (ISEF)

Die lange eigenständigen Sporthochschulen wurden bis auf die Sporthochschule in Rom in bestehende Universitäten eingegliedert.

Istituti di alta formazione artistica e musicale

Die Kunst- und Musikhochschulen zählen seit kurzem zum Bereich der höheren Bildung, aber nicht zu den Universitäten.

2.2.3 Die Entwicklung der Anzahl der Studierenden

Bei einer absoluten Zahl von ca. 1,9 Mio. Studierenden kann man in Italien von Massenuniversitäten sprechen. Dieser Zulauf zu den Hochschulen erklärt sich zum großen Teil mit der mangelnden Alternative innerhalb der tertiären Ausbildung außerhalb der Hochschulen. Da die Absolventen der Sekundartufe II auf dem Arbeitsmarkt vergleichsweise geringe Chancen haben, versuchen sie, durch ein Studium den Wert ihrer Arbeitskraft weiter zu steigern.

Den ersten größeren Zulauf erlebten die Hochschulen durch das Wirtschaftswunder: zwischen 1951 und 1969 stiegen die Studentenzahlen von ca. 150 000 auf das Dreifache

Abbildung IV-12 Entwicklung der Anzahl der Neueingeschriebenen und der Absolventen 1988–2009

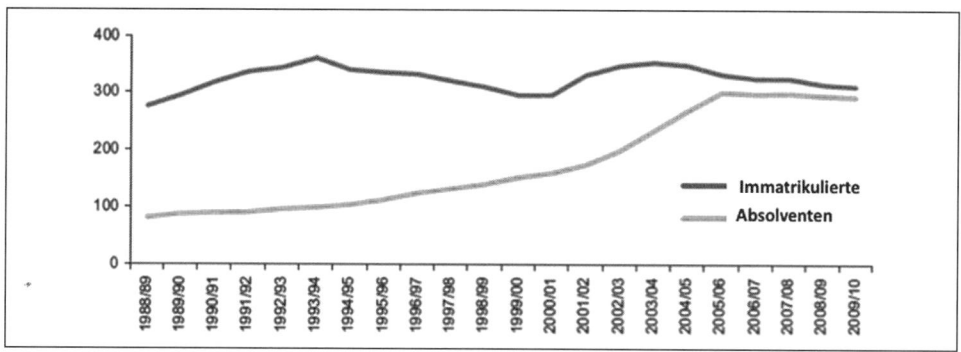

Quelle: Istat (2011c), S. 233.

an. (Istat 1984) Nach der Freigabe des Hochschulzugangs für die Absolventen aller Schultypen der Sekundarstufe II im Jahre 1969 stieg die Zahl der Studienanfänger sprunghaft auf 780 000 an, um dann gegen Ende der siebziger Jahre wieder deutlich zu fallen. Mitte der achtziger Jahre begann die nächste Wachstumswelle an den Hochschulen des Landes, die aber zehn Jahre später brach.

Der Anteil der Neuimmatrikulierten an den Abiturienten betrug 1989/90 fast 80 Prozent, um dann in den folgenden zehn Jahren auf 60 Prozent zurückzugehen. Der Wiederanstieg führte den Wert bis 2002/03 wieder auf ungefähr 75 Prozent. Aber im Studienjahr 2009/10 steht er wieder bei unter 70 Prozent.

Wie kein anderes Land in Europa verzeichnet Italien große Probleme der Präsenz und Kontinuität im Studium. Die Zahl der Studierenden, die immatrikuliert sind, aber nicht die komplette Anzahl der Prüfungen in der vorgesehenen Zeit und in der geplanten Abfolge abgelegt haben, also *fuori corso* sind, umfasst mittlerweile die Hälfte aller Immatrikulierten. Studierende geraten außerhalb der regulären Kursabläufe *(fuori corso)*, u. a. auch wegen der Forcierung des Studiums und der Verschärfung der Prüfungen durch die Dozenten. Auch die Umstellung auf das Bachelorstudium kann diese Probleme verstärken.

Das zweite Italien-spezifische Problem ist die hohe Anzahl der Studienabbrecher. Mehr als die Hälfte aller Studierenden beendet sein Studium vorzeitig, die Mehrzahl von ihnen im ersten Studienjahr. Befragungen ergaben, dass nicht allein günstige Jobangebote für diese Entscheidung ausschlaggebend waren, sondern das unzureichende Angebot einer guten universitären Ausbildung sowie die nicht übermäßig verlockenden ökonomischen Erträge einer Investition in eine Universitätsausbildung.

Studienfächer

Unter den Laureatskursen haben die wirtschaftswissenschaftlichen Kurse mit 13,4 Prozent den größten Anteil an den Studierenden vor den juristischen Kursen (11,9), den Kursen in den Ingenieurwissenschaftlichen (11,5), in den Gesellschaftswissenschaften (10,4) und den Kursen der medizinischen Ausbildung (8,6). (Istat 2011c, S. 347) Im Vergleich mit anderen

Tabelle IV-3   Anteil der Hochschulabsolventen in naturwissenschaftlichen
und technologischen Fächern

Länder	1998	2000	2005
Griechenland	–	–	31,3
Österreich	25,7	29,8	29,9
Portugal	27,6	27,5	29,4
Irland	27,8	32,9	27,8
Spanien	28,0	24,7	27,0
Deutschland	28,6	25,4	26,6
Frankreich	–	29,9	26,5
Finnland	33,9	17,9	25,8
Schweden	29,8	29,1	25,7
ITALIEN	27,1	22,7	23,4
Großbritannien	27,2	27,3	21,5
Japan	20,8	21,7	21,1
Dänemark	13,2	21,1	18,4
Belgien	–	18,3	17,1
USA	–	16,8	16,4
Niederlande	16,9	15,1	15,3

Quelle: Centro Studi Confindustria (2008), S. 119.

entwickelten Ländern Europas verzeichnet Italien einen unterdurchschnittlichen Anteil der
Studienabschlüsse in den wissenschaftlichen und technologisch relevanten Studienfächern.

2.2.4   Regularien

Das akademische Jahr besteht aus zwei Semestern. Das erste beginnt im September/Oktober
und endet im Januar/Februar. Das zweite beginnt im Februar und endet im Juli. Jedes Semes-
ter besteht aus etwa 14 Wochen Vorlesungszeit und sechs Wochen Prüfungszeit.

Studiengebühren
In Italien ist das Studium an Universitäten und Lehreinrichtungen mit Universitätsrang ge-
bührenpflichtig. Die Gebühren werden jedes Jahr neu festgelegt. Ihre Höhe hängt von der
jeweiligen Bildungseinrichtung ab, die Spanne reicht von 750 € bis 3 000 € (Zahnmedizin).
Hinzu kommen Einschreibegebühren von rund 170 €. Für einige Fächer gibt es Zulassungsbeschränkungen *(numero programmato)*.
  Die Universität Bologna zum Beispiel erhebt die Gebühren gestaffelt nach Einkommens-
stufen. Die Höhe des Einkommens muss durch einen Einkommenssteuerbescheid nachgewiesen werden.

Tabelle IV-4   Gebühren der Universität Bologna für einige Studienfächer

---

- 1208 € für Jura, Politologie, Wirtschaftswissenschaften, Literatur- und Sprachwissenschaften, Psychologie, Statistik
- 1332 € für Pharmazie, Informatik, Ingenieurswissenschaften, Naturwissenschaften
- 1447 € für Architektur, Sportwissenschaften, Humanmedizin, Tiermedizin
- 1717 € für Biotechnologie
- 2185 € für das Studium zum Dolmetscher/Übersetzer
- 3445 € für Zahnmedizin

Quelle: www.italienwelten.de.

Zulassungsbeschränkungen

Italienweite Zulassungsbeschränkungen bestehen für die Studienfächer Architektur, Human-, Zahn- und Tiermedizin. Die Zahl der Studienanfänger in den einzelnen Studienorten wird jährlich durch das Bildungsministerium *(Ministero per l'Istruzione, l'Università e la Ricerca, MIUR)* festgelegt. Auch die einzelnen Universitäten können Zulassungsbeschränkungen für ausgewählte Fächer erlassen.

Alle Studienbewerber müssen sich einem Auswahltest unterziehen. Für jedes Studienfach gibt es fachspezifische Tests, die die Eignung für das Studienfach feststellen sollen. Das Testergebnis zählt 60 bis 80 Prozent, die Abiturnote 20 bis 40 Prozent. Die Bewerber werden in der Reihenfolge des Gesamtergebnisses zugelassen.

Bewerber für zulassungsbeschränkte Studiengänge müssen zusätzlich an einer Wettbewerbsprüfung *(esame di concorso)* teilnehmen.

2.2.5   Die Attraktivität der Universitäten

Die Attraktivität der Universitäten und Hochschulen wird an den absoluten Zahlen der Studierenden, der Binnenwanderung, der Zuwanderung durch ausländische Studierende sowie dem Ranking des Forschungsinstituts *Censis* ablesbar.

Anzahl der Studierenden an den einzelnen Universitäten

Verschiedene Gründe sind für die unterschiedlich hohe Attraktivität der Universitäten zu nennen. Die Schwerpunktsetzung der Entwicklung des universitären Systems auf den Norden und die Mitte des Landes gab den dort angesiedelten Universitäten zunächst einen größeren Vorsprung. Mailand hat ungefähr 170 000 Studierende. Hinzu kommt die Präsenz der Hauptstadt Rom als Magnet für Studierende aus allen Landesteilen. Rom hat ca. 215 000 Studierende. Die Universitäten in Neapel, Palermo, Catania und Bari sind die Fokalpunkte für Studierende im Süden, wobei die Anzahl der Studierenden zwischen den größten dreien und den weiteren bereits eine große Lücke zeigt.

Die Universitäten des Nordens und des Zentrums sind Anziehungspunkte für viele Studienberechtigte aus dem Süden. Der Anteil der Studierenden aus dem Süden, die in anderen als den Regionen ihres Wohnsitzes studieren, beträgt 25 Prozent, während der nationale Durch-

Tabelle IV-5   Die Universitäten mit den meisten Studierenden (2007)

1. ROMA La Sapienza	134 812	39. SASSARI	15 490
2. BOLOGNA	98 277	40. ANCONA	14 929
3. NAPOLI Federico II	96 663	41. TRENTO	14 832
4. PALERMO	63 630	42. CASSINO	13 891
5. CATANIA	62 904	43. CATANZARO	13 508
6. FIRENZE	61 421	44. BRESCIA	13 242
7. BARI	60 561	45. NAPOLI Ist. Suor O.Benincasa	12 979
8. PADOVA	60 090	46. BERGAMO	12 579
9. MILANO	59 763	47. MACERATA	12 105
10. TORINO	59 227	48. MILANO UnIV Bocconi	11 658
11. PISA	45 614	49. BARI Politecnico	11 435
12. MILANO Politecnico	39 568	50. FOGGIA	10 647
13. MILANO UnIV Cattolica	38 005	51. NAPOLI Ist. Orientale	10 379
14. SALERNO	37 326	52. TERAMO	10 306
15. MESSINA	36 077	53. TUSCIA (VT)	10 304
16. ROMA TRE	36 034	54. REGGIO CALABRIA	9 903
17. GENOVA	35 640	55. PIEMONTE ORIENTALE	9 858
18. PERUGIA	35 354	56. MOLISE (CB)	9 769
19. ROMA Tor Vergata	33 571	57. CAMERINO	9 478
20. CAGLIARI	32 139	58. INSUBRIA	8 057
21. CALABRIA	30 826	59. BASILICATA	7 714
22. CHIETI G. D'Annunzio	30 385	60. MILANO Ist. UnIVLingue Moderne	7 012
23. LECCE	29 532	61. ROMA UnIV L.U.M.S.A.	6 922
24. NAPOLI II Università	28 059	62. SANNIO	6 906
25. PARMA	27 973	63. VENEZIA Ist. Architettura	6 833
26. MILANO BICOCCA	26 757	64. ROMA UnIV L.U.I.S.S.	5 482
27. TORINO Politecnico	23 966	65. PERUGIA UnIV Stranieri	2 069
28. VERONA	21 828	66. CASTELLANZA (VA) L.I.U.C.Cattaneo	2 017
29. PAVIA	21 495	67. BOLZANO LIBERA UNIVERSITA'	1 731
30. SIENA	21 083	68. UnIV Telematica GUGLIELMO MARCONI	1 529
31. TRIESTE	20 393	69. MILANO UnIV Vita-Salute S.Raffaele	1 345
32. URBINO	19 597	70. Ist.UnIV di Scienze Motorie ROMA	1 228
33. L'AQUILA	17 843	71. CASAMASSIMA (BA) LUM	1 148
34. FERRARA	17 127	72. ROMA Lib. Ist. UnIV S.Pio V	1 059
35. NAPOLI Ist. Navale	16 709	73. ROMA Lib. Ist. UnIV Campus Biomedico	818
36. VENEZIA Cà Foscari	16 679	74. VALLE D'AOSTA	609
37. MODENA	16 597	75. SIENA UnIV Stranieri	419
38. UDINE	16 433	Gesamtzahl	1 820 148

Quelle: www.italienwelten.de.

Tabelle IV-6 Hochschulranking für einige Fachbereiche (2010)

Wirtschaftswissenschaften	Rechtswissenschaften	Ingenieurswissenschaften	Politikwissenschaften
Padua 107,5	Trento 105,3	Trento 110,3	Triest 105,3
Trento 101,5	Triest 99,5	Pavia 97,8	Bologna 101,8
Roma – Tor Vergata 97,8	Ferrara 95,8	Genua 96,8	Siena 101,8
Modena 97,5	Bologna 94,8	Politec. Mailand 96,3	Piemonte Orient. 94,8
Pavia 96,3	Roma III 94,0	Modena 94,5	Pavia 93,8
Literaturwissenschaften	Medizin	Naturwissenschaften	Fremdsprachen
Modena 102,0	Udine 100,3	Padua 107,3	Salerno 95,5
Trento 98,3	Perugia 100,0	Pavia 100,0	Urbino 94,4
Siena 97,8	Mailand Bicocca 96,5	Triest 96,5	Udine 94,0
Padua 97,0	Turin 96,0	Mailand Bicocca 96,5	Genua 93,0
Perugia 94,8	Modena 93,8	Modena 94,5	Verona 92,5

Quelle: www.italienwelten.de nach Censio Servizio.

schnitt nur bei 20,2 Prozent liegt. (Censis 2010b, S. 65) Diese zumeist Studienanfänger zieht es vor allem in die Lombardei und nach Piemont, aber auch nach Emilia Romagna, in die Toskana und Umbrien. (Jahnke 2004, S. 208)

Hochschulranking des Censis
Im Hochschulranking des sozialwissenschaftlichen Forschungsinstituts *Censis* (siehe Tabelle IV-6) findet sich auf den Spitzenplätzen keine einzige Universität aus dem Süden. Die Ausnahme bildet Salerno bei den Fremdsprachen.

Internationalisierung der Universitäten
Einige italienische Universitäten ziehen auch Studienberechtigte aus anderen Ländern an. Im Jahre 2007–08 studierten 51 279 Ausländer im Vergleich zu 41 167 Personen in 2005–06, wobei die beiden europäischen Universitäten in Siena und Perugia nicht mitgerechnet werden. Die attraktivsten Zielorte sind die Universitäten in der Region Latium (9 715 Studierende), in der Lombardei (8 898) und in Emilia Romagna. Die Universitäten in Kampanien, Sizilien und Apulien hatten in den beiden Betrachtungsjahren bis zu 17 Prozent weniger Ausländer unter den Studierenden (Censis 2010b, S. 64). Die Hauptgruppen unter den ausländischen Studierenden sind die Albaner, die Griechen, die Rumänen und die Chinesen. Die Ausländer studieren vor allem die Fächer Wirtschaftswissenschaften, Medizin und Ingenieurwissenschaften.

Interessenten aus den entwickelten Industrieländern findet man hingegen kaum an den italienischen Universitäten. Im internationalem *Academic Ranking of World Universities* 2007 der *Shanghai Jiao Tong* Universität liegen italienische Universitäten nicht unter den ersten 100. Gerade mal zwanzig Universitäten befinden sich unter den ersten 500. Nach einer anderen Statistik[5] sind in 2005 von den Studierenden in Neuseeland 29 Prozent aus dem Aus-

---

5 OECD in „Annuario Scienza e Società 2008", zitiert in Stella/Rizzo (2008), S. 204.

Abbildung IV-13 Qualität der mathematischen und
naturwissenschaftlichen Ausbildung, 2009

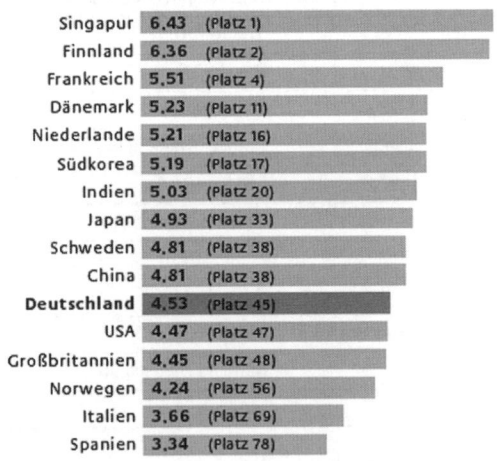

Quelle: World Economic Forum (WEF) (2010);
Mittelwerte der Bewertung der Qualität auf der Skala:
1= sehr schlecht bis 7= exzellent

Quelle: Bundesministerium für Wirtschaft und Technologie (2011), S. 66.

land, in Australien über 20 Prozent, in der Schweiz und in Großbritannien 18 Prozent und in
Deutschland 11 Prozent.

Auch in den Verknüpfungen zur globalen Forschungslandschaft liegen die italienischen
Universitäten deutlich hinter den großen OECD-Ländern USA, Frankreich, Deutschland,
Großbritannien, Japan und Kanada (siehe Kapitel I 7.2, insbesondere Abbildung I 52).

In internationalen Wertungen schneiden die italienischen Universitäten allerdings mit
Bezug auf die Qualität der Ausbildung in den naturwissenschaftlichen und mathematischen
Fächern eher schlecht ab.

2.2.6   Universitätsabschluss und Arbeitsleben

Anreize, eine Universitätsausbildung zu absolvieren, liegen neben dem der Persönlichkeits-
entwicklung in den erhofften größeren Chancen, eine der Qualifikation entsprechende Anstellung zu finden und dort eine höhere Bezahlung zu erhalten.

In den Jahren nach 2007 wurde ein deutlicher Anstieg der Anmeldungen zu Zulassungs-
prüfungen, v. a. für das die Technischen Hochschulen Mailand und Turin im Fachbereich
Ingenieurwesen, registriert. In diesen Fächern und mit den Ausbildungsstätten haben italienische Fachleute in Italien die besten Berufsaussichten.

Die Erwerbsquote für Italiener mit Universitätsabschluss liegt mit 80,7 Prozent in 2008
deutlich über der Quote der Italiener mit niedrigeren Abschlüssen. Im Vergleich mit dieser
Quote anderer entwickelter Industrieländer haben die hochqualifizierten Italiener aber gerin-

Abbildung IV-14 Unterschiede in den Arbeitslosenraten von Männern und Frauen
nach Bildungsabschluss

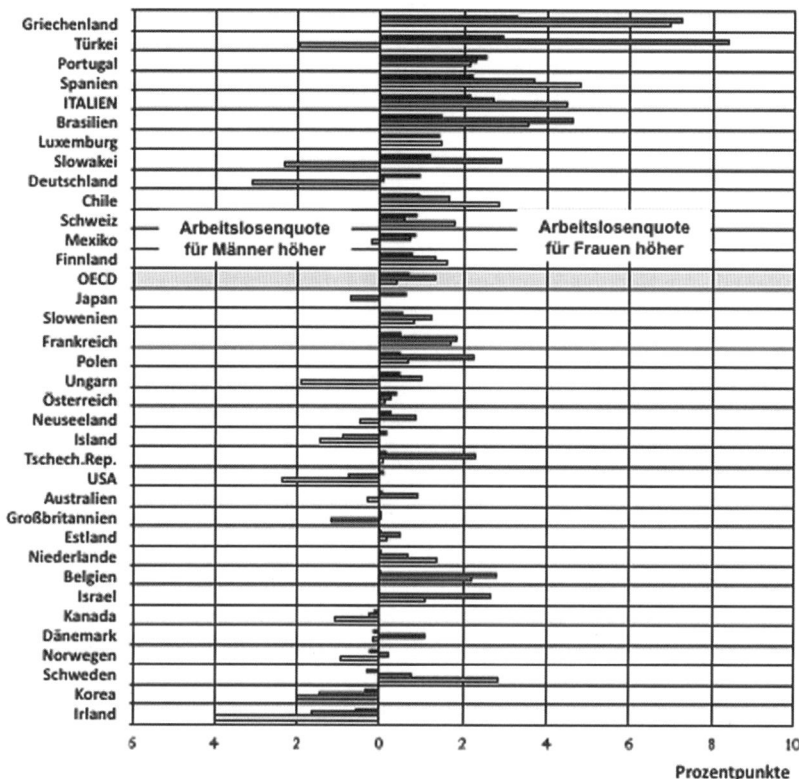

Quelle: OECD (2010c), S. 106.

gere Erwerbschancen (Deutschland 85,8 Prozent, OECD-Durchschnitt 84,5 Prozent und EU-19-Durchschnitt 85,3 Prozent). (ebda., S. 113)

Gravierend ist die Benachteiligung der Frauen. Die Erwerbstätigenquote für Frauen mit Universitätsausbildung ist um ca. 10 Prozent niedriger als für die Männer mit gleichem Abschluss. (ebda., S. 110) Die Arbeitslosenquote dieser Frauen ist um über 2 Prozent höher als bei den Männern. In dieser Diskriminierung wird Italien nur noch Spanien, Portugal, der Türkei und Griechenland übertroffen. Die Rendite der Universitätsausbildung in Italien beträgt für Männer 400 000 Dollar brutto mehr während des Berufslebens als ohne Universitätsabschluss. (OECD 2010c, S. 135) Das Bruttoeinkommen für Italiener mit Universitätsabschluss liegt ungefähr 54 Prozent höher als für Landsleute ohne Tertiärexamen.

Für Frauen allerdings beträgt das Zusatzeinkommen nur 136 000 Dollar, was die größte Diskriminierung unter allen industrialisierten Ländern bedeutet. (Census 2010b, S. 10) Noch

Tabelle IV-7   Gehaltsunterschiede nach Bildungsabschluss (2007)

Schulabschluss	Monatsgehalt		Stundengehalt
Bis zur Grundschule = 100	Brutto	Netto	Netto
Sekundarstufe I	106,4	106,6	103,8
Berufsausbildung (2–3 Jahre)	113,9	111,2	111,1
Diplom der Sekundarstufe II	125,1	121,1	122,1
Universitätsabschluss	160,4	150,4	162,8
Spezialisierung nach der Universität	256.6	223,8	221,6

Quelle: CNEL (2010a), S. 213.

gravierender fällt die Nettobetrachtung aus. Diese Tatsache bedeutet nicht nur eine offene sexuelle Diskriminierung der Frauen dar, sondern birgt auch die Gefahr, dass Frauen entmutigt werden, ein Studium aufzunehmen. Die OECD kommt in ihrer vergleichenden Analyse zu einem ähnlichen Urteil: „In Island, Italien, den USA und den Partnerländern Brasilien und Israel verdienen Frauen mit Universitätsabschluss 65 Prozent weniger als Männer. In allen Fällen mit Ausnahme von Brasilien ist die Einkommenslücke größer als bei Frauen mit einer niedrigeren formalen Bildung". (OECD 2010, S. 116)

Nimmt man hinzu, dass die Arbeitslosenquote für junge Akademiker in Italien außergewöhnlich hoch ist, ist es berechtigt, wie Jahnke zu formulieren: „Die vorliegenden statistischen Beobachtungen legen die Schlussfolgerung nahe, dass man sich in Italien trotz relativer Knappheit akademisch gebildeter Arbeitskräfte mit dem Erwerb eines Hochschulabschlusses zwar einen Vorteil auf dem Arbeitsmarkt verschafft, dieser aber im Vergleich mit anderen Ländern eher gering ausfällt". (Jahnke 2004, S. 76 f.)

Die Beschäftigungssituation für Akademiker sieht im *Mezzogiorno* noch mal gravierender aus. Nicht allein der Verlust von Wissen und Fachkräften an den Norden und die Mitte des Landes allein ist das Problem, sondern der Mangel an Beschäftigungsmöglichkeiten für die hochqualifizierte Bevölkerung im Süden.

Verschärft wird hier die Problematik, da fast die Hälfte der Akademikerabsolventen auch drei Jahre nach dem Hochschulstudium noch arbeitslos ist. Für diesen Fakt führt Jahnke an, dass Süditaliener nicht gleichsam zweckrational die Fluktuationen von Angebot und Nachfrage auf dem Arbeitsmarkt nachvollziehen und den Beschäftigungsmöglichkeiten wo auch immer nachziehen. Vielmehr zeigen sich Verzögerungen bei der Migrationsentscheidung, die mit dem Kalkül erhöhter Lebenshaltungskosten einschließlich der Gelder für vermehrte Familienheimfahrten einhergehen und auch Ausdruck einer spezifisch ausgeprägten „Ortsbindung" (Jahnke 2004, S. 211) von Süditalienern sind.

2.2.7 Probleme der Universitäten

Die Schilderung der Beteiligungsraten, Ausstiegsraten, Attraktivität für Studierende und Forscher aus dem Ausland sowie die Untersuchung der ökonomischen Rendite einer höheren Ausbildung verdeutlichen substantielle Probleme der italienischen Universitäten. Die Krise zeigt sich an einigen Kernindikatoren:

- Die Eintrittsrate in die Hochschule entspricht mit 54–56 Prozent dem OECD-Durchschnitt, aber nur 17 Prozent der 25–34-jährigen Italiener hat in 2010 einen Hochschulabschluss (OECD 33 Prozent).
- Italien hat die höchste Abbruchquote mit 55 Prozent gegenüber 31 Prozent des OECD-Durchschnitts.
- 28 Prozent davon verlassen die Universität im ersten Jahr.
- 36,9 Prozent der Studierenden sind *fuori corso*.
- Studierende in Italien verweilen u. a. deshalb viel länger und machen ihren Abschluss im Durchschnitt nach 7,5 Jahren.
- Die Ressourcenausstattung ist in Italien mit 0,7 Prozent des BIP deutlich schwächer als im OECD-Durchschnitt von 1 Prozent.
- Zwischen den Universitäten und Instituten bestehen erhebliche Produktivitäts- und Leistungsunterschiede.

Die Universitäten sind gewachsen, ohne dass es rechtzeitig zu steuernden Eingriffen gekommen wäre. Das rasche Wachstum der sechziger und siebziger Jahre war von keinen Strukturreformen begleitet. Es galt das Prinzip der offenen Tür. Reformansätze scheiterten vor allem an der Haltung der Universitätsvertreter selbst, die ihre Institute als „unabhängige Feudalsysteme" (Mattei 2011, S. 11) ansahen, in die man von außen nicht einzugreifen habe und die auch nicht extern rechenschaftspflichtig seien.

In den neunziger Jahren wurde die externe Rechenschaftspflicht bei Wahrung der internen Autonomie der Universitäten durchgesetzt. Die wenigen Reformansätze vor der Jahrhundertwende konzentrierten sich auf eine Fortsetzung der Dezentralisierung vor allem auch bei der Rekrutierung des wissenschaftlichen Personals. Ein vorher vereinbartes leistungsbasiertes Finanzierungsmodell für die Universitäten wurde 2003 aufgegeben, wie überhaupt die italienischen Universitäten lange Zeit nur wenig von den Grundsätzen und Methoden des *New Public Management* (Pollitt/Bouckaert 2004) berührt wurden.

Im Jahre 2009 wurde die leistungsbasierte Finanzierung wieder ansatzweise eingeführt. 7 Prozent der öffentlichen Gelder sollen darauf basieren; bis 2014 soll der Anteil auf 14 Prozent erhöht werden.

Nach wie vor leiden die Reformbemühungen an der unterentwickelten Koordination unter den Hochschulen und ihrer Weigerung, sich als leistungsbasierte Institutionen gemäß modernen Managementprinzipien zu steuern. Genau hierin liegt der positive Ansatz der *Gelmini*-Reform vom Dezember 2010, die ansonsten, bezogen auf die Universitäten, kaum wesentliche Verbesserungen an den genannten brisanten Problempunkten bringen wird. Es drängt sich der Eindruck auf, dass hier Sparziele und weniger die Forcierung institutioneller Reformen das Gesetz geprägt haben.

Abbildung IV-15 Junge *NEET* nach Regionen 2009) (Anteil an den 15–29-Jährigen,
in Prozent)

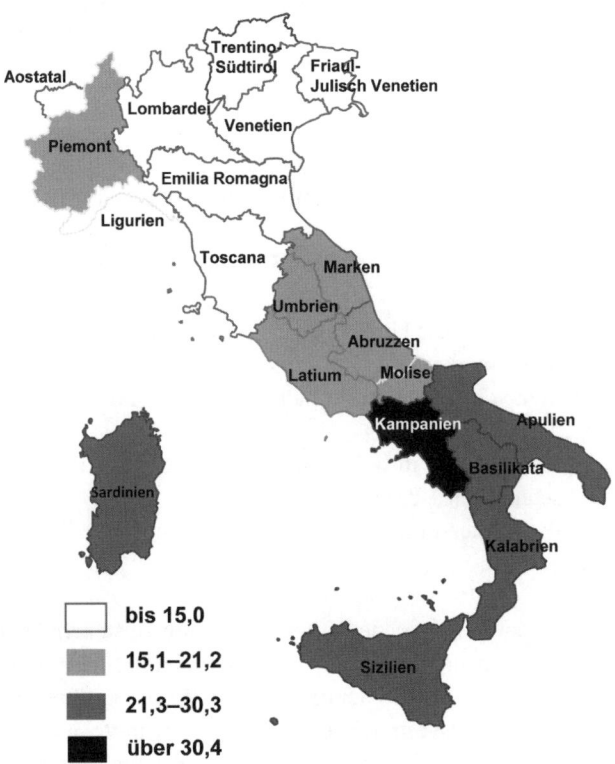

Quelle: Istat (2011b), S. 86.

2.2.8 Die sozialen *Drop-outs*

Die jungen Erwachsenen ohne Beschäftigung, ohne Ausbildung und ohne Weiterbildung *(not in education, employment or training, NEET)* fallen aus beiden sozialen Systemen heraus und reproduzieren sich durch die Unterstützung ihrer Familien.

2009 belief sich die Anzahl der *NEET* in Italien auf etwas weniger als 2 Mio. Personen, was einem Anteil von 21,2 Prozent an der Bevölkerung zwischen 15 und 29 Jahren entspricht. Bei den Frauen ist der Anteil mit 24,4 Prozent größer als bei den jungen Männern (18,2 Prozent).

Nach einer Analyse von Censis (Censis 2010a) mit Daten des *Istat* ist die Kategorie der *NEET* keine homogene soziale Gruppe, sondern weist eine Varianz von Merkmalen auf. Zwei Drittel von ihnen sind zwischen 25 und 34 Jahren alt. Das Phänomen betrifft eher Frauen (67,6 Prozent) und tritt eher im *Mezzogiorno* auf (60,3 Prozent). Im *Mezzogiorno* machen die *NEET* 30,3 Prozent der Bevölkerung aus, während ihr Bevölkerungsanteil in der Mitte und im Norden des Landes nur 15 Prozent ausmacht. In einigen Regionen des Südens wie Kampanien und Sizilien ist mittlerweile ein Drittel der Bevölkerung ohne Beschäftigung, ohne Ausbildung und ohne Weiterbildung. Auch in Kalabrien, Apulien und Sardinien ist ihr Anteil alarmierend.

> „Sie sind in der Abwesenheit einer Kultur des Leistungsprinzips aufgewachsenund haben es deshalb nie ausprobiert. Sie sind überzeugt, dass Können und Leidenschaft nicht zählen. Für sie erscheint es besser, auf einen Glücksfall zu setzen, ihren Körper als Ware zu benutzen. Diese jungen Leute haben ein Klima eingeatmet, in dem Verantwortlichkeit fehlt, von der Politik bis zu den einzelnen Individuen. Und sie verhalten sich entsprechend: sie haben keine Lust, Opfer auf sich zu nehmen. Aber das ist nicht ihre Schuld: niemand hat ihnen die Liebe für die Kultur übermittelt, hat ihnen erklärt, dass man an seine Träume glauben muss und sich für sie einsetzen muss, damit man sie verwirklichen kann."
>
> Antonella Lattanzi, Autorin, in *L'Espresso* vom 14.7.2011, S. 141.

Die *NEET* sind zu 44,8 Prozent Absolventen der Sekundarstufe I bzw. der Sekundarstufe II (33,9 Prozent). 6, Prozent von ihnen hat nur den Grundschulabschluss oder bleibt ohne Schulabschluss, 9,3 Prozent haben einen Hochschulabschluss. Eine Berufsausbildung weisen 5,3 Prozent auf. Die meist genannten Gründe für den *NEET*-Status sind die Auffassung, „keine Arbeit zu finden" (20,9 Prozent), das Bedürfnis, „sich um die Kinder und/oder sonstige hilfsbedürftige Personen zu kümmern" (20,6 Prozent) sowie das „Warten auf Reaktionen vorheriger Beschäftigungssuche" (13,1 Prozent).

3 Die Aus- und Weiterbildung

3.1 Berufliche Erstausbildung

Nach Erfüllung der Schulpflicht zum Abschluss der Sekundarstufe I gibt es folgende Möglichkeiten, anstelle der universitätsbezogenen eine berufs- und arbeitsweltbezogene Ausbildung fortzusetzen:

1. den direkten Einstieg ins Berufsleben
2. die Ausbildung im Rahmen des staatlichen Schulsystems, also an einem *Istituto professionale* oder *Istituto tecnico*
3. die Berufsausbildung an einem *Centro di formazione professionale*
4. die Teilnahme an einer Form der betrieblichen Berufsausbildung.

Im Unterschied zu Deutschland dominiert in Italien die Berufsausbildung im Rahmen des staatlichen Schulsystems. Deshalb sind betriebliche Berufsausbildungen die große Ausnahme. Die Ausbildung an diesen staatlichen Schulen ist im Kapitel 2 beschrieben worden.

Als Alternative zu den technischen Instituten oder den Berufsfachschulen kann derjenige, der sich nach der ersten Schulphase unmittelbar in die Arbeitswelt eingliedern möchte, den Weg der betrieblichen Lehre *(apprendistato)* wählen.

Für die betriebliche Ausbildung existieren drei Wege:

- die Ausbildung für Jugendliche ab 15 Jahren mit einer Dauer von bis zu drei Jahren im Rahmen der Ausbildungspflicht
- die bis zu sechsjährige Ausbildung für Erwachsene im Alter von 18 bis 29 Jahren *(Apprendistato professionalizzante)*
- die Ausbildung für junge Erwachsene bis 29 Jahren, die auf einer anderen Qualifikation aufbauen und zu einem höheren Diplom führt *(Apprendistato per l'acquisizione di un diploma o per percorsi di alta formazione)*

Die betriebliche Ausbildung wird flankiert durch einen theoretischen Unterricht an einem regionalen Berufszentrum *(Centro di formazione professionale)*. In den über 3 500 Berufsbildungszentren werden Ausbildungen in einer Vielzahl von Bereichen angeboten. Als Bildungsträger beteiligt sind in erster Linie öffentliche Institutionen, Einrichtungen der Kirchen und Gewerkschaften und örtliche Körperschaften, die im Auftrag der Regionen ausbilden. In Italien ist die Berufsausbildung Sache der Regionen. Daher sind die Berufsausbildungsgänge von Region zu Region verschieden.

Die Ausbildungsinhalte mit den Schwerpunkten des Berufsprofils und des Ausbildungsverlaufs werden von den Regionen, den Sozialpartnern und den Ministerien festgelegt. In allen Fällen erhalten die Teilnehmer einen Ausbildungsvertrag mit einer Festschreibung der individuellen Lernziele, was sowohl den Betrieb wie auch den Auszubildenden vor einem Missbrauch der Zeit schützt. So ist der Arbeitgeber verpflichtet, dem Auszubildenden im Betrieb die erforderlichen Qualifikationen zu vermitteln. Der Lehrling wiederum ist verpflichtet, die externen Ausbildungskurse zu besuchen.

Die Abschlussprüfungen werden von den Landesbehörden abgenommen und in Zeugnisform bestätigt. Mit dem erfolgreichen Abschluss *(Diploma di qualifica professionale)* hat der Absolvent die Möglichkeit, die Ausbildung für zwei Jahre mit dem Ziel des Erwerbs eines berufsbezogenen Abiturs fortzusetzen. Ein solches *apprendistato* absolvieren jährlich ungefähr 500 000 Schulabgänger.

Einige wenige italienische Großbetriebe bieten betriebsinterne Ausbildungen im gewerblich-technischen und kaufmännischen Bereich, die in etwa einer Ausbildung in Deutschland vergleichbar sind.

Schließlich sind noch die Ausbildungs- und Arbeitsverträge *(Contratto di formazione e lavoro)* zu nennen. Diese Form der Ausbildung entstand zu Beginn der achtziger Jahre des letzten Jahrhunderts zur Bekämpfung der Jugendarbeitslosigkeit. In den Genuss dieser Ausbildung komen deshalb vornehmlich langzeitarbeitslose Jugendlichen. In der Laufzeit von ein bis zwei Jahren ist zwar auch fachtheoretischer Unterricht vorgesehen, der aber selten wahrgenommen wird. Ein weiterer Grund, warum diese Form kaum als Ausbildung bezeichnet werden kann, ist ihre Konzentration auf manuelle Arbeit mit geringen Perspektiven. Zudem werden die Personen in diesen kombinierten Arbeits- und Ausbildungsformen unter Tarif bezahlt.

3.2   Weiterbildung

Italien bleibt in den Weiterbildungsaktivitäten seiner Bevölkerung weit hinter dem OECD-Durchschnitt von 41 Prozent der Personen zwischen 25 und 64 Jahren zurück. Nur noch

Abbildung IV-16 Weiterbildung älterer und jüngerer Arbeitnehmer
(Anteil der Arbeitnehmer in Aus- und Weiterbildungsmaßnahmen in den letzten zwölf Monaten)

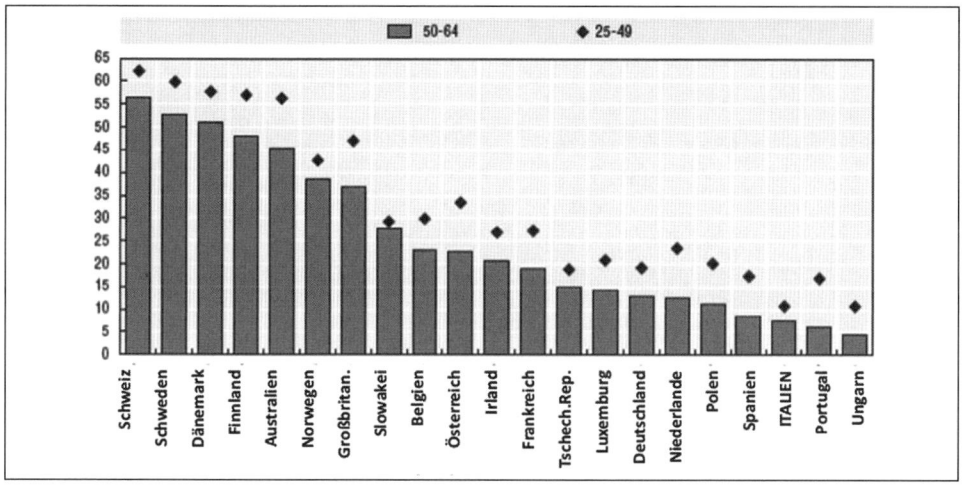

Quelle: OECD (2010c), S. 75.

Polen, Griechenland und Ungarn haben geringere Anteile der Sich-Weiterbildenden. In Neuseeland und Schweden beteiligen sich mehr als 60 Prozent der Bevölkerung an formeller
und/oder informeller Weiterbildung im Verlaufe eines Jahres.

Bei den Beschäftigten sind Frauen eher in Weiterbildungsaktivitäten engagiert als Männer (0,8 Prozent gegenüber 0,6 Prozent). (Censis 2010a, S. 11) Dieses Verhältnis dreht sich
bei den Arbeitslosen (Frauen 0,5 Prozent, Männer 0,75 Prozent).

Vor diesem Hintergrund hat Italien gewaltige Anstrengungen vor sich, um zumindest das
Ziel der Lissabon-Strategie von 12 Prozent der Bevölkerung in Weiterbildungsaktivitäten pro
Jahr zu erreichen. Vorausgesetzt ist ein tiefgreifender Kulturwandel mit einer gravierenden
Aufwertung von Bildung in der Gesellschaft.

In Italien werden alle Weiterbildungsangebote aus öffentlichen Mitteln finanziert; das Ministerium für Öffentliche Bildung ist für alle Erwachsenenbildungsangebote verantwortlich.

Mit der Regierung haben sich die Sozialpartner in ihrem Abkommen vom Januar 2009
darauf verständigt, Weiterbildung als Maßnahme zur Linderung der Folgen der Wirtschaftskrise flexibler als bislang einzusetzen.

Der berufsübergreifende Fond *(Fondo interprofessionale)* gewährt den Unternehmen,
einen Anteil von 0,3 Prozent ihrer Sozialbeiträge für die Weiterbildung ihrer Beschäftigten im Unternehmen, in der Branche oder im Territorium einzusetzen. Die Neuerung ist die
Öffnung dieses Fonds für atypisch Beschäftigte (Personen in Teilzeit und mit befristeten
Verträgen).

V Informations- und Kommunikationsmedien

Die Entwicklung des Sektors der Informations- und Kommunikationsmedien in Italien in den letzten zwanzig Jahren ist einerseits von tiefgreifenden rechtlichen und technologischen Veränderungen beim Fernsehen, vom ungestümen Aufkommen der Mobilfunktelefonie und des Internets und andererseits von der Stagnation des Konsums von Zeitungen und Zeitschriften sowie Büchern gekennzeichnet. Wie kaum eine andere moderne Gesellschaft in Europa ist Italien von der Dominanz des Bildes und des Tons gegenüber dem geschriebenen Wort geprägt.

In der Entwicklung zu einer stark auf Wissen orientierten Gesellschaft kommt den Informations- und Kommunikationsmedien (Printmedien, audiovisuelle Medien, Internet, Telefon, Bücher) eine überragende Bedeutung zu. Der Zugang zu ihnen muss unbehindert von rechtlichen, ökonomischen und sozialen Blockierungen sein. Die Qualität ihrer Inhalte sowie der Pluralismus ihrer politischen und kulturellen Positionen über das gesamte System gesehen müssen sichergestellt sein.

Vor dem Hinterrund dieser Anforderungen weist Italien ein gespaltenes Bild auf. Während der Pressesektor von guter Qualität und Ausgewogenheit der Positionen gekennzeichnet ist, bieten die audiovisuellen Medien das Duopol eines Radio- und Fernsehsystems im Besitz des Staates und eines im Besitz der Privatholding *Mediaset*. Während die öffentlich-rechtlichen Sendeanstalten ein weitgehend pluralistisch strukturiertes Programm anbieten, sind die Sender der *Mediaset* in vollem Umfang die Bühne der Selbstdarstellung von Silvio Berlusconi, des aktuellen Ministerpräsidenten, dessen Familie die Holding gehört. Überdies kontrolliert die Regierung den Staatssender *RAI*. Der erste Aspekt ist folglich die deutliche Einschränkung der Meinungsvielfalt in den audiovisuellen Medien.

Der zweite Aspekt der Gefährdung der Informationsfreiheit ist der immense Druck, der vor allem im Süden von der organisierten Kriminalität auf investigative Journalisten ausgeübt wird. Der dritte Aspekt ist die Unterminierung der freien Berichterstattung im Sportjournalismus durch Drohungen von fanatisierten Anhängern einzelner Fussballmannschaften.

Im Ergebnis wird allgemein die Medienunabhängigkeit in Italien als eingeschränkt angesehen („nur zum Teil frei"). Im *Reporters Without Borders Press Freedom Index* steht Italien auf dem 49. Platz und ist damit das schlechteste der EU-Gründungsländer.

Neben der Informationsfreiheit ist die Qualität der Medieninhalte für eine moderne Demokratie wesentlich. Unter diesem Aspekt muss für das italienische Fernsehen ein bedenkliches Urteil ausgesprochen werden. „Die Beziehungen der Geschlechter im sogenannten Generalisten-TV sind von der Allgegenwart von männlichen Moderatoren und Komikern mittleren Alters mit Stimme und Kraft gekennzeichnet, denen halbnackte Showgirls zur Seite stehen, die lächeln, tanzen und applaudieren und nicht sprechen. Die Fernsehkamera rahmt sie von unten und vom Rücken ein und stellt bei jeder Gelegenheit die anatomischen Einzelheiten heraus. Selten ist der männliche erotische Blick so roh und infantil konstruiert worden und sind die Frauen so offensichtlich auf Objekte reduziert worden. … Es gibt keinen besseren Indikator der Gesundheit oder des Wohlbefindens einer Nation als der der Selbstdarstellung hinsichtlich der Geschlechterbeziehung". (Ginsborg 2010, S. 20 f.)

1   Medienkonsum

Der Medienkonsum der Italiener hat sich im Jahrzehnt zwischen 2001 und 2009 verdoppelt. Dabei ist Italien als das Land der Dominanz des Fernsehens zu charakterisieren. In der Internet-Nutzung liegt das Land hinter vergleichbaren Industrieländern zurück, während es beim Gebrauch des Mobiltelefons hinter Griechenland europaweit führend ist. Beim Mobilfunk überweigen eindeutig die Sprach- und Nachrichtendienste, während Dienste zur Datenübertragung und für Transaktionen wenig genutzt werden.

Das Internet wird nur von ca. 52 Prozent der Italiener genutzt und auch nur zur Information und Kommunikation. Transaktionen via Netz sind die Ausnahme.

In den letzten zehn Jahren verzeichnen die Nutzung der Mobiltelefone (12,2 Prozent) und des Internets (26,9 Prozent) die stärksten Wachstumsraten. Das Radio erlebt bei einer Nutzungssteigerung von 12,4 Prozent eine neue Akzeptanz, vor allem ausgelöst durch die Möglichkeit, Radio über MP3-Abspielgeräte, über das Mobiltelefon und über das Internet zu hören.

Gleichsam stagnierend sind demgegenüber bei einer leichten Zunahme von 2,5 Prozent in zehn Jahren die Lektüre von Büchern sowie der Fernsehkonsum (2 Prozent), wo eine Sättigung eingetreten ist.

Fragt man nicht nur nach der Nutzung von Medien mindestens einmal die Woche, sondern nach der häufigeren und regelmäßigen Nutzung, wird vor allem die Krise der Printmedien deutlich. Der Anteil der Italiener, die zumindest dreimal in der Woche eine Zeitung lesen, beträgt nur noch 34,5 Prozent (gegenüber 51,5 Prozent der sporadischen Leser). Diese geringe Zeitungslektüre wird durch die Nutzung der *Free Press* nicht kompensiert (Tabelle V-1).

Abbildung V-1   Mediennutzung 2001–2009 (Prozentanteile)

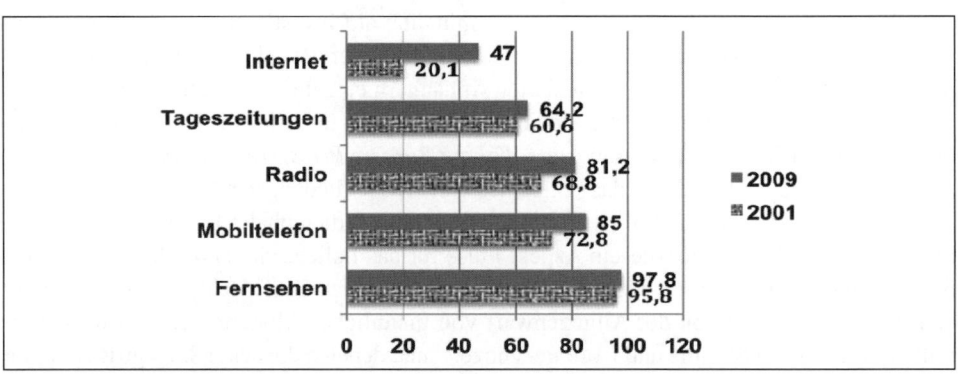

Legende: Nutzer, die angaben, das jeweilige Medium zumindest einmal in der Woche genutzt zu haben bzw. zumindest ein Buch im letzten Jahr gelesen zu haben.

Quelle: Censis/Ucsi (2009), S. 2.

Tabelle V-1   Mediennutzung 2007 und 2009, differenzierte Aufschlüsselung
(Prozent der Bevölkerung)

	2007	2009	Veränderung in Prozent
Traditionelles Fernsehen	92,1	91,7	−0,4
Satellitenfernsehen	27,3	35,4	8,1
Terrestrisches digitales TV	13,4	28,0	14,6
Web TV	4,6	15,2	10,6
IPTV*	6,1	5,4	−0,7
Mobiles TV	1,0	1,7	0,7
Fernsehen gesamt	96,4	97,8	1,4
Mobiltelefon mit Basisdiensten	48,3	70,0	21,7
Smartphone	30,1	14,3	−15,8
Videofon	8,0	0,8	−7,2
Mobiltelefon gesamt	86,4	85,0	−1,4
Autoradio	56,0	63,8	7,8
Traditionelles Radio	53,7	59,7	6,0
Radio über MP3-Player	13,6	18,6	5,0
Radio über das Internet	7,6	8,3	0,7
Radio über das Mobiltelefon	3,6	8,1	4,5
Radio gesamt	77,7	81,2	3,5
Bezahltageszeitungen	67,0	54,8	−12,2
Free Press	34,7	35,7	1,0
Online-Tageszeitungen	21,1	17,7	−3,4
Tageszeitungen gesamt	79,1	64,2	−14,9
Bücher	59,4	56,5	−2,9
E-Book	2,9	2,4	−0,5
Internet	45,3	47,0	1,7
Wochenzeitungen und -zeitschriften	40,3	26,1	−14,2
Monatszeitschriften	26,7	18,6	−8,1

* *IPTV* bedeutet: Fernsehen über das Internet (mit Nutzung des Internet-Protokolls *IP*).

Quelle: Censis/Ucsi (2009), S. 3.

Die Italiener verbringen nach den eigenen Angaben (Tabelle V-2) rein rechnerisch mehr Zeit mit den elektronischen Medien, als ihnen an einem Werktag zur Verfügung steht. Realistisch werden die Angaben, wenn man bedenkt, dass manche Medien teilweise gleichzeitig genutzt werden. Eine andere Rechnung kommt für Italien in 2007 auf eine Zeit von 239 Minuten für den Fernsehkonsum, während zum Vergleich für Deutschland 223 Minuten gemessen wurden. (Zeit Online vom 03.01.2011)

Tabelle V-2   Durchschnittliche Mediennutzungszeit (2009) (in Stunden)

Medien	Zeit
Traditionelles/analoges Fernsehen	3 Std.12 Min.
Digitales Satellitenfernsehen	2 Std. 42 Min.
Digitales terrestrisches Fernsehen	2 Std. 18 Min.
Radio	2 Std. 36 Min.
Internet	3 Std. 06 Min.
GESAMT	13 Std. 54 Min.

Quelle: Censis (2010b), S. 54.

Tabelle V-3   Entwicklung der Leserschaft von Tageszeitungen 2001–2010

Jahre	Bevölkerung über 14 Jahre	Leser im Durchschnitt pro Tag (in 1 000)	Veränderung (in Prozent)	Leserdichte (in Prozent)
2001	50 103	19 496	–	38,9
2002	50 103	19 697	1,0	39,3
2003	50 103	20 439	3,8	40,8
2004	49 720	20 658	1,1	41,5
2005	50 206	21 410	2,3	42,6
2006	50 769	22 494	6,0	44,3
2007	51 042	22 798	1,4	44,7
2008	51 397	23 278	2,1	45,3
2009/2010	52 179	24 108	–	46,2
2010	52 422	24 072	−0,3	45,9

Quelle: Fieg (2011), S. 45.

Im Zuge der Wirtschaftskrise schränkten viele Italiener den eh schon niedrigen Konsum von Printmedien weiter ein. Die Lektüre von Wochenzeitungen und -zeitschriften ging um 14,2 Prozent zurück. Noch weniger Bücher als üblich wurden in diesen Zeiten gelesen. Der Riss geht hier zwischen den gebildeten und den weniger gebildeten Italienern. Das Internet wird von 80 Prozent der Jugendlichen und 70 Prozent der Gebildeteren genutzt, was Beleg eines *digital divide* wie auch einer Nutzungssättigung ist.

Tabelle V-4 Zeitungsexemplare im Verkauf und als Gratisgabe
auf 1 000 Erwachsene (2009)

Länder	Tägliche Verbreitung (Verkauf und Gratisgabe) (in 1 000)	Auf 1 000 Einwohner
Japan	50 437	459,1
Norwegen	2 061	538,3
Finnland	2 164	487,9
Schweden	3 904	514,3
Schweiz	3 625	549,0
Österreich	2 869	404,4
Großbritannien*	16 355	332,4
Deutschland	19 746	278,7
Dänemark	1 628	361,6
Niederlande	4 847	260,3
USA***	48 574	201,5
Frankreich	9 760	193,6
ITALIEN**	8 810	168,8
Spanien	6 524	165,3
Portugal	3 613	98,0

Legende: * Erwachsene gerechnet ab 15 Jahren, ** ab 14 Jahren, *** ab 18 Jahren.

Quelle: Fieg (2011), S. 42 f.

2   Entwicklung einzelner Medien

2.1   *Printmedien*

2.1.1   Tageszeitungen

Mit 99 Tageszeitungen und einer Auflage von 7,9 Mio. Exemplaren gehört Italien im internationalen Vergleich zu den Mittelmärkten. Deutschland ist mit 347 Tageszeitungen (davon 133 Zeitungen mit Vollredaktion, die 1 552 lokale Ausgaben herausgeben) und einer Auflage von 22,1 Mio. Exemplaren führend. An zweiter Stelle steht Spanien mit 135 Zeitungen. Es folgen: Großbritannien (107), Schweden (94), Norwegen (78), Finnland (53), Griechenland (42), Dänemark (34) und die Niederlande (32). Österreich (16), Luxemburg (6) und Irland (7) bilden die Schlusslichter. Unter den neuen EU-Mitgliedern haben Tschechien (65), Polen (50) und Ungarn (34) besonders viele Titel anzubieten.

Die sonstigen nationalen Zeitungsmärkte sind „Kleinmärkte" mit Zeitungsauflagen von 115 000 Exemplaren wie in Luxemburg bis zu 1,5 Millionen Exemplaren wie in Belgien und Ungarn. (Über den Tag hinaus – Berliner Zeitungskonferenz – 400 Jahre Zeitung 10.11.2005)

Abbildung V-2   Zeitungsleser nach Region

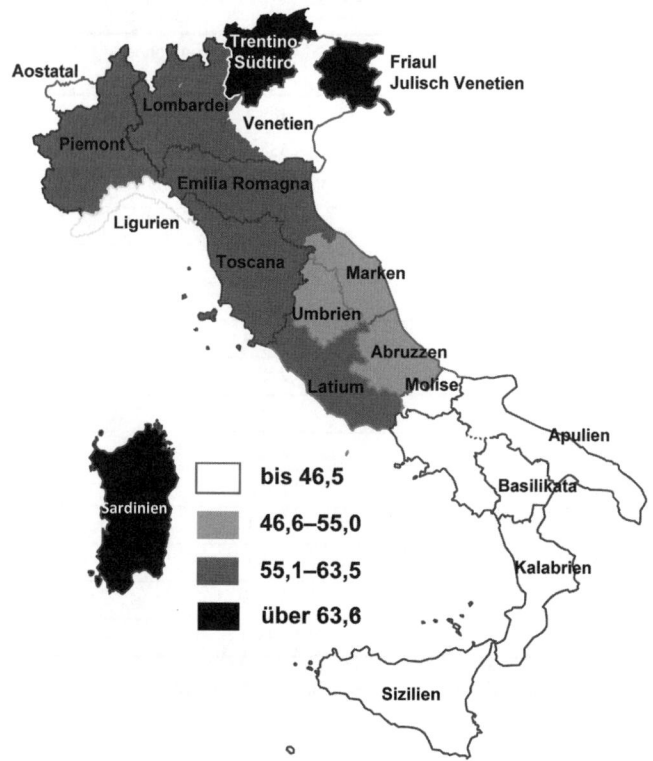

Quelle: Istat (2011b), S. 118.

Der Zeitungsmarkt ist zwischen 1980 und 2010 sowohl in Bezug auf die Auflage wie auch auf die verkaufte Auflage um ca. 700 000 Einheiten pro Tag gesunken. Dabei durchlief er mehrere Wellen von Wachstum, Stagnation und Rücklauf. In den zehn Jahren zwischen 1980 und 1990 stieg die Anzahl der Gesamtauflage (9,4 Mio.) und der verkauften Exemplare (6,8 Mio.) auf den Höchststand des Betrachtungszeitraums. (Fieg 2011, S. 37)

Zwischen 1990 und 2007 schwankten beide Auflagen um 300 000 bzw. 200 000 Exemplare. Ab 2007 fiel die Gesamtauflage vor allem wegen der Wirtschaftskrise und wegen des neuen Angebots an Online-Zeitungen um zunächst 500 000, dann zwischen 2008 und 2009 um 500 000, und nach 2009 um weitere 300 000 Exemplare.

Die Leserschaft der Tageszeitungen blieb davon nicht berührt. Im Gegenteil stieg ihre Zahl unbeeindruckt von den Schwankungen der Gesamtauflage zwischen 2001 und 2010 um ca. fünf Millionen auf 24 Mio. Der Hauptgrund ist in der Verbreitung von Gratisexemplaren zu sehen, deren Anteil an der Gesamtauflage in 2009 immerhin 91,7 Prozent beträgt.

Aber die Zeitungsdichte, definiert als Anteil der Zeitungsleser an der Bevölkerung, ist mit 45,9 Prozent recht niedrig. Die Leserdichte in Deutschland (76 Prozent) und wiederum Skandinavien (bis zu 86 Prozent in Norwegen) ist erheblich höher. Vergleichsweise wenig

Tabelle V-5   Verkäufe von Tageszeitungen über Abonnements im Vergleich
(in Prozent) (2009)

Länder	Verkaufe im Abonnement	Sonstige Kanäle
Österreich	71	29
Dänemark	85	15
Finnland	88	12
Frankreich	48	52
Deutschland	65	35
Japan	95	5
ITALIEN	9	91
Niederlande	90	10
Portugal	4	96
Spanien	20	80
Schweden	77	23
Schweiz	90	10
USA	75	25

Quelle: Fieg (2011), S. 39.

regelmäßige Zeitungsnutzer über 14 Jahre gibt es auch in Frankreich (45 Prozent), Spanien (40 Prozent) und Portugal (38 Prozent).

Zwischen den Landesteilen und Regionen besteht eine tiefe Kluft in Bezug auf den Zeitungskonsum. Im gesamten Norden sowie in Latium (Mitte) und Sardinien liegt der Anteil der Zeitungsleser (definiert als diejenigen, die mindestens einmal die Woche eine Zeitung lesen) über 60 Prozent der Bevölkerung. In Mittelitalien steht der Anteil bei ca. 50 Prozent, fällt aber gen Süden stark ab. Im *Mezzogiorno* gehören nur noch 44,9 Prozent zu den (mindestens sporadischen) Lesern von Tageszeitungen. Basilikata bildet mit 40,9 Prozent das Ende der Liste der Regionen.

Von 100 Süditalienern, die angeben, Zeitungsleser zu sein, nutzen aber nur 34,3 Prozent die Zeitungen mindestens fünf Mal in der Woche, während der Anteil in den Landesteilen Mitte und Norden bei 41 Prozent liegt.

Mehr Zeitungsleser gibt es unter den Männern (61 Prozent) als unter den Frauen (49,3 Prozent). Mit dem Alter steigt die Zahl der Zeitungsleser.

Die Gründe für den Rückstand sind vielfältig. Wie die Tabelle V-5 zeigt, verfügt die Branche aufgrund des Verkaufsmonopols der Kioske über kein entwickeltes Abonnementsystem. Zudem schaffen die italienischen Journalisten mit ihrer stark politisch polarisierten Berichterstattung sowie einer abgehobenen Sprache Distanz zu den häufig wenig gebildeten Bürgern. Seit Mitte der achtziger Jahre versuchen die großen Zeitungen, dem konstant sinkenden Verkauf entgegenzuwirken, indem sie immer wieder ihren Ausgaben Beilagen (Videokassetten, CD-Roms etc.) hinzufügen.

Für das Anzeigengeschäft spielt die Tagespresse im Vergleich zu anderen Ländern eine geringe Rolle. Während in Ländern wie Norwegen (50 Prozent), Finnland (45,9 Prozent),

Tabelle V-6   Die auflagenstärksten Tageszeitungen (2009)

Zeitung	Charakter	Gesamtauflage (in 1 000)	Verkaufte Auflage (in 1 000)
Corriere dello Sport	Nationale Verbreitung, alle Themen	247 040	190 366
La Repubblica	Nationale Verbreitung, alle Themen	222 995	173 171
La Gazzetta dello Sport	Nationale Verbreitung, Sport	176 970	119 516
Il Sole 24-ore	Nationale Verbreitung, v. a. Wirtschaft	124 786	98 482
La Stampa	Nationale Verbreitung, alle Themen	148 124	97 429
Corriere dello Sport	Nationale Verbreitung, Sport	122 159	74 397
Il Messagero	Nationale Verbreitung, alle Themen	101 190	70 775
Il Giornale	Nationale Verbreitung, alle Themen	103 886	59 698
Tuttosport	Nationale Verbreitung, Sport	66 771	38 873
Avvenire	Nationale Verbreitung, alle Themen	45 134	29 279

Quelle: Eigene Zusammenstellung mit Daten von Fieg (2011).

Niederlande (38,3 Prozent), Frankreich (37,3 Prozent) und Deutschland (37,3 Prozent) die Tagespresse den größten Teil der Werbung auf sich zieht und im Fernsehen nur 20–30 Prozent der Werbeanzeigen laufen, ist das Verhältnis in Italien mit einem Anteil der Zeitungswerbung von 16,9 Prozent gegenüber dem Fernsehen mit 56,3 Prozent genau umgekehrt. Der Grund liegt in dem beschriebenen geringen Anteil der Zeitungsleser in Italien. (Fieg 2011, S. 51)

Ungewöhnlich für europäische Verhältnisse ist die große Verkaufsauflage und noch weit höhere Leserzahl für Tageszeitungen zum Sportgeschehen wie die *Gazzetta dello Sport*, den

Tabelle V-7   Tageszeitungen im Web: durchschnittliche Anzahl der Internetzugriffe pro Tag (Dezember 2009, in Tausend)

Webseiten der Tageszeitungen	Besucher	Besuchte Seiten
La Repubblica	1 128	11 464
Corriere della Sera	844	7 752
La Gazzetta dello Sport	498	3 685
Il Sole 24 Ore	215	1 196
Editrice La Stampa	201	1 697
Corriere dello Sport	172	1 655
Il Messaggero	88	683
Il Giornale	130	627
Tuttosport	118	1 030
L'Unità online	78	456

Quelle: Agcom (2011), S. 92.

Corriere dello Sport und den *Tuttosport*, die 2009 zusammen auf über 232 Millionen verkaufte Auflage kommen. (Fieg 2011, S. 68) Im Niedergang begriffen sind dagegen die parteigebundenen Tageszeitungen, die durch die Korruptionsaffären Anfang der neunziger Jahre aber auch durch das Ende der scharfen ideologischen Konfrontation zwischen den Parteirichtungen in eine Krise geraten sind. Am stärksten traf diese Entwicklung die Zeitungen des *PSI* und der *DC*, die sich bei der eh geringen Auflage von 32 800 Exemplaren (der christdemokratische *Il Popolo*) oder 26 000 Exemplare (der *Avanti* der Sozialisten) nicht halten konnten. Die größte der „politischen" Zeitungen ist die *Unità*, die ehemals das Organ der KPI war. Sie zählt momentan 17,5 Mio. verkaufte Exemplare (ebda.).

Der Pressemarkt wird von wenigen großen Industriegruppen beherrscht. Die größte ist die *Rcs MediaGroup* mit Aktivitäten in allen Medienbereichen. Der Umsatz betrug in 2009 2,2 Mrd. Euro und die Gruppe hatte 6 492 Beschäftigte. (Fieg 2011, S. 25) Sie bringt den *Corriere della Sera* und die *Gazzetta dello Sport* heraus. An zweiter Stelle steht die Gruppe *A. Mondadori Editore* mit 1,5 Mrd. Euro Umsatz und 3 750 Beschäftigten. Hauptaktionär ist mit 50,2 Prozent die *Fininvest* um S. Berlusconi. Sie gibt u. a. das Wochenmagazin *Panorama* heraus. Eine reine Verlagsgruppe ist *De Agostini Editore* mit 1,0 Mrd. Euro und 2 196 Beschäftigten. Carlo de Benedetti ist Hauptaktionär in der Verlagsgruppe *Editoriale L'Espresso*, die eine Reihe von kleinen und mittleren Regionalzeitungen sowie die renommierte linksliberale *La Repubblica* und das Wochenmagazin *L'Espresso* publiziert. Dieses Magazin steht wiederum in Konkurrenz zum Magazin *Panorama* aus dem *Mondadori*-Verlag. Der Arbeitgeberverband gibt die einflussreichste Wirtschaftszeitung *Il Sole 24 Ore* heraus.

Die Jahre der Wirtschaftskrise fielen zusammen mit einer Zeit des wachsenden Interesses an Online-Zeitungen, die eine größere Aktualität und ein integriert digitales Nutzungsverhalten ermöglichen, insofern man neben der Arbeit am Computer immer wieder in Zeitungen

Abbildung V-3   Verbreitung der Wochenzeitschriften nach Typ (2009)

Typ	Durchschnittliche Exemplare pro Woche	Anteil (in Prozent)
Aktualität/Klatsch	3 195 500	25,2
Frauen	2 921 206	23,1
Aktualität/Wirtschaftspolitik	2 772 296	21,9
Fernsehen	2 510 179	19,8
Sport	361 114	2,9
Kinder	260 210	2,1
Gesundheit	109 707	0,9
Automobil	91 351	0,7
Jugend	56 508	0,4
Computer	26 967	0,2
Fachthemen	360 077	2,8
GESAMT	12 665 115	100,0

Quelle: Fieg (2011), S. 31.

schauen kann. Den Verlagshäusern wurden zwar durch das neue Produkt der Online-Periodika ein neuer Markt und ein neuer Kanal zu potenziellen Lesern geöffnet. Aber in Zeiten rückläufiger Verkäufe und Werbeeinnahmen bei gleichbleibenden Kosten im Printgeschäft mussten nun bedeutende Investitionen in das Online-Geschäft getätigt werden. Entstanden ist mittlerweile ein Multikanal-Angebot der größten Häuser, das medienspezifisch konfiguriert und unter Berücksichtigung der verschiedenen Nutzungsgewohnheiten auf die konventionelle Zeitung, das Web, das Smartphone und das Tablet ausgelegt ist.

2.1.2 Wochenzeitungen und -zeitschriften

Die Wochenzeitungen und Wochenzeitschriften spielen im Alltag der Italiener eine untergeordnete Rolle. Die verkaufte Auflage aller Wochenzeitungen und -zeitschriften zusammen beträgt 11,4 Mio. Exemplare, die der Monatsprodukte 19,2 Mio. Hinzu kommen die als Werbung verschenkten ca. 1,4 Mio. Wochenzeitungen und -zeitschriften.

Auch für die Wochenzeitungen und -zeitschriften gilt, dass der Absatz durch die geringe Bedeutung der Abonnements sehr schwach bleibt. Der Anteil der Abonnements, eingerechnet sind hier auch die Monatszeitschriften, liegt nur bei 23,9 Prozent gegenüber über 50 Prozent bei den entwickelten Industrieländern und sogar über 90 Prozent in Nordeuropa, in den USA und Kanada. (Fieg 2011)

Die größte Attraktivitä haben Periodika der *yellow press* und Frauenzeitschriften. Politische Zeitschriften bzw. Nachrichtenschriften folgen. Fernsehzeitschriften liegen auf dem vierten Platz, wobei in der Krise der Verkauf dieser Zeitschriften erheblich (um 10 Prozent) zurückging. (Fieg 2011, S. 31)

2.2 Audiovisuelle Medien

Radio
Das Radio als ältestes audiovisuelles Medium hat von den technologischen Fortschritten und dem damit ermöglichten veränderten Nutzungsverhalten enorm profitiert. Die neuen Möglichkeiten der Digitalisierung, damit der Speicherung und der Verfügbarkeit von Sendern, wurden mit den neuen Abspielgeräten, zunächst dem Mp3-Player, dann dem Mobilfunktelefon und dem Internet, mobil wie stationär ausgenutzt. Dadurch steigen die Nutzungszahlen und die Nutzungszeiten des Radios erheblich an. Im Jahre 2008 wurden 39,1 Mio. Radiohörer gezählt. Das ergibt eine Durchdringungsrate, also einen Anteil der Radiohörer an der Gesamtbevölkerung, von 73,1 Prozent. (Agcom 2011, S. 84)

Fernsehen
Mit der Ausstrahlung der ersten Sendung am 03.01.1954 durch die *RAI (Radio Audizione Italiana)* begann in Italien das Fernsehzeitalter. Seitdem bis Mitte der siebziger Jahre hatte die *RAI* in der italienischen Öffentlichkeit eine Stellung etwa wie die *BBC* in England als staatliche Bildungs- und Kulturinstanz. Diese Reputation verspielte die *RAI* nachhaltig durch die Praxis der Verteilung der Posten und Programminhalte zwischen den Parteien des herrschen-

Abbildung V-4   Durchdringungsrate des Radios (2002–2009)

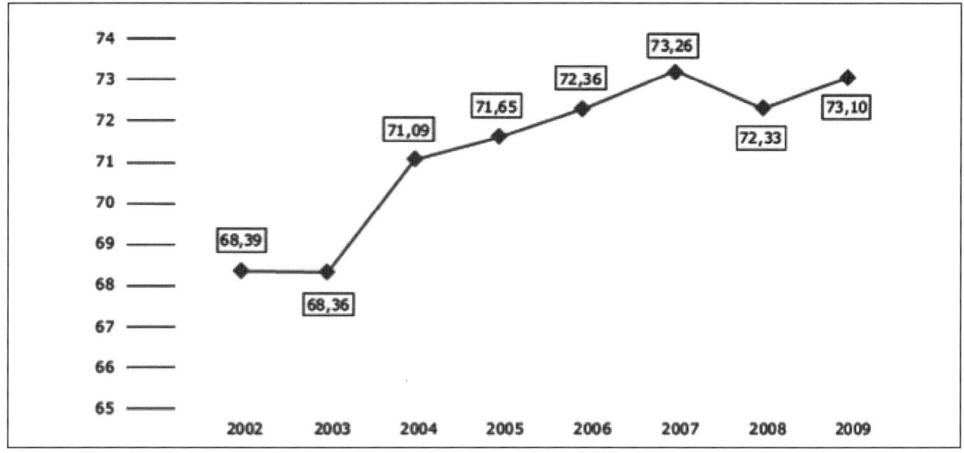

Quelle: Agcom (2011), S. 84.

den Blocks, vor allem *DC* und *PSI*, und auf die kommunistische Opposition zu den Zeiten der von der KPI geduldeten Regierung. Im Resultat waren die öffentlich-rechtlichen Sender den Parteien mehr oder weniger eng zugeordnet: *RAI* 1 der *DC*, *RAI* 2 dem *PSI* und *RAI* 3 der KPI. Dies war alles andere als die vom Verfassungsgericht 1976 eingeforderte Pluralität.

Ein anderes Problem stellte sich durch die Pfründeaufteilung zwischen den politischen Parteien *(lottizzazione)* ein: die zunehmende Unfähigkeit zur programmatischen, personellen und technischen Erneuerung.

Abbildung V-5   Entwicklung der Zuschauerzahlen pro Anbieter (2000–2010*)

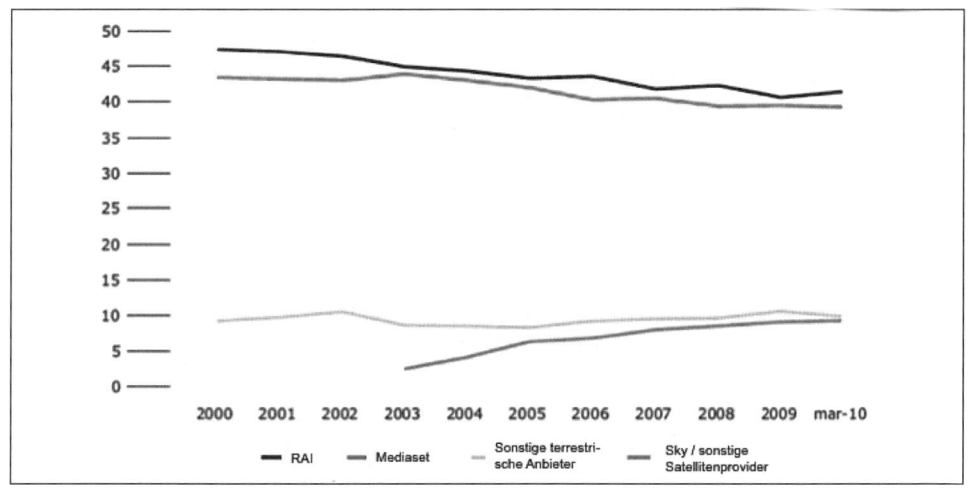

Legende: * März 2010.

Quelle: Agcom (2011), S. 80.

Tabelle V-8   Einnahmen im Fernsehsektor nach Herkunft (2009)

Einnahmenherkunft	Absoluter Betrag (Mio. Euro)	Anteil (in Prozent)
Gebühren	1 630	19,0
Pay-TV	2 875	33,5
Werbung	3 541	41,2
Einnahmen von anderen Betreibern	548	6,4
Gesamt	8 594	100,0

Quelle: Agcom (2011), S. 76.

Beide Faktoren zusammen sowie die technologische Entwicklung mit der Frequezerweiterung begünstigten die Ausdehnung der privaten kommerziellen Fernsehanstalten, beginnend mit Berlusconis *Canale 5*, der zunächst als Gruppe lokaler simultan ausstrahlender Sender existierte. Durch eine moderne Strategie des Imports teurer ausländischer Unterhaltung und der Gewinnung potenter Anzeigekunden erlangte Berlusconi relativ schnell die Kontrolle über den Fernsehsektor. 1984 kaufte seine Gruppe *Fininvest* den Kanal *Italia I* von der *Rusconi* Verlagsgruppe und *Rete 4* von *Mondadori*.

Das Gesetz *Mammì* 223/1990, in Kraft getreten am 01.01.1993, befestigte das Duopol von *Fininvest* und *RAI*, ließ aber in wichtigen Fragen des neuen Mediensystems Lücken. Zunächst durfte kein Anbieter mehr als drei nationale TV-Sender kontrollieren, was genau die Quote von *RAI* und *Fininvest* war. Zudem durfte keiner, der im Besitz von drei TV-Sendern ist, zusätzlich eine Tageszeitung besitzen. Berlusconi verkaufte daraufhin seine Anteile an der Mailänder Tageszeitung *Il Giornale* an seinen Bruder.

Die 1997 eingesetzte Regulierungsbehörde auf dem Feld der Kommunikation *(Autorità per le Garanzie nelle Communicazioni, Agcom)* nahm sich vor dem Hintergrund vielfältiger Regelungsversuche der besonderen Situation Italiens mit extremer Zersplitterung mit 13 nationalen Netzen und fast 700 lokalen Sendeanstalten einerseits und dem Duopol andererseits an.

Die nächste Entwicklungsstufe ist der Übergang zum digitalen Fernsehen, der bis Ende 2012 abgeschlossen sein soll. Von den 24,6 Mio. Familien in Italien nutzen 44,8 Prozent das digitale Fernsehen (März 2010, *L'Espresso* vom 07.04.2011). Der Markt ist sehr begehrt. Hier läuft im Frühjahr 2011 ein erbitterter Kampf um die Regelung der Zulassung von Anbietern zur Frequenzvergabe für digitales Fernsehen. Zur Debatte stehen die Anzahl der Frequenzen für die etablierten Sendeanstalten *RAI* und *Mediaset* und für neue Anbieter wie vor allem die *Murdoch*-Gruppe.

In der Zuschauergunst liefern sich die öffentlich-rechtliche Sendergruppe *RAI* und der führende Privatanbieter *Mediaset* nach dem Aufstieg der Berlusconi-Gesellschaft seit 2000 ein Kopf-an-Kopf-Rennen. Unter den Einzelprogrammen liegt im Zeitraum September 2010-Mai 2011 *Raiuno* mit 20,02 Prozent knapp vor *Canale 5*, dem Hauptsender von *Mediaset,* mit 18,15 Prozent. Die beiden weiteren *Rai*-Stationen *Raidue* und *Raitre* folgen mit 8,82 bzw. 8,79 Prozent. *Italia 1* von *Mediaset* liegt dahinter mit 8,44 Prozent. Erwähnenswert ist noch *Rete 4* von *Mediaset* mit 6,92 Prozent Zuschaueranteil. (Alle Zahlen aus *L'Espresso* vom 30.06.2011, S. 140)

Wegen der erheblichen Bedeutung des Fernsehens im täglichen Zeitbudget der italienischen Bevölkerung – nach den Daten der Tabelle V-2 verbringen die Italiener im Durchschnitt 8 Std. 12 Minuten vor dem Fernsehen – investiert die Werbeindustrie übermäßig viel Mittel in den Fernsehmarkt.

Das Segment des Bezahlfernsehens dominiert der Betreiber *Sky* mit einem Marktanteil von 85,8 Prozent vor der Berlusconi-Gruppe *Mediaset* mit 10,7 Prozent. (Agcom 2011, S. 79) 60 Prozent der Italiener haben ein Abonnement des Bezahlfernsehens, wobei die Zahl der männlichen Abonnenten um 10 Prozent höher ist. Den Hauptanreiz bietet die Möglichkeit, Fussballspiele zu sehen und überhaupt Sportereignisse zu verfolgen (für 31,2 Prozent der Abonnenten) sowie Filme zu sehen (für 24,8 Prozent). (Censis/Ucsi 2009, S. 6 f.)

2.3 Mobilfunk

Im Jahre 2009 hat Italien die Spitze der Verbreitung von Mobiltelefonen erreicht. Seitdem beträgt die Penetration 150 Prozent, womit jeder zweite Italiener ein zweites Gerät hat. Mithin kann von einer Marktsättigung gesprochen werden. Die meisten Abonnennten sind *Prepaid*-Nutzer. Smartphone nutzen in Italien im 3. Quartal 2010 34,4 Prozent, womit das Land knapp vor Spanien (32,9 Prozent) liegt.

Das *Telefonino*, wie das Mobilfunktelefon in Italien liebevoll genannt wird, entspricht ziemlich genau dem Kommunikationsbedürfnis und Kommunikationsstil der Italiener, insofern sie gerne reden, aber schüchtern sind. Was 1999 beobachtet wurde, stimmt auch 2011 ohne jede Einschränkung: „Der Grund des Mobilfunkbooms ist der berühmt-berüchtigte Mitteilungsdrang der Italiener … Niemand, der etwas auf sich hält, geht ohne Handy auf die Straße, in den Supermarkt oder an den Strand. In Restaurants wird mitunter mehr übers Mobiltelefon als mit dem Gegenüber parliert, wobei der Tischnachbar in der Regel eben-

Tabelle V-9 Mobilfunk-Nutzung in Europa (Bevölkerung älter als 13 Jahre) (September 2010)

| | Reichweite Mobilfunk-Nutzer (in Prozent) | | | | | |
	ITALIEN	EU 15	Deutschland	GB	Frankreich	Spanien
Senden SMS	77,7	82,1	79,8	90,3	81,8	80,8
Nutzen Anwendung (ohne voreingestellte Spiele	26,8	26,2	23,1	32,9	22,8	25,4
Nutzen Browser	25,8	27,7	21,1	38,1	28,2	25,1
Hören Musik	23,2	25,2	26,2	24,1	22,6	31,1
Besuchen Social Network Seite oder Blog	16,6	16,7	9,8	25,8	16,4	14,8
Rufen Nachrichten ab	34,4	38,2	24,1	37,1	31,4	28,8
Spielen Spiele	29,2	24,9	24,1	30,4	14,1	26,8
Besitzt Smartphone	34,4	30,2	21,4	28,5	22,6	32,9

Quelle: Comscore (2010).

falls telefoniert". (Der Tagesspiegel, 11.01.1999) Es ist sogar vielleicht berechtigt, davon zu sprechen, dass das Telefon den „Nationalcharakter" der Italiener, falls es so etwas überhaupt geben kann, so richtig zum Ausdruck bringt: „Wir sind ein Volk des Treppenabsatzes, von geschwätzigen Schlingeln, ein lateinisches Volk. Wir sind die Muttersöhnchen, die sich nie trennen und immer in der Nähe sind". (R. Arbore, *L'Espresso* vom 12.08.1999, S. 30)

2.4 Internet

2.4.1 Ausstattung und Nutzung

Der Ausbau der Internet-Nutzung ist einer der wesentlichen Programmpunkte in der „Europa 2020"-Strategie der Europäischen Kommission zur Entwicklung der Informationsgesellschaft im internationalen Wettbewerb. Die Eckpunkte dieses Programms sind die Förderung der digitalen Wirtschaft, die Stimulierung des Übergangs zu einem Hochgeschwindigkeitsumfeld und die Stärkung des Online-Binnenmarktes. Die nationalen Regierungen sind beauftragt, diesen strategischen Rahmen mit nationalen Regelungen auszufüllen.

Seitdem ist es die Politik aller Regierungen in Italien, die Beteiligung der Italiener und Italienerinnen an der Informationsgesellschaft u. a. durch Verbesserungen der Infrastruktur zu ermöglichen. Im Januar 2010 sind 48,9 Prozent der Haushalte an das Breitbandnetz angebunden (EU-Durchschnitt 60,8 Prozent). 20,9 Prozent der Haushalte in Italien nutzen das Breitband, ein Wert, der unter dem EU-Durchschnitt von 24,8 Prozent liegt.

DSL ist die verbreitetste Technologie. Die Glasfaser bis zum Haushalt ist noch in geringem Maße gelegt (9 Prozent der Haushalte gegenüber Japan mit 87 oder Südkorea mit 67 Prozent). (Bundesministerium für Wirtschaft und Technologie 2011, S. 80)

Abbildung V-6   Breitbandverbreitungsgrad Januar 2010

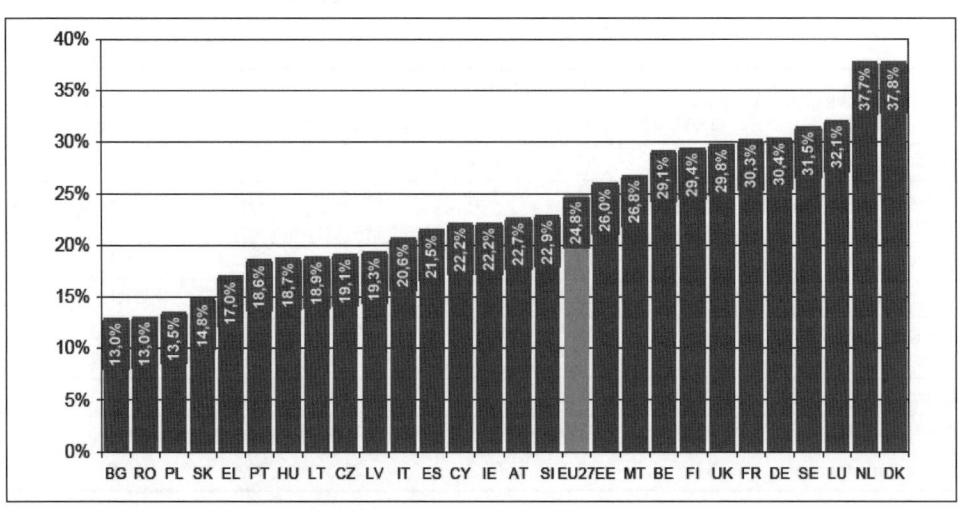

Quelle: Europäische Kommission (2010b), S. 4.

380

Tabelle V-10   Internet-Daten: Ausstattung und Nutzung (2010)

Indikator	Wert für Italien (in Prozent)	Durchschnitt der 27 EU-Länder (in Prozent)
Haushalte mit Internetzugang	59,0	70,1
Regelmäßige Internetnutzer	47,6	65,0
Regelmäßige Internetnutzer unter den benachteiligten Personen*	32,8	48,2
Häufige Internetnutzer	45,7	53,1
NOnliner**	41,2	26,3
Bestellung über das Internet (Anteil der Bevölkerung)	14,7	40,4
Bestellung über das Internet (Anteil der Internetnutzer)	27,4	56,8
Verkäufe über das Internet	8,9	18,5

Legende: *Personen mit mindestens einem der folgenden Merkmale: zwischen 55 und 74 Jahre alt, niedriger Bildungsabschluss, ohne Beschäftigung. ** Personen, die noch nie das Internet benutzt haben.

Quelle: Europäische Kommission (2011).

Unter allen Ländern hat Italien die niedrigsten Abonnements-Preise für die Nutzung des Breitbandes, so dass jedenfalls von der Gebührenseite niedrige Nutzungsbarrieren bestehen. (ebda., 2011, S. 87)

Hinsichtlich des Anteils der Internetnutzer an der Gesamtbevölkerung steht Italien auf einer Stufe mit Portugal (47,0 Prozent der Internetanschluss) und Bulgarien (42,0 Prozent), während die Niederlande, Schweden, Dänemark und Luxemburg über 85 Prozent Internetnutzer verzeichnen. (Istat 2011b, S. 218)

Wenn das Internet vorhanden ist, herrschen passive und wenig komplexe Anwendungen wie die Mailkommunikation sowie die Informationsbeschaffung zu verschiedenen Themen (Produkte und Dienstleistungen, Zeitungslektüre) vor. (Istat 2011c) Bankgeschäfte über das Internet erledigen 30,5 Prozent. Software wird von 31,3 Prozent heruntergeladen und Radio und Fernsehen über das Web nutzen 29,5 Prozent.

Das mobile Internet ist in Italien nur wenig verbreitet. Gerade 6,8 Prozent der Personen mit Mobilfunkvertrag nutzen das Gerät für Internetanwendungen. Im Vergleich dazu sind dies in Finnland 17 Prozent und in Portugal 16,1 Prozent sowie in Dänemark 10,7 Prozent. (Europäische Kommission 2010b, S. 5)

Für ein entwickeltes Industrieland sind diese Daten Ausdruck eines niedrigen Niveaus der Verbreitung und Nutzung moderner Informations- und Kommunikationsmedien dar.

2.4.2   Soziale Netzwerke

In Italien ist seit 2009 die Nutzung des Internets für textbasierte Kommunikation deutlich angestiegen. 34,6 Prozent der Internetnutzer beteiligen sich aktiv an Chats, Newsgroups oder

Abbildung V-7   Nutzung von sozialen Netzwerken (2009)

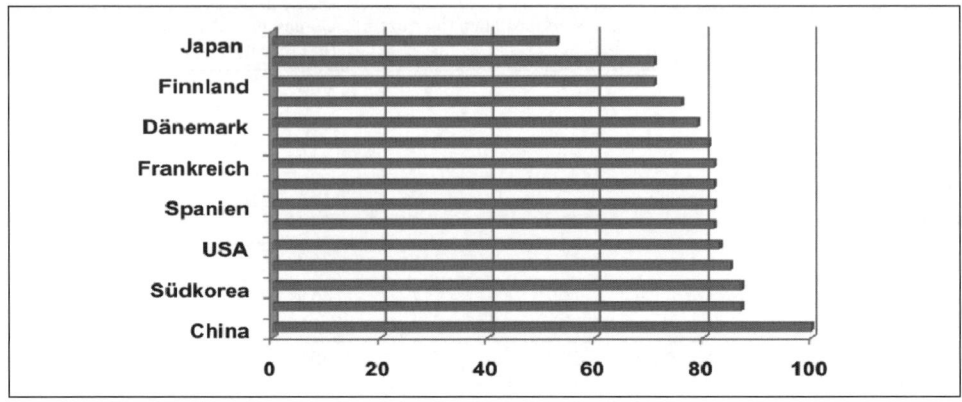

Quelle: Bundesministerium für Wirtschaft und Technologie (2011), S. 110.

Tabelle V-11   Die Verbreitung der sozialen Netzwerke

	Wieviele sie kennen	Wieviele sie nutzen
Facebook	61,6	25,9
YouTube	60,9	30,9
Messenger	50,5	24,7
Skype	37,6	12,4
MySpace	31,8	5,4
Icq	6,1	0,7
Flickr	4,7	0,7
Twitter	4,3	0,2
LinkedIn	3,0	0,5

Quelle: Censis/Ucsi (2009), S. 12.

Foren und 27,9 Prozent nutzen die Dienste des *instant messaging* wie *Twitter*, *Facebook*, *RSS-Feeds*. „Die Zunahme geht vor allem mit der Explosion sozialer Netzwerke wie *Facebook* einher". (Agcom 2011, S. 104)

Unter den Gründen, *Facebook* zu nutzen, ragen die soziale Neugier, nämlich „zu sehen, was bei den Freunden an der Pinnwand hängt" (41,2 Prozent), und die Versendung persönlicher Nachrichten (40,5 Prozent) hervor. (Censis/Ucsi 2009, S. 11) Über die Hälfte der Nutzer (54,6 Prozent) sind Mitglieder einer Interessengruppe und jeder Zehnte hat an gesellschaftlichen Events, politischen Demonstrationen und Veranstaltungen teilgenommen, von denen sie über *Facebook* erfahren haben.

Fast ein Viertel der Nutzer erklärt allerdings, dass sie wegen der Nutzung sozialer Netzwerke andere Aktivitäten vernachlässigen. Dies äußern vor allem Frauen (32,2 Prozent) und Personen mit niedrigem Bildungsstand (31,2 Prozent). 42,4 Prozent von ihnen geben an, besonders die Buchlektüre zu opfern. Immerhin 14,4 Prozent der Nutzer führen aus, dass sie Telefonate mit ihren Freunden wegen der *Facebook*-Nutzung reduzieren, und 11,5 Prozent berichten, dass sie seltener ausgehen. Bedenklich ist auch das Bekenntnis von 21,7 Prozent der Nutzer, dass sie wegen der Aktivitäten in den sozialen Netzwerken auch das Studium und die Arbeit opfern. (ebda.)

2.5   *Die mangelnde kommunikative Kohäsion:* Press divide und digital divide

Zehn Jahre nach dem Jahrhundertwechsel hat sich eine epochal neue Konstellation der Nutzung von Kommunikationsmedien entwickelt, die vom *Censis* mit den beiden Begriffen *press divide* und *digital divide* bezeichnet wird. Damit werden die beiden Extremformen des exklusiven Medienkonsums bezeichnet, nämlich auf der einen Seite die ausschließliche Nutzung der audiovisuellen Medien sowie des Internets *(press divide)* und auf der anderen Seite die Nichtnutzung des Internets *(digital divide)*.

Tabelle V-12   Die Entwicklung des *digital divide* (2006–2009) (Anteile in Prozent)

	2006	2009
Personen mit Konsum nur audiovisueller Medien	28,2	26,4
Personen mit Konsum auch von Printmedien	42,8	24,9
Gesamtzahl der Nichtnutzer des Internet	71,0	51,3
digital		
divide		
Gesamtzahl der Personen mit Internetzugang	29,0	48,7
Personen mit Internetnutzung	23,3	35,8
Personen mit Internetnutzung aber ohne Nutzung der Printmedien	5,7	12,9

Quelle: Censis/Ucsi (2009), S. 10.

Tabelle V-13   Die Entwicklung des *press divide* (2006–2009) (Anteile in Prozent)

	2006	2009
Personen mit Konsum nur audiovisueller Medien	28,2	26,4
Personen mit Internetnutzung aber ohne Nutzung der Printmedien	5,7	12,9
Gesamtzahl der Nichtnutzer von Printmedien	33,9	39,3
press		
divide		
Gesamtzahl der Personen mit Zugang zu Printmedien	66,1	60,7
Personen mit Nutzung audiovisueller Medien und Printmedien	42,8	24,9
Personen mit Internetnutzung	23,3	35,8

Quelle: Censis/Ucsi (2009), S. 10.

Der *digital divide* verläuft entlang der Faktoren Geschlecht, Alter, Bildungsstand und Wohnort. Unter den Frauen gibt es nur 12,5 Prozent regelmäßige Internetnutzer, definiert als Personen mit mindestens drei Nutzungen in der Woche, gegenüber den Männern mit 45,7 Prozent. Die zweite Gruppe der Nicht- bzw. Wenignutzer sind die Alten. Nur jeder Zehnte von ihnen ist Internetnutzer. Von den jüngeren Italienern und Italienerinnen nutzen 80,7 Prozent das Web und von den 30–64-Jährigen nutzen 46 Prozent das Internet.

Von den Personen mit höherem Bildungsabschluss (Sekundarstufe II und Hochschule) nutzen 67,2 Prozent das Internet, während bei den Personen mit niedrigem Bildungsabschluss der Anteil der Internetnutzer auf 28,6 Prozent absinkt.

Das vierte Unterscheidungsmerkmal von Internetnutzer und Nicht- bzw. Wenignutzern ist der Landesteil. Während in der Mitte und im Norden des Landes etwa die Hälfte angibt, das Internet in 2010 genutzt zu haben, sind dies im *Mezzogiorno* nur 42,7 Prozent. Die eifrigsten Nutzer kommen aus der Lombardei (55,7 Prozent) sowie die autonomen Provinzen Bozen und Trient (55,0 und 54,5 Prozent). Am andern Ende der Skala stehen Kampanien (40,4 Prozent) und die Basilikata (40,8 Prozent).

Auch die Ausprägung des *press divide* hängt von den genannten Einflussfaktoren ab. 37,0 Prozent der Männer und 41,5 Prozent der Frauen meiden die Printmedien. Vor allem unter den Älteren finden sich Nichtnutzer der Presseerzeugnisse: 44,1 Prozent der Altersgruppe von über 65 Jahren gehört zu dieser Gruppe, aber nur 38,9 Prozent der 30–64-Jährigen und 35,8 Prozent der Jugendlichen und der jungen Erwachsenen (14–29 Jahre). Die Hälfte der Personen mit geringer Bildung meidet die Printmedien, während es unter den Personen mit höherem Bildungsabschluss immerhin auch ein Viertel ist. (ebda., S. 11)

Beide Phänomene zusammen genommen, entsteht ein beunruhigendes Bild bezüglich des Meinungspluralismus in Italien: der Anteil der Italiener, die die Printmedien, wo eine Meinungsvielfalt herrscht, nicht nutzen, ist zwischen 2006 und 2009 auf 39,3 Prozent gestiegen. Demgegenüber beträgt der Anteil der Italiener, die ihren Bedarf an politischen Informationen über das duopolistische Fernsehen decken, in 2009 immerhin 59 Prozent. Für den Informationsbedarf sind die Tageszeitungen mit 30,5 Prozent nur von geringer Bedeutung. (Censis 2010, S. 126) Alarmierend ist die Abstinenz der nachwachsenden Generation in Bezug auf Printmedien. „Die Erkenntnis, dass in Italien 28,7 Prozent der jungen Leute unter 30 Jahren weder Tageszeitungen noch Zeitschriften und Bücher lesen und stattdessen regelmäßige Nutzer des Internets, des Fernsehen, des Mobilfunks und des Radios sind, stellt vielleicht das wichtigste Ergebnis in Bezug auf den Medienkonsum der Italiener im Jahre 2009 dar". (ebda. S. 125)

3   Charakter des Journalismus

Der italienische Journalismus steht für das „mediterrane oder polarisiert-pluralistische Modell". (Hallin/Mancini 2004) Seine Merkmale sind erstens ein schwaches Niveau journalistischer Professionalisierung und von Autonomie, zweitens eine starke Neigung zur literarischen Prägung der Arbeit, worin eine ausgeprägte erzieherische Dimension enthalten ist, und drittens eine lange Tradition der Instrumentalisierung für politische Zwecke unter dem Anspruch des Pluralismus.

Für die bedeutende Rolle der Medien im demokratischen System ist insbesondere die Verknüpfung von Politik, Parteien und Berichterstattung von hoher Bedeutung.

In solch einem Journalismus herrscht die Partei-basierte Perspektive vor. (Mancini/Briziarelli 2005, S. 2) Zeitungen und Fernsehanstalten sind Instrumente, um bestimmte wirtschaftliche und/oder politische Ziele zu erreichen. (Hallin/Mancini 2004) Faktisch bedeutet dies die Durchdringung der Organisation, der Personalpolitik und der Inhalte auf direkte oder indirekte Weise mit den Interessen der im Medium herrschenden politischen Kraft oder ökonomischen Interessengruppe. Direkt nehmen die Parteien durch die starke Präsenz ihrer Spitzenpolitiker in „ihren" Sendern bzw. Programmen Einfluss und indirekt sichern sie ihre Interessen durch die Besetzung der Schlüsselpositionen mit Leuten des Vertrauens.

Die Parteilichkeit der Medien perpetuiert sich durch die Praxis der *lottizzazione*. Die Spitzenpositionen der öffentlich-rechtlichen Sendeanstalten (Intendant, Generalsekretär und Abteilungsleiter) werden in hoher Übereinstimmung zwischen den Akteuren jeweils einer politischen Partei zugewiesen werden. In Privatsendern können die Besitzer, also die Gruppe *Mediaset* mit 31 Prozent Mehrheit bei S. Berlusconi, im Rahmen der Gesetze sowieso schalten und walten, wie sie wollen.

Die Besitzer von Printmedien sind nicht in erster Linie an dem Profit aus dem Verkauf von Produkten interessiert, was angesichts der geringen Leserschaft, den unterentwickelten Vertriebswegen, dem verbreiteten „Rückfall-Analphabetismus" vieler Italiener sowie der Dominanz des Fernsehens im Medienkonsum der Bevölkerung eh kaum möglich ist. Vielmehr besteht der Zweck, Medienbesitz zu erwerben, darin, „sich die notwendige Zustimmung der öffentlichen Meinung und die notwendigen Instrumente zur Ausübung von Druck auf die öffentlichen Entscheider zu sichern". (Hambückers 2007, S. 72) In stärkerem Masse als in anderen Ländern sind es Industriegruppen mit Fokalinteressen in anderen Branchen (Versicherungen, Automobilindustrie, Finanzwirtschaft, etc.), die sich in der Medienlandschaft engagieren. Das enge Netzwerk zwischen Parteien, Interessenverbänden und Journalismus wird von ihnen zur Verfolgung ihrer Interessen genutzt.

Dieser politische Charakter ist in der langen Geschichte des Journalismus in Italien angelegt, zwischenzeitlich zugunsten des selbst definierten Erziehungsauftrages zurückgedrängt worden, um sich seit Ende der siebziger Jahre wieder stärker zu entfalten.

Die Wurzeln der Parteilichkeit des italienischen Journalismus liegen im *Risorgimento*, als heftige Auseinandersetzungen über die Inhalte, Hegemonie und Staatsform des neuen Nationalstaats auch über die Zeitungen geführt wurden. In ähnlicher Weise wurde auch nach der Gleichschaltung der Presse im Faschismus in der Nachkriegszeit die politische Debatte um die Richtung von Gesellschaft und Politik auch mit den Mitteln des Journalismus wieder aufgenommen. „Da sich unter den Befreiern Italiens primär Journalisten befanden, lebte die alte Tradition des Parteienjournalismus erneut auf und wurde durch den Befreiungskampf weiter verstärkt. Dies hatte zur Folge, dass sich das gesamte System der Massenmedien zu einem politischen Forum entwickelte, in dem die einzelnen Medien entsprechend ihrem Standpunkt und ihrer Stärke miteinander stritten". (vgl. Mancini 2002, S. 27 f. und Hambückers 2007, S. 71)

Im Fernsehen galt nicht immer das Prinzip der Parteilichkeit. In den fünfziger und sechziger herrschte der Bildungsansatz vor: „Die damalige Funktion des Radios und des Fernsehens bestand darin, als Bildungsinstrument und als Kulturträger zu dienen. Die Programminhalte der Fernsehanstalten waren vom Theater, der Literatur und dem Radio geprägt. Folglich transportierten sie traditionell humanistische und literarische Werte". (Hambückers 2007, S. 84).

Der Übergang zum ausgeprägten System des polarisierten Pluralismus, wie er die heutige Fernsehlandschaft prägt, ist mit den Reformen der *RAI* ab April 1975 fest zu machen. Der Schlüssel war der Übergang der Kontrolle an der *RAI* von der Regierung zum Parlament[1]. Damit wurde es zur Hauptaufgabe der öffentlich-rechtlichen Fernsehanstalten, „das Sprachrohr verschiedener Stimmen zu sein und gleichzeitig soziale, politische und kulturelle Aspekte zu berücksichtigen". (Hambückers 2007, S. 87) Die politische Prägung degenerierte zur Gleichsetzung einzelner Sender und ihrer Programme mit Parteien aus Regierung wie Opposition mit zum Teil grotesken Zügen: „Waren der Papst, Craxi oder die demonstrierende Arbeiterklasse in Überlänge zu vernehmen, wusste man gleich, dass Tg1, Tg2 oder Tg3 eingeschaltet waren". (Brill, zitiert in Voß 2005, S. 19)

Eine rasante Entwicklung nahm die ökonomische und politische Verwertung des Fernsehens durch den Aufstieg von Berlusconi und seiner Holding *Fininvest* in den achtziger Jahren. Die Geschichte kennt in Italien jeder: von der massiven Förderung durch den damaligen Ministerpräsidenten Craxi, dem er aus gemeinsamen Mailänder Zeiten eng verbunden war, von dem Gesetz *Mammì*, das den Durchbruch für das kommerzielle Fernsehen darstellte, von der Verquickung ökonomischer und politischer Interessen durch Schlüsselfiguren aus beiden Lagern und von den verzweigten Netzwerken in alle Richtungen.

Die Entwicklungen der Jahrzehnte vor seinem Aufstieg bereiteten das Feld, auf dem sich Berlusconi geschickt und machtbewußt etablierte, um wechselweise seine Profitinteressen in der Bauwirtschaft, in den Finanzgeschäften und in den Medienaktivitäten mit seiner politischen Rolle verknüpfte. Die Parteilichkeit und die Funktionsweise der Einflussnahme wurden von ihm nicht installiert sondern gekonnt ausgenutzt. Mittlerweile profitiert er in der Schlüsselposition bei *Mediaset* direkt von seiner Macht und als Regierungschef indirekt in den öffentlich-rechtlichen Anstalten. „Die zentrale Annahme basiert darauf, dass Berlusconi aufgrund seiner medialen, wirtschaftlichen und politischen Macht als *gatekeeper* teilweise in die Berichterstattung eingreifen und entscheiden kann, welche Informationen bei den öffentlich-rechtlichen und privaten Fernsehnachrichten ausgestrahlt werden und welche nicht". (Hambückers 2007, S. 103)

Im Verwaltungsrat der *RAI*, der in klassischer Manier von der jeweiligen Regierungspartei besetzt wird, installiert Berlusconi Leute seines Vertrauens und Parteibuchs bzw. der Alliierten, vor allem der *Lega Nord*.

---

1   Verantwortliches Organ ist die *Commissione parlamentare per l'indirizzo generale e la vigilanza dei servizi radiotelevisivi.*

Die Praxis der Kontrolle der quantitativen Anteile für die verschiedenen Parteien an den diversen Nachrichtensendungen von *RAI* und *Mediaset* verdeutlicht, wie sehr ein Pluralismus der Strömungen von oben installiert ist.

Mit einer Verordnung vom November 2010 bestimmte die Aufsichtsbehörde *Agcom* die Methode zur Messung des Grades des Pluralismus in den Nachrichtensendungen: „Die Behörde führt von Amts wegen die Bewertung der Beachtung des politischen und institutionellen Pluralismus jeder Nachrichtensendung im Zeitraum von einem Vierteljahr durch. Von den Parametern, mit denen der politische und institutionelle Pluralismus bewertet werden kann, also der Zeit pro Nachricht, der Sprech- und Sendezeit, wie sie in der Bewertungsmethodologie festgelegt und auf der Webseite der Behörde veröffentlicht worden sind, hat die Sprechzeit für jeden politischen und institutionellen Akteur das Hauptgewicht". (Agcom 2010)

Damit degeneriert der politische Pluralismus zur Balance in der Quantität des gesprochenen Wortes. Nach den Berechnungen der *Agcom* haben die Nachrichtensendungen *Telegiornale* 1 (Tg1) und Tg5 im September 2010 weit mehr Minuten der Berlusconi-Partei *PdL* als der Demokratischen Partei eingeräumt: Tg1 35,8 Prozent für *PdL* gegenüber 17,3 Prozent dem *PD* mit eineinhalb Stunden Unterschied; das Tg5 30,7 Prozent gegenüber 23 Prozent mit einem Unterschied von 37 Minuten. Das Tg4 widmet dem *PdL* zwei Stunden mehr als dem *PD* (58,6 Prozent der Zeit für *PdL* gegenüber 11,8 Prozent dem *PD*). Auch das Tg3 räumt dem regierenden Pol mehr Zeit als dem oppositionellen *PD* ein, nämlich 27 Prozent der Gesamtzeit gegenüber 21 Prozent mit ungefähr einer Stunde Unterschied). (Census 2011, S. 525)

Auch wenn sich tagespolitische Aktualitäten auf die Verteilung der Sprechminuten auswirken mögen, wird die Tendenz erkennbar, dass die Regierungspartei außer ihrem unbeschränkten Einfluss auf die Privatsender von *Mediaset* auch eine vorherrschende Präsenz in der Nachrichtenberichterstattung der öffentlich-rechtlichen Sender hat.

4   Bücherkonsum

Für Italien ist es berechtigt, von einem *book divide* neben dem *press divide* und dem *digital divide* zu sprechen. Denn gelesen wird vor allem im Norden, wo 53 Prozent der Bevölkerung über sechs Jahren zumindest ein Buch im Jahr gelegen hat. Der Anteil der Buchleser ist noch höher in den Regionen Südtirol, Friaul-Julisch Venetien und der Lombardei, nämlich über 55 Prozent.

Demgegenüber hat nur ein Drittel der Süditaliener im letzten Jahr ein Buch gelesen und der Anteil der sporadischen Leser (bis zu drei Bücher im Jahr) liegt sieben Mal höher als der Anteil der gewohnheitsmäßigen Leser (zumindest ein Buch im Monat)

Unter den südlichen Regionen ist der Anteil der Leser besonders gering in Basilicata (31,4 Prozent), Sizilien (32,8 Prozent), Kampanien (33,3 Prozent) und Apulien (33,6 Prozent).

Frauen lesen mehr als Männer. Der Anteil der Leserinnen an den Frauen insgesamt beträgt 53,1 Prozent, bei den Männern nur 40,1 Prozent. Der Unterschied ist noch ausgeprägter in der Altersgruppe der 20–24-Jährigen, wo der Anteil der Leserinnen an den Frauen auf 65 Prozent steigt, während der der Männer kaum vom Gesamtbild abweicht.

Abbildung V-8 Buchleser nach Regionen (Prozent der Gesamtbevölkerung)

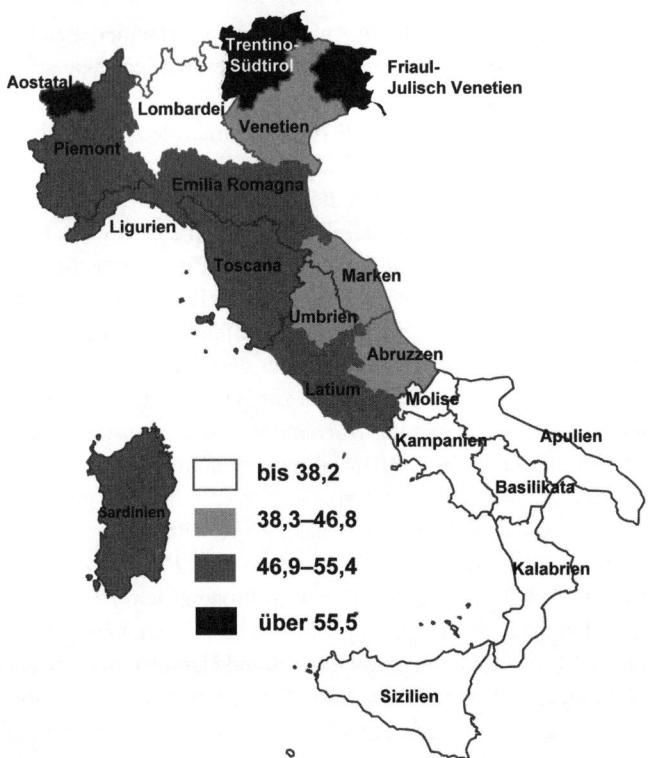

Quelle: Istat (2011b), S. 116.

Schlussüberlegungen: Wettbewerbsfähigkeit, soziale Kohäsion und Zukunftsfähigkeit

Die Feiern zur 150. Wiederkehr des Tages der Bildung des italienischen Nationalstaates verdeutlichen das in der Öffentlichkeit verbreitete Bewusstsein, dass die Antwort auf die Frage nach der heutigen Bewertung und Bedeutung der nationalen Einheit untrennbar mit der Beantwortung zentraler Fragen der Gegenwart und Zukunft des Landes verbunden ist. Die im Mittelpunkt stehenden Fragen sind die nach der Wettbewerbsfähigkeit Italiens unter sich massiv ändernden Weltmarktbedingungen, nach der Rolle des Landes in einer sich dramatisch wandelnden geopolitischen Umgebung, nach den Lösungskonzepten für globale Herausforderungen wie den demografischen Wandel, die Verstädterung, die Klimaveränderungen. Zudem geht es um die Frage nach der nachhaltigen Produktion, Verteilung und Verwendung von Energie, die mittlerweile den Rang von Gattungskrisen haben.

Unter den entwickelten Industrieländern steht Italien vor besonders brisanten Ausprägungen dieser Herausforderungen. Wenn das Land auf den bisher eingeschlagenen Pfaden bleibt, könnten sie neue Verschärfungen bestehender wirtschaftlicher, sozialer und politischer Probleme nach sich ziehen.

Ein Land, das ökonomisch nur beschränkt wettbewerbsfähig ist, wird nicht die Ressourcen für eine aufwändige Energieumsteuerung aufbringen, die Finanzmittel für eine kostspielige Modernisierung von Infrastruktur und Gebäuden oder für Küstenschutz und Infrastrukturanpassung[1] sicherstellen können. Einer überalterten Bevölkerung fehlen auf Dauer der Geist und die Dynamik für Neuerungen.

Die Probleme der Wettbewerbsfähigkeit, der sozialen Kohäsion und der Zukunftsfähigkeit verknüpfen sich folglich in enger Weise. Daraus erwachsen weit reichende und grundsätzliche Fragen: Welche Ansätze, Potenziale und Hindernisse hat Italien – gesehen im Blick auf die hier analysierten Strukturen und Entwicklungen? Verfügt Italien über die ökonomischen Mittel, die Humanressourcen, die Institutionen, die politische Kultur und die Entschlossenheit für ein großes Projekt Zukunft?

Die Fragen zielen auf den Kern der in der Einleitung angesprochenen ideellen Einheit und der gemeinsamen Zivilregion: Wie entwickelt und tragfähig ist das „kollektive Bewusstsein" (Napolitano 2010) jenseits der in Italien vorherrschenden Tendenzen des Partikolarismus, des Lokalismus und des Individualismus? Konkret: Welche Opfer sind die Italiener bereit, für den *Mezzogiorno* zu leisten? Wird die Diskriminierung von Frauen schrittweise zurückgeführt? Welche Anstrengungen werden unternommen, um Jugendliche und Ältere zu integrieren? Welche Perspektiven auf Integration haben Ausländer?

---

1   Siehe IDDRI (2009).

1   Die ungelöste süditalienische Frage

In seinen Reden zum 150. Jahrestag der nationalen Einheit wird Staatspräsident Napolitano nicht müde, die überragende Bedeutung der süditalienischen Frage herauszustellen. Für ihn ist sie „das schwerwiegendste Thema der Gründe für Teilung und Schwäche, die unsere nationale Einheit gefährdet haben und weiterhin gefährden". (Napolitano 2011, S. 14) An einer anderen Stelle geht er so weit, die süditalienische mit der italienischen Frage gleichzusetzen. (ebda., S. 28)

Kaum ein anderes europäisches Land ist von derart tief greifenden Unterschieden im Niveau der wirtschaftlichen Betätigung allgemein, der Innovationsaktivität, des Lebensstandards, der Erwerbstätigkeit, der Qualität der Dienstleistungen, der Ausstattung des Verkehrswesens oder der Kommunikationsinfrastruktur im Besonderen gekennzeichnet wie Italien. „Italien ist ein Land mit zwei Geschwindigkeiten". (Census 2010b, S. 111)

Im *Mezzogiorno* finden sich die am meisten zurückgebliebenen Regionen Europas. Manche Landstriche in Sizilien, Kampanien und Kalabrien leben auf dem Niveau von Rumänien oder Bulgarien. Das Bruttoinlandsprodukt gehört hier zu den niedrigsten in Europa.

Große Armut, Analphabetentum, immer noch tief verwurzelte kriminelle Organisationen, Schattenwirtschaft und Hilflosigkeit prägen weithin das wirtschaftliche und soziale Leben des *Mezzogiorno*. Demgegenüber gehören die Regionen des Nordwestens, des Nordostens und des Zentrums zum Teil in Europa zu den Spitzenreitern in Bezug auf die Leistungsfähigkeit von vernetzten regionalen und lokalen Produktionsgemeinschaften.

Der Rückstand manifestiert sich für die meisten Indikatoren der gesellschaftlichen und wirtschaftlichen Entwicklung: der geringen Erwerbstätigkeit und dadurch hohen Abhängigkeit von Transfereinkommen des Staates oder eher der Familie, der hohen Erwerbslosigkeit für Ältere, Frauen und Jugendliche, wo der *Mezzogiorno* in Europa führt, die Häufung irregulärer Beschäftigung, zumeist verknüpft mit der ausgedehnten Schattenwirtschaft. Er zeigt sich in den immensen Infrastrukturproblemen und den geringen Anstrengungen, die Umwelt zu schützen (sorgloser Umgang mit Wasser, geringe Mülltrennung). Der Rückstand ist auch der wesentliche Grund für die Wanderungsbewegungen von Erwerbspersonen, auch solchen mit höherem Schulabschluss, von Süden nach Norden. Gravierend ist dabei ist der Verlust an intellektuellen Ressourcen, da Hochschulabsolventen die Regionen des Südens verlassen. Hier wie in vielen Aspekten des meridionalen Rückstandes bestärken sich Ursache und Wirkung in einem *circulus viciosus*.

Die Politik, Gefangene des für Italien spezifischen Politikregimes (siehe Einleitung und hier weiter unten), hat tendenziell die Probleme des *Mezzogiorno* verschärft, nicht abschwächen können, geschweige denn in den Griff bekommen. Nach einer langen Förderphase mit verschiedenen Mitteln beschloss die italienische Regierung in 2010 eine Umkehr in der *Mezzogiorno*-Politik, weg vom Ziel der Kohäsion und hin zu einer Verwendung der Ressourcen in nationale Wettbewerbsförderung.

Die starke Fördervergangenheit des Südens mag die autonome Marktentwicklung erschwert haben, und der häufige Missbrauch öffentlicher Mittel könnte die Perspektive auf die Entwicklungsmuster verengen. Es drängt sich der Schluss auf, dass öffentliche Defizite zur Unterentwicklung des *Mezzogiorno* beigetragen haben, da Transfers die Struktur der Wirtschaft von einem marktorientierten Entwicklungspfad weg geführt haben. Die Mobilisierung endogener Entwicklungspotenziale bleibt nach wie vor eine zentrale wirtschafts- und strukturpolitische Aufgabe.

Überdies ist im *Mezzogiorno* ein Italien-weites Problem stärker ausgeprägt: die mangelhafte Projektfähigkeit auf der lokalen Ebene mit dem Mangel einer Dialog- und Kooperationskultur in der Wirtschaft und in der gesellschaftlichen wie politischen Willensbildung.

Was eine solche massive soziale Exklusion im *Mezzogiorno* anrichtet, schildert Severgnini:

> „Der Eindruck drängt sich auf, dass dieser Teil Italiens keine Orientierung mehr hat und auch kein Bedürfnis danach verspürt. Keine Überzeugungen mehr hat, und auch keine sucht. Keine Träume, die weiter reichen als bis zum Fußballspiel am Sonntagnachmittag. Man hat das Gefühl, dass da ganze Teile der Gesellschaft in Lethargie versinken und sich mit Trostpflästerchen zufriedengeben: mit Magiern (mehr als zwanzigtausend sind es), Telefon-Hotlines (eintausend-dreihundert an der Zahl) und einem Fernsehen, das sie mit gespieltem Leid und künstlicher Begeisterung füttert".
>
> Severgnini (2007), S. 133

Die mangelnden Bildungs- und Arbeitsmöglichkeiten und die geringen Impulse haben zum Verlust von Führungskräften und Vorbildern geführt: „Es gibt keine Köpfe. Deswegen trifft die explosive Gewalt der Krise die Unternehmen mit einer beeindruckenden Geschwindigkeit. Es bleibt eine Masse niedergedrückter Abfälle. Opfer eines Systems, das mit der vom Untergang einer Epoche umgestalteten Welt inkompatibel ist". (Visetti 2009, S. 175)

Aber der Süden zeigt auch Signale eines anderen Umgangs mit dem Niedergang. In der Basilikata hat sich über Jahre eine zwar noch isolierte, aber konkurrenzfähige Industriestruktur um das Werk eines amerikanischen Halbleiterherstellers behauptet. Zudem gilt die Art, wie in der Region Apulien nach den Wahlen von 2005 von der Mitte-links-Koalition unter Führung der *Sinistra, ecologia e libertà (SEL)* mit dem Regionspräsidenten Nichi Vendola Politik gemacht wird, als für andere Regionen relevante Neuerung.

2 Zukunftsfähigkeit: Wettbewerbsfähigkeit und Kohäsion

2.1 Eingeschränkt zukunftsfähiges Produktionsregime

Wir sind Zeugen einer tiefgreifenden Umschichtung auf dem Weltmarkt. Bis gegen Ende der achtziger Jahre gab es eine klare Weltordnung mit den USA als Weltmarktführer, Japan als temporärem Konkurrenten. Die Europäische Gemeinschaft war aufgrund der mangelhaften Integration aus vielen Nationalstaaten mit vielen nationalen Interessen, einer Sprach- und Regelungsvielfalt sowie sehr unterschiedlichen Produktionsregimes ein Rivale mit gestutzten Flügeln.

Mit dem Vormarsch der Schwellenländer, zunächst die asiatischen Tigerstaaten, dann Brasilien oder Argentinien, änderte sich zunächst an dieser Hackordnung nicht viel. Die weitgehend in sich abgeschlossene östliche Wirtschaftsgemeinschaft fiel zusammen, und Russland schaffte es in die G8-Liga. Mit Ende der neunziger Jahre hat sich diese Weltwirtschaftsordnung gravierend geändert. Die bedeutendste Neuerung ist der Aufstieg Chinas. Das Land ist schon jetzt der zweitgrößte Importeur. Insbesondere das dramatische Wachstum der chinesischen Mittelschicht – ihr verfügbares Einkommen wird zwischen 2005 und 2015 um das Dreifache und dann bis 2025 noch mal um das Vierfache steigen –, bestärkt die Erwartung einer grundlegenden Verschiebung der Gewichte und Einflusssphären. Daneben ist Indien zunächst als Zulieferer in der Wertschöpfungskette westlicher Wirtschaften fest verankert. Aber das Land ist entschlossen, ein eigenes Expansionsprogramm zu forcieren, das es zu einer der größten Wirtschaftsmächte der Welt macht.

Die Frage lautet: Wo steht Italien strukturell? Was wird aus den Wettbewerbsstärken des Landes? Wie bewältigt das Land seine Wettbewerbsschwächen?

Die italienische Wirtschaft hat im Verlauf der Entwicklung wesentliche Erfolge erreicht. Zweifellos wurde in den letzten beiden Jahrzehnten unter dem Druck nationaler und internationaler Triebkräfte eine Modernisierung von Wirtschaft und Staat angestoßen. Der immense Sektor der Unternehmen mit staatlicher Beteiligung ist mittlerweile fast komplett abgebaut, die verknöcherte Unternehmensgesetzgebung zugunsten eines modernen Gesellschaftsrechts aufgeweicht, der Arbeitsmarkt von manchen Beschränkungen befreit worden. Traditionell geschützte Wirtschaftszweige wie die Telekommunikation, die Chemie- und Stahlindustrie sind dem Wettbewerb geöffnet bzw. in staatlicher Regie umstrukturiert worden. Der Finanzmarkt hat teilweise moderne Strukturen erhalten. Wichtige Industriebereiche wie der Schiffbau oder die Nahrungsmittelindustrie konnten sich erfolgreich an neue Anforderungen anpassen.

Aber unter der Fragestellung der Wettbewerbs- und Zukunftsfähigkeit weist Italien systematische Strukturprobleme des bestehenden Produktionsregimes auf. Italien gehört zu den Ländern, die wegen der niedrigen Produktivität und der verhältnismäßig hohen Arbeitskosten die Konkurrenz der Billiglohnländer nachhaltig zu spüren bekommen. Die Länder Osteuropas sowie Fernostasiens produzieren bekanntlich in arbeitsintensiven Segmenten zu weit niedrigeren Arbeitskosten als die entwickelten Länder.

Unter den Bedingungen der verschärften Konkurrenz im Zeitalter der Globalisierung gerät Italien in eine bedrohliche Lage. Seit 1995 hat die Wirtschaft des Landes eine geringere Entwicklungsgeschwindigkeit im Vergleich zu anderen führenden Ländern Europas und den OECD-Ländern. Die externe Wettbewerbsfähigkeit geht zurück. Im Ranking verschiedener Quellen liegt Italien in der Frage der Eignung des Landes für Unternehmenstätigkeit deutlich zurück. Der Saldo der ausländischen Direktinvestitionen ist beredter Ausdruck dieser Schwäche.

Die erste Problematik ist das vorherrschende Entwicklungsmodell der italienischen Wirtschaft. Italiens Stärke auf dem Weltmarkt besteht in dem Angebot von kundenspezifischen, hochwertigen Produkten aus dem Modesystem bzw. aus dem Spezialmaschinenbau. Italiens Standbeine des Exports sind Maschinen, darunter vor allem Werkzeugmaschinen als Spezialprodukte gegenüber den Standardmaschinen, die etwa Japan anbietet, sowie ihre Mechanikprodukte für den allgemeinen Gebrauch in verschiedenen Industriezweigen (Pumpen, Ventile, Hähne, Zahnräder). In diesen Sektoren besitzt Italien eine führende Rolle auf dem Weltmarkt.

Dieses Entwicklungsmodell wird im Produzierenden Gewerbe wie auch im Dienstleistungssektor von vielen kleinen Unternehmen getragen. 2005 fallen 83 Prozent der italienischen Unternehmen in die Kategorie der Unternehmen mit 1–9 Beschäftigten (zum Vergleich sind dies in Deutschland 60 Prozent). Großunternehmen prägen die Industrielandschaft nach wie vor nur im Nordwesten des Landes. Durch eine starke Präsenz zeichnen sich hier aber auch die Klein- und Mittelunternehmen mit 10–49 Beschäftigten aus – vor allem in den Industriellen Distrikten.

Der Großteil der Unternehmen ist zu klein, um gegen starke Wettbewerber bestehen zu können. Die Industriellen Distrikte, in denen ein Großteil von ihnen ansässig ist, stehen vor der Herausforderung, Wettbewerber abzuwehren und sich in den Produkten, Prozessen und Kooperationsformen zu innovieren.

In diesem Entwicklungsmodell sind wichtige Wachstumsfelder nicht repräsentiert. Eklatant ist der Rückstand im Wachstumsbereich der wissensbasierten Dienstleistungen. Auf dem Binnenmarkt wie auch als Anbieter auf anderen Märkten treten italienische Dienstleister hier kaum in Erscheinung.

Hinsichtlich der Faktoren, die die Zukunftsfähigkeit determinieren, ist Italien weit abgehängt. Auf den Gebieten der Pharmaforschung, der Biotechnologie, der Materialforschung, der Informations- und Kommunikationstechnologien hat Italien kein endogenes Entwicklungspotenzial, u. a. wegen der Dominanz von Kleinunternehmen, die strukturelle Hindernisse in der Forschung und Entwicklung von Verfahren und Produkten aufweisen. Italiens Unternehmen führen im Ländervergleich nur in geringem Maße Forschung durch, was ihre Innovativität nachhaltig bremst. Weiterbildung erfolgt sporadisch. Mit diesen Schwächen untergräbt sich Italiens Wirtschaft im Wettbewerb der neuen Globalordnung zwischen den Volkswirtschaften.

2.2   Soziale Kohäsion

Das Konzept der Kohäsion und der sozialen Inklusion hebt auf die Verwirklichungschancen des Einzelnen ab und betont die Teilhabe an den Strukturen im Erwerbsleben, am gesellschaftlichen Reichtum, an den Bildungsmöglichkeiten, an den Gesundheitsangeboten und am enormen Wissenspotenzial. Seinen Niederschlag fand dieses Konzept in einer neuen Messweise zur menschlichen Entwicklung. Angelpunkt war 1990 das Ziel, „dass es bei Entwicklung um Freiheit geht – nämlich um zweierlei: Entwicklungs- und Entscheidungsmöglichkeiten von Menschen (Gestaltungsfreiheit) und um einen Partizipationsprozess (prozessuale Freiheit)". (UNDP/DGVN 2010, S. 14)

Gemessen daran weist Italien eine unentwickelte soziale Kohäsion auf. So sind die Einkommensunterschiede zwischen den reichsten und den ärmsten Einkommensgruppen sehr stark ausgeprägt. Die stärkste Gruppe (das oberste Quintel) verfügt über ein 5,5-fach höheres Einkommen als die ärmste Gruppe. Nur noch Portugal (6,6), Litauen (6,3), Griechenland (6,0) und Lettland (5,9) verfügen über eine ähnlich krasse Spanne.

Die Exklusion, also die gescheiterte soziale Kohäsion in der Bevölkerung, verläuft entlang der Determinanten der Beteiligung am Erwerbsleben, der Region, des Alters, des Geschlechts und der Nationalität.

Die erste Trennlinie verläuft zwischen Normalbeschäftigten und atypisch Beschäftigten bzw. (vorübergehend) Erwerbslosen:

- Das wesentliche Steuerungsinstrument auf dem Arbeitsmarkt gegen Beschäftigungskrisen, die Lohnausgleichkasse, kommt nur den bereits Beschäftigten, dem Normalarbeiter, zugute und schließt andere Gruppen weitgehend aus. Exklusion steht hier vor Inklusion.
- Beschäftigte in Unternehmen bis 15 Personen, also in über der Hälfte aller Unternehmen, sind von Beschäftigungsschutzregelungen ausgenommen.
- Für Personen ohne bisherige Berufstätigkeit bestehen regelrechte Zutrittsbarrieren zum Arbeitsmarkt. Beim Ausweichen in atypische Beschäftigungsverhältnisse sinkt der rechtliche und finanzielle Schutz beträchtlich.

Die zweite Trennlinie zieht sich zwischen Erwerbspersonen und Nicht-Erwerbspersonen:

- Die niedrige Beschäftigtenquote, definiert als Anteil der Erwerbstätigen an der Bevölkerung zwischen 15 und 65 Jahren, von 57,5 Prozent gibt klare Hinweise darauf, in welchem Maße menschliche Ressourcen in Italien vernachlässigt bleiben und welche Last auf den Erwerbstätigen liegt, die Steuern und Sozialbeiträge zu erwirtschaften, die als Transfereinkommen von den Beschäftigungslosen und Nicht-Erwerbspersonen genutzt werden.
- Die (nicht ungünstigen) offiziellen Arbeitslosenzahlen verdecken die Realitäten des Angebots an Arbeitsmöglichkeiten insgesamt, die deutliche Zunahme der Anzahl der befristeten Arbeitsverträge sowie der Nichterwerbsquote. Ein großer Teil derjenigen, die ihren Arbeitsplatz verloren haben, taucht nicht mehr in den Arbeitsstatistiken auf.
- Das Armutsrisiko steigt mit dem Ausstieg aus dem Erwerbsleben. In Italien ist der Einkommenstransfereffekt durch die Sozialunterstützung geringer als z. B. in Deutschland und in den skandinavischen Ländern. Der Ausweg ist die *Micro-Welfare* in den Familien, die dieser ihnen aufgezwungenen Funktion immer weniger gerecht werden können.
- Wer einmal aus dem Erwerbsleben herausgezogen wurde, hat größere Schwierigkeiten als Personen anderer Länder, zurück zu kehren. Aktive Arbeitsmarktpolitik besteht im Wesentlichen in der Setzung von Anreizen für Unternehmen, Arbeitsuchende anzustellen. Die absolut geringen Investitionen in Weiterbildungs-, Vermittlungs- und Suchaktivitäten von Seiten der Arbeitsbehörden tragen dazu bei, die Bindung der Betroffenen an den Arbeitsmarkt zu mindern und diese in ihrer Qualifikation stagnieren zu lassen.
- Die passive Arbeitsmarktpolitik, die im Lande gegenüber den aktiven Maßnahmen vorrangig ist, bleibt im EU-Ländervergleich weit unterentwickelt (0,7 Prozent des BIP gegenüber 1,0 Prozent). Zudem ist das System sehr auf den Normalarbeiter, also dem unbefristet in einem Großunternehmen in der Industrie Beschäftigten, ausgerichtet.

Die dritte Trennlinie ist die zwischen Jugendlichen und Nicht-Jugendlichen:

- Das Land droht einen Gutteil ihrer Jugend als soziale Kraft zu verlieren. 25,4 Prozent der Jugendlichen sind arbeitslos. Der Anteil der beschäftigten Jugendlichen an allen Beschäftigten liegt 20 Prozent unter dem OECD-Durchschnitt. Die Arbeitslosigkeit unter den Jugendlichen ist besonders lang. Hinzu kommt, dass die Erstbeschäftigung spät gefunden wird. Der Übergang von der Schule in die Arbeit zieht sich viel länger als beim Großteil der OECD-Länder hin. Häufig ist die erste Zeit nach dem Schulabschluss instabil, d. h.

Phasen von Arbeitslosigkeit wechseln mit befristeten und prekären Beschäftigungsverhältnissen.

- 2009 belief sich die Anzahl der *NEET (no employment, education or training)* in Italien auf etwas weniger als 2 Mio. Personen, was einem Anteil von 21,2 Prozent an der Bevölkerung zwischen 15 und 29 Jahren entspricht. Bei den Frauen ist der Anteil mit 24,4 Prozent größer als bei den jungen Männern (18,2 Prozent). Nur ein Teil von ihnen zieht sich bewusst und gewollt aus gesellschaftlichen Rollen und Aufgaben heraus (Selbstexklusion). Der größere Teil ist entmutigt.

Die vierte Trennlinie separiert die Geschlechter:

- Frauen haben signifikant höhere Bildungsabschlüsse mit besseren Noten als Männer, aber nur die Hälfte von ihnen hat einen angemessenen Arbeitsplatz. Frauen erhalten 16,8 Prozent weniger Gehalt.
- Ein Viertel aller Frauen verlassen ihren Job nach der Mutterschaft. (www.guardian.co.uk vom 15.02.2011) Der Einkommensvorteil von Männern bei höheren Bildungsabschlüssen liegt um fast 50 Prozent höher als bei Frauen mit dem gleichen Abschluss.
- In den Managementpositionen sind Frauen kaum vertreten (6,8 Prozent in Unternehmensvorständen und 3,8 Prozent sind Vorstandsvorsitzende, ebda.).
- Die Rollenaufteilung zwischen den Geschlechtern ist in höherem Masse als anderswo konventionell. Staatliche Vorschuleinrichtungen sind unzureichend vorhanden.
- Die Steuererleichterung für den Erstverdiener mindert die Bereitschaft für Zweitverdiener, in der Regel die Frau, selbst erwerbstätig zu werden.

Die fünfte Trennlinie verläuft zwischen der einheimischen und der ausländischen Bevölkerung:

- Das Land geht noch nicht in zivilisierter Weise mit der in 2010 auf 4,5 Mio. Personen angestiegenen ausländischen Bevölkerung um. Die Unterbringung der Flüchtlinge, die Bearbeitung ihrer Asylverfahren und die öffentliche Behandlung der angeblichen Auswirkungen der Zuwanderung sind eines entwickelten Landes unwürdig.
- Nach Untersuchungsergebnissen (Friedrich-Ebert-Stiftung 2011) ist in Italien ein höheres Ausmaß an Fremden- und Islamfeindlichkeit sowie Homophobie erkennbar. Dies gilt verstärkt für jüngere Italienerinnen (16 bis 25-Jährige).

3   Die ungünstige Entwicklung der Bevölkerungsstruktur

Italien verzeichnet eine dramatisch ungünstige Entwicklung und Zusammensetzung der Bevölkerung, was dem Land erhebliche Nachteile im Wettlauf der Nationen um Prosperität und Nachhaltigkeit in den nächsten Jahrzehnten gibt. Unter den europäischen Ländern, die allesamt von den globalen demographischen Entwicklungen betroffen sind, stellt Italien einen besonders gravierenden Fall dar.

Die Fakten sind unumstritten. 1950 lebten auf der Welt 2,5 Mrd. Menschen, bis 2010 stieg diese Zahl auf 7 Mrd. und 2050 wird sie voraussichtlich 9 Mrd. erreichen. Das demographische Verhältnis zwischen Europa und Afrika kehrt sich komplett um. Europa hatte 1950 547 Mio. Menschen und wird hundert Jahre später nur ca. 600 Mio. Einwohner haben. Afrika hingegen wird von einer Bevölkerung von 221 Mio. Personen in 1950 ein Säkulum später auf fast das Zehnfache (2 Mrd.) kommen. (Censis 2010c, S. 14) Europas Bevölkerungsanteil wird dann von 21 Prozent in 1950 auf 6 Prozent in 2050 sinken, während Afrikas Anteil von 9 auf 21 Prozent steigen wird. (ebda., S. 16)

Bei seiner Bevölkerungsentwicklung wird sich Italien damit abfinden müssen, weltweit ein bevölkerungsarmes und überaltertes Land in einem demographisch an Bedeutung verlierenden Kontinent zu sein.

Denn Italien hat eine niedrige Geburtenrate mit einem sinkenden Anteil an jungen Personen (für die 20–34-Jährigen von 20 auf 17 Prozent) und einem steigenden Anteil von Personen über 65 Jahren (von 11 auf 16 Mio. Personen). Die Landesteile Mitte und Norden werden einen Bevölkerungszuwachs von 1 Mio. Menschen erleben, während die Bevölkerung im Süden zurückgehen wird.

Die gravierende, ihrer Lösung harrende, Frage lautet folglich: Was heißt es, ein kleines Land zu sein?

4   Ein fragwürdiges Sozialmodell

Insofern sich gesellschaftliche Partizipation und individuelle Lebensverwirklichung unter den Bedingungen der heutigen gesellschaftlichen Entwicklung ganz wesentlich über Bildung, kommunikative Teilnahme und Verfolgen des aktuellen Geschehens gestalten, hat sich in Italien ein fragwürdiges Sozialmodell entwickelt.

Bildung wird nicht mehr als wesentlicher Weg für die Erarbeitung und Verwirklichung eines reichen sozialen und persönlichen Lebens erachtet. Über 90 Prozent der Jugendlichen sind der Auffassung, dass man einen guten Job eher mit einem guten Kontaktnetz als mit einer höheren Schulbildung findet.

Die Quoten des höheren Schulabschlusses und des Übergangs in die Universitätsausbildung sind vergleichsweise niedrig und einem entwickeltem Industrieland wie Italien einfach nicht angemessen. Damit steht das Land mit schlechten Ausgangsbedingungen im Bemühen um eine reiche Teilnahme an der Wissensgesellschaft und schließlich im Wettbewerb um die Köpfe auf verlorenem Posten. Nur vergleichsweise wenige ausländische Studierende kommen an die gering angesehenen Universitäten, und ausländische Forscher suchen nur in geringem Maße die Kooperationen mit ihren italienischen Kollegen.

Die Zukunft verheißt keine grundlegende Änderung dieses Besorgnis erregenden Befundes. Denn 81 Prozent der Absolventen von Schulen und Hochschulen sind der Auffassung, Italien biete ihnen nur wenige Möglichkeiten, innovativ am Arbeitsplatz und/oder Studien sowie im alltäglichen Leben zu sein. Zwei Millionen Italiener werden zu den *drop-outs*, den Personen ohne Beschäftigung, Ausbildung oder Weiterbildung gezählt. Dies betrifft vor allem die nachwachsende Generation, so dass die Gefahr besteht, einen Teil der Jugend als tragende Kräfte der Gesellschaft zu verlieren.

Die Teilhabe am globalen Wissensbestand, die Nutzung der Quellen von Wissen, Information und Meinung sind in Italien unterentwickelt. Die Varianten der Nicht-Nutzung sind beängstigend: ein ausgeprägter *digital divide*, ein im modernen Europa so nicht bekannter *press divide* und ein *book divide*, d. h. im Italien mit seiner Kulturtradition inakzeptabel niedriger Bücherkonsum. An die Stelle der Ausschöpfung der Medienvielfalt und der Benutzung auch komplexer Wissensquellen wie der Zeitungen, der Zeitschriften und der Bücher sind die starke Beteiligung an den *social networks* und der europaweit extreme Konsum von häufig anspruchslosen und politisch einseitigen Fernsehprogrammen getreten. Beobachter führen den „Rückfall-Analphabetismus", also den Verlust von in der Schulzeit erworbenen Fähigkeiten des Lesens, Schreibens und Rechnens bei fast 80 Prozent der italienischen Bevölkerung, vor allem auf diese Reduktion der kommunikativen Komplexität im Alltag zurück.

5 Alarmierende Rückstände in der Innovationstätigkeit

Italien ist ein „mäßiger Innovator" mit deutlichem Abstand zu den „Innovationsführern" wie Deutschland. *(Innovation Union Scoreboard 2010)* Italien verzeichnet keine Aufholstrategie, um den Abstand in absehbarer Zeit wettzumachen.

Auf allen zentralen Feldern des Innovationssystems, also Humankapital, Forschung und Informations- und Kommunikationstechnologien (IKT), weist Italien zum Teil erhebliche Rückstände auf, die für ein Land auf diesem Entwicklungsstand tendenziell eine massive Gefährdung der Wettbewerbsfähigkeit auf sich verändernden globalen Märkten nach sich ziehen.

Im Vergleich zu anderen Ländern hängt Italien im Niveau von Forschung und Entwicklung (FuE) weit zurück. Hinsichtlich des Anteils der Investitionen in Forschung und Entwicklung am Bruttoinlandsprodukt von 2007 liegt Italien mit 1,2 Prozent unter dem EU-Durchschnitt.

Italien ist weit von den Ländern wie Dänemark, Schweden, Finnland und Deutschland, die starke Positionen in Hochtechnologie-Sektoren haben, entfernt. Dies liegt nicht allein an dem mangelnden Engagement der staatlichen Forschung. Vielmehr beträgt der Anteil der Forschungsausgaben von Privatunternehmen in Italien auch nur 40 Prozent.

Beunruhigend ist die Geringschätzung der Kooperation mit Forschungsinstituten durch die Unternehmensseite. In der Nutzung dieses, in anderen Ländern für beide Seiten erfolgreichen, Instrumentes liegt Italien auf dem zweitletzten Platz. Die Innovationsschwäche vieler Kleinst- und Kleinunternehmen wird durch die Isolierung von Forschungsstätten weiter verschärft.

Für Italien sind keine Schwerpunktaktivitäten der wissenschaftlichen Forschung bekannt. Forschungsbasierte Zukunftsfelder zur Stärkung der Wettbewerbsfähigkeit wie zur Bewältigung der oben genannten Herausforderungen sind nicht identifiziert, akzeptiert und finanziert.

6 Kaum Umsteuern in der Energie- und Umweltpolitik

Auf den rasch an Bedeutung wachsenden Aktionsfeldern Energie und Umwelt agiert Italien weitgehend in den Pfaden der bisherigen Logik. Das Land importiert 88 Prozent seiner Energie in Form von Rohstoffen oder Halbfabrikaten und ist damit stark von externen Bedingungen auf den Märkten und in der Politik abhängig.

Der Anteil Erneuerbarer Energiequellen an der gesamten verfügbaren Energie, der dem Land eine gewisse Eigensteuerung der Produktion und Verteilung von Energie ermöglichen würde, ist im Zeitraum von 2000 bis 2009 nur um 3,8 Prozent gestiegen. Damit liegt Italien weit unter den meisten Vergleichsländern in der Europäischen Union.

Italien gehört nicht zu den Vorreitern des Umweltschutzes und den Pionieren der *green economy*. Die Bürger des Landes weisen insgesamt ein geringes Interesse und ein wenig verändertes Verhalten in Bezug auf Umweltfragen auf. Überall im Land, aber insbesondere im *Mezzogiorno*, gehen die Bevölkerung und die Unternehmen wenig pfleglich mit der Umwelt um. Dass das organisierte Verbrechen den Sektor der Abfallwirtschaft stark beeinflusst, verschärft die Problematik weiter. Der geforderte Ressourcenkreislauf der quantitativen und qualitativen Müllvermeidung, der Wiederverwendung von Müll, der Wiederverwertung von Müll und der Entsorgung wird in Italien kaum beachtet.

7 Unterentwickelte politische Kultur

Italien repräsentiert unter den entwickelten Nationen den Typ der „gemischten Marktwirtschaft". Wesentliches Merkmal ist die spezifische Rolle des Staates im italienischen Produktions- und Politikregime, die Folge und wiederum Verstärker der geringen autonomen Aushandlungspraxis der sozialen Akteure in den Tarifverhandlungen wie in den Auseinandersetzungen um die Wirtschafts-, Sozial- und Arbeitsmarktpolitik ist.

Damit ist der Staat, anders als in den Ländern der liberalen Marktwirtschaft oder der koordinierten Marktwirtschaft (siehe zu dieser Unterscheidung die Einleitung, S. 29 f.), auch die prägende Institution im System der industriellen Beziehungen. Da beide sozialen Akteure, Gewerkschaften wie Arbeitgeber, strukturelle Repräsentationsprobleme haben, sind sie nur in geringem Maße in der Lage, den Gang der Dinge in der Gesellschaft wesentlich mitzuprägen. Sie sind nur effektive Vertreter von Partialinteressen in Standardarbeitsbeziehungen des Normalarbeiters bzw. der mittleren Unternehmen mit geregeltem Beschäftigungsverhältnis, Vollzeitanstellung, lebenslangem Beschäftigungsverhältnis und hoher Bindung an ein Unternehmen, in der Regel Großunternehmen der Metall- oder Chemiebranche.

Die dominante Richtschnur von Arbeitgeberorganisationen wie Gewerkschaften ist der „Normalarbeiter" der Industrie. Sonstige Arbeitnehmer mit atypischen Beschäftigungsverhältnissen oder Arbeitslose stehen in diesem System eher am Rande.

In den gemischten Marktwirtschaften steht wegen des Mangels an Kohärenz in den Institutionen und Relationen zur Koordination der industriellen Beziehungen, der Aus- und Weiterbildung, der Finanzmärkte und von Innovation das Bemühen im Vordergrund, mit der wesentlichen Determinante eng gekoppelt zu sein, nämlich mit politischer Macht. Im Ergebnis entstehen starke klientelistische Verbindungen oder wechselseitig nützliche Beziehungen zwischen politischen Parteien und ihrer flankierenden Organisationen einschließlich der Gewerkschaften mit dem Staat als Fokus.

Die Umbruchperiode zu Beginn der neunziger Jahre hat Italien sprunghaft modernisiert, aber Grundprobleme zurückgelassen. Zudem ist vor allem in den letzten fünfzehn Jahren ein Rückschritt in der Qualität des politischen Systems und der Demokratie eingetreten.

An der Spitze wird seit 1994 ein autoritärer Populismus mit Orientierungen und Verhaltensweisen gepflegt, die mit der Errungenschaft der Demokratie westlicher Prägung nicht vereinbar sind: „Die Lobpreisung des Führers, den Manichäismus, die harte und fideistische Gegenüberstellung von uns und den Anderen, die Obsession für die Konspiration, die Verachtung der Regeln und die Kräfte der dritten Gewalt sowie die Verherrlichung des Volkes als letztendlichem Richter und als höchste Salbung der Legitimität". (P. Ignazi in *L'Espresso* vom 12.05.2011, S. 57)

Auf mittlerer und unterer Ebene, in vielen Behörden und Amtsstellen, wird kompetent und gewissenhaft gearbeitet, aber auch allzu oft der Misswirtschaft, der Verschwendung und dem Schlendrian Tür und Tor geöffnet. Die Korruption ist die Spitze des Eisberges. Die Wirkung dieses Zustandes der öffentlichen Verwaltung ist fatal. „Wenn in der Verwaltung des Gemeinwohls Transparenz fehlt und nicht eine Logik der geteilten Werte vorherrscht, die das Ziel des Wohlbefindens des Bürgers und der gesamten Gemeinschaft verfolgt, passt sich die Unternehmerschaft dem herrschenden Modell an. In dem Moment, in dem der Mechanismus einstürzt, taucht auch die enorme Verschwendung von menschlichen und finanziellen Ressourcen auf". (Giuseppe Roma in Censis 2010c, S. 64)

In der Personalpolitik der öffentlichen Verwaltung herrschen Seniorität und Günstlingswirtschaft, Gleichgültigkeit gegenüber geringer Kundenorientierung und fehlender Leistung. Nur bei großer öffentlicher Unruhe in den Medien wird sporadisch Abhilfe geschaffen wie mit der Einrichtung der einheitlichen Behördenrufnummer *Linea Amica* oder mit Entlassungen in Behörden, die es mit der selbst regulierten Arbeitszeitverkürzung in Form von Abwesenheit vom Arbeitsplatz übertrieben haben. „Durch die Personaleinstellungen auf Basis von Beziehungen und der geringen Anwendung von Kriterien der Leistungsfähigkeit und Kompetenz hat sich in unserem Lande immer mehr eine Geringschätzung der Arbeit selbst entwickelt". (ebda.) Beobachter sehen einen Niedergang der öffentlichen Ethik. Ein wesentliches Anzeichen ist die ungewisse Rechtsunsicherheit. „Das Recht wird im Gesetzestext bekräftigt und dann in den Handlungen vor Ort missachtet und in fragwürdiger Weise durch ein nachträgliches Rundschreiben korrigiert, aber auch in den offiziellen Weisungen alternativ unterstützt und negiert". (Rovatti 2011, S. 31)

Ein von einer neuen zivilen Ethik getragenes Politikregime steht in Italien auf der Tagesordnung. Sie ist erforderlich, um das zutiefst gestörte Verhältnis von Gesellschaft und Staat sowie die verlorengegangenen Werte zu revitalisieren. „In der modernen Gesellschaft verlangt das Gemeinwohl die gesellschaftliche Solidarität, aber auch die Presse- und Forschungsfreiheit, den Respekt der Umwelt, den Fortschritt der Genetik und die Freiheit der Kritik der Macht. Sie erfordert auch z. B. Anti-Trust-Gesetze und Gesetze gegen Insiderhandel, Gleichbehandlung und Strenge in der Steuererhebung, Gesetze, die für Alle gleich und wachsam gegenüber den Interessenkonflikten und Asymmetrien (der Kräfte und der Information) sind". (Giorgio Cigliano in Censis 2010c, S. 65)

Das politische System wird sich von seiner Aushöhlung erholen müssen, die ihm durch die „Semplifizierung des Regierungshandelns" (Mauro/Zagrebelsky 2011, S. 162) aufgezwungen worden ist.

Beobachter im Lande fordern ein umfassendes Projekt Zukunft, das von dieser zivilen Ethik getragen wird und Antworten auf die großen Probleme des Landes geben kann. Vorausgesetzt dafür sind die Vision, Entschlossenheit und Führungsstärke einer neuen politischen Formation, die mit den neuen außerparteilichen Bewegungen der politischen Artikulation in einem produktiven Austausch stehen. Erforderlich ist zudem auf der Basis dieses „Zukunftsmodells" (Crainz in *L'Espresso* vom 20.04.2011, S. 42) eine konkrete und realistische „politische Agenda". (ebda.)

Die Methode der Willensbildung und Entscheidungsfindung muss sich gravierend ändern – weg von der vertikalen, auf eine Führungsfigur zugeschnittenen, Struktur auf ein ausgewogenes Konzept. Bedingung für ein solches Konzept ist ein entwickeltes „kollektives Bewusstsein" der Italiener und damit eine Abkehr von dem heute weithin vorherrschenden Individualismus, der Subjektivität, des Familismus. Der heute verbreitete Zynismus als „Lebensstil" (Rovatti 2011, S. 65) bereitet aber Sorge. Die Frage, in welchem Ausmaße sich ein Projekt der Zukunft auf zivile Tugenden stützen kann, ist nicht ausgemacht.

Literaturverzeichnis

Accetturo, A./de Blasio, G. (2011), „Policies for local development: an evaluation of Italy's „Patti Territoriali". Temi di discussione (Working Papers)". Online erhältlich unter: *www.bancaditalia.it/ pubblicazioni/econo/temidi/.../en_tema_789.pdf.* Zugriff am 22.05.2011.

AEEG (2010), „Relazione annuale sullo stato dei servizi e sull'attività svolta". Online erhältlich unter: www.autorita.energia.it/it/relaz_ann/10/10.htm. Zugriff am 06.04.2011.

Agcom (2010), „Criteri per la vigilanza sul rispetto del pluralismo politico e istituzionale nei telegiornali diffusi dalle reti televisive nazionali. Decreto No 243/10/CSP", 2011–11.06. Online erhältlich unter: www agcom.it/default.aspx?DocID=5257. Zugriff am 16.04.2011.

Agcom (2011), „Relazione annuale sull'attività svolta e sui programmi di lavoro 2010". Online erhältlich unter: www agcom.it/Default.aspx?message=contenuto&DCId=5. Zugriff am 16.04.2011.

Baldini, M./Toso, S (2009), *Diseguaglianza, povertà e politiche pubbliche,* Bologna.

Banca d'Italia (2010), „Economie regionali". Online erhältlich unter: www.bancaditalia.it. Zugriff am 11.04.2011.

Baycroft, T./Hewitson, M. (2006), „Introduction", in: *What is a Nation? Europe 1789–1914*, Oxford/ New York, S. 1–17.

Becattini, G./Bellandi, M./De Propris, L. (2009), *A handbook of industrial districts.* Cheltenham.

Beck, U. (1986), *Risikogesellschaft: Auf dem Weg in eine andere Moderne.* Frankfurt/M.

Behnke, N. (2010), „Politische Dezentralisierung und administrative Dekonzentration in Italien", in: Bogumil, J./Kuhlmann, S. (Hg.), Kommunale Aufgabenwahrnehmung im Wandel, Heidelberg, New York, Tokio, S. 299–321.

Berning, E. (1988), *Hochschulwesen im Vergleich: Italien – Bundesrepublik Deutschland. Geschichte, Strukturen, aktuelle Entwicklungen,* München.

Bertelsmann Stiftung (2011), *Nachhaltiges Regieren in der OECD – Wie zukunftsfähig ist Deutschland? Sustainable Governance Indicators 2011,* Gütersloh.

Biorcio, R. (1999), „La Lega Nord e la transizione italiana", *Rivista italiana di scienza politica*, (1), S. 55–88.

Bobbio, L. (2005), „Italy: after the storm", in: *Comparing Local Governance. Trends and Developments.* Houndmills, S. 29–46.

Brasili, C./Fanfani, R. (2008), „Structural changes and the role of districts in the development of the Italian food industry", in: *Pathways to High – Tech Valleys and Research Triangles: Innovative Entrepreneurship, Knowledge Transfer and Cluster Formation in Europe and the United States*, Heidelberg, New York, London.

Broers, M. (2008), „Naples and Napoleon: Southern Italy and the European Revolutions, 1780–1860", *The English Historical Review.*

Brütting, R. (1995), *Italien Lexikon: Schlüsselbegriffe zu Geschichte, Gesellschaft, Wirtschaft, Politik, Justiz, Gesundheitswesen, Verkehr, Presse, Rundfunk, Kultur und Bildungseinrichtungen*, Wiesbaden.

Bull, M. J./Newell, J. (2005), *Italian politics: adjustment under duress.* Cambridge.

Bundesministerium des Innern (2010), *Einheitliche Behördenrufnummer – Jahresbericht Projekt D115 2010,* Berlin.

Bundesministerium für Wirtschaft und Technologie (2011), „Monitoring-Report Deutschland Digital. Der IKT-Standort im internationalen Vergleich 2010", 18.05.2011 Online erhältlich unter: bmwt. de. Zugriff am 23.05.2011.

Butler, D./Ranney, A. (1994), *Referendums around the world: The growing use of direct democracy.* Washington DC.

Caciagli, M./Zuckerman, A. S. (2001), *Politica in Italia*, Bologna.

Capgemini, IDC, Rand Europe, Sogeti and DTi (2010), *Digitizing Public Services in Europe: Putting ambition into action. 9th Benchmark Measurement December 2010 für die Europäische Kommission.* Online erhältlich unter: www.capgemini.com. Zugriff am 22.02.2010.

Cassese, S. (1994), „Il sistema amministrativo italiano, ovvero l'arte di arrangiarsi", in: *L'amministrazione pubblica italiana: un profilo*, Bologna, S. 11–18.

Calabrese, G. (1997), *Fare auto: la comunicazione e la cooperazione nel processo di sviluppo prodotto*, Mailand.

Camuffo, A./Comacchio, A./Volpato, G. (Hg.) (1999), *Automation in Automotive Industries-Recent Developments*, Berlin, New York, Tokio.

Caritas/Migrantes (2011), „Immigrazione Dossier Statistico 2010. XX Rapporto sull'Immigrazione. Sintesi". Online erhältlich unter: www caritasitaliana.it/materiali/Pubblicazioni/Libri_2010/dossier_ immigrazione2010/scheda_sintesi.pdf. Zugriff am 15.06.2011.

Censis (2010a), *43. Rapporto annuale sulla situazione sociale del Paese*, Rom.

Censis (2010b), *Italy 2009: Social Pictures and Trends*, Rom.

Censis (2010c), *Una visione di futuro per l'Italia*, Mailand.

Censis (2011), *44. Rapporto annuale sulla situazione sociale del Paese*, Rom.

Censis/Ucsi (2009), „I media tra crisi e metamorfosi. Ottavo rapporto Censis/Ucsi sulla comunicazione. Sintesi per la stampa". Online erhältlich unter: censis.it. Zugriff am 07.09.2010.

Centro Studi Confindustria (2008), *Cambiare per crescere. La performance dell'Italia nel contesto internazionale. Dinamiche competitive*, Rom.

Centro Studi Confindustria (2010a), *Libertà e benessere: L'italia al futuro*, Rom.

Centro Studi Confindustria (2010b), *Nuovi prodottori, mercati e filiere globali. L'imprese italiane cambiano assetto. Scenari industriali*, Rom.

CER/Prometeia (2011), „Le prospettive di medio termine dell'economia italiana. Rapporto di Consenso elaborato per il CNEL". Online erhältlich unter: www.portalecnel.it/Portale/documenti.nsf/ vwPerChiave/2BB6/$FILE/Prospettive%20di%20medio%20termine%20dell'economia%20italiana.pdf?open. Zugriff am 05.06.2011.

Chiellino, C./Marchio, F.,/Rongoni, G. (1981), *Italien, Bd. 1: Geschichte, Staat und Verwaltung,* München

Coffè, Hilde/da Roit, Barbara (2009), „Party Policy Positions in Italy after Coalition Disintegration", Vortrag, *Midwest Political Science Association 67th Annual National Conference*, Chicago, IL, 2 April, 2009.

Cioffi, J. W./Höpner, M. (2006), „Das parteipolitische Paradox des Finanzmarktkapitalismus. Aktionärsorientierte Reformen in Deutschland, Frankreich, Italien und den USA", *Politische Vierteljahresschrift*, 47(3), S. 419–440.

Cittadinanzattiva (2011), „Il sistema idrico integrato". Online erhältlich unter: www.cittadinanzattiva. it. Zugriff am 04.05.2011.

CNEL (2010a), „Le relazioni sindacali in Italia e in Europa. Rapporto 2008–2009". Online erhältlich unter: cnel.it. Zugriff am 12.04.2011.

CNEL (2010b), L'infiltrazione della criminalità organizzata nell'economia di alcune regioni del Nord Italia. Online erhältlich unter: www.cnel.it. Zugriff am 16.05.2011.

Committee of Ministers (2004), *Third annual report on the excessive length of judicial proceedings in Italy for 2003 (CM/Inf/DH(2004)23)* vom 24. September. Online erhältlich unter: https://wcd.

coe.int/wcd/ViewDoc.jsp?Ref=CM/Inf/DH%282004%2923&Language=lanEnglish&Ver=rev&
Site=CM&BackColorInternet=DBDCF2&BackColorIntranet=FDC864&BackColorLogged=F
DC864. Zugriff am 04.06.2011.

Comscore (2010). Online erhältlich unter: http://www.comscore.com/ger/Press_Events/Press_Relea-
ses/2010/11/More_Than_100_Million_Mobile_Consumers_in_EU5_Received_SMS_Adverti-
sing. Zugriff am 12.06.2011.

Conviri (2009), „Relazione annuale al Parlamento sullo stato dei servizi idrici". Online erhältlich unter: www.conviri.it/cerca.html?cx=015057175136044829341%3Acgnzllv-
ja&cof=FORID%3A11&q=57+ sono+societ%E0+pubbliche%2C+23+a+capitale+misto+e+no
ve+quotate+in+Borsa&sa=Cerca+nel+sito#830. Zugriff am 09.06.2011.

Cotta, M. (1996), „La crisi del governo di partito all'italiana", in: Cotta, M./Isernia, M./Isernia, P. (Hg.),
Il Gigante dai Piedi d'Argilla, Bologna, S. 11–52.

Crainz, G. (2009), *Autobiografia di una repubblica. Le radici dell'Italia attuale,* Rom.

Czada, R. (2003), „Der Begriff der Verhandlungsdemokratie und die vergleichende Policy-Forschung",
Mayntz, R./Streeck, W. (Hg.), Die Reformierbarkeit der Demokratie. Innovationen und Blockaden, Frankfurt/M., S. 173–204.

Damon, J. (2009), Les politiques de prise en charge des sans-abri dans l'Union Européenne. Rapport au
Ministre du Logement. Online erhältlich unter: www.julien-damon.com/IMG/pdf/RapportJDa-
monSansAbridansUnion.pdf. Zugriff am 12.06.2011.

D'Alema, M. (1999), „Documento di programmazione economico-finanziaria per gli anni 2000–2003
(Dpef 2000–2003)". Online erhältlich unter: www.governo.it. Zugriff am 11.08. 2004.

Daum, W. (2006), „Neue Perspektiven der Risorgimento-Forschung im Italien der „Zweiten Republik"
1992–2002". Online erhältlich unter: www.historicum.net. Zugriff am 20.02.2011.

DB-Research, (2009), „EU-Stahlindustrie. Weiter in Richtung High-Tech-Erzeugnisse", *EU-Monitor.
Beiträge zur europäischen Integration,* 69.

Della Loggia, E. G. (2003), *La morte della patria: la crisi dell'idea di nazione tra Resistenza, antifa-
scismo e Repubblica,* Bari.

Dell'Anno, R. (2003), „Estimating the Shadow Economy in Italy: A Structural Equation Approach",
Economics Working Papers der Universität Aarhus.

De Mauro, T. (2008), *„Illiterates in Italy. Only 20 Per Cent of Italian Adults Can Really Read, Write,
and Count.", Internazionale 734.*

DGB Bildungswerk (2007), *„Das Berufsbildungssystem in Italien".* Online erhältlich unter: www mi-
gration-online.de/publikation._aWQ9NDM1Mg_.html. Zugriff am 22.09.2009.

Di Nicola, P./Lillo, M. (2008), „Chi paga i partiti", in: L'Espresso online, www.espresso.it

DigitPA (2010), Rapporto eGov Italia 2010. Online erhältlich unter: www.digitpa.it. Zugriff am
14.10.2010.

Distretti Industriali (2011), „Osservatorio Nazionale. Distretti Italiani. 2. Rapporto". Online erhältlich
unter www.scribd.com/doc/48646939/Osservatorio-Nazionale-Distretti-Italiani-Rapporto-2011.
Zugriff am 10.05.2011.

Donneeuropee/Eurispes/Federcasalinghe, (2008), „La conciliazione che non c'è". Online erhältlich unter: http://formazionevenezia.blogspot.com/2010/04/donne-e-lavoro.html. Zugriff am
13.05.2011.

Donolo, C. (2002), „La questione meridionale come questione istituzionale: a partire dai territori", *Ar-
chivio di Studi urbani e regionale,* 73.

Drüke, H. (1997), *Kompetenz im Zeitwettbewerb: Politik und Strategien bei der Entwicklung neuer
Produkte,* Heidelberg, New York, Tokio.

Drüke, H. (2000), *Italien,* Wiesbaden.

Ebbinghaus, B./Göbel, C./Koos, S. (2009), „Inklusions- und Exklusionsmechanismen gewerkschaftlicher Mitgliedschaft: Ein europäischer Vergleich", in: Stichweh, R./Windolf, P. (Hg.), *Inklusion und Exklusion. Analysen zur Sozialstruktur und sozialen Ungleichheit.* Wiesbaden, S. 341–362.

Elias, N./Schröter, M./Treibel, A. (1988), *Die Gesellschaft der Individuen,* Frankfurt/M.

ESS-Europe (2005), „Das Gesundheitswesen bzw. Krankenversicherung in Italien". Online erhältlich unter: ess-europe.de/europa/kysys_italien.html. Zugriff am 23.04.2011.

Eurobarometer (2008), „Report for Italy", *Attitudes of european citizens towards the environment.* Online erhältlich unter: ec.europa.eu/public_opinion/. Zugriff am 23.05.2011.

Europäische Kommission (1998), *Bericht über den Konvergenzstand. 1998, Europäische Wirtschaft, Nr. 65,* Brüssel.

Europäische Kommission (2005), *Halbzeitüberprüfung der Zusätzlichkeit 2000–2006 in den Ziel-1-Regionen,* Brüssel.

Europäische Kommission (2006), *Regionen für den wirtschaftlichen Wandel,* Brüssel.

Europäische Kommission (2009), „Industrial Relations in Europe 2008". Online erhältlich unter: http://europa.eu/index_de.htm. Zugriff am 20.05.2011.

Europäische Kommission (2010a), „The social situation in the European Union 2009". Online erhältlich unter http://europa.eu/index_de.htm. Zugriff am 24.05.2011.

Europäische Kommission (2010b), „Mitteilung der Kommission an das Europäische Parlament, den europäischen Wirtschafts- und Sozialausschuss und den Ausschuss der Regionen. Bericht über den Stand des Europäischen Binnenmarkts der elektronischen Kommunikation 2009 (15. Bericht), SEK(2010) 630". Online erhältlich unter: www.europa.eu. Zugriff am 12.05.2011.

Europäische Kommission (2011), „Digital Agenda Scorebord 2011", 2011–10.06". Online erhältlich unter: http://ec.europa.eu/information_society/digital-agenda/scoreboard/countries/it/index_en.htm. Zugriff am 07.07.2011.

Europäische Umweltagentur (2010), „Die Umwelt in Europa. Zustand und Ausblick 2010." Online erhältlich unter: www.eea.europa.eu/soer/synthesis. Zugriff am 11.04.2011.

Europe, P. R. O. I. (2011), „European Innovation Scoreboard (Eis) 2010", *The Innovation Union's performance scoreboard for Research and Innovation,* Brüssel.

European Environment Agency (2010), „Soer 2010. State of the environment report No 1/2010". Online erhältlich unter: www eea.europa.eu/soer/synthesis. Zugriff am 30.04.2011.

Eurostat (2009), „Europa in Zahlen 2009", *Panorama der Europäischen Union, Europäische Gemeinschaften. Amt für amtliche Veröffentlichungen der Europäischen Gemeinschaften,* Luxemburg.

Eurostat (2010), *Agricultural statistics. Main results 2008–2009,* Brüssel.

Fanfani, R. (1998), *L'agricoltura in Italia.* Bologna.

Farneti, P./Finer, S. E./Mastropaolo, A. (1985), *The Italian party system (1945–1980),* London.

Ferrarella, Luigi (2008), *Fine pena mai. L'ergastolo dei tuoi diritti nella giustizia italiana,* Mailand.

Fiat Group (2010), *Annual Report 31 dicember 2010,* Turin.

Fieg (2011), „La stampa in Italia 2009–2010". Online erhältlich unter: www fieg.it/studi.asp. Zugriff am 16.05.2011.

Formez (2011), „Federalismo e regionalismo in Italia dopo la riforma del titolo V della Costituzione". Online erhältlich unter: www.formez.it. Zugriff am 02.05.2011.

Friedrich-Ebert-Stiftung (2011), „Die Abwertung der Anderen. Eine europäische Zustandsbeschreibung zu Intoleranz, Vorurteilen und Diskriminierung". Online erhältlich unter: www.fes.de. Zugriff am 12.06.2011.

Fulton, L. (2011), „National Industrial Relations. Italy". Online erhältlich unter: www worker-participation.eu/National-Industrial-Relations/Countries/Italy/Collective-Bargaining. Zugriff am 18.06.2011.

Galli, G. (1966), *Il bipartitismo imperfetto: Communisti e democristiani in Italia*, Bologna.

Galli della Loggia, E. (1998), *L'identità italiana*, Bologna.

Galli della Loggia, E. (2009), „Über die italienische Identität". Online erhältlich unter www. historicum. net. Zugriff am 26.02.2011.

Garelli, F. (2006), *L'Italia cattolica nell'epoca del pluralismo*, Bologna.

Garelli, F. (2007), *La Chiesa in Italia. Struttura ecclesiale e mondi cattolici*, Bologna.

Gelli, F./Grasse, A. (2010), „Un paese in bilico. L'Italia del divario territoriale", *Foedus 26/2010*. Online erhältlich unter: www.italienforschung.de/Gelli-Grasse.pdf. Zugriff am 10.03.2011.

German Trade and Invest (2010), „Trendwende in der italienischen Energiewirtschaft". Online erhältlich unter: www gtai.de/fdb-SE,MKT201007158010,Google.html. Zugriff am 20.02.2011.

Ginsborg, P. (2003), *Italy and its discontents: family, civil society, state, 1980–2001*. Ginsborg, P. (2010), *Salviamo l'Italia*, Turin.

Gramsci, A. (1973), *Quaderni del carcere I-IV*, Turin.

Gros-Pietro, G. M./Torrisi, A. (1998), „Globalizzazione, privatizzazioni e alleanze strategiche", *L'industria Band 19*, 4, S. 691–733.

Gualmini, E. (1996), *Policy Innovation in the Italian Labour Market. The Influence of Institutions*. Discussion paper des Wissenschaftszentrums Berlin für Sozialforschung FS I 96–304, Berlin.

Hall, P. A./Soskice, D. (Hg.) (2001), *An introduction to varieties of capitalism*, Oxford.

Hallin, D./Mancini, P. (2004), *Comparing Media Systems*, Cambridge.

Hancké, B. (Hg.) (2007), *Beyond Varieties of Capitalism: Conflict, Contradictions and Complementarities in the European Economy*, Oxford.

Hambückers, M. (2007), „Medienpolitische Verflechtungen in Italien seit 1945. Entwicklungslinien, Akteure, Konfliktfelder". Online erhältlich unter: worldcat.org/./medienpolitische-verflechtungen-in-italien-seit-1945-entwicklungslinien-akteure-konfliktfelder/./227344212. Zugriff am 11.03.2011.

Hartlapp, M./Schmid, G. (2008), *Employment risks and opportunities for an ageing workforce in the EU*. Discussion paper des Wissenschaftszentrums Berlin für Sozialforschung.

Heinrichs, J.-H. (2004), „Grundbefähigungen. Zum Verhältnis von Ethik und Ökonomie". Online erhältlich unter: www.duepublico.uni-duisburg-essen.de/servlets/./Grundbefähigungen.doc. Zugriff am 08.11.2010.

Human Rights Watch (2011), „L'intolleranza quotidiana. La violenza razzista e xenofoba in Italia". Online erhältlich unter: http://espr3ssioni.wordpress.com/2011/03/21/human-rights-watch-litalia-razzista/. Zugriff am 09.07.2011.

IDDRI (2009), „The future of the Mediterranean. From impacts of climate change to adaptation issues". Online erhältlich unter: www.iddri.org. Zugriff am 20.05.2011.

Ignazi, P. (1997), *I partiti politici in Italia*, Bologna.

Immerfall, S./Priller, E./Delhey, J. (2010), „Association and Community", in: Immerfall, S./Therborn, G. (Hg.), *Handbook of European Societies*, Heidelberg, New York, Tokio, S. 7–37.

INPS (2011), „Rapporto annuale". Online erhältlich unter: inps.it. Zugriff am 08.06.2011.

Insintesi (2009), „L'industria manufatturiera e le energie rinnovabili". Online erhältlich unter: www.insintesi.it. Zugriff am 12.05.2011.

Intesa San Paolo (2010a), „La Riviera del Brenta nel confronto con i principali distretti calzaturieri italiani". Online erhältlich unter: www. www.group.intesasanpaolo.com/.../contentData/.../esempio_ distretto_02.pdf. Zugriff am 04.04.2011.

Intesa San Paolo (2010b), „Economia e finanza dei distretti industriali". Rapporto annuale No 3. Online erhältlich unter: www.group.intesasanpaolo.com. Zugriff am 12.06.2011.

ISPRA (2010), „Annuario dati ambientali". Online erhältlich unter: http://annuario.apat.it/annuarioDoc. php?lang=EN&idv =6&type=key. Zugriff am 26.05.2011.

Istat (1984), *Annuario Statistico*, Rom.

Istat (2006a), „Popolazione comunale per sesso, età e stato civile". Online erhältlich unter: www istat. it/dati/catalogo/20061211_01/. Zugriff am 12.04.2011.

Istat (2006b), „Strutture familiari e opinioni su famiglia e figli". Online erhältlich unter: www istat.it/ salastampa/comunicati/non_calendario/20060621_02/. Zugriff am 12.04.2011.

Istat (2009), „Rapporto annuale 2008". Online erhältlich unter: www.istat.it. Zugriff am 30.05.2011.

Istat (2010a), „Il sistema energetico italiano e gli obiettivi ambientali al 2020". Online erhältlich unter: www istat.it/salastampa/comunicati/non_calendario/20100706_00/. Zugriff am 11.05.2011.

Istat (2010b), „Dossier famiglia in cifre". Online erhältlich unter: www istat.it/societa/struttfam/. Zugriff am 14.06.2011.

Istat (2010c), „Italia in cifre 2010". Online erhältlich unter: www.istat.it. Zugriff am 09.03.2011.

Istat (2010d), „Noi Italia. 100 statistiche per capire il paese in cui viviamo". Online erhältlich unter www.istat.it. Zugriff am 02.03.2011.

Istat (2010e), „Le tecnologie dell'informazione e della comunicazione nelle imprese". Online erhältlich unter: www.istat.it. Zugriff am 12.04.2011.

Istat (2010f), „La misurazione delle tipologie familiari nelle indagini di popolazione". Online erhältlich unter: www istat.it/dati/catalogo/20100802_00/. Zugriff am 23.05.2011.

Istat (2010g), „L'ICT nella PA locale, anno 2009". Online erhältlich unter: www.istat.it. Zugriff am 12.05.2011.

Istat (2011a), „I risultati economici delle aziende agricole 2008". Online erhältlich unter www.istat.it. Zugriff am 03.05.2011.

Istat (2011b), „Noi Italia 2011. 100 statistiche per capire il paese in cui viviamo". Online erhältlich unter www.istat.it. Zugriff am 05.06.2011.

Istat (2011c), „Rapporto annuale 2010". Online erhältlich unter: istat.it. Zugriff. am 15.05.2022.

Jahnke, H. (2004), „Der italienische Mezzogiorno auf dem Weg in die europäische Wissensgesellschaft. Eine Untersuchung der Erwerbssituation und der regionalen Mobilität junger Akademiker am Beispiel Siziliens". Dissertation. Online erhältlich unter: http://edoc.hu-berlin.de/dissertationen/ jahnke-holger-2004-08-27/HTML/front.html. Zugriff am 18.04.2011.

Jürgens, U. (2000), *New product development and production networks: global industrial experience*, Berlin, Heidelberg, Tokio.

Koschatzky, K./Zenker, A. (1999), „The Regional Embeddedness of Small Manufacturing and Service Firms: Regional Networking as Knowledge Source for Innovation?". Online erhältlich unter: www.*publica.fraunhofer.de/dokumente/N-1771.html*. Zugriff am 12.06.2011.

Kriesi, H. (2008), *Vergleichende Politikwissenschaft, Teil II: Institutionen und Länderbeispiele*, Baden-Baden.

Kuhlmann, S./Fedele, P. (2010), „New Public Management in Continental Europe: Local government modernization in Germany, France and Italy from a comparative perspective", in: Wollmann, H./ Marcou, G. (Hg.), *The Provision of Public Services in Europe. Between state, local*, Cheltenham/Northampton.

Lancini, F. (2010), „Wenn Italien ein Rechtsstaat wäre. Mani pulite, tangentopoli und der Fall Anemone", *Le Monde diplomatique Nr. 9210*.

Laven, D. (2006), „Italy. The Idea of the Nation in the Risorgimento and Liberal Era", in: Baycroft, T./ Hewitson, M. (2006), „Introduction", in: *What is a Nation? Europe 1789–1914*, Oxford-New York.

Lijphart, A. (1999), *Patterns of democracy: Government forms and performance in thirty-six countries*, Yale.

Loi, M. (2011), „L'Allarme di Draghi: le mafie minacciano la democrazia". Online erhältlich unter: http://www.antimafiaduemila.com/content/view/33330/78/. Zugriff am 08.07.2011.

Magnatti, P./Ramella, F./Trigilia, C./Viesti, G. (2005), *Patti territoriali*, Bologna.

Mancini, P./Briziarelli, M. (2005), „The Case of Italy. State-of-the-Art-report zum Projekt. Adequate Information Management in Europe". Online erhältlich unter: aim-project.net. Zugriff am 09.5.2011.

Mancini, P. (2002), *Il sistema fragile – I mass media in Italia tra politica e mercato, Nuova seconda edizione aggiornata*, Rom.

Martuzzi, M./Mitis, F./Iavarone, I./Serinelli, M., 2007, „Importo sanitario di PM10 e ozono in 13 città italiane". Online erhältlich unter: www apat.gov.it/site/_contentfiles/00143900/143930_miscellanea_ pm10.pdf. Zugriff am 23.05.2011.

Masala, C. (2006), „Italien", in: Weidenfeld, W. (Hg.), *Die Staatenwelt Europas*, Bonn.

Masera, A. (2011), „Berlusconi is not the only headache for Italy's women". Online erhältlich unter: guardian.co.uk. Zugriff am 22.5.2010.

Mattei, P. (2011), „The reforms of the Italian Universities since 1990s: Pressures and Controversies". Online erhältlich unter: nissan.ox.ac.uk/__data/assets/pdf./Mattei_Italian_Universities.pdf. Zugriff am 22.06.2011.

Mauro, E./Zagrebelsky, G. (2011), *La felicità della democrazia. Un dialogo*, Bari.

Melis, G. (1996), *Storia dell'amministrazione italiana: 1861–1993*, Bologna.

Menghini, F. (2008), „Lo Spoils System come metodo di governo di partito. Il confronto Italia_Stati Uniti". Online erhältlich unter: www.luiss.edu/dptssp/files/WP-110-Il-confronto-italia-usa.pdf. Zugriff am 08.06.2011.

Ministero dell'Interno (2011), „Elezioni e referendi". Online erhältlich unter: www.interno.it/mininterno/export/sites/default/it/temi/elezioni. Zugriff am 25.04.2011.

Ministero per l'Amministrazione Pubblica e l'Innovazione (2010), „Sintesi sulle attività di Linea Amica". Online erhältlich unter: www.lineamica.it. Zugriff am 08.04.2011.

Ministero per l'Amministrazione Pubblica e l'Innovazione (2011), „Reti Amiche FAQ". Online erhältlich unter: http://www.innovazionepa.gov.it/lazione-del-ministro/servizi-per-il-cittadino/reti-amiche/faq.aspx. Zugriff am 11.10.2010.

Ministero per l'Istruzione e Ricerca (MIUR) (2008), „Servizio statistico. Notiziario sulla scuola dell'infanzia, primaria e secondaria di I e II grado". Online erhältlich unter: miur.it.archivio. pubblica.istruzione.it/mpi/pubblicazioni/2008/allegati/notiziario_0708_new.pdf – 2010-03-02. Zugriff am 13.08.2009.

Molina, Ó./Rhodes, M. (2007), „The political economy of adjustment in mixed market economies: a study of Spain and Italy", in: Hancké, B. (Hg.), *Beyond Varieties of Capitalism: Conflict, Contradictions and Complementarities in the European Economy*, Oxford, S. 223–252.

Napolitano, G. (2011), *Per l'unità d'Italia. Discorsi e interventi ottobre 2009–giugno 2010. Verso il 150° anniversario della fondazione dello Stato nazionale*. Rom.

Naschold, F. (1997), *Ökonomische Leistungsfähigkeit und institutionelle Innovation: das deutsche Produktions- und Politikregime im globalen Wettbewerb*, Berlin.

Naschold, F./Budäus, D./Jann, W./Mezger, E./Oppen, M./Picot, A./Reichard, C./Schanze, E./Simon, N. (1996), *Leistungstiefe im öffentlichen Sektor: Erfahrungen, Konzepte, Methoden*, Berlin.

Naschold, F./Jann, W./Reichard, C. (1999), *Innovation, Effektivität, Nachhaltigkeit: Internationale Erfahrungen zentralstaatlicher Verwaltungsreform*, Berlin.

Negrelli, S./Treu, T. (1995), „Human Resource Management and Industrial Relations in Italy", *The International Journal of Human Resource Management*, 6(3), S. 720–734.

Newton, K./Giebler, H. (2008), *Patterns of participation: Political and social participation in 22 nations*. Discussion paper des Wissenschaftszentrums Berlin für Sozialforschung, Berlin.

Nicaso, A./Lamothe, L. (1995), „The Global Mafia. The New World Order of Organized Crime. Abstract". Online erhältlich unter: www.alternatives.com/crime/italmaf.html. Zugriff am 06.05.2011.

OECD (1999), *Economic Surveys 1999. Italy*, Paris.

OECD (2003), *Economic Surveys 2002–2003. Italy*, Paris.

OECD (2009a), *Reviews of Regulatory Reform: Italy*, Paris.

OECD (2009b), *Economic Outlook: Italy*, Paris.

OECD (2009c), *Employment Outlook 2009*. Paris.

OECD (2010a), *Die OECD in Zahlen und Fakten 2010*, Paris.

OECD (2010b), „OECD Science, Technology and Industry Scoreboard 2009: Italy Highlights". Online erhältlich unter: www oecd.org/document/37/0,3746,en_2649_34173_44259685_1_1_1_1,00. html. Zugriff am 12.06.2011.

OECD (2010c), „Education at a glance". Online erhältlich unter: www.oecd.org. Zugriff am 24.05.2011.

OECD (2010d), „Health At a Glance: Europe 2010". Online erhältlich unter: www.oecd.org. Zugriff am 29.6.2011.

OECD (2010e) „Employment Protection Legislation. Italy". Online erhältlich unter: http://ideas.repec. org/p/iza/izadps/dp3555.html. Zugriff am 12.05.2011.

OECD (2011), „Pensions at a Glance 2011: Retirement-income Systems in OECD and G20 Countries", 10.1787. Online erhältlich unter: www.oecd/pension_glance-2011-en. Zugriff am 23.06.2011.

OECD HDR (2010): Human Development Report 2010. Online erhältlich unter http://hdr.undp.org/en/ statistics/hdi/ (02.03.2011). Zugriff am 13.6.2011

Pallaver, G. (2005), „Wahlsystem und Parteiensystem in Italien", *Österreichische Zeitschrift für Politikwissenschaft*, 34, S. 43–60.

Paris, V./Devaux, M./Wei, L. (2010), „Health Systems Institutional Characteristics: A Survey of 29 Oecd Countries", *OECD Health Working Papers*. Online erhältlich unter: www.oecd.org. Zugriff am 14.06.2011.

Pedersini, R. (2008), „Italy: Industrial relations profile". Online erhältlich unter: *www.eurofound.europa.eu/eiro/country/italy.pdf*. Zugriff am 08.05.2011.

Petersen, J. (1995), „Neuer Wind aus dem Süden. Mussolinis Faschismus, Die Macht und der Medienmagnat Berlusconi", *Der Spiegel*, 14.

Petraccone, C. (2000), *Le due civiltà settentrionali e meridionali nella storia d'Italia*. Bari.

Piller, T. (1999), „Familienkapitalismus in Turbulenzen. 13.04.", in: *Frankfurter Allgemeine Zeitung*.

Piore, M./Sabel, Ch. (1984), *The Second Industrial Divide: Possibilities For Prosperity*, Jackson.

Pollitt, C./Bouckaert, G. (2004), *Public management reform: a comparative analysis*, Oxford.

Proff, H. (2010), „Die Automobilindustrie im Frühjahr 2010".

Putnam, R. D. (1995), „Bowling Alone: America's Declining Social Capital", *Journal of democracy*, 6, S. 65–78.

Ratzinger, J. (2000), „Nel Cristianesimo la razionalità è diventata religione", in: 30 giorni, Januar.

Ratzinger, J. (2009), *Fede, ragione, verià e amore. La teologia di Joseph Ratzinger*, Turin.

Regini, M. (1997), „Social institutions and production structure: The Italian variety of capitalism in the 1980s", in: Crouch, C./Streeck, W. (Hg.), *Political economy of Modern Capitalism: Mapping Convergence and Diversity*, London.

Reporters without Borders for Press, 2010, „Press Freedom Index". Online erhältlich unter: http://en.rsf. org/press-freedom-index-2010,1034.html. Zugriff am 11.04.2011.

Ricciuti, R. (2006), „Un'analisi economica della partecipazione ai referendum abrogativi", in: *Rivista di Politica Economica*, 96(7/8), S. 343.

Riester, V. (1995), „Die Italienischen Gewerkschaften – Eine Bestandsaufnahme von den 70er Jahren bis heute", *Prokla, Zeitschrift für kritische Sozialwissenschaft*, Heft 98, 25. Jahrgang, S. 11–35.

Rizzo, S./Stella, G. A. (2010), *La casta. Così i politici italiani sono diventati intoccabili e continuano a esserlo*, Mailand.

Rodriguez, M. (2007), „Mujeres inmigrantes en Italia: La imagen ofrecida por el censimento 2001", *Entelequia. Revista Interdisciplinar*.

Rovatti, P. A. (2011), *Noi i barbari. La sottocultura dominante*, Mailand.

Rusconi, G. E. (1999), *Possiamo fare a meno di una religione civile?*, Bari.

Sartori, G. (1976), *Parties and Party Systems. A Framework for Analysis*, Cambridge.

Scharpf, F. W. (1987), *Sozialdemokratische Krisenpolitik in Europa*, Frankfurt/M.

Schmidt, V. A. (2002), *The futures of European capitalism*, Oxford.

Schmidt, V. A. (2006), *Democracy in Europe*, Oxford.

Schneider, F. (2010a), „The Influence of Public Institutions on the Shadow Economy: An Empirical Investigation for Oecd Countries", *Review of law and economics*, 6(3).

Schneider, F. (2010b), „Size and Development of the Shadow Economy of 31 European Countries From 2003 to 2010". (Revised Version). Shadeceurope31_2010.Doc".

Schuppan, T./Thessel, F./Walter, K./Griffin, J./Drüke, H. (2011), „Einheitliche Behördenrufnummern in der Europäischen Union. Studie im Auftrag des Bundesministeriums des Innern". Online erhältlich unter: www.d115.de/cln_108/nn_739980/SharedDocs/Publikationen/DE/service__download/studie__ einheitliche__behoerdenrufnummern__in__der__europaeischen__union.html

Schwab, K./Sala-i-Martin, X./Blanke, J./Greenhill, R./Hanouz, M. D./Mia, I./Geiger, T./Browne, C./ Samandari, P./Herrera, E./Sahli, C. (2010), „The Global Competitiveness Report 2010–2011", Genf.

Scirocco, A. (1990), *L'Italia del Risorgimento 1800–1871 (= Storia d'Italia dall'unità alla Repubblica, 1)*, Bologna.

Segatti, P. (1995), „Una nazione di paesani. Localismo e sentimento nazionale", in: Parisi, A./Schade, E. (Hg.), *Sulla soglia del cambiamento*, Bologna, S. 105–138.

Severgnini, B. (2007), *Überleben in Italien*, München.

Soskice, D. (1994), „Innovation strategies of companies: a comparative institutional approach of some cross-country differences", in: Naschold, F./Soskice, D. (Hg.), *Institutionenvergleich und Institutionendynamik, WZB-Jahrbuch*, Berlin, S. 271–289.

Statham, P. (1996), „Berlusconi, the Media, and the New Right in Italy", *The Harvard International Journal of Press/Politics*, 1(1), S. 87.

Statham, P. (1998), *The Political Construction of Immigration in Italy: opportunities, mobilisation and outcomes*. Discussion paper des Wissenschaftszentrums Berlin für Sozialforschung, Berlin.

Statistisches Bundesamt (2010), „Länderprofil – Italien 2010". Online erhältlich unter: www destatis. de/jetspeed/portal/cms/Sites/destatis/Internet/DE/Content/Publikationen/Fachveroeffentlichungen/Laenderprofile/Content75/Italien2010.psml. Zugriff am 08.04.2011.

Stella, G. A./Rizzo, S. (2008), *La deriva*, Mailand.

Stille, A. (1995), „All the Prime Minister's Men", *The Independent*.

Svimez (2011a), *Dibattito sul rapporto 2010 sull'economia del Mezzogiorno*. Online erhältlich unter: www.sivemz.it. Zugriff am 12.05.2011.

Svimez (2011b), *Disposizioni in materia di autonomia di entrata delle regioni a statuto ordinario e delle province, nonché di determinazione dei costi e dei fabbisogni standard nel settore sanitario. 23. Februar*. Online erhältlich unter: www.svimez.it. Zugriff am 03.06.2011.

Torres, A./Mendes, R./Lapa, T. (2008), „Families in Europe", *Portuguese Journal of Social Science*, 7(1), S. 49–84.

Trade Economics (2011). Online erhältlich unter: www.tradingeconomics.com/italy/indicators. Zugriff am 20.4.2011.

Tranfaglia, N. (2010), *Populismo Autoritario. Autobiografia di una Nazione*, Mailand.

Tribunale di Milano, Ufficio del GIP (1993), *Ordinanza di custodia cautelare in carcere nei confronti di AGil Fuat + 164*. Online erhältlich unter www.diritto.it/osservatori/scienze.../falcone_arlacchi. html. Zugriff am 08.05.2011.

Tsebelis, G. (2002), *Veto players: How political institutions work*, Princeton.

UNDP/DGVN (2010), *Bericht über die menschliche Entwicklung. Der wahre Wohlstand der Nationen: Wege zur menschlichen Entwicklung*, Berlin.

UNESCAP (2006), What is Good Governance? Online erhältlich unter www.unescap.org. Zugriff am 22.04.2011.

VDW (2010), *Die deutsche Werkzeugmaschinenindustrie im Jahre 2009*. Online erhältlich unter: www. vdw.de. Zugriff am 12.04.2011.

Venn, D. (2009), *Legislation, Collective Bargaining and Enforcement: Updating the OECD Employment Protection Indicators*. OECD Social, Employment and Migration Working Papers, Paris.

Verzichelli, L./Cotta, M. (1997), *Italien: Von „beschränkten" Koalitionen zu alternierenden Regierungen?*, in: Müller, W. C./Strøm, K. (Hg.), *Koalitionsregierungen in Westeuropa. Bildung, Arbeitsweise und Beendigung*, Wien.

Violante, L. (1995), „Es ist nicht der Krake. Die Mafia als Sammelbecken von kriminellen und politischen Organisationen", *Prokla, Zeitschrift für kritische Sozialwissenschaften, Heft 98, 25. Jahrgang*, S. 69–79.

Visetti, G (2009), *Ex Italia: viaggio nel paese che non sa più chi è*, Mailand.

Visser, J. (2008), „Institutional Characteristics of Trade Unions, Wage Setting, State Intervention and Social Pacts (ICTWSS),an international database, Amsterdam Institute for Advanced Labour Studies (AIAS)". Online erhältlich unter: http://www.uva-aias.net. Zugriff am 22.06.2011.

Vitols, S./Casper, S./Soskice, D./Woolcock, S. (1997), *Corporate governance in large British and German companies*. London: Anglo-German Foundation.

Viviano, F. (1995), *Il sistema del potere: Sicily 1978–1995*. Online erhältlich unter: http://www.alternaties.com/crime/vivian2.html. Zugriff am 15.05.2011.

Voß, O.(2005), „Politische Einflüsse im italienischen Fernsehen – Eine Untersuchung am Beispiel der RAI-Nachrichten", Berlin, unveröffentlicht.

Weber, P. (1993), Der Lange Weg zur Verfassungsreform in Italien, *Zeitschrift für Parlamentsfragen* (Opladen), 24, S. 474–495.

Wollmann, H. (2010), „Das Deutsche Kommunalsystem im europäischen Vergleich – zwischen kommunaler Autonomie und „Verstaatlichung"?", Kommunale Aufgabenwahrnehmung im Wandel, S. 223–252, Wiesbaden.

Zagrebelsky, G. (2010), *Scambiarsi la veste. Stato e chiesa al governo dell'uomo*, Bari.

Landesteil/Regionen (Bezeichnungen)

Deutsch	Italienisch
Nordwesten	*Nordovest*
Piemont	Piemonte
Aostatal	Valled'Aosta
Lombardei	Lombardia
Ligurien	Liguria
Nordosten	*Nordest*
Trient-Südtirol oder Trentino-Südtirol	Trentino-Alto Adige
Venetien oder Venezien	Veneto
Friaul-Julisch Venetien	Friuli Venezia Giulia
Emilia Romagna	Emilia-Romagna
Mitte	*Centro*
Toskana	Toscana
Umbrien	Umbria
Marken	Marche
Latium	Lazio
Mezzogiorno oder Süden	*Mezzogiorno*
Abruzzen	Abruzzo
Molise	Molise
Kampanien	Campania
Apulien	Puglia
Basilikata	Basilicata
Kalabrien	Calabria
Sardinien	Sardegna
Sicilia	Sicilia

Abbildungs- und Tabellenverzeichnis

Abkürzungsverzeichnis

ACLI	Associazione Cattolica dei Lavoratori	Katholischer Verein der Werktätigen
Agcom	Autorità per le Garanzie nelle Communicazioni	Regulierungsbehörde für die Kommunikation
AGO	Assicurazione Generale Obbligatoria	Allgemeine Pflichtversicherung
AN	Alleanza Nazionale	Nationale Allianz
Anas	Azienda nazionale autonoma delle strade	Nationaler Straßenbetrieb
Apat	Agenzia per la protezione dell'ambiente e per i servizi tecnici	Agentur für den Umweltschutz und die Technikdienste
Asl	Azienda sanitaria locale	Örtliche Gesundheitsstelle
BIP	Bruttoinlandsprodukt	
CARA	Centri di accoglienza per richiedenti asilo	Erstaufnahmeeinrichtungen für Asylsuchende
CCD	Centro Cristiano Democratico	Christdemokratisches Zentrum
CCD-CDU	Centro Cristiano Democratico-Cristiani Democratici Uniti	Christdemokratisches Zentrum -Vereinigte Christdemokraten
Ccnl	Contratti collettivi nazionali di lavoro	Nationale Tarifverträge
CDL	Casa della Libertà	Haus der Freiheit
CDU	Cristiani Democratici Uniti	Vereinigte Christdemokraten
CEI	Conferenza Episcopale Italiana	Italienische Bischofskonferenz
Censis	Centro Studi Investimenti Sociali	Studienzentrum für Sozialinvestitionen
CGIL	Confederazione Generale Italiana del Lavoro	Allgemeiner italienischer Gewerkschaftsbund
CIGo	Cassa Integrazione Guadagni Ordinaria	Normale Lohnausgleichskasse
CIGs	Cassa Integrazione Guadagni Straordinaria	Außergewöhnliche Lohnausgleichkasse
CIL	Confederazione Italiana del Lavoro	Italienischer Arbeitsbund
CIPE	Comitato Interministeriale per la Pianificazione Economica	Interministerieller Ausschuss für die Wirtschaftsplanung
CIPI	Comitato Interministeriale per la Politica Industriale	Interministerieller Ausschuss für die Industriepolitik
CISL	Confederazione Italiana dei Sindacati Liberi	Italienischer Freiheitlicher Gewerkschaftsbund
CLN	Comitato di Liberazione Nazionale	Nationales Befreiungskomitee
CILO	Centro di Iniziativa Locale per l'Occupazione	Lokales Initiativzentrum für Beschäftigung
CME	Coordinated Market Economy	Koordinierte Marktwirtschaft

CNEL	Consiglio Nazionale dell'Economia e del Lavoro	Nationalrat für Wirtschaft und Arbeit
CNR	Consiglio nazionale delle ricerche	Nationaler Forschungsrat
Coldiretti	Confederazione Italiana die Coltivatori Diretti	Italienischer Bauernverband
COLF	Addetto ai servizi domestici e familiari/collaboratore familiare/lavoratore domestico.	Familienangestellte/Haushaltshilfe
Confagricoltura	Confederazione Generale dell'Agricoltura	Allgemeiner Verband der Landwirtschaft
Confapi	Confederazione Italiana della Piccola e Media Industria	Italienischer Verband der Klein- und Mittelunternehmen in der Industrie
Confartigianato	Confederazione Italiana del Artigianato	Italienischer Handwerksverband
Confcommercio	Confederazione Generale Italiana del Commercio, del Turismo e dei Servizi	Allgemeiner italienischer Verband des Handels, des Tourismus und der Dienstleistungen
Confesercenti	Confederazione Italiana Esercenti Attività Commerciali, Turistiche e dei Servizi	Allgemeiner italienischer Verband der Selbstständigen im Handel, im Tourismus und in den Dienstleistungen
Confindustria	Confederazione Generale dell'Industria Italiana	Italienischer Industrieverband
CPDEL	Cassa per le pensioni ai dipendenti degli enti locali (e del Servizio sanitario nazionale)	Rentenanstalt für die Angestellten der lokalen Körperschaften und des Nationalen Gesundheitsdienstes
CSC	Centro Studi Confindustria	Studienzentrum der Confindustria
DC	Democrazia cristiana	Christdemokraten
d. l.	Decreto legge	Gesetzesdekret
d.lgs.	Decreto legislativo	Gesetzgebungsdekret/Legislativ-Dekret
d. m.	Decreto ministeriale	Ministerialerlass
d. p. c. m.	Decreto del Presidente del Consiglio dei ministri	Dekret des Ministerpräsidenten
d. p. r.	Decreto del Presidente della Repubblica	Dekret des Staatspräsidenten
Dpef	Documento di programmazione economica e finanziaria	Wirtschafts- und Finanzplan der Regierung
DIT	Dual income tax	Zweistufige Unternehmenssteuer
DS	Democratici di sinistra	Linksdemokraten
DSL	Digital Subscriber Line	Digitale Anschlussleitung
EEA	European Environment Agency	Europäische Umweltagentur
EFIM	Ente per il finanziamento dell'industria manufatturiera	Gesellschaft für die Finanzierung der Verarbeitenden Industrie
EGMR	Europäischer Gerichtshof für Menschenrechte	
ENEL	Ente Nazionale per l'energia elettrica	Staatliche Gesellschaft für die elektrische Energie
ENI	Ente Nazionale Idrocarburi	Staatliche Petroleumgesellschaft

EPO	European Patent Office	Europäisches Patentamt
Esspros	European System of Integrated Social Protection Statistics	Europäisches System integrierter Sozialversicherungsstatistiken
Eu-Silc	European Statistics on Income and Living Conditions	Europäische Statistik zu Einkommen und Lebensstandard
Eurostat	Europäisches Statistikamt	
EWU	Europäische Währungsunion	
FAS	Fondo per le aree sottoutilizzate	Fonds für die unterentwickelten Gebiete
FIM	Fondo per il finanziamento dell'industria meccanica	Fonds für die Mechanische Industrie
FIOM	Federazione Impiegati e Operai Metallurgici	Verband der Angestellten und Arbeiter in der Metallindustrie
FLM	Federazione Lavoratori Metalmeccanici	Verband der Metallarbeiter
Forza Italia	Italien voran	
GSE	Gestore dei Servizi Energetici	Betreiber für Energiedienstleistungen
Ici	Imposta comunale sugli immobili	Kommunale Immobiliensteuer
IEA	International Energy Agency	Internationale Energiebehörde
IKT	Informations- und Kommunikationstechnologien	
IMI	Istituto Mobiliare Italiano	Italienisches Immobilieninstitut
INAIL	Istituto Nazionale Assicurazione contro gli Infortuni sul Lavoro	Nationales Versicherungsinstitut gegen Arbeitsunfälle
INPDAP	Istituto Nazionale di Previdenza per i Dipendenti della Amministrazione Pubblica	Nationale Versicherungsanstalt für die Beschäftigten der öffentlichen Verwaltung
INPS	Istituto Nazionale della Previdenza Sociale	Nationale Rentenversicherungsanstalt
IPTV	Internet Protocol TV	Fernsehen über das Internet
Irap	Imposta regionale sulle attività produttive	Regionalsteuer auf Produktionsaktivitäten
Ires	Imposta sul reddito delle società	Körperschaftssteuer
IRI	Istituto per la ristrutturazione dell'Industria	Institut zum Wiederaufbau der Industrie
Irpef	Imposta sul reddito delle persone fisiche	Einkommenssteuer
Irpeg	Imposta sul reddito delle persone giuridiche	Einkommenssteuer für juristische Personen
Isae	Istituto di studi e analisi economici	Institut für Wirtschaftsstudien und –analysen
Isced	International Standard Classification of Education	Internationaler Standard zur Klassifizierung und Charakterisierung von Schultypen und Schulsystemen
ISCO88	International Standard Classification of Occupation	Internationaler Standard zur Klassifizierung der Berufe
Isef	Istituti superiori di educazione fisica	Sporthochschule

Isfol	Istituto per lo sviluppo della formazione professionale dei lavoratori	Institut zur Weiterentwicklung der Berufsbildung für Arbeiter
Isic Rev. 4	International Standard Industrial Classification	Internationale Standardklassifikation der Wirtschaftszweige
Isnart	Istituto Nazionale Richerche Touristiche	Nationales Forschungsinstitut zum Tourismus
Isp	Istituzioni sociali private	Private soziale Einrichtungen
Ispl	International Standard of Poverty Line	Internationaler Standard der Armutsgrenze
Ispra	Istituto superiore per la protezione e la ricerca ambientale	Obere Behörde für den Umweltschutz und die Umweltforschung
Issl	Istituzioni sociali senza scopo di lucro al servizio delle famiglie	Gemeinnützige Einrichtungen der Familienhilfe
Istat	Istituto Statistico Italiano	Italienisches Statistikamt
Isvap	Istituto per la vigilanza sulle assicurazioni private	Aufsichtsbehörde der privaten Versicherungen
IWF	Internationaler Währungsfonds	
LME	Liberal Market Economy	Liberale Marktwirtschaft
Iulgi	Indagine sulle unità locali delle grandi imprese	Untersuchung über die lokalen Einheiten der Großunternehmen
Iva	Imposta sul valore aggiunto	Mehrwertsteuer
Ivs	Invalidità, vecchiaia e superstiti	Invalidität, Alter und Hinterbliebenen
KMU	Klein- und Mittelunternehmen	
KPI	Kommunistische Partei Italiens	
Legambiente		Umweltliga
Miur	Ministero dell'istruzione, dell'università e della ricerca	Ministerium für Bildung, Universität und Forschung
MME	Mixed Market Economy	Gemischte Marktwirtschaft
MpA	Movimento per Autonomia per il Sud	Autonomiebewegung für den Süden
MSI-DN	Movimento Sociale Italiano – Destra nazionale	Italienische Soziale Bewegung – Nationale Rechte
Nace	Nomenclatura delle attività economiche nelle comunità europee	Nomenklatur der Wirtschaftsaktivitäten in der Europäischen Gemeinschaft
NEET	No employment, education or training	Keine Beschäftigung, keine Ausbildung oder Weiterbildung
NUTS3	Nomenclature des unités territoriales statistiques, petites régions, grandes cités	Systematik der Gebietseinheiten für die Statistik, kleinere Regionen/Großstädte
OECD	Organization for Economic Cooperation and Development	Organisation für wirtschaftliche Zusammenarbeit und Entwicklung
OSZE	Organisation für Zusammenarbeit in Europa	
PCI	Partito Comunista Italiano	Kommunistische Partei Italiens
PDIUM	Partito Democratico di Unità Monarchica	Demokratische Partei Italiens der monarchistischen Einheit
PDS	Partito Democratico della Sinistra	Demokratische Partei der Linken
PLI	Partito Liberale Italiano	Liberale Partei Italiens
PNF	Partito Nazionale Fascista	Nationale Faschistische Partei

Pol	Popolo della Libertà	Volk der Freiheit
PPI	Partito Popolare Italiano	Italienische Volkspartei
PR	Partito Radicale	Radikale Partei
PRC	Partito della Rifondazione Comunista	Partei der kommunistischen Wiedergründung
PRI	Partito Repubblicano Italiano	Republikanische Partei Italiens
PSDI	Partito Socialdemocratico Italiano	Sozialdemokratische Partei Italiens
PSI	Partito Socialista Italiano	Sozialistische Partei Italiens
PSIUP	Partito Socialista Italiano d'Unità Proletaria	Sozialistische Partei der Proletarischen Einheit
QSN	Quadro Strategico Nazionale	Nationales Strategierahmenwerk
Rai	Radio audizioni italiane	Italienische Radio- und Fernsehanstalt
RSU	Rappresentanze Sindacali Unitarie	Einheitliche Gewerkschaftsvertretungen
SEL	Sinista, ecologia e libertà	
SGI	Sustainable Governance Indicator	Indikator des nachhaltigen Regierens
SPRAR	Sistema di Protezione per Richiedenti Asilo e Rifugiati	Staatliches Aufnahmesystem für Asylsuchende und Flüchtlinge
SVP	Südtiroler Volkspartei	
TfR	Trattamento di fine rapporto	Abfindung
UGL	Unione Generale del Lavoro	Allgemeiner Bund der Arbeit
UIL	Unione Italiana del Lavoro	Italienischer Bund der Arbeit
UILM	Unione Italiana Lavoratori Metalmeccanici	Italienischer Bund der Metallarbeiter
UNHCR	United Nations High Commissioner for Refugees	UN-Flüchtlingshilfswerk
UPT	Unione del Trentino	Trentiner Union
USL	Unità Sanitari Locali	Örtliche Gesundheitsämter
UV	Union Valdôtaine	Aostatal-Union
VoC	Varieties of Capitalism	Vielfalt der Kapitalismus-Typen
WEI	Water Exploitation Index	Wasserausbeutungsindex
WHO	World Health Organization	Weltgesundheitsorganisation

Register

Neu im Programm
Politikwissenschaft

Jahn, Detlef

Vergleichende Politikwissenschaft

2011. 124 S. (Elemente der Politik) Br.
EUR 12,95
ISBN 978-3-531-15209-7

Die Vergleichende Politikwissenschaft ist eines der bedeutendsten und innovativsten Teilgebiete der Politikwissenschaft, das durch die Fokussierung auf die vergleichende Methode eine besonders ausgeprägte Analysekraft besitzt. Dieser Band führt auf knappen Raum und in verständlicher Form in alle wichtigen Aspekte der Vergleichenden Politikwissenschaft ein und weist auf die neuesten Entwicklungen der Disziplin hin.

Schmid, Josef

Wohlfahrtsstaaten im Vergleich

Soziale Sicherung in Europa: Organisation, Finanzierung, Leistungen und Probleme
3., überarb. u. akt. Aufl. 2011. 546 S. Br.
EUR 24,95
ISBN 978-3-531-17481-5

Ein Lehrtext zum Problemkreis: Wie funktioniert der Wohlfahrtsstaat in verschiedenen Ländern, mit welchen Problemen und Perspektiven? Untersucht werden unterschiedliche Fälle, Felder und Probleme der Sozialen Scherung, wobei eine enge Verbindung wissenschaftlicher Analyse mit politisch-praktischen Aspekten verfolgt wird. Die vorliegende 3. Auflage wurde umfassend aktualisiert und erweitert.

Simonis, Georg / Elbers, Helmut (Hrsg.)

Externe EU-Governance

2011. 347 S. (Governance) Br. EUR 29,95
ISBN 978-3-531-17941-4

Wie gelingt es der EU, ihre Außenbeziehungen gegenüber Nachbarstaaten und auf entscheidenden Politikfeldern zu koordinieren, zu institutionalisieren und zu gestalten? Diese Frage ist mit gängigen Instrumenten der staatenbasierten Außenpolitikforschung schlecht beantwortbar. In diesem Band wird der Governanceansatz als analytisches Instrumentarium ausgearbeitet und, unter besonderer Berücksichtigung der normativen Basis der EU-Außenbeziehungen, in Fallstudien auf die oben gestellte Frage angewandt. Hierdurch wird eine wichtige Lücke der EU-Forschung geschlossen.

Erhältlich im Buchhandel oder beim Verlag.
Änderungen vorbehalten. Stand: Juli 2011.

www.vs-verlag.de

VS VERLAG

Abraham-Lincoln-Straße 46
65189 Wiesbaden
tel +49 (0)6221.345 - 4301
fax +49 (0)6221.345 - 4229